Inside ODBC

Kyle Geiger

Inside
ODBC

Microsoft Press

Dieses Buch ist die deutsche Übersetzung von:
Kyle Geiger: Inside ODBC
Microsoft Press, Redmond, Washington 98052-6399
Copyright © 1995 by Kyle Geiger

Das in diesem Buch enthaltene Programmaterial ist mit keiner Verpflichtung oder Garantie irgendeiner Art verbunden. Autor, Übersetzer und der Verlag übernehmen folglich keine Verantwortung und werden keine daraus folgende oder sonstige Haftung übernehmen, die auf irgendeine Art aus der Benutzung dieses Programmaterials oder Teilen davon entsteht.

Das Werk einschließlich aller Teile ist urheberrechtlich geschützt. Jede Verwertung außerhalb der engen Grenzen des Urheberrechtsgesetzes ist ohne Zustimmung des Verlags unzulässig und strafbar. Das gilt insbesondere für Vervielfältigungen, Übersetzungen, Mikroverfilmungen und die Einspeicherung und Verarbeitung in elektronischen Systemen.

15 14 13 12 11 10 9 8 7 6 5 4 3 2 1
96 95

ISBN: 3-86063-359-7
© Microsoft Press Deutschland
(ein Unternehmensbereich der Microsoft GmbH),
Edisonstraße 1, 85716 Unterschleißheim
Alle Rechte vorbehalten

Übersetzung: Judith Muhr, Drachselsried
Umschlaggestaltung und Typographie: Hommer DesignProduction, München
Satz: Conrad Neumann, München
Herstellung und Produktion: Roland Heindle
Druck: Kösel, Kempten

Inhaltsverzeichnis

Vorwort	**13**
Für wen wurde dieses Buch geschrieben?	14
Danksagungen	15

A	**INSIDE ODBC**	**17**

1	**ODBC: Eine Lösung für die Verknüpfung von Datenbanken**	**19**
	Was ist ODBC?	19
	Wo liegt das Problem? Die Notwendigkeit zur Datenbank-Verknüpfung	22
	Die Perspektive des Benutzers	23
	Die Perspektive des Anwendungsentwicklers und des Entwicklers von Entwicklungswerkzeugen	26
	Die Perspektive des DBMS-Herstellers	29
	Ein Design-Überblick für ODBC	31
	ODBC ist eine Programmierschnittstelle, die SQL einsetzt	31
	ODBC bewahrt die Anwendungsentwickler vor der komplizierten Aufgabe, eine Schnittstelle zu einer Datenquelle schaffen zu müssen	32
	Die ODBC-Architektur ermöglicht es den Anwendungen, auf mehrere Datenquellen zuzugreifen	33
	ODBC bietet ein »adaptives« Programmiermodell	34
	Literaturhinweise	36

2	**Datenbankarchitekturen und Programmiermodelle**	**37**
	Herkömmliche relationale DBMS-Systeme	38
	Zentrale Systeme (in der Regel Mainframes)	39
	Client/Server-Systeme	41
	Programmiermodelle für relationale Systeme	43
	Eingebettetes SQL – Embedded SQL	43

Call Level Interfaces – CLI	61
Sprachen der vierten Generation, RAD-Werkzeuge, oder wie man das heute auch immer nennen mag	65
ISAMs	67
Flache Dateien und einfacher Datei-I/O	68
Das ISAM-Modell	70
Desktop-Datenbanken	73
ODBC und Datenbank-Architekturen	77
Herkömmliche relationale DBMSe und Client/Server Datenbanken	77
Desktop-Datenbanken und ISAM-Dateien	81

3   Client/Server-Architektur   83

Überblick	83
Das PC-Dateiserver-Modell – Intelligenter Client/Dummer Server	85
Das Server/Terminal-Modell – Dummer Client/Intelligenter Server	90
Das Client/Server-Modell – Intelligenter Client/Intelligenter Server	93
Die Rolle des Clients in der Client/Server-Architektur	94
Die Rolle des Servers in der Client/Server-Architektur	97
Wie man von hier nach dort und wieder zurück gelangt – Das Datenprotokoll	98
Nachrichten	99
Remote Procedure Calls	103
Zusammenfassung	108

4   ODBC-Architektur   109

ODBC basiert auf dem Client/Server-Modell	109
Komponenten der ODBC-Architektur	111
Anwendungen	112
Der Treiber-Manager	112
Überblick	113
Windows-DLLs	114
Treiber	117
Ein-Stufen-Treiber	117
Zwei-Stufen-Treiber	118
Drei-Stufen-Treiber und höhere	121
Eine Warnung	122
Was ist die Aufgabe eines Treibers?	123
Datenquellen	132
Eine einfache Anfrage	138
Zusammenfassung	148

5 ODBC im Detail — 149

- ODBC-Handles — 149
- Der Umgebungs-Handle — 152
- Der Verbindungs-Handle — 153
- Der Anweisungs-Handle — 154
- Das Verbindungsmodell von ODBC — 155
- Hintergrund — 156
- Die ODBC-Lösung — 157
- SQLConnect — 157
- SQLDriverConnect — 157
- SQLBrowseConnect — 160
- Zusammenfassung — 161
- SQL-Ausführungsmodelle in ODBC — 161
- ExecDirect — 162
- Prepare/Execute – Vorbereiten/Ausführen — 162
- Gespeicherte Prozeduren — 163
- Asynchrone Ausführung — 163
- Daten aus der Datenquelle ermitteln — 165
- Einen Wert direkt ermitteln — 165
- Ermitteln einer oder mehrerer Zeilen — 166
- Binden von Spalten für eine Zeile — 166
- Binden von Spalten für mehrere Zeilen — 167
- Das Cursormodell von ODBC — 173
- Grundlagen — 173
- Cursortypen unter ODBC — 175
- SQL-92 und konventionelle Cursor — 175
- Die ODBC-Cursortypen: statisch, durch Schlüsselmengen gesteuert und dynamisch — 177
- Cursortypen und Transaktionsisolationsstufen — 184
- Nebenläufigkeitssteuerung — 189
- Nebenläufigkeitssteuerung unter ODBC — 190
- Cursor und das Beenden von Transaktionen — 191
- Die Beziehung der Nebenläufigkeitssteuerung zu den Isolationsstufen — 191
- Scrolling — 194
- Anweisungen zum positionierten Aktualisieren und Löschen — 195
- Die Cursorbibliothek in ODBC 2.0 — 195
- Die Simulation von Cursorn — 196
- Durch Schlüsselmengen gesteuerte Cursor — 196
- Dynamische Cursor — 197
- Kombinierte Cursor — 198
- Dynamisches Scrolling komplexer Selektionen — 198
- Scrolling von Aggregaten — 198
- Anweisungen für das positionierte Aktualisieren und Löschen — 199

Weitere Optionen	199
Datentypen	200
Die ODBC-Datentypen	200
SQLGetTypeInfo und das dynamische Erzeugen von Tabellen	208
Stufen der Interoperabilität	216
Der Ansatz des kleinsten gemeinsamen Nenners	216
Beschränkung auf ein bestimmtes DBMS	217
Das Mittelfeld: Adaptive Programmierung	219
Konformitätsstufen	221
API-Konformität	222
Kern	222
Stufe 1	223
Stufe 2	223
SQL-Konformität	224
Minimales SQL	224
Kern-SQL	225
Erweitertes SQL	225
Treiberinstallation, Setup und Konfiguration	230
Qualifizierende Bezeichner in Tabellennamen	235
Zusammenfassung	237

6 Ein Überblick zum ODBC-Treiber für Microsoft SQL Server 239

Einige Vorbemerkungen	239
Die Architektur von Microsoft SQL Server	240
Verbindungsaufbau zum Microsoft SQL Server	242
Die Verarbeitung von Anweisungen	245
Ein Beispiel mit SQLDriverConnect und SQLPrepare	245
Cursor in Microsoft SQL Server	252
Die Cursorbibliothek von ODBC und der OBDC-Treiber für Microsoft SQL Server 4.21	254
Unterstützung von »fetten« Cursorn	255
Unterstützung von positioniertem Aktualisieren und Löschen	255
Cursor in Microsoft SQL Server 6	256
Scrollen der Daten	258
Daten aktualisieren oder löschen	263
Weitere neue Funktionen des OBDC-Treibers für Microsoft SQL Server 6	264
Gespeicherte Prozeduren	265
Ausführen von gespeicherten Prozeduren in ODBC und DB-Library	266
Auflistung der auf dem Server gespeicherten Prozeduren	267
Datentypen	267

B PROGRAMMIEREN MIT ODBC   271

7 Einführung in die ODBC-Programmierung   273

Allgemeine Konzepte der ODBC-Programmierung   273
Die Verwendung von Handles unter ODBC   273
Längen-Argumente in ODBC-Funktionen   274
Fehlerverarbeitung   274
Das »Hello World«-Beispiel in ODBC   276
ODBCFile – Abfragen in Ihrem Dateisystem   282
ODBCAcc – damit Sie mehr Spaß mit Ihrem Dateisystem haben   290
Erzeugen einer Microsoft Access-Datenbank   296
Kopieren von Daten in die Datenbank   297
Ausführen der Abfragen mit dem Text- und dem Microsoft Access-Treiber   199
ODBCAcc2 – Schnelles Einfügen für Stufe-2-Desktop-Treiber   301

8 ODBC in der Praxis   305

Benchmark-Beispiel (BENCH)   310
Grundlagen des TPC-B-Benchmark   310
Unterschiede zwischen Standard TCP-B und dem ODBC-Beispiel (BENCH)   313
Die Benutzeroberfläche von BENCH   313
Verbindungsaufbau zu einer Datenquelle   314
Laden der Benchmark-Tabellen   315
Ausführen des Benchmarks   316
Die Aufräumarbeiten   321
Inside BENCH   321
Verbindung zur Datenquelle   322
Daten mit Hilfe des Laders einfügen   324
Ausführung des Benchmarks   326
Tabellen kopieren (TBLCPY)   331
Initialisierung und allgemeiner Steuerfluß   333
Schritt 1: Verbindungsaufbau und Anzeige der Tabellenliste   334
Schritt 2: Indizes ermitteln und anzeigen   342
Schritt 3: Verbindungsaufbau und Spezifizieren der Optionen für das Kopieren   347
Schritt 4: Erzeugen der Tabelle und Kopieren der Daten   349
Metadaten aus der Eingabetabelle ermitteln   350
Abbildung der Typen und Erzeugen der Ausgabetabelle und Indizes   354
Kopieren der Daten: Blob-Daten   364
TYPEGEN – Typdeklaration-Generator   368
Eine einfache C++-Klassenbibliothek (CPPSMPL)   375
Die Benutzeroberfläche von CPPSMPL   375

Inside CPPSMPL: Das Programmiermodell der Anwendung	376
Inside CPPSMPL: Der Code für die Klassen	380
Der OLE Automation-Server (ODBCAUTO)	383
Die Benutzeroberfläche für ODBCAUTO in Microsoft Excel 5	384
Das Programmiermodell für Visual Basic für Anwendungen	385
Inside ODBCAUTO.DLL und wie man von Visual Basic für Anwendungen aus dorthin gelangt	387
Einfaches ODBC für Visual Basic (VBODBC)	391
Die Schnittstelle von VBODBC	391
Inside VBODBC – Das Programmiermodell für die Anwendung	394
Inside VBODBC – Die Implementierung der Anwendungsschicht	397
ODBC-Bindungen unter Visual Basic und mehrzeilige Cursor (VBFETCH)	403
Die Benutzeroberfläche von VBFETCH	403
Das zeilenweise Binden in Visual Basic	405
Inside VBFETCH	408
Gespeicherte Prozeduren unter Visual Basic (VBSPROCS)	412
Die Benutzeroberfläche von VBSPROCS	412
Inside VBSPROCS	415
Ein Hotelreservierungssystem (VBENTRY)	419
Das VBENTRY-Datenbankschema	420
Die Benutzeroberfläche von VBENTRY	421
Das Reservierungsformular	421
Das Bestätigungsformular	424
Inside VBENTRY	426
Verbindungsaufbau zur Datenquelle Hotel Entry	426
Füllen der Kombinationsfelder	426
Füllen des Kombinationsfeldes Room	428
Scrollbare Cursor im Bestätigungsformular	430
SQLSetPos zum Aktualisieren und Löschen	431

9 Zukunftsaussichten für ODBC 435

ODBC 2.5	435
ODBC 3.0	436
Anpassung an den ISO CLI-Standard	436
Varianten bereits existierender ODBC-Funktionen	437
Deskriptoren	438
Unterstützung des OLE-Datenzugriffs	441
Neue oder verbesserte Funktionen, die die Entwickler gefordert haben	442
Bessere Unterstützung großer Objekte	442
Unterstützung von Parameterarrays mit zeilenweisem Binden	444
Unterstützung von FETCH-Suchen	444
Verbesserungen hinsichtlich der plattformübergreifenden Portabilität	444
Klarheit über Spaltennamen, Spaltenaliase und so weiter	444

Klärung der Aktualisierbarkeit einer Spalte 445
Spezifizierung der Anzahl nebenläufiger asynchroner Anweisungen 445
Definition einer Struktur zum Speichern numerischer und dezimaler Daten 445
Eine bessere Installations-API 446
Zusammenfassung 446

C ANHANG 447

ODBC und die Standardisierungs-Organisationen 449

SQL Access Group 449
ODBC und die SQL Access Group 450
X/Open 450
ANSI 451
ISO 451
Literatur 452

Stichwortverzeichnis 453

Vorwort

Am Anfang waren die Daten, sie waren unformatiert, und Dunkelheit herrschte auf der Erde. Und Codd[1] sagte: »Es werde ein relationales Datenmodell.« Und so geschah es.

Und Codd sagte: »Die Daten sollen von den Datenstrukturen der Applikationsprogramme getrennt werden, so daß eine Datenunabhängigkeit entstehe.« Und es war gut.

Und die DBMS-Hersteller sagten: »Wir wollen fruchtbar sein und uns mehren.« Und so geschah es.

Und die Benutzer sagten: »Wir wollen Applikationen einsetzen, um auf die Daten von allen DBMS-Herstellern zuzugreifen.«

Und die Applikationsentwickler senkten ihre Häupter und sagten: »Wir müssen durch das finstere Tal mit den Precompilern oder CLIs, Kommunikationsstacks und Protokollen aller Hersteller wandern.« Und es war nicht gut.

Deshalb sagten die SQL Access Group und X/Open: »Wir wollen die Implementation von ISO-Standards vereinfachen und somit eine Technologie für eine mögliche Verknüpfung von Datenbanken bereitstellen.« Und so ward getan.

Und es trug sich zu, daß sich drei Technologien entwickelten: eingebettetes SQL, RDA und ein CLI.

Und Microsoft sagte: »Wir wollen das CLI implementieren und mit den DBMS-Herstellern und Applikationsprogrammierern zusammenarbeiten, auf daß sie sich alle verstehen.« Und so ward getan. Und es war gut.

Und so entstand ODBC.

Willkommen in *Inside ODBC*, dem Buch, das Ihnen ein grundlegendes Verständnis für ODBC ebenso wie einige praktische Tips zur ODBC-Programmierung vermitteln will. Dazu wird das Buch in zwei große Teile gegliedert.

---

[1] Dr. E.F. Codd wird als der Erfinder des relationalen Datenmodells betrachtet. Seine für weitere Entwicklungen wertvolle Arbeit „A Relational Model of Data for Large Shared Data Banks" wurde im Juni 1970 von der CACM (Communications of the Association of Computing Machinery) zum ersten Mal veröffentlicht.

Teil I (Kapitel 1 bis 6) stellt den konzeptuellen Teil dar; er bietet eine Einführung in ODBC, versorgt den Leser mit Hintergrundinformationen, die für ein Verständnis von ODBC notwendig sind, und enthält wichtige Details zum Design von ODBC.

Teil II (Kapitel 7 bis 9) ist vorwiegend für Programmierer vorgesehen. Er beginnt mit der Einführung sehr einfacher ODBC-Programme und steigert sich dann bis hin zu sehr komplexen Programmen. Kapitel 9 bietet eine Vorschau auf zukünftige Attraktionen – das, was in den nächsten ODBC-Versionen voraussichtlich enthalten sein wird. Kapitel 9 befindet sich zwar in Teil II, richtet sich jedoch nicht nur an Programmierer. Jeder, der wissen will, wie ODBC in Zukunft noch verbessert werden soll, kann es lesen.

Insgesamt kann man sagen, daß das Buch vom Allgemeinen ins Spezifische geht. In jedem Kapitel wird die Menge der Themen erweitert, und die zuvor beschriebenen Konzepte werden durch Details ergänzt.

Kapitel 1 bietet eine Einführung in ODBC und beschreibt Definitionen. Darüber hinaus werden hier die ursprünglichen Designanforderungen an ODBC aufgezeigt. Das Kapitel gibt einen kurzen Überblick über die wichtigsten technischen Höhepunkte von ODBC. Kapitel 2 beschreibt verschiedene Datenbanksysteme und Programmiermodelle, und wie sie ODBC beeinflußt haben. Kapitel 3 diskutiert die Client/Server-Architektur (oder genauer gesagt das, was ich mit Client/Server-Architektur meine) und ihren Einfluß auf ODBC. Kapitel 4 beginnt mit der Einführung von ODBC-Details. Die Architektur von ODBC wird ausführlich beschrieben, und viele funktionale Teile der Programmierschnittstelle werden erklärt. Kapitel 5 geht für einige wichtige ODBC-Thematiken noch weiter ins Detail. Dieses Kapitel beendet die konzeptuelle Beschreibung von ODBC. Kapitel 6 beschließt Teil I mit einem Blick hinter die Kulissen eines echten ODBC-Treibers. Hier sehen Sie, wie die Konzepte aus den ersten fünf Kapiteln in die Praxis umgesetzt werden.

Kapitel 7, das erste Kapitel in Teil II, enthält vier einfache C-Programme, die ODBC verwenden. Diese Beispiele zeigen die wichtigsten Programmiertechniken für ODBC-Programme. Kapitel 8 beschreibt elf weitere vollständige Beispielprogramme, die viele Elemente der ODBC-Programmierschnittstelle demonstrieren. Den Quellcode für die Beispiele in den Kapiteln 7 und 8 finden Sie auf der CD zum Buch. Kapitel 9 wirft einen kurzen Blick auf mögliche Verbesserungen in zukünftigen ODBC-Versionen.

Der Anhang schließlich beschreibt die verschiedenen Standardisierungs-Gremien, die beim Design von ODBC eine Rolle gespielt haben. An verschiedenen Stellen in Teil I werden Sie den Einschub »Die Story« finden. Diese Einschübe dienen folgenden Zwecken: Ersten sollen sie Informationen über die frühe Geschichte von ODBC aufzeigen, und zweitens die technischen Beschreibungen in den Kapiteln etwas auflockern.

Für wen wurde dieses Buch geschrieben?

Beim Schreiben dieses Buches habe ich an zwei Zielgruppen gedacht. Zum einen handelt es sich dabei um Leute, die mit Datenbanken arbeiten. Viele Leute haben auf Fachmessen oder in der Fachpresse bereits von ODBC gehört oder gelesen, aber es gab noch keine detaillierte Erklärung der Arbeitsweise von ODBC. Leute die mit Datenbanken arbeiten – Benutzer, Applikationsentwickler, DBMS-Hersteller, MIS-Profis, unabhängige Softwarehersteller, Datenbankadministratoren und Berater – benötigen ein fundiertes konzeptuelles Verständnis von ODBC, so daß sie Software, die ODBC nutzt, in ihren Organisationen effektiv einsetzen können. Teil I richtet sich an diese Leserschaft. Die zweite Zielgruppe besteht aus Programmierern, die mit ODBC Datenbankapplikationen oder Utilities entwickeln wollen. Die CD zum Buch enthält mehr als 20.000 Zeilen Quellcode für 15 Beispielprogramme in drei Programmiersprachen (C, C++ und Visual Basic). Teil II wird sehr hilfreich sein, egal ob Sie noch ein Anfänger auf dem Gebiet der Programmierung mit ODBC oder schon ein erfahrener Profi sind.

Danksagungen

Wenn Sie die Einschübe »Die Story« lesen, werden Sie sehen, daß ODBC von vielen sehr begabten Leuten aus den verschiedensten Firmen in der Computerindustrie beeinflußt wurde. Bei diesem Buch verhält es sich nicht anders. Ich habe versucht, all diejenigen aufzuzählen, die wichtige Beiträge entweder zu ODBC oder zu diesem Buch geleistet haben. Bei allen, die ich vergessen habe, möchte ich mich entschuldigen. Ich möchte der »Vierer-Gang« danken, die die ursprüngliche Spezifikation geschaffen hat: Jeff Balboni und Jeff Barnes von Digital Equipment, Don Nadel, Tom Mc Gary, Peter Wilkins und Peter O'Kelly von Lotus Development Corporation, Tom Haggin und Ed Archibald von Sybase und Bob Muglia von Microsoft. Ein besonderer Dank geht an Don Nadel und Tom Haggins für die Unterstützung bei den Einschüben »Die Story«, weil sie sichergestellt haben, daß ich die Geschichte so beschrieben habe, wie sie wirklich stattgefunden hat.

Besonderer Dank geht an Lowell Tuttman von Microsoft, der wahrscheinlich der einzige war, der in diesen frühen Tagen mehr als ich an ODBC geglaubt hat. Danke, Lowell, daß Du den ODBC-Gedanken den DBMS-Herstellern, Windows-ISVs, der SQL Access Group und der restlichen Datenbankgemeinde nähergebracht hast. Danke für Deine Freundschaft in harten Zeiten. Danke auch Colleen Lambert und Peter Petesch, die später die Marketing-Trommel für ODBC so erfolgreich gerührt haben.

Dem gesamten ODBC-Team bei Microsoft gebührt Anerkennung für seine Bemühungen für die ODBC-Spezifikation. Ohne die Anstrengungen von Programmanagern, Produktmanagern, Entwicklern, Testern, technischen Autoren und Support-Leuten wäre ODBC bis heute noch nicht realisiert. Danke für die Entwicklung eines großartigen SDK, das ständig mit den Neuerungen in der Datenbankindustrie aktualisiert wurde.

Spezieller Dank geht an Mike Pizzo von Microsoft, der nicht nur wichtige technische Beiträge zu ODBC bei Microsoft geleistet hat, sondern auch für den Kontakt zu den verschiedenen Standardisierungs-Gremien gesorgt hat (X/Open SQL Access Group, ANSI und ISO). Mike hatte in den letzten beiden Jahren wahrscheinlich mehr Einfluß auf ODBC als irgendein anderer. Seine Kommentare zu Kapitel 9 und zum Anhang waren besonders hilfreich, ebenso wie die Unterstützung von Murali Venkatrao und Alam Ali.

Mein Dank geht an Ron Bourret bei Microsoft, dem wichtigsten technischen Autor für die Microsoft ODBC 2.0 Programmer's Reference, dessen konstruktive Kritik mir beim

Schreiben dieses Buches sehr geholfen hat, und dessen Humor eine unerschöpfliche Quelle der Aufmunterung darstellt. Amrish Kumar von der Microsoft SQL Server Group hat mir viele wichtige Hinweise zu Kapitel 6 gegeben, was die Microsoft SQL Server-Treiber für Microsoft SQL Server Version 6 betrifft.

Kathy Krause und Dail Magee Jr. von Microsoft Press haben mir bei diesem Projekt eine wunderbare Zusammenarbeit geboten. Sie sind nicht nur hervorragende Lektoren, sondern haben auch dafür gesorgt, daß es mir Spaß gemacht hat, dieses Buch zu schreiben. Ich möchte der Herstellerin Barbara Remmele danken, die so viele Stunden damit verbracht hat, daß das Buch gut aussieht und gut zu lesen ist. Danke der Korrektorin, Lisa Theobald, für ihre sorgfältige Arbeit, dem Grafiker, Michael Victor, der sich die Zeit genommen hat, die Bilder so gut wie möglich zu treffen, und all den anderen bei Microsoft Press, die mir geholfen haben, dieses Buch zu realisieren.

Auch viele Leute außerhalb von Microsoft haben wertvolle Beiträge zu ODBC geleistet. Zwei davon verdienen eine besondere Würdigung, dafür, daß sie die De-jure- und De-facto-Standards (ISO CLI und ODBC) in dieselbe Richtung gelenkt haben. Paul Cotton bei Fulcrum Technologies und Frank Pellow bei IBM waren wesentliche Triebkräfte in der Welt der CLI-Standards, und sie sind verantwortlich für zahlreiche Neuerungen und Korrekturen an ODBC. Paul hat detaillierte Hinweise zu frühen Entwürfen dieses Buchs abgegeben, und Frank hat mir mit der Bereitstellung von IBM-spezifischem Material sehr geholfen. Danke auch an Margaret Li von IBM, die die IBM-Precompiler-Ausgaben für Kapitel 2 beigetragen hat.

Danke Merril Holt und Peter Vasterd bei Oracle für ihre Hilfe beim Beispiel für den Oracle Precompiler in Kapitel 2, Andy Mendelsohn bei Oracle für seine Antworten auf meine Fragen zur Transaktionsverarbeitung in Oracle, und all den anderen Leuten bei Oracle, die großen Einfluß auf das frühe Design von ODBC genommen haben: Gary Hallmark, Sandeep Jain und Richard Lim.

Brian Tschumper und Jason Zander von Microsoft haben fast den gesamten Code für die Beispielprogramme in Kapitel 8 geschrieben, und man kann sagen, daß Teil II dieses Buches ohne sie nicht möglich gewesen wäre. Die Arbeit mit ihnen war sehr angenehm, und wenn Sie ein Programmierer sind, der mit dem Quellcode von der CD arbeitet, dann werden Sie ihren guten Stil zu schätzen wissen (bis auf die Stellen, wo ich eingegriffen habe!).

Und schließlich will ich noch meiner wunderbaren Frau Kimberly danken, die all die langen Stunden, die ich mit diesem Buch verbracht habe, geduldig war, und vor allem dafür, daß sie die wichtigste Arbeit auf der ganzen Welt leistet: unseren vier Kindern eine wunderbare Mutter zu sein.

Inside ODBC

In Teil I werden alle wichtigen Konzepte von ODBC erklärt. Hier erhalten Sie ausreichende Hintergrundinformationen sowie eine Beschreibung der Datenbankarchitektur, so daß Sie verstehen können, warum ODBC so entwickelt wurde, wie es heute vorliegt. Dies ist zwar der Grundlagen-, nicht der Programmier-Teil des Buches, aber ich werde an allen Stellen, wo es für die Erklärung erforderlich ist, Codebeispiele aufzeigen.

Mein wichtigstes Ziel für Teil I ist es, Ihnen eine fundierte Einführung in ODBC zu bieten: was es ist, welche Motivation es dafür gab, welche Probleme es löst und welche allgemeine Funktionalität es aufweist. Mein zweites Ziel ist es, die Grundlagen zur Architekturumgebung von Datenbanksystemen und die Programmiermodelle für den Zugriff darauf vorzustellen, so daß Sie verstehen, wie sich ODBC in diese Umgebung einfügt. Ich hoffe, dieser Teil des Buches verschafft Ihnen ein detailliertes Verständnis für ODBC, damit Sie erkennen können, wie oder ob der Einsatz von ODBC für Sie oder Ihre Firma sinnvoll ist.

ODBC: Eine Lösung für die Verknüpfung von Datenbanken

◆ **1**

Vor zehn Jahren war es unvorstellbar, daß man mit einer einzigen Softwareapplikation auf eine Datenbank zugreifen und dieselbe Applikation ohne jeglichen Programmieraufwand auch noch für den Zugriff auf andere Datenbanktypen einsetzen könnte. ODBC hat diese Art des Datenbankzugriffs nicht nur möglich, sondern selbstverständlich gemacht. In diesem ersten Kapitel wollen wir ODBC definieren, die Problemstellung bei seiner Entwicklung beschreiben und die wichtigsten Elemente des ODBC-Designs vorstellen.

1.1 Was ist ODBC?

ODBC (Open Database Connectivity) ist eine Standard-API (Application Programming Interface, Anwendungsschnittstelle) für den Zugriff auf Daten in relationalen und nichtrelationalen Datenbank-Management-Systemen (DBMS). Mit Hilfe der ODBC-API können Applikationen auf Daten zugreifen, die in DBMS-Systemen auf PCs, Minicomputern und Mainframes abgelegt sind, selbst wenn jedes dieser DBMSe ein anderes Datenformat und eine andere Programmierschnittstelle verwendet. Um diese DBMS-Unabhängigkeit zu realisieren, »zerlegt« die ODBC-Architektur den Datenbankzugriff, so daß eine logische Unterteilung zwischen der Anwendung und dem DBMS entsteht. Im Prinzip ist die ODBC-API für den Datenbankzugriff das, was die Microsoft Windows-API für Grafikanzeigen ist: Windows-basierte Anwendungen benötigen keinen speziellen Code für verschiedene Grafikadapter und verschiedene Bildschirme – sie verwenden die Windows-API, und Windows selbst sorgt für die Geräteunabhängigkeit.

GLOSSAR

API (Application Programming Interface, Anwendungsschnittstelle)
Eine Menge verwandter Funktionen, die ein Programmierer einsetzt, um dadurch einen bestimmten Service von einer anderen Software zu erhalten. Die Programmierer von Windows-basierten Anwendungen zum Beispiel verwenden die Windows-API, um Fenster zu erzeugen, Text auf dem Bildschirm zu zeichnen, auf Dateien zuzugreifen und all die anderen von Windows bereitgestellten Dienste zu nutzen. Trotz des Begriffs »Anwendung« müssen es nicht ausschließlich Anwendungen sein, die APIs nutzen; es gibt auch Low-Level-Software-Komponenten, wie etwa Netzwerk-Treiber, die ebenfalls APIs verwenden, und bei diesen Komponenten handelt es sich nicht um »Anwendungen«, und sie werden (im Normalfall) auch nicht direkt von Anwendungen verwendet. Lesen Sie dazu

auch die im nächsten Abschnitt folgende Definition von CLI (Call Level Interface), wo Sie eine alternative Definition für API finden.

ODBC basiert auf der CLI-Spezifikation (Call Level Interface) der X/Open SQL Access Group, die Ende 1995 sehr wahrscheinlich zum ANSI- und ISO-Standard werden wird. Es war aus mindestens zwei Gründen wichtig, ODBC auf einem Standard zu basieren. Erstens sind fast alle großen DBMS-Hersteller am Standardisierungsprozeß beteiligt. Damit wird ein Forum geschaffen, das es den Herstellern ermöglicht, die Anforderungen jedes DBMS-Produkts zu spezifizieren, und das die Experten bei den verschiedenen DBMS-Herstellern ermutigt, die entsprechenden technischen Lösungen zu entwickeln. Zweitens hat ein formaler Standard eine kommerzielle Bedeutung, weil es für die Auftragsvergabe von der Regierung oder größeren Firmen erforderlich ist, bestimmten Standards zu genügen, wenn man ein Angebot abgeben will.

GLOSSAR

DBMS (Database Management System, Datenbank-Management-System)
Software, die den Zugriff auf strukturierte Daten realisiert. Beispiele für DBMSe sind IBM DB2, Microsoft SQL Server, Oracle 7 Server oder Sybase SQL Server. In diesem Buch werden wir den Begriff DBMS allgemeiner fassen, so daß auch PC-Datenbankprodukte wie etwa Microsoft Access, FoxPro oder Borland Paradox ebenso wie andere Software-Pakete, die den Zugriff auf Daten ermöglichen, berücksichtigt werden.

CLI (Call Level Interface)
Definiert die Menge der Funktionsaufrufe (so wie die oben definierte API). CLI wird in der SQL-Welt eingesetzt, um eine Schnittstelle zu beschreiben, bei der es sich nicht um eingebettetes SQL handelt, welche auch als API bezeichnet wird. Eingebettetes SQL (Embedded SQL) ist eine alternative Programmierschnittstelle, bei der SQL-Anweisungen mit normaler Programmsyntax kombiniert und durch einen Precompiler in Funktionsaufrufe für die DBMS-Laufzeitbibliothek übersetzt werden.

ANSI (American National Standards Institute)
Die maßgebliche Organisation für die Schaffung von Standards in den USA. ANSI definiert alle möglichen Standards, unter anderem auch für Computersprachen und Fahrradhelme. ANSI ist Teil des Wirtschaftsministeriums der USA und stellt die nationale Standardisierungs-Organisation dar, die die USA bei ISO-Konferenzen vertritt.

Neben seinem Einfluß auf den formalen Standardisierungsprozeß wird ODBC immer mehr zum informellen Standard für die Verknüpfung unterschiedlicher Datenbanken, weil es in immer mehr Softwareprodukten eingesetzt wird. Die Anwendungs-Entwickler schätzen die weitgehende Datenbank-Unabhägigkeit, die ihnen ODBC verschafft, und die Informationssystem-Entwickler aus Firmen aller Größenordnungen haben festgestellt, daß ODBC die komplexen Anforderungen, denen sie bei der Integration einzelner Anwendungen mit unterschiedlichen Datenquellen gegenüberstehen, erheblich vereinfacht.

GLOSSAR

X/Open SQL Access Group
Ein Zusammenschluß von DBMS-Herstellern, die es sich zum Ziel gemacht haben, eine Grundlage für die Zusammenarbeit SQL-basierter Produkte verschiedener Hersteller zu schaffen. Gegründet 1989 als SQL Access Group, schloß sich die Gruppe Ende 1994 mit X/Open zusammen und verfolgt jetzt ihr Ziel als technische Organisation innerhalb von X/Open weiter. X/Open ist ein Zusammenschluß von Firmen, die die Standards für Computer-Produkte verschiedener Hersteller unterstützen, indem sie Richtlinien zur Portabilität veröffentlichen.

ISO (International Organization for Standardization)
Ein weltweiter Zusammenschluß nationaler Standardisierungs-Organisationen, die Standards für die unterschiedlichsten Technologien schaffen, unter anderem auch für Computersprachen und Tiertransportkisten. (Wir hätten das nicht gewußt. Jim Melton, der Herausgeber der ANSI- und ISO-SQL-Spezifikationen, schreibt, daß die ISO sogar Komitees umfaßt,»deren einzige Aufgabe die Schaffung von Standards für die Größen von Bolzen, Schraubenmuttern, Dichtungsringen und Schrauben ist«. Es gibt auch ein Komitee für Papiergrößen und -beschaffenheiten, Oberflächenspiegelung usw.) Neben ANSI gibt es noch weitere Standardisierungs-Organisationen, etwa das BSI (British Standards Institute) oder das DIN (Deutsches Institut für Normung). Im Buch von Melton und Simon, das am Ende dieses Kapitels noch vorgestellt wird, finden Sie Informationen über Standards-Organisationen und ihre Arbeit.

Und hier einige der Anwendungsgebiete, die ODBC in der heutigen Computerindustrie abdeckt:

- Seit 1994 unterstützen alle wichtigen Microsoft-Anwendungen und Entwicklungswerkzeuge ODBC. Microsoft Excel, Word, Access, Visual Basic, FoxPro, Microsoft SQL Server für Windows NT und Visual C++ verwenden alle die ODBC-Technologie, um auf die unterschiedlichsten DBMSe zuzugreifen. Wenn Sie eines dieser Pakete auf Ihrem Computer installiert haben, dann haben Sie wahrscheinlich auch ODBC.[1]

- Die Unterstützung von ODBC ist nicht auf Microsoft beschränkt. Fast alle DBMS-Hersteller und die wichtigsten unabhängigen Softwarehersteller (ISVs, Independent Software Vendors) unterstützen ODBC, unter anderem Lotus (Approach), Powersoft (PowerBuilder), IBM (die AS/400- und DB2/6000-Treiber), Oracle (der Oracle-Treiber), Novell (AppWare) und Borland (Interbase). Die Tatsache, daß viele Mitbewerber von Microsoft ODBC unterstützen, bestätigt seine allgemeine Akzeptanz als Industriestandard.

- ODBC findet seit langem vielversprechende Unterstützung bei mehreren Standardisierungs-Gremien. X/Open SQL Access Group, ANSI und ISO arbeiten in ihren jeweiligen Organisationen momentan alle an einer Verbesserung der Kernelemente der ODBC-

---

[1] Um sicherzugehen, sehen Sie in der Systemsteuerung von Windows nach. Wenn Sie dort ein Icon mit dem Namen ODBC finden, dann ist ODBC auch auf Ihrem System installiert.

API. Manchmal ist es schwierig zu erkennen, wer bei der Entwicklung der API gerade führend ist, und wer dem aktuellen Stand folgt. Tatsächlich ist die Entwicklung von ODBC ein Gemeinschaftsvorhaben, wie man es selten findet. Die Neuerungen von ODBC wurden in den formalen Standard übernommen, und die Verbesserungsvorschläge der Standardisierungs-Gremien wiederum wurden in neuen Releases von ODBC berücksichtigt.

▪ Die ODBC-Versionen 2.x bieten ausgezeichnete Werkzeuge zur Entwicklung von 32-Bit-Datenbankapplikationen für die neuen Microsoft-Betriebssysteme, unter anderem Windows NT und Windows 95. Die objektorientierte Programmierung kann entweder durch die Verwendung der C++-Klassen realisiert werden, die in den ODBC-Versionen 2.x enthalten sind, oder durch die leistungsfähigeren Datenbankobjekte für ODBC, die unter Visual C++ bereitgestellt werden, sowie durch viele Entwicklungswerkzeuge, die von anderen Herstellern angeboten werden. Auch Visual Basic für Applikationen (VBA), das in Microsoft Excel 5 enthalten ist, bietet eine direkte Unterstützung der Programmierung von ODBC.

▪ ODBC ist eine plattform-übergreifende Lösung. Vo der Konzeption her ist ODBC auf den Einsatz unter verschiedenen Betriebssystemen (und für verschiedene Programmiersprachen) ausgelegt. Die Portabilität ist ein wichtiges Ziel der Standardisierungs-Gremien, die am CLI arbeiten. Microsoft hat Lizenzen für den Quellcode von ODBC an Dritthersteller ausgegeben, die ODBC für den Macintosh, zahlreiche UNIX-Plattformen, OS/2 und andere Betriebssysteme bereitstellen bzw. in kurzer Zeit bereitstellen werden. Einige DBMS-Hersteller verwenden ODBC bereits als hauptsächliche Programmierschnittstelle. Die ersten davon waren unter anderem IBM, Watcom und Informix.

ODBC wird also vielfältig eingesetzt. Aber warum? Im nächsten Abschnitt werden wir einige der Gründe dafür aufzeigen.

1.2 Wo liegt das Problem? Die Notwendigkeit zur Datenbank-Verknüpfung

Warum wird ODBC von so vielen Produkten auf so vielerlei Arten genutzt? Für welches Problem stellt ODBC die Lösung dar? Jede Lösung sollte sich eigentlich auf ein reales Problem beziehen. Das scheint zwar offensichtlich, aber wir im Computer-Business vergessen das manchmal und verlieren uns all zu leicht in der Technologie um ihrer selbst willen, weil es Spaß macht und interessant ist. Dieser Teil des Kapitels beschreibt die realen Probleme aus der Computerwelt, für die ODBC eine Lösung schafft. Wir beginnen mit einer Beschreibung der Notwendigkeit einer Datenbank-Connectivity-Lösung aus drei Perspektiven: Benutzer (die Leute, die Computer verwenden, um ihre Produktivität zu steigern), Anwendungsentwickler (unter Berücksichtigung der Hersteller, die Werkzeuge zur Anwendungsentwicklung erstellen) und DBMS-Hersteller. Die einzelnen Perspektiven überlappen sich zum Teil, aber jede hat auch ihre eigenen Besonderheiten, die hier beschrieben werden sollen.

1.2.1 Die Perspektive des Benutzers

Als man 1988 bei Microsoft über einen Datenbank-Connectivity-Standard nachzudenken begann, war es bereits offensichtlich, daß Anwendungen – sowohl die von Microsoft als auch die von den unabhängigen Softwareherstellern – Zugriff auf Daten brauchten, die die Benutzer für Ihre Arbeit benötigten. Das war größtenteils das Ergebnis eines Trends, der Ende 1980 begann und bis heute andauert: immer mehr Firmen setzen preiswerte PCs und grafische Benutzeroberflächen wie etwa Windows in ihrer Arbeitsumgebung ein und haben erkannt, daß dadurch erhebliche Produktivitätssteigerungen möglich sind. Es bleibt jedoch ein schwerwiegendes Problem: die Daten, die für die Arbeit benötigt werden, liegen in der Regel nicht auf einem PC vor. (Und selbst wenn, dann womöglich in einem der unzähligen verschiedenen Dateiformate.) Die Daten, die die Benutzer in ihren Tabellenkalkulationen manipulieren wollen, können auf fast jeder beliebigen existierenden Hardwareplattform, unter beliebigen Betriebssystemen, auf beliebigen Netzwerken oder DBMS-Systemen vorliegen. Die Benutzer haben Zugriff auf viele leistungsfähige Werkzeuge, aber es gibt keine bequeme Methode zur Manipulation der eigentlichen Daten.

GLOSSAR

ISV (Independant Software Vendor, Unabhängiger Softwarehersteller)
Eine Firma, die eine Software herstellt. Lotus ist ein großer ISV, Joe's Screen Door und Software Enterprises sind kleine ISVs. (Ja gut, den letzten habe ich erfunden, aber Sie wissen schon, um was es geht.)

Benutzer
Eine Person, die einen Computer verwendet, um eine bestimmte Aufgabe in ihrem beruflichen Umfeld oder irgendeine persönliche Arbeit auszuführen. In diesem Abschnitt bezieht sich der Begriff »Benutzer« in der Regel auf jemanden in einer Firma, der eine oder mehrere Anwendungen einsetzen muß, die auf ein DBMS zugreifen. Beispiele für die dabei ausgeführten Arbeiten sind unter anderem Berechnungen mit Hilfe einer Tabellenkalkulation, wobei Daten von einem Mainframe-Rechner verwendet werden (z.B. die Aktualisierung von Lagerdaten, wenn neue Lieferungen ankommen, oder das Hinzufügen neuer Angestellter in einer Personaldatenbank).

Darüber hinaus hat sich der Einsatz verschiedener Computersysteme in mittleren und großen Firmen so entwickelt, daß in verschiedenen Abteilungen einer Firma oft verschiedene DBMSe verwendet werden. Gleichzeitig entsteht in den Firmen der Bedarf, Informationen zwischen diesen verschiedenen Systemen auszutauschen. Manchmal werden verschiedene DBMSe verwendet, weil eine bestimmte Anwendung den Bedürfnissen einer Abteilung am besten entspricht und diese Anwendung nur mit einem ganz bestimmten DBMS eingesetzt werden kann. Manchmal werden verschiedene DBMSe aufgrund der spezifischen Funktionalität oder Performance-Eigenschaften des Datenbankservers selbst eingesetzt. Und manchmal einfach nur deswegen, weil die Benutzer innerhalb einer Abteilung das kaufen und einsetzen, was sie schon kennen. Nicht selten hat man den Fall, daß eine Abteilung ganz andere Erfahrungen mit einem DBMS hat als eine andere.

So könnte zum Beispiel eine Firma ihre Verkaufs- und Finanzdaten auf einem IBM-Mainframe mit DB2 halten, während die Produktion möglicherweise RDB auf einer VAX einsetzt. Um in einer einzigen Anwendung sowohl auf die Daten der Produktion als auch des Verkaufs zuzugreifen (etwa um die Auswirkungen einer Produktionsänderung auf die Verkäufe zu ermitteln), müßte man sowohl DB2 als auch RDB abfragen. [2]

Wie bereits erwähnt, wollen die Benutzer immer mehr der neuen, PC-basierten Werkzeuge (zum Beispiel Microsoft Excel oder Lotus 1-2-3) für die Analyse ihrer Daten einsetzen. Wie können die immer leistungsfähigeren Desktop-PC-Anwendungen am effektivsten mit den Daten auf LAN-Servern (Local Area Networks), Minicomputern oder Mainframes kombiniert werden? Wie lassen sich die Komponenten von Datenbankapplikationen in einer verteilten Programmierumgebung von PCs und anderen Computern vereinfachen (dies bezeichnen wir heute auch als Client/Server-Programmierung)?

Als wir über die Antworten zu diesen und anderen Fragen nachgedacht haben, zeigte die Analyse der Bedürfnisse des Benutzers noch weitere Dinge auf:

- Die Benutzer benötigen flexible, allgemeine Werkzeuge für die Ermittlung von Daten. Reine Analyse-Applikationen (mit denen keine Daten erzeugt oder modifiziert werden können) verwenden Werkzeuge zur Datenextraktion, welche Daten von den verschiedensten Datenquellen exportieren und in ein allgemeines PC-Format bringen (z.B. Text oder Xbase) oder sie in einem bestimmten DBMS im LAN ablegen. Anschließend kann die jeweilige Anwendung dieses allgemeine Format lesen und die Analyse durchführen. Die Kunden stellen jedoch häufig fest, daß es nicht immer ganz einfach ist, im voraus festzulegen, welche Daten-Untermenge man betrachten will. Wenn sie also mit dem Extraktionsswerkzeug arbeiten, dann spezifizieren sie fast immer eine Abfrage, die genau die Daten bereitstellt, die sie im Moment benötigen (etwa die Verkaufszahlen für den letzten Monat). Oft benötigen sie jedoch noch weitere Analysen (etwa um die Verkaufszahlen des letzten Monats mit denen des Vorjahresmonats zu vergleichen), dann müssen sie zurück in das Extraktionswerkzeug gehen, die Daten in die Anwendung laden und die Analyse durchführen. Das ist zwar möglich, aber dieser Prozeß ist sehr aufwendig, wenn der Benutzer nicht im voraus alle Abfragen kennt, die er für die Daten ausführen will. Diese Situation hat zur Entwicklung von Ad-hoc-Abfragewerkzeugen geführt, von denen es bereits mehrere auf dem Markt gibt. Reine Analyse-Anwendungen müssen also in der Lage sein, auf einfache Weise den Zugriff auf Daten in unterschiedlichen Umgebungen und Formaten zu erlauben.

---

2 Es könnte durchaus noch ein drittes DBMS beteiligt sein. Um die DBMSe für Verkauf und Herstellung nicht mit Abfragen zu belasten, könnte ein weiteres System eingesetzt werden, das während der Leerlaufzeit Daten von den beiden anderen Systemen herunterlädt. Dabei könnte es sich um ein weiteres RDB- oder DB2-System handeln, aber auch um Sybase oder Oracle. Im letzteren Fall wird die Notwendigkeit einer allgemeinen Programmierschnittstelle noch offensichtlicher.

■ Die Benutzer benötigen für ihren Geschäftszweig angepaßte Anwendungen, die schnell entwickelt und modifiziert werden können. Die wichtigsten der dabei eingesetzten Datenbankapplikationen (zum Beispiel Anwendungen für die Stammdatenverarbeitung, Auftragseingabe, Lagerverwaltung und Lohnabrechnung) bieten zwar die einfache Handhabung, die wir von den grafischen Benutzeroberflächen gewöhnt sind, aber die zuvor beschriebenen Extraktionswerkzeuge sind dafür nicht geeignet, weil sie offensichtlich keine Aktualisierungen der Daten vornehmen können. In den meisten Fällen ist so eine Anwendung auf ein einziges DBMS ausgelegt und kann deshalb die API und die Entwicklungswerkzeuge benutzen, die von dem DBMS-Hersteller bereitgestellt werden; einige Anwendungen müssen jedoch auch auf mehrere DBMSe ausgelegt sein, weil es in der Firma eben mehrere solcher Systeme gibt. Oft lösen die Firmen dieses Problem, indem sie eine Anwendung entwickeln, die auf ein DBMS zugreift, und eine andere, die auf ein anderes DBMS zugreift. Eine gemeinsame Programmierschnittstelle für beide DBMSe würde die Kosten für die Einführungszeit sowie die Entwicklungszeit reduzieren.

GLOSSAR
Ad-hoc-Abfragewerkzeug
Eine Anwendung, die den Benutzer bei der Formulierung und Ausführung einer Abfrage unterstützt. Solche Anwendungen sind insbesondere dann sinnvoll, wenn der Benutzer im voraus keine bestimmte Abfrage geplant hat. Normalerweise führt ein Ad-hoc-Abfragewerkzeug den Benutzer schrittweise durch die Auswahl von Tabellen, die Selektion von anzuzeigenden Spalten und die Spezifikation von Kriterien, die auf die Spalten angewendet werden sollen, um jeweils nur die benötigten Zeilen anzuzeigen. Die Abfrage wird ausgeführt, die Ergebnisse werden angezeigt, und es werden weitere Verfeinerungen der Abfrage vorgenommen, bis die gewünschten Daten ermittelt sind. Beispiele für Ad-hoc-Abfrage-Werkzeuge sind unter anderem Microsoft Query, Intersolv Q+E, Andyne GQL, Fairfield Software Clear Access und Brio DataPrism.

■ Die Benutzer brauchen eine Lösung, die mit den bereits existierenden Technologien so gut wie möglich kombiniert werden kann. Eine Lösung, für die es notwendig ist, große Teile der Netzwerk-Software und -Hardware auszutauschen, kann nicht akzeptabel sein. Die Lösung muß einen glatten Übergang zu den einzelnen DBMS-Systemen schaffen, ohne daß die Anwendungen dafür umgeschrieben werden müssen.

■ Die Benutzer brauchen eine Lösung, die alle Features der einzelnen DBMSe ausnutzt. Die Lösung des »kleinsten gemeinsamen Vielfachen« ist nur in den seltensten Fällen akzeptabel.

■ Die Benutzer brauchen eine hohe Performance. Die Lösung muß die gleiche oder annähernd die gleiche Performance wie die ursprüngliche Programmierschnittstelle für ein DBMS aufweisen.

■ Die Benutzer brauchen Einfachheit. Wenn es etwas gibt, worüber in der Computerindustrie Übereinstimmung herrscht, dann ist es das, daß die aktuelle Situation für den Zugriff auf Datenbanken zu kompliziert ist. Am besten wäre es, wenn sich die

Benutzer um nichts mehr kümmern müßten. Eine Standardlösung für die Datenbank-Connectivity sollte einen Teil der Komplexität beim Zugriff auf die Daten reduzieren. Die Lösung sollte den Benutzer vor der Komplexität der Netzwerksoftware, den Protokollen und den verschiedenen Namenskonventionen von Servern und DBMS-Systemen abschirmen. Im allgemeinen sollten dabei die Details, wie die Anwendung mit der Datenquelle verbunden wird, verborgen bleiben, unabhängig davon, wo sich die Datenquelle befindet.

Ohne eine allgemeine Programmierschnittstelle für den Zugriff auf verschiedene DBMSe sehen sich die Benutzer einer Unzahl von APIs und Technologien gegenüber, und jeder Hersteller bietet seine eigene Lösung für die Datenbank-Connectivity.

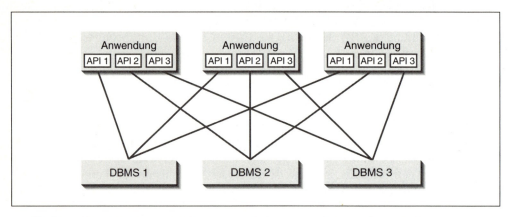

Abbildung 1.1 – Die Notwendigkeit der Datenbank-Connectivity aus der Sicht des Benutzers

1.2.2 Die Perspektive des Anwendungsentwicklers und des Entwicklers von Entwicklungswerkzeugen

Die Bedürfnisse der Personen, die Anwendungen schreiben (Anwendungsentwickler, die sich normalerweise innerhalb der Firma befinden), und der Leute, die Werkzeuge für die Anwendungsentwickler erstellen (Entwicklungswerkzeug-Entwickler) überlappen sich leicht mit den Bedürfnissen der Benutzer, die die Anwendung letztendlich einsetzen. Die Entwicklergemeinde weist jedoch noch einige zusätzliche Bedürfnisse auf.

- Entwickler wollen die Einschränkungen der DBMSe durch die Hersteller umgehen. Wenn ein Anwendungsentwickler eine Standard-API statt einer herstellerspezifischen API verwenden kann, dann bedeutet es weniger Aufwand für ihn, die Anwendung mit anderen DBMS-Systemen zu koppeln oder eine Anwendung zu schreiben, die mehrere DBMSe gleichzeitig benutzt.[3] Aus der Sicht des Anwendungsentwicklers hängt der Zugriff auf mehrere DBMSe von der Anwendung ab, wie in Abbildung 1.2 gezeigt.

Wo liegt das Problem? Die Notwendigkeit zur Datenbank-Verknüpfung

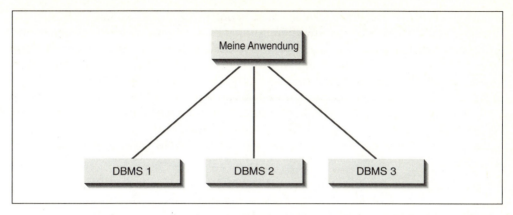

Abbildung 1.2 – Die Notwendigkeit der Datenbank-Connectivity aus der Sicht des Anwendungsentwicklers

■ Entwickler müssen in der Lage sein, auf ihren Geschäftszweig abgestimmte Anwendungen mit Hilfe von sogenannten RAD-Werkzeugen (Rapid Application Development, Schnelle Anwendungsentwicklung) zu schreiben, die auf verschiedene DBMSe ausgelegt sind. Mit der wachsenden Beliebtheit der RAD-Tools (z.B. Powersofts PowerBuilder, Guptas SQL Windows und Microsoft Visual Basic), die das Erstellen von angepaßten Anwendungen vereinfachen, verlagert sich die Last, mehrere DBMSe zu unterstützen, von dem Anwendungsentwickler auf die Hersteller dieser Entwicklungswerkzeuge. Das heißt, ein bestimmter Entwickler, der ein Werkzeug zur Datenbankentwicklung einsetzt, wendet dieses zwar in der Regel auf ein bestimmtes DBMS an. Aber ein anderer Entwickler will dasselbe Werkzeug möglicherweise auf ein ganz anderes DBMS anwenden. Die Entwickler für Werkzeuge zur Datenbankentwicklung sind also gezwungen, entweder für die DBMSe aller Hersteller spezifische APIs zu schreiben, oder ihre Programmierschnittstelle so zu abstrahieren, daß sie für den Zugriff auf unterschiedliche DBMSe verwendet werden kann. Alle Entwicklungswerkzeuge, die es zum Zeitpunkt der Drucklegung dieses Buches gibt, realisieren (unseres Wissens nach) die letztere Strategie: eine allgemeine, datenbankunabhängige API. Jeder Entwickler von Entwicklungswerkzeugen muß also eine solche API erstellen oder andere Standard-APIs verwenden, wie etwa ODBC eine darstellt.

■ Entwickler brauchen Anwendungs-Prototypen, die den Zugriff auf unterschiedliche DBMSe erlauben. Ein Entwickler, der eine Anwendung schreibt, die in einer Client/Server-Umgebung eingesetzt werden soll, wird feststellen, daß der Entwicklungsprozeß

---

3 Trotz dieser Einsparmöglichkeiten trifft das heute noch nicht ganz zu. Die wichtigsten DBMS-Hersteller verfügen über genügend Marktpräsenz, so daß die Entwickler in einigen Fällen immer noch die herstellerspezifischen APIs für ihre DMBSe verwenden. Aber mit den stets verbesserten Implementationen der Standard-APIs, die der Performance und Funktionalität der herstellerspezifischen APIs schon gleichkommen, wird es immer schwieriger für die Applikationsentwickler, eine Rechtfertigung dafür zu finden, ihre Ressourcen vorwiegend herstellerspezifischen APIs zu widmen.

vereinfacht wird, wenn er einen lokalen Daten-«Container» verwenden kann (z.B. dBASE), um die allgemeine Struktur der Anwendung anhand eines Prototyps zu untersuchen und später die Anwendung auf das Client/Server-System (z.B. Microsoft SQL Server) zu übertragen. Auch hier wäre es natürlich wieder möglich, eine API für den lokalen Daten-Container zu schreiben, und eine neue Schnittstelle, wenn der Wechsel auf das Client/Server-System erfolgt, aber das ist im besten Fall ein schwieriger und umständlicher Prozeß. Sehr viel besser ist es, eine einzige API einzusetzen, mit einem konsistenten Modell aber verschiedenen zugrundeliegenden Implementationen, so daß die Änderungen, die für die Anwendung bei einem Wechsel des Ziel-DBMS notwendig werden, minimal sind.

■ Entwickler verteilter Anwendungen benötigen Zugriff auf mehrere DBMSe. Eine ähnliche Situation besteht für verteilte Anwendungen, in denen sowohl lokale als auch serverbasierte Datenspeicher im endgültigen Produktionssystem verwendet werden. Diese Anordnung wird immer gebräuchlicher, wenn Daten z.B. auf Notebook-Computern und PDAs gesammelt und dann über Nacht mit den Daten auf gemeinsamen Servern synchronisiert werden. Diese Situation kennt man auch in WAN-Umgebungen, wo Veränderungen an den Daten an verschiedene DBMSe auf unterschiedlichen Plattformen weitergereicht werden müssen. Während die Lösung mit einer Replikation sauberer realisiert werden kann, sollte eine API für mehrere Datenquellen diese technische Herausforderung für den Fall, daß mehrere DBMSe beteiligt sind, weniger erschreckend gestalten.[4]

■ Entwickler verteilter Anwendungen fordern volle Funktionalität und höchste Performance. Anwendungsentwickler benötigen eine Standard-Programmierschnittstelle, die nicht durch den Ansatz des »kleinsten gemeinsamen Vielfachen« beschränkt ist, d.h. die Anwendungen sollen nicht auf die Funktionen beschränkt werden, die in allen DBMS-Produkten zur Verfügung stehen. Von den Entwicklern kommt ständig die Information, daß sie selbst bestimmen wollen, wie kompatibel ihre Anwendungen sind. Und diese Entscheidung sollte nicht durch die Architektur oder die Programmierschnittstelle der Datenbank-Connectivity-Lösung vorbestimmt sein. Jede der gebotenen Lösungen muß also ermöglichen, die gesamte Funktionalität und alle Funktionen jedes beliebigen DBMS zu nutzen, auch wenn die Verwendung spezifischer Features bedeuten würde, daß die Anwendung für ein anderes DBMS nicht eingesetzt werden kann.

---

4 Ein Beispiel dafür ist Microsoft SQL Server 6, das ODBC als zugrundeliegende API für seine Applikationsdienste einsetzt. Ein weiteres Beispiel ist Oracles Transport Gateway (vorgestellt Anfang 1995), das die Entwicklung verteilter Applikationen unterstützt und für den Zugriff auf andere UNIX-DBMS-Produkte ODBC verwendet.

GLOSSAR

Verteilte Anwendung
Eine Anwendung, deren Komponenten auf verschiedenen Computern innerhalb einer Firma abgelegt sind, oder die Daten verwendet, welche auf verschiedenen Computern abgelegt sind.

PDA (Personal Digital Assistant)
Ein Taschen-PC, der nicht sehr viel größer als ein Taschenrechner ist. Beispiele für PDAs sind der Apple Newton oder der Motorola Envoy.

Replikation
Das Kopieren von Daten von einem Computer auf einen anderen, und zwar so, daß die Veränderungen, die an den Daten auf dem einen Computer vorgenommen werden, auch auf dem anderen erfolgen und umgekehrt.

1.2.3 Die Perspektive des DBMS-Herstellers

Auf der einen Seite sehen die DBMS-Hersteller (Firmen wie etwa Oracle, Sybase, IBM oder Microsoft, die DBMS-Produkte herstellen) einen Nutzen in der Datenbank-Connectivity, weil sie damit den steigenden Anforderungen bezüglich der Unterstützung von Dingen wie etwa der verteilten, heterogenen Abfrageverarbeitung (zum Beispiel die Verarbeitung von Tabellen aus DB2, Oracle und Microsoft SQL Server in einer einzigen Abfrage) gerecht werden können. Die Ankündigung von DataJoiner, einem IBM-Produkt, im Mai 1994 war ein Hinweis darauf, daß es tatsächlich Interesse von Seiten der DBMS-Hersteller gibt, ihre Produkte so zu entwickeln, daß sie als verteilte Datenbanken eingesetzt werden können.

Andererseits ist es aus der Perspektive der DBMS-Hersteller kaum zu rechtfertigen, daß es tatsächlich ein »Bedürfnis« nach Datenbank-Connectivity auf der Client-Seite gibt. Eigentlich trifft genau das Gegenteil zu. Jeder DBMS-Hersteller will doch, daß alle Kunden sein und nur sein DBMS einsetzen. Wenn ein Kunde erst einmal eine eigene Schnittstelle für DBMS geschaffen hat, dann wird er sich immer enger an das DBMS binden, weil ein Wechsel des DBMS gleichzeitig eine Neuprogrammierung der APIs bedeuten würde, also erneut einen enormen Entwicklungsaufwand auf Seiten des Kunden. Diese DBMS-zentrierte Sicht sehen Sie in Abbildung 1.3 dargestellt.

Die Perspektive des Herstellers ist genau entgegengesetzt zu der im letzten Abschnitt beschriebenen Perspektive des Anwendungsentwicklers: der DBMS-Hersteller will möglichst viele der Entwickler von Anwendungen und Entwicklungswerkzeugen davon überzeugen, mit seinem DBMS zu arbeiten, wodurch wiederum dem Endbenutzer mehr Lösungen geboten werden.

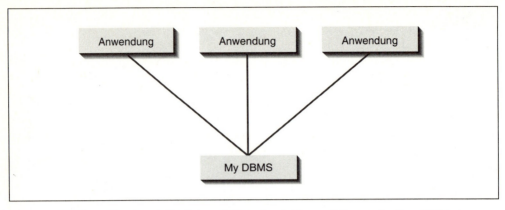

Abbildung 1.3 – Das Bedürfnis nach Datenbank-Connectivity aus der Perspektive des DBMS-Herstellers

Die obige Beschreibung vorausgesetzt, können die Bedürfnisse der DBMS-Hersteller in der folgenden Auflistung definiert werden:

■ DBMS-Hersteller müssen ihre Kunden zufriedenstellen. Das »Bedürfnis« nach Datenbank-Connectivity kommt aus ganz anderen Lagern: die Kunden verlangen sie. Es sind dies die Kunden, die entweder bereits mehrere DBMSe installiert haben oder sich nicht an die Datenbank, die Programmierschnittstelle oder die Entwicklungswerkzeuge eines einzigen DBMS-Herstellers binden wollen. Zweitens bringt die Verheißung der Client/Server-Programmierung die Vorstellung mit sich, daß Anwendungen vom Datenbankserver getrennt werden, so daß die Benutzer beliebige Anwendungen und Entwicklungswerkzeuge für Anwendungen ebenso wie Datenbankserver einsetzen können, auch wenn diese Softwarekomponenten von verschiedenen Herstellern stammen. Die Aussicht, beliebige Werkzeuge für ganz bestimmte Aufgaben auswählen zu können, ist vielversprechend – man sucht sich einfach das beste Formular-Werkzeug, das beste Bericht-Programm usw. heraus. Wenn es für ein bestimmtes DBMS eine Vielzahl von Werkzeugen gibt, wird dieses System für die Kunden dadurch attraktiver. Die DBMS-Hersteller wollen also, daß so viel Anwendungen wie möglich geschaffen werden, die mit ihrem DBMS zusammenarbeiten. Wie bereits erwähnt, bevorzugen die DBMS-Hersteller Anwendungen, die dies mit der DBMS-spezifischen API bewerkstelligen. Aber weil dieser »bindende« Ansatz von Seiten des Benutzers nicht wünschenswert ist, müssen die DBMS-Hersteller wohl oder übel eine Datenbank-Connectivity-Lösung unterstützen.

■ DBMS-Hersteller müssen sich nach Standards richten. Ein weiterer wichtiger Aspekt für DBMS-Hersteller ist die Erfüllung von Standards. Die meisten DBMS-Hersteller halten sich an die ANSI- und ISO-Datenbankstandards, und zwar aus dem einfachen Grund, daß die US-Regierung (ebenso wie viele Kunden außerhalb der USA) für die Auftragsvergabe die Erfüllung von Standards fordert. Im Fall des SQL-Standards versuchen die DBMS-Hersteller, diesen zu beeinflussen, sowohl um seine Praktikabilität aus einer rein technischen Perspektive zu verbessern, als auch, um ihre eigenen technischen Vorgaben durchzusetzen. Das CLI ist ein weiteres Beispiel eines Bereichs, in den DBMS-Hersteller einbezogen werden sollten, insbesondere weil eines Tages vielleicht irgendein US-Ministerium eine entsprechende Konformität fordert. Das »Bedürfnis« soll also sicherstellen, daß die Schnittstelle technisch angemessen ist und daß die Interessen des DBMS-Herstellers erfüllt sind, so daß die Hersteller konkurrenzfähig sind.

▪ DBMS-Hersteller müssen den »API-Krieg« abschwächen. Statt zu versuchen, die ISV-Gemeinde dazu zu bringen, eine DBMS-spezifische API zu schreiben, könnten sich die DBMS-Hersteller zusammen mit dem Rest der Industrie gemeinsam bemühen, eine Standardschnittstelle für die Datenbank-Connectivity zu schaffen. Auf diese Weise können sich die DBMS-Hersteller auf Server-Features und Performance konzentrieren und gleichzeitig konkurrieren, was ja ihr eigentliches Ansinnen ist. In dieser Art Umgebung würden die DBMS-Hersteller aus der Marketing-Perspektive betrachtet Gewinne machen. Wenn viele Anwendungen eine gemeinsame API verwenden, dann sollte es im Interesse aller DBMS-Hersteller sein, sicherzustellen, daß in ihrem Produkt diese API möglichst gut implementiert ist, so daß die Anwendungen mit diesem Produkt eingesetzt werden können.

1.3 Ein Design-Überblick für ODBC

Im weiteren Verlauf dieses Kapitels werden wir einige der wichtigsten Design-Aspekte von ODBC betrachten. Diese Beschreibungen sind relativ oberflächlich und beziehen sich auf viele der Bedürfnisse, die im vorigen Abschnitt vorgestellt wurden. Die Details, wie ODBC diese Bedürfnisse erfüllt, werden wir in späteren Kapiteln beschreiben, wo wir auch die Funktionalität von ODBC genauer betrachten werden.

1.3.1 ODBC ist eine Programmierschnittstelle, die SQL einsetzt

Eine der wichtigsten Fragen, denen sich eine Datenbankapplikation stellen muß, bezieht sich darauf, wie die Anwendung dem DBMS die benötigten Daten übermittelt und wie diese Daten manipuliert werden sollen. Seit seinen ersten Tagen basiert das Design von ODBC ganz wesentlich auf der Annahme, daß SQL (Structured Query Language) von den DBMS-Herstellern unterstützt wird. Es war aber nicht nur SQL selbst, das wichtig war, sondern überhaupt das Prinzip des relationalen Modells, d.h. daß Daten durch einfache Abstraktionen von Tabellen mit Zeilen und Spalten dargestellt werden können, und daß die Beziehungen zwischen den Tabellen durch die übereinstimmenden Werte in einander entsprechenden Spalten beschrieben werden können. Diese Konzepte sind ausreichend dazu geeignet, fast alle Arten von Daten und ihre Beziehungen zu beschreiben.

Wenn ein Zugriff auf alle Arten von Daten realisiert werden soll – selbst wenn diese Daten in einem Format vorliegen, das weder relational ist noch SQL unterstützt –, ist es wichtig, daß das zugrundeliegende Modell so allgemein wie möglich gehalten wird. Dieses einfache Modell mit Tabellen, Zeilen und Spalten kann für fast jeden Fall eingesetzt werden. Warum? Selbst wenn es sich bei der Datenquelle nicht um eine relationale Datenbank handelt, können die Daten als Liste mit Zeilen und Spalten mit Daten dargestellt werden, wobei jede Zeile dieselbe Anzahl und dieselben Typen an Spalten aufweist, aber unterschiedliche Werte enthält. Im allgemeinsten Fall kann selbst ein einzelner Datenwert als Tabelle mit einer Zeile und einer Spalte dargestellt werden. Wenn man dieses Prinzip erst einmal verstanden hat, ist es nur noch ein kleiner Schritt, bis man erkennt, daß SQL »auf« fast jeder Datenquelle implementiert werden kann, und daß man somit auf die Datenquelle gerade so zugreifen kann, wie man auf jede herkömmliche SQL-Datenbank zugreifen würde.

Im Grunde genommen kann man auf fast alles, was man als Menge von Zeilen und Spalten darstellen kann, über SQL zugreifen (möglicherweise jedoch nur mit einer Untermenge des gesamten Sprachumfangs). Sogar Dinge, die man nicht auf den ersten Blick als Datenbank erkennen würde, etwa reine Textdateien, können diesem Modell unterworfen werden.

Weil es sich bei SQL um eine Sprache handelt, ist es erweiterbarer als andere, nicht sprach-basierte Lösungen. Das heißt, es ist viel einfacher, eine Anweisung mit einem neuen Schlüsselwort oder einem bestimmten Ausdruck zu wiederholen, als eine Anwendung neu zu schreiben, damit diese für eine neue Datenstruktur eingesetzt werden kann.

1.3.2 ODBC bewahrt die Anwendungsentwickler vor der komplizierten Aufgabe, eine Schnittstelle zu einer Datenquelle schaffen zu müssen

Eine zweite wichtige Frage für Anwendungsentwickler ist, wie die Benutzer auf ein DBMS zugreifen können, wenn dieses auf einer anderen Maschine im Netzwerk läuft. Anwendungsentwickler und Benutzer sehen sich dabei schnell einer ganz beachtlichen Komplexität gegenüber, wenn sie versuchen, die Konfiguration und die Verwaltung der unzähligen Netzwerktopologien, die Namenskonventionen und das, was wir im allgemeinen den »Anschluß« nennen, also wie Computer A und Computer B für eine Kommunikation verbunden werden können, zu verstehen.

GLOSSAR

SQL (Structured Query Language)
Eine Abfragesprache, die von fast jedem kommerziell erhältlichen DBMS zur Suche und Manipulation von Daten verwendet wird.

ODBC bewahrt die Anwendungsprogrammierer vor den Details der zugrundeliegenden Datenbank- und Kommunikationssoftware, die für den Zugriff auf die Zieldaten benötigt werden. ODBC definiert eine Abstraktion, die sogenannte »Datenquelle«, das ist ein sprechender Name, der für den Endanwender irgendeine Bedeutung haben sollte (z.B. Personal, Verkäufe oder Lager). ODBC ordnet diesen Namen der entsprechenden Implementation (unter ODBC ist das der »Treiber«), der Netzwerksoftware, dem Servernamen oder der Adresse und dem Kontext innerhalb des DBMS zu. Wenn Sicherheitsinformationen, wie etwa Benutzer-ID oder Paßwort, angegeben werden müssen, ist ODBC flexibel genug, entweder den Benutzer direkt abzufragen, oder dem Anwendungsentwickler die Anzeige der entsprechenden Eingabeaufforderungen zu ermöglichen. Ziel war es, dem Anwendungsprogrammierer dabei zu helfen, für den Endanwender eine Verbindung zu der entsprechenden Datenquelle bereitzustellen, ohne daß er dazu ein Netzwerkexperte sein muß.

1.3.3 Die ODBC-Architektur ermöglicht es den Anwendungen, auf mehrere Datenquellen zuzugreifen

Die dritte wichtige Frage ist, wie eine einzelne Anwendung Datenquellen verschiedener Typen verwenden kann, ohne daß sie für jede dieser Datenquellen neu kompiliert werden muß, und analog, wie mehrere Anwendungen gleichzeitig dieselbe Datenquelle verwenden können. Die Antwort auf die erste Hälfte dieser Frage liegt in der Verwendung der DLLs (Dynamic Link Libraries) von Windows begründet, die zur Laufzeit geladen werden können. Um einen anderen Typ Datenquelle zu verwenden, muß der Benutzer einfach nur eine neue DLL installieren. Um mehrere nebenläufige Anwendungen zu unterstützen, um einen nebenläufigen Zugriff auf mehrere Treiber bereitzustellen oder um die oben definierte »Datenquelle«-Abstraktion zu unterstützen, definiert ODBC eine Architektur, die aus Anwendungen, einem Treiber-Manager, ODBC-Treibern (Implementationen der ODBC-API, die ein bestimmtes DBMS unterstützen), etwaiger Netzwerksoftware für den Zugriff auf das DBMS im Netz und schließlich dem DBMS selbst besteht. Abbildung 1.4 zeigt die ODBC-Architektur mit einigen Beispielanwendungen und ODBC-Treibern.

Der ODBC-Treiber-Manager bietet eine Verbindung zwischen den Anwendungen und den Treibern, so daß viele verschiedene Anwendungen über viele verschiedene Treiber auf die Daten zugreifen können. Der Treiber-Manager lädt oder entlädt einen oder mehrere Treiber auf Anweisung einer oder mehrerer Anwendungen. Wenn eine Anwendung Zugriff auf eine Datenquelle benötigt, lädt der Treiber-Manager den richtigen Treiber, indem er seinen Dateinamen anhand des von der Anwendung spezifizierten Namen der Datenquelle nachschlägt. Der Treiber-Manager legt fest, welche ODBC-Funktionsaufrufe vom Treiber unterstützt werden, und legt ihre Speicheradressen in einer Tabelle ab. Wenn eine Anwendung eine Funktion über einen Treiber aufruft, entscheidet der Treiber-Manager, an welchen Treiber der Funktionsaufruf weitergeleitet werden soll, und ruft ihn schließlich auf. Auf diese Weise können mehrere Treiber gleichzeitig verwaltet werden, und der Anwendungsprogrammierer muß sich nicht mit der Verwaltung der einzelnen Treiber beschäftigen. Darüber hinaus können mehrere Anwendungen gleichzeitig ODBC verwenden, ohne daß sie sich dessen bewußt sind.

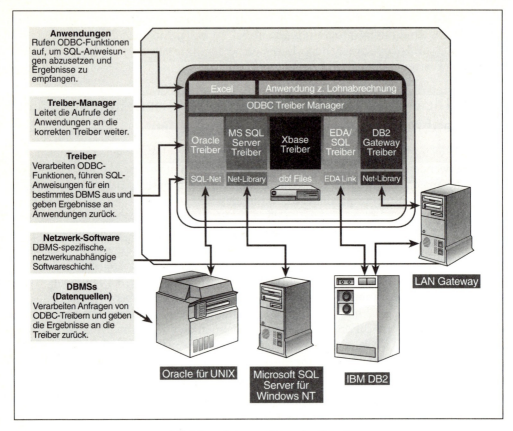

Abbildung 1.4 – ODBC-Architektur[5]

1.3.4 ODBC bietet ein »adaptives« Programmiermodell

Die letzte grundlegende Frage, die wir hier betrachten wollen, bezieht sich darauf, wie ODBC eine Funktionalität bereitstellen kann, die für alle DBMSe verwendet werden kann, wobei es einer Anwendung weiterhin möglich ist, die Fähigkeiten eines einzelnen DBMS auszunutzen. Die Antwort ist die Bereitstellung von Abfragefunktionen, mit denen eine Anwendung dynamisch feststellen kann, welche Möglichkeiten ein DBMS bietet. Die Abfragefunktionen ermöglichen es einer Anwendung, einen Treiber zu fragen, ob bestimmte Features in dem DBMS unterstützt werden. Der Anwendungsprogrammierer kann wählen, welche davon verwendet werden sollen, entweder indem er seine

---

5 Obwohl ODBC einen solch beängstigend vielseitigen PC unterstützen könnte, würde niemand, der auch nur über einen Rest gesunden Menschenverstandes verfügt, irgendeinen Grund dafür finden, zwei Applikationen gleichzeitig an fünf Datenquellen anzuschließen. Aber es wäre vielleicht ein ganz großartiger Marketing-Gag!

Auswahl zur Entwicklungszeit fest codiert, oder indem er die Anwendung so schreibt, daß diese Auswahlen zur Laufzeit getroffen werden können.

Eine grafische Abfrage-Anwendung könnte z.B. einen Treiber fragen, ob Outer-Joins unterstützt werden; wenn ja, könnte sie es dem Benutzer ermöglichen, einen bestimmten Join auszuwählen (einen Inner- oder einen Outer-Join), und wenn nein, ein Menüelement deaktivieren. Es gibt fast 100 verschiedene Optionen und Einstellungen, die eine Anwendung mit Hilfe von ODBC in einem DBMS angeben kann. Zusammenfassend kann gesagt werden, daß ODBC die Anwendungsprogrammierer davon befreit, ihre Anwendungen für verschiedene Programmierschnittstellen zu codieren, wenn sie auf mehrere DBMSe zugreifen wollen. Die Alternative – die DBMS-spezifische Codierung – ist in Abbildung 1.5 dargestellt.

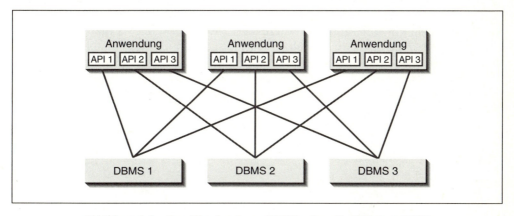

Abbildung 1.5 – Zugriff auf mehrere DBMSe ohne die Hilfe von ODBC

ODBC mildert das »API-Chaos«, indem es eine einzige Programmierschnittstelle für mehrere DBMSe bereitstellt, wie in Abbildung 1.6 gezeigt.

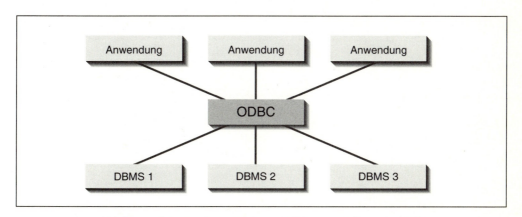

Abbildung 1.6 – Zugriff auf mehrere DBMSe mit Hilfe von ODBC

Damit haben Sie einige der Probleme kennengelernt, für die ODBC eine Lösung schaffen soll, und Sie haben eine Einführung in die Designphilosophie von ODBC erhalten. In den nächsten beiden Kapiteln werden wir einige der technischen Eigenschaften verschiedener DBMSe vorstellen und damit die Grundlage für eine umfassendere Betrachtung der ODBC-Architektur schaffen.

1.4 Literaturhinweise

Richard D. Hackathorn, *Enterprise Database Connectivity*, Wiley & Sons, 1993. Dieses Buch ist ein Muß für jeden, der sich ein allgemeines Bild über die Datenbank-Connectivity verschaffen will (wovon ODBC nur einen kleinen Teil repräsentiert).

Jim Melton und Alan R. Simon, *Understanding the New SQL: A Complete Guide*, Morgan Kaufman Publishers, 1993. Dieses Buch bietet eine Vielzahl praktischer Informationen für jeden, der am SQL-92-Standard interessiert ist. Ich erwähne es hier insbesondere aufgrund seines Anhangs F, wo die Autoren eine ausgezeichnete Beschreibung nationaler und internationaler Standardisierungs-Gremien bieten.

Datenbankarchitekturen und Programmiermodelle

2

Dieses Kapitel schweift etwas von unserer ODBC-Diskussion ab, um Hintergrundinformationen bereitzustellen, die Sie für ein umfassendes Verständnis der ODBC-Technologie benötigen: Hier finden Sie eine Beschreibung der aktuellen Datenbanktechnologien und der entsprechenden Programmiermodelle. In Kapitel 1 haben Sie erfahren, wie wichtig die Einführung einer Standard-Datenbank-API ist, die für die unterschiedlichsten DBMS-Systeme eingesetzt werden kann. (Dabei soll betont werden, daß mit DBMS-Systemen nicht nur die herkömmlichen Produkte wie etwa Oracle gemeint sind, sondern auch Desktop-Datenbankprodukte wie etwa FoxPro oder Paradox.) Offensichtlich ist der Versuch, eine API zu entwickeln, mit deren Hilfe auf »alle Daten« zugegriffen werden kann, ein sehr hoch gestecktes Ziel. In diesem Kapitel werden wir einige der Möglichkeiten für den Datenzugriff untersuchen, die die Entwickler von ODBC in Betracht ziehen mußten.

Dieses Kapitel wird sich insbesondere mit den Architekturen der drei wichtigsten Kategorien von Datenbankprodukten beschäftigen[1], ebenso wie mit den Programmiermodellen für die Architekturen der einzelnen Kategorien. Es handelt sich um die folgenden drei Kategorien:

- Herkömmliche relationale DBMS-Systeme wie etwa Microsoft SQL Server, Oracle, DB2, RDB, Informix oder Ingres.
- Datei-Management-Systeme (einfache, flache Dateien) sowie die Ergänzungen, die für einen verbesserten Dateizugriff zur Verfügung gestellt werden (ISAM-Funktionen).
- Desktop-Datenbanken wie etwa Microsoft Access, dBASE, FoxPro oder Paradox.

Dieses Kapitel zeigt, wie die Programmiermodelle für die einzelnen Kategorien jeweils bestimmte Funktionalitäten bevorzugen, während sie andere dafür vernachlässigen. Schließlich wird dieses Kapitel noch den Einfluß beschreiben, den diese verschiedenen Architekturen auf das Design von ODBC und die Unterstützung (bzw. die fehlende Unterstützung) der einzelnen Programmiermodelle durch ODBC hat.

---

1 Einige der Produkte in diesen Kategorien sind keine »Datenbankprodukte« im herkömmlichen Sinne. In der Praxis kann eine Datenbank auch einfach nur eine tabellarische Liste in einer einfachen Textdatei, einer Tabellenkalkulation oder ein Dokument aus einer Textverarbeitung sein. Wenn die Daten ein konsistentes Format für Zeilen und Spalten aufweisen, können sie wie eine Tabelle in einer relationalen Datenbank verarbeitet werden.

2.1 Herkömmliche relationale DBMS-Systeme

Für unsere Zwecke genügt eine vereinfachte Beschreibung herkömmlicher relationaler Datenbanksysteme, ebenso wie für die Anwendungsarchitektur, die aus den folgenden sechs Komponenten besteht.[2] Die Struktur ist in Abbildung 2.1 aufgezeigt.

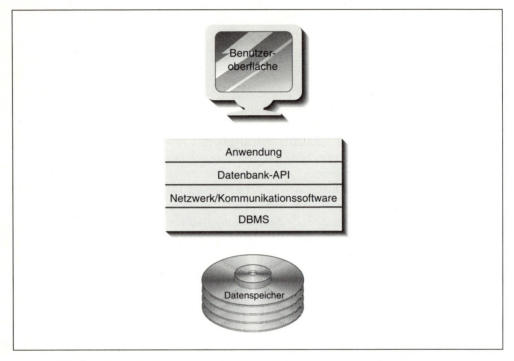

Abbildung 2.1 – Architektur eines herkömmlichen relationalen Datenbanksystems

- **Benutzeroberfläche.** Das, was der Endbenutzer auf dem Bildschirm sieht.

- **Anwendung.** Die Software, die bestimmte Aufgaben für den Endbenutzer erledigt. Für den Datenzugriff wird die Datenbank-API eingesetzt. Darüber hinaus ist die Anwendung verantwortlich für die Interaktion mit dem Endbenutzer, indem sie die Benutzeroberfläche bereitstellt.

- **Datenbank-API.** Der Code, der mit dem DBMS interagiert. Normalerweise stellt die Datenbank-API eine Methode zur Verfügung, dem DBMS SQL-Anweisungen zu übergeben, und die Ergebnisse an die Anwendung weiterzureichen. ODBC ist eine Datenbank-API, wie Oracle OCI, Sybase DB-Library oder eingebettetes SQL.

---

2 Eine weniger vereinfachte Betrachtung der Systemarchitektur finden Sie in Kapitel 4 in Richard Hackathorns Buch »Enterprise Database Connectivity« (Wiley & Sons, 1993) beschrieben, wo statt der hier beschriebenen sechs Komponenten acht Komponenten unterschieden werden.

GLOSSAR

ISAM (Indexed Sequential Access Method)
Eine Zugriffsfunktion für eine einfache, sequentielle Datei auf Platte, die einen Index oder mehrere Indizes einführt, um das Suchen und Sortieren von Spalten mit Daten zu vereinfachen.

- **Netzwerk-/Kommunikationssoftware.** Die Software, die die Kommunikation zwischen zwei physikalisch nicht miteinander verbundenen Computern realisiert. In dieser Kategorie finden wir unter anderem die Software für LANs, WANs (wie etwa Telefonleitungen) oder Terminalemulation. In dieser Komponente gibt es normalerweise zahlreiche Softwareschichten und zahlreiche zugrundeliegende Protokolle, mit denen wir uns jedoch in diesem Buch nicht beschäftigen wollen. Die Schnittstelle zwischen der Datenbank-API und der Netzwerk/Kommunikations-Komponente macht (allgemein ausgedrückt) nicht sehr viel mehr, als Verbindungen zu einem anderen Computer auf- und abzubauen und Informationsströme über diese Verbindung zu schreiben oder zu lesen. (Natürlich weisen alle miteinander verbundenen Computer eine Netzwerk/Kommunikations-Komponente auf, aber hier werden wir diese nur erwähnen, wenn sie für die Diskussion notwendig ist.)

- **DBMS.** Software, die Befehle ausführt, mit denen auf die Daten im Datenspeicher zugegriffen werden kann. Normalerweise umfaßt ein DBMS einen SQL-Parser, einen Optimierer, ein Ausführungsmodul und zahlreiche weitere Komponenten, die Dienste für die Datenverwaltung bieten (zum Beispiel Sicherheit, Transaktionen oder Recovery). Manchmal einfach als »Server« bezeichnet, ist das DBMS in der Regel das, was wir uns vorstellen, wenn wir vom Microsoft SQL Server sprechen, der unter Microsoft Windows NT eingesetzt wird, oder von Oracle unter UNIX sowie von DB2 unter MVS. Ich werde den Begriff »DBMS« später bei der Besprechung von Desktop-Datenbankprodukten erneut verwenden. Desktop-DBMS-Systeme wie etwa FoxPro, Microsoft Access oder Paradox führen ebenfalls Befehle aus, aber es fehlen ihnen einige der komplexen Werkzeuge der oben erwähnten Produkte, um die Arbeit mit mehreren gleichzeitigen Benutzern, Transaktionen und anderen Funktionen zu realisieren.

- **Datenspeicher.** Beschreibt den Ort, an dem die eigentlichen Daten gespeichert sind; normalerweise eine Festplatte.

Die nächsten paar Seiten beschreiben zwei Programmiersysteme, in denen diese sechs Komponenten eingesetzt werden. Es wird gezeigt, wie sich die beiden Systeme unterscheiden. Die Beschreibungen sind relativ oberflächlich, aber der Einfluß des Designs der einzelnen Systeme auf die Datenbank-API und das Design von ODBC werden klar werden, wenn wir die Programmiermodelle dafür betrachten.

2.1.1 Zentrale Systeme (in der Regel Mainframes)

Die typische Architektur eines relationalen DBMS auf einem Mainframe ist sehr zentralisiert. Die Anwendung, die Datenbank-API, das DBMS und der Datenspeicher nutzen gemeinsam dieselben Ressourcen (CPU, Speicher und Festplatte). Anwendungen interagieren mit den Endbenutzer über Terminals, die an den Mainframe angeschlossen sind. Die Terminals bieten in der Regel nur eine zeichenbasierte Anzeige der Informationen. Diese Struktur ist in Abbildung 2.2 aufgezeigt.

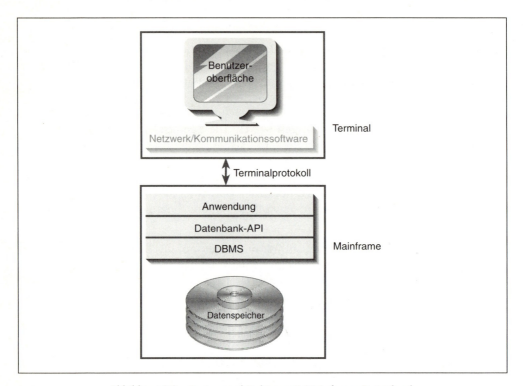

Abbildung 2.2 – Systemarchitektur mit Mainframe-Datenbank

In dieser Architektur gibt es grundsätzlich keine Möglichkeit, die grafische Benutzerschnittstelle (GUI) sowie die Rechenleistung des PCs (wenn es sich bei dem Terminal tatsächlich um einen PC handelt) zu nutzen. Der Mainframe ist die einzige Quelle für Rechenleistung. Das Terminalprotokoll ist auf die Grundfunktionen für die Bildschirmanzeige begrenzt, etwa zum Verschieben des Cursors auf eine bestimmte Position, zur Ausgabe von Zeichen oder zum Senden von Tastencodes an den Mainframe.[3] Für Datenbankapplikationen bietet diese Architektur jedoch wirkliche Vorteile: es gibt kein Netzwerk, um das man sich kümmern müßte, und die Anwendung und das DBMS können eng zusammenarbeiten und somit über statisches SQL eine sehr hohe Performance unterstützen. (Eine Beschreibung von statischem SQL finden Sie in Abschnitt 2.1.3.1.)

---

[3] Deshalb ist in Abbildung 2.2 die Komponente für die Netzwerk/Kommunikations-Software grau unterlegt dargestellt. Im allgemeinen ist die Funktionalität für die Verwaltung des Terminalprotokolls in die Hardware des Terminals eingebaut; es gibt keine allgemeine CPU, die ein Kommunikationsmodul ausführen kann.

GLOSSAR

Terminalprogramm
Die Information, die zwischen einem Terminal und einem Mainframe fließt. Häufig eingesetzte Terminals und die entsprechenden Protokolle sind unter anderem VT 100, VT 52 oder IBM 3270.

Die enge Kopplung der Anwendung mit dem DBMS macht die Portabilität einer solchen Anwendung auf ein anderes DBMS schwierig, aber diese Anordnung bietet zahlreiche Performancevorteile. ODBC wurde nicht für diese Art Architektur entwickelt, es kann jedoch auf einer Architektur eingesetzt werden, die den Mainframe als riesige DBMS-Maschine betrachtet, auf der keine Anwendung ausgeführt wird. Die Abtrennung der Anwendungen vom DBMS ist eine grundlegende Eigenschaft von ODBC, wie von Client/Server-Systemen ganz allgemein. Die Client/Server-Systeme werden wir im nächsten Abschnitt genauer betrachten.

2.1.2 Client/Server-Systeme

Wie die Mainframe-Systeme verwenden auch Client/Server-Systeme ein zentrales DBMS auf (normalerweise) einem Computer. Das DBMS ist verantwortlich für die Verarbeitung von SQL-Anweisungen und den Zugriff auf die Daten. Ein Client/Server-System unterscheidet sich jedoch von einem Mainframe dahingehend, daß es das Anwendungsprogramm und die Datenbank-API auf einem separaten Computer ablegt und den Anschluß an das DBMS über ein Netzwerk realisiert.

Der Knackpunkt dabei ist, daß das Anwendungsprogramm jetzt von dem DBMS abgetrennt ist – es hat einen separaten Speicher, einen eigenen Prozessor und normalerweise auch eine eigene Festplatte. Es kommuniziert mit dem DBMS über ein Netzwerk, und zwar mit Hilfe eines Informationsstroms, den man auch als *Datenprotokoll* bezeichnet. Es handelt sich dabei einfach nur um eine kodierte Form der SQL-Anfrage und der Ergebnisdaten, die zwischen den beiden Computern fließen. Auch die Komponente der Benutzeroberfläche wird nicht auf dem Computer verwaltet, auf dem das DBMS ausgeführt wird. Der Computer, der die Anwendung ausführt, die Benutzeroberfläche bereitstellt und die Datenbank-API verwendet, wird auch als *Client* bezeichnet. Der Computer, der das DBMS ausführt, wird als *Server* bezeichnet. Abbildung 2.3 zeigt die sechs Komponenten, mit denen wir begonnen haben, eingebaut in ein Client/Server-System.

Abbildung 2.4 zeigt einige spezifische Beispiele für DBMS-Systeme und die Komponenten, die diesem Modell entsprechen.

Nahezu jedes relationale DBMS kann in eine solche Client/Server-Architektur aufgeteilt werden. Das könnte sogar für Mainframe-Systeme zutreffen, wenn, wie am Ende des letzten Abschnitts beschrieben, diese als reine DBMS-Maschinen behandelt werden, und nicht als Computer, die Anwendungscode ausführen.

Kapitel 2 – Datenbankarchitekturen und Programmiermodelle

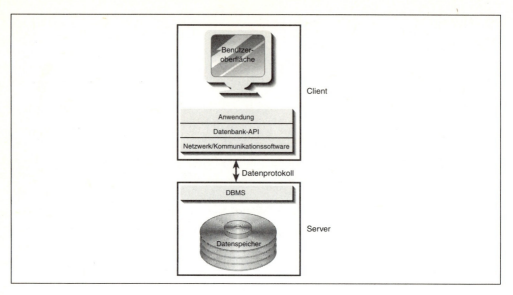

Abbildung 2.3 – Client/Server-Systemarchitektur

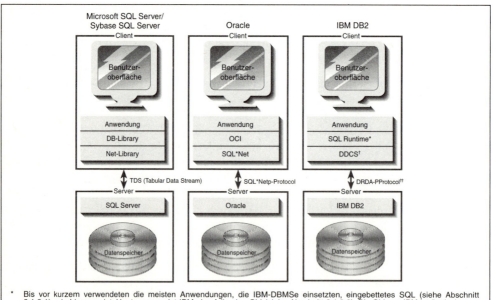

* Bis vor kurzem verwendeten die meisten Anwendungen, die IBM-DBMSe einsetzten, eingebettetes SQL (siehe Abschnitt 2.1.3.1), wie hier gezeigt. Heute verwendet IBM ebenfalls eine CLI (siehe Abschnitt 2.1.3.2). Die CLI von IBM ist äquivalent zu DB-Library und OCI und basiert auf ODBC. Wenn die CLI verwendet wird, hat sie zu SQL Runtime eine spezielle, gleichgestellte Bedeutung, die hier nicht gezeigt ist.
† Die DDCS-Komponenten (Distributed Database Connection Services) wird nur für OS/2- und UNIX-Clients verwendet. Andernfalls wird die Netzwerk-/Kommunikationssoftware als Teil der SQL-Runtime betrachtet.
†† IBM unterstützt eine Art DRDA »light«, DB2RA. Es wird in der Regel dann verwendet, wenn ein IBM-Mainframe nicht der Client oder der Server ist. Wenn der Server in diesem Diagramm zum Beispiel DB2 für MVS auf dem Mainframe wäre, würde DRDA benutzt. Wenn der Server DB2 für OS/2 oder DB2 für AIX wäre, würde DB2RA benutzt.

Abbildung 2.4 – Drei Beispiele für Client/Server-Architekturen

Ein ganz wesentlicher Punkt, den Sie dieser Diskussion in Hinblick auf das Design einer Standard-Datenbank-API entnehmen sollten, ist, daß die Interaktion zwischen der Anwendung und dem DBMS in diesen Systemen via SQL erfolgt. Die Programmiermodelle können SQL auf unterschiedliche Arten verwenden (wie wir im nächsten Abschnitt noch sehen werden), aber in allen Modellen verarbeitet das DBMS SQL-Anweisungen und sendet Ergebnisse (Statusinformationen, Fehler und Daten) an Anwendungen.

2.1.3 Programmiermodelle für relationale Systeme

Das Design von ODBC wurde ganz wesentlich von den SQL-Standards und den kommerziellen Implementierungen von SQL-DBMS-Systemen beeinflußt. In diesem Abschnitt werden wir die Programmiermodelle für den Datenbankzugriff betrachten, die man in den SQL-Standards und in den meisten DBMS-Produkten findet. Diese Modelle stellen mögliche Alternativen zu ODBC dar. Dabei werde ich auch aufzeigen, wie die einzelnen Programmiermodelle ODBC beeinflußt haben und wie ODBC damit umgeht. Insbesondere werden wir drei Programmiermodelle vorstellen: eingebettetes SQL, CLIs (Call Level Interfaces) und Sprachen der vierten Generation (4GLs).

2.1.3.1 Eingebettetes SQL – Embedded SQL

Der Begriff *eingebettetes SQL* bezieht sich auf SQL-Anweisungen, die in andere Programmiersprachen eingebettet sind, etwa in C oder in COBOL. Die Programmiersprache wird dabei im SQL-Standard als *Hostsprache* bezeichnet. (Der neueste SQL-Standard, SQL-92, verfügt über mögliche »Einbettungen« für sieben Sprachen: C, COBOL, FORTRAN, Ada, PL/I, Pascal und MUMPS). Diese Einbettung ist notwendig, weil es sich bei SQL nicht um eine vollständige Programmiersprache handelt. Standard-SQL besitzt zum Beispiel keine Konstrukte, die den Steuerfluß regeln würden (wie etwa if-then-else-Anweisungen, Schleifen oder Sprungbefehle). Diese Erweiterungen sind jedoch für den nächsten SQL-Standard vorgesehen.

Nebenbei bemerkt, einige Produkte haben in ihren SQL-Dialekt Erweiterungen für die Flußsteuerung eingebaut, insbesondere Sybase und Oracle, das letztere in seiner Version 7. SQL-Anweisungen werden jedoch in der Regel für die Ausführung von Datenzugriffen eingesetzt und mit Sprachen der dritten Generation (3GL) kombiniert, etwa mit den sieben oben erwähnten Sprachen. Bevor Anwendungscode, der eingebettetes SQL enthält, kompiliert werden kann, muß er vorkompiliert werden, so daß das eingebettete SQL in etwas umgewandelt werden kann, was für die Host-Programmiersprache syntaktisch korrekt ist. In den meisten Fällen wird das eingebettete SQL in Funktionsaufrufe der Laufzeitbibliothek der DBMS-eigenen Programmierschnittstelle übersetzt.

Eingebettetes SQL wird größtenteils in zwei seiner hauptsächlichen Formen implementiert: *statisch* und *dynamisch*. Beim statischen SQL werden alle SQL-Anweisungen beim Schreiben des Anwendungsprogramms definiert. Das heißt, die Struktur der SQL-Anweisungen verändert sich nicht (sie ist »statisch«), während die Anwendung läuft. Beim dynamischen SQL dagegen können die SQL-Anweisungen zur Laufzeit der Anwendung »dynamisch« konstruiert werden. Es gibt auch noch eine kleinere Erweiterung zum dynamischen SQL, das *erweiterte dynamische SQL*, das dem dynamischen SQL noch eine weitere Funktion hinzufügt.

Leider werden die Begriffe »statisches SQL« und »dynamisches SQL« nicht konsistent verwendet, was einige Verwirrung stiftet. Sie finden im SQL-Standard zum Beispiel nirgends den Begriff »statisches SQL« – man setzt implizit voraus, das das normale SQL das statische SQL ist, und »dynamisches SQL« ist eine Erweiterung, die zum ersten Mal im SQL-92-Standard auftauchte. Aber schon lange vor dem Erscheinen des SQL-92-Standards gab es viele Produkte, die ein dynamisches SQL boten. Die Verwirrung ist zum Teil auch deswegen entstanden, weil einige Produkte das statische SQL unterschiedlich implementieren. IBM zum Beispiel unterstützt statisches SQL, indem es die SQL-Anweisungen zur Übersetzungszeit in die Datenbank einbindet, während Oracle die SQL-Anweisungen dynamisch zur Laufzeit verarbeitet. Beide Programmiermodelle entsprechen jedoch dem statischen SQL-Typ. Alles klar? Die folgenden Beispiele sollen versuchen, Klarheit zu schaffen.

Statisches SQL Wie bereits erwähnt, werden beim statischen SQL alle SQL-Anweisungen bereits definiert, wenn das Anwendungsprogramm geschrieben wird. Es können also Dinge wie etwa ein Vergleichswert innerhalb einer SQL-Anweisung verändert werden, nicht aber die Struktur der Anweisung selbst. Sie können zum Beispiel keine Tabelle hinzufügen oder eine Spalte aus einer SQL-Anweisung entfernen, und Sie können auch keine weiteren Bedingungen angeben.

Das Lesen bzw. Schreiben von Daten der Datenbank aus bzw. in Variablen der Programmiersprache sowie die Ausführung von Vergleichen, welche sowohl Variablen der Programmiersprache als auch SQL-Anweisungen umfassen, werden mit Hilfe von *Hostvariablen* bewerkstelligt. Hostvariablen sind sowohl dem Hostsprachencompiler als auch dem SQL-Precompiler bekannt. Sie werden in einem speziellen Codeabschnitt deklariert, so daß der Precompiler ihre Namen und Typen kennt. Innerhalb einer SQL-Anweisung geht jeder Hostvariablen ein Doppelpunkt voraus, so daß zur Laufzeit der Wert der Variablen entsprechend substituiert werden kann.

Abbildung 2.5 zeigt ein Beispiel für ein C-Programm mit eingebettetem SQL. So wie bei allen »Mini«-Beispielen wurden hier viele Details weggelassen, aber dennoch ist dieses Beispiel vollständig genug, um die wichtigsten Konzepte zu verdeutlichen. Das Beispielprogramm fügt zwei Zeilen in eine hypothetische Angestelltentabelle namens EMP ein, die Spalten für den Namen eines Angestellten und die Nummer seiner Abteilung enthält. Nachdem die beiden Zeilen eingefügt sind, werden alle Zeilen, die mit einer bestimmten Abteilungsnummer übereinstimmen, ermittelt. Beachten Sie, wie die Hostvariablen DEPT, NAME und DNUM in den Zeilen 19, 23 und 27 verwendet werden.

```
1    /* Deklaration der Hostvariablen */
2    EXEC SQL BEGIN DECLARE SECTION;
3      short DEPT;
4      char NAME[26];
5      short DNUM;
6    EXEC SQL END DECLARE SECTION;
7      /* Code für die Fehlerbehandlung einfügen */        ▶
```

Herkömmliche relationale DBMS-Systeme 45

```
 8      /* SQLCA steht für SQL Communications Area */
 9      EXEC SQL INCLUDE SQLCA;
10
11      main()
12      {
13      /* Daten in die Beispieltabelle einfügen */
14      EXEC SQL INSERT INTO EMP VALUES ('JOE', 100);
15      EXEC SQL INSERT INTO EMP VALUES ('SALLY', 100);
16      EXEC SQL COMMIT WORK;
17
18      /* Benutzer nach der zu suchenden Abteilungsnummer fragen */
19      GetInput(&DEPT);
20
21      /* Anzeige der Zeilen, die mit geg. Abt.nummer übereinstimmen */
22      EXEC SQL DECLARE C1 CURSOR FOR
23          SELECT EMPNAME, DEPTNO FROM EMP WHERE DEPTNO = :DEPT;
24      EXEC SQL OPEN C1
25      while (SQLCODE == 0)
26          {
27          EXEC SQL FETCH C1 INTO :NAME, :DNUM
28          }
29      EXEC SQL CLOSE C1
30      } /* main() */
```

Abbildung 2.5 – In C eingebettetes SQL

Damit Sie sehen, wie ein Programm mit eingebettetem statischen SQL funktioniert, wollen wir untersuchen, was innerhalb der Anwendung und der Datenbank passiert.

Schritt 1: Die Anwendung wird vorkompiliert und übersetzt. Eine Anwendung mit eingebettetem SQL wird in zwei Schritten kompiliert: zuerst wird für die Anwendung der vom DBMS-Hersteller mitgelieferte Precompiler aufgerufen, und anschließend wird die Ausgabe des Precompilers mit dem normalen Compiler für die Host-Programmiersprache übersetzt.[4] Die Ausgabe des Precompilers entspricht dem Originalprogramm, aber die eingebetteten SQL-Anweisungen (jede Zeile, die mit EXEC SQL beginnt) werden durch die vom DBMS-Hersteller bereitgestellten Funktionsaufrufe der Laufzeitbibliothek ersetzt.

Die Präkompilierung wird von verschiedenen Herstellern völlig unterschiedlich gehandhabt. Nehmen Sie zum Beispiel IBM und Oracle. Der Precompiler von IBM stellt eine Verbindung zum DBMS her, und der Precompiler und das DBMS interagieren auf mehrere Arten:

1. Die Syntax der SQL-Anweisungen wird an das DBMS gesendet und vom Parser des DBMS überprüft. Fehler werden zurückgegeben, so als ob es im Originalprogramm einen Syntaxfehler gegeben hätte.

---

4 Einige Entwicklungswerkzeuge koppeln diese beiden Phasen, aber es werden dennoch zwei Übersetzungsläufe für den Quellcode ausgeführt.

2. Die Semantik der SQL-Anweisungen wird vom DBMS überprüft. Das DBMS stellt sicher, daß die angegebenen Tabellennamen in der Datenbank existieren, daß die Spaltennamen der angegebenen Tabellen korrekt sind, daß der Benutzer die notwendigen Berechtigungen für die Ausführung der angegebenen Operationen besitzt (dieser Schritt könnte möglicherweise auch bis zur Ausführungszeit verschoben werden) und daß die Datentypen der Hostvariablen mit den angegebenen Spalten kompatibel sind. (Das DBMS stellt zum Beispiel sicher, daß eine alphanumerische Spalte nicht mit einer Gleitkomma-Hostvariablen verglichen oder dieser zugewiesen wird.) Das DBMS führt diese Schritte aus, indem es die Systemtabellen abfragt (die manchmal auch als *Katalog* bezeichnet werden), um die Tabellen- und Spaltennamen und die entsprechenden Informationen über die Datentypen zu überprüfen.

3. Wenn die SQL-Anweisungen fehlerfrei sind, werden sie so optimiert, daß sie eine maximale Performance erzielen. Der SQL-Optimierer legt fest, wie die einzelnen Anweisungen ausgeführt werden, indem er angibt, welche Indizes verwendet werden sollen, in welcher Reihenfolge die Operationen auszuführen sind, welche Algorithmen für den Zugriff auf die Daten verwendet werden sollen usw. Der Optimierer erzeugt aus diesen Informationen einen *Zugriffsplan*. Der Zugriffsplan wird in der Datenbank abgelegt, und der eigentliche SQL-Text wird für die Abarbeitung nicht mehr verwendet.

4. Zurück im Anwendungscode werden die relevanten Abschnitte des Zugriffsplans als Argumente der Funktionsaufrufe gespeichert, die der Precompiler erzeugt hat. Zur Laufzeit wird für jede SQL-Anweisung der Anwendung nur eine Nachricht, die dem DBMS mitteilt, einen Abschnitt aus dem Zugriffsplan auszuführen, sowie der Wert der Hostvariablen für diese Anweisung übergeben.

Den vollständigen Prozeß sehen Sie in Abbildung 2.6 dargestellt.

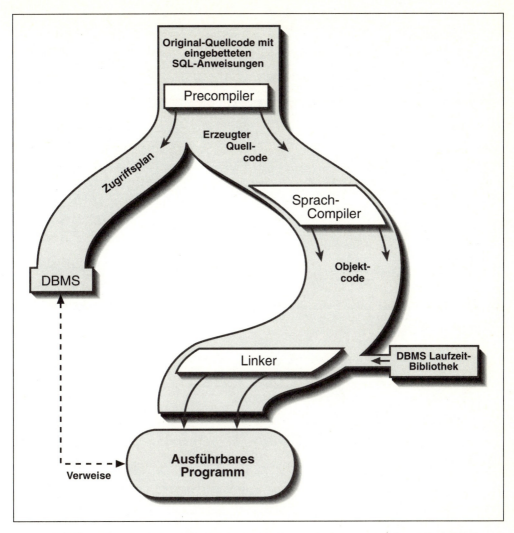

Abbildung 2.6 – Erstellen einer Anwendung mit eingebettetem statischen SQL (IBM)

Abbildung 2.7 zeigt einen Teil der Ausgaben, die vom IBM-Precompiler DB2/6000 für das Programm aus Abbildung 2.5 erzeugt werden. Einen Teil des Codes habe ich entfernt, so daß die wichtigen Dinge deutlicher erkennbar sind. Beachten Sie, wie die ursprünglichen eingebetteten SQL-Anweisungen im erzeugten Quellcode als Kommentare beibehalten werden.

```
1   /* EXEC SQL BEGIN DECLARE SECTION; */
2   short DEPT;
3   char NAME[26];
4   short DNUM;
5   /* EXEC SQL END DECLARE SECTION; */
6   /* Code für die Fehlerbehandlung einfügen */
7   /* SQLCA steht für SQL Communications Area */
8   /* EXEC SQL INCLUDE SQLCA; */
9   #include "sqlca.h"
10  struct sqlca sqlca;
11   main()
12   {
13   /* Daten in die Beispieltabelle einfügen */
14   /* EXEC SQL INSERT INTO EMP VALUES ('JOE', 100); */
15   {
16     sqlastrt(sqla_program_id, &sqla_rtinfo, &sqlca);
17     sqlacall((unsigned short)24,2,0,0,0L);
18     sqlastop(0L);
19   }
20   /* EXEC SQL INSERT INTO EMP VALUES ('SALLY', 100); */
21   {
22     sqlastrt(sqla_program_id, &sqla_rtinfo, &sqlca);
23     sqlacall((unsigned short)24,3,0,0,0L);
24     sqlastop(0L);
25   }
26   /* EXEC SQL COMMIT WORK; */
27   {
28     sqlastrt(sqla_program_id, &sqla_rtinfo, &sqlca);
29     sqlacall((unsigned short)21,0,0,0,0L);
30     sqlastop(0L);
31   }
32   /* Benutzer nach der gewünschten Abteilungsnumer fragen */
33   GetInput(&DEPT);
34   /* Anzeige aller Zeilen, die mit dieser Abt.nr. übereinstimmen */
35   /* EXEC SQL DECLARE C1 CURSOR FOR
36       SELECT EMPNAME, DEPTNO FROM EMP WHERE DEPTNO = :DEPT; */
37   /* EXEC SQL OPEN C1; */
38   {
39     sqlastrt(sqla_program_id, &sqla_rtinfo, &sqlca);
40     sqlaaloc(2,1,1,0L);
41       {
42         struct sqla_setd_list sql_setdlist[1];
43         sql_setdlist[0].sqltype = 500; sql_setdlist[0].sqllen = 2;
44         sql_setdlist[0].sqldata = (void*)&DEPT;
45         sql_setdlist[0].sqlind = 0L;
46         sqlasetd(2,0,1,sql_setdlist,0L);
47       }
48     sqlacall((unsigned short)26,5,2,0,0L);
49     sqlastop(0L);
50   }
51   while (SQLCODE == 0)
52     {
53   /* EXEC SQL FETCH C1 INTO :NAME, :DNUM; */
```

Herkömmliche relationale DBMS-Systeme

```
54    {
55      sqlastrt(sqla_program_id, &sqla_rtinfo, &sqlca);
56      sqlaaloc(3,2,2,0L);
57        {
58          struct sqla_setd_list sql_setdlist[2];
59          sql_setdlist[0].sqltype = 460; sql_setdlist[0].sqllen = 26;
60          sql_setdlist[0].sqldata = NAME;
61          sql_setdlist[0].sqlind = 0L;
62          sql_setdlist[1].sqltype = 500; sql_setdlist[1].sqllen = 2;
63          sql_setdlist[1].sqldata = &DNUM;
64          sql_setdlist[1].sqlind = 0L;
65          sqlasetd(3,0,2,sql_setdlist,0L);
66        }
67      sqlacall((unsigned short)25,5,0,3,0L);
68      sqlastop(0L);
69    }
70      }
71    } /* main() */
```

Abbildung 2.7 – Ausgabe des IBM-Precompilers DB2/6000

Die Zeilen 17, 23 und 48 enthalten die Funktionsaufrufe, die die Anweisungen ausführen. Beachten Sie, daß in diesen Funktionen kein SQL-Text mehr enthalten ist, sondern daß dort statt dessen Integerwerte stehen, die die Zugriffsplannummer sowie den Abschnitt des Zugriffsplans für die auszuführende Anweisung angeben. In gewisser Hinsicht macht das IBM-Modell die Anwendung zu einer Erweiterung des eigentlichen DBMS, weil der SQL-Teil der Anwendung in dem DBMS abgelegt ist und zur Laufzeit nur über eine Nummer identifiziert wird.

Wenn wir dieselbe Anwendung mit Oracle erstellen, unterscheidet sich der vom Precompiler erzeugte Quellcode ganz wesentlich von dem im IBM-Beispiel. Beim Oracle-Beispiel wird zur Übersetzungszeit kein Zugriffsplan erstellt. Statt dessen werden die SQL-Strings in dem vom Precompiler erzeugten Code gespeichert und zur Laufzeit an das DBMS gesendet. Abbildung 2.8 zeigt die Ausgabe von dem Precompiler für Pro*C 2.1.1 von Oracle. Diese Ausgabe wurde auf einer SunOS 4.1.3 vorkompiliert. So wie im vorigen Beispiel habe ich auch hier Teile des Codes entfernt oder neu angeordnet, um Klarheit zu schaffen und den Vergleich mit dem IBM-Beispiel einfacher zu machen.

```
1    /* EXEC SQL BEGIN DECLARE SECTION; */
2      short DEPT;
3      char NAME[26];
4      short DNUM;
5    /* EXEC SQL END DECLARE SECTION; */
6    /* Code zur Fehlerbehandlung einfügen */
7    /* SQLCA steht für SQL Communications Area) */
8    /* EXEC SQL INCLUDE SQLCA;
9      (Hierher kommt die SQLCA-Headerdatei)
10     */
11   static const char *sq0004 =                              ▶
```

```
12            "select EMPNAME ,DEPTNO   from EMP where DEPTNO=:b0";
13     main()
14     {
15        /* Daten in die Beispieltabelle einfügen */
16        /* EXEC SQL INSERT INTO EMP VALUES ('JOE', 100); */
17        {
18           sqlstm.stmt = "insert into EMP values ('JOE',100)";
19           sqlstm.iters = (unsigned int  )1;
20           sqlstm.offset = (unsigned int  )2;
21           sqlstm.cud = sqlcud0;
22           sqlstm.sqlest = (unsigned char  *)&sqlca;
23           sqlstm.sqlety = (unsigned short)0;
24           sqlcex(&sqlctx, &sqlstm, &sqlfpn);
25        }
26        /* EXEC SQL INSERT INTO EMP VALUES ('SALLY', 100); */
27        {
28           sqlstm.stmt = "insert into EMP values ('SALLY',100)";
29           sqlstm.iters = (unsigned int  )1;
30           sqlstm.offset = (unsigned int  )16;
31           sqlstm.cud = sqlcud0;
32           sqlstm.sqlest = (unsigned char  *)&sqlca;
33           sqlstm.sqlety = (unsigned short)0;
34           sqlcex(&sqlctx, &sqlstm, &sqlfpn);
35        }
36        /* EXEC SQL COMMIT WORK; */
37        {
38           sqlstm.iters = (unsigned int  )1;
39           sqlstm.offset = (unsigned int  )30;
40           sqlstm.cud = sqlcud0;
41           sqlstm.sqlest = (unsigned char  *)&sqlca;
42           sqlstm.sqlety = (unsigned short)0;
43           sqlcex(&sqlctx, &sqlstm, &sqlfpn);
44        }
45        /* Benutzer nach gewünschter Abteilungsnummer fragen */
46        GetInput(&DEPT);
47
48        /* Alle übereinstimmenden Zeilen (Abt.nr.) anzeigen */
49        /* EXEC SQL DECLARE C1 CURSOR FOR
50           SELECT EMPNAME, DEPTNO FROM EMP WHERE DEPTNO = :DEPT; */
51
52        /* EXEC SQL OPEN C1; */
53        {
54           sqlstm.stmt = sq0004;
55           sqlstm.iters = (unsigned int  )1;
56           sqlstm.offset = (unsigned int  )44;
57           sqlstm.cud = sqlcud0;
58           sqlstm.sqlest = (unsigned char  *)&sqlca;
59           sqlstm.sqlety = (unsigned short)0;
60           sqlstm.sqhstv[0] = (unsigned char  *)&DEPT;
61           sqlstm.sqhstl[0] = (unsigned int  )2;
62           sqlstm.sqindv[0] = (         short *)0;
63           sqlstm.sqharm[0] = (unsigned int  )0;
64           sqlstm.sqphsv = sqlstm.sqhstv;
```

```
65          sqlstm.sqphsl = sqlstm.sqhstl;
66          sqlstm.sqpind = sqlstm.sqindv;
67          sqlstm.sqparm = sqlstm.sqharm;
68          sqlstm.sqparc = sqlstm.sqharc;
69          sqlcex(&sqlctx, &sqlstm, &sqlfpn);
70      }
71
72      while (SQLCODE == 0)
73      {
74          /* EXEC SQL FETCH C1 INTO :NAME, :DNUM; */
75          {
76              sqlstm.iters = (unsigned int  )1;
77              sqlstm.offset = (unsigned int  )62;
78              sqlstm.cud = sqlcud0;
79              sqlstm.sqlest = (unsigned char  *)&sqlca;
80              sqlstm.sqlety = (unsigned short)0;
81              sqlstm.sqhstv[0] = (unsigned char  *)NAME;
82              sqlstm.sqhstl[0] = (unsigned int  )26;
83              sqlstm.sqindv[0] = (          short *)0;
84              sqlstm.sqharm[0] = (unsigned int  )0;
85              sqlstm.sqhstv[1] = (unsigned char  *)&DNUM;
86              sqlstm.sqhstl[1] = (unsigned int  )2;
87              sqlstm.sqindv[1] = (          short *)0;
88              sqlstm.sqharm[1] = (unsigned int  )0;
89              sqlstm.sqphsv = sqlstm.sqhstv;
90              sqlstm.sqphsl = sqlstm.sqhstl;
91              sqlstm.sqpind = sqlstm.sqindv;
92              sqlstm.sqparm = sqlstm.sqharm;
93              sqlstm.sqparc = sqlstm.sqharc;
94              sqlcex(&sqlctx, &sqlstm, &sqlfpn);
95          }
96      }
97  } /* main() */
```

Abbildung 2.8 – Ausgabe des Oracle-Precompilers (Version 7.2)

In den Zeilen 18, 28 und 54 sehen Sie, wie die SQL-Strings den Variablen einer Struktur zugewiesen werden. In den Zeilen 24, 34 und 69 werden diese Variablen im Funktionsaufruf *sqlcex* verwendet, der Anweisungen ausführt, wobei der SQL-Text zur Laufzeit an das Oracle-DBMS gesendet wird.

Schritt 2: Die Anwendung wird gestartet Wie bereits erwähnt, gibt es zur Laufzeit einen wesentlichen Unterschied zwischen der IBM- und der Oracle-Implementierung einer Anwendung mit eingebettetem SQL. Bei der IBM-Implementierung erfolgt das Parsen und Optimieren des SQL-Textes zur Übersetzungszeit. Zur Laufzeit sendet die IBM-Implementierung nur einen Verweis auf den Zugriffsplan, der für diese Anwendung erzeugt wurde, während die Oracle-Implementierung SQL-Strings übergibt. Abhängig von dem jeweiligen Programm könnte die Übergabe von SQL-Strings wesentliche Auswirkungen auf die Performance des DBMS haben und die Übertragung von sehr vielen Informationen über das Netz mit sich bringen.

Wir bezeichnen die IBM-Implemenation auch als das »echte statische SQL«. Es handelt sich dabei um ein Modell, das nicht von einer CLI gehandhabt werden kann, es sei denn, das DBMS unterstützt gespeicherte Prozeduren oder etwas ähnliches (wie etwa die IBM-DRDA-Pakete). Mehr darüber erfahren Sie in Abschnitt 2.1.3.2, wo die CLIs beschrieben werden.

Aus der obigen Beschreibung könnte man schließen, daß die IBM-Implementierung besser als die von Oracle sei. So einfach läßt sich das jedoch nicht sagen, insbesondere in einer verteilten Umgebung, wo verschiedene Clients häufig Verbindungen mit verschiedenen Servern aufbauen müssen. Das echte statische SQL arbeitet am besten, wenn sich alles auf einer Maschine befindet, etwa auf einem Mainframe. Wenn die Anwendung unabhängig vom DBMS entwickelt wird, verkomplizieren sich die Dinge etwas. Sie wissen, daß der Precompiler eng mit dem DBMS zusammenarbeitet, um die SQL auszuwerten, und daß das beim echten statischen SQL zur Laufzeit erfolgt. Aber was passiert, wenn die Anwendung von einem anderen Entwickler oder einer anderen Firma geschrieben wird, die keinen Zugriff auf das DBMS des Kunden haben? Wie kann der Precompiler dann in der Lage sein, das DBMS aufzufordern, SQL wie gewünscht zu verarbeiten?

Um dieser verteilten Entwicklungssituation gerecht zu werden, gibt es in der IBM-Implementierung einen zusätzlichen Schritt, das sogenannte »Binden«, das zur Laufzeit ausgeführt wird. In diesem Schritt wird das Erzeugen des Zugriffsplans bis zur Laufzeit verschoben. Wenn die Anwendung einmal gebunden ist, dann muß sie nie wieder gebunden werden, es sei denn, das Programm wird modifiziert.

Neben den Performancevorteilen des Ansatzes mit statischem SQL ist eine der besten Eigenschaften von eingebettetem SQL, daß die gesamte Typprüfung und die Konvertierungen automatisch vom Precompiler ausgeführt werden können – die Anwendung muß (außer der Deklaration einer Hostvariablen des entsprechenden Typs) nichts dazu tun. Die anderen SQL-Programmiermodelle machen es erforderlich, daß der Anwendungsprogrammierer die Typen der Daten zur Laufzeit explizit beschreibt, so daß die Datenbank-API die Daten korrekt konvertieren kann. Beim Modell mit statischem SQL kennt der Precompiler die Datentypen der Variablen, weil er den Quellcode und die entsprechende Symboltabelle liest, die ähnlich dem ist, was der Sprachcompiler verwendet. Für die IBM-Implementierung, in der zur Übersetzungszeit auf das DBMS zugegriffen wird, sind auch die Typen der Spalten in der Datenbank bekannt. In diesem Fall können alle notwendigen Konvertierungen vom Precompiler im erzeugten Code vorgegeben werden.

Dynamisches SQL Im Gegensatz zum statischen SQL können beim dynamischen SQL die SQL-Anweisungen zur Laufzeit *dynamisch* erzeugt werden. Dieser Ansatz ist notwendig, wenn die Anwendung im voraus nicht alle Operationen kennt, die für die Datenbank ausgeführt werden sollen, oder wenn die Anzahl möglicher Kombinationen für die Operationen so groß ist, daß es einfacher ist, die SQL-Strings dynamisch in das Programm einzubauen, als alle möglichen Kombinationen in statischem SQL zu kodieren. Aber selbst bei dynamischem SQL wird weiterhin der Precompiler-Ansatz angewendet. Anstelle von Hostvariablen verwendet das dynamische SQL *Parameter*, die in die SQL-Anweisungen eingebettet und später durch Werte ersetzt werden können. (Ein SQL-Parameter ist

Herkömmliche relationale DBMS-Systeme

ein Fragezeichen, das in der SQL-Anweisung anstelle der Hostvariablen angegeben wird.) Abbildung 2.9 zeigt ein Beispiel für ein Programm mit dynamischem SQL.

```
BEGIN DECLARE SECTION
char SQL[100];
short DEPT;
char NAME[26];
short DNUM;
end declare section
main()
{
EXEC SQL INCLUDE SQLCA;
EXEC SQL INCLUDE SQLDA;

/* Vereinfachte Angestelltentabelle erstellen */

EXEC SQL CREATE TABLE EMP (EMPNAME CHAR(25), DEPTNO SMALLINT);

if (SQLCODE != 0)
    /* Fehler behandeln ... */

strcpy(sql, "INSERT INTO EMP VALUES ('JOE', 100)");
EXEC SQL PREPARE S1 FROM :SQL;
EXEC SQL EXECUTE S1;
strcpy(sql, "INSERT INTO EMP VALUES ('SALLY', 100)");
EXEC SQL PREPARE S1 FROM :SQL;
EXEC SQL EXECUTE S1;
EXEC SQL COMMIT WORK;

/* Benutzer nach der gewünschten Abteilungsnummer fragen */
DEPT=GetInput(DEPT);

/* Alle übereinstimmenden Zeilen (Abt.nr.) anzeigen */
strcpy(sql, "SELECT EMPNAME, DEPTNO FROM EMP WHERE DEPTNO = ?");
EXEC SQL PREPARE S1 FROM :SQL;
EXEC SQL DECLARE C1 CURSOR FOR S1;
EXEC SQL OPEN C1 USING :DEPT;
while (SQLCODE == 0)
    {
    EXEC SQL FETCH C1 INTO :NAME, :DNUM;
    }
}
```

Abbildung 2.9 – Beispiel für ein Programm mit dynamischem SQL

Beachten Sie, wie die eigentlichen SQL-Anweisungen (außer der Anweisung DECLARE CURSOR) zuerst in Programmvariablen plaziert und dann mit Hilfe des Befehls PREPARE in SQL »vorbereitet« werden. Was mit diesen PREPARE-Anweisungen zur Laufzeit geschieht, ist genau dasselbe, was in dem Beispiel mit dem statischen SQL zur Übersetzungszeit geschieht: die Anweisungen werden geparst, auf syntaktische und semantische Korrektheit überprüft und dann optimiert; anschließend wird innerhalb der Datenbank ein Zugriffsplan erstellt. Wie beim statischen SQL-Modell zur Übersetzungszeit werden die Anweisungen an dieser Stelle nicht wirklich ausgeführt, sondern erst, wenn ein EXECUTE oder ein OPEN ausgeführt wird.

Dieses Beispiel zeigt die Leistungsfähigkeit des Ansatzes mit dynamischem SQL für Adhoc-Abfragen nicht unmittelbar – es handelt sich im Grunde genommen um eine Neuauflage des ersten Beispiels, die unmittelbar zu statischem SQL führt. Ein interaktives Programm, das es dem Benutzer ermöglicht, eine SQL-Anweisung einzugeben und auszuführen, würde ein besseres Beispiel darstellen, aber ein solches Programm wäre zu lang, als daß es hier dargestellt werden könnte. Es ist ausreichend, die wichtigsten Unterschiede der beiden Programmiermodelle aufzuzeigen.

Beim statischen SQL werden die Spezifikation einer Anweisung und ihre Ausführung nicht unterschieden (die Anweisung EXEC SQL INSERT INTO EMP VALUES ('JOE', 100) führt das Einfügen aus, wenn die Anweisung im Programm angetroffen wird). Beim dynamischen SQL erfolgen die Spezifikation und die Ausführung in zwei expliziten Schritten. Beim dynamischen SQL wird der Befehl PREPARE verwendet, um die SQL-Anweisung zu spezifizieren; anschließend führt zum Beispiel der Befehl EXECUTE bestimmte Operationen aus, die nicht am Bildschirm angezeigt werden, oder der Befehl OPEN führt eine SELECT-Anweisung aus, die mehrere Zeilen zurückgibt.

Einer der interessantesten Effekte dieses zweistufigen Prozesses ist, daß die Anweisung, wenn sie erst einmal »vorbereitet« ist, mehrere Male ausgeführt werden kann, ohne erneut vorbereitet werden zu müssen. Sie wissen, daß beim statischen SQL der Zugriffsplan zur Übersetzungszeit in der Datenbank abgelegt wird. In Fall von dynamischem SQL wird der Zugriffsplan erzeugt, wenn das Programm den Befehl PREPARE ausführt. Die Ausführungsgeschwindigkeit ist mit der von statischem SQL gleich, wenn der erste PREPARE-Befehl ausgeführt wird. Aber weil es einen expliziten Befehl für die Ausführung gibt, kann nichts die Anwendung daran hindern, EXECUTE-Anweisungen mehrere Male auszuführen. Es muß gesagt werden, daß dieser Unterschied möglicherweise nicht so signifikant ist, wie es zunächst den Anschein hat. Wenn Sie entweder die statische SQL-Anweisung *oder* eine einzige dynamische SQL-EXECUTE-Anweisung in einer Schleife angeben (mit entsprechenden Bedingungen für die Ausführung der SQL), dann ist der Effekt derselbe. Das soll hier anhand einiger Beispiele verdeutlicht werden. Der folgende Code aus dem ersten Beispiel mit statischem SQL:

```
EXEC SQL INSERT INTO EMP VALUES ('JOE', 100);
EXEC SQL INSERT INTO EMP VALUES ('SALLY', 100);
EXEC SQL INSERT INTO EMP VALUES ('BILL', 200);
```

könnte ebensogut folgendermaßen geschrieben werden:

```
while(GetInput(name, &dnum))
    EXEC SQL INSERT INTO EMP VALUES (:name, :dnum)
```

Dabei ermittelt die Funktion *GetInput* die Werte für den Namen und die Abteilungsnummer durch eine Eingabeaufforderung vom Benutzer (oder aus einer Datei oder irgendeiner anderen Quelle). Dabei wird vorausgesetzt, daß *GetInput* TRUE zurück-

Herkömmliche relationale DBMS-Systeme

gibt, solange Eingaben zur Verarbeitung anstehen, und FALSE, wenn die Eingabe beendet ist.

Für dynamisches SQL sieht das ähnlich aus:

```
EXEC SQL PREPARE S1 FROM "INSERT INTO EMP VALUES (?, ?)"
while(GetInput(name, &dnum))
    EXEC SQL EXECUTE S1 USING :name, :dnum
```

Aber hier wollen wir keine Einfügungen vornehmen, die von ihrer Natur her nicht variieren, da die Tabelle, in die sie eingetragen werden, sich dadurch nicht wesentlich ändert. Betrachten wir statt dessen einen Fall, wo die Angestelltentabelle auf unterschiedliche Weise zu aktualisieren ist: es sollen zum Beispiel Namen und Abteilungen geändert oder das Gehalt aller Angestellten in bestimmten Abteilungen erhöht werden. Das Anwendungsprogramm ruft die Funktion *GetInput* auf, um den Benutzer nach den gewünschten Änderungen zu fragen. Hier gibt der Rückgabewert gleichzeitig an, welche Art Operation ausgeführt werden soll; wenn die Aktualisierung abgeschlossen ist, wird eine 0 zurückgegeben.

```
while (operation = GetInput(&EMPID, NEWNAME, &DNUM))
    switch (operation) {
        case NEW_NAME:
            EXEC SQL UPDATE EMP SET NAME = :NEWNAME
                WHERE EMPID = :EMPID
            break;
        case NEW_DEPT:
            EXEC SQL UPDATE EMP SET DEPTNO = :DNUM WHERE EMPID = :EMPID;
            break;
        case NEW_SALARY:
            EXEC SQL UPDATE EMP SET SALARY = SALARY * 1.10
                WHERE DEPTNO = :DNUM;
            break;
        case DEL_EMP:
            EXEC SQL DELETE EMP WHERE EMPID = :EMPID
            break;
    }
```

Das äquivalente Programm mit dynamischem SQL wäre ganz einfach. Nun wollen wir jedoch eine zusätzliche Erweiterung betrachten: Was passiert, wenn die Anwendung in der Lage sei soll, eine beliebige Anzahl unterschiedlicher Angestellter und Abteilungen in einer einzigen Anweisung anzusprechen? Wenn zum Beispiel für zwei Abteilungen das Gehalt angehoben werden soll, dann lautet die Anweisung in statischem SQL dafür:

```
EXEC SQL UPDATE EMP SET SALARY = SALARY * 1.10
    WHERE DEPTNO IN (:DNUM1, :DNUM2);
```

oder etwas weniger elegant:

```
EXEC SQL UPDATE EMP SET SALARY = SALARY * 1.10
    WHERE DEPTNO = :DNUM1 OR DEPTNO = :DNUM2;
```

Wenn es sich dabei um drei Abteilungen handelt, dann lauten die Anweisungen:
```
EXEC SQL UPDATE EMP SET SALARY = SALARY * 1.10
    WHERE DEPTNO IN (:DNUM1, :DNUM2, :DNUM3);
```

Haben Sie das Prinzip erkannt? Das Anwendungsprogramm müßte die statische SQL-Anweisung für jede mögliche Anzahl an Abteilungen formulieren, oder, was wahrscheinlicher ist, ein Maximum bestimmen und den nicht verwendeten Abteilungsnummern NULL zuweisen, wodurch wir folgende häßliche Anweisung erhalten:
```
EXEC SQL UPDATE EMP SET SALARY = SALARY * 1.10
    WHERE DEPTNO IN (:DNUM1, :DNUM2, :DNUM3, :DNUM4, :DNUM5, :DNUM6);
```

Es ließe sich natürlich auch einfach nur eine Schleife für die Aktualisierungsanweisung ausführen und dieselbe Aktualisierung innerhalb einer einzigen Transaktion immer wieder anwenden. Aber dadurch würden wir einen gesteigerten Netzwerkverkehr erhalten und den Grad möglicher Nebenläufigkeit innerhalb der Datenbank reduzieren, weil die Sperren dabei länger gehalten werden. Und überlegen Sie schließlich noch, was passieren würde, wenn wir neben dem Gehalt noch eine andere Spalte ändern wollten. Und was ist, wenn wir eine SELECT-Anweisung konstruieren, die eine andere Menge an Spalten oder Ausdrücken zurückgibt, abhängig von der Eingabe des Benutzers?

Wäre es nicht sehr viel einfacher, wenn die Anwendung gemäß der Eingabe des Benutzers die entsprechenden SQL-Anweisungen erzeugen könnte? Und genau dazu kann dynamisches SQL eingesetzt werden. Für dieses konstruierte Beispiel könte die Anwendung eine SQL-Anweisung mit der korrekten Anzahl Parameter erzeugen, sie in einer Variablen ablegen und dann die Anweisung aufbereiten. Dazu benötigt man die sogenannte *SQLDA-Datenstruktur* (SQL Descriptor Area), die eine dynamische Anzahl an Parametern in einer SQL-Anweisung ermöglicht. Die meisten der heutigen DBMS-Produkte setzen die SQLDA ein. Sie wird wie eine normale C-Struktur mit Werten belegt. Sie sollten jedoch wissen, daß es in SQL-92 eine elegantere Methode gibt: *Deskriptoren* können von SQL direkt gelesen oder beschrieben werden. (Weitere Informationen über Deskriptoren erhalten Sie in Kapitel 9.)

Die verallgemeinerte Verwendung von dynamischem SQL ermöglicht eine nahezu vollständige Flexibilität beim Erstellen von SQL-Anweisungen unter der Steuerung eines Programms. Mit Hilfe der SQLDA können die Anzahl und die Typen der Datenelemente in SQL-Anweisungen verwaltet werden. Hostvariablen für Eingaben (zum Beispiel ein Vergleich in einer SQL-Anweisung) und Ausgaben (zum Beispiel FETCH INTO :A, :B) werden durch Verweise auf Elemente in der SQLDA ersetzt. Das dynamische SQL ermöglicht es den Anwendungen darüber hinaus, die Typen und die Längen von Spalten (oder Ausdrücken) festzustellen, die von einer Abfrage zurückgegeben wurde, indem nach der Aufbereitung der Abfrage die Anweisung DESCRIBE angegeben wird. Es existiert eine analoge Anweisung DESCRIBE INPUT, die der Anwendung die Anzahl und die Typen aller Parameter in einer SQL-Anweisung mitteilt, nachdem die Anweisung aufbereitet wurde. Aber sie ist leider noch nicht allgemein implementiert.

Das Wesentliche dabei ist, daß die Verwendung von dynamischem SQL dem Endbenutzer mehr Möglichkeiten bereitstellt. Das einfachste Beispiel ist die Situation, in der Endbenutzer Entscheidungen treffen muß, welche Operationen ausgeführt werden sollen, und zwar basierend auf den Informationen in der Datenbank selbst. Die Spalten, die in einer Gehaltstabelle zur Verfügung stehen, die Bedingungen, die zum Aktualisieren, Löschen oder Sichten der Daten notwendig sind, und wie die Informationen abgelegt werden, sind alles Dinge, die möglicherweise noch nicht bekannt sind, wenn ein Anwendungsprogramm geschrieben wird, und wobei es nicht möglich ist, für jede mögliche Kombination eine Formulierung in statischem SQL zu treffen.

Das heißt natürlich nicht, daß statisches SQL schlechter ist. Was man letztendlich verwendet, hängt davon ab, wie viel die Anwendung und der Endbenutzer über die Struktur der Daten und der Abfragen wissen, die ausgeführt werden sollen. Wenn der Anwendungsprogrammierer Flexibilität braucht, dann ist es am besten, dynamisches SQL zu verwenden. Wenn die Information dagegen feststeht, dann ist die Lösung unter Verwendung von statischem SQL wahrscheinlich einfacher und praktikabler.

Cursor im dynamischen SQL Grundlegend für das Verständnis von dynamischem SQL ist das Verständnis dafür, wie ein Cursor verwaltet wird. (Eine Definition für den Cursor finden Sie weiter unten.) Dieses Thema kann verwirrend sein, weil der SQL-Standard neben der Unterstützung von Cursorn auch eine spezielle Methode bietet, um genau eine Zeile an eine Anwendung zurückzugeben. Die Terminologie für diese beiden Methoden wird oft verwechselt. Die Anweisung, die jeweils nur eine Zeile zurückgibt, ist eine Select-Anweisung. Eine Anweisung, die mehrere Zeilen zurückgibt, ist ein Cursor, auch wenn beide Anweisungen das Schlüsselwort SELECT verwenden. Für die Anweisung, die jeweils nur eine Zeile zurückliefert, gibt es noch zwei weitere gebräuchliche Namen: blanker Select oder SELECT INTO. Beim eingebetteten SQL hat ein blanker Select die folgende Form:

```
SELECT ausdruck_liste INTO host_variablen_liste FROM tabellen_liste [WHERE ...]
```

GLOSSAR

Cursor
Der Mechanismus in der Datenbanktechnologie, der es ermöglicht, jeweils einzelne oder mehrere Zeilen, die aus einer DBMS-Abfrage resultieren, zu verarbeiten. Das geschieht ähnlich wie die Verarbeitung von Datensätzen in einer normalen Datei. Dieser Mechanismus wird auch Cursor genannt, weil er die aktuelle Position in einer Ergebnismenge anzeigt, so wie der Cursor auf dem Bildschirm die aktuelle Position in einem Dokument anzeigt.

Diese Anweisung gibt einen Fehler zurück, wenn mehr als eine Zeile zurückgegeben werden. Die Methode mit dem blanken Select ist insbesondere für zwei häufig auftretende Situationen in der Anwendungsprogrammierung sehr sinnvoll: die Verwendung von Fremdschlüsseln zum Durchsuchen von Tabellen und die Programmierung von Aggregaten wie etwa Gesamtsummen.

In einem System, das das klassische Schema für Kunden, Aufträge, Auftragspositionen und Produkte verwendet, könnte die Auftragspositionstabelle zum Beispiel einen Fremdschlüssel PARTNO besitzen, der auf die Produkttabelle verweist. Um eine eingetippte Produktnummer auszuwerten und den Namen des Produkts zu ermitteln, wenn eine neue Auftragsposition für einen Auftrag eingegeben wird, ist die Anweisung für einen blanken Select sehr praktisch:

```
SELECT PARTNAME INTO :PNAME FROM PARTS WHERE PARTNO = :PARTENTRY
```

Weil PARTNO der Primärschlüssel in der Produkttabelle ist, gibt er garantiert nur eine Zeile zurück.

Auch für die Berechnung von Aggregaten kann der blanke Select sinnvoll eingesetzt werden:

```
SELECT SUM(SALES), AVG(SALES) INTO :TOTSALES, :AVGSALES FROM SALES
    WHERE REGION = 'NW'
```

Die Eleganz dieser SQL-Anweisung liegt darin, daß sie so kurz und prägnant ist, und dabei in der Handhabung genau so einfach wie eine Zuweisung in der Host-Programmiersprache. Ich werde dieses SQL-Konstrukt im Detail beschreiben, weil es vom CLI-Ansatz her von ODBC nicht von SELECT-Anweisungen unterschieden wird, die mehrere Zeilen zurückgeben, auch wenn das durch die Kombination bestimmter Elemente des dynamischen SQL mit der Syntax für blanke Selects möglich wäre.[5]

GLOSSAR

Fremdschlüssel
Eine oder mehrere Spalten in einer Tabelle, die auf eine oder mehrere Spalten in einer anderen Tabelle verweisen, um eine 1:n- oder 1:1-Beziehung zwischen den beiden Tabellen herzustellen. Normalerweise handelt es sich bei der Spalte, auf die der Fremdschlüssel verweist, um den Primärschlüssel der Tabelle, auf die verwiesen wird.

Primärschlüssel
Eine oder mehrere Spalten in einer Tabelle, deren Wert die Zeilen in der Tabelle eindeutig kennzeichnet.

Die Form der Select-Anweisung, die mehrere Zeilen zurückgibt (die Cursor-Anweisung), kann in drei Schritten ausgedrückt werden. Beim statischen SQL muß zunächst eine Schreibmarke deklariert werden:

```
DECLARE C1 CURSOR FOR SELECT A, B, C FROM TABLE WHERE ...
```

---

[5] Diejenigen von Ihnen, die bereits mit der ODBC-Programmierung vertraut sind, interessieren sich vielleicht dafür, wie das bewerkstelligt werden kann. Durch das Ersetzen der Hostvariablen in der Syntax der blanken Selects durch Parameter kann die Semantik beibehalten werden. Das Beispiel könnte etwa als SELECT SUM(SALES), AVG(SALES) INTO ?, ? FROM SALES WHERE REGION = 'NW' formuliert werden, wenn die Parameter gebunden wurden. Die Schwierigkeit dabei ist, daß meiner Kenntnis nach weder SQL-92 noch irgendwelche DMBSe in der Lage sind, SELECT INTO als dynamische SQL-Anweisung zu unterstützen, so daß die Anweisung vom Treiber erkannt und in ein Format, das von dem DBMS dynamisch ausgeführt werden kann, umgewandelt werden müßte.

Anschließend muß der Cursor geöffnet werden:

```
OPEN C1
```

Anschließend können die Ergebniszeilen in die Hostvariablen geholt werden:

```
FETCH FROM C1 INTO :A, :B, :C
```

Wenn diese Operation abgeschlossen ist, muß der Cursor wieder geschlossen werden:

```
CLOSE C1
```

Beim dynamischen SQL erscheint die SELECT-Anweisung nicht als Teil der Anweisung DECLARE CURSOR, sondern als Teil der PREPARE-Anweisung:

```
PREPARE S1 FROM SELECT A, B, C FROM TABLE WHERE ...
```

Anschließend wird der Cursor für den Anweisungsbezeichner deklariert:

```
DECLARE C1 CURSOR FOR S1
```

Der Rest ist ganz ähnlich wie beim Beispiel für das statische SQL, außer daß hier statt der Hostvariablen die SQLDA verwendet wird, denn wahrscheinlich wurde für die Anwendung vorwiegend deshalb dynamisches SQL verwendet, weil die Anzahl und die Typen der Ausgabespalten zum Zeitpunkt der Programmerstellung nicht bekannt waren.

Das Interessante dabei ist, daß der Cursor sowohl für statisches als auch für dynamisches SQL deklariert werden muß, und daß der Cursorname keine Hostvariable sein kann. Das heißt, die Anzahl der Cursor, die gleichzeitig in einem Anwendungsprogramm verwendet werden, muß zu dem Zeitpunkt, zu dem das Programm geschrieben wird, bekannt sein und deklariert werden, *selbst wenn dieses dynamisches SQL verwendet*. Anders ausgedrückt, die Anweisung DECLARE CURSOR im dynamischen SQL ist deklarativ – ebenso wie diejenige im statischen SQL. Insbesondere für Ad-hoc-Abfragewerkzeuge bedeutet das eine schwerwiegende Einschränkung.

Erweitertes dynamisches SQL Um die Flexibilität der Cursor-Konstrukte zu erhöhen, hat der SQL-92-Standard ein weiteres Cursor-Modell eingeführt: *erweiterte dynamische Cursor*. Das Modell der erweiterten dynamischen Cursor ermöglicht, daß diese nicht nur zur Übersetzungszeit, sondern auch zur Laufzeit deklariert werden. Das wird mit Hilfe der ALLOCATE-Anweisung realisiert:

```
ALLOCATE cursor_name CURSOR FOR anweisungsname
```

Dabei sind *cursor_name* und *anweisungsname* Hostvariablen, die Strings mit einem gültigen Cursornamen bzw. einer vorbereiteten Anweisung enthalten, wie etwa im folgenden Beispiel:

```
char * sql;
char * cursor1;

sql = "select a, b, c from table where region = 'NW'";
EXEC SQL PREPARE S1 FROM :sql
```

▶

```
cursor1 = "C1";
stmt="S1";
EXEC SQL ALLOCATE :cursor1 CURSOR FOR :stmt
```

Selbst nach all diesen Ergänzungen der SQL-Konstrukte, die die Cursor flexibler und zur Laufzeit spezifizierbar machen sollten, fehlt noch immer etwas, was die Cursor in jedem der betrachteten Modelle vollständig dynamisch machen würde. Beachten Sie, daß das Anwendungsprogramm dabei immer noch eine Anweisung benötigt, um diese ausführen zu können. Die PREPARE-Anweisung ist dazu allgemein genug:

```
EXEC SQL PREPARE S1 FORM :sql;
```

Aber selbst beim dynamischen SQL muß die Anwendung wissen, ob die Anweisung ein Cursor ist, um zu entscheiden, was damit geschehen soll:

```
EXEC SQL DECLARE C1 CURSOR FOR S1;   /* :sql muß SELECT enthalten */
OPEN C1;
```

oder

```
EXEC SQL EXECUTE S1;   /* :sql muß INSERT, UPDATE, DELETE, CREATE usw. */
                       /* sein. Sie darf KEIN Cursor sein. */
```

ODBC weicht von diesem Modell ab, weil es Situationen in der Praxis gibt, für die man unmöglich im voraus wissen kann, welche Anweisung ausgeführt werden soll. Einige spezielle Situationen, für die dieses Modell nicht funktioniert, findet man im Batched SQL, das von einigen DBMS-Herstellern und Gateway-Produkten unterstützt wird (z.B. vom DB2-Gateway von MDI), ebenso wie bei dem Paradigma der gespeicherten Prozeduren von Sybase.

Zusammenfassung: Zusammenfassend kann gesagt werden, daß eingebettetes SQL insbesondere für zentrale Programmierumgebungen geeignet ist. Echt statisches SQL bietet eine sehr hohe Performance (mit Zugriffsplänen, die zur Übersetzungszeit in der Datenbank abgelegt werden), und gleichzeitig ein ganz einfaches Programmiermodell (mit Vorkompilierung und Hostvariablen, die eine gute Schnittstelle zwischen den Daten aus der Datenbank und dem Anwendungsprogramm darstellen). Statisches SQL leidet jedoch darunter, daß es nicht in der Lage ist, SQL-Anweisungen dynamisch zu erzeugen, und es ist nicht dafür geeignet, dynamisch zur Laufzeit verschiedene Zieldatenbanken anzusprechen.

Dynamisches SQL erweitert die Flexibilität des eingebetteten SQLs, indem es ermöglicht, daß die SQL-Anweisungen unter der Steuerung des Programms zur Laufzeit erzeugt werden, auch wenn die Anwendung zur Realisierung einer echten »Dynamik« die erweiterte dynamische Form von Cursorn verwenden muß. Sowohl statisches als auch dynamisches SQL machen den Einsatz eines Precompilers erforderlich.

Als letztes wollen wir noch etwas betrachten, was wir bisher nicht erwähnt haben, was aber wesentlich für die Client/Server-Programmierung ist: Wie spezifiziert eine Anwendung, auf welche Datenbank sie zugreifen will? Bis zur Veröffentlichung des SQL-92-Standards war es den DBMS-Herstellern überlassen, sich darum zu kümmern (die dazu in der Regel spezielle Funktionsaufrufe einsetzten). Und es gab keine Möglichkeit, aus SQL heraus anzugeben, welche Datenquelle es verwenden sollte. Auch dies ist für ein zentrales Programmiersystem wie etwa einen Mainframe kein Thema. Für ein verteiltes System ist es jedoch von ganz wesentlicher Bedeutung. SQL-92 bietet eine neue SQL-Anweisung, CONNECT, die genau diese Funktionalität realisiert. CONNECT ist jedoch noch nicht überall implementiert, weshalb die Anwendungsprogrammierer auch noch die speziellen Methoden kennen müssen, mit denen einzelnen DBMS-Hersteller Verbindungen herstellen, wenn sie Anwendungen von einem DBMS auf ein anderes portieren wollen.

2.1.3.2 Call Level Interfaces – CLI

Ein Call Level Interface besteht aus Funktionsaufrufen in einer 3GL-Programmiersprache wie etwa C, COBOL oder FORTRAN. ODBC ist ein Call Level Interface, ebenso wie die APIs vieler DBMS-Systeme (zum Beispiel Sybase DB-Library oder Oracle OCI). Auf der höchsten Abstraktionsebene realisiert ein CLI die folgenden drei grundlegenden Dinge:

1. Es stellt eine Verbindung zum DBMS her.
2. Es sendet SQL-Anweisungen an das DBMS.
3. Es verarbeitet die Ergebnisse der SQL-Anweisungen (Daten, Statusinformationen und Fehler).

Ein CLI arbeitet ähnlich wie das Modell mit dem dynamischen eingebetteten SQL, außer daß hier kein Precompiler eingesetzt wird. In gewisser Weise unterstützt jeder DMBS-Hersteller ein CLI – der Precompiler für das in das DBMS eingebettete SQL erzeugt Funktionsaufrufe. [6] Aber wie Sie vielleicht aus den Abbildungen 2.7 und 2.8, wo Ausgaben der Precompiler von IBM und Oracle gezeigt sind, erkannt haben, sind diese Schnittstellen nicht für die direkte Verwendung durch den Programmierer vorgesehen. Echte CLIs beziehen sich insbesondere auf die Programmierschnittstellen, die für die Verwendung durch den Anwendungsprogrammierer bestimmt sind – zumindest was dieses Buch betrifft.

Viele DBMS-Hersteller bieten neben ihren Schnittstellen für eingebettetes SQL auch CLIs. Das Programmiermodell für CLIs unterscheidet sich in mehreren Punkten von dem für eingebettetes SQL:

---

6 Die meisten Leute, mit denen ich mich unterhalten habe, und die schon sehr viel mit Precompilern gearbeitet haben, sagen, daß sie oft irgendwelche Anpassungen an dem erzeugten Code (oder den vom Precompiler erzeugten Variablen) vornehmen, und zwar aus den unterschiedlichsten Gründen. In einem Fall hat ein Programmierer den Precompiler von Oracle verwendet und das SQL-Programmierparadigma gefiel ihm ganz gut, aber er benötigte gelegentlich die Flexibilität des dynamischen SQLs. Statt also auf das PREPARE/EXECUTE-Modell umzusteigen, hat er einfach die Variablen, die der Precompiler erzeugte, so angepaßt daß sie SQL-Anweisungen aufnehmen konnten. So lange an den Bindungen nichts verändert wurde (und das war in seinem Fall so), funktionierte alles ganz wunderbar, aber auch nur, weil Oracle im verborgenen ohnehin schon eine dynamische Lösung realisiert hatte. In diesem Fall war das ein echter Vorteil für diese Anwendung.

1. Weil es keinen Precompiler gibt, der die Datentypinformationen über die Variablen in der Host-Programmiersprache feststellen könnte, müssen alle Informationen darüber, wie sich die Datentypen der Ausgabespalten und die Parameter in SQL-Anweisungen zu den Variablen in der Programmiersprache verhalten, zur Laufzeit explizit spezifiziert werden. Dadurch wird das Programmiermodell komplexer, schafft aber auch eine erhöhte Flexibilität und eine größere Kontrolle. Was die einfache Programmierung betrifft, ist die Verwendung eines CLI nicht so unkompliziert wie die Verwendung von Hostvariablen im statischen SQL, aber sie ist möglicherweise besser, als wenn man alles, wie beim dynamischen SQL, durch die SQLDA-Struktur laufen lassen müßte.

2. Es gibt eine klare Abtrennung zwischen dem Anwendungsprogramm und SQL. Beim eingebetteten SQL herrscht oft Verwirrung darüber, welche Komponente was verarbeitet. Die Anweisung DECLARE CURSOR ist zum Beispiel deklarativ und wird vom DBMS größtenteils nicht einmal gesehen. Obwohl DECLARE CURSOR also eine SQL-Anweisung ist, wird diese vom DBMS niemals verarbeitet. Selbst beim dynamischen SQL kann es schwierig sein, festzustellen, welche SQL-Anweisungen wirklich durch das DBMS fließen. (Verarbeitet zum Beispiel das DBMS die PREPARE-Anweisung selbst, oder nur den Inhalt der Hostvariablen, die in der Anweisung angegeben ist? Normalerweise ist das letztere der Fall.) Wenn Sie versuchen, Anwendungen zu schreiben und zu debuggen, dann ist es sehr hilfreich, sich ein klares Verständnis dafür zu verschaffen, welche Komponente was verarbeitet.

3. Der Prozeß, ein Programm zu schreiben, ist sehr viel einfacher als beim eingebetteten SQL – Aufrufe der DBMS-Laufzeitbibliothek werden ebenso gelinkt wie die Aufrufe anderer Laufzeitbibliotheken, etwa der C-Laufzeitbibliothek. Der zusätzliche Schritt, der für den Einsatz des Präprozessors für jede Programmdatei mit eingebettetem SQL notwendig ist, entfällt.

4. Das Debugging ist einfacher, weil Sie den Code, den Sie debuggen, selbst geschrieben haben – es handelt sich nicht um die Funktionsaufrufe, die der Precompiler aus Ihrem Code erzeugt hat.

Abbildung 2.10 zeigt die Beziehung zwischen CLI und DBMS. Diese Abbildung sollte Ihnen bekannt vorkommen; es handelt sich dabei um das Systemarchitektur-Diagramm, mit dem wir dieses Kapitel begonnen haben, wobei jedoch das CLI die Datenbank-API ersetzt. Und genau deshalb kann diese Architektur für ODBC funktionieren; es setzt einfach die CLI-Komponente so ein wie es die ursprüngliche API des DBMS-Herstellers tut.

Herkömmliche relationale DBMS-Systeme

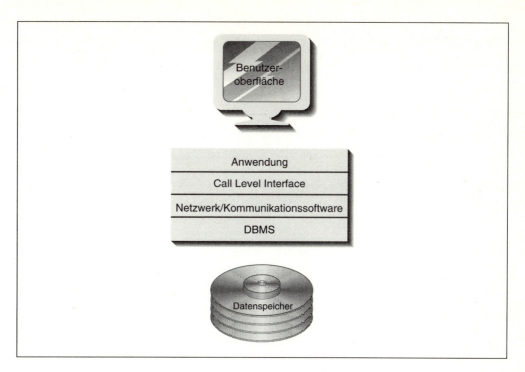

Abbildung 2.10 – CLI-Architektur

Tabelle 2.1 vergleicht die CLIs von Sybase (DB-Library) und Oracle (OCI), indem sie zeigt, wie die beiden Schnittstellen dieselbe Anwendung verarbeiten würden. Aus diesem Beispiel sehen Sie, daß die beiden Programmiermodelle sich mehr ähneln, als daß sie sich unterscheiden. Die Funktionen und Datenstrukturen haben zwar unterschiedliche Namen, und es gibt einige interessante Variationen, aber alles in allem sind die Parallelen und die Entsprechungen ganz deutlich zu erkennen.

Sybase DB-Library	Oracle OCI
`#include <sqldb.h>`	`#include <ora.h>`
`main()`	`main()`
`{`	`{`
`DBPROCESS * dbproc;`	`struct csrdef lda;    /* lda-Bereich */`
`LOGINREC * login;`	`struct csrdef curs;   /* Cursor Bereich */`
`int cnt;`	`int cnt;`
`char *name;`	`char *name;`
`char *sql;`	`char *sql;` ▶

Sybase DB-Library	Oracle OCI

`/* Anmeldung beim SQL-Server */`
`login = dblogin();`
 	
`DBSETLUSER(login,«userid«);`
`DBSETLPWD(login, »password«);`
`dbproc = dbopen(login, Servername);`
	`/*Anmeldung bei Oracle */`
	`olon(&lda, »userid/password«, -1, (char *)0, -1, -1);`
	
	`oopen(&curs, &lda, (char *)0, -1, -1, (char *)0, -1);`

`/* Anzahl Aufträge für die Kunden in Boston angeben */`
Sybase DB-Library
`sql=«select cname, count(*) from cust c, ord o where c.id=o.custid and c.city='Boston' group by c.cname«;`
	`/* Anzahl Aufträge für die Kunden in Boston angeben */`
	Oracle OCI
	`sql=«select cname, count(*) from cust c, ord o where c.id=o.custid and c.city='Boston' group by c.cname«;`

`/* SQL-Anweisung definieren */` `dbcmd(dbproc, sql);`	`/* SQL-Anweisung definieren */` `osql3(&curs, sql, -1);`

`/* Ausgabespalte den Variablen name und cnt zuweisen */`
`dbbind(dbproc, 1, CHARBIND, sizeof(name), name);`
 	
`dbbind(dbproc, 2, INTBIND, sizeof(cnt), &cnt);`
	`/* Ausgabespalte den Variablen name und cnt zuweisen */`
	`odefin(&curs, 1, (unsigned char *)name, sizeof(name), INT, -1,(short *)0, (char *)0, -1, -1,(short *)0, (short *)0);`
	`odefin(&curs, 2, (unsigned char *)&cnt, sizeof(cnt), INT, -1,(short *)0, (char *)0, -1, -1,(short *)0, (short *)0);`

`/* SQL-Anweisung ausführen */`
`dbsqlexec(dbproc);`
`while (dbresults(dbproc) != NO_MORE_RESULTS) {`
	`/* SQL-Anweisung ausführen */`
	`oexec(&curs);`

`/* Zeilen holen — Kundenname und Zähler (cnt) werden in die entsprechenden Variablen geschrieben */`
`while (dbnextrow(dbproc) != NO_MORE_ROWS) {`
`   output(name, cnt);`
`}`
`dbclose(dbproc);`
`dbexit();`
`}`
`}`
	`/* Zeilen holen — Kundenname und Zähler (cnt) werden in die entsprechenden Variablen geschrieben */`
	`while (ofetch(&curs)) {`
	
	`   output(name, cnt);`
	`}`
	`oclose(curs);`
	`ologof(&lda);`
	
	`}`

Tabelle 2.1 – Vergleich der CLIs von Sybase (DB-Library) und Oracle (OCI)

Herkömmliche relationale DBMS-Systeme 65

In Tabelle 2.1 sehen Sie, wie bereits erwähnt, daß die Zuordnungen zwischen den Programmvariablen (in dieser Abbildung *name* und *cnt*) und den SQL-Ausgabespalten explizit mit Hilfe der Funktionen *odefin* (für OCI) und *dbbind* (für DB-Library) erfolgen muß. Das ist anders als in den Beispielen für eingebettetes SQL, wo das FETCH direkt in die Hostvariablen schreiben kann und die Anwendung keine Funktion benötigt, die das Binden realisiert. Genauso interessant ist die Tatsache, daß OCI und DB-Library es der Anwendung ermöglichen, die Daten spaltenweise statt zeilenweise zu ermitteln (wie es beim eingebetteten SQL der Fall ist). Das ist besonders dann sehr wichtig, wenn eine Anwendung große Mengen Text oder binäre Daten verwalten muß, die normalerweise in kleinen Abschnitten manipuliert werden, und nicht alle auf einmal.

Die Entwickler von ODBC haben erkannt, daß alle CLIs eine grundlegende Abstraktion bieten, die drei allgemeine Elemente definiert: Verbindungsaufbau, Senden von SQL-Befehlen und Verarbeitung der Ergebnisse. Es gibt natürlich viele Unterschiede innerhalb dieses Rahmens, aber durch die Beibehaltung des Rahmens erhält ODBC eine ausreichende Struktur, um effektiv auf unterschiedliche Datenbanken zugreifen zu können.

Ein weiterer wichtiger Aspekte des CLI-Stils ist, daß er den Programmierern ermöglicht, das Funktionsaufruf-Paradigma mit dem DLL-Mechanismus von Microsoft Windows und anderen Betriebssystemen zu kombinieren (zum Beispiel gemeinsam genutzte Bibliotheken in einigen UNIX-Systemen und auf dem Macintosh). Das erlaubt den Anwendungen, mehrere Implementierungen derselben Menge an Funktionsaufrufen nebenläufig auszuführen.

2.1.3.3 Sprachen der vierten Generation, RAD-Werkzeuge, oder wie man das heute auch immer nennen mag

Sprachen der vierten Generation (4GLs) sind heute wahrscheinlich beliebter als je zuvor, aber der Begriff selbst wird immer weniger gebraucht. Statt dessen verwendet man Begriffe wie *RAD-Werkzeuge* (Rapid Application Programming Tool). Darüber hinaus ist es heute schwierig, genau zu erkennen, was eine 4GL ist, weil auch einige der herkömmlichen 3GL-Produkte komplexe Werkzeuge bieten (wie etwa die Datenbank-Klassen in Microsoft Visual C++), die viele Dinge realisieren, welche man sonst nur bei 4GLs findet.

Ich verwende den Begriff 4GL zur Beschreibung von Entwicklungswerkzeugen, die eine Sprache mit einer höheren Abstraktion als eine 3GL (C, Pascal, COBOL, FORTRAN usw.) verwenden. Damit fallen für mich auch die bekannten Entwicklungswerkzeuge für Datenbankapplikationen, wie etwa Microsoft Access, PowerBuilder von Powersoft oder SQL Windows von Gupta, unter diese Kategorie. Eine 4GL ist im Vergleich zu einer 3GL sehr viel einfacher, weil sich die 4GL auf eine bestimmte Aufgabe konzentriert. Dies bewirkt eine gesteigerte Produktivität, auch wenn das manchmal zu einem Verlust an Kontrolle und Performance ausarten kann. Oft erlauben 4GL-Konstrukte den Programmierern, die Datenzugriffkomponente einer Anwendung in die Benutzeroberfläche zu integrieren. Dies ist besonders sinnvoll, weil das in Systemen wie zum Beispiel Windows ohnehin schwierig wird. (Sie haben vielleicht schon bemerkt, daß keines der bisher gezeigten Programmierbeispiele eine Möglichkeit geboten hat, den Bildschirm oder die Tastatur anzusprechen.) Letztendlich wird eine 4GL fast immer als Sprache interpretiert.

Sie ist nicht auf ein reines ausführbares Programm für eine bestimmte Maschine reduziert. Statt dessen führt ein Sprachprozessor die Anweisungen dynamisch zur Laufzeit aus.[7] Damit kann in kürzester Zeit ein Prototyp erstellt werden, allerdings auf Kosten einer verringerten Performance zur Laufzeit.

Es gibt heute zahlreiche 4GL-Produkte auf dem Markt. Aufgrund der beeindruckenden Produktivitätssteigerungen, die mit diesen Werkzeugen möglich sind, verwenden viele der Programmierer zur Entwicklung von Datenbankapplikationen die eine oder andere Art 4GL-Werkzeug.

Aus der Perspektive von ODBC stellen die 4GLs eine sehr interessante Schicht dar, weil sie in der Lage sein sollten, die ODBC-API zu nutzen. Das heißt, eine 4GL sollte in der Lage sein, ihr Programmier-Paradigma auf die Aufrufe der ODBC-API abzubilden. Und viele 4GL-Werkzeuge sind dazu heute schon in der Lage.[8]

Ganz offen gesagt: Die Programmierung in Windows (oder einer anderen GUI) ist außerordentlich schwierig mit einer 3GL wie etwa C. Datenbankapplikationen können sehr viel schneller geschrieben werden, wenn eine 4GL eingesetzt wird, so lange sich der Entwickler der Stärken und Schwächen der 4GL bewußt ist. Das verspricht man zumindest. Bei der Verwendung von 4GL-Produkten treffen die Entwickler häufig auf eine Situation, die sie auch als »gegen die Wand laufen« bezeichnen. Das passiert, wenn man bereits viel Arbeit für das Design einer Anwendung und einer Datenbank gesteckt hat, und plötzlich ganz dringend eine bestimmte Funktionalität benötigt, die dieses Entwicklungswerkzeug oder die 4GL nicht bieten. Bestimmte Werkzeuge führen in eine Sackgasse: Sie müssen die Anwendung entweder verwerfen oder das Problem umformulieren, um die Einschränkungen des Werkzeugs zu kompensieren. Glücklicherweise bieten die meisten Werkzeuge eine Möglichkeit, nötigenfalls eine 3GL aufzurufen, so daß die volle Leistungsstärke des Systems ausgenutzt werden kann. Manchmal wird der Code dadurch weniger elegant, aber das kann notwendig sein, um das gewünschte Ergebnis für die Anwendung zu erzielen.

---

7 Microsoft Access, Visual Basic und FoxPro sind Beispiele für Produkte, die interpretierte Sprachen verwenden. Microsoft Visual C++ und Delphi von Borland andererseits erzeugen Quellcode, der zu einem ausführbaren Programm kompiliert wird, welches zur Laufzeit keinen Sprachinterpreter benötigt.

8 Ein schnelles Durchblättern der Oktoberausgabe (1994) des DBMS-Magazins hat gezeigt, daß die folgenden Hersteller und Entwicklungswerkzeuge ODBC verwenden: Pick Open Database, Neuron Data C/S Elements, Quadbase Systems, Popkin System Architect, Symantec SCALE, Watcom SQL – und damit bin ich erst in der Mitte der Zeitschrift angelangt, und mein Daumen tut mir schon weh. Sie wissen wahrscheinlich, was das bedeutet.

> **DIE STORY**
> *Akt I, Szene 1: Wie alles begann*
> ODBC begann als Projekt, dessen Ziel es war, das Problem des Datenzugriffs für unterschiedliche Datenbanken von PCs aus zu lösen, insbesondere für PCs, auf denen Microsoft-Anwendungen liefen. Zunächst wurden dabei Microsoft Excel und das, was später einmal Microsoft Access werden sollte, berücksichtigt. Im Januar 1988 begann ich, mich mit Aspekten des Datenzugriffs zu beschäftigen, und ich habe festgestellt, daß die meisten großen Firmen große (Minicomputer- und Mainframe-) Datenbanksysteme nutzten, daß aber ein wachsender Bedarf bestand, PCs für die Analyse und (zu einem geringeren Ausmaß) Manipulation von Daten einzusetzen. Gleichzeitig verwendeten kleinere Firmen Desktop-Datenbankprodukte, flache Dateien und sogar Tabellenkalkulationen, um ihre Daten direkt auf dem PC zu verwalten.
>
> All diese Datenquellen standen einer verwirrenden Anzahl von Programmierschnittstellen, Datenmodellen sowie Netzwerk- und Kommunikations-Technologien gegenüber. Bei den Daten selbst handelte es sich fast immer um eine Sammlung von Tabellen mit Zeilen und Spalten, die grundsätzlich mit Hilfe der drei wichtigsten Operationen relationaler Datenbanken manipuliert werden konnten: Select, Projektion und Join. Und es wurde offensichtlich, daß, wenn die Microsoft-Anwendungen jemals für die Manipulation von Kundendaten eingesetzt werden sollten, eine Methode geschaffen werden mußte, die den Zugriff auf die Daten ermöglichte, ohne daß Microsoft Excel oder Microsoft Access oder andere Anwendungen jedesmal neu programmiert werden mußten, wenn der Zugriff auf eine neue Datenquelle erforderlich wurde.
>
> Im April 1989 schrieb ich einen ersten Entwurf, der ein Konzept und ein Modell für den Zugriff auf unterschiedliche Datenquellen von Microsoft Excel aus beschrieb. Die Spezifikation schlug vor, daß ein *Datenbank-Treiber* eingeführt werden sollte, ebenso wie eine allgemeine Programmierschnittstelle, die die Anwendungen von dem Datenbanksystem, auf das zugegriffen werden sollte, trennt. Der Begriff *Datenbank-Connectivity* wurde geprägt, der diese Technologie als Ganzes beschrieb.
>
> Und damit begann der Spaß erst. Wie sich herausstellte, war Microsoft nicht die einzige Firma, die über Datenbank-Connectivity nachdachte ...

2.2 ISAMs

Das nächste Programmiermodell, das wir betrachten wollen, unterscheidet sich erheblich von den bisher beschriebenen, SQL-basierten Modellen. Die Aufgabe von ODBC ist es, auf »alle Daten« zuzugreifen, nicht nur auf Daten in SQL-Datenbanken, deshalb wollen wir hier kurz Datei-Management-Systeme und ISAMs (Index Sequential Access Methods, indexsequentielle Zugriffsmethoden) betrachten und feststellen, wie sie mit ODBC zusammenhängen.

Bevor wir uns mit der Architektur und dem Programmiermodell von ISAM beschäftigen, wollen wir ein primitiveres Modell für den Datenzugriff betrachten – flache Dateien und Datei-I/O. Anschließend an die Erkläraung des Datei-I/O-Modells wird das ISAM-Modell und seine Verbesserungen vorgestellt.

2.2.1 Flache Dateien und einfacher Datei-I/O

Für fast alle der heutigen Datenbankapplikationen stellt dieses Modell die »schlechten alten Zeiten« datenbankorientierter Anwendungen dar. Um Dateien von der Platte zu lesen bzw. dorthin zu schreiben, verwenden die Entwickler solcher Anwendungen in der Regel Funktionen, die in der Laufzeitbibliothek der verwendeten Programmiersprache enthalten sind. Das Modell ist ganz einfach: es gibt Aufrufe zum Öffnen und Schließen von Dateien, zum Lesen und Schreiben von Daten sowie zur Positionierung eines Schreib/Lesezeigers innerhalb einer Datei. Die folgende Tabelle zeigt diese Aufrufe für die C-Laufzeitbibliotheken:

Funktionalität	MS-DOS-/UNIX-Funktion	Windows-Funktion
Eine Datei öffnen	open	lopen
Eine Datei schließen	close	lclose
Bytes lesen	read	lread
Bytes schreiben	write	lwrite
Schreib/Lesezeiger positionieren	lseek	llseek

Dieses Modell soll Zugriff auf Dateien mit unstrukturierten Daten bieten. Hier gibt es das Konzept von Zeilen oder Spalten mit Daten nicht, sondern nur einen Bytestrom. Die ganze semantische Information darüber, was in der Datei enthalten ist, muß im Anwendungsprogramm kodiert sein. Wenn eine Datei zum Beispiel Kundeninformationen enthält, bestehend aus Kundenname, Adresse, Stadt, Staat und Postleitzahl, dann könnte ein C-Programm gemäß den Annahmen in Tabelle 2.2 geschrieben werden.

Name	Adresse	Stadt	Staat	Postleitzahl
Howard Snyder	2732 Baker Blvd.	Eugene	OR	97403
Yoshi Latimer	516 Main St.	Elgin	OR	97827
Jaime Yorres	87 Polk St., Suite 5	San Francisco	CA	97114
Fran Wilson	89 Chiaroscuro Rd.	Portland	OR	97219
Rene Phillips	2743 Bering St.	anchorage	AK	99508
Paula Wilson	2817 Milton Dr.	Albuquerque	NM	87110
Jose Pavarotti	187 Suffolk Ln.	Boise	ID	83720
Art Braunschweiger	P.O. Box 555	Lander	WY	82520
Liz Nixon	89 Jefferson Way	Portland	OR	97201
Liu Wong	55 Grizzly Peak Rd.	Butte	MT	59701

Tabelle 2.2 – Beispiel für Kundendaten

Angenommen, jeder Datensatz ist 70 Bytes lang, dann kann sich das C-Programm durch die Datensätze hangeln, indem es den Offset mit *lseek* in Schritten von jeweils 70 Bytes weiterschaltet. Einzelne Kundeninformationen werden mit Hilfe einer Struktur der folgenden Form angegeben:

```
typedef struct  {
    char name[19];
    char address[26];
    char city[15];
    char state[3];
    char zipcode[5];
    char eoln[2];
} CUSTOMER;
```

Außerdem muß eine Variable vom Typ CUSTOMER deklariert werden:

```
CUSTOMER cust;
```

Mit Hilfe der oben vorgestellten, grundlegenden C-Funktionen ist es möglich, alle Datensätze in einem kurzen MS-DOS-Programm zu lesen:

```
main()
{
    int hFile;
    hFile = open("Kunde", READ);
    while(!eof(hFile))
        {
        read(hFile, cust, sizeof(CUSTOMER));
        output(cust.name, cust.address, cust.city, cust.state,
              cust.zipcode);
        }
    close(hFile);
}
```

und eine Positionierung auf beliebige Datensätze in der Datei vorzunehmen (wieder mit MS-DOS-Code):

```
printf("\nGeben Sie die Nummer des Datensatzes ein (q für Quit)\n");
 for (gets(buf); buf[0] != 'q'; gets(buf) )
    {
    recnum = atoi(buf);
    lseek(h,(recnum - 1) * sizeof(CUSTOMER),0);
    cBytesRead = read(h, pcust, sizeof(CUSTOMER));
    printf("%.*s%.*s%.*s%.*s%.*s\n",
       sizeof(cust.name),    cust.name,
       sizeof(cust.address), cust.address,
       sizeof(cust.city),    cust.city,
       sizeof(cust.state),   cust.state,
       sizeof(cust.zipcode), cust.zipcode);
 }
```

Das ist relativ simpel, aber es zeigt, wie einfach es ist, sich vorwärts und rückwärts an beliebige Positionen innerhalb der Daten zu bewegen – etwas, was in den meisten SQL-Implementierungen nicht möglich ist. Allerdings würde heutzutage wohl kaum jemand ernsthaft in Betracht ziehen, diesen Ansatz für die Verwaltung echter Daten heranzuziehen, denn er weist viele und schwerwiegende Probleme auf.

Erstens erzeugt das Modell keine besonders flexiblen oder wartbaren Lösungen, weil es erforderlich macht, daß die Anwendung die gesamte Semantik der Daten verwaltet. Was ist, wenn Sie das Datenformat ändern wollen? Sie müssen C-Code schreiben. Was ist, wenn Sie mehrere Anwendungen haben, die dieses Datenformat verwenden (zum Beispiel eine Anwendung zur Auftragseinplanung und eine Berichts-Anwendung)? Sie erleben einen Alptraum hinsichtlich der Koordination. Hier haben wir ein gutes Beispiel dafür, wie notwendig die *Datenunabhängigkeit* ist (ein grundlegendes Konzept des relationalen Datenmodells). Das heißt, die Struktur der physikalischen Daten sollte unabhängig von den Anwendungsprogrammen sein, die die Daten verarbeiten.

Zweitens, was passiert, wenn Sie Hunderte oder Tausende von Kunden haben, und schnell einen dieser Kunden über den Namen suchen wollen? Eine einfache Lösung wäre es, am Anfang der Datei zu beginnen und jeden Datensatz zu betrachten, bis der richtige Name gefunden ist. Aber wenn es sehr viele Datensätze gibt, ist diese Methode nicht mehr sehr effizient. Die offensichtliche Antwort wäre, einen separaten Index für die Daten zu führen, so daß dieser für einen gegebenen Namen auf den jeweils richtigen Datensatz in der Datei zeigt. Aber das bringt eine weitere Komplexität in unser Schema.

Drittens, was passiert, wenn Sie Aufträge für diese Kunden verwalten wollen? Sie müßten entweder eine weitere Datei erzeugen und viel Code schreiben, der die Beziehung zwischen den Kunden und ihren Aufträgen verwaltet. Oder Sie müßten die Auftragsinformationen mit den Daten für die entsprechenden Kunden kombinieren, wodurch entweder ein sehr viel komplizierteres Dateiformat entsteht bzw. sehr viele Informationen wiederholt werden müssen.

Viertens, was passiert, wenn mehrere Anwendungen gleichzeitig auf die Informationen zugreifen und diese aktualisieren wollen? Nichts würde mehrere Benutzer davon abhalten, die Veränderungen der anderen zu überschreiben und damit die Integrität der gesamten Datei zu zerstören.

Diese Probleme sind nur die Spitze des Eisbergs, aber noch vor 20 oder 30 Jahren wurden Daten genau auf diese Weise verwaltet.

Wäre es aus der Perspektive einer Standard-API möglich, auf solche Daten über das SQL-Programmiermodell zuzugreifen? Die Antwort lautet Ja, vorausgesetzt, die Datei kann als Menge von Zeilen und Spalten dargestellt werden; für das oben gezeigte Beispiel ist das ganz offensichtlich möglich.

2.2.2 Das ISAM-Modell

Glücklicherweise wurde dieses allzu simple Datei-I/O-Modell verbessert und damit viele der Probleme kompensiert. Einige der Verbesserungen wurden dem Dateisystem des Betriebssystems direkt hinzugefügt, andere sind als unabhängige Teilsysteme realisiert. Drei wichtige Änderungen haben vom Datei-I/O-Modell zum ISAM-Modell geführt:

- Das ISAM-Modell wurde insbesondere für den Zugriff auf Daten entwickelt, die in Zeilen und Spalten organisiert sind. Das Datei-I/O-Modell war allgemeiner gehalten, aber gerade durch diese Allgemeinheit war es zu mühsam für den Anwendungsentwickler, Datenbankanwendungen zu schreiben.

- Wie es der Name schon ausdrückt, hat das ISAM-Modell Indizes eingeführt, die die Performance und die Funktionalität verbessern sollten.

- Das ISAM-Modell hat Sperrprimitiven eingeführt, um Dateien verwalten zu können, auf die mehrere Programme gleichzeitig zugreifen können. Das bedeutete, daß Modifikationen an diesen Dateien jetzt koordiniert vorgenommen werden konnten.

GLOSSAR

Sperrprimitive
Ein Befehl zum Setzen oder Aufheben einer Sperre für eine Zeile in einer Datei. Sperren verhindern normalerweise entweder das Lesen oder das Schreiben der Zeilen. Mit Hilfe von Sperren können Anwendungen eine ganz einfache Form der Transaktionsverarbeitung realisieren – so lange alle Anwendungen die gleiche Sperrsemantik verwenden.

In gewisser Weise ist das ISAM-Modell dem Datei-I/O-Programmiermodell sehr ähnlich: die Dateien werden geöffnet und geschlossen, und die Funktionen ermöglichen es, sich innerhalb der Datei zu bewegen – wenn auch nur zeilenweise und nicht durch einen beliebigen Offset. Aber die Einführung dieser Indizes brachte die Möglichkeit mit sich, Zeilen nach den mit einem Index belegten Spalten zu sortieren, eine Zeile mit einem bestimmten Wert sehr schnell zu finden oder Zeilen zu suchen, die mit einem bestimmten Wert oder einem bestimmten Ausdruck übereinstimmen. Eine ISAM-Laufzeitbibliothek stellt in der Regel eine Methode bereit, mit der Anwendungen aktualisieren, einfügen und löschen können, ohne daß sie sich direkt um das Vergrößern oder Verkleinern der Datei kümmern müssen. Dies stellt eine willkommene Verbesserung gegenüber der Arbeitsweise mit direktem Datei-I/O dar.

Tabelle 2.3 zeigt einige der Funktionsaufrufe, die in der ISAM-Schnittstelle von X/Open[9] definiert sind, welche ursprünglich von Informix spezifiziert wurde.

---

9 X/Open Developer's Specification: Indexed Sequential Access Method (ISAM). X/Open Company Ltd., 1990.

Funktionsname	Funktionalität
isopen	Öffnet eine ISAM-Datei
isclose	Schließt eine ISAM-Datei
isread	Liest einen Datensatz
iswrite	Schreibt einen Datensatz
isdelcurr	Löscht den aktuellen Datensatz
isaddindex	Fügt einer ISAM-Datei einen Index hinzu
isdelindex	Entfernt einen Index aus einer ISAM-Datei
isstart	Selektiert einen Index
islock	Sperrt eine ISAM-Datei
isrelease	Hebt die Sperre für einen Datensatz auf
isunlock	Hebt die Sperre für eine ISAM-Datei auf

Tabelle 2.3 – Funktionsaufrufe der X/Open ISAM-Programmierschnittstelle

Es gibt zwei wichtige Aspekte des ISAM-Modells, die in Bezug auf SQL-Datenbanken und ODBC beachtet werden sollten. Erstens, die Operationen, die auf ISAMs ausgeführt werden können, können in SQL nicht besonders gut nachgebildet werden, wenn überhaupt. Das liegt hauptsächlich daran, daß SQL mengenorientiert ist, während ISAM-Funktionen zeilen- oder datensatzorientiert sind. Beim ISAM-Modell kann man unter Verwendung eines Indexwerts eine Positionierung auf eine bestimmte Zeile in einer Tabelle vornehmen. Sie können zum Beispiel den ersten Datensatz suchen, der den Wert Boston in der Stadt-Spalte enthält. Anschließend können Sie sich entlang des Index rückwärts bewegen und alle Städte betrachten, die als »kleiner« interpretiert werden, zum Beispiel Baltimore, Ashland oder Aberdeen. In SQL können Sie die Abfrageklausel WHERE CITY = 'Boston' angeben, aber Sie können sich anschließend nur durch die Datensätze bewegen, für die diese Bedingung zutrifft. Die Idee, den ersten Datensatz zu finden und dann »vorhergehende zu ermitteln«, ist in SQL nicht sinnvoll, weil hier die Daten als Menge zurückgegeben werden. Beim ISAM-Modell kann (ebenso wie beim Datei-I/O) eine Position innerhalb einer Tabelle explizit gewechselt werden, ohne daß dabei die Mitgliedschaft in einer Menge betroffen ist. Beachten Sie jedoch, daß der wichtigste Grund, warum dieses Beispiel funktioniert, die Ausrichtung des ISAM-Modells auf eine einzelne Tabelle oder eine einzelne Datei ist. Was wäre, wenn wir mit Hilfe eines Joins die Kunden ihren Aufträgen zuordnen wollten, wie es unter SQL möglich ist? In diesem Fall ist die explizite Positionierung über die Indizes nicht besonders sinnvoll, außer um Datensätze zu suchen, die ein Kriterium erfüllen, das eine Spalte mit Index betrifft. [10]

---

10 Das heißt nicht, daß Produkte, die das ISAM-Modell unterstützen (wie etwa die meisten Desktop-Datenbanken), nicht mit mehreren Tabellen arbeiten können. Xbase-Produkte zum Beispiel (wie etwa dBASE oder FoxPro) haben die Befehle SET RELATED TO und SET SKIP TO, die die Möglichkeit schaffen, Datensätze aus zwei Dateien zu verknüpfen und sie synchron zu halten.

Der zweite Aspekt von ISAMs, der in Hinblick auf SQL und ODBC in Betracht gezogen werden muß, ist die Ausrichtung der ISAMs auf Einzelbenutzer, während SQL-Datenbanken auch von mehreren Benutzern verwendet werden können. Das heißt nicht, daß ISAMs nicht in der Lage wären, einen Mehrbenutzerzugriff zu realisieren, oder daß SQL-Datenbanken nicht für den Stand-Alone-Einsatz geeignet seien. Aber die ursprünglichen Voraussetzungen und die Zielplattformen für diese Systeme legen zu einem großen Ausmaß fest, ob die Mehrbenutzer-Unterstützung zentral realisiert war (wie bei SQL), oder ob es sich dabei um eine nachträgliche Ergänzung handelte (wie bei ISAMs). Wir werden dies im nächsten Kapitel, das Client/Server-Architekturen beschreibt, noch detaillierter betrachten; im Moment ist es ausreichend zu wissen, daß die Fähigkeit, mehrere Benutzer zu verwalten, die auf gemeinsam genutzte Daten zugreifen, für alle Desktop-Datenbankprodukte mit Hilfe primitiver Netzwerk-Datei-I/O-Sperrschemata realisiert werden kann (etwa durch das Sperren eines Bytebereichs innerhalb einer Datei).

Wie bereits in Kapitel 1 erwähnt, verwendet ODBC das SQL-Paradigma, auch wenn es sich bei dem Ziel-Datenquellentyp um ISAMs (und Desktop-Datenbanken, die auf ISAM-Modellen aufbauen) handelt. Das ursprüngliche Design von ODBC Version 2.0 wollte ein explizites Programmiermodell im ISAM-Stil schaffen (das sogenannte »Navigationsmodell«), aber das Konzept wurde von den Entwicklern, die die Spezifikation testeten, heftig zurückgewiesen, weil sie die Ergänzung als Abweichung von dem eigentlichen Zweck der SQL-Orientierung von ODBC interpretierten.

Sie sollen sich im klaren darüber sein, daß die hier gezeigte Beschreibung des ISAM-Modells stark vereinfacht ist. Dateisysteme, Datei-Management-Systeme und ISAM-basierte Systeme sind viel mehr, als die hier beschriebenen »Dateien mit Indizes«. Viele dieser Systeme enthalten Funktionen, die man auch in herkömmlichen DBMS-Produkten findet, unter anderem Sicherheit, Integritätsüberprüfungen, Transaktionsverarbeitung oder Recovery. Produkte wie etwa VSAM (Virtual Storage Access Method) von IBM, die RMS-Dateien von DEC oder das Dateisystem im Betriebssystem Guardian von Tandem sind Beispiele für Systeme, die einen sehr komplexen Datenzugriff bieten, andererseits jedoch immer noch Programmiermodelle verwenden, welche eher ISAMs als SQL entsprechen.

2.3 Desktop-Datenbanken

Desktop-Datenbanken wie etwa dBASE, Paradox oder Microsoft Access werden seit langem zum Speichern und zur Verwaltung der unterschiedlichsten Daten für den persönlichen als auch für den gemeinsam genutzten Einsatz verwendet. Diese Systeme werden von den Verfechtern der herkömmlichen relationalen DBMSe auch häufig als »Spielzeug« bezeichnet. Die Gemeinde der Desktop-Datenbankbenutzer entgegnet darauf, daß die herkömmlichen relationalen DBMSe komplex, schwierig zu installieren und zu warten und langsam sind. Außerdem bieten sie nicht die notwendige Funktionalität für die Unterstützung der interaktiven Anwendungen, die von den PC-Benutzern eingesetzt werden.

Was die Entwicklung einer Standard-API für den Datenbankzugriff betrifft, waren diese Argumente nur insofern interessant, als sie halfen, die technischen Grundlagen für die Technologie in die richtige Richtung zu leiten, um sicherzustellen, daß auf die Daten aus beiden Arten von Systemen zugegriffen werden konnte.

Die erste und wohl auch größte Herausforderung bei der Unterstützung von Desktop-Datenbanken war es, eine Entscheidung zu finden, ob das mengenorientierte SQL-Modell für die PC-Anwendungsentwickler ausreichend sein würde, die ein Standard-API verwenden wollten. Heute unterstützen zwar viele Desktop-Datenbanken die eine oder andere Form von SQL, aber in der Regel erfolgt die Interaktion mit den Daten datensatzorientiert.

Desktop-Datenbanken bilden eine interessante Kombination aus den bereits vorgestellten ISAMs und den 4GL-Konzepten. Die Sprache Xbase zum Beispiel enthält Befehle für den Datenzugriff nach dem klassischen ISAM-Paradigma, kombiniert mit Bildschirm-I/O-Befehlen.

DIE STORY

Akt I, Szene 2: Lotus »Blueprint« wird angekündigt

Wie bereits im vorigen Akt der »Story« angekündigt, lag die erste Spezifikation der Datenbank-Connectivity-Technologie von Microsoft 1988 vollständig vor. Gleichzeitig mit dem Microsoft-internen Release der Spezifikation für den Datenzugriff gab es eine Ankündigung von Lotus, daß auch dort eine Technologie für den Datenzugriff entwickelt wurde. Unter dem Codenamen »Blueprint« hatte die Lotus-Technologie genau dasselbe Ziel wie die von Microsoft, und nach dieser Ankündigung war es klar, daß Lotus in der Entwicklung der Technologie weit voraus war. Hier ein Auszug aus der Reaktion der Presse auf diese Ankündigung:

Titel:	Lotus Blueprint Architektur verbindet den PC mit externen Datenbanken
Autor:	Briggs, George
Magazin:	MIS Week, 9. Ausgabe, Seite 28(1)
Erscheinungsdatum:	4. April 1988

Cambridge, Mass. – Lotus Development Corp. hat in der letzten Woche eine Architektur angekündigt, die eine allgemeine Anwendungsschnittstelle realisiert, welche es den Benutzern von PCs ermöglichen sollte, auf externe Datenbanken zuzugreifen.

Wie erwartet, berichtete Lotus bei einem Briefing für Analytiker und Reporter, daß seine neue Blueprint-Datenzugriffverbindung es den Benutzern von Lotus-Software ermöglichen sollte, auf Datenquellen wie etwa dBase von Ashton-Tate zuzugreifen (siehe MIS Week vom 28. März, Seite 4).

▶

Mussie Shore, Senior Product Manager für Connectivity-Produkte bei Lotus, sagt, daß Blueprint eine »Spezifikation« sei, die es den Endbenutzern ermöglichen sollte »auf eine Vielzahl von Datenquellen der nächsten Generation zuzugreifen. Die Spezifikation ermöglicht es den Benutzern, in ihren jeweiligen Anwendungen zu bleiben und selektiv auf Daten zuzugreifen, die in den unterschiedlichsten und verschiedenartigsten Datenquellen abgelegt sind.«

Shore sagt, daß Blueprint eine Verbindung zu Datenquellen wie etwa Personal-, Abteilungs- und Mainframe-Computern ermögliche, ebenso wie den Zugriff auf Datenbanken, die auf CD-ROM gespeichert sind. Lotus berichtet, daß die Schnittstelle in alle seine neuen Produkte zur Tabellenkalkulation eingebaut sei, unter anderem auch in 1-2-3 Release 3, das grafische 1-2-3 G, 1-2-3 für den Macintosh von Apple Computer Inc. und 1-2-3 M (Mainframe).

Shore sagt, die Architektur könne von anderen Herstellern genutzt werden, um ihre Datenquellen den Lotus-Anwendungen zur Verfügung zu stellen. »Der Benutzer gewinnt, die Hersteller gewinnen und Lotus gewinnt. Durch Blueprint erhalten die Lotus-Anwendungen einen Konkurrenzvorteil. Sie bieten eine gesteigerte Effizienz beim Ermitteln von Daten. Damit stehen ihnen aktuellere Daten zur Verfügung, auf denen sie ihre Entscheidungen treffen können«, sagt Shore.

Lotus berichtet, daß es einen Blueprint-Toolkit herausgeben werde, mit dessen Hilfe die unabhängigen Softwarehersteller (ISVs) »intelligente« Treiber erzeugen können, die ihre Datenquellen mit Lotus-Anwendungen verbinden. Laut Lotus ist Oracle Corp. in Belmont, Clif., ein ISV, der seine Absicht bereits angekündigt hat, Treiber zu erstellen. Im vierten Quartal wird Lotus den Toolkit gegen eine einmalige Gebühr von 250 Dollar auch an PC-Entwickler weitergeben, die die Architekturspezifikation und entsprechende Codebibliotheken aufnehmen wollen.

Copyright Fairchild Publications Inc., 1988

Ich habe die Arbeit an der Microsoft-Spezifikation fortgesetzt, wobei ich Konzepte entwickelte, die Lösungen für die Bedürfnisse schufen, welche sich bei meinen Gesprächen mit Kunden und Datenbankherstellern herauskristallisiert hatten. Aber zuerst mußten wir uns entscheiden, ob wir Lotus wirklich Konkurrenz machen wollten, oder ob wir gemeinsam an einer allgemeinen Schnittstelle arbeiten sollten.

Im September 1988 stand die Datenbank-Connectivity-Spezifikation von Microsoft fest, ebenso wie das allgemeine Konzept, das verfolgt werden sollte. Man beschloß zu prüfen, ob wir mit Lotus ähnlich wie in der damals aktuellen LIM-Konfiguration (Lotus-Intel-Microsoft) hinsichtlich der Speicherverwaltung zusammenarbeiten könnten. Wenn unsere technischen Ansätze und Vorstellungen kompatibel waren, dann wäre es nur sinnvoll gewesen, zusammenzuarbeiten, statt hinsichtlich einer Technologie zu konkurrieren, die nur ein geringes Einnahmepotential darstellte.

Mitte September 1988 flogen die Techniker von Lotus nach Redmond, Washington (in das Hauptquartier von Microsoft), um die Blueprint-Technologie vorzustellen ▶

> und eine mögliche Zusammenarbeit zu diskutieren. Unsere generelle Vorstellung von der Datenbank-Connectivity war dieselbe, aber der technische Ansatz unterschied sich in einem ganz wesentlichen Punkt. Während Microsoft plante, einen sprachbasierten Ansatz zu schaffen, der es den Anwendungen ermöglichen sollte, mit den Datenbanktreibern (unter Verwendung von SQL) zu kommunizieren, verwendete der Blueprint-Ansatz von Lotus Datenstrukturen, die dort auch als »Abfragebäume« bezeichnet wurden.
>
> Letztendlich stellten beiden Firmen fest, daß dieser grundlegende Unterschied nicht kompensiert werden konnte, deshalb gingen wir verschiedene Wege. Zumindest heute noch ...

Die Features, die die Desktop-Datenbanken mehr als alles andere kennzeichnen, sind ihre Ausrichtung auf einzelne Datensätze und das dateibasierte Tabellen-Paradigma. Und genau diese Eigenschaften haben wir zuvor für die ISAMs festgestellt. Es wurde offensichtlich, daß das SQL-Modell für Desktop-Datenbanken eingesetzt werden kann, zwar nicht ohne einen gewissen Verlust an Funktionalität, aber auch mit bestimmten Vorteilen. Als negativ läßt sich anführen, daß es nicht mehr so einfach ist, eine Tabelle durchzublättern, der Zugriff auf einzelne Tabelle langsamer ist und die Positionierung auf einen Datensatz innerhalb einer Tabelle langsamer und weniger flexibel ist. Als positiv kann aufgeführt werden, daß die Anwendungsprogrammierer dadurch in der Lage sind, Abfragen zu verarbeiten, ohne daß sie zusätzlichen Code schreiben müssen, und daß Abfragen über mehrere Tabellen einfacher zu verarbeiten sind.

Neben der Mengenorientierung und dem Fehlen einer direkten Indexmanipulation ist der wichtigste Streitpunkt der Verfechter von Desktop-Datenbanken, die versuchen, SQL-basierte Produkte einzusetzen, wahrscheinlich die Tatsache, daß die meisten SQL-Datenbanken nicht durchblättert werden können. Es ist den Desktop-Datenbankprogrammierern unverständlich, wie man eine Anwendung für die Praxis schreiben kann, die kein Scrolling bietet. Keines der bekannten relationalen Datenbankprodukte (IBM DB2, Oracle, Sybase, Informix, Ingres und RDB, um nur ein paar davon aufzuzählen) bieten eine Möglichkeit, von einer Ergebnismenge aus weiterzusuchen. Der SQL-92-Standard spezifiziert scrollbare Cursor, aber die SQL-DBMD-Hersteller werden diese Konformitätsstufe sicher erst in einigen Jahren implementieren.[11]

Um sowohl die Entwickler der herkömmlichen relationalen Datenbankprodukte als auch die Entwickler von Desktop-Datenbanken zufriedenzustellen, definiert ODBC ein sehr umfangreiches Modell scrollbarer Cursor, deren Einsatz jedoch optional ist, für den Fall, daß das Ziel-DBMS sie nicht unterstützen kann. (Das Cursor-Modell von ODBC wird in Kapitel 5 beschrieben.)

---

11 Erwähnenswert sind zwei Ausnahmen, die scrollbare Cursor unterstützen, nämlich IMB AS/400 und Microsoft SQL Server 6.

2.4 ODBC und Datenbank-Architekturen

Bisher hat dieses Kapitel verschiedene Architekturen und Programmiermodelle für den Datenzugriff beschrieben. Dieser letzte Abschnitt faßt zusammen, wie diese Architekturen das Design von ODBC beeinflußt haben und wie gut ODBC den verschiedenen Modellen entspricht.

2.4.1 Herkömmliche relationale DBMSe und Client/Server Datenbanken

Alle, die sich seit mehreren Jahren in der Datenbank-Industrie bewegen, fragen wahrscheinlich »Warum ist eingebettetes SQL als Programmierschnittstelle für Anwendungsentwickler nicht ausreichend? Warum benötigt man ein CLI wie etwa ODBC?«

Die Antwort auf diese Frage hat weniger mit technischen Aspekten zu tun, sondern ist vielmehr in der Software-Verteilung begründet. Eingebettetes SQL war und ist eine großartige Lösung, die eine zufriedenstellende Portabilität und viele ganz praktische Möglichkeiten bietet, etwa die Unterstützung von statischem SQL. Die gebotene Portabilität kann jedoch nur realisiert werden, wenn die jeweiligen Anwendungen den Precompiler des DBMS-Herstellers verwenden. Der Precompiler erzeugt Quellcode in der gewünschten Programmiersprache (COBOL, C oder was auch immer), und dieser Code verwendet die für das DBMS spezifischen Funktionsaufrufe. (Das wurde in Abbildung 2.7 für IBM und in Abbildung 2.8 für Oracle gezeigt.) Um zu dem DBMS eines anderen Herstellers zu wechseln, muß der Benutzer das Anwendungsprogramm mit dem Precompiler dieses Herstellers neu übersetzen. Diese Lösung ist nicht schlecht, wenn der Kunde die Möglichkeit hat, die Anwendung neu zu kompilieren. Aber was ist mit den Kunden, die Anwendungen »von der Stange« kaufen, die sie nicht neu kompilieren können oder wollen?

Das ist für die meisten der modernen generischen PC-Anwendungen (zum Beispiel Tabellenkalkulationen oder Textverarbeitungen) und Anwendungs-Entwicklungswerkzeuge der Fall. Die Kombination aus Intel-Mikroprozessoren und Microsoft-Betriebssystemen (wie etwa MS-DOS und Windows) hat einen Software-Markt geschaffen, auf dem die Binärkompatibilität nicht nur möglich ist, sondern von den Kunden gefordert wird. Der Gedanke, daß man Microsoft Excel, Lotus 1-2-3, PowerBuilder oder eine andere »fertige« PC-Anwendung jedesmal mit dem Precompiler des jeweiligen DBMS-Herstellers neu übersetzen müßte, wenn ein Zugriff auf ein anderes DBMS erforderlich ist, steht offensichtlich nicht zur Debatte. Eingebettetes SQL ist also in seiner aktuellen Form keine zufriedenstellende Lösung.

Aber was wäre, wenn es eine Möglichkeit für die Implementierungen von eingebettetem SQL gäbe, auf mehrere Datenbanken zuzugreifen, ohne daß dazu der Precompiler der jeweiligen Hersteller notwendig ist? Das wäre technisch durchaus möglich, wenn die Art und Weise, wie Clients Informationen zum Server senden und von ihm empfangen (das in diesem Kapitel bereits vorgestellte *Datenprotokoll*), standardisiert würde, ebenso wie die Ausgabe der Precompiler, so daß ein Standard-Datenprotokoll verwendet werden könnte. Es gab bereits einmal eine Bemühung, genau das zu realisieren. Das Standard-Datenprotokoll wird *RDA* (Remote Data Access) genannt; 1994 wurde es zum internationalen Standard. Das Design von RDA ist sehr allgemein gehalten; man bezeichnet es auch als die »SQL-Spezialisierung«.

Man fragt sich also, warum nicht das Standard-Datenprotokoll (RDA) für eingebettetes SQL verwendet wird, um das Datenbank-Connectivity-Problem zu lösen. Es gibt mehrere Ursachen.

Der erste Grund ist, daß auf der Datenprotokollebene alles definiert sein muß, so daß RDA-konforme Server spezifiziert werden können. Die SQL-Spezialisierung von RDA wurde unter der Voraussetzung entwickelt, daß nur das ISO-Standard-SQL von 1989 zwischen Client und Server fließt. Das führt unmittelbar zu dem Ansatz des »kleinsten gemeinsamen Vielfachen«, der die allgemeinen Datentypen wie Datum, Zeit, Zeitstempel, Zeichenketten variabler Länge oder Blobs (Binary Large Objects, wie etwa Dokumente oder Bilder) nicht unterstützt. Komplexere Funktionen wie etwa gespeicherte Prozeduren, scrollbare Cursor, asynchrone Abbrüche oder eine Vielzahl anderer herstellerspezifischer Erweiterungen können vom RDA nicht unterstützt werden. Einige dieser Elemente wurden bereits eingeführt, aber als ODBC entwickelt wurde, war die technische Spezifikation von RDA zu schwach, um Anwendungen aus der Praxis gerecht werden zu können.

Ein zweiter Grund dafür, daß RDA nicht die Lösung sein kann, besteht darin, daß der RDA-Ansatz von jedem DBMS-Hersteller verlangen würde, entweder neben seinem eigentlichen Datenprotokoll zusätzlich RDA zu unterstützen oder einen RDA-«Server« zu schreiben, der auf dem Server als Übersetzer zwischen RDA und dem eigentlichen API- oder Datenprotokoll des DBMS fungiert. Die DBMS-Hersteller haben sich nicht drängen lassen, eine solche Lösung zu implementieren. Und darüber hinaus haben die meisten Hersteller bereits ein sehr gutes Datentprotokoll, das optimal mit ihrer Software zusammenarbeitet (zum Beispiel Oracle SQL*Net und die Net-Library und das TDS-Protokoll von Sybase und Microsoft). Warum sollte man also nicht einfach auf der Client-Seite eine Standard-API implementieren, die direkt auf dem existierenden Protokoll des jeweiligen DBMS-Herstellers aufsetzt?

Ein dritter Nachteil von RDA ist, daß aufgrund der Ineffizienz des Protokolls Performanceprobleme entstehen. Die RDA-Spezifikation macht es erforderlich, daß jeder Wert selbstbeschreibend ist. Wenn eine Abfrage zum Beispiel 1000 Zeilen zurückgibt, die aus einer numerischen und einer alphanumerischen Spalte bestehen, dann gibt es in jeder Zeile ein oder mehrere Bytes, die angeben, daß es sich bei der ersten Spalte um eine numerische, und bei der zweiten um eine alphanumerische Spalte handelt. Statt also eine einzige Beschreibung am Anfang der ausgegebenen Ergebnisse abzulegen, die etwas in der Art »In allen folgenden Zeilen handelt es sich bei den ersten 4 Bytes um einen numerischen, bei den nächsten 25 Bytes um einen alphanumerischen Wert«, wiederholt RDA die Beschreibung der Datentypen für jeden Wert. Damit ist es dem Client möglich, für jede einzelne Zeile eine Umwandlung vorzunehmen (zum Beispiel von einer Zahl in eine Zeichenkette). Das kann ganz praktisch sein, aber es gibt keine Möglichkeit, es auszuschalten. Demzufolge beginnt jede Zeile, die vom Client angefordert wird, mit

ODBC und Datenbank-Architekturen

einer vollständigen Beschreibung der Datentypen für jeden Wert. Der Overhead dieses Ansatzes macht ihn für den Einsatz in der Praxis insbesondere mit großen Datenmengen ungeeignet.

Ich bin mir sicher, daß, wenn all diese Nachteile korrigiert werden können, RDA – oder irgendein anderes Datenprotokoll, das allgemein eingesetzt wird, wie zum Beispiel DRDA (Distributed Relational Database Architecture) von IBM – zu einem wichtigen Faktor in der Datenbank-Connectivity werden kann, auch wenn man sich nur schwerlich vorstellen kann, daß DBMS-Hersteller hinter so einem Protokoll stehen werden, wenn es die Funktionalität oder die Performance des DBMS einschränkt. Wenn RDA oder DRDA zum Datenprotokoll der Wahl werden, können eingebettetes SQL oder ein CLI wie etwa ODBC als Programmierschnittstelle eingesetzt werden.

Weil der CLI-Ansatz in ODBC eine Alternative zum eingebetteten SQL darzustellen versucht, ist es nur verständlich, wenn die Ansätze verglichen werden. Damit läßt sich feststellen, ob sie funktional äquivalent sind.

Im allgemeinen bietet ODBC tatsächlich dieselbe Funktionalität wie eingebettetes SQL, weil ODBC die SQL-Anweisungen, die eine Anwendung dem DBMS übergibt, nicht einschränkt oder dominiert.[12] Das ist ein sehr wichtiger Aspekt, auf den wir in den Kapiteln 4 und 5 noch genauer eingehen werden.

Es gibt jedoch zwei Ausnahmen für diese Äquivalenzen. Die erste Ausnahme ist der obenerwähnte Mangel an Unterstützung für die einfache Select-Anweisung in eingebettetem SQL. Auch wenn dies in einem späteren Release von ODBC ergänzt werden könnte, ging man ursprünglich davon aus, daß sich dieser einfache Select aus der Sicht des Anwendungsprogrammierers nicht wesentlich von der Vorgehensweise unterscheidet, nach der Ausführung der SELECT-Anweisung einen einzelnen FETCH durchzuführen – auf diese Weise müssen ODBC-Anwendungsprogrammierer nur einfache Selects durchführen. Durch die Verwendung von einfachen Selects können auf manchen Systemen jedoch ganz wesentliche Performancegewinne entstehen. Diese Situation tritt so häufig auf, daß eine Optimierung des Codes sinnvoll wäre. Auch wenn für ODBC 3.0 die Unterstützung von einfachen Selects vorgesehen ist, gibt es zum Zeitpunkt der Drucklegung dieses Buches noch keine endgültige Entscheidung.

Die zweite Ausnahme bezieht sich auf das statische SQL, das ODBC nur durch das Paradigma der gespeicherten Prozeduren unterstützt. Genauere Informationen darüber erhalten Sie in Kapitel 3.

Für diejenigen unter Ihnen, die mit eingebettetem SQL vertraut sind, ist es sicherlich verwirrend, daß ODBC im Vergleich zu eingebettetem SQL das Programmiermodell in

---

[12] Diejenigen unter Ihnen, die mit einer solchen leicht dahingesagten Erklärung der Äquivalenz von ODBC und eingebettetem SQL nicht zufrieden sind, können den ausführlichen Vergleich von ODBC und X/Open Embedded SQL im Anhang E von *Microsoft ODBC 2.0 Programmer's Reference* (Microsoft Press, 1994) nachlesen. Für jede ODBC-Funktion wird die entsprechende Anweisung im eingebetteten SQL beschrieben. Analog wird für jede X/Open SQL-Anweisung die entsprechende ODBC-Funktion aufgezeigt.

zwei verschiedene Teile spaltet (Funktionsaufrufe und ausführbare SQL-Anweisungen), während eingebettetes SQL eher die Unterschiede zwischen deklarativen und ausführbaren SQL-Anweisungen verwischt. Im eingebetteten dynamischen SQL haben wir zum Beispiel die PREPARE-Anweisung:

```
PREPARE anweisungs_id FROM host_variable
```

Was wird zur Laufzeit an das DBMS gesendet? In jedem mir bekannten DBMS-Produkt wird nur der in der Hostvariablen enthaltene SQL-Text zusammen mit irgendeiner Form der Anweisungs-ID gesendet. Wenn dagegen in ODBC eine solche Unterscheidung zwischen deklarativem SQL und ausführbarem SQL gemacht wird, definiert es eine Funktion für den deklarativen Teil (in dem obigen Beispiel eine Funktion namens *SQLPrepare*) und übergibt dieser Funktion die ausführbare SQL-Anweisung als Argument.

ODBC und eingebettetes dynamisches SQL unterscheiden sich auch in der Weise, wie sie Cursor verwalten. Eingebettetes SQL verwendet den OPEN-Befehl, um Anweisungen auszuführen, die mehrere Zeilen als Ergebnis zurückgeben (wie etwa SELECT), und den EXECUTE-Befehl, um Anweisungen auszuführen, die keine oder nur einzelne Zeilen als Ergebnis zurückgeben (wie etwa INSERT, UPDATE, DELETE, CREATE TABLE usw.). In ODBC kann jeder gültige SQL-Befehl mit Hilfe eines einzigen Funktionsaufrufs ausgeführt werden. Damit gewinnt ODBC für bestimmte Anwendungen einen deutlichen Vorteil gegenüber eingebettetem SQL. Beim eingebetteten SQL muß die Anwendung wissen, ob eine SQL-Anweisung mehrere Zeilen zurückgibt, bevor sie diese Anweisung ausführen kann, während in ODBC eine solche Analyse auch nach der Ausführung der Anweisung durchgeführt werden kann. Dieser Unterschied spielt keine Rolle für Anwendungen, die für ein ganz bestimmtes DBMS und eine festgelegte Tabellenstruktur geschrieben sind. Aber Anwendungen wie etwa Ad-hoc-Abfragewerkzeuge wissen oft nicht, ob eine SQL-Anweisung mehrere Zeilen zurückgibt, wenn sie nicht zuvor ein Parsing dafür durchführen können. Und selbst das Parsing ist nicht ausreichend, wenn die Anwendung eine gespeicherte Prozedur ausführt, die Zeilen zurückgeben kann aber nicht muß, abhängig von mehreren vom DBMS gesteuerten Bedingungen. In diesem Fall kann die Client-Anwendung unmöglich im voraus wissen, welche Rückgabewerte entstehen.

Und schließlich ist die Art und Weise, wie Daten zwischen der Datenbank und Programmvariablen übertragen werden, in ODBC etwas umständlicher als in eingebettetem SQL. Ohne den Vorteil eines Precompilers, der den Code für die Typumwandlung zur Laufzeit automatisch bereitstellt, muß der Programmierer unter ODBC zur Variablendeklaration Funktionsaufrufe verwenden. Diese Variablen werden vom DBMS den zurückgegebenen Spalten zugeordnet. Beim eingebetteten SQL werden Variablen ebenso wie normale Programmvariablen deklariert, und das Binden erfolgt direkt innerhalb der SQL-Anweisung:

```
EXEC SQL FETCH C1 INTO :NAME, :ADDRESS, :CITY, :STATE
```

In ODBC müßten die Variablen NAME, ADDRESS, CITY und STATE in vier separaten Funktionsaufrufen explizit gebunden werden.

Zusammenfassend läßt sich sagen, daß ODBC und eingebettetes SQL zwar funktional größtenteils äquivalent sind, daß aber einige signifikante Unterschiede bleiben. Beide verwenden SQL, aber ODBC unterstützt keinen einfachen Select und es verwendet völlig andere Programmiermethoden für das Binden im Stil von statischem SQL. Es gibt auch Unterschiede bezüglich der Art und Weise, wie die beiden ihre Programmvariablen den Ausgabespalten zuordnen, und ODBC verfolgt einen anderen Ansatz für die Verwaltung des Cursors.

2.4.2 Desktop-Datenbanken und ISAM-Dateien

Weil ODBC um SQL herum entwickelt wurde, war das Paradigma der Datenbankorientierung von Desktop-Datenbanken und ISAM-Dateien schwierig nachzubilden. Aber anders als die meisten SQL-Produkte und ihre jeweiligen Programmierschnittstellen unterstützt ODBC ein Cursor-Modell, das eine Vielzahl von scrollbaren, aktualisierbaren Cursorn zur Verfügung stellt, so daß der Anwendungsprogrammierer das für ihn am besten geeignete Modell auswählen kann. Beginnend mit ODBC Version 2.0 bietet ODBC eine »Cursor-Bibliothek«, die eine Scoll-Funktionalität realisiert, selbst für DBMSe, die überhaupt kein Scrolling vorsehen.

Die Einführung der Cursor-Bibliothek in ODBC 2.x hat ODBC für ISAM- und Desktop-Datenbankprogrammierer, die daran gewöhnt waren, Anwendungen zu entwickeln, die scrollbare Cursor einsetzen, praktikabler gemacht. Aber die Verwendung expliziter Indizes und Datei-I/O-ähnlicher Operationen werden von ODBC nicht unterstützt und bleiben somit den Programmiermodellen der ISAM-Dateien und Desktop-Datenbanken vorbehalten. Für die Programmierung mit mehreren Datenbanken scheint es immer noch am sinnvollsten, das vereinheitlichende Element von SQL über alle Datenbanken statt des ISAM-Modells für einige wenige einzusetzen.

Zusammenfassend gesagt, trifft es zwar zu, daß ODBC für den Zugriff auf alle Arten von Daten verwendet werden kann. Das Programmiermodell ist jedoch besser geeignet für herkömmliche relationale DBMSe, die SQL verwenden, statt für PC-Datenbanken und ISAMs. Wie ich jedoch bereits erwähnt habe, ist das wichtigste für den allgemeinen Datenzugriff, ob die Daten selbst als Zeilen und Spalten modelliert werden können, unabhängig von dem Programmiermodell des Produkts, das die Daten erzeugt hat. Weil die Daten, die von Desktop-Datenbanken und ISAMS verwaltet werden, auch als Zeilen und Spalten modelliert werden können, ist das SQL-Modell von ODBC eine ausgezeichnete Wahl für den allgemeinen Datenzugriff.

Im nächsten Kapitel werden wir die Client/Server-Architektur detaillierter beschreiben, so daß Sie sehen, wie ODBC für den Zugriff auf Client/Server-DBMSe entwickelt wurde.

Client/Server-Architektur

3

ODBC wurde in Hinblick auf die Client/Server-Architektur entwickelt, aber das sagt Ihnen wahrscheinlich nicht viel, wenn Sie nicht wissen, was ich mit »Client/Server-Architektur« meine. Um eine Grundlage für die weitere Diskussion der ODBC-Architektur zu schaffen, soll Ihnen dieses Kapitel eine allgemeine Beschreibung der Client/Server-Architektur in Bezug auf den Datenzugriff bieten. Nach einer kurzen Einführung werden wir zwei der Architekturen vorstellen, die manchmal irrtümlicherweise als Client/Server-Architekturen bezeichnet werden, eigentlich jedoch *Alternativen* zur Client/Server-Architektur darstellen. Wenn die Unklarheiten bezüglich dieser Alternativen, die wir hier als *PC-Dateiserver-* und *Server/Terminal-Architektur* bezeichnen, beseitigt sind, werden wir die eigentliche Client/Server-Architektur betrachten.

ODBC wurde primär für die Verwendung unter Client/Server-Architekturen entwickelt. Wenn Sie die hier aufgezeigte Perspektive verstanden haben, verstehen Sie auch das Design von ODBC und seine Philosophie.

3.1 Überblick

Der Begriff *Client/Server-Programmierung* ist vermutlich das wichtigste Schlagwort in der heutigen Computer-Kultur (vielleicht mit der Ausnahme von *objektorientierte Programmierung*). Wie für die meisten neuen Trends im Bereich der Programmierung scheinen die aktuellen Diskussionen über die Client/Server-Programmierung eher Verwirrung als Klarheit hinsichtlich der Technologie und ihrer Funktionalität zu schaffen, und das Chaos ist groß.

So wie einige von Ihnen spüre auch ich eine fast unersättliche Neugier, wie Computer in verschiedenen Lebensbereichen eingesetzt werden. Ich schaue über jeden Schreibtisch, um zu erfahren, welche Software hier »den Laden schmeißt«. Was ich gesehen habe, zeigt, daß der Einsatz der Client/Server-Programmierung in großen Organisationen, etwa Krankenkassen, Banken oder Versicherungen, immer noch eher die Ausnahme als die Regel ist. Wenn PCs eingesetzt werden, dann sehe ich häufig, daß eine bestimmte Microsoft Windows-basierte Anwendung angewendet wird – und Sie werden überrascht sein, wenn ich Ihnen sage um welche Anwendung es sich handelt. Ist es eine Visual Basic-Anwendung? Eine PowerBuilder-Anwendung? Eine eigene Anwendung, geschrieben in einer 3GL wie etwa C oder COBOL? Nein. Es handelt sich um das Windows-Programm Terminal – den Terminalemulator, der es einem PC ermöglicht, beim Anschluß an einen Minicomputer oder Mainframe als »dummes Terminal« zu agieren.[1]

Neben einer gelegentlichen Partie Solitär, wenn es der Chef gerade nicht sieht, werden die Rechenleistung des PCs und seine lokalen Festplattenressourcen kaum genutzt. Das ist keine Client/Server-Programmierung, vielmehr handelt es sich dabei um das sogenannte »Server/Terminal-Modell«, das später noch beschrieben wird. Offensichtlich glauben einige Leute, nur durch die Tatsache, daß sie einen PC auf einen Schreibtisch gestellt haben und Anwendungssoftware und Datenbanksoftware auf einem Minicomputer oder auf einem Mainframe ausführen, in das Zeitalter der Client/Server-Programmierung katapultiert zu werden.

Ich behaupte nicht, daß ich auf diesem begrenzten Raum alle Mißverständnisse klären und alle Nuancen der Client/Server-Terminologie beschreiben kann. Aber ich will in diesem Kapitel mein eigenes Verständnis der Client/Server-Architektur in Hinblick auf DBMSe beschreiben. Ich werde diese Beschreibung darauf beschränken, womit ich mich am besten auskenne: PCs unter MS-DOS, Windows oder Macintosh System 7 als Clients, die an fast jeden anderen Computer angeschlossen werden können. Ich werde keine anderen Computer oder Betriebssysteme als Clients beschreiben (etwa UNIX-Workstations), die jedoch natürlich ebenso brauchbare Clients für die Client/Server-Programmierung sein können.

Ein deutlicheres Bild dessen, worum es sich bei der Client/Server-Programmierung handelt, erhalten wir vielleicht, wenn wir zuerst betrachten, worum es sich dabei *nicht* handelt. In den letzten Jahren habe ich mich mit vielen Leuten über dieses Thema unterhalten, und ich habe festgestellt, daß es zwei primäre Perspektiven der Datenbankarchitektur gibt: die Desktop-Datenbank (kleines System) und den Mainframe (großes System). Ich werde hier beides beschreiben; wenn Sie diese Beschreibungen lesen, dann werden Sie vielleicht denken, daß ich viele Details weggelassen und die für Sie gültige Perspektive zum Teil zu vereinfacht dargestellt habe. Aber ich bezweifle, daß Sie hinsichtlich der Beschreibung der jeweils anderen Perspektive mit mir einer Meinung sind. Wenn ich mit Benutzern von Desktop-Datenbanken spreche, dann stelle ich jedesmal fest, daß sie nur relativ wenig darüber wissen, wie große Systeme arbeiten und welche Vorteile sie bringen. Und für die Mainframe-Leute trifft in Bezug auf die Desktop-Datenbanken dasselbe zu. Ich hoffe nur, daß Sie etwas über »die anderen« lernen, wenn Sie die folgenden beiden Abschnitte lesen. Denken Sie dabei jedoch stets daran, daß keine dieser Perspektiven eine Client/Server-Architektur darstellt, jedenfalls soweit ich das beurteilen kann.

---

1 Windows Terminal ist eine der Anwendungen in der Windows-Programmgruppe Zubehör. Es handelt sich dabei um einen Terminalemulator, mit dessen Hilfe ein PC als Terminal für einen Hostcomputer eingesetzt werden kann.

3.2 Das PC-Dateiserver-Modell – Intelligenter Client/Dummer Server

Das erste Modell, das wir hier betrachten wollen, hat sich aus Stand-Alone-PCs heraus entwickelt, die irgendwann so vernetzt wurden, daß mehrere Benutzer Dateien und Druck-Services gemeinsam nutzen konnten. Auf einem Stand-Alone-PC wird die Interaktion mit der lokalen Festplatte mit Hilfe von Standardoperationen zum Öffnen, Schließen, Lesen oder Schreiben realisiert, wie wir sie etwa in Abschnitt 2.2.1, »Flache Dateien und einfacher Datei-I/O« beschrieben haben. Ist ein PC (der Client) an das Netzwerk angeschlossen, kann er auf Dateien auf einem anderen PC (dem Dateiserver) zugreifen. Dabei werden Festplattenzugriffe so »umgeleitet«, daß eine logische Verbindung zu dem Dateiserver entsteht. Der Client-PC verwendet seine Netzwerk-Software, um die Datei-I/O-Operationen zu initiieren, sie in Nachrichten umzuwandeln und an den Dateiserver zu schicken, wo die eigentlichen Dateioperationen ausgeführt werden. Für den Anwendungsprogrammierer und den Endbenutzer gibt es keinen Unterschied zwischen einer Datei-I/O-Operation, die lokal ausgeführt wird, und einer, die auf dem Dateiserver ausgeführt wird. Diese Architektur ist in Abbildung 3.1 dargestellt.

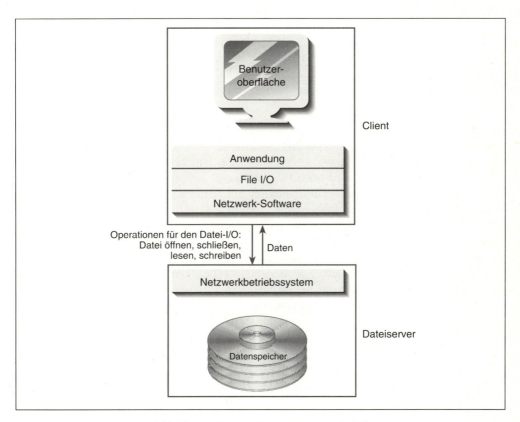

Abbildung 3.1 – Das PC-Dateiserver-Modell

Um Situationen bewältigen zu können, in denen Anwendungen auf mehreren Client-PCs gleichzeitig auf dieselbe Datei auf dem Dateiserver zugreifen müssen,[2] werden sowohl für den Netzwerk-Dateiserver als auch für die I/O-Programmierschnittstelle auf der Client-Seite Sperrfunktionen eingesetzt. Die damit gesetzten Sperren sind für alle Arten gemeinsamen Dateizugriffs ganz wesentlich, weil sie sicherstellen, daß das Aktualisieren und das Löschen von Daten auf konsistente Weise geschieht, so daß die Datenintegrität stets gewährleistet ist.

Die Sperrfunktionalität, die dem PC-Anwendungsprogrammierer in diesem Modell zur Verfügung steht, ist die sogenannte *Bereichssperre*, die es dem Programmierer ermöglicht, für einen Bytebereich eine Sperre anzufordern, nachdem das Programm mit Hilfe einer Suchoperation an eine bestimmte Position innerhalb der Datei gesprungen ist (Sie erinnern sich doch noch an die Positionierung des Schreib/Lesezeigers aus Kapitel 2?). Die Sperre wird von der Netzwerk-Software auf dem Dateiserver erzwungen. Die einzige Art Sperre, die in diesem Modell unterstützt wird, ist eine *exklusive* bzw. *Schreibsperre* – das heißt, während die Sperre gesetzt ist, kann keine andere Anwendung Daten innerhalb des gesperrten Bytebereichs lesen oder schreiben.

Diese Sperroperation wurde auf PCs zum ersten Mal unterstützt, als sie unter MS-DOS Version 3 Bestandteil des Betriebssystems wurde. Sie wurde von der C-Laufzeitfunktion *locking* unterstützt, die man von UNIX geerbt hatte. So wie die Datei-I/O-Befehle *open*, *close*, *seek*, *read* und *write* kann auch die Funktion *locking* auf einen Dateiserver umgeleitet werden. Auf einer MS-DOS-basierten Maschine, auf der jeweils nur eine Anwendung gleichzeitig ausgeführt werden kann, muß das Programm die Sperroperationen nur dann anwenden, wenn es über ein Netzwerk auf eine gemeinsam genutzte Datei auf dem Dateiserver zugreift.

Desktop-Datenbanken und ISAM-Dateien verwenden die Möglichkeit zur Bereichssperre über ein gesamtes Netzwerk, um die Nebenläufigkeit zu steuern, was normalerweise nur für große DBMSe notwendig ist. Anders als bei einem zentralen Minicomputer- oder Mainframe-System jedoch, wird beim PC-Dateiserver-Modell die gesamte Steuerung der Sperre vom Client-PC initiiert. Dies bedeutet notwendigerweise auch, daß jeder Client die Sperre setzen muß, ohne daß er weiß, was die anderen Clients tun. Der Dateiserver hat keinen zentralen Sperrmanager, der mehrere kleine Bereichssperren auf eine größere ausweiten könnte. Die Netzwerk-Betriebssystemsoftware auf dem Dateiserver kennt das Konzept von Spalten oder Zeilen in einer Tabelle nicht – eine Tabelle sieht für sie ebenso aus wie jede andere Datei auch. Neben der einfachen Datei-I/O-Pufferverwaltung der Netzwerk-Software gibt es kein serverbasiertes Pufferschema. Die gesamte Sperrverwaltung und die Dateisemantik werden in den einzelnen Client-PCs vorgenommen.

Kurz gesagt, die gesamte Semantik der Schnittstelle zwischen Client und Dateiserver für das Bereichssperren-Modell stellt eine ganz wesentliche Einschränkung der möglichen

---

2 Oft wird die gemeinsam genutzte Datei auf dem Dateiserver auch als »die Datenbank« oder als »Datenbankdatei« bezeichnet. Ich werde weiterhin den Begriff »Datei« verwenden, um die Begriffsverwirrung zu reduzieren. Unabhängig von der Terminologie wird die Datei auf dem Netzwerkserver jedoch als Datenbank eingesetzt.

Verarbeitung dar, weshalb ich dieses Modell auch als *Intelligenter Client/Dummer Server* bezeichne – die gesamte Intelligenz befindet sich auf Seiten des Client-PCs, und der Dateiserver ist nicht sehr viel mehr als eine gemeinsam genutzte Festplatte.

Das soll jedoch nicht heißen, daß solche Systeme nicht sinnvoll wären oder ganz verschwunden sind. Im Gegenteil, alle Desktop-Datenbanken (unter anderem FoxPro, Microsoft Access und Paradox), die Mehrbenutzerzugriff unterstützen, verwalten ihre Daten immer noch auf diese Weise, wenn sich eine Datendatei auf einem Netzwerk-Dateiserver befindet. Microsoft Access hat sogar eine Unterstützung für Sicherheit und Transaktionen in das Dateiserver-Modell aufgenommen.

Die gute Nachricht hinsichtlich dieser Architektur ist, daß sie die Rechenleistung auf den Desktop bringt, wodurch einfache Anwendungen entstehen, die die GUI-Funktionen des PCs ausnutzen (oder das zumindest ermöglichen). Wenn Bildschirm-I/O-Anforderungen verarbeitet werden, bleibt der Dateiserver völlig außen vor – die gesamte Last, Daten auf dem Bildschirm anzuzeigen und zu manipulieren, wird von der CPU, dem Speicher und der Grafikanzeige des Clients übernommen. Wenn der Benutzer die Daten weiterverarbeiten will (um zum Beispiel Werte zu berechnen oder einige der Daten auf der lokalen Festplatte zu speichern), dann hat das keinen Einfluß auf die Fähigkeit des Dateiservers, anderen Benutzern seine Dienste bereitzustellen. Die Benutzer können auf eine andere Task umschalten und Arbeiten ausführen, die überhaupt nichts mit dem Dateiserver zu tun haben, ohne daß dafür CPU- oder Platten-I/O-Anforderungen für den Dateiserver entstehen.

Ein zweiter Vorteil des PC-Dateiserver-Modells ist, daß es ganz einfach ist, die Daten mit Hilfe der als Datei-I/O-Befehl bereitgestellten Operation *seek* vorwärts oder rückwärts zu durchblättern, weil es sich bei den gemeinsam genutzten Daten nur um eine Datei handelt. Die auf dem Dateiserver verwalteten Indizes bieten in Kombination mit ISAM-Programmiermodellen einen extrem schnellen Zugriff auf die Daten, indem sie es den Client-Programmen erlauben, die Indexdateien direkt zu verwenden (diese Dateien müssen jedoch ebenfalls gesperrt werden, wenn Indexeinträge eingefügt oder aktualisiert werden sollen). Bei Xbase-Produkten und den meisten anderen Desktop-Datenbankprodukten (wie etwa R:BASE und Paradox) werden Indizes und Daten in separaten Dateien aufbewahrt, auch wenn einige Produkte, wie etwa Microsoft Access, Indizes und Daten in derselben physikalischen Datei ablegen.

Ein dritter Vorteil des Modells ist die Geschwindigkeit. Wenn die Anwendung es erforderlich macht, daß die Daten auf dem Dateiserver mehr wie eine Datei als wie ein Multiuser-DBMS behandelt werden, ist die Performance in der Regel sehr gut.

Das PC-Dateiserver-Modell hat jedoch auch viele Nachteile. Das Low-Level-Sperr-Paradigma bedeutet, daß Client-Anwendungen auf das Beste hoffen müssen, wenn sie einen Datensatz zur Aktualisierung sperren. Und oft müssen die Programmierer der Client-Anwendung eine Logik mitgeben, um Sperrkonflikte festzustellen und zu überwinden. Wenn ein Teil des Bereichs, auf den ein Client zugreifen will, gerade von einem anderen Client gesperrt ist, wird ein Fehler an den ersten Client zurückgegeben und die Anwendung muß es noch einmal versuchen (gegebenenfalls mehrfach, wenn das notwendig sein sollte), bis sie selbst die Sperre setzen kann.

Aufgrund der reduzierten Nebenläufigkeit, die entsteht, wenn Schreibsperren von mehreren Client-Anwendungen gehalten werden, haben die Desktop-Datenbankhersteller viele trickreiche Schemata eingeführt, um Lesesperren zu simulieren (sogenannte gemeinsam genutzte Sperren), um Sperrkonflikte in der Datendatei zu minimieren. Eines dieser Schemata erzeugt eine separate Sperrdatei, ein anderes sperrt hinter dem Ende der Datei. Beide Techniken ermöglichen, daß die exklusive Sperre als Semaphor agiert, so daß mehrere Schreibprozesse korrekt serialisiert werden können. Das bedeutet jedoch auch, daß der Anwendungsentwickler (oder der Entwickler der Laufzeitbibliothek der Desktop-Datenbank oder der ISAM-Bibliothek) noch mehr komplizierten Code schreiben muß, um das Sperrparadigma zu verwalten. Für die Sperren ist der Anwendungsprogrammierer verantwortlich – wenn er einen Fehler macht, dann kann dadurch die Integrität der Datei verletzt werden oder es können Deadlocks entstehen.

Ein zweiter Nachteil des PC-Dateiserver-Modells ist, daß dieses Modell es dem Endanwender zu einfach macht, eine Datendatei auf dem Dateiserver zu öffnen und beliebige Teile davon zu lesen oder zu beschreiben. Ein Endanwender könnte die Datei zum Beispiel versehentlich im Windows Editor öffnen, ein paar Zeichen eingeben, die Datei speichern und dann wieder verlassen. Weil dem Dateiserver die Intelligenz fehlt und er nicht erkennen kann, daß diese Datei vom Editor (oder einer anderen Anwendung, die das Dateiformat nicht kennt) nicht verändert werden soll, kann die Datendatei zerstört und für die eigentliche Anwendung unbrauchbar werden. Schließlich handelt es sich aus Sicht des Dateiservers einfach nur um eine Datei – eine Bytefolge. Es ist keine zentrale Sicherheit für den Datenzugriff vorgesehen, und man kann auch nicht feststellen, welcher Benutzer welche Aktion ausgeführt hat.

Drittens gibt es das Konzept der Transaktionen und des Roll-Forward-Recoverys nicht, wie es etwa von DBMS-Systemen auf Minicomputern und Mainframes geboten wird. Fehler auf Seiten des Dateiservers (Plattenabstürze, Netzwerkfehler oder Stromausfälle) resultieren oft in zerstörten Daten, wobei nur wenig Hoffnung besteht, daß die Datei wieder in einen konsistenten Zustand gebracht werden kann. Die einzige Lösung wäre es, die gesamte Datei aus einer Sicherungskopie wiederherzustellen.

Der vierte und gleichzeitig schwerwiegendste Nachteil des PC-Dateiserver-Modells betrifft die Datenmenge, die zwischen dem Client und dem Dateiserver über das Netzwerk geschickt wird. Weil die Benutzer in der Regel jeweils nur eine Untermenge der Daten sehen wollen, müssen die Desktop-Datenbanken in der Lage sein, Abfragen zu verarbeiten. Weil jedoch die gesamte Verarbeitung – bis auf einfachen Datei-I/O – auf dem Client erfolgt, muß jeder Client lokal Abfragen und die entsprechenden Daten verarbeiten. Und das bedeutet, daß sehr viele Daten über das Netzwerk fließen müssen. Immer wenn ein Client eine Leseoperation ausführt, fließen die Daten vom Dateiserver zum Client.

Angenommen, wir haben eine Kundendatei mit 1000 Datensätzen, und ein Benutzer sucht in einer Anfrage nach allen Kunden, die in Boston leben. Es gibt zwei Möglichkeiten, wie die Laufzeitbibliothek der Desktop-Datenbank die Anfrage ausführen kann.

Die erste Methode wird verwendet, wenn es in der Kundendatei für die Spalte mit der Stadt keinen Index gibt. In dieser Situation hat das Programm keine andere Wahl, als die

Datei zu öffnen, jeden Datensatz über das Netzwerk zu übertragen und den Vergleich auf dem PC-Client durchzuführen. Wenn jede Zeile in der Kundendatei 100 Bytes lang ist, dann fließen also 100.000 Bytes über das Netzwerk (1000 Datensätze mit je 100 Bytes). Wenn nur 25 der Kunden in Boston wohnen, dann belegen die Datensätze, die der Benutzer wirklich benötigt, nur 2500 Bytes (25 Datensätze mit je 100 Bytes), nicht 100.000. Aber im PC-Dateiserver-Modell müssen alle Datensätze (100.000 Bytes Daten) über das Netzwerk übertragen werden. Und wenn 10 Benutzer dieselbe Abfrage ausführen, wird dieselbe Datei an jeden Client gesendet, was nicht nur sehr viel mehr Netzwerkverkehr bedeutet (in diesem Fall insgesamt 1.000.000 Bytes), sondern auch, daß jeder PC-Client die Arbeit der anderen Clients wiederholt. (Jeder Client untersucht jeden Datensatz der Datei, behält die 25 Datensätze, in denen in der Spalte für die Stadt der Eintrag »Boston« steht, und verwirft die anderen 975 Datensätze.)

Das Puffer-Verwaltungssystem für den Netzwerk-Dateiserver kann die Daten in einem Cache ablegen, aber weiterreichende Optimierungen sind nicht möglich. Mit den schnellen CPUs, Netzwerken und Festplatten, die es heute gibt, kann sogar die oben beschriebene Verarbeitung mit guter Performance durchgeführt werden – so lange die Datenmenge klein ist und es nicht zu viele Benutzer gibt. Allerdings kann die Übertragung ganzer Dateien nicht beliebig gesteigert werden, ohne daß dabei ganz erhebliche Durchsatzprobleme entstehen.

Die zweite Methode, die Abfrage »finde alle Kunden in Boston« auszuführen, wird eingesetzt, wenn es in der Kundendatei für die Spalte mit der Stadt einen Index gibt. Statt die gesamte Datei vom Dateiserver zu lesen, öffnet der Client den Index und liest Abschnitte des Index vom Dateiserver, bis der Wert »Boston« gefunden ist. Ist der richtige Indexabschnitt gefunden, bietet dieser Informationen darüber (in Form von Datensatznummern oder Dateioffsets), wo sich die »Boston«-Datensätze in der Datendatei befinden. Mit Hilfe der im Index angegebenen Information kann die Anwendung beginnen, nur die »Boston«-Datensätze zu lesen. Wieder fließen bei jeder Leseoperation durch den Client Daten vom Dateiserver zum Client. Diese Situation ist jedoch sehr viel effizienter als die im vorigen Beispiel gezeigte: es werden viel weniger Daten über das Netz geschickt, weil zuvor ein paar Indexseiten gelesen wurden.

Aber selbst nach dieser Verbesserung ist die Situation bei weitem noch nicht optimal, insbesondere wenn eine Abfrage über mehrere Tabellen erfolgt, wie es in der Praxis oft der Fall ist. Es ist zum Beispiel möglich, daß ein Benutzer wissen will, welche Produkte von den Kunden aus Boston bestellt wurden, wozu mindestens vier Tabellen (Kunden, Aufträge, Auftragsposten und Produkte) herangezogen werden müssen. Besitzt jeder Kunde durchschnittlich fünf Aufträge mit je fünf Posten, und umfaßt die Produktdatei 500 Datensätze, dann wächst die Anzahl der Daten, die für die Abfrage verarbeitet werden müssen, ganz rapide:

1000 Kunden * 5 Aufträge * 5 Posten = 25.000

Obiges Beispiel ergibt 25.000 Datensätze, für die je ein entsprechender Eintrag in der Produktdatei gesucht werden muß. Stellen Sie sich den Netzwerk-Datenfluß vor, der bei der Verarbeitung entsteht, wenn die Indizes und die Daten aus vier Tabellen über das

Netzwerk an die einzelnen PCs geschickt werden müssen. Berücksichtigen Sie daneben auch noch die Befehle zum Schreiben, Sperren und Freigeben, wenn mehrere Modifikationen für die gemeinsam genutzten Daten verwaltet werden sollen. Sie werden schnell zu der Einsicht gelangen, daß selbst mittlere Datenmengen und Benutzerzahlen die heutigen schnellen Netzwerke in die Knie zwingen.

Diese Situation wird offensichtlich erheblich verbessert, wenn wir die Abfrage auf dem Dateiserver auflösen und nur die vom Client angeforderten Daten zurücksenden. Und genau das tut das Client/Server-Modell. Aber bevor wir das Client/Server-Modell im Detail betrachten, wollen wir die andere (entgegengesetzte) Perspektive betrachten: das Server/Terminal-Modell.

3.3 Das Server/Terminal-Modell – Dummer Client/Intelligenter Server

Anhand des Server/Terminal-Modells können wir die Architektur der meisten Minicomputer- und Mainframe-Systeme beschreiben. Wir haben diese Architektur bereits im vorigen Kapitel kennengelernt (in Abschnitt 2.1.1). Im Gegensatz zum PC-Dateiserver-Modell, wo der Server neben der einfachen Dateiverwaltung keinerlei Intelligenz aufweist, ist das Server/Terminal-Modell größtenteils zentral, und die gesamte Intelligenz befindet sich im Server, keine im Client. In diesem Fall ist der Client ein Terminal (oder ein PC, der einen Terminalemulator ausführt), das im Grunde genommen nichts weiter als ein Anzeigegerät darstellt. Bei diesem Modell ist der Client nicht dazu in der Lage, die anzuzeigenden Daten zu verstehen oder zu verarbeiten. Sie haben vielleicht schon einmal den Begriff *dummes Terminal* gehört; hier verwende ich die Kombination *dummes Terminal/intelligenter Server* für die Beschreibung der Architektur.

Beim Server/Terminal-Modell laufen die Anwendungsprogramme auf einem Mainframe, und der Informationsfluß zu den Clients besteht lediglich aus Bildschirm-I/O-Befehlen. Der Mainframe bzw. der Minicomputer werden häufig auch als *Hosts* bezeichnet, aber auch der Begriff *Server* ist durchaus gebräuchlich.

Wenn ein Benutzer etwas an einem Terminal eingibt, werden die Tastenanschläge (in den meisten Fällen) vom Host verarbeitet und an das Terminal zurückgeschickt, wo sie schließlich ausgegeben werden. Alle Ressourcen (CPU, Festplatte und Speicher), die für die Ausführung der Daten-Management-Software *und* der Anwendungen aller Benutzer benötigt werden, befinden sich auf dem Host. Während beim PC-Dateiserver-Modell die Verarbeitung der Grafikanzeige von der Client-CPU realisiert wird, werden die Anwendungen beim Server/Terminal-Modell auf dem Server (dem Host) ausgeführt. Dieser sendet Zeichen auf den Bildschirm des Clients (das Terminal). (Mit anderen Worten, beim PC-Dateiserver-Modell wird die Anwendungslogik und die Bildschirm-Ein-/Ausgabe vom Client übernommen. Ein Server/Terminal-Modell verlagert die Rechenleistung dagegen zum Host.) Abbildung 3.2 zeigt die Komponenten des Server/Terminal-Modells.

Das Server/Terminal-Modell – Dummer Client/Intelligenter Server

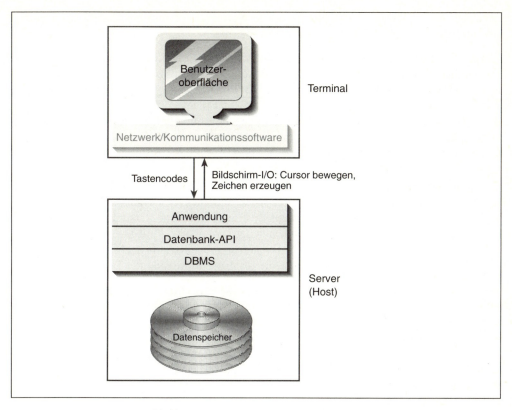

Abbildung 3.2 – Das Server/Terminal-Modell

Wenn eine Anwendung innerhalb eines ganzen Unternehmens eingesetzt werden soll, dann ist es sehr viel einfacher, wenn die Anwendung sich an einer zentralen Stelle befindet und nicht auf viele PCs verteilt ist. Muß die Anwendung angepaßt werden, installiert der Administrator einfach die neue Version auf dem Host. Alle Benutzer erhalten den Update, und jedes Terminal zeigt dieselbe konsistente Sicht und dasselbe Anwendungsverhalten. Wird ein solcher Wechsel in dem PC-Dateiserver-Modell notwendig, könnte es relativ schwierig sein, sicherzustellen, daß alle Arbeitsplätze die aktualisierte Anwendung erhalten.

Ein Problem bei der Zentralisierung der gesamten Rechenleistung ist es natürlich, daß die Antwortzeit schlechter wird, wenn die Anzahl der Benutzer und die Verarbeitungsanforderungen steigen. Anders als beim PC-Dateiserver-Modell, wo der Datei-I/O vom Server realisiert wird und die Anwendungslogik auf den einzelnen Clients läuft, ist im Server/Terminal-Modell sowohl die Dateilogik als auch der Datei-I/O auf demselben Computer angesiedelt.

Betrachten wir noch einmal das Beispiel »finde alle Kunden aus Boston« aus dem vorigen Abschnitt. Beim PC-Dateiserver-Modell haben wir gesehen, daß dort die Clients den größten Teil der Arbeit übernommen haben. Nun wollen wir untersuchen, wie sich das Server/Terminal-Modell für dasselbe Beispiel verhält.

Wenn die hostbasierte Anwendung das DBMS auffordert, alle Kunden aus Boston zu suchen, fließt nichts vom Terminal zum Host – die Anwendung befindet sich ja bereits auf dem Host. Vorausgesetzt, daß ein SQL-DBMS den Datenspeicher verwaltet, übergibt die Anwendung dem DBMS den String SELECT * FROM CUSTOMERS WHERE CITY = 'BOSTON'. Das DBMS (nicht das Anwendungsprogramm) verarbeitet diese Anfrage, indem es alle 1000 Zeilen der Kundentabelle durchsucht (oder indem es gegebenenfalls den Index für die Stadtspalte liest, wenn es einen solchen gibt, und der Optimizer feststellt, daß sich durch seine Verwendung die beste Performance ergibt). Beachten Sie, daß die Terminals nicht wählen müssen, wie der Zugriff auf die Daten erfolgt (bei Client-PCs, die die Anwendungen im PC-Dateiserver-Modell ausführen, ist dies der Fall). Nachdem das DBMS die Abfrage für die Kunden aus Boston aufgelöst hat, holt die Anwendung nur 25 Zeilen, und nicht die gesamte Tabelle aus der Datenbank. Multiuser-Aspekte, wie etwa das Erzwingen von Sperren oder die Serialisierung des Zugriffs, werden ebenfalls innerhalb des DBMS verarbeitet – und nicht von der Anwendungslogik.

Wenn die Information auf dem Terminal des Endanwenders ausgegeben werden soll, erzeugt die Anwendung das entsprechende Terminalprotokoll.[3] In einige Terminalprotokolle sind verschiedene Codes eingebettet, die steuern, wo die Information auf der Anzeige ausgegeben wird; andere haben einfach nur die Fähigkeit, einen gesamten Bildschirm mit Informationen auszugeben. Wenn im ersteren Fall der Kundenname in Zeile 3 ab Spalte 5 ausgegeben werden soll, erzeugt das Anwendungsprogramm einen Befehl zur »Cursorpositionierungs«, gefolgt von einer Codierung für Zeile 3 und Spalte 5. Der jeweilige Kundenname wird an der aktuellen Cursorposition auf dem Bildschirm angezeigt. Beachten Sie, daß die Anwendung auf dem Host diese Verarbeitung für jede Client-Anfrage ausführen muß. Anders ist dies im PC-Dateiserver-Modell, wo nur die Daten zum Client fließen und der Client für die Bildschirm-I/O-Verarbeitung zuständig ist. Beim Server/Terminal-Modell fließen sowohl die Daten als auch die Bildschirm-I/O-Befehle an den Client (Terminal).

Obwohl der Teil des Prozesses für die Datenverwaltung keinen größeren Netzwerkverkehr zwischen dem Server (Host) und dem Client (Terminal) verursacht als im PC-Dateiserver-Modell, fließen hier ganz andere Daten: Bildschirm-I/O-Informationen. Wenn man dabei noch berücksichtigt, daß oft jeder Tastendruck auf dem Client (Terminal) Prozessorzyklen auf dem Host erforderlich macht, dann ist es ganz offensichtlich, daß die Verarbeitung in keiner Weise verteilt ist. Wenn wir einen PC haben, auf dem die Terminal-Anwendung von Windows ausgeführt wird, besteht in der Verwendung eines PCs überhaupt kein Vorteil – der Host trägt immer noch die ganze Last für die Ausführung der Anwendung, und die Anwendung muß die zentrale Rechenleistung mit dem DBMS teilen.

---

3 Im Grunde genommen ist der Anwendungscode überhaupt nicht am Erzeugen des eigentlichen Terminalprotokolls beteiligt, sondern er erzeugt eine generische Ausgabeanforderung und übergibt sie einer Low-Level-Softwarekomponente, die dann das entsprechende Terminalprotokoll formatiert.

Auch bei diesem Modell entstehen Schwierigkeiten, wenn ein höheres Aufkommen an Benutzern und Daten entsteht. Die Anforderungen an die Ressourcen des Hostcomputers steigen, und es gibt keine Hoffnung, daß ein Teil der Verarbeitung auf den Client abgewälzt werden könnte – ein PC mit 286er Prozessor und einem Modem kann eine Hostbasierte Anwendung, die Windows Terminal einsetzt, ebenso effektiv ausführen wie ein Pentium- oder PowerPC-basierter PC.

Es muß wohl auch nicht viel zu der Tatsache gesagt werden, daß dieses Modell einige ganz wesentliche Einschränkungen dahingehend aufweist, welche Arten von Anwendungen eingesetzt werden können. Und das ist ein schwerwiegender Nachteil. Die Beliebtheit von Windows und anderen grafischen Benutzeroberflächen ist Beweis genug dafür, daß durch die Ausnutzung der Ressourcen eines PCs ganz offensichtliche Produktivitätssteigerungen möglich sind. Die einfache Fähigkeit, Daten aus einem gemeinsam genutzten Speicher auf unterschiedliche Weise zu manipulieren (zum Beispiel in einem Raster, einer Tabelle oder einem Formular), ohne daß zusätzliche Rechenleistung eines Hosts erforderlich ist, ist nur eine der Möglichkeiten, die das Server/Terminal-Modell nicht bieten kann. Die Fähigkeit, Daten zu ermitteln, eine Trendanalyse daraus zu erstellen, die Analyse in Tabellenform darzustellen und die Daten und die Tabelle schließlich in ein Dokument in einer Textverarbeitung einzubauen, rationalisiert den Prozeß, der für die Verwaltung und Darstellung von Informationen zur Entscheidungsfindung in einer Firma zuständig ist. Und diese Verarbeitungsmöglichkeiten sind einfach nicht realisierbar, wenn dem Endbenutzer als einziges Werkzeug ein Terminal zur Verfügung steht.

Jetzt wissen wir, was die Client/Server-Programmierung *nicht* ist, und wir wollen betrachten, was sie ist.

3.4 Das Client/Server-Modell – Intelligenter Client/Intelligenter Server

Die Client/Server-Architektur kann (unter anderem) viele der Defizite der anderen Modelle kompensieren, indem sie die von Client und Server gebotenen Ressourcen voll ausnutzt. Wie beim Server/Terminal-Modell haben wir auch hier einen intelligenten Server, so daß eine zentrale Kontrolle und eine High-Level-Semantik angewendet werden können. Und wie beim PC-Dateiserver-Modell befindet sich die Logik der Anwendung auf dem Client, nicht auf dem Host, so daß alle Ressourcen des PCs effektiv genutzt werden können, ohne daß ein Flaschenhals auf Seiten des Servers entsteht.[4]

---

4 Eine der bekanntesten Mischformen dieses Ansatzes ist das Schreiben einer »dreistufigen« Architektur, wobei ein Teil der Anwendungslogik einem intelligenten Anwendungsserver übertragen wird, der neben dem DBMS separat vorliegt. Dieses Szenario umfaßt drei intelligente Komponenten: den Client, den Anwendungsserver und den DBMS-Server. Dieses Modell stellt eine gute Lösung zum Erzwingen von bestimmten Regeln dar, die in mehreren Anwendungen gelten. Diese Regeln können zentral auf dem Anwendungsserver abgelegt werden, der dann für eine Konsistenz auf Seiten der Client-Anwendungen sorgt und die Verarbeitung einer komplexen Logik ermöglicht, die im DBMS nicht immer unterstützt werden kann.

Ein Client/Server-System besteht aus drei wichtigen Komponenten: dem Client, dem Server und dem Datenprotokoll, das auf dem Netzwerk eingesetzt wird. Diese Komponenten sehen Sie in Abbildung 3.3 dargestellt. In der Praxis besteht das System aus sehr viel mehr Komponenten, aber die Vereinfachung in diesem Diagramm ist zur Demonstration gut geeignet. Apropos, wenn Sie wissen wollen, wo sich ODBC in Abbildung 3.3 einordnen läßt: in der Datenbank-API-Komponente.

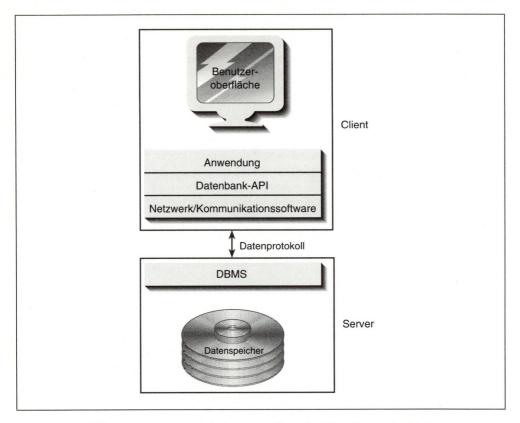

Abbildung 3.3 – Eine vereinfachte Darstellung der Client/Server-Architektur

3.4.1 Die Rolle des Clients in der Client/Server-Architektur

Wie beim PC-Dateiserver-Modell befindet sich die Anwendungslogik auch im Client/Server-System auf Seiten des Clients. Die Anwendung ist für die Verwaltung der auf dem Bildschirm dargestellten Informationen und die Interaktion mit dem Server verantwortlich, aber wie das passiert, unterscheidet sich vom PC-Dateiserver-Modell: es werden dazu nicht die elementaren Datei-I/O-Operationen verwendet. Statt dessen verwendet die Anwendung ein völlig anderes Programmierparadigma – die Datenbank-API, die eine sehr viel höhere Abstraktion bietet als einfacher Datei-I/O. Es gibt zwar einige Alternativen, aber in der hier gezeigten Beschreibung wird diese Datenbank-API als Kombination aus SQL und einigen Programmiermechanismen (etwa CLI oder eingebettetes SQL), die die SQL-Anweisungen an das DBMS sendet, definiert.

SQL verwendet Tabellen und Spalten, um Informationen zu ermitteln und Daten zu manipulieren (im Gegensatz zu den primitiveren Datei-I/O- oder ISAM-Befehlen), was sehr praktisch für die Software auf der Client-Seite ist, die mit dem DBMS kommuniziert. Die auf diese Weise verarbeiteten Daten befinden sich jedoch noch immer nicht in dem Format, das der Endbenutzer braucht. Für den Endbenutzer müssen die Informationen aus den Tabellen und Spalten mit Daten in Objekte umgewandelt werden, die der bearbeiteten Aufgabe entsprechen: zum Beispiel Auftragsformulare, Personalfragebögen oder Produktbeschreibungen. Und das ist die Aufgabe der Anwendung – die Tabellen und Spalten mit Daten in sinnvolle Anzeigen und Aktionen umzuwandeln, und in vielen Fällen auch, bestimme Geschäftsregeln zu erzwingen, die nicht direkt vom DBMS durchgesetzt werden können.

Unterhalb des Datenbank-API befindet sich in unserer vereinfachten Darstellung der Client/Server-Architektur die Netzwerk/Kommunikations-Schnittstelle. Die Netzwerk/Kommunikations-Schnittstelle ist eine weitere Abstraktion, die die Details der einzelnen Schichten der verwendeten Netzwerk-Software verbirgt (wie etwa NetWare, TCP/IP oder SNA). Der Kern der Netzwerkprogrammierschnittstelle sieht ganz ähnlich wie das einfache Datei-I/O-Modell (Öffnen, Schließen, Lesen und Schreiben) aus (jedoch ohne die Bereichssperren-Schnittstelle), es gibt aber auch einige ganz wesentliche Unterschiede; so hat etwa die Netzwerkprogrammierschnittstelle die Fähigkeit, gerade ausgeführte Anfragen abzubrechen und auch andere Aspekte der asynchronen Verarbeitung zu realisieren. Und schließlich kommuniziert die Netzwerkschnittstelle mit der Netzwerktransport-Schicht, um Daten an den Server zu übertragen und von ihm zu empfangen.

GLOSSAR

Geschäftsregeln
Regeln und Strategien, die definieren, wie eine Firma arbeitet. Eine einfache Geschäftsregel wäre zum Beispiel »Die Auftragssumme darf das Kreditlimit nicht überschreiten.« oder »Die Mindestauftragssumme muß größer als 20 DM sein«. Der letzte Abschnitt in diesem Kapitel beschreibt eine komplexere Geschäftsregel.

Abbildung 3.4 faßt die Komponenten der Client-Seite zusammen und zeigt die Funktionalität, die von den Programmierschnittstellen der einzelnen Komponenten bereitgestellt wird.

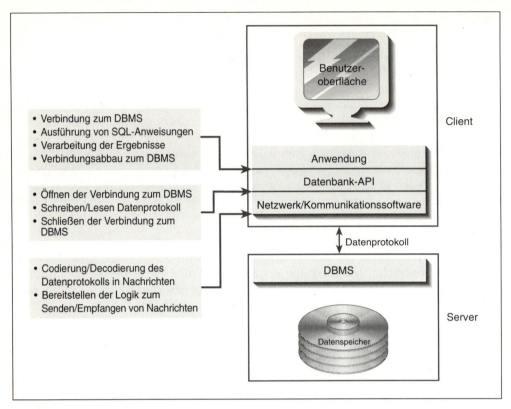

Abbildung 3.4 – Die Client-Komponenten in der Client/Server-Architektur

DIE STORY
Akt I, Szene 3: Je mehr, desto besser

Anfang 1989 wurde die Microsoft Data Access API umbenannt in Open SQL; mehrere Firmen hatten die Spezifikation getestet und Feedbacks zurückgegeben. Zu diesem Zeitpunkt war die Programmierschnittstelle der Spezifikation der Sybase-Programmierschnittstelle (DB-Library) sehr ähnlich, jedoch mit der Möglichkeit, andere Datenbankmodelle zu verarbeiten, und ohne die Sybase-spezifischen Funktionen. Die Spezifikation war ganz wesentlich von Tom Haggin beeinflußt worden, einem der Begründer von Sybase, daneben aber auch noch von Rao Yendluri von Tandem und Dick Hackathorn, einem der Begründer von MicroDecisionware.

Tom Haggin entwarf und implementierte die erste Version von Sybases DB-Library und arbeitete zu dieser Zeit auch an der Open Server-Technologie von Sybase. Open Server bot sehr interessante Möglichkeiten als Technologie zur Unterstützung serverbasierter Datenbank-Connectivity. Toms praxisnahen Erfahrungen bei der Entwicklung von Programmierschnittstellen waren dabei eine wichtige Hilfe. ▶

Das Client/Server-Modell – Intelligenter Client/Intelligenter Server

> Rao Yendluri arbeitete an einem ähnlichen Konzept der Datenbank-Connectivity bei Tandem und für den Rest der Datenbank-Industrie. Interessanterweise nannte man die Spezifikation von Rao ebenfalls Open SQL. Die Tandem-Lösung für das Problem der Datenbank-Connectivity unterscheidet sich jedoch von dem Microsoft-Ansatz. Tandem verwendet eingebettetes SQL sowie ein allgemeines Übertragungsprotokoll, um die Interoperabilität zu gewährleisten. Rao machte deutlich, welche Probleme es zu lösen galt, und welche Vorteile die verschiedenen Ansätze boten.
>
> Dick Hackathorn hat mir die Grundlagen der IBM-Mainframe-Technologie vermittelt – DB2, SNA, CICS, VTAM, APPC, LU2 (3270) und all die anderen wunderbaren Akronyme, die uns IBM geschenkt hat. 1989 war IBM dominant auf dem Gebiet der Datenbankforschung. Wenn Sie keine passende Lösung für die Verbindung des Desktops an den IBM-Mainframe besaßen, dann konnten Sie nicht an dieser großen Datenbank-Story teilnehmen.
>
> Bob Muglia bei Microsoft hat ebenfalls einen wesentlichen Beitrag zu der Spezifikation geleistet. Sein technisches Wissen, sein Verständnis für das Management, seine Initiative und die Fähigkeit, einen Konsens zwischen den verschiedenen technischen Aspekten zu finden, schuf eine Umgebung, in der die Arbeit an der Spezifikation gedeihen konnte.
>
> Viele Firmen interessierten sich für die Aspekte der Datenbank-Connectivity, und es war nur noch eine Frage der Zeit, bis sich jemand besonders engagieren sollte ...

3.4.2 Die Rolle des Servers in der Client/Server-Architektur

Das DBMS, das auf dem Server in einem Client/Server-System läuft, steuert den Zugriff auf die Daten. Es interagiert mit den Client mit Hilfe einer Netzwerkschnittstelle und des Datenprotokolls. Ich habe zwar die Netzwerkschnittstelle auf der Serverseite in den obigen Diagrammen nicht gezeigt, aber es gibt sie. Das DBMS selbst besteht aus mehreren Komponenten, wie in Abbildung 3.5 gezeigt.

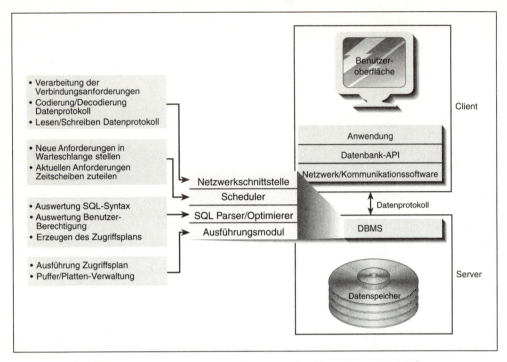

Abbildung 3.5 – Die Server-Komponenten in der Client/Server-Architektur

3.4.3 Wie man von hier nach dort und wieder zurück gelangt – Das Datenprotokoll

Die Methode, die Clients und Server zur Kommunikation verwenden, scheint eines der am wenigsten verstandenen Elemente der Client/Server-Programmierung zu sein. Dennoch ist es absolut notwendig, zu verstehen, wie das gesamte System funktioniert. Die meisten Leute verstehen das Konzept, wie Mainframes sich mit Terminals »unterhalten«, und wie PCs Datei-I/O über ein Netzwerk auf einem Dateiserver ausführen. Aber wie funktioniert die Kommunikation in der Client/Server-Architektur? Ich nenne die Information, die zwischen einem Client und einem Server fließt, das *Datenprotokoll*, was einen sehr viel höheren semantischen Inhalt hat als die Begriffe »Terminalprotokolle« oder »Datei-I/O-Operationen«. In Netzwerken werden die unterschiedlichsten Protokolle eingesetzt, von der Hardwareebene des Netzwerks bis hin zu verschiedenen Schichten der Netzwerksoftware. EtherNet zum Beispiel ist ein bekanntes physikalisches Netzwerk, das das sogenannte CSMA/CD-Protokoll (Carrier Sense Multiple Access with Collision Detection) verwendet, um Konflikte zwischen Signalen zu verhindern, und TCP/IP ist eine bekannte Netzwerk-Transportschicht.

Der Begriff »Datenprotokoll« beschreibt die Form der Information, die die Datenbank-API an den Server sendet, und zwar unter Verwendung einer Programmierschnittstelle, die einem einfachen Datei-I/O sehr ähnlich ist (das heißt, sie baut eine Verbindung zum

Server auf, liest, schreibt und baut die Verbindung dann wieder ab). Der eigentliche Informationsaustausch zwischen Client und Server umfaßt Dinge wie SQL-Strings, Ergebnismengen aus Abfragen sowie Fehlermeldungen, die normalerweise alle in einem sehr knappen Format codiert sind, um die Anzahl der Bytes zu reduzieren, die über das Netzwerk geschickt werden müssen. Ein detailliertes Beispiel für ein Datenprotokollformat (das Datenprotokollformat SQL Server TDS von Microsoft) werden Sie in Kapitel 6 kennenlernen. Der Fluß des Datenprotokolls wird durch alle anderen zugrundeliegenden Schichten der Netzwerksoftware und -hardware ermöglicht, wir werden jedoch die weiter unten liegenden Netzwerkschichten nicht beschreiben – dafür wäre ein eigenes Buch notwendig.

Die beiden hauptsächlichen Technologien, die für die Datenprotokolle verwendet werden, sind Nachrichten und RPCs (Remote Procedure Calls). Mehr darüber in den nächsten Abschnitten.

3.4.3.1 Nachrichten

Bei der Nachrichtenübertragung fließen Bytes, die in einzelne Nachrichten gruppiert sind, zwischen der Datenbank-API auf dem Client und dem DBMS auf dem Server. Diese Nachrichten übermitteln die Anforderungen des Clients, die vom DBMS ausgeführt werden sollen, sowie die Ergebnisdaten und die Statusinformationen, die an den Client zurückgegeben werden. Man kann jedoch natürlich nicht einfach nur irgendeinen »Bytestrom« vom Client zum Server schicken und erwarten, daß der Server etwas damit anfangen kann. Die Nachrichten müssen im richtigen Format vorliegen, etwa wie die Daten in einer Datei für eine Tabellenkalkulation oder eine Textverarbeitung im richtigen Format vorliegen müssen. Für die Reihenfolge der verschiedenen Informationstypen gibt es eine spezielle Definition. Einige Datenprotokolle, die mit Hilfe von Nachrichten arbeiten, sind unter anderem Tabular Data Stream (TD), das von Microsoft und Sybase benutzt wird, das SQL *Net-Protokoll von Oracle, das ISO Remote Data Access-Protokoll (RDA) oder DRDA (Distributed Relational Database Architecture) von IBM. Die meisten Nachrichtenformate folgen dem TLV-Paradigma (Tag, Length, Value = Hinweis, Länge, Wert), was einfach bedeutet, daß die Nachricht mit einer Information über den Nachrichtentyp beginnt (dem Hinweis), dann spezifiziert, wie lang der folgende Wert sein wird, und schließlich den Wert selbst angibt, der die zuvor angegebene Länge haben muß.

Nachrichten werden von Client und Server basierend auf Funktionsaufrufen von der Datenbank-API bzw. dem DBMS erzeugt. Bei Microsoft SQL Server zum Beispiel verwendet das Anwendungsprogramm einen Funktionsaufruf von ODBC, *SQLExecDirect*, wenn der Endbenutzer eine SQL-Anweisung ausführen will. Der ODBC-Treiber für Microsoft SQL Server nimmt den in *SQLExecDirect* übergebenen String entgegen und erzeugt eine Nachricht in dem Format, das Microsoft SQL Server benötigt (TDS), um die Anfrage zu senden. Der TDS-Strom liegt in der folgenden Form vor:

```
nachricht_header SQL_string
```

Der Nachrichtenheader enthält ein Byte, das anzeigt, daß es sich hier um einen SQL-Befehl handelt (das entspricht dem oben erwähnten Hinweis), ein Statusbyte, das angibt, ob dieses Paket das letzte ist (in TDS sind Pakete normalerweise 512 Bytes lang), zwei Bytes, die die Länge des SQL-Strings angeben, und einige weitere Bytes, die für dieses Beispiel nicht relevant sind. Dem Nachrichtenheader folgt der eigentliche SQL-String.

Dieser Bytestrom wird in einem Puffer abgelegt. Die Pufferadresse wird in einem Funktionsaufruf der Netzwerkschnittstelle als Argument übergeben, und die Netzwerkschnittstelle schreibt den Inhalt des Puffers in das Netzwerk, so als ob dieser sich in einer lokalen Datei auf der Platte befände.

Das Netzwerkschnittstellenmodul auf dem Server liest den Datenstrom, wertet das Byte für den Informationstyp im Nachrichtenheader aus und erkennt, daß der Client eine SQL-Anweisung ausführen will. Es ruft den Scheduler auf, um diese Anfrage in eine Warteschlange einzureihen, wartet dann auf weitere Anforderungen von Clients und sendet gegebenenfalls Ergebnisse zurück an die Clients.

Ist die Anfrage vom Server bearbeitet, weist der Server die Netzwerkschnittstelle an, entsprechende Ergebnisse an den Client zu senden. Diese Information umfaßt auch einen allgemeinen Statusbericht, der angibt, ob die Anfrage erfolgreich war. Wenn ja, werden weitere Statusinformationen ausgegeben (zum Beispiel die Anzahl der Zeilen, die von den Anweisungen zum Aktualisieren, Einfügen oder Löschen betroffen waren). In den meisten DBMS-Systemen sendet der Client dann eine Anforderung an den Server, um alle Zeilen, die aus einer Abfrage resultieren, zu holen. In anderen Fällen (wie etwa beim Microsoft SQL Server 4.x) werden die Ergebnisdaten unmittelbar nach Ausführung der Abfrage an den Client zurückgegeben, so daß dieser sie nicht separat anfordern muß. In wieder anderen Fällen (wie etwa beim Microsoft SQL Server 6 und DRDA von IBM) entscheiden Client und Server dynamisch, ob sie das Modell, bei dem jeweils eine Zeile übertragen wird, oder das, bei dem alle Zeilen auf einmal übertragen werden, verwenden wollen, basierend auf Kriterien, wie zum Beispiel, ob die Anwendung die Daten aus der Abfrage aktualisieren will.

Um Informationen zurück zum Client zu senden, erzeugt der Server einen entsprechenden Nachrichtenstrom (wieder gemäß dem TDS-Format) und sendet ihn an den Client, wenn dieser eine Leseoperation auf dem Netzwerk ausführt. Der Client dekodiert die Nachricht, legt verschiedene Komponenten davon in den Puffern für die Ausgabeargumente der Anwendung ab und kehrt dann zur Anwendung zurück.

Nun wollen wir ein Beispiel aus der Praxis betrachten, bei dem Microsoft SQL Server eingesetzt wird.[5]

Weil es sich hier um ein Buch über ODBC handelt, wird in diesem Beispiel die ODBC-API als Programmierschnittstelle für die Anwendung eingesetzt. Sie sollten jedoch beachten, daß die äquivalenten Funktionen in der eigentlichen Datenbank-API von Microsoft SQL

---

5 Wenn Sie ein entsprechendes Beispiel für DRDA von IBM sehen wollen, dann schlagen Sie in dem ausgezeichneten Buch *Enterprise Database Connectivy* (Wiley & Sons, 1993) von Richard Hackathorn in Kapitel 7.5.2 nach.

Server (DB-Library) zu genau demselben Ergebnis führen würden, weil nämlich das TDS-Protokoll steuert, was das DBMS macht, und nicht die Funktionsaufrufschnittstelle.

In diesem Beispiel senden wir eine einfache SELECT-Anweisung durch die verschiedenen Schichten des Clients und über das Netzwerk. Wir beobachten, wie die Anweisung vom Server ausgeführt wird, und ermitteln dann die Ergebniszeilen, die durch die Schichten des Clients zurückgegeben werden.

Als erstes wollen wir annehmen, daß die Client-Anwendung bereits eine Verbindung zum Microsoft SQL Server eingerichtet hat, wozu sie eine der ODBC-Funktionen verwendet. (In Kapitel 6 werden wir erklären, was beim Aufbau der Verbindung passiert.) Die Information, die wir vom Microsoft SQL Server erhalten wollen, ist die Menge der Kunden aus dem Staat Washington, für die mehr als 20 Aufträge vorliegen. Um die auszuführende SELECT-Anweisung zu spezifizieren, rufen wir die ODBC-Funktion *SQLExecDirect* auf:

```
ret = SQLExecDirect(hstmt,
      "SELECT Name, City, Count(*)
      FROM Customers C, Orders O
      WHERE O.CustID = C.CustID AND C.State ='WA'
      GROUP BY C.Name, C.City
      Having(Count(*) > 20)", SQL_NTS);
```

Der Funktionsaufruf *SQLExecDirect* ruft eine interne Funktion im ODBC-Treiber für Microsoft SQL Server auf, die die SQL-Anweisungen aus dem zweiten Argument von *SQLExecDirect* entgegennimmt. Dabei wird ein Puffer erzeugt, der einen TDS-Nachrichtenheader mit der Länge des SQL-Strings (150 Bytes), gefolgt von dem eigentlichen SQL-String enthält. Die Adresse dieses Puffers wird als Eingabeargument für die Bibliotheksfunktion *ConnectionWrite* der Netzwerkschnittstelle verwendet, die dann einen Datenstrom an den Server sendet. Nachdem die Schreiboperation abgeschlossen ist, ruft der ODBC-Treiber für Microsoft SQL Server sofort die Funktion *ConnectionRead* auf, die auf vom Server zurückgegebene Informationen wartet. (Beachten Sie, daß dieser letzte Teil nur für eine synchrone Verarbeitung zutrifft. Bei einer asynchronen Verarbeitung erhält das Anwendungsprogramm die Steuerung zurück und kann in bestimmten Zeitabständen überprüfen, ob die Anfrage abgearbeitet ist.)

Auf dem Server erzeugt die Netzwerkschnittstelle einen Thread, der auf unsere Verbindung wartet. Wenn die Schreiboperation vom Client beendet ist, »wacht« dieser Thread auf und liest den TDS-Strom. Wenn er den Nachrichtentyp »SQL-Befehl« im Nachrichtenheader feststellt, erzeugt der Code der Netzwerkschnittstelle ein *Sprach-Ereignis*, das anzeigt, daß der Client einen SQL-Befehl ausführen will. Der Event Handler (also die Routine zur Ereignisverarbeitung) plant den SQL-Befehl zur Ausführung ein. Während der Ausführung überprüft der Parser, ob die Syntax korrekt ist, ob die Namen der angegebenen Tabellen und Spalten existieren und ob wir die notwendigen Berechtigungen für den Zugriff darauf besitzen. Anschließend ermittelt der Optimierer, welche Indizes (falls es solche gibt) verwendet werden sollen, und erstellt einen Zugriffsplan. Der Zugriffsplan wird dem Ausführungsmodul übergeben, das daraufhin die Zeilen, die die Abfrage erfüllen, an den Client zurücksendet. (Beachten Sie, daß sich dieser letzte Schritt von dem unterscheidet, was in anderen DBMS-Systemen passiert. Dies gilt auch, obwohl Microsoft SQL Server 6 eine Möglichkeit bietet, die verhindert, daß die Daten an den Client gesendet werden, bevor sie von Seiten des Clients explizit angefordert werden.)

Auf dem Server wird der TDS-Strom erzeugt, der an den Client gesendet wird. Er besteht aus zwei Teilen:

- Einer Beschreibung der zurückgegebenen Daten (Name, Stadt und Anzahl der Aufträge), die man häufig auch als *Metadaten* bezeichnet (das sind Daten über Daten).

- Die Daten selbst, unterteilt in Zeilen.

Im Client wartet die Funktion *ConnectionRead*, bis der Server Daten zurückgesendet hat. Das erste, was der Treiber sieht, sind die Metadaten: die drei COLNAME-Token (Hinweise), die dem Treiber mitteilen, daß es drei Spalten gibt, welche Namen diese haben, und die drei COLFMT-Token, die die Datentypen und die Länge der Datenstrings bekanntgeben (zwei Character-Strings für die alphanumerischen Daten und ein 4-Byte-Integer für den Zähler). Der Treiber beginnt, den Puffer nach Token zu durchsuchen. Wenn er die Token COLNAME und COLFMT findet, legt er die darin enthaltenen Informationen in Datenstrukturen ab. Damit kann er die Information zurückgegeben, wenn die Anwendung sie mit den ODBC-Funktionen *SQLDescribeCol* oder *SQLColAttributes* abfragt. Anschließend gibt der Treiber die Steuerung zurück an die Anwendung.

Das Anwendungsprogramm ermittelt jetzt alle Daten. Dazu bindet es die drei Spalten mit Hilfe der Funktion *SQLBindCol* an die Programmvariablen:

```
UCHAR szName[26], szCity[16];
SDWORD lOrderCount, cbName, cbCity, cbOC;

SQLBindCol(hstmt, 1, SQL_C_CHAR, szName, sizeof(szName), &cbName);
SQLBindCol(hstmt, 2, SQL_C_Char, szCity, sizeof(szCity), &cbCity);
SQLBindCol(hstmt, 3, SQL_C_SLONG, &lOrderCount, sizeof(SDWORD), &cbOC);
```

An den Server wird nichts gesendet, wenn diese Funktionen ausgeführt werden. Das einzige was passiert, ist, daß die Datenstrukturen innerhalb des ODBC-Treibers für Microsoft SQL Server auf dem Client so modifiziert werden, daß die Adressen der Variablen bewahrt bleiben, in denen die Daten und Indikatorinformationen abgelegt werden, wenn die Daten geholt werden.

GLOSSAR

Binden
Einer Programmvariablen in der Client-Anwendung einen Wert zuordnen, der von einem DBMS zurückgegeben wurde.

Um die Daten zu holen, ruft die Anwendung in einer Schleife *SQLFetch* auf, bis der Rückgabecode gleich SQL_NO_DATA_FOUND ist:

```
for (; (rc = SQLFetch(hstmt)) != SQL_NO_DATA_FOUND;)
        DisplayData(szName, szCity, lOrderCount);
```

Immer wenn *SQLFetch* aufgerufen wird, liest der Treiber vom Netzwerk, um nach einem ROW-Token zu suchen. Dem ROW-Token folgen immer die Daten, die das COLFMT-Token beschrieben hat. In unserem Beispiel wäre das die Länge des Kundennamens, der Kundenname, die Länge des Stadtnamens, der Stadtname sowie die Anzahl der Posten in diesem Auftrag. Wenn der Treiber diese Daten liest, legt er sie unter den Adressen ab, die von der Anwendung durch *SQLBindCol* spezifiziert wurden.

Nachdem die letzte Zeile zurückgegeben wurde, sendet der Server ein DONE-Token, so daß der Client weiß, daß keine weiteren Daten gelesen werden sollen. Wenn der Treiber das DONE-Token liest, setzt er den Rückgabewert der Funktion *SQLFetch* auf SQL_NO_DATA_FOUND, und das Anwendungsprogramm verläßt die Schleife, in der Daten geholt werden.

Zusammenfassend handelt es sich bei der Nachrichtenübertragung um eine Art Datenprotokoll, über das Clients und Server kommunizieren. Die Nachrichten haben einen sehr viel höheren semantischen Inhalt als der Datei-I/O-Typ des Datenflusses im PC-Dateiserver-Modell und der Terminal-Emulationstyp des Datenflusses im Server/Terminal-Modell, weil sich die Nachrichten auf Objekte beziehen, die datenbankorientiert sind (wie etwa Spaltennamen, Datentypen, Datenwerte oder SQL-Strings), und nicht terminal- oder dateiorientiert. Aber diese reichhaltige Semantik bringt auch eine gesteigerte Komplexität mit sich: sowohl Client als auch Server müssen die Nachrichtenstreams durchlaufen, um festzustellen, welche Anfragen und Antworten gewünscht sind. In der Technik, die wir als nächstes betrachten, wird der Informationsfluß über einen völlig anderen Mechanismus gesteuert.

3.4.3.2 Remote Procedure Calls

Ein Remote Procedure Call (RPC) ist einfach ein Funktionsaufruf, der auf einem Client-Computer erfolgt aber auf einem Server-Computer ausgeführt wird. Das heißt, hier wandelt nicht eine Datenbank-API einen Funktionsaufruf in eine Nachricht eines bestimmten Formats um, die über ein Netzwerk verschickt werden kann, sondern die RPCs kodieren den Funktionsaufruf direkt in einen Datenstrom und versenden diesen.[6]

Die typische Methode für die »Versendung« eines Funktionsaufrufs über ein Netzwerk ist die Verwendung einer RPC-Laufzeitbibliothek und bestimmter *Codierregeln* (Regeln, die den Funktionsnamen sowie den Typ und die Länge der einzelnen Argumente für eine Funktion festlegen, die remote ausgeführt werden soll), statt eine Unterroutinen-Biblio-

---

[6] Das ist eine stark vereinfacht dargestellte Definition, aber für die hier geführte Diskussion ist sie ausreichend. In der Praxis können RPCs für *alles* verwendet werden, was als Funktionsaufruf ausgedrückt werden kann, nicht nur für Datenbank-API-Aufrufe. Ein interessanter Fall, den ich hier nicht im Detail besprechen kann, ist die Verwendung von RPCs als die nächste Schicht unterhalb der Datenbank-API: die Netzwerkschnittstellenschicht. Wenn ein RPC-System eine große Vielzahl von Netzwerkübertragungen unterstützt, muß der DBMS-Hersteller nicht für jedes Netzwerk eine eigene Netzwerkschnittstellenschicht schreiben; das RPC-System verwendet die entsprechende Netzwerk-Software, und der DBMS-Hersteller muß nur eine Client- und eine Server-spezifische Implementierung schreiben.

thek zur Anwendung zu binden. Die RPC-Bibliothek wird normalerweise als *Stub* oder *Stub-Bibliothek* bezeichnet. Eine ähnliche Methode wird auf dem Server verwendet, auch wenn sich die eigentliche Implementierung der Funktion direkt dort befindet. Die RPC-Laufzeitbibliothek weiß, wie ein Funktionsaufruf in einer 3GL entgegengenommen, in einen Datenstrom umgewandelt und über das Netzwerk versendet werden kann. Die Server-Seite des RPC-Systems weiß, wie der Datenstrom, der dem Funktionsaufruf vom Netzwerk entspricht, entgegengenommen werden muß, und wie dieser wieder zu einem normalen Funktionsaufruf gemacht werden kann.

Ein RPC-System kann z.B. eine C-Funktion in eine Nachricht kodieren, die aus dem Funktionsnamen sowie der von der Funktion benötigten Argumentenliste besteht. Nachdem der Client die Nachricht an den Server gesendet hat, ermittelt der Server-Teil des RPC-Systems die aufzurufende Funktion, stellt aus der Nachricht wieder die Funktion und ihre Argumente her und ruft die Funktion auf dem Server auf. Wenn die Funktion ausgeführt wurde, werden die Rückgabewerte und die Ausgabeargumente (wenn es solche gibt) vom RPC-Server in eine Nachricht umgewandelt. Die Nachricht wird an den Client gesendet. Das Client-RPC-System ermittelt daraus die Rückgabewerte sowie die Ausgabeargumente der Funktion und gibt sie an die Anwendung zurück.

Wenn Sie denken, diese Beschreibung stimme fast mit der für die Nachrichtenübertragung aus dem vorigen Abschnitt überein, dann haben Sie recht – von ihrer Funktionalität her sind sie äquivalent. Nun wollen wir ein Beispiel betrachten, das das RPC-Äquivalent zum Nachrichten-Beispiel aus dem obigen Abschnitt darstellt. Im Nachrichten-Beispiel stellte der ODBC-Treiber für den Microsoft SQL Server bei einem Aufruf von *SQLExecDirect* eine Nachricht zusammen, die aus einem Nachrichtenheader und einem SQL-String bestand, und rief eine Funktion (*ConnectionWrite*) in der Netzwerkschnittstellenschicht auf, die die Nachricht an den Server sendete. Im RPC-Äquivalent sendet der Client eine kodierte Form der Funktion *SQLExecDirect* und ihrer Argumente (inklusive des SQL-Strings) an den Server, wo sie wieder in den Originalaufruf von *SQLExecDirect* umgewandelt wird. Die Funktion wird dann direkt auf dem Server aufgerufen, so als ob sie lokal ausgeführt würde. Sowohl mit Hilfe der Nachrichten als auch mit den RPCs wird die wesentliche Information vom Client zum Server übertragen, auch wenn die Form der Information, die über das Netzwerk geschickt wird, sich in der ersten Methode ganz wesentlich von der der zweiten Methode unterscheidet.

Diese beiden Methoden sind also *funktional* äquivalent, aber sie sind nicht beide gleich gut für die Datenbankwelt geeignet, zumindest meiner Meinung nach. Und hier folgt die Begründung.

RPCs sind gut geeignet, wenn der Client den semantischen Inhalt, der zwischen dem Client und dem Server ausgetauscht wird, kennt, und dieser sich ganz natürlich in das Funktionsaufruf-Paradigma einfügt – das heißt, wenn der Datenfluß zum und vom Server durch Datentypen der verwendeten Programmiersprache beschrieben werden kann. Dies gilt auch, wenn es sich um einen komplexen Datentyp handelt, wie zum Beispiel um

Das Client/Server-Modell – Intelligenter Client/Intelligenter Server 105

ein Array von Strukturen in C. Der Knackpunkt dabei ist, daß, wenn die RPCs wirklich sinnvoll sein sollen, das Anwendungsprogramm in der Lage sein muß, eine Datenstruktur des korrekten Typs für die Ausgabedaten bereitzustellen, *bevor* der RPC ausgeführt wird. Unstrukturierte Daten können zwar auch verarbeitet werden, wenn die Anwendung einen typlosen Speicherabschnitt als Argument übergibt (in C mit dem Typ void *). Aber die Anwendung muß dann den Pufferinhalt interpretieren. Das unterscheidet sich nicht wesentlich vom Parsing einer Nachricht, außer daß hier die Anwendung dieses Parsing durchführt, und nicht die Datenbank-API-Komponente.

Ein weiteres Unterscheidungsmerkmal von RPCs gegenüber Nachrichten ist, daß sie nicht in der Lage sind Statusinformationen zwischen Funktionsaufrufen weiterzureichen. Es ist zum Beispiel nicht möglich, in einem RPC einen Zeiger auf eine Speicherstelle weiterzugeben, diesen Zeiger zu speichern, und anzunehmen, daß ein später erfolgter Funktionsaufruf diesen Speicher implizit modifizieren kann. Warum? Weil die Speicherstellen auf einem Client in einem RPC-basierten System ohne jede Bedeutung sind. Der Server kann die Speicherstelle einer Variablen auf dem Client nicht kennen.

Wie sich zeigen wird, machen diese beiden Eigenschaften der RPCs den Datenzugriff schwierig, wenn die Anwendung die Struktur der Daten, die an sie zurückgegeben werden, nicht im voraus programmieren kann. Der Grund dafür ist ähnlich dem zuvor für dynamisches und statisches SQL (in Kapitel 2) beschriebenen. Wenn der Anwendungsprogrammierer weiß, welche Spalten vom Server zurückgegeben werden sollen, ist es für ihn einfach, die richtige Anzahl Variablen des korrekten Typs über einen RPC zu übergeben. Aber ohne dieses Wissen ist es für den Programmierer nicht möglich, den RPC korrekt zu deklarieren. Und weil ein RPC keine Statusinformationen verarbeiten kann, ist es auch unmöglich, das zuvor beschriebene Prinzip des Bindens zu realisieren. Sie können keinen Funktionsaufruf ausführen, der die nächste Zeile an Informationen zurückgibt und diese Zeile in einem Puffer ablegt, den Sie zuvor in einem anderen Funktionsaufruf definiert haben.

Wir wollen ein Beispiel betrachten, das die Stärken und Schwächen von RPCs demonstriert. Sie kennen es wahrscheinlich noch aus Kapitel 2, wo es zur Demonstration von statischem und dynamischem SQL herangezogen wurde:

```
EXEC SQL declare C1 cursor for
    select empname, deptno from emp where deptno = :dept;
EXEC SQL open C1
while (SQLCODE == 0)
    {
    EXEC SQL FETCH c1 INTO :name, :dnum
    }
```

Zuerst könnte eine Funktion, die die SELECT-Anweisung ausführt, an den Server geschickt werden:

```
FindEmployees(dept);
```

Das RPC-System würde diese Anfrage an den Server weitergeben, wo die Implementierung auf der Server-Seite möglicherweise dieselbe SQL-Anweisung verwenden würde wie oben gezeigt:[7]

```
SELECT empname, deptno FROM emp WHERE dptno = :dept;
```

Für jede zurückgegebene Zeile könnte die Anwendung den folgenden Aufruf ausführen:

```
while(FetchEmployee(name, &dnum))
    Display(name, dnum);
```

So wie der Befehl FETCH im oben beschriebenen Beispiel mit eingebettetem SQL geht jeder Aufruf von *FetchEmployee* an den Server, um die nächste Zeile zu holen und die beiden Datenspalten in den vorgegebenen Variablen zurückzugeben. Das ist sehr elegant und erscheint den Entwicklern viel natürlicher, als die normale Programmiersyntax mit SQL zu kombinieren.[8]

In Fällen wie diesem, wo die Ausgabe schon zum Zeitpunkt des Schreibens der Anwendung vorhergesagt werden kann, funktioniert das RPC-Modell wirklich zufriedenstellend. Der Programmierer kann einfach ein Array von Strukturen für die gewünschte Anzahl an zu holenden Zeilen deklarieren und das Array der Funktion, die die Daten holt, als Argument übergeben. Der Server würde dann bei einer Tour durch das Netzwerk mehrere Zeilen zurückgeben. Jeder Aufruf würde die gewünschte Anzahl an Zeilen zurückgeben, bis die Ergebnismenge erschöpft ist.

Betrachten wir jedoch einen Fall, wo die Client-Anwendung die Struktur der Ausgabe nicht im voraus kennt. (Das entspricht in etwa der Beschreibung von eingebettetem statischen SQL gegenüber dynamischem SQL gemäß Kapitel 2.) Wie würde ein RPC-System damit zurechtkommen, wenn die Anzahl und die Typen der Argumente nicht bekannt wären? Das entspricht genau dem Nachrichten-Modell, außer daß hier jede Anwendung den Inhalt des Puffers dekodieren muß. Es scheint besser zu sein, die Kodierung und Dekodierung des Datenstroms einem weiter unten angesiedelten Modell zu überlassen und dann der Anwendung in logischen Einheiten zu präsentieren – und das ist genau der Nachrichten-Ansatz.

»Moment mal«, werden Sie sagen. »Warum können die RPCs nicht so entwickelt werden, daß sie der Anwendung kleinere logische Dateneinheiten übergeben?« Gute Frage. Sie können. Aber wenn ein System RPCs verwendet, um jeweils eine Spalte für jede Zeile zurückzugeben, schnellt der dafür benötigte Netzwerkverkehr in die Höhe. Wenn über einen RPC pro Funktionsaufruf ein einziger Wert realisiert wird, bedeutet das für jeden Wert in jeder Zeile eine vollständige Tour durch das gesamte Netzwerk. Das ist ungefähr

---

7   Damit das funktioniert, muß der Entwickler die Funktion *FindEmpolyees* auf dem Server installieren, sie für den RPC-Service auf der Server-Seite registrieren, die Definition der Funktion *FindEmpolyees* auf der Client-Seite in eine Stub-Bibliothek kompilieren und dann die Stub-Bibliothek mit der Anwendung auf der Client-Seite linken.

8   Weil das SQL-Modell und das Programmiersprachen-Modell ganz unterschiedlich sind, wird die Kombination der beiden manchmal auch als »Impedanzfehler« bezeichnet.

genau so sinnvoll, wie das Schreiben einer 100-Byte-Datei in 100 separaten Schreibanweisungen zu je einem Byte. Offensichtlich würde eine gewisse Pufferung die Performance ganz wesentlich verbessern.

Der einzige ausgeglichene Ansatz ist die gesteigerte Verwendung der Kodierung von Datenstrukturen und die Reduzierung der streng typisierten Natur der meisten 3GLs, dann ist es nur noch eine Frage des persönlichen Geschmacks, ob RPCs oder Nachrichten verwendet werden.

RPCs und gespeicherte Prozeduren

Gespeicherte Prozeduren wurden in den 80er Jahren von Sybase eingeführt,[9] und zwar um Geschäftsregeln und Logik ganz flexibel auf Clients und Server verteilen zu können. Hier zum Beispiel eine ganz realistische Geschäftsregel: »Die Bestellmenge für ein Produkt darf den Lagerbestand nicht überschreiten. Wenn der Lagerbestand nicht ausreicht, um einen Auftrag erfüllen zu können, oder wenn der Lagerbestand durch die Ausführung des Auftrags unter 10 Prozent des aktuellen Bestands fällt, muß nachbestellt werde.« Offensichtlich könnte eine Anwendung die notwendigen SQL-Anweisungen und die bedingte Logik angeben, um die Befolgung dieser Regel zu erzwingen. Angenommen, die Anwendung setzt die Geschäftsregel durch, dann könnte dazu Code wie der im folgenden Beispiel gezeigte eingesetzt werden. (Wir werden hier die Produkt-ID *widget 1* und eine Anzahl von 27 verwenden; in der Praxis würden diese Werte durch Programmvariablen ersetzt.)

```
SQLExecDirect(hstmt, "SELECT QtyOnHand, StockQty FROM products WHERE
            productID = 'widget 1'", SQL_NTS);
SQLFetch(hstmt);
/* Erzwingen der Geschäftsbedingung:: Ermitteln, ob die Auftragsmenge */
/* durch den Lagerbestand befriedigt werden kann (QtyOnHand und */
/* StockQty sind Programmvariablen, die den Spalten desselben Namens in*/
/* den Ergebnissen der obigen Abfrage zugeordnet sind.) */
if (QtyOnHand < 27 || (QtyOnHand - 27) < (StockQty/10))
    {
    /* Zuerst ermitteln, ob der Auftrag überhaupt erledigt werden kann */
    if (QtyOnHand < 27)
        /* Mitteilung an den Benutzer, daß nicht genügend Lagerbestand */
        /* vorhanden ist. */
        OrderCannotBeFilled()
    /* In jedem Fall eine Nachbestellung ausführen */
    SQLExecDirect(hstmt, "INSERT into REORDER values('widget 1')",
            SQL_NTS);
    }
```

Sicher stimmt jeder der Aussage zu, daß solche Regeln so weit als möglich zentral im DBMS erzwungen werden sollen. Auf diese Weise wird die Regel immer konsistent eingehalten, egal, wie viele unterschiedliche Anwendungen auf diese Daten zugreifen. Der

---

9 Viele andere Hersteller haben bereits jetzt oder zumindest in absehbarer Zukunft gespeicherte Prozeduren in ihren DBMS-Systemen vorgesehen. Oracle unterstützt sie in Version 7 des Oracle DBMS. Die ANSI- und ISO-SQL-Standardisierungs-Gremien arbeiten an einer Ergänzung des SQL-Standards um gespeicherte Prozeduren, auch wenn dort der Begriff *PSM* (*Persistent Stored Module*) verwendet wird.

Ansatz mit den gespeicherten Prozeduren würde die Logik für unsere Beispiel-Geschäftsbedingung in die gespeicherte Prozedur auf dem Server verlagern. Die einzige Möglichkeit, wie eine Anwendung einen Auftrag bearbeiten kann, wäre ein Aufruf der gespeicherten Prozedur. Angenommen, diese gespeicherte Prozedur auf dem Server heißt *ValidateOrderQty*, dann sähe die Anwendungslogik etwa folgendermaßen aus:

```
SQLExecDirect(hstmt, "{?=call ValidateOrderQty('widget 1', 27)}",
              SQL_NTS);
if (ret == CANNOT_FILL_ORDER)
  /* Benutzer informieren, daß der Auftrag nicht ausgeführt werden kann */
    OrderCannotBeFilled()
```

Beachten Sie, wie die Interaktion mit den zugrundeliegenden Tabellen der Anwendung verborgen bleibt. Tatsächlich sieht der Aufruf der gespeicherten Prozedur ganz ähnlich aus wie ein normaler Funktionsaufruf: er hat einen Namen, ein paar Argumente und einen Rückgabewert. Der Knackpunkt dabei ist, daß wenn eine Anwendung einen Funktionsaufruf-Ansatz mit gespeicherten Prozeduren verwendet, dieser Ansatz genau dieselbe Ausdruckskraft wie ein »reiner« RPC-Ansatz hat, aber im Verborgenen dennoch den Nachrichten-Ansatz verwendet. Mit anderen Worten, ein RPC ist auch eine Art Nachricht.

Kurz gesagt, RPCs können entweder direkt oder mit Hilfe des Nachrichten-Ansatzes realisiert werden. Das wichtigste dabei ist, daß ein System eine Möglichkeit haben muß, den Namen einer Funktion und ihre Argumente vom Client zum Server, Ausgabeargumente und Rückgabewerte zurück zum Client zu übertragen. Das ist alles. Sowohl der »reine« RPC- oder der Nachrichten-Ansatz funktionieren, wenn sie das Paradigma der gespeicherten Prozeduren verwenden.

3.5 Zusammenfassung

Dieses Kapitel hat drei Architekturen für den Datenzugriff beschrieben: das PC-Dateiserver-Modell, das Server/Terminal-Modell und das Client/Server-Modell. Es hat erklärt, wie die drei wichtigsten Teile des Client/Server-Systems (der Client, der Server und das Datenprotokoll) funktionieren, auch wenn dabei viele Details einfach weggelassen wurden. Zusammenfassend kann gesagt werden, daß der Client eine Verbindung zum Server aufbaut und Anfragen an diesen sendet, der Server mit Statusinformationen und Ergebnissen antwortet, und das Datenprotokoll die Übertragung der Informationen zwischen Client und Server über das Netzwerk realisiert. Die Rolle des Datenprotokolls bleibt überall dieselbe, egal ob der Nachrichten- oder der RPC-Ansatz verwendet wird: beide dienen als Datenprotokolle und sind von ihrer Funktion her gleich.

Damit beenden wir die Bereitstellung von Hintergrundinformationen für dieses Buch. In Kapitel 4 werden wir mit der Beschreibung von ODBC-Eigenschaften beginnen.

ODBC-Architektur

4

In den Kapiteln 2 und 3 haben Sie zahlreiche Hintergrundinformationen über DBMSe, Programmiermodelle und Programmarchitekturen erhalten, die Ihnen helfen sollten, ODBC zu verstehen. Jetzt ist es an der Zeit, ODBC selbst zu betrachten. Dieses Kapitel bietet eine grundlegende Einführung in die ODBC-Architektur, beschreibt ihre wichtigsten Komponenten und diskutiert einige der Motivationen, die zu bestimmten Designentscheidungen geführt haben.

4.1 ODBC basiert auf dem Client/Server-Modell

In Kapitel 3 haben Sie eine vereinfachte Sicht der Client/Server-Architektur kennengelernt, die aus einem Client, einem Server und einem Datenprotokoll, über das Client und Server kommunizieren, besteht. Dieses Modell ist zwar optimal für die herkömmlichen relationalen DBMSe geeignet, wo ein physikalisches Netzwerk den Client-PC mit dem DBMS auf einer anderen Maschine verbindet. Es ist aber auch allgemein genug, um einer großen Vielzahl von Topologien gerecht werden zu können, unter anderem auch lokalen Desktop-Datenbanken, wie etwa dBASE, wobei überhaupt kein Netzwerk eingesetzt wird. ODBC wurde für Systeme entwickelt, die dem Modell der Client/Server-Architektur entsprechen. Wäre es nicht für diese Umgebung entwickelt worden, hätte es die folgenden Bedingungen für herkömmliche relationale DBMSe nicht erfüllen können.

- Bereitstellung einer Standard-API.
- Ausnutzen aller Funktionalitäten aller beteiligten DBMSe.
- Realisieren einer Performance, die der der ursprünglichen API des jeweiligen DBMS entspricht.

Diese drei Anforderungen können nur erfüllt werden, wenn ODBC auf der Client/Server-Architektur basiert. Warum? Die Antwort finden Sie in Abbildung 3.4 in Kapitel 3, wo die Komponenten des Clients in der Client/Server-Architektur gezeigt werden. Diese Abbildung wird im folgenden als Abbildung 4.1 wiederholt, mit verstärkter Betonung auf der Datenbank-API-Komponente.

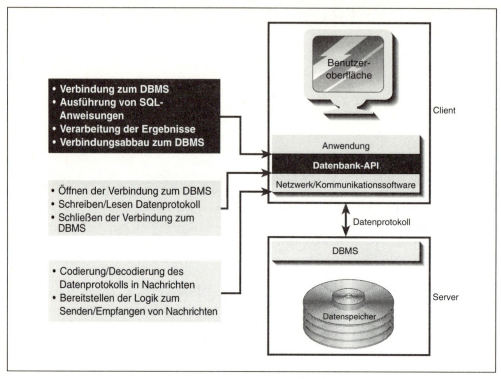

Abbildung 4.1 – Client-Komponenten der Client/Server-Architektur

ODBC nutzt die Tatsache aus, daß es eigentlich egal ist, welche Datenbank-API-Komponente eingesetzt wird, *weil das eigentliche Maß für die Funktionalität und die Performance des DBMS durch das Datenprotokoll und die SQL-Fähigkeiten des DBMS festgelegt wird*. Das heißt, solange die Datenbank-API-Komponente zum Senden und Empfangen dasselbe Datenbankprotokoll verwenden kann wie die eigene Programmierschnittstelle des DBMS, kann der Server keinen Unterschied erkennen. Der Server erhält vom Client als Eingabe ausschließlich das Datenprotokoll – er weiß nichts über die Client-Seite der Programmierschnittstelle. Das Datenbank-API-Modul in dem Diagramm könnte die eigene DBMS-API oder eine beliebige andere API sein – für die Funktionalität oder die Performance ist das nicht relevant, solange nur dasselbe Datenprotokoll verwendet wird.

Hinweis:
Der aufmerksame Leser wird erkennen, daß es natürlich nicht ganz so einfach ist. Was ist, wenn das Datenprotokoll RPCs statt Nachrichten verwendet? Dann *ist* das Datenprotokoll die eigentliche Programmierschnittstelle. Meines Wissens nach gibt es jedoch kein Produkt, das auf diese Weise arbeiten würde, und zwar aufgrund der nicht übereinstimmenden Modelle und der daraus entstehenden Performanceprobleme, die im vorigen Kapitel besprochen wurden. Aber selbst wenn RPCs als Datenprotokoll verwendet werden, kann eine Standard-API verwendet werden, wenn sie auf die DBMS-eigene API abgebildet wird. In diesem Fall wird jedoch für die Standard-API eine zusätzliche Schicht

erforderlich, die entfällt, sobald sowohl die Standard-API als auch die ursprüngliche API das nachrichtenbasierte Datenprotokoll direkt empfangen.

Das Design von ODBC baut also auf dem Modell der Client/Server-Architektur auf. Die Voraussetzung, daß jede Programmierschnittstelle das Datenprotokoll jedes beliebigen SQL-DBMS senden und empfangen kann, bewirkt, daß sie genau so arbeitet und sich auch so verhält wie die DBMS-eigene API.

ODBC ist jedoch nicht auf Client/Server-DBMSe beschränkt; es kann auch für Desktop-Datenbanken und dateiorientierte Datenspeicher wie etwa Tabellenkalkulationen oder Textdateien eingesetzt werden. Die allgemeine Architektur von ODBC ist flexibel genug, um all diesen Datenquellen gerecht werden zu können, auch wenn die Terminologie dann ein bißchen erweitert werden muß.

Wir wollen jetzt kurz die Komponenten der ODBC-Architektur betrachten, um zu sehen, wie sie sich ineinanderfügen.

4.2 Komponenten der ODBC-Architektur

Wie bereits erwähnt, basiert die Architektur von ODBC auf dem Client/Server-Modell, ist aber dennoch flexibel genug, um auch mit Nicht-Client/Server-DBMS-Modellen zurechtzukommen. Die ODBC-Architektur besteht aus vier Komponenten:

- **Anwendungen.** Anwendungen sind verantwortlich für die Interaktion mit dem Benutzer über die Benutzeroberfläche und für den Aufruf von ODBC-Funktionen, die die SQL-Anweisungen absetzen und Ergebnisse entgegennehmen.

- **Treiber-Manager.** Der Treiber-Manager lädt die von den Anwendungen angeforderten Treiber und ruft sie auf.

- **Treiber.** Treiber verarbeiten ODBC-Funktionsaufrufe, setzen SQL-Anfragen für bestimmte Datenquellen ab und geben Ergebnisse an die Anwendungen zurück. Die Treiber sind darüber hinaus verantwortlich für die Interaktion mit allen Softwareschichten, die für den Zugriff auf Datenquellen benötigt werden. Diese Schichten umfassen unter anderem Software, die Schnittstellen für zugrundeliegende Netzwerke oder Dateisysteme bereitstellt.

- **Datenquellen.** Datenquellen bestehen aus Datenmengen und den entsprechenden Umgebungen, bei denen es sich um Betriebssysteme, DBMSe und (gegebenenfalls) Netzwerke handeln kann. Der Begriff *Datenquelle* wird relativ locker für die Beschreibung von Softwarekomponenten verwendet, die nicht den drei angegebenen Komponenten zugeordnet werden können.

Abbildung 4.2 zeigt die vier Komponenten der ODBC-Architektur und wie der Begriff »Datenquelle« sowohl die dateiorientierten Datenspeicher als auch die Client/Server-DBMSe beschreibt. Beachten Sie, daß die Datenbank-API-Komponente der ODBC-Architektur in Abbildung 4.1 in zwei Komponenten zerlegt wurde, nämlich den ODBC-Treiber-Manager und den ODBC-Treiber. In den nächsten Abschnitten werden diese Komponenten detailliert betrachtet.

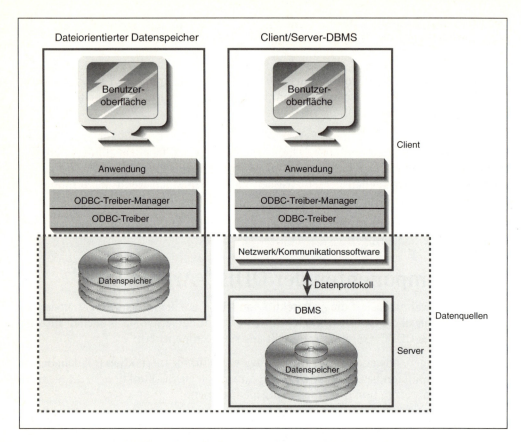

Abbildung 4.2 – Die Komponenten der ODBC-Architektur

4.2.1 Anwendungen

Anwendungen sind für die Aufgaben zuständig, die sich außerhalb der ODBC-Schnittstelle befinden. Eine Tabellenkalkulation ist zum Beispiel eine Anwendung. Sie verwendet ODBC für den Datenzugriff in einer Datenbank und präsentiert die dabei ermittelten Daten dem Benutzer zur Manipulation. Anwendungen verwenden ODBC, um eine Verbindung zu Datenquellen aufzubauen, SQL-Anfragen an diese Datenquellen zu senden und die Ergebnisse zu ermitteln.

4.2.2 Der Treiber-Manager

Der ODBC Treiber-Manager verwaltet, wie sein Name schon sagt, die Interaktionen zwischen Anwendungsprogrammen und Treibern. Der Treiber-Manager kann mehrere Anwendungen und mehrere Treiber gleichzeitig verwalten, auch wenn das in Abbildung 4.2 nicht deutlich wird.

4.2.2.1 Überblick

Eine Anwendung ruft eine ODBC-Funktion im Treiber-Manager auf, und der Treiber-Manager leitet den Aufruf an den entsprechenden Treiber weiter. Wenn eine Anwendung ODBC zum ersten Mal einsetzt, um eine Verbindung zu irgendeiner Datenquelle aufzubauen, stellt der Treiber-Manager fest, welcher Treiber dafür benötigt wird, und lädt diesen in den Speicher. Ab diesem Moment nimmt der Treiber-Manager einfach alle von der Anwendung ankommenden Funktionsaufrufe entgegen und ruft die Funktion desselben Namens im Treiber auf (es sei denn, es handelt sich um einen Funktionsaufruf, den der Treiber-Manager selbst verarbeitet. Dies ist zum Beispiel der Fall, wenn die Anwendung nach dem Namen eines Treibers fragt). Wenn die Anwendung die ODBC-Funktion zum Verbindungsabbau aufruft, entfernt der Treiber-Manager den Treiber aus dem Speicher. (Wenn jedoch mehrere Anwendungen den Treiber benutzen, wird dieser erst aus dem Speicher entfernt, wenn alle Anwendungen ihn nicht mehr benötigen.)

Der Treiber-Manager führt auch eine gewisse Prüfung auf Fehler durch Dadurch wird sichergestellt, daß die Funktionen in der richtigen Reihenfolge aufgerufen werden, und daß die Argumente gültige Werte enthalten. Diese Fehlerüberprüfung befreit die Treiber-Entwickler von einer lästigen Arbeit, weil viele der üblichen Prüfungen auf Robustheit, für die die Treiber in der Regel verantwortlich sind, vom Treiber-Manager ausgeführt werden.

Aufgabe des Treibers ist es, ankommende Anforderungen vom Treiber-Manager zur Interaktion mit dem DBMS entgegenzunehmen, ebenso wie für den Einsatz von Kommunikationssoftware (wie etwa Software zum Anwählen von Netzwerken), die für den Zugriff auf den Server benötigt wird. Ein Treiber muß also zumindest in der Lage sein, eine Verbindung zum Server einzurichten und zu verwalten, SQL-Befehle zu senden und Ergebnisse entgegenzunehmen.

Man könnte sich durchaus vorstellen, daß die Anwendungen ohne die Zwischenschaltung des Treiber-Managers auch direkt mit den Treibern kommunizieren könnten, und es wäre auch möglich gewesen, ODBC auf diese Weise zu entwickeln. Das bedeutet aber für die Anwendungsentwickler mehr Arbeit für die eigentliche Verwaltung der Treiber. Insbesondere müßte eine Anwendung dann die folgenden Dinge übernehmen:

- Den Treiber in den Speicher laden und wieder daraus entfernen.

- Arrays von Zeigern auf Funktionen erzeugen und verwalten und indirekte Funktionsaufrufe durchführen.

- Dem Endandwender eine sinnvolle Möglichkeit bereitstellen, vom Treiber zu den jeweiligen Datenquellen zu gelangen (zum Beispiel Kunden, Verkäufe, Auftragsverwaltung und Lager).

Als der Traum schließlich wahr wurde, und mehrere Anwendungen auf dieselben Daten zugreifen konnten, mußte eine einzige, konsistente Benutzeroberfläche für die Verbindung zu den verschiedenen Datenquellen geschaffen werden. Andernfalls hätten die Endanwender für jede Anwendung den Umgang mit einer neuen Oberfläche für die Verwaltung der Treiber und den Verbindungsaufbau zum DBMS erlernen müssen. Selbst wenn es sich beim Verbindungsaufbau zu der Datenquelle jeweils um dieselbe Operation handelt (zumindest aus der Perspektive des Endanwenders), unabhängig davon, ob es sich um eine Tabellenkalkulation, ein Berichtsprogramm oder ein Formular handelt, hat in der Praxis jede Anwendung in der Regel ein ganz eigenes Modell und Präsentationsschema. Wenn man also die Treiber-Verwaltung und die Realisierung der Benutzeroberfläche für die Verbindung zur Datenquelle den einzelnen Anwendungen überließe, dann würde das dem eigentlichen Ziel, der Konsistenz, widersprechen. Deshalb schafft der Treiber-Manager die Benutzeroberfläche, die die Anwendungen benötigen, um eine Verbindung zur entsprechenden Datenquelle aufzubauen. Dabei wird der Benutzer nach dem Namen der Datenquelle gefragt und diesem Namen nach dem entsprechenden Treiber zugeordnet.

4.2.2.2 Windows-DLLs

Ein Ziel von ODBC ist es, nicht nur Zugriff auf mehrere Datenquellen, sondern den *gleichzeitigen* Zugriff auf mehrere Datenquellen zu realisieren. Damit stellt sich sofort ein technisches Problem: Wie kann eine Anwendung dieselbe Funktion mehrmals aufrufen, aber unterschiedlichen Code damit ausführen? Jeder Entwickler weiß, daß der Linker einen Fehler erzeugt, wenn man eine Funktion zweimal definiert, etwa in der Form »Doppeltes Symbol definiert: *Funktionsname*«.

Um eine Lösung für dieses Problem zu finden, wollen wir eine Komponente der Windows-Architektur betrachten, die das dynamische Linken von Bibliotheken ermöglicht (daher auch der Name, Dynamic Link Library bzw. DLL). Ein Programm, das während seiner Ausführung das dynamische Linken verwendet, kann ein anderes Programm laden und ausführen. Windows selbst basiert ganz wesentlich auf dem dynamischen Linken. Windows-basierte Anwendungen rufen Funktionen auf, die etwas auf den Bildschirm zeichnen, Platten-I/O realisieren, Nachrichten verarbeiten oder irgendwelche anderen Services bieten, die das System bereitstellt. Aber keine der Windows-basierten Anwendungen enthält alle Laufzeitbibliotheken von Windows. Statt dessen stellt Windows beim Aufruf einer Funktion fest, in welcher DLL diese enthalten ist, lädt die Bibliothek von der Platte in den Speicher und ruft die Funktion in der Bibliothek auf.

Andere Betriebssysteme gehen nach demselben Konzept vor. UNIX und der Macintosh zum Beispiel verwenden sogenannte »gemeinsam genutzte Bibliotheken«, und VAX/VMS verwendet »gemeinsam genutzte Abbildungen«. Die Details und die Funktionalität dieser Konzepte unterscheiden sich voneinander, aber das Ergebnis ihrer Implementierung ist dasselbe: Programme werden in Komponenten zerlegt, die zur Laufzeit kombiniert werden können. (Das dynamische Laden andererseits wird nicht so allgemein unterstützt.)

Beim Design von ODBC haben wir dieses Prinzip ausgenutzt, um zu ermöglichen, daß mehrere Implementierungen der ODBC-API gleichzeitig geladen werden. Wir haben gesehen, daß ODBC den Treiber-Manager bereitstellt, welcher verhindert, daß die einzelnen Anwendungen sich um das Laden und Entladen der Treiber kümmern müssen. Aber wie kann der Treiber-Manager mehrere Anwendungen und mehrere Treiber verwalten,

Komponenten der ODBC-Architektur

die alle dieselben Einsprungpunkte verwenden? Ganz einfach, er ruft die Funktionen indirekt auf und verwendet DLLs.

Unter Windows gibt es eigentlich zwei Methoden, wie der Linker eine DLL zu einer Anwendung bindet. Bei der ersten Methode wird die Anwendung zu einer *Import-Bibliothek* gebunden, die alle Einsprungpunkte in die DLL definiert. Wenn die Anwendung gebunden wird, definiert die Import-Bibliothek alle Einsprungpunkte für die DLL, aber der Code der DLLs wird nicht in die EXE-Datei des Programms aufgenommen. Wenn die Anwendung ausgeführt wird, sucht Windows automatisch nach der entsprechenden DLL auf der Platte und lädt sie in den Speicher. Wenn die DLL nicht vorhanden ist, kann die Anwendung nicht ausgeführt werden. Aus der Perspektive der Anwendung ist diese Art der DLL-Bindung dasselbe wie das statische Binden einer Bibliothek zur Anwendung, außer daß das Binden erst zur Laufzeit erfolgt.

Die zweite Methode zum Binden einer DLL zu einer Anwendung ist das explizite Laden der DLL zur Laufzeit. In diesem Fall muß die Anwendung alles selbst verwalten. Sie muß die DLL explizit laden, indem sie die Windows-Funktion *LoadLibrary* mit dem entsprechenden Namen aufruft. Wenn die Bibliothek erst einmal geladen ist, muß die Anwendung die einzelnen Einsprungpunkte in der DLL ermitteln, indem es eine weitere Windows-Funktion aufruft, *GetProcAddress*. Die einzelnen Einsprungpunkte können entweder über den Funktionsnamen geladen werden (das ist die langsame Methode), oder aber durch die Ordnungsnummer der Funktion innerhalb der DLL (das ist die schnelle Methode). Jeder Einsprungpunkt in die DLL muß im Speicher abgelegt werden, so daß er später über einen indirekten Aufruf wieder angesprochen werden kann. Das heißt, während ein normaler C-Funktionsaufruf durch die einfache Angabe des Funktionsnamens im Anwendungsprogramm ausgeführt wird, erfolgt ein indirekter Funktionsaufruf über die Referenzierung eines Zeigers auf eine Variable, die die Adresse der gewünschten Funktion enthält.

Eine C-Anwendung könnte zum Beispiel eine Funktion *foo* auf diese Weise wie folgt direkt aufrufen:

```
result=foo(arg1, arg2);
```

Wenn jedoch *foo* eine von vielen Funktionen in einer DLL wäre und indirekt aufgerufen würde, dann würde der Code dafür eher folgendermaßen aussehen:

```
GetProcAddress(hLib, pfFunctionList[i], "foo");
  result = *(pfFunctionList[i])(arg1, arg2);
```

Die Verwaltung mehrerer Einsprungpunkte in einem Array und die Ausführung indirekter Aufrufe ist nicht besonders elegant. Und es wird geradezu häßlich, wenn mehrere DLLs beteiligt sind, weil jede DLL ein eigenes Array erforderlich macht. Diese Methode bietet jedoch die Möglichkeit, mehrere Treiber mit denselben Funktionsnamen zu laden und sie getrennt voneinander zu verwalten.

Eine der wichtigsten Aufgaben des Treiber-Managers ist es, die Anwendungsentwickler von dieser Last zu befreien. Der Treiber-Manager lädt einen Treiber, ermittelt alle Einsprungpunkte und erzeugt einen sogenannten *Verbindungs-Handle*, der an die Anwendung zurückgegeben wird. Immer wenn die Anwendung diesen Handle einsetzt, weiß der Treiber-Manager, welchen Treiber er aufrufen soll, und hat gleichzeitig die Adressen aller Funktionen im Array, die er verwaltet.

Anwendungen verwenden in der Regel die Import-Bibliothek für die Treiber-Manager-DLL, so daß sie die Vorteile der direkten Aufrufe ausnutzen können. Der Treiber-Manager muß die Treiber dann indirekt aufrufen. Der Treiber-Manager kann zwar die Treiber-Einsprungpunkte entweder über ihren Namen oder über ihre Nummer laden, aber die Entwickler von Treibern sollten die DLL-Einsprungpunkte immer über ihre Nummer laden, weil das sehr viel schneller ist. Dazu müssen die Entwickler die Einsprungpunkte des Treibers in der in SQLEXT.H von ODBC vorgegebenen Reihenfolge definieren und in der Treiber-DLL einen speziellen Wert für die Nummer (199) setzen. Der Treiber-Manager überprüft beim Laden des Treibers diese Nummer, und wenn dieser spezielle Wert angegeben ist, lädt er die Einsprungpunkte des Treibers den Nummern nach.

DIE STORY
Akt I, Szene 4: Die Dreier-Gang

Im Sommer 1989 wurde die Open SQL-Spezifikation in »SQL Connectivity« (SQLC) umbenannt, nach dem Projekt bei Tandem, und obwohl sehr viel mehr Firmen die Spezifikation überarbeitet und kommentiert hatten, leisteten Mircosoft, Sybase und Lotus die wichtigsten technischen Beiträge dazu. Ja, Lotus zeigte jetzt aktives Interesse und arbeitete mit an SQLC. Es verfolgte zwar immer noch seine eigene Strategie für die Datenbank-Connectivity (jetzt hieß sie nicht mehr »Blueprint«, sondern »DataLens«), aber es schien allen offensichtlich, daß eine SQL-basierte Schnittstelle die besten Chancen hatte, zu einem Industriestandard zu werden, deshalb brachte Lotus seine wertvollen Erfahrungen in die Arbeit an SQLC ein, größtenteils in Zusammenarbeit mit Don Nadel.

Don hatte ein umfassendes Wissen hinsichtlich der Aspekte der Datenbank-Connectivity, und zusammen mit Tom McGary, Peter Wilkins und Peter O'Kelly aus dem Techniker-Team von Lotus hat er die technische Zuverlässigkeit und die Vollständigkeit von SQLC ganz wesentlich verbessert. Tom Haggin von Sybase brachte seine wertvollen Erkenntnisse auf der Server-Seite ein. Später nahm auch Ed Archibald von Sybase an den Designkonferenzen teil und brachte einige wichtige Beiträge.

Wir dachten, jetzt wäre alles in feinster Ordnung und wir könnten die Client/Server-Revolution mit unserer kleinen Datenbank-Connectivity-API vorantreiben.

Wie die nächsten paar Monate zeigen sollten, waren die Dinge jedoch nicht so einfach gelagert ...

4.2.3 Treiber

Obwohl ODBC den Zugriff auf Daten in verschiedenen Datenquellen so nahtlos wie möglich machen will, können und sollen die Unterschiede zwischen den DBMS-Systemen nicht einfach übergangen werden. Um diese grundsätzlichen Unterschiede zu berücksichtigen, definiert ODBC drei Arten von Treibern, die sich jeweils auf die allgemeinen Topologien der DBMSe beziehen. Die Funktionalitäten dieser drei Arten von DBMS-Systemen unterscheiden sich zwar voneinander, aber ODBC verbirgt die Unterschiede der Topologien vor der jeweiligen Anwendung. Die Anwendung muß nicht wissen, ob die Daten, auf die zugegriffen werden soll, sich auf einer lokalen Maschine, einem LAN-Server oder einem Mainframe am anderen Ende der Welt befinden.

4.2.3.1 Ein-Stufen-Treiber

Unter ODBC bezieht sich der Begriff *Ein-Stufen-Treiber* auf einen Treiber, der auf eine Desktop-Datenbankdatei, eine ISAM oder eine flache Datei zugreift. In diesem Abschnitt werde ich sowohl die Desktop-Datenbanken als auch die ISAM-Dateien als ISAM-Dateien bezeichnen, weil die jeweiligen Programmierschnittstellen fast gleich sind. Bei der üblichen Konfiguration für ein solches System befindet sich die Datenbank auf derselben Maschine wie der Treiber; deshalb ist nur eine Maschine, oder »Stufe«, in dem Bild dargestellt. Die wichtigste Eigenschaft, die einen Ein-Stufen-Treiber von anderen Treibertypen unterscheidet, ist, daß ein Ein-Stufen-Treiber die gesamte SQL-Verarbeitung übernimmt, weil es sich bei der Datenquelle in einem solchen System nicht um eine SQL-Datenbank-Engine oder einen Server im Sinne von Client/Server handelt. Die eigentliche Programmierschnittstelle zu einer solchen Datenquelle besteht aus Datei-I/O- oder ISAM-Funktionsaufrufen, so daß der Treiber selbst zur SQL-Datenbank-Engine wird. Mit anderen Worten, der Treiber ist für das Parsing, das Optimieren und das Ausführen der SQL-Anweisungen zuständig. Abbildung 4.3 zeigt diese Architektur anhand von zwei Ein-Stufen-Treibertypen: dem Datei-I/O-Typ (wie etwa die Treiber für Text- und Microsoft Excel, die auf der CD zum Buch enthalten sind) und dem ISAM-Typ (wie etwa die Treiber für Microsoft Access, FoxPro, Paradox oder dBASE, die auf der CD zum Buch enthalten sind).

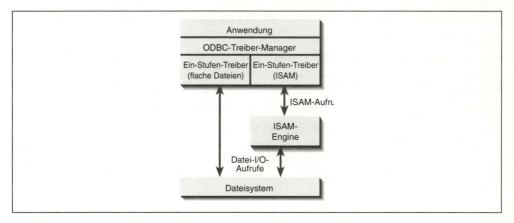

Abbildung 4.3 – Ein-Stufen-Architektur

Weil die Fähigkeiten eines Ein-Stufen-Treibers in der Regel auf dateiorientierte Operationen beschränkt sind, bieten sie häufig weniger Funktionen als andere Arten von Treibern. Man kann zum Beispiel als Faustregel sagen, daß Ein-Stufen-Treiber den Mehrbenutzer-Zugriff und die Transaktionsverarbeitung nicht zuverlässig unterstützen. Es wäre sowohl hinsichtlich der Größe als auch der Komplexität zu aufwendig, einen Ein-Stufen-Treiber zu schreiben, der diese Funktionalitäten unterstützt, und offen gesagt, für die meisten Verwendungszwecke dieser Treiber ist es auch gar nicht notwendig.

Ein Ein-Stufen-Treiber verwendet größtenteils fast dieselben internen Module wie das herkömmliche relationale DBMS-Modell, das Sie in Abbildung 3.5 von Kapitel 3 gesehen haben: einen SQL-Parser, einen Optimierer und ein Ausführungsmodul. Normalerweise hat das DBMS auch noch eine interne, ISAM-konforme Schnittstelle, die eine direkte Indexmanipulation vornimmt, was ich jedoch in Abbildung 3.5 nicht gezeigt habe. Kurz gesagt, ein Ein-Stufen-Treiber *ist* das DBMS.

Beispiele für Ein-Stufen-Treiber, die ISAM-Programmierschnittstellen verwenden, sind unter anderem Treiber für dBASE-, Paradox- und Microsoft Access-Dateien. Treiber, die direkte Datei-I/O-Operationen auf Datendateien ausführen, sind unter anderem Treiber für Textdateien oder Tabellenkalkulationsdateien.

Wenn SQL-Anweisungen von Anwendungen verarbeitet werden, führen die Datei-I/O-Treiber keine der Optimierungen durch, die man normalerweise in SQL-DBMS-Systemen findet, weil es keine Indizes gibt. Diese Treiber müssen bei der Suche nach Daten immer die gesamten Dateien durchsuchen.

ISAM-Treiber können dagegen sehr gute Optimierungen durchführen, weil ISAM-Systeme Indizes verwenden, die die Performance gegenüber dem Datei-I/O-System ganz wesentlich verbessern.

4.2.3.2 Zwei-Stufen-Treiber

Zwei-Stufen-Systeme sind die klassischen Client/Server-Systeme. Der Treiber (Client) sendet und empfängt das Datenprotokoll des DBMS oder führt eine Abbildung auf das ursprüngliche Datenbank-API aus, greift aber nicht direkt auf die Daten zu. Das DBMS (Server) empfängt SQL-Anfragen vom Client, führt sie aus und sendet die Ergebnisse zurück an den Client.

In einem Zwei-Stufen-System agiert ein Treiber, der das Datenprotokoll direkt verwendet, einfach als Informationsträger zum und vom DBMS, so wie die ursprüngliche Datenbank-API-Laufzeitbibliothek. Ein Treiber, der die Abbildung zwischen ODBC und dem ursprünglichen Datenbank-API vornimmt, agiert als Übersetzer zwischen den APIs.

Abbildung 4.4 zeigt die Architekturen von zwei verschiedenen Zwei-Stufen-Systemen. Ich habe die Beschreibung erheblich vereinfacht – es scheint, als ob der Treiber neben der Abbildung auf das Datenprotokoll oder das ursprüngliche Datenbank-API nicht besonders viel machen würde. Das stimmt natürlich nicht, aber die Details werden erst in Kapitel 5 erklärt.

Komponenten der ODBC-Architektur

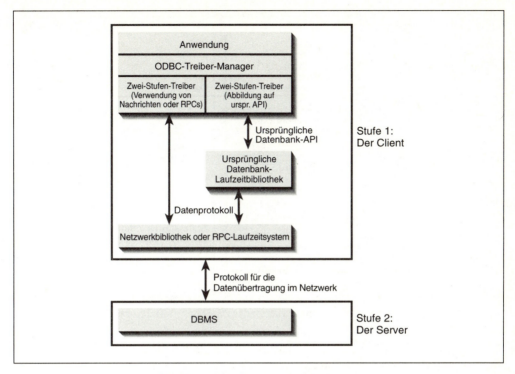

Abbildung 4.4 – Zwei-Stufen-Architektur

Beispiele für Zwei-Stufen-Treiber sind Microsoft SQL Server (wo das Datenprotokoll direkt manipuliert wird) und Oracle (wo eine Abbildung auf die ursprüngliche Datenbank-API von Oracle, OCI, vorgenommen wird).

Eine interessante Variation des Zwei-Stufen-Systems finden wir in der Architektur, die von IBI EDA/SQL, OpenLink Software, Gnosis und anderen verwendet wird. Bei dieser Variation, die manchmal auch als *Middleware* bezeichnet wird, fließt das DBMS-spezifische Datenprotokoll nicht vom Client direkt zum DBMS auf dem Server. Statt dessen kommuniziert hier der Client-Treiber des Middleware-Herstellers mit der Server-Anwendung des Middleware-Herstellers, wobei eigene Netzwerkbibliotheken und Datenprotokolle verwendet werden. Die Server-Anwendung kommuniziert dann mit dem DBMS auf derselben Maschine, normalerweise mit Hilfe der Datenbank-API-Laufzeitbibliothek.[1] Diese Architektur ist in Abbildung 4.5 dargestellt.

---

1 Der Begriff *Middleware* ist eine ganz treffende Beschreibung, weil hier die Software von einem Hersteller die gesamte Software in der »Mitte« bereitgestellt wird (zwischen der Anwendung und dem DBMS), bis auf den Treiber-Manager. Der Begriff wird jedoch häufig auch anderweitig verwendet, so daß es nicht korrekt ist, nur soche Architekturen als »Middleware« zu bezeichnen.

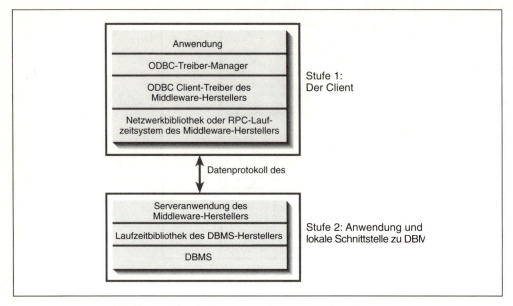

Abbildung 4.5 – Eine Variation der Zwei-Stufen-Architektur

Diese Architektur hat den Vorteil, daß sie den Weg zwischen dem Client und dem Server vereinfacht, weil die gesamte Software (bis auf den Treiber-Manager) zwischen der Anwendung und dem DBMS von dem Middleware-Hersteller bereitgestellt wird. Es gibt jedoch auch zwei mögliche Nachteile, nämlich daß der Middleware-Hersteller möglicherweise ein bestimmtes Netzwerk nicht unterstützt und daß diese Architektur den Client in verschiedener Hinsicht vom DBMS isoliert. Sie müssen sich vollständig darauf verlassen, daß das Datenprotokoll des Middleware-Herstellers genau so funktional und leistungsfähig wie die entsprechenden Komponenten des DBMS-Herstellers sind.

Abbildung 4.6 zeigt anhand eines konkreten Beispiels den Unterschiede zwischen der Zwei-Stufen-Architektur und der hier vorgestellten Variante. Rechts sehen Sie die OpenLink-Architektur für den Zugriff auf ein Oracle-DBMS, links die Architektur für den Oracle-Treiber von Oracle selbst. Beachten Sie, daß links die Softwarekomponente für die Server-Seite fehlt, und achten Sie auf die Position der OCI-Bibliothek (auf dem Client links und auf dem Server rechts).

Jede dieser Architekturen ist gleich gut für ODBC geeignet – vom allgemeinen Standpunkt hinsichtlich des Architektur-Designs kann man keine der Alternativen als die beste bezeichnen. Ich will in diesem Buch keine Produktvergleiche oder Empfehlungen aussprechen. Das Benchmark-Programm auf der CD zum Buch soll Ihnen helfen, einige der grundsätzlichen Performance-Eigenschaften von ODBC-Treibern und -Architekturen auszuwerten.

Komponenten der ODBC-Architektur

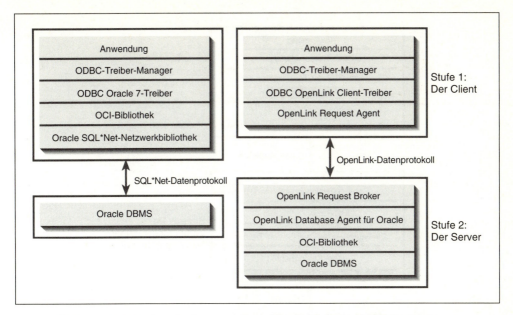

Abbildung 4.6 – Ein Vergleich zweier alternativer Zwei-Stufen-ODBC-Architekturen

4.2.3.3 Drei-Stufen-Treiber und höhere

Aus der Perspektive des Clients unterscheiden sich Drei-Stufen-Treiber nicht wesentlich von Zwei-Stufen-Treibern. Der Unterschied ist, daß der Client in Drei-Stufen-Systemen keine direkte Verbindung zum DBMS aufbaut und statt dessen einen Server als Verbindungsrechner zum Ziel-DBMS verwendet. Der Verbindungsrechner kann dann Verbindungen zu mehreren DBMS-Systemen aufbauen, was in der Regel auch so gehandhabt wird.

In Systemen, die ODBC-basierte Anwendungen für den Zugriff auf mehrere Datenquellen verwenden, verlagert die Drei-Stufen-Architektur einen Großteil der Komplexität vom Client zum Server, was die Installation, Konfiguration und Administration von Treibern erheblich vereinfachen kann. Alle Clients verwenden einen einzigen Treiber, um auf den Verbindungsrechner zuzugreifen, und der Verbindungsrechner leitet die Anfragen an den entsprechenden Treiber auf dem Server weiter. Abbildung 4.7 zeigt eine Drei-Stufen-Architektur.

Sie haben sicher bemerkt, daß die Stufen 1 und 2 sehr ähnlich sind. Die Natur dieser Architektur macht es ganz einfach, eine beliebige Anzahl an Stufen zu erzeugen. Das heißt, es gibt keinen Grund, der dagegen sprechen würde, daß die Stufe-2-Maschine einen anderen Verbindungsrechner zum Ziel-DBMS verwenden würde, so daß das System schließlich zu einer 4-Stufen-Konfiguration wird. Das ist jedoch nicht häufig der Fall, weil die meisten Performancegewinne durch das Auslagern der Clients auf einen Netzwerk-Server erzielt werden. Dieser Netzwerk-Server kann in der Regel von der Kapazität her so dimensioniert werden, daß sehr viele Clients dorthin ausgelagert werden können, ohne daß eine zusätzliche Maschine erforderlich wird.

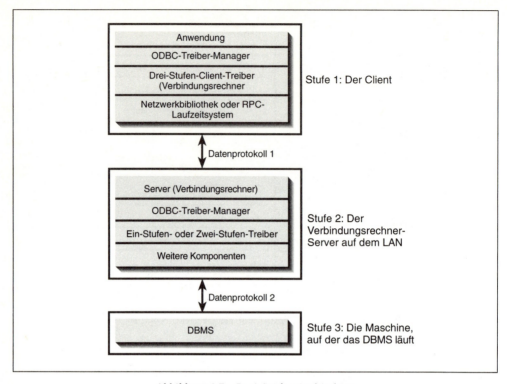

Abbildung 4.7 – Drei-Stufen-Architektur

Es ist nicht notwendig, im Drei-Stufen-Fall ODBC auf dem Server zu haben. Die Komponente direkt unterhalb des Servers (der Verbindungsrechner) in Abbildung 4.7 könnte genauso gut eine DBMS-eigene Datenbank-API sein, oder etwas anderes, das auf die Ziel-Datenquelle zugreifen kann.

4.2.3.4 Eine Warnung

Die Ein-Stufen-, Zwei-Stufen- und Drei-Stufen-Modelle schaffen zwar eine Umgebung, anhand derer die verschiedenen Treibertypen gut erklärt werden können. Es gibt jedoch auch Treibertypen, die nicht in diese Kategorien eingeordnet werden können.

Betrachten Sie zum Beispiel einen Treiber für dBASE, der auf dBASE-Dateien auf einem Netzwerk-Dateiserver zugreift. Hier sind zwei Maschinen beteiligt, nicht nur eine. Aber weil es sich bei der Schnittstelle zwischen dem Treiber und der Datenquelle um Datei-I/O handelt, haben wir immer noch den Eindruck, es läge ein Ein-Stufen-Treiber vor. Wenn jedoch mehrere Benutzer dieses System für den gemeinsamen Dateizugriff verwenden, müssen der Treiber und der Anwendungsentwickler wissen, wann mehrere Benutzer gleichzeitig auf die Dateien auf dem Dateiserver zugreifen. Der Treiber kann nicht voraussetzen, daß er nur lokalen Datei-I/O verarbeitet. Diese Betrachtung zeigt, daß es sich bei dem Treiber nicht um einen reinen Ein-Stufen-Treiber handelt. Es liegt aber auch kein Zwei-Stufen-Treiber vor, wie wir ihn oben beschrieben haben.

Ein weiterer Fall, der sich nicht problemlos in das Modell einordnen läßt, ist ein Client/Server-DBMS, das auf eine Maschine ausgelegt ist. In diesem Fall laufen die Client- und die Server-Software auf derselben physikalischen Hardware, allerdings in logisch separaten Prozessen. Watcom SQL kann zum Beispiel als lokale Datenbank-Engine ausgeführt werden, auf die nur die Anwendungen auf der lokalen Maschine Zugriff haben, aber auch als echter Server in einem Netzwerk. Weil jedoch der Datenzugriff in einem anderen Programm oder einer DLL neben dem eigentlichen Server realisiert wird, können wir dies immer noch eine Zwei-Stufen-Architektur nennen, auch wenn alles auf einer Maschine läuft. Analog kann auf Microsoft SQL Server auf einer Windows NT-basierten Maschine lokal über den Windows NT Microsoft SQL Server-Treiber zugegriffen werden. Dabei handelt es sich jedoch ebenfalls um eine Zwei-Stufen-Konfiguration, zumindest was ODBC betrifft.

4.2.3.5 Was ist die Aufgabe eines Treibers?

Damit haben wir die verschiedenen Treibertypen kennengelernt und wollen nun genauer untersuchen, welche Aufgaben die Treiber überhaupt haben. In einem vorangegangenen Abschnitt habe ich gesagt, daß ein Ein-Stufen-Treiber in sich selbst die SQL-Datenbank-Engine darstellt, was ihn völlig von einem Zwei-Stufen- oder Drei-Stufen-Treiber unterscheidet. Dieser Abschnitt stellt einige der Aufgaben vor, die ein Treiber ausführen muß, wenn er die Anwendungen mit einer einheitlichen Schnittstelle versehen und dennoch so viele Funktionen jedes DBMS wie möglich ausnutzen soll.

Verwaltung der Verbindungen

Nachdem der Treiber-Manager einen Treiber geladen hat, ist dessen erste interessante Aufgabe, eine Verbindung zu der Maschine herzustellen, auf der sich die Daten befinden. Im Fall von Ein-Stufen-Treibern muß der Definition gemäß keine Netzwerkverbindung aufgebaut werden, weil die Daten lokal vorliegen. Es gibt jedoch für die meisten Ein-Stufen-Treiber mehrere Konfigurationsmöglichkeiten, die während des Verbindungsaufbaus verwendet werden. Diese kann man sich als Initialisierung oder Verbindung zum Treiber statt zu einem entfernt gelegenen DBMS vorstellen. Betrachten Sie zum Beispiel in Abbildung 4.8 die Optionen, die der dBASE-Treiber von Q+E bietet.

Das Kombinationsfeld *Locking* teilt dem Treiber mit, welche Sperren verwendet werden sollen, falls überhaupt Sperren eingesetzt werden. In der Abbildung ist hier RECORD angegeben, was für den Mehrbenutzerzugriff verwendet wird. Die Einstellung NONE ist für den Einzelbenutzerzugriff vorgesehen.

Beim Verbindungsaufbau liest der Treiber diese Konfigurationsoptionen und initialisiert die Datenstrukturen so, daß beim eigentlichen Öffnen der Datei die korrekten Optionen verwendet werden (zum Beispiel exklusiver Zugriff oder gemeinsamer Zugriff).

Ein Zwei-Stufen-Treiber hat beim Verbindungsaufbau sehr viel mehr zu tun. Er muß eine reale Netzwerkverbindung zum DBMS herstellen. Wenn die Anwendung die Funktion *SQLDriverConnect* aufruft, was fast immer der Fall ist. Dann muß der Treiber ein Dialogfeld anzeigen, in den der Benutzer seinen Namen und sein Paßwort zur Anmeldung beim DBMS eingeben kann. Wenn diese Sicherheitsinformationen vom Benutzer abgefragt wurden, lädt der Treiber die entsprechende Netzwerkbibliothek (es sei denn, die Bibliothek ist direkt im Treiber enthalten). Welche Bibliothek verwendet wird, wird durch die Konfiguration des Treibers festgelegt und ist in der Regel auf den Typ der Netzwerkübertragung ausgerichtet, die auf dem Computer eingesetzt wird. Anschließend stellen die Netzwerkbibliotheks-Funktionen anhand der Einträge für den Servernamen oder die Netzwerkadresse, die beim Setup angegeben werden, eine Verbindung zum Server her. Der Treiber ermittelt die Verbindungsinformationen aus der ODBC-Initialisierungsdatei (ODBC.INI) unter Windows 3.x, aus der Registry unter Windows NT oder Windows 95, und in einigen Fällen auch aus seiner eigenen Initialisierungsdatei. Hat die Anwendung einen Timeout-Wert für den Verbindungsaufbau spezifiziert, muß der Treiber während des Verbindungsaufbaus eine Timing-Schleife setzen. Dann kann die Steuerung an die Anwendung zurückgegeben werden, falls der Timeout abläuft bevor die Verbindung erfolgreich aufgebaut wurde.

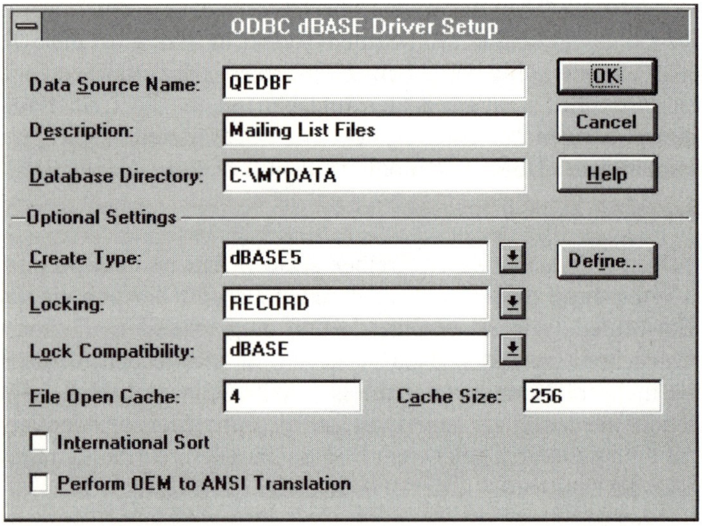

Abbildung 4.8 – Setup-Optionen des dBASE-Treibers von Q+E Intersolv

Einige Treiber schließlich müssen Anforderungen an das DBMS senden, nachdem die Verbindung aufgebaut ist, aber bevor die Steuerung an die Anwendung zurückgegeben wird. Der Microsoft SQL Server-Treiber zum Beispiel sendet eine Anforderung, um den Kontext auf eine bestimmte Datenbank umzuschalten, wenn der Benutzer beim Verbindungsaufbau nicht die Standarddatenbank angegeben hat. Um die spätere Rückgabe der Metadaten zu vereinfachen, ermittelt der Treiber die Definitionen aller benutzerdefinierten Datentypen und setzt die maximale Größe der Text- und Bildspalten, die während der Verbindung gelesen werden können. Es soll erwähnt werden, daß einige Entwickler bei diesem Prozeß festgestellt haben, daß der Verbindungsaufbau zum Microsoft SQL Server via ODBC langsamer ist als ein Verbindungsaufbau über DB-Library. Für Entwickler, die

die Information nicht brauchen, ist der Overhead einfach nur hinderlich, deshalb bieten die 2.x-Versionen des Microsoft SQL Server-Treibers eine Möglichkeit, die Ermittlung dieser Informationen auszuschalten, so daß die Zeit für den Verbindungsaufbau für den Microsoft SQL Server-Treiber fast gleich dem für DB-Library wird.[2]

Drei-Stufen-Treiber führen möglicherweise einen weiteren Schritt in den Prozeß des Verbindungsaufbaus ein. Der Zugriff auf den Verbindungsrechner erfordert möglicherweise bestimmte Sicherheitsinformationen, und für den Zugriff auf die Zieldatenbank werden vielleicht separate Sicherheitsinformationen notwendig, sobald der Verbindungsrechner darauf zugreift. Es ist durchaus möglich, daß der Benutzer zweimal seine User-ID und ein Paßwort eingeben muß – einmal für die Verbindung zum Verbindungsrechner und einmal für die Verbindung zum Ziel-DBMS. Der Treiber zeigt dem Benutzer möglicherweise mehrere Dialogfelder an, bevor die Verbindung erfolgreich aufgebaut ist.

Fehlerbehandlung

ODBC macht es erforderlich, daß die Treiber neben den DBMS-spezifischen Fehlercodes Standard-Fehlercodes bereitstellen, die den Anwendungen eine einheitliche Methode bieten, Fehlerbedingungen zu verarbeiten. DBMSe geben zwar ähnliche Fehler zurück, aber auf jeweils unterschiedliche Weise, mit unterschiedlichen Fehlernummern, Nachrichtentypen, Programmierstilen usw.

ODBC vereinfacht die Fehlerbehandlung, indem es die folgenden Dinge bereitstellt:

■ Einen einfachen Mechanismus für Rückgabewerte, der die erfolgreiche oder nicht erfolgreiche Ausführung einer Funktion anzeigt.

■ Eine Standard-Fehlerfunktion (*SQLError*), die die Anwendungen aufrufen können, wenn eine ODBC-Funktion einen Fehler oder eine Warnung erzeugt.

■ Standard-Fehlercodes für mehr als 85 Fehlerbedingungen. Ein Standard-Fehlercode wird in Form einer SQLSTATE zurückgegeben, einer fünfstelligen Zeichenfolge, die im ISO SQL-92-Standard definiert ist.

■ Neben den Standard-Fehlercodes alle Fehlerinformationen vom Treiber oder dem DBMS. Der ursprüngliche Fehlercode und der Text der Fehlermeldung werden der Anwendung über die Fehlerfunktion zurückgegeben.

■ Ein Schema, mit dessen Hilfe die Komponente identifiziert wird, die den Fehler erzeugt hat. Dabei soll auch Text angegeben werden, der den Hersteller der Komponente identifiziert, den Namen der Komponente sowie weitere Informationen, die helfen, das Problem einzugrenzen. Das Hinweisschema für den Microsoft Access 2.0-Treiber ist

---

2 ODBC lädt die Treiber erst zum Zeitpunkt des Verbindungsaufbaus. Beim Laden der Treiber müssen alle Einsprungpunkte ermittelt werden, und es muß mindestens ein Codesegment der Treiber-DLL von der Platte in den Speicher geladen werden. Beim ersten Verbindungsaufbau zu einem bestimmten Treiber ist ODBC immer langsamer als eine eigene Laufzeitbibliothek, die statisch zur Anwendung gebunden wurde und resident im Speicher vorliegt. Glücklicherweise wird der Overhead beim Laden eines Treibers in Millisekunden gemessen und erhöht die Gesamtzeit für den Verbindungsaufbau nur unwesentlich.

»[Microsoft][ODBC Microsoft Access 2.0 Treiber]«, während der Hinweis für den Intersolve Textdatei-Treiber »[INTERSOLV][ODBC Text-Treiber]« ist. Wenn auch andere Softwarekomponenten (wie etwa Netzwerkbibliotheken) identifizierbare Fehler erzeugen, erhalten auch diese einen separaten Informationstext. Im folgenden Beispiel kam der Fehler von der Microsoft SQL Server-Netzwerkbibliothek für benannte Pipes (DBNMP3): »[Microsoft][ODBC SQL Server-Treiber][DBNMP3]«.

■ Eine Möglichkeit, mehrere Fehler zurückzugeben, die aus einem einzigen ODBC-Funktionsaufruf stammen. Eine Anwendung kann diese Fehler ermitteln, indem sie die Fehlerfunktion wiederholt aufruft. Mehrere Fehler können auftreten, weil einige DBMSe Fehler in mehreren Abschnitten senden. Ein DBMS könnte zum Beispiel einen Syntaxfehler zurückgeben und diesen dann mit einer weiteren Meldung hinsichtlich der entsprechenden Syntaxverletzung spezifizieren, etwa »Unerwartetes Anweisungsende nach dem Schlüsselwort FROM«.

Für eine interaktive Anwendung, die dem Endbenutzer einfach nur die Fehlermeldungen aus dem DBMS anzeigt, liegt der einzige Vorteil der Verwendung einer Standard-Fehlerbehandlung in dem einheitlichen Programmierstil. Wenn eine Anwendung jedoch selbst die Initiative ergreift, basierend auf einem vom DBMS zurückgegebenen Fehler, kann der Anwendungsentwickler sehr viel einfacheren Code schreiben. Dies gilt aber nur, wenn nicht Fehlercodes verschiedener DBMS-Hersteller überprüft werden müssen.

Betrachten Sie den etwas sonderbaren aber doch wichtigen Fall der »Folgefehler« in einer OLTP-Anwendung (Online-Transaktionsverarbeitung). Alle DBMSe, die eine Transaktionsverarbeitung durchführen können, enthalten eine eingebaute Methode, die Deadlocks zwischen zwei Transaktionen feststellen kann.[3] Wenn der Deadlock auftritt, wird die Anwendung, die die Transaktion initiiert hat, mit einem Fehlercode darüber benachrichtigt. Die Transaktion wird dabei automatisch rückgängig gemacht. Das beste, was die Anwendung in diesem Fall tun kann, ist, die Transaktion zu wiederholen. Aber wie soll ein Anwendungsprogrammierer wissen, wie er diese Situation kodieren kann? Jedes DBMS hat einen eigenen Fehlercode. Aber mit ODBC übersetzt der Treiber den ursprünglichen Fehlercode des DBMS in den Fehlercode des SQL-92-Standards für Folgefehler, der »40001« ist. Der Programmierer muß also nicht irgend etwas in der folgenden Form schreiben:

```
if (DBMS == SQL_SERVER && errorcode == errorcode1) ||
   (DBMS == ORACLE && errorcode == errorcode2) ||
   (DBMS == INFORMIX && errorcode == errorcode3) ...
        /* Transaktion neu starten ... */
```

---

3 Ein Deadlock tritt zum Beispiel auf, wenn zwei Transaktionen beide die Zeilen 100 und 10000 derselben Tabelle aktualisieren wollen. Eine Transaktion sperrt die Zeile 100, die andere Transaktion sperrt die Zeile 10000. Um die Transaktion abzuschließen, muß die erste Transaktion jetzt die Zeile 10000 lesen und aktualisieren, während die zweite Transaktion die Zeile 100 lesen und aktualisieren muß (also jeweils die Zeile, die von der anderen Transaktion gesperrt ist). Offensichtlich müssen beide Transaktionen endlos warten, bis die Sperren aufgehoben werden. Das DBMS stellt diese »tödliche Umarmung« fest (wie man die Deadlocks manchmal auch nennt),

Komponenten der ODBC-Architektur

In ODBC kann der Programmierer einfach schreiben:

```
if (!strcmp(SQLSTATE, "40001"))
    /* Transaktion neu starten ... */
```

Und dieser Code funktioniert für jedes DBMS.

Zusammenfassend kann man sagen, ein Treiber muß:

▪ Alle ursprünglichen DBMS-Fehlercodes in Standard-ODBC-Fehlercodes übersetzen (das sind Fehlercodes aus dem SQL-92-Standard), wo immer es möglich ist.

▪ Fehlermeldungen mit den Namen der Softwarekomponenten und des Herstellers der Komponenten versehen.

▪ Den ursprünglichen Fehlercode und Meldungstext im Funktionsargument zurückgeben, das für diesen Zweck in *SQLError* vorgesehen ist.

SQL-Umwandlung

Wenn ein Treiber eine der Escape-Klauseln unterstützt, die ODBC für SQL-Anweisungen definiert (siehe Kapitel 5), muß er die Escape-Klausel so umwandeln, daß sie die von dem DBMS geforderte Syntax aufweist. Der Treiber muß außerdem das SQL so übersetzen, daß es zu ANSI/ISO-SQL konform ist, wenn das DBMS eine andere Syntax für dieselbe Funktionalität verwendet, und wenn es keine Informationsfunktion gibt, die es einer Anwendung ermöglichen würde, festzustellen, wie eine korrekte Syntax erzeugt werden kann. Der Treiber muß natürlich die Funktionalität, die im Standard, aber nicht im DBMS vorhanden ist, *nicht hinzufügen*. Entspricht die Syntax des DBMS zwar der Funktionalität des Standards, nur anders, muß der Treiber ggf. das Standard-SQL in die Syntax übersetzen, die das DBMS versteht.

Glücklicherweise tritt diese Situation nur noch selten auf. Aber es ist durchaus sinnvoll, des Beispiels halber zwei der Situationen für den Microsoft SQL Server-Treiber zu betrachten, in denen eine solche Umwandlung erfolgen mußte.

Die erste Situation war relativ trivial. Die Versionen von Microsoft SQL Server vor 4.0 verwendeten keine standardisierte Syntax für den »Ungleich«-Operator. Der SQL-Standard gibt <> vor, aber Microsoft SQL Server akzeptierte nur !=. Spätere Versionen von Microsoft SQL Server unterstützten die <>-Syntax, aber eine Zeit lang mußten die Treiber in den SQL-Anweisungen nach dem String <> suchen und ihn in != übersetzen. Das war nicht besonders schwierig oder zeitaufwendig, aber lästig. Die Anwendungen hätten natürlich auch gleich die Syntax != verwenden können, aber dann hätten die entsprechenden SQL-Anweisungen für andere DBMSe nicht mehr eingesetzt werden können.

Die zweite Situation war da schon trickreicher. Die Versionen von Microsoft SQL Server vor der Version 6.0 erzeugt alle Spalten defaultmäßig als »nicht Null« (das heißt, es sind keine Nullwerte erlaubt). Der SQL-Standard gibt vor, daß standardmäßig Nullwerte erlaubt sind, und spezifiziert »nicht Null« explizit für die Spalten, für die keine Nullwerte erlaubt sind. Betrachten Sie zum Beispiel die folgende SQL-Anweisung:

```
CREATE TABLE T1 (temperature float)
```

In Microsoft SQL Server würde die Anweisung:

```
INSERT INTO T1 VALUES(NULL)
```

für die oben erzeugte Tabelle fehlschlagen, weil die Spalte (defaultmäßig) so erzeugt wurde, daß keine Nullwerte erlaubt sind. Ein DBMS, das mit den SQL-Standards konform ist, würde dieselbe INSERT-Anweisung fehlerlos ausführen.

Der ODBC-Treiber für Microsoft SQL Server müßte also alle CREATE TABLE-Anweisungen suchen und am Ende aller Spaltenspezifikationen, für die das noch nicht explizit erfolgt ist, das Schlüsselwort NULL angeben. Wenn im obigen Beispiel in einer Anwendung die folgende Anweisung steht:

```
CREATE TABLE T1 (temperature float)
```

würde der ODBC-Treiber für Microsoft SQL Server das folgende an den Microsoft SQL Server senden:

```
CREATE TABLE T1 (temperature float null)
```

In Microsoft SQL Server 6 wurde diese Situation verbessert. In dieser Version sendet der Treiber einfach zum Zeitpunkt des Verbindungsaufbaus einen Befehl an den Server, der die ISO-SQL-Semantik für Spalten mit Nullwerten aktiviert, und Microsoft SQL Server erledigt den Rest.

Katalogfunktionen
Eine der wichtigsten Aufgaben eines Treibers ist es, Informationen über Tabellen, Spalten und andere Objekte in einem DBMS (was allgemein auch als Katalog bezeichnet wird) auf standardisierte Weise zurückzugeben. Interaktive Anwendungen und Entwicklungswerkzeuge ermöglichen es dadurch den Benutzern, beliebige Elemente anzusprechen. Das ist ein weiterer Fall, in dem alle DBMSe in etwa dieselbe Funktionalität aufweisen, diese aber den Anwendungen unterschiedlich präsentieren. Der SQL-92-Standard bietet dafür einen Lösung, die sogenannten *Schema-Informationstabellen*, wobei es sich normalerweise um logische Tabellen handelt, die die Informationen anzeigen. Die Schema-Informationstabellen sind jedoch noch nicht in allen DBMS-Produkten implementiert.

ODBC bietet eine Menge von Katalogfunktionen, die die Anwendungen mit den grundlegenden Informationen versorgen, welche sie aus dem DBMS-Katalog benötigen. Jeder Treiber muß eine SQL-Abfrage erzeugen, die die notwendigen Informationen so effizient wie möglich an die Anwendung zurückgibt. Die vom Treiber erzeugte SQL-Abfrage kann von Fall zu Fall variieren, weil jedes DBMS seine eigenen Systemtabellennamen, Spaltennamen und Systemtabellenindizes verwendet, und damit auch eine eigene Methode zur Optimierung der Abfrage. Manchmal sind diese Abfragen schon sehr exotisch. Betrachten Sie zum Beispiel die Abfrage, die die Tabellen zurückgibt, auf welche der aktuelle Benutzer von Microsoft SQL Server zugreifen kann. (Die Abfrage selbst wird im Server mit Hilfe einer gespeicherten Prozedur kompiliert, aber der in der nächsten Abbildung gezeigte Code ist als Beispiel ausreichend.) Abbildung 4.9 zeigt die wichtigsten Elemente der Abfrage.

Komponenten der ODBC-Architektur

Auch wenn Sie kein SQL verstehen, werden Sie erkennen, daß es sich dabei um eine relativ komplizierte Abfrage handelt. Sie ist jedoch gut optimiert und gibt die benötigten Informationen auf sehr effiziente Weise zurück, und darauf kommt es an. Es sollte nicht notwendig sein, daß die Anwendungsprogrammierer Experten für den möglichst effizienten Zugriff auf Systemtabellen in jedem beliebigen DBMS sind – das ist die Aufgabe des Treibers.

```
select
    table_qualifier = db_name,
    table_owner = user_name(o.uid),
    table_name = o.name,
    table_type = rtrim(
        substring('SYSTEM TABLE    TABLE    VIEW    ',
        /* 'S'=0, 'U'=2, 'V'=3 */
        (ascii(o.type) - 83) * 12 + 1, 12)),
    remarks = convert(varchar(254), null)  /* Remarks sind NULL */
from sysusers u, sysobjects o
where
    o.name like @table_name
    and user_name(o.uid) like @table_owner
    /* Eingrenzung auf die gewünschten Typen */
    and charindex(substring(o.type, 1, 1), @type1) != 0
    /* Erzwingen einer Sysuser-User-ID in der Abfrage */
    and u.uid = user_id
    and (
        suser_id = 1  /* User ist der Systemadministrator */
        or o.uid = user_id  /* Benutzer hat das Objekt erzeugt */
        /* Und das ist der ganze Zauber: Auswahl der höchsten Priorität */
        /* der Berechtigungen in der Reihenfolge (User, Gruppe, Welt) */
        or ((select max(((sign(uid) * abs(uid - 16383)) * 2) +
                (protecttype & 1))
            from sysprotects p
            /* Outer-Join erzeugen, um mit allen Zeilen in */
            /* Sysobjects zu korrelieren */
            where p.id =* o.id
                /* Zeilen für Welt, User und Gruppe ermitteln */
                and (p.uid = 0 or p.uid = user_id
                    or p.uid =* u.gid)
                /* Überprüfung auf SELECT, EXECUTE-Berechtigung */
                /* und - noch mehr Zauberei - Normalisierung von GRANT */
                and (action in (193,224))) & 1
        ) = 1  /* Und nun noch: Vergleich der GRANTs */
    )
order by table_type, table_qualifier, table_owner, table_name
```

Abbildung 4.9 – Abfrage, um die Tabellennamen von Microsoft SQL Server zu ermitteln

Die in ODBC definierten Katalogfunktionen sind unter anderem:

- *SQLTables*, die Informationen über die Tabellen zurückgibt, auf die der Benutzer Zugriff hat.

- *SQLColumns*, die Informationen über die Spalten in einer oder mehreren Tabellen zurückgibt.

- *SQLStatistics*, die Informationen über eine Tabelle zurückgibt, etwa über die Anzahl der Zeilen und (gegebenenfalls) die dafür definierten Indizes.

- *SQLSpecialColumns*, die die Spalte zurückgibt, die für die Positionierung in einer bestimmten Zeile am effizientesten ist, und die Spalten, die automatisch vom DBMS aktualisiert werden, wenn ein Wert in der Zeile aktualisiert wird.

Es gibt noch weitere Katalogfunktionen zum Ermitteln von Informationen über die referentielle Integrität (Primär- und Fremdschlüssel), gespeicherte Prozeduren und ihre Argumente und Informationen über erteilte und entzogene Berechtigungen für Tabellen und Spalten.

Für all diese Funktionen muß der Treiber die effizienteste SQL-Abfrage für das jeweilige DBMS erzeugen und die Ergebnisse für die angeforderte Information ermitteln.

Informations- und Optionsfunktionen

Die Treiber müssen Informations- und Optionsfunktionen bieten, die die verschiedenen Fähigkeiten der Treiber und des DBMS anzeigen. Die wichtigste dieser Funktionen ist *SQLGetInfo*. *SQLGetInfo* informiert die Anwendung über die Konformitätsstufe des Treibers, seine Version und Funktionalität (wie etwa die Unterstützung von Transaktionen), ebenso über viele andere Möglichkeiten, die die Anwendung auswerten kann, um ihr Verhalten entsprechend anzupassen.

Eine weitere ODBC-Funktion, *SQLGetTypeInfo*, gibt der Anwendung Informationen über die vom DBMS gebotenen Datentypen. Ein Treiber muß eine Ergebnismenge aufbauen, in der jede Zeile einen Datentyp beschreibt. Wenn das DBMS keine benutzerdefinierten Datentypen und auch keine andere Methode zum Hinzufügen von Datentypen unterstützt, legt der Treiber die Datentypinformation normalerweise in einer Datenstruktur ab und gibt sie zurück, ohne den Server abzufragen. Wenn das DBMS jedoch ein erweiterbares Datentypsystem unterstützt, muß der Treiber den Server abfragen, um der Anwendung die eingebauten und die benutzerdefinierten Typen zurückzugeben. In Kapitel 5 werden wir die Funktion *SQLGetTypeInfo* noch genauer betrachten.

ODBC bietet drei Funktionen zum Ermitteln allgemeiner Informationen über die Treiber. Diese Funktionen – *SQLDataSources*, *SQLDrivers* und *SQLGetFunctions* – ermöglichen es den Anwendungen, alle installierten Datenquellen, Treiber und von einem Treiber spezifizierten Datentypen aufzuzählen.

ODBC bietet zwei Arten Optionsfunktionen: eine für Verbindungen und eine für Anweisungen. Die Optionen bieten den Anwendungen die Möglichkeit, Treiber zu konfigurieren und die Funktionalität der Treiber zu ermitteln. Die Verbindungsoptionen werden für Transaktionen und verschiedene verbindungsorientierte Zwecke verwendet. Es handelt sich unter anderem um:

Komponenten der ODBC-Architektur

■ eine Option, die die gewünschte Transaktions-Islolationsstufe für die aktuelle Verbindung setzt. Die Transaktions-Isolationsstufe legt fest, welche Auswirkungen andere Transaktionen auf Ihre Transaktionen haben. Die in ODBC definierten Transaktions-Isolationsstufen wurden aus dem ISO-SQL-92-Standard übernommen. Am einen Ende des Spektrums befindet sich die Option SERIALIZABLE, die sicherstellt, daß andere, nebenläufige Transaktionen keine Auswirkungen auf Ihre Transaktionen haben. Am anderen Ende finden wir die Option READ_UNCOMMITTED, die keinerlei Isolation vor den Auswirkungen anderer Transaktionen fordert. Insgesamt gibt es fünf Optionen (sie sind detailliert in Kapitel 5 beschrieben). Verschiedene DBMSe unterstützen verschiedene Fähigkeiten für die Transaktions-Isolationsstufe, und jedes hat eine andere Methode, die Isolationsstufe zu setzen. In Microsoft SQL Server 4.x ist zum Beispiel die einzige Möglichkeit, die Isolationsstufe von SERIALIZABLE zu erreichen, die Angabe des Schlüsselworts HOLDLOCK nach jeder in der FROM-Klausel einer SELECT-Anweisung aufgezählten Tabelle. Wenn eine Anwendung, die den Microsoft SQL Server-Treiber verwendet, die Transaktions-Isolationsstufe auf SERIALIZABLE setzt, fügt der Treiber automatisch das Wort HOLDLOCK hinter allen Tabellen der FROM-Klausel ein. Andere DBMSe verwenden Anweisungen wie etwa SET TRANSACTION, um die gewünschte Isolationsstufe zu setzen. Oracle dagegen erzielt die Isolation mit Hilfe der Anweisung LOCK TABLE.

■ eine Option, die automatisch jede Anweisung ausführt, nachdem diese an das DBMS gesendet wurde.

■ eine Option, die dem Treiber mitteilt, wie viele Sekunden er auf einen Verbindungsaufbau warten soll, bevor er die Steuerung an die Anwendung zurückgibt.

■ eine Option, die den Treiber-Manager zwingt, alle Funktionsaufrufe zu protokollieren. Dieses Feature ist sehr praktisch für das Debugging.

Bei den Anweisungsoptionen handelt es sich unter anderem um:

■ eine Option zur Aktivierung oder Deaktivierung von SQL-Anweisungen. Wenn die asynchrone Ausführung aktiviert ist, wird eine SQL-Anweisung zur Verarbeitung an das DBMS gesendet, aber der Treiber wartet nicht, bis sie abgearbeitet ist. Die Steuerung wird unmittelbar an die Anwendung zurückgegeben, und die Anwendung muß in bestimmten Abständen überprüfen, ob die Anfrage abgearbeitet ist.

■ eine Option, die dem Treiber mitteilt, wieviele Sekunden er auf die Abarbeitung einer Abfrage warten soll, bevor er zur Anwendung zurückkehrt.

■ Optionen, die mehrere Zeilen mit einem einzigen Funktionsaufruf ermitteln.

Viele dieser Optionen könnten auch realisiert werden, indem ODBC eine SQL-Syntax definiert, die der Treiber oder das DBMS verarbeiten können. Das ist jedoch nicht so effizient wie die Verarbeitung von Optionen als Funktionsaufrufe.

Datentypumwandlung

Eines der Ziele von ODBC ist es, Daten in einer Form zur Verfügung zu stellen, die für die Anwendungen so sinnvoll wie möglich ist. Interaktive Anwendungen, die dem Benutzer Daten präsentieren, wollen in der Regel, daß alle Datentypen in Zeichenstrings umgewandelt werden. Anwendungen im Stil von OLTP wollen möglicherweise alle Daten ohne jegliche Umwandlung senden und ermitteln, um eine maximale Performance zu erzielen. Anwendungen, die Daten von einer Datenquelle zu einer anderen übertragen, wollen vielleicht einige Typen umwandeln, andere dagegen nicht.

ODBC erlaubt den Anwendungen, beliebige für sie sinnvolle Datentypumwandlungen zu spezifizieren. Ausgeführt wird diese Umwandlung vom Treiber. Wenn der Treiber und das DBMS die Standard-ODBC-Funktion CONVERT unterstützen, kann die Umwandlung auf dem Server erfolgen, falls der Client die CONVERT-Funktion für die gewünschten Spalten in der SELECT-Liste angibt. Der Unterschied ist, daß die Umwandlungen auf der Client-Seite zeilenweise erfolgen können, während nicht alle DBMSe beim Ermitteln von Zeilen Umwandlungen auf der Server-Seite unterstützen.

Alles, was eine Anwendung tun muß, ist, den Datentyp der C-Variablen anzugeben, in der sie die Daten ablegen will. Der Treiber wandelt die Daten vom Server in diesen Typ um oder gibt einen Fehler zurück, wenn das nicht möglich ist.

4.2.4 Datenquellen

Unter anderem ist es Ziel von ODBC, einen Großteil der Komplexität der zugrundeliegenden Kommunikationssoftware zu verbergen, die man auf Client/Server-Systemen normalerweise findet. Es ist wichtig, den Endbenutzern und selbst den Anwendungsprogrammierern die Konzepte wie etwa Treiber, DBMSe, Netzwerke, Serveradressen usw. vorzuenthalten. Statt dessen verwendet ODBC für jede Datenquelle eine Abstraktion, die allen zugrundeliegenden Softwarekomponenten, die für den Datenzugriff benötigt werden, einen einzigen Namen (den sogenannten Datenquellennamen oder auch DSN (Data Source Name)) zuordnet. Der Datenquellenname wird von einem Endbenutzer oder einem Systemadministrator gewählt und sollte deutlich machen, welche Art Daten er repräsentiert.

Ein Endbenutzer sollte zum Beispiel in der Lage sein, eine Verbindung zu einer Datenquelle namens »Lohnbuchhaltung« aufzubauen, ohne Details über das DBMS, das Netzwerk oder den ODBC-Treiber auf der Client-Seite haben zu müssen. In der Umgebung des einen Endbenutzers werden die »Lohnbuchhaltung«-Daten vielleicht von einem IBM-Mainframe unter DB2 verwaltet, wobei der Zugriff vom PC auf den Mainframe über einen Verbindungsrechner in einem LAN realisiert wird. Ein Treiber auf dem PC würde mit dem Verbindungsrechner kommunizieren, und ein IBM-SNA-Netzwerk würde eine Verbindung zum Mainframe herstellen. Für einen anderen Benutzer werden die »Lohnbuchhaltung«-Daten vielleicht von einem Oracle-System auf einer Sun-Workstation verwaltet, auf die vom PC aus mit Hilfe eines Oracle-Treibers über TCP/IP direkt zugegriffen wird. Die Frage ist, ob die Endbenutzer oder die Anwendungsentwickler das alles wissen müssen. Müssen sie nicht. Sie wollen einfach nur auf Daten zugreifen, die sie gerade benötigen.

DIE STORY
Akt I, Szene 5: Der schicksalhafte Telefonanruf

Im September 1989 erhielt ich einen Telefonanruf von Kerry Chesbro von Teradata. (Teradata wurde später von NCR gekauft, das wiederum von AT&T gekauft wurde. 1992 wurde Kerry in die ODBC-Gruppe von Microsoft aufgenommen!) Kerry war einer der wichtigsten Mitarbeiter an der SQLC-Technologie; er hatte ein ganzes Kapitel der Spezifikation über die DDE-Unterstützung (Dynamic Data Exchange, dem Vorläufer von OLE) in SQLC geschrieben. Als an einem Freitagnachmittag des Telefon läutete, fand in etwa das folgende Gespräch statt:

»Hallo, Kerry, was ist los?«

»Kyle, was hältst Du von diesem neuen Industrie-Konsortium, das eine Standardschnittstelle für Datenbank-Connectivity spezifizieren will?«

»Welches ‚Industrie-Konsortium'?«

»Es handelt sich um ein paar Datenbankhersteller, die herausfinden wollen, wie ihre Produkte am besten zusammenarbeiten können. Sie verwenden eingebettetes SQL, ein Standardprotokoll, und jetzt sprechen sie über die Entwicklung eines CLI.«

»Oh, vielleicht sollte ich ein paar Informationen über die Jungs einholen. Das hört sich irgendwie wie SQLC für mich an. Weißt Du, wann die nächste Konferenz angesetzt ist?«

»Ja, ich glaube, nächsten Montag.«

»Meinst Du diesen Montag?«

»Ja, genau.«

»Wo findet diese Konferenz statt?«

»Bei DEC in Nashua, New Hampshire.«

»Na gut. Danke Dir, Kerry. Ich muß gleich ein paar Reisevorbereitungen treffen. Danke für den Tip. Bis bald!«

Hinweis:
Im Idealfall sollten diese abstrakten Datenquellennamen von einem zentralen Namensserver registriert und verwaltet werden. Dann könnten alle Clients innerhalb einer Firma auf diesen Namensserver zugreifen, und der Treiber-Manager könnte die nötigen Informationen anfordern, um es einer Client-Maschine eines Benutzers zu ermöglichen, eine Verbindung zum gewünschten DBMS aufzubauen. Leider gibt es noch keinen Standard-Namensserver, der diese Aufgabe übernehmen könnte, und es ist unwahrscheinlich, daß es in absehbarer Zukunft einen solchen geben wird. Für ODBC haben wir deshalb das verwendet, was es bereits gibt: lokale Initialisierungsdateien (.INI) für Windows Version 3.x, die Registry für Windows NT und Windows 95. Wenn jemals ein globaler Namensserver

eingeführt wird, dann wird der ODBC-Treiber-Manager (und mit ihm die Installationskomponenten von ODBC, die wir noch nicht vorgestellt haben) wahrscheinlich entsprechend modifiziert, als Alternative zur Registrierung, Verwaltung und Konfiguration von Treibern innerhalb des Unternehmens.

Insbesondere wird der Begriff *Datenquelle* in ODBC für zwei Dinge verwendet:

1. Als konzeptueller Begriff, der definiert, auf welche Art Daten der Endbenutzer zugreifen will (zum Beispiel »Lohnbuchhaltung«, »Verkäufe« oder »Personal«). In der Praxis umfaßt die Datenquelle die DBMS-Software, die auf einer physikalischen Maschine mit einem beliebigen Betriebssystem auf irgendeiner Hardwareplattform läuft, und die Netzwerksoftware, die für den Zugriff auf die Maschine durch den Client benötigt wird. Wenn ODBC sagt »Verbindung zu einer Datenquelle«, dann könnte es sich bei der Datenquelle um eines der folgenden Beispiele handeln, die nur ein paar der Möglichkeiten darstellen:

- Ein Oracle-DBMS, das auf einer Sun Solaris läuft, auf die über ein Netzwerk mit TCP/IP zugegriffen wird.

- Eine Xbase-Datei oder -Dateien auf dem PC des Benutzers, wobei das Netzwerk, die entfernt gelegene Hardware und das entfernt gelegene Betriebssystem nicht Teil des Kommunikationspfades sind. In diesem Fall agiert der ODBC-Treiber selbst als DBMS, weil Xbase-Dateien einfache Dateien sind – in das Xbase-Produkt ist keine inhärente SQL-Engine eingebaut, wie es bei Microsoft SQL Server oder Oracle der Fall ist.

- Ein Tandem NonStop SQL DBMS, das unter dem Betriebssystem Guardian 90 läuft, und auf das über einen Verbindungsrechner in einem NetWare-LAN unter Verwendung von SPX/IPX zugegriffen wird.

2. Als der eigentliche Name, den ein Endbenutzer oder ein Systemadministrator über ein ODBC-Utility zuweisen, um eine bestimmte Menge von Softwarekomponenten zu beschreiben (wie etwa einen ODBC-Treiber und möglicherweise andere Softwarekomponenten, wie etwa eine Netzwerkbibliothek, einen Servernamen oder eine Serveradresse, ein DBMS usw.). Wenn zum Beispiel auf der Maschine eines Endbenutzers ein ODBC-Treiber installiert wird, führt die ODBC-Installationsroutine den Benutzer durch den Prozeß, einen Datenquellennamen für den Treiber und die Zielposition, an der die vom Treiber manipulierten Daten abgelegt werden sollen (die Netzwerkadresse des Servernamens oder das Verzeichnis auf der lokalen Maschine, in dem sich die Datendatei befindet), anzugeben.

Den Datenquellennamen sieht der Endbenutzer, wenn er mit einer Anwendung kommuniziert, die ODBC verwendet. Der Datenquellenname wird auch für Konfigurations- und Administrationszwecke herangezogen. Wenn eine Anwendung eine Verbindung aufbaut, gibt sie normalerweise den Namen einer Datenquelle an (nicht den Namen eines Treibers oder eines Servers).[4] Der Treiber-Manager bildet den Datenquellennamen auf den entsprechenden Treiber ab, und der Treiber erledigt den weiteren Verbindungsaufbau.

Einige Beispiele sollen helfen, die Beziehung zwischen Treibern und Datenquellen zu verdeutlichen. Abbildung 4.10 zeigt das Dialogfeld zur Einrichtung des Oracle-Treibers,

Komponenten der ODBC-Architektur

Abbildung 4.11 zeigt das Dialogfeld zur Einrichtung des FoxPro-Treibers, und Abbildung 4.12 zeigt das Dialogfeld zur Einrichtung des Microsoft SQL Server-Treibers.

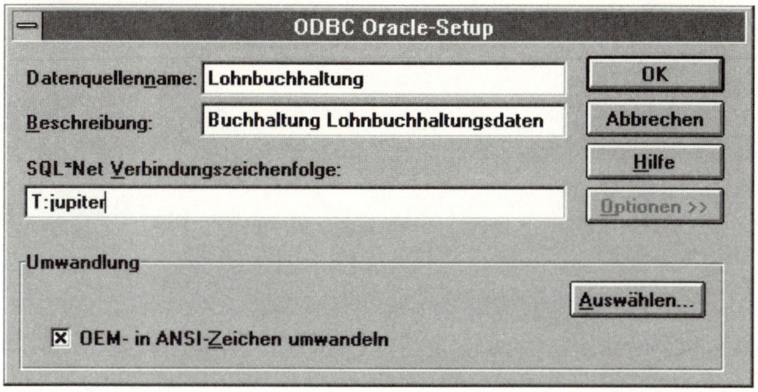

Abbildung 4.10 – Dialogfeld zur Einrichtung des Oracle-Treibers

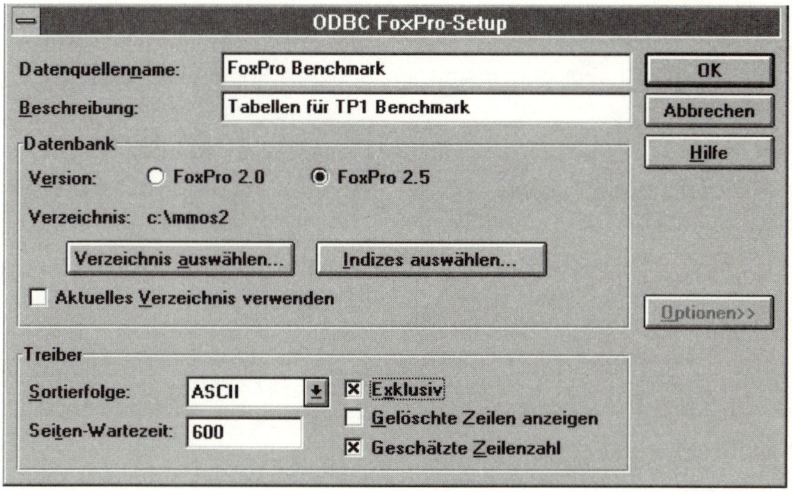

Abbildung 4.11 – Dialogfeld zur Einrichtung des FoxPro-Treibers

---

4 ODB unterstützt auch die Möglichkeit, die Datenquellenabstraktion zu umgehen, was insbesondere für Ein-Stufen-Treiber sinnvoll ist. Die Funktion *SQLDrivers* und das Schlüsselwort DRIVER, die in Kombination mit *SQLDriverConnect* verwendet werden, bieten die Möglichkeit, das einzurichten, was ODBC eine »DSN-lose Verbindung«, also eine Verbindung ohne Datenquellnamen, nennt.

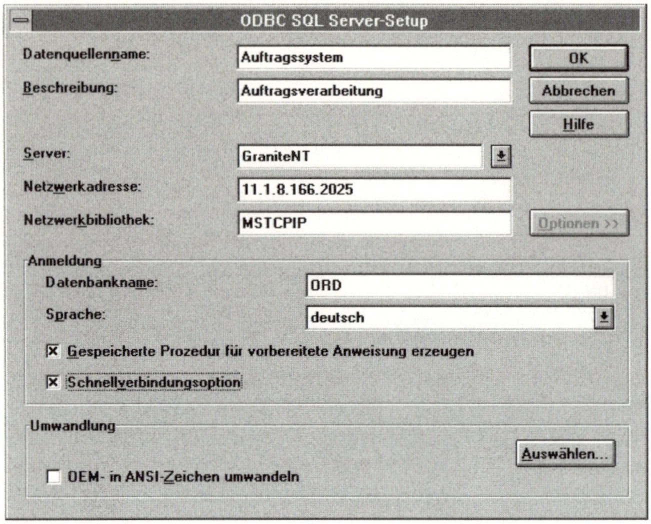

Abbildung 4.12. Dialogfeld zur Einrichtung des Microsoft SQL Server-Treibers

Beachten Sie, daß die Steuerelemente zum Editieren des Datenquellennamens und der Beschreibung für alle Treiber gleich sind, die anderen Steuerelemente sich aber unterscheiden.

Im Oracle-Beispiel wird die Netzwerkinformation in Form einer SQL*Net-Verbindungszeichenfolge ermittelt, die angibt, um welches Netzwerk es sich handelt (in diesem Beispiel steht T: für TCP/IP) und welchen Aliasnamen der entsprechende Server hat.

Das Beispiel mit dem FoxPro-Treiber sagt überhaupt nichts über Netzwerke oder Server, sondern enthält eine Menge Informationen über Verzeichnisse, Indizes und andere Dinge, die für den Zugriff auf FoxPro-Dateien wichtig sind.

Im Beispiel mit dem Microsoft SQL Server-Treiber steht in den relevanten Informationsabschnitten die Netzwerkadresse des Servers, die je nach verwendetem Netzwerk variieren kann. Benannte Pipes, der Standard, verwenden den Namen der Servermaschine als Netzwerkadresse. Für TCP/IP jedoch, wie in Abbildung 4.12 gezeigt, sind die IP-Adresse und die Socket-Nummer erforderlich. Sie sehen auch, daß der Microsoft SQL Server-Treiber eine ganz besondere Eigenschaft hat: anders als die meisten DBMSe verwendet der Microsoft SQL Server das Konzept mehrerer benannter »Datenbanken« pro Server. Die Default-Datenbank, zu der eine Verbindung aufgebaut wird, wird normalerweise vom Systemadministrator eingerichtet. Aber wenn der Endbenutzer regelmäßig mehrere Datenbanken benutzt, können zwei ODBC-Datenquellen angegeben werden, um den Anschluß an diese zu vereinfachen.

Aus den Beispielen sollte deutlich geworden sein, daß Treiber und DBMSe nicht das gleiche sind. Aber wenn alle Details in die Dialogfelder eingegeben sind, wird hinter dem

Datenquellennamen die gesamte Komplexität vor den Endbenutzern und Anwendungsprogrammierern verborgen. Systemadministratoren haben dennoch die Möglichkeit, die Treiber für ihre jeweiligen Bedürfnisse zu konfigurieren.

Wenn Sie Anwendungen mit ODBC einsetzen, haben Sie vielleicht schon einmal das Dialogfeld gesehen, das in Abbildung 4.13 dargestellt ist. Aus der Perspektive des Endbenutzers ist dies das einzige Dialogfeld, das er ausfüllen sollte, um eine Verbindung zu einem bestimmten Server herzustellen. (Es gibt natürlich auch Situationen, in denen vom Endbenutzer Sicherheitsinformationen angegeben werden müssen, etwa eine User-ID oder ein Paßwort. Diese Angaben würden in einem weiteren Dialogfeld abgefragt, das vom ODBC-Treiber-Manager angezeigt wird.) Und weil eine einzige Treiber/DBMS-Konfiguration auf viele unterschiedliche Weisen konfiguriert werden kann, darf der Benutzer viele Datenquellen haben, die denselben Treiber verwenden, aber unterschiedliche Optionen angeben.

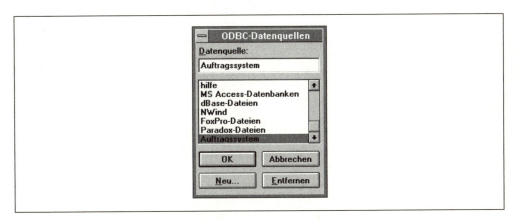

Abbildung 4.13 – Dialogfeld ODBC SQL Datenquellen (Version 2.10)

In der Rückschau wird klar, daß diese Abstraktion der Treiber und der zugrundeliegenden Software wie erwartet für die Kommunikation mit Datenquellen so viele Vorteile mit sich gebracht hat. Einige Anwendungsentwickler lassen sich von diesem Modell verwirren und würden es vorziehen, die Treiber explizit zu laden. Das trifft insbesondere für Anwendungen zu, die mit Hilfe von Treibern auf Desktop-Datenbanken und flache Dateien auf der Maschine des Endbenutzers zugreifen. Für diese ist das naheliegendste Paradigma das Modell »Datei öffnen«, das von den meisten Windows-basierten Anwendungen verwendet wird, für die es eigene Dateitypen gibt. Die Abstraktion der Datenquelle bringt in diesem Fall gar nichts und erzeugt höchstens Verwirrung. Das war auch der wichtigste Grund dafür, warum wir in ODBC 2.0 die Möglichkeit eingeführt haben, Treiber auch explizit zu laden. Für bestimmte Anwendungen (insbesondere für solche, die ausschließlich mit lokalen Desktop-Datenbanken arbeiten) wird dadurch der Einsatz von ODBC wesentlich vereinfacht.

Für Client/Server-DBMSe hat sich jedoch die Vereinfachung von mehreren Treiberkonfigurationen hin zu leicht verständlichen Namen als sehr sinnvoll erwiesen, auch wenn viele Leute immer noch fragen »Wie lade ich Treiber X?«, und es gewisser Erklärungen bedarf, damit sie das Datenquellen-Konzept verstehen können.

4.3 Eine einfache Anfrage

Bisher waren die Beschreibungen der Interaktionen zwischen Anwendungen, ODBC Treiber-Manager, Treibern und DBMS-Systemen relativ abstrakt. Zum Abschluß dieses Kapitels wollen wir betrachten, was passiert, wenn eine reale Anwendung ODBC einsetzt. Im letzten Kapitel haben wir bereits ein Beispiel dafür kennengelernt, aber hier wollen wir noch etwas tiefer einsteigen. Wir werden jedoch immer noch einige der Feinheiten von ODBC ignorieren und uns auf die grundsätzliche Arbeitsweise der einzelnen Komponenten konzentrieren. Diese Betrachtung wird jedoch schon mehr ins Detail gehen als das letzte Beispiel.

Bevor wir mit unserem Beispiel beginnen, soll kurz beschrieben werden, wie die Anwendungen DLLs nutzen. Beim Binden einer Anwendung, die ODBC benutzt, wird diese in der Regel mit der Importbibliothek des Treiber-Managers gebunden (ODBC.LIB oder ODBC32.LIB, wobei die letztere für 32-Bit-Betriebssysteme wie etwa Windows NT oder Windows 95 verwendet wird). Der Treiber-Manager enthält die Einsprungpunkte für die einzelnen ODBC-Funktionen, ebenso wie die ODBC-Treiber. Wenn eine Anwendung, die ODBC nutzt, auf der Maschine des Endbenutzers installiert wird, werden normalerweise auch ODBC.DLL (der eigentliche Code des Treiber-Managers, auf den von der Importbibliothek ODBC.LIB verwiesen wird) und einer oder mehrere Treiber installiert. Wenn der Benutzer die Anwendung ausführt, wird ODBC.DLL in den Speicher geladen. Läuft bereits eine Anwendung, die ODBC nutzt, lädt Windows die DLL nicht erneut von der Platte, sondern erhöht statt dessen den *Instanzzähler* für ODBC.DLL. Der Instanzzähler zeigt Windows an, von wievielen Anwendungen eine DLL gerade benutzt wird. Wenn die letzte Anwendung, die die DLL benutzt, diese entlädt, entfernt Windows die DLL aus dem Speicher. Wenn eine Anwendung die DLL entlädt und eine oder mehrere andere Anwendungen die DLL noch benutzen, verbleibt die DLL im Speicher.

Damit sind wir bereit für die sechs Schritte unseres Beispiels.

Schritt 1: Die Umgebungs- und Verbindungs-Handles werden alloziert

Wenn die Anwendung bereit zur Verwendung von ODBC ist, alloziert sie zunächst zwei Handles, den Umgebungs-Handle und den Verbindungs-Handle. Dazu verwendet sie zwei ODBC-Funktionsaufrufe, *SQLAllocEnv* und *SQLAllocConnect*. Mit dem Umgebungs-Handle werden wir uns erst später beschäftigen. Der Verbindungs-Handle ist jedoch sehr wichtig und wird vom Treiber-Manager häufig benötigt. Beim Aufruf dieser beiden Funktionen, erkennt Windows, daß die Funktionen in ODBC.DLL enthalten sind, weil die Anwendung mit dieser Importbibliothek gebunden wurde. Normalerweise ruft die Anwendung diese Funktionen während der Initialisierung auf, noch bevor etwas auf dem Bildschirm angezeigt wurde.

Was genau passiert im Treiber-Manager, wenn *SQLAllocConnect* aufgerufen wird? Nicht sehr viel. Speicher wird für den Verbindungs-Handle alloziert, und der Handle wird an

Eine einfache Anfrage

die Anwendung zurückgegeben. Beachten Sie, daß bis zu diesem Zeitpunkt der Treiber noch nicht beteiligt ist – die gesamte Interaktion hat zwischen der Anwendung und dem Treiber-Manager stattgefunden.

Hier sollte erwähnt werden, daß es immer zwei Mengen von Handles in ODBC gibt: eine Menge im Treiber-Manager, die zwischen der Anwendung und dem Treiber-Manager verwendet wird, und eine Menge, die zwischen dem Treiber-Manager und dem Treiber verwendet wird. Mit dieser Konfiguration kann jeder Treiber eine eigene Datenstruktur für seinen Handle verwenden und muß sich nicht darum kümmern, nicht mit Informationen in Konflikt zu geraten, die der Treiber-Manager für andere Handles speichern muß. Zu diesem Zeitpunkt wurden in unserem Beispiel nur die Handles für die Kommunikation zwischen Anwendung und Treiber-Manager alloziert. Die Umgebungs- und Verbindungs-Handles des Treibers werden in Schritt 2 alloziert.

Abbildung 4.14 zeigt die Interaktion zwischen dem Anwendungscode und dem Treiber-Manager, wenn die Anwendung *SQLAllocEnv* und *SQLAllocConnect* aufruft.

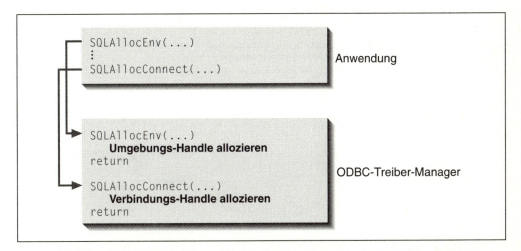

Abbildung 4.14 – Beispiel Schritt 1: Interaktion zwischen der Anwendung und dem Treiber-Manager während der Allozierung der Handles

Schritt 2: Die Anwendung ruft eine Verbindungsfunktion auf

Als nächstes baut die Anwendung eine Verbindung zu einer Datenquelle auf. ODBC besitzt drei verschiedene Funktionen für den Verbindungsaufbau, aber hier werden wir nur die einfachste davon betrachten: *SQLConnect*.[5] Die Funktion *SQLConnect* nimmt als Argumente den Verbindungs-Handle, einen Datenquellennamen, eine User-ID und ein Paßwort entgegen.

---

5 Fast alle ODBC-Funktionen verwenden eine andere Funktion, *SQLDriverConnect*, die viele der Details beim Verbindungsaufbau übernimmt, welche die Anwendung selbst erledigen müßte, würde sie *SQLConnect* einsetzen.

Wenn *SQLConnect* im Treiber-Manager aufgerufen wird, verwendet der Treiber-Manager den als zweites Argument angegebenen Datenquellennamen, um den entsprechenden ODBC-Treiber für die Datenquelle zu ermitteln. Diese Zuordnung ist für Windows-Versionen 3.x in der Datei ODBC.INI, für Windows NT und Windows 95 in der Registry enthalten. Abbildung 4.15 zeigt ein Beispiel für eine Datenquelle namens »Lager« in ODBC.INI, die dem Microsoft SQL Server-Treiber zugeordnet wird. (Dieses Beispiel stammt aus einer Anwendung, die für die Online-Auftragsannahme und die Lagerbestandsprüfung zuständig ist.)

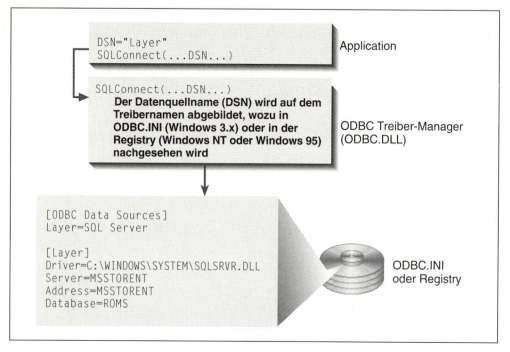

Abbildung 4.15 – Beispiel Schritt 2: Der Treiber-Manager ordnet dem Datenquellennamen einen Treiber zu.

Schritt 3: Der Treiber-Manager lädt den Treiber

Der Treiber-Manager ruft jetzt die Windows-Funktion *LoadLibrary* auf, wozu er die rechte Seite des Treiber-Eintrags in der ODBC.INI verwendet – in unserem Beispiel C:\WINDOWS\SYSTEM\SQLSRVR.DLL. Der Treiber-Manager erhält von der Funktion *LoadLibrary* einen Bibliotheks-Handle für den Treiber SQLSRVR.DLL zurück, und unter Verwendung dieses Handles ruft er die Windows-Funktion *GetProcAddres* für jede Funktion im Treiber auf. Jede Funktionsadresse wird in einem Array gespeichert, das dem Verbindungs-Handle zugeordnet ist. Dieser Prozeß ist in Abbildung 4.16 dargestellt.

Eine einfache Anfrage

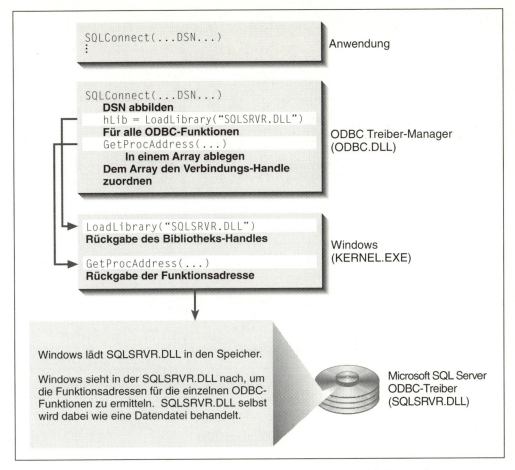

Abbildung 4.16 – Beispiel Schritt 3: Der Treiber-Manager lädt den Treiber

Schritt 4: Der Treiber-Manager ruft die Treiberfunktionen zur Allozierung der Handles auf

Der Treiber-Manager ruft die Funktionen *SQLAllocEnv* und *SQLAllocConnect* im Treiber auf. Sie wissen, daß der Treiber nicht geladen war, als die Anwendung diese Funktionen im Treiber-Manager aufrief. Deshalb müssen sie jetzt auch im Treiber aufgerufen werden. Wenn die Anwendung mit Hilfe der Funktion *SQLSetConnectOption* bestimmte Optionen für den Verbindungsaufbau gesetzt hat (etwa wie lange auf einen Verbindungsaufbau gewartet werden soll, bevor die Steuerung an die Anwendung zurückgeht), ruft der Treiber-Manager jetzt auch die Funktion *SQLSetConnection* auf. Abbildung 4.17 zeigt diesen Prozeß, unter der Annahme, daß keine Optionen für die Verbindung gesetzt waren.

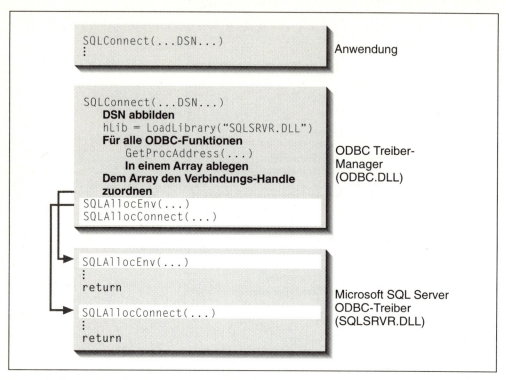

Abbildung 4.17 – Beispiel Schritt 4: Der Treiber-Manager ruft die Allozierungsfunktionen im Treiber auf

Schritt 5: Die Verbindung zum Server wird eingerichtet

Der Treiber-Manager ruft die Funktion *SQLConnect* im Treiber auf. Sie wissen, dies war die Funktion, die die Anwendung als erstes aufgerufen hat. Hier sollten wir ein wenig ausholen und erklären: Das Laden der Treiber-DLL ist der Hauptgrund dafür, warum einige Entwickler sagen, der Verbindungsaufbau mit ODBC dauere manchmal länger als der Verbindungsaufbau mit der eigentlichen API, insbesondere wenn statt einer DLL die eigentliche API statisch zur Anwendung gebunden wurde. Das Laden von DLLs und der Aufruf der Allozierungsfunktionen in einem Treiber müßten von der eigentlichen API nicht vorgenommen werden, aber in der ODBC-Architektur sind sie erforderlich. Wir haben jedoch festgestellt, daß die eigentliche Verbindung zum Server in der Regel der zeitaufwendigste Teil des Verbindungsaufbaus ist – und zwar in einem Maße, daß der Overhead, der beim Laden der DLL entsteht, vernachlässigt werden kann (er wird auf einem Intel 486 in Millisekunden gemessen). Weil die Verbindungszeit fast nie ein performance-kritischer Teil einer Anwendung ist, haben wir uns beim Design auch keine allzu großen Gedanken darüber gemacht.

Jetzt muß der Treiber den Funktionsaufruf *SQLConnect* verarbeiten. Für einen Ein-Stufen-Treiber, wie etwa den für den Zugriff auf dBASE-Dateien, ist hier nichts zu tun, weil keine Netzwerkverbindung aufgebaut werden muß. Für einen Client/Server-Treiber, wie etwa den Microsoft SQL Server-Treiber aus unserem Beispiel, wird für die Verarbeitung des *SQLConnect*-Aufrufs die auf der Client-Maschine installierte Netzwerkschnittstellen-Software verwendet, um eine Verbindung zu dem physikalischen Server herzustellen, der als Teil des Datenquellennamens angegeben wurde. Dazu verwendet der Treiber die Konfigurationsinformation, die beim Erzeugen des Datenquellennamens in der ODBC.INI abgelegt wurde. (In diesem Beispiel haben wir das nicht besonders erwähnt, es wurde jedoch im vorigen Abschnitt bereits beschrieben. Als Teil des Konfigurationsprozesses für einen Treiber wird der Benutzer nach dem Servernamen, der Netzwerkadresse oder beidem gefragt, je nachdem, was benötigt wird. Der Treiber legt diese Information in der ODBC.INI ab.)

Nachdem die Verbindung zum Server eingerichtet wurde, sendet ein Client/Server-Treiber in der Regel die User-ID und ein Paßwort an den Server, um das Sicherheitssystem für das DBMS zu befriedigen. Sie wissen, daß die User-ID und das Paßwort als Argumente an *SQLConnect* übergeben werden. Wenn die User-ID und das Paßwort ungültig sind, gibt der Server einen Fehler an den Client-Treiber zurück, der dann den Fehlercode auf den von ODBC benötigten Standard abbildet (in diesem Fall »28000 – Ungültige Zugriffsberechtigung«). Der Treiber gibt die Steuerung an den Treiber-Manager zurück, der die Steuerung mit dem Standardfehler (und dem ursprünglichen Fehlercode und der vom Server zurückgegebenen Fehlermeldung) an die Anwendung zurückgibt.

Wenn die User-ID und das Paßwort gültig sind, gibt der Server eine Meldung über den erfolgreichen Verbindungsaufbau zurück. Der Treiber gibt den Standard-Rückgabewert SQL_SUCCESS an den Treiber-Manager zurück, der diesen Wert wiederum an die Anwendung weiterreicht. Die Verbindung steht! Während des gesamten Prozesses hat die Anwendung einfach darauf gewartet, daß der Funktionsaufruf von *SQLConnect* einen Rückgabewert erzeugt. Abbildung 4.18 zeigt den Prozeß des Verbindungsaufbaus.

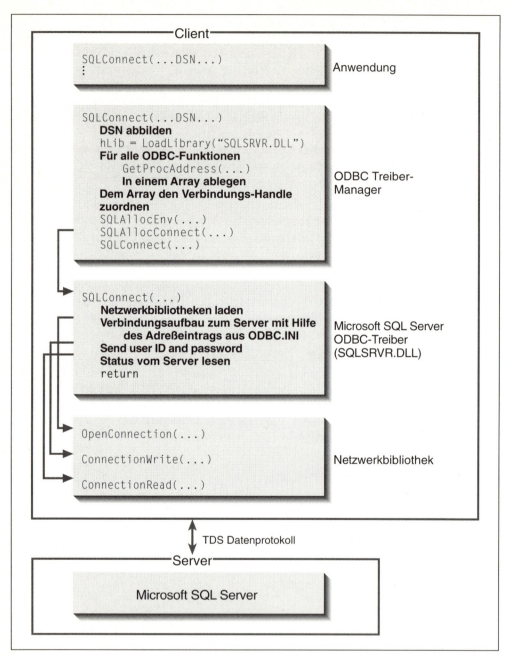

Abbildung 4.18 – Schritt 5: Der Verbindungsaufbau

Eine einfache Anfrage 145

Schritt 6: Eine SQL-Anweisung wird ausgeführt

Wenn Sie dieses Beispiel nachvollzogen haben, dann werden Sie erleichtert sein zu erfahren, daß das Schlimmste vorbei ist, zumindest was die Komplexität auf der Client-Seite betrifft. Jetzt steht unsere Verbindung, und alle weiteren Interaktionen zwischen der Anwendung, dem Treiber-Manager, dem Treiber und dem DBMS sind relativ einfach. Um eine SQL-Anweisung an den Server zu senden, muß die Anwendung zuerst einen Anweisungs-Handle allozieren. Dazu ruft die Anwendung die Funktion *SQLAllocStmt* auf, die den Treiber-Manager veranlaßt, seinen eigenen Anweisungs-Handle zu allozieren, und die anschließend die Steuerung an den Treiber-Manager zurückgibt. Der Treiber-Manager schließlich gibt die Steuerung an die Anwendung zurück.

Der Anweisungs-Handle ist das Arbeitspferd aller ODBC-Anwendungen, weil er zum Senden aller SQL-Befehle an den Server und zum Ermitteln aller Ergebnisse verwendet wird. Wenn der Anweisungs-Handle alloziert ist, kann er für eine beliebige Anzahl an SQL-Anweisungen verwendet werden, vorausgesetzt, er wird nicht gerade anderweitig genutzt (zum Beispiel, um Zeilen zu laden, die aus einer SELECT-Anweisung resultieren). Einige Programmierer glauben irrtümlicherweise, der Anweisungs-Handle könnte nicht wiederverwendet werden, und haben für jedes erneute Senden an den Server einen neuen Handle alloziert. Es ist nicht nur unnötig, sondern auch ineffizient, Handles ständig zu allozieren und deallozieren.

Nun wollen wir noch den Versuch betrachten, eine SQL-Anweisung auszuführen. Die einfachste Methode, in ODBC SQL-Anweisungen auszuführen, ist der Aufruf von *SQLExecDirect*. *SQLExecDirect* nimmt einen SQL-String entgegen und sendet ihn an den Server. Es ist dabei egal, um welche Art SQL-Anweisung es sich bei diesem String handelt; es muß sich nicht einmal um SQL handeln. Genauer gesagt heißt das also, daß *SQLExecDirect* jeden beliebigen Text, den die Anwendung bereitstellt, an den Server weitergibt. Für unser Beispiel wollen wir annehmen, daß die folgende Abfrage als SQL-Anweisung gesendet werden soll:

```
SELECT PRODUCT, COUNT(*) AS Ordered
FROM ORDERS
WHERE CUSTOMER='kyleg'
GROUP BY PRODUCT
HAVING COUNT(*) > 1
```

Für diejenigen unter Ihnen, die SQL nicht verstehen, eine kurze Übersetzung dieser Abfrage: »Welche Produkte habe ich öfter als einmal bestellt?«

Die Anwendung erzeugt diese Abfrage möglicherweise, nachdem der Benutzer eine Schaltfläche angeklickt hat, oder nach irgendeinem anderen Ereignis. Oder es handelt sich bei der Anwendung um eine sehr einfache Ad-hoc-Abfrageanwendung, in der der SQL-String direkt eingegeben wird, wie etwa in dem Beispiel in Abbildung 4.19 gezeigt, das aus dem Beispielprogramm VBODBC von der CD zum Buch stammt. Abbildung 4.20 zeigt die Schritte, die erforderlich sind, um die SQL-Anweisung von der Anwendung zum Server zu übertragen.

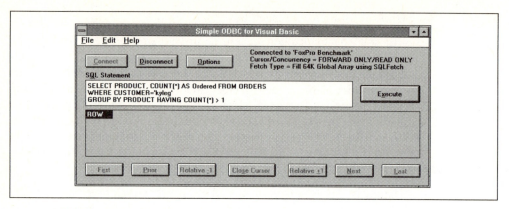

Abbildung 4.19 – Die Anwendung ist bereit, eine SQL-Anweisung auszuführen

Der Server empfängt die Anforderung, eine Abfrage auszuführen, verarbeitet sie, und wenn er damit fertig ist, gibt er die Ergebnisse an den Client zurück. Beachten Sie, daß die meisten DBMSe, anders als Microsoft SQL Server, einfach eine Meldung zurückgeben würden, die den Erfolg oder Mißerfolg der Abfrage anzeigt, und dann darauf warten würden, daß der Client die Abfrageergebnisse explizit anfordert. Bei Microsoft SQL Server werden alle Ergebnisse an den Client gesendet, ohne daß dieser sie explizit beim Server anfordern muß.[6]

Beachten Sie in Abbildung 4.20, daß der Treiber nach dem Aufruf von *ConnectionWrite* unmittelbar *ConnectionRead* aufruft, das auf eine Antwort vom Server wartet. In ODBC nennen wir das den *synchronen Modus*, der das Gegenstück zum zuvor beschriebenen asynchronen Modus darstellt. Mehr über diese Modi erfahren Sie im nächsten Kapitel. Momentan genügt es zu wissen, daß unser Beispiel den synchronen Modus verwendet – damit wird die Erklärung einfacher.

Sobald der Server eine Anwort an den Client sendet, liest die Funktion *ConnectionRead* aus der Netzwerkbibliothek die Daten vom Netzwerk und gibt sie an den Treiber weiter. Was sendet der Server? Wenn Sie sich an Kapitel 3 erinnern, dann wissen Sie, daß der Microsoft SQL Server das Datenprotokoll TDS (Tabular Data Stream) verwendet. Die Ergebnisse vom Server sind also Nachrichten, die gemäß der TDS-Spezifikation kodiert sind.

---

6 Das trifft jedoch nicht für Microsoft SQL Server 6 zu, wo die Anwendungen auswählen können, ob sie die Daten auf einmal oder in Abschnitten zu einer oder mehreren Zeilen erhalten wollen

Eine einfache Anfrage

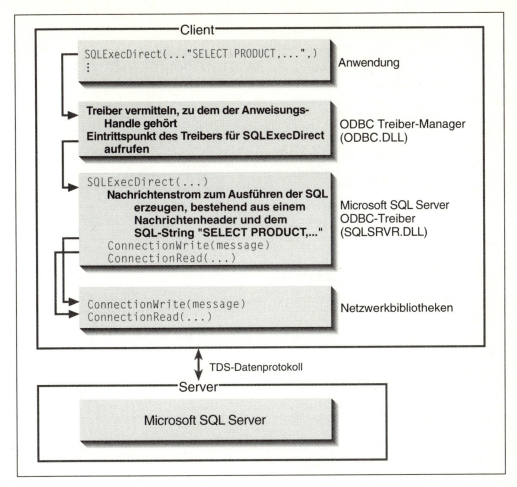

Abbildung 4.20 – Beispiel Schritt 6: Ausführung einer SQL-Anweisung

Das Beispiel in Kapitel 3 hat gezeigt, wie das Datenprotokoll dekodiert und an die Anwendung zurückgegeben wird, deshalb will ich diesen Prozeß hier nicht noch einmal beschreiben. In diesem Beispiel holt die Anwendung die Daten mit Hilfe von *SQLFetch*, wobei die Datenzeilen vom Netzwerk gelesen werden, bis die Meldung DONE vom Server kommt. Für unsere Beispielabfrage, die die Anzahl der Produkte angibt, werden für jede Zeile zwei Spalten (der Produktname und die Anzahl der Produkte) zurückgegeben, wie in Abbildung 4.21 gezeigt.

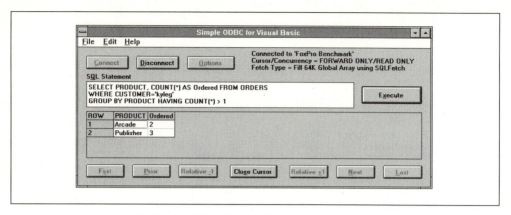

Abbildung 4.21 – Ergebnisdaten aus dem Beispiel

4.4 Zusammenfassung

In diesem Kapitel haben Sie die ODBC-Architektur kennengelernt. Dabei wurden unter anderem die folgenden Dinge beschrieben:

- Wie ODBC für Client/Server-Architekturen entwickelt und optimiert wurde.

- Aus welchen Komponenten sich ODBC zusammensetzt: Anwendungen, Treiber-Manager, Treiber und Datenquellen.

- Wie ODBC die vielfältigen Unterschiede der Netzwerktopologien und Umgebungen kompensiert, indem es das Konzept der »Datenquelle« einführt.

- Wie das dynamische Laden von Bibliotheken unter Windows (und anderen Architekturen) den Polymorphismus ermöglicht (mehrere nebenläufige Implementierungen derselben API).

- Wie eine einfache Abfrage verarbeitet wird, und was dabei in den verschiedenen Softwareschichten passiert.

Damit haben Sie so viel über die grundsätzliche Arbeitsweise von ODBC erfahren, daß Sie bereit für das nächste Kapitel sind, wo viele der Aspekte von ODBC im Detail beschrieben werden.

ODBC im Detail

5

In diesem Kapitel werden wir die wichtigsten Funktionen von ODBC vorstellen, welche bisher noch nicht erwähnt wurden.

Dieses Kapitel erklärt Ihnen, welche Designentscheidungen zu den technischen Funktionen von ODBC geführt haben. Wenn Sie Entwickler sind, werden Sie sicher einige Details vermissen. Die Beispielprogramme in Teil II dieses Buches werden Ihnen zusammen mit dem *Microsoft ODBC 2.0 Programmierhandbuch* (Microsoft, 1994) helfen, diese Lücken zu füllen.

Die einzelnen Themen werden hier in keiner bestimmten Reihenfolge präsentiert, Sie müssen also die Abschnitte nicht sequentiell lesen. Etwa ein Drittel dieses Kapitels (Abschnitt 5.5) beschäftigt sich mit dem Cursormodell von ODBC. Dieser Teil ist der technisch anspruchsvollste, und Sie sollten sich zum Lesen etwas Zeit nehmen.

5.1 ODBC-Handles

Ein *Handle* ist nichts anderes als eine Anwendungsvariable, in der das System Kontextinformationen über eine Anwendung und ein von der Anwendung verwendetes Objekt ablegen kann. In einem C-Programm für Windows zum Beispiel ist der wichtigste Handle der Fenster-Handle, es gibt aber auch noch andere Handles: Gerätekontext-Handles, Speicher-Handles und Instanz-Handles, um nur ein paar davon zu nennen. ODBC verwendet drei Arten Handles: Umgebungs-Handles, Verbindungs-Handles und Anweisungs-Handles. Innerhalb von Windows wird ein Handle für den Zugriff auf eine Datenstruktur verwendet, deren Details nur Windows kennt. Dasselbe trifft auch für ODBC zu: die Anwendungen »sehen« niemals in einen Handle hinein und können den Inhalt, auf den der Handle verweist, auch nicht direkt manipulieren. Dieses Konzept, das man auch als *Information Hiding* bezeichnet, ist ein grundlegendes Prinzip des Software Engineerings.

Einer der wesentlichen Aspekte bei der Entwicklung von ODBC war die Frage, wie man es den Anwendungen ermöglichen konnte, gleichzeitig mehrere Treiber zu verwenden, wobei jeder Treiber seine eigene Datenstruktur haben sollte, damit er den jeweiligen Kontext verwalten kann. Die Lösung war, das Handle-Konzept in etwas verbesserter Form einzusetzen.

ODBC verwendet Handles ähnlich wie Windows-basierte C-Programme, geht dabei aber noch einen Schritt weiter. Unter Windows werden die verschiedenen Handles immer von Windows selbst verwaltet. Demzufolge werden auch die den Handles zugrundeliegenden

Datenstrukturen von Windows definiert und verwaltet und bleiben immer gleich. Unter ODBC wollten wir eine Möglichkeit für die Entwickler von Treibern schaffen, eigene Datenstrukturen zu definieren und dennoch das Handle-Schema zu verwenden, um ihre Datenstrukturen privat zu halten. Einerseits benötigen die Anwendungsentwickler eine Standardmethode, um auf die Handles für ODBC-Funktionen zu verweisen, andererseits wollten wir die Entwickler nicht zwingen, unsere Vorstellung von dem Inhalt der Datenstrukturen zu übernehmen. Um die Dinge noch weiter zu verkomplizieren, muß der Treiber-Manager auch eigene Informationen über die Handles verwalten, auf die weder die Anwendungen noch die Treiber zugreifen können.

Um das Problem aus der Welt zu schaffen, haben wir Funktionen für die Allozierung der Handles definiert, die von den einzelnen Treibern ausgeführt werden können. Diese Funktionen ermöglichen es einem Treiber, den Handles seine eigenen Datenstrukturen zuzuordnen, auch wenn die Anwendung immer dieselbe Art Handle verwendet. Damit ist des dem Treiber-Manager möglich, eigene Handles für die Verwaltung der Treiber und die Realisierung der notwendigen Zuordnungen zwischen Anwendungen und Treibern zu verwalten. Die drei Handle-Typen, die unter ODBC verwendet werden – Umgebungs-Handle, Verbindungs-Handle und Anweisungs-Handle – sind in hierarchischer Weise angeordnet, wie in Abbildung 5.1 gezeigt.

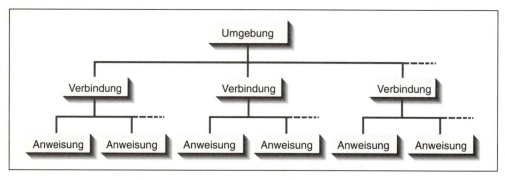

Abbildung 5.1 – Die Hierarchie der ODBC-Handles

ODBC verwendet das Handle-Konzept auch, um eine robuste Fehlerbehandlung sicherzustellen und die Anwendungsentwickler beim Schreiben von Multithread-Anwendungen zu unterstützen. Diese beiden Vorteile erklären, warum jede ODBC-Funktion einen Handle als erstes Argument entgegennimmt. Ohne die Handles wäre es sehr schwierig, Fehler zurückzugeben, die beim Aufruf einer Funktion auftreten. ODBC müßte entweder die gesamte Fehlerinformation der Funktion als Rückgabewert oder als Ausgabeargument zurückgeben, oder es müßte die Fehlerinformation in einem globalen Speicherbereich ablegen, auf den die Anwendung Zugriff hat.

Das Problem beim ersten Ansatz ist, daß die Fehlerinformation komplex ist: normalerweise besteht sie aus einer Fehlernummer, einer Meldung und – im Fall von ODBC – einem standardisierten Fehler. Damit kommt die Rückgabe eines einfachen skalaren Werts als Ergebnis einer ODBC-Funktion nicht in Frage. Die Verwendung von drei zusätzlichen Argumenten für jede ODBC-Funktion würde die API zu sehr verkomplizieren. Ein weiteres Problem ist, daß einige DBMSe mehrere Fehler zurückgeben, so daß man einen Mechanismus benötigt, der die Fehler aufzählt. Man könnte vielleicht auch alle Fehler zusammenpacken und es dem Anwendungsprogrammierer überlassen, sie wieder zu entpacken, aber das würde unserem Ziel widersprechen, das Ganze so einfach wie möglich zu halten.

Das Problem bei der Verwendung eines globalen Speicherbereichs für Fehlerinformationen ist die schwierige Verwaltung, insbesondere wenn das System mehrere Anwendungen koordinieren muß, die auf globale Daten zugreifen. Und das ist in einem nicht-präemptiven Multitasking-System wie Windows der Fall. Es ist schlichtweg falsch, nicht geschützte globale Variablen für Fehlerinformationen in einer Multithread-Umgebung wie etwa Windows NT, OS/2 oder Windows 95 zu verwenden. Warum? Wenn eine Funktion ohne Handle aufgerufen wird und einen Fehler erzeugt, der in einen globalen Bereich geschrieben wird, wie kann man dann einen anderen Thread daran hindern, diesen zu lesen? Irgend etwas muß irgendwo den Kontext verwalten, so daß die Fehlerinformation an die richtige Anwendung weitergegeben werden kann. Wenn sie in einen globalen Speicherbereich geschrieben wird, müßten Semaphore oder ein anderer Kontrollmechanismus für die nebenläufige Verarbeitung eingesetzt werden, um den Zugriff zu serialisieren. Der Treiber-Manager müßte einen Weg finden, jeden Fehler mit der Anwendungs-ID und dem korrekten Thread innerhalb dieser Anwendung zu kennzeichnen. Eine Lösung dafür würde es erforderlich machen, jede Thread-ID im Treiber-Manager zu registrieren oder eine andere Möglichkeit zu finden, mit der der Treiber-Manager Fehlerinformationen koordinieren kann. Dieser Ansatz ist also viel zu komplex. Die Verwendung eines Handles für jeden ODBC-Funktionsaufruf stellt eine sehr viel einfachere Lösung dar.

Der Handle-Ansatz in einer Multithread-Umgebung teilt sowohl der Anwendung als auch dem Treiber-Manager mit, wo die Kontext- und die Fehlerinformationen abgelegt werden sollten. Wenn ein Fehler auftritt, gibt es keine Frage, was die Anwendung tun soll: Sie soll den Handle, der in der fehlerhaften Funktion verwendet wurde, der ODBC-Fehlerfunktion übergeben: *SQLError*.

Die im Handle vorhandene Kontextinformation kann auch noch weitere Funktionen des Treibers vereinfachen, etwa einen synchronen Abbruch. Der synchrone Abbruch ermöglicht es einer Anwendung, die Ausführung einer SQL-Anweisung in einem Thread zu beginnen und seine Ausführung von einem anderen Thread aus abzubrechen. Das ist nur mit Hilfe der Handles möglich. Der Handle, der für die Ausführung der Anweisung verwendet wird, kann in einem anderen Thread dazu verwendet werden, diese Anweisung abzubrechen, weil der Handle dem Treiber-Manager genau mitteilt, daß es sich um dieselbe Anweisung handelt.

Einen Punkt möchte ich noch aufführen, bevor wir die Handle-Typen detailliert beschreiben. Es gibt immer zweierlei Gruppen von Handles: die einen werden vom Treiber-Manager alloziert und zwischen einer Anwendung und dem Treiber-Manager eingesetzt, die anderen werden von einem Treiber alloziert und zwischen dem Treiber-Manager und dem Treiber eingesetzt. Damit wird es einem Treiber ermöglicht, eigene

Datenstrukturen für die einzelnen Handles zu verwenden, ohne daß der Treiber-Manager oder die Anwendung den Inhalt der Handles kennen müßten. Immer wenn eine Anwendung dem Treiber-Manager einen Handle übergibt, gibt der Treiber-Manager nicht diesen weiter an den Treiber, sondern statt dessen den Handle, der vom Treiber alloziert wurde.

Das sind die wichtigsten Grundlagen. Jetzt wollen wir die einzelnen Handle-Typen von ODBC genauer betrachten.

5.1.1 Der Umgebungs-Handle

Der Umgebungs-Handle ist der globale Kontext-Handle in ODBC. Jedes Programm, das ODBC einsetzt, beginnt mit der Funktion, die den Umgebungs-Handle alloziert (*SQLAllocenv*), und endet mit der Funktion, die den Umgebungs-Handle freigibt (*SQLFreeEnv*). Alle anderen Handles (alle Verbindungs- und Anweisungs-Handles für diese Anwendung) werden innerhalb des Kontexts des Umgebungs-Handles ausgeführt. Der Umgebungs-Handle wird zum Beispiel im Treiber-Manager verwendet, um die Anzahl der Verbindungen und ihren Status (verbunden oder nicht-verbunden) zu verwalten. Gemäß der Namenskonventionen von Windows wird ein Umgebungs-Handle in der Regel als *henv* (Handle to Environment) bezeichnet.

Henv ist nicht nur ein globaler Platzhalter für die anderen Handles und für Kontextinformationen, sondern wird in der ODBC-API auch noch für andere Zwecke genutzt:

- Er übergibt alle Fehler, die hinsichtlich der Umgebung auftreten, an *SQLError*. Dabei kann es sich etwa einen Versuch, den Umgebungs-Handle freizugeben, während es noch aktive Verbindungen gibt, handeln, oder um einen Versuch, während der Allozierung eines Verbindungs-Handles einen ungültigen *henv* anzugeben.

- Als Kontext-Handle für *SQLDataSources*, die Funktion, die die aktuell installierten Datenquellen aufzählt.

- Als Kontext-Handle für *SQLDrivers*, die Funktion, die die aktuell installierten Treiber aufzählt.

- Zur Verwaltung der Transaktionen, wenn mit Hilfe von *SQLTransact* alle geöffneten Transaktionen für alle Verbindungen festgeschrieben oder rückgängig gemacht werden. Das heißt, nicht die Anwendung führt das Festschreiben oder Rückgängigmachen aller ausstehenden Transaktionen für einen Verbindungs-Handle mit jeweils separaten Aufrufen von *SQLTransact* durch, sondern *henv* zwingt den Treiber-Manager, das Festschreiben oder Rückgängigmachen für alle Verbindungen vorzunehmen. Dabei muß gesagt werden, daß der Treiber-Manager keinen globalen Transaktionsservice bereitstellt, der alle Transaktionen für alle Verbindungen als eine einzige Transaktion betrachtet. Das wäre natürlich ganz praktisch, und offen gesagt, wurde die Verwendung von *henv* innerhalb von *SQLTransact* so ausgelegt, daß es möglicherweise irgendwann als globaler Transaktionsmonitor verwendet werden kann. Aber bevor es nicht eine allgemein unterstützte Methode gibt, wie verschiedene DBMSe an einer einzigen globalen Transaktion teilnehmen können, ist ein Versuch, dies direkt vom Treiber-Manager aus bereitzustel-

ODBC-Handles 153

len, nicht sehr sinnvoll.[1] Meiner Meinung nach ist es auch nicht sinnvoll, die Client-PCs als globale Transaktionsmonitore zu verwenden; diese Task sollte dem Server übertragen werden.

5.1.2 Der Verbindungs-Handle

Ein Verbindungs-Handle verwaltet alle Informationen über eine Verbindung. Aus der Perspektive eines Entwicklers von Treibern bedeutet das, daß ein Verbindungs-Handle eine Netzwerkverbindung zu einem Server beobachtet, oder alternativ die Verzeichnis- und Dateiinformation, wenn das lokale Dateisystem die Datenquelle darstellt. Aus der Perspektive des Treiber-Managers identifiziert ein Verbindungs-Handle den Treiber, der in der Verbindung verwendet wird, und leitet die Funktionsaufrufe weiter. Gemäß des Namensschemas von Windows wird ein Verbindungs-Handle auch als *hdbc* (Handle to Database Connection) bezeichnet.

Ein *hdbc* wird mit einem Funktionsaufruf alloziert, der ihn dem Umgebungs-Handle zuordnet: *SQLAllocConnect(henv, &hdbc)*. Er wird mit der Funktion *SQLFreeConnect* freigegeben. Der Treiber-Manager legt den *hdbc* in der Datenstruktur ab, auf die *henv* verweist. Weil mehrere Verbindungs-Handles alloziert werden können, verwaltet der Treiber-Manager eine Liste aller Verbindungs-Handles, die dem Umgebungs-Handle zugeordnet sind.

Nachdem der *hdbc* alloziert ist, kann er für einen Verbindungsaufbau verwendet werden. In Kapitel 4 (Abschnitt 4.3) haben wir gesehen, was passiert, wenn die Verbindungsfunktion *SQLConnect* aufgerufen wird. Im Verbindungs-Handle wird das Array der Funktionszeiger für einen bestimmten Treiber abgelegt.

Nachdem die Verbindungsfunktion erfolgreich abgearbeitet ist, wird der Treiber in den Speicher geladen. Jetzt hat der Treiber eine Verbindung zu dem Datenbankserver und kann SQL-Anweisungen ausführen. Wir sagen dazu, der *hdbc* befindet sich im *aktiven* oder *verbundenen* Status, im Gegensatz zu einem *hdbc*, der sich im *allozierten* Status befindet.

Beachten Sie, daß der Treiber-Manager beim Verbindungsaufbau die Anforderung an den Treiber weitergibt, einen Umgebungs-Handle und einen Verbindungs-Handle zu allozieren. Die Allozierung der Umgebungs- und Verbindungs-Handles des Treibers erfolgt also nicht zur selben Zeit wie in der Anwendung, sondern dann, wenn die Anwendung *SQLConnect* oder eine andere Verbindungsfunktion aufruft. Für jede aufgerufene ODBC-Funktion ermittelt der Treiber-Manager den entsprechenden Einsprungpunkt in dem Array der Funktionszeiger, das im Verbindungs-Handle abgelegt ist, und führt einen indirekten Aufruf des Treibers durch.

---

1 Es scheint eine wachsende Akzeptanz für die XA-Programmierschnittstelle für die Transaktionsverarbeitung von X/Open zu geben. Wenn die Hersteller von Transaktionsverarbeitungsmonitoren und von DBMS-Systemen schließlich die XA-Schnittstelle unterstützen, wird das den Weg für globale Transaktionen unter ODBC ebnen.

Ein Verbindungs-Handle wird nicht nur zum Aufbewahren der allgemeinen Informationen über den Verbindungskontext verwendet, sondern dient in der ODBC-API auch den folgenden Zwecken:

■ Zur Einrichtung einer Verbindung mit Hilfe von *SQLConnect* oder *SQLBrowse Connect* und zum Abbau der Verbindung mit *SQLDisconnect*.

■ Zur Übergabe aller Fehler, die hinsichtlich der Verbindung auftreten, an *SQLError*. Dabei kann es sich etwa um Fehler beim Laden eines Treibers, Fehler bei der Verbindung zum Server über ein Netzwerk, alle Kommunikationsfehler (zum Beispiel im Netzwerk oder im LAN), den Ablauf eines Verbindungs-Timeouts, den Versuch, eine Verbindung zu nutzen, die bereits verwendet wird, usw. handeln.

■ Zum Setzen von Verbindungsoptionen, wie etwa Timeouts, Transaktionsisolationsstufen und anderen Optionen, die mit Hilfe von *SQLSetConnectOption* angegeben werden.

■ Als Handle für die Transaktionsverwaltung. Der Kontext einer Transaktion wird durch den *hdbc* festgelegt. Das heißt, die Menge aller Anweisungen, die einem *hdbc* zugeordnet sind, bilden den Gültigkeitsbereich der Transaktion. Obwohl die Funktion *SQLTransact* auch mit einem Umgebungs-Handle verwendet werden kann, wie im vorigen Abschnitt beschrieben, wird sie größtenteils mit einem Verbindungs-Handle verwendet.

■ Als Argument für die Informationsfunktionen *SQLGetInfo* und *SQLGetFunctions*, die Informationen über den Treiber, die Datenquelle und die durch den *hdbc* zugeordnete Verbindung zurückgeben. Eine dritte Informationsfunktion, *SQLNativeSQL* verwendet den *hdbc*, um SQL-Strings an eine Anwendung zurückzugeben, wobei die Escapeklauseln (siehe Abschnitt 5.8.2.3) in eine DBMS-spezifische Syntax übersetzt und weitere Umwandlungen durchgeführt werden.

5.1.3 Der Anweisungs-Handle

Der Anweisungs-Handle ist das eigentliche Arbeitspferd der ODBC-API. Er wird für die Verarbeitung von SQL-Anweisungen und Katalogfunktionen verwendet. Jeder Anweisungs-Handle ist nur einer Verbindung zugeordnet. Wenn der Treiber-Manager einen Funktionsaufruf von einer Anwendung empfängt und dieser einen Anweisungs-Handle enthält, verwendet der Treiber-Manager den Verbindungs-Handle, der im Anweisungs-Handle gespeichert ist, um den Funktionsaufruf an den richtigen Treiber weiterzugeben.

Ein Anweisungs-Handle wird durch eine Allozierungsfunktion (*SQLAllocStmt*) erzeugt und durch eine Deallozierungsfunktion (*SQLFreeStmt*) freigegeben. So wie die Funktion *SQLAllocConnect* einem Verbindungs-Handle eine Umgebung zuordnet, ordnet das erste Argument von *SQLAllocStmt* (ein Verbindungs-Handle) den Anweisungs-Handle einer bestimmten Verbindung zu. Die Abkürzung für einen Anweisungs-Handle ist *hstmt*. Ein *hstmt* wird zur Verwaltung von Statusinformationen eingesetzt, um sicherzustellen, daß die Funktionen von der Anwendung in der richtigen Reihenfolge aufgerufen werden. Es ist zum Beispiel nicht sinnvoll, einer Anwendung zu ermöglichen, die nächste Datenzeile zu holen, wenn keine SQL-Anweisung ausgeführt wurde. Der Treiber-Manager verfolgt, was bisher passiert ist, und speichert diese Information in seinem Anweisungs-Handle.

Treiber verwenden Anweisungs-Handles für all ihre Datenstrukturen, die für die Ausführung von SQL-Anweisungen und zur Verarbeitung von Ergebnissen benötigt werden. Alle Treiber haben zum Beispiel eine bestimmte Methode, mit der sie die Namen, Typen und Längen der von einer SELECT-Anweisung zurückgegebenen Spalten darstellen, und diese Information wird einem *hstmt* zugeordnet.

Einer der kontroversen Aspekte von ODBC war die Verwendung von Anweisungs-Handles für die Verarbeitung aller SQL-Anweisungen, im Gegensatz zu eingebettetem SQL, wo eine explizite Unterscheidung zwischen Anweisungen, die mehrere Zeilen zurückgeben (Cursor), und allen anderen Anweisungen getroffen wird. Frühe Versionen von ODBC hatten neben den Anweisungs-Handles sogenannte »Cursor-Handles«. Aber letztendlich war es doch besser, einen Anweisungs-Handle zu verwenden, der für alle SQL-Anweisungen zuständig war. Der Vorteil tritt insbesondere in Situationen zutage, in denen eine Anwendung nicht weiß, ob Zeilen zurückgegeben werden. Das kann zum Beispiel der Fall sein, wenn es eine Anwendung dem Benutzer ermöglicht, SQL direkt einzugeben, wenn eine Anwendung als Ausführungsagent für eine andere Anwendung eingesetzt wird, wenn Anweisungen, welche Zeilen zurückgeben, mit anderen Anweisungen kombiniert werden, oder wenn ein Microsoft SQL Server oder eine gespeicherte Prozedur unter Sybase aufgerufen wurden, die Zeilen zurückgeben.

5.2 Das Verbindungsmodell von ODBC

In diesem Abschnitt werden wir betrachten, wie eine Anwendung ODBC nutzen kann, um eine logische Verbindung zu einer Datenquelle herzustellen.

Unter ODBC beschreibt der Begriff *Verbindung* den Prozeß, den notwendigen Kontext einzurichten, so daß eine Anwendung Informationen an eine Datenquelle senden und von dort empfangen kann. Dieser Prozeß umfaßt das Laden eines entsprechenden ODBC-Treibers, die Einrichtung einer logischen Netzwerkverbindung zu einem Server in einem lokalen Netzwerk oder einem WAN sowie die Authentifizierung des Benutzers und die Bereitstellung aller Kontextinformationen, die eine Anwendung zur Ausführung von SQL-Anweisungen benötigt. Wenn es sich bei der Datenquelle um eine lokale Desktop-Datenbank oder eine flache Datei handelt, besteht der Verbindungsprozeß möglicherweise einfach nur darin, einen ODBC-Treiber zu laden. In jedem Fall ist es zur Einrichtung einer Verbindung unter ODBC notwendig, daß der Treiber-Manager und der Treiber alle Aktionen vornehmen, um den richtigen Kontext für eine Anwendung zu schaffen, so daß diese eine SQL-Funktion oder eine der Katalogfunktionen (wie etwa *SQLTables*, die eine Liste aller Tabellen ermittelt, auf die der aktuelle Benutzer zugreifen kann) ausführen kann.

5.2.1 Hintergrund

Das Ziel, den Verbindungsprozeß kompatibel zu machen, war eine technische Herausforderung. Die verschiedenen Treiber, Datenquellen, Netzwerktopologien (wie etwa lokale Dateien, Server in einem LAN oder LAN-Verbindungsrechner zu anderen Systemen), Sicherheitssysteme und die ganz spezifischen Verhaltensweisen der einzelnen DBMSe machten den Entwurf einer Standard-API für Verbindungen relativ schwierig. Die Verschiedenartigkeit der Verbindungsmodelle für unterschiedliche DBMSe, die in diesen Beispielen gezeigt wird, soll Ihnen einen Eindruck vermitteln, womit wir es bei der Entwicklung zu tun hatten.

■ Microsoft SQL Server verwendet das Konzept von »Datenbanken« auf einem physikalischen Server. Wenn ein Benutzer eine Verbindung zu einem Server aufbaut, richtet das DBMS einen aktuellen Kontext ein, der beschreibt, auf welche Tabellen, gespeicherten Prozeduren, Regeln und andere Objekte der Benutzer standardmäßig zugreifen darf. Jedem Benutzer mit einem Konto auf diesem Server ist eine Default-Datenbank zugeordnet, er kann jedoch den Datenbankkontext zur Laufzeit dynamisch wechseln. Um eine maximale Flexibilität für die Verbindung zu Microsoft SQL Server bieten, mußte ODBC dem Benutzer eine Methode bereitstellen, den gewünschten Datenbankkontext einzurichten, und zwar so, daß die Anwendungsprogrammierer keinen Microsoft SQL Server-spezifischen Code mehr schreiben mußten.

■ Die Verbindung zu einem IBM DB2-DBMS auf einem Mainframe über einen LAN-Verbindungsrechner (etwa Micro Decisionware Database Gateway) macht manchmal mehrere Anmeldungen erforderlich. Der Client baut zuerst eine Verbindung zu einem Verbindungsrechner-Server in einem LAN auf, und der Verbindungsrechner-Server stellt die Verbindung zum Mainframe her. In einigen Fällen sind der Benutzername und das Paßwort für den Verbindungsrechner nicht gleich dem Benutzernamen und dem Paßwort für die Verbindung zum Mainframe, so daß der Benutzer möglicherweise zweierlei Anmeldeinformationen angeben muß.

■ Der Zugriff auf lokale dBASE-Dateien macht keine »Verbindung« im Sinne eines Netzwerks erforderlich. Hierzu muß nur der Treiber geladen werden.

Der Endbenutzer muß jedoch nicht all diese Unterschiede sehen. Einige Unterschiede können durch Optionen verborgen werden, die bei der Installation und Konfiguration eines Treibers spezifiziert werden. Im Fall von Microsoft SQL Server zum Beispiel könnte man den Benutzer den Treiber in der ODBC-Steuerung konfigurieren lassen, um auf eine bestimmte Datenbank zuzugreifen. Oder der Systemadministrator von Microsoft SQL Server könnte auf der Serverseite eine Defaultdatenbank zuweisen. Aber keine dieser Lösungen hilft dem Endbenutzer, der einfach nur in der Lage sein will, zur Laufzeit schnell und einfach auf verschiedene Datenbanken zuzugreifen.

Einige Unterschiede sollten nicht vor dem Endbenutzer verborgen werden, insbesondere wenn Sicherheitsinformationen eingegeben werden müssen. Man könnte sich überlegen, für alle Verbindungsszenarios die Angabe eines Datenquellennamens, einer User-ID und eines Paßworts zu fordern. Denken Sie jedoch an das Beispiel mit dem LAN-Verbindungsrechner und dem Mainframe, wofür zwei separate Logins erforderlich sind. Aus der Perspektive von ODBC ist es nicht akzeptabel, den Verbindungsrechner zu zwingen, die User-ID und das Paßwort für den Mainframe zu speichern, so daß die LAN-User-ID und das Paßwort automatisch auf die korrekte User-ID und das Paßwort des Mainframes abgebildet werden. ODBC folgt dem altbewährten Grundsatz: »Die einzige Stelle, an der eine User-ID und ein Paßwort gespeichert sein sollen, ist der Kopf des Benutzers.«

5.2.2 Die ODBC-Lösung

Der Ansatz von ODBC ist es, eine maximale Flexibilität zu bieten, indem man ermöglicht, die Verbindungsoptionen entweder in einem separaten Konfigurationsprozeß oder dynamisch zur Laufzeit zu setzen, während gleichzeitig die Anwendungen vor den Eigenschaften jedes Ziel-DBMS abgeschirmt werden. Für die Lösung des Problems unterschiedlicher Verbindungsmodelle führt ODBC drei Funktionen ein: *SQLConnect*, *SQLDriverConnect* und *SQLBrowseConnect*.

5.2.2.1 SQLConnect

Die einfachste Funktion, *SQLConnect*, setzt voraus, daß die gewünschte Verbindung eingerichtet werden kann, indem der Name einer Datenquelle, eine User-ID und ein Paßwort angegeben werden. Für einen Großteil der direkten Verbindungen von einem PC zu einem Ziel-DBMS ist das auch ausreichend. Diese Funktion nimmt an, daß die Anwendung den Endbenutzer nach Sicherheitsinformationen abfragt oder daß die Sicherheitsinformation in der Anwendung kodiert ist. Die Funktion *SQLConnect* ist die einzige Verbindungsfunktion, die in der CLI des ISO-Standards enthalten ist.

5.2.2.2 SQLDriverConnect

Die gebräuchlichste Verbindungsfunktion ist *SQLDriverConnect*. *SQLDriverConnect* übernimmt den gesamten Verbindungsprozeß für eine Anwendung, wobei der Endbenutzer nach allen notwendigen Informationen gefragt wird, die für den Verbindungsaufbau benötigt werden. *SQLDriverConnect* verwendet Standardbenutzeroberflächen wie etwa Windows, Macintosh oder OS/2. Selbst wenn also ein Treiber ein Dialogfeld anzeigt, merkt der Endbenutzer nicht, daß eine neue Anwendung läuft. Das verursacht natürlich Schwierigkeiten, wenn ODBC auf einem Betriebssystem eingesetzt wird, das keine Standardbenutzeroberfläche hat (wie etwa MS-DOS, UNIX oder Mainframe-Betriebssysteme). Bei diesen Systemen ist es sicherer, *SQLConnect* und *SQLBrowseConnect* anzuwenden.

SQLDriverConnect ermöglicht es dem Anwendungsprogrammierer, so viel oder so wenig über die Verbindung anzugeben, wie er will. Die Anwendung kann alles ODBC überlassen, sie kann den Namen der gewünschten Datenquelle angeben und ODBC die weiteren Informationen vom Benutzer einholen lassen. Sie kann aber auch alles spezifizieren, was für den Verbindungsaufbau notwendig ist, ohne daß ODBC den Benutzer nach irgend etwas fragen muß. Im einfachsten Fall gibt die Anwendung keine Informationen über die Verbindung an. Sie stellt einfach nur den Verbindungs-Handle zur Verfügung, der von *SQLAllocConnect* zurückgegeben wurde, sowie einen Fenster-Handle, die Optionsspezifikation SQL_DRIVER_COMPLETE und Nullen oder NULL für die restlichen Argumente:

```
rc = SQLDriverConnect(hdbc, hwnd, NULL, 0, NULL, 0, 0,
                      SQL_DRIVER_COMPLETE);
```

Eine Anwendung, die *SQLDriverConnect* auf diese Weise aufruft, überläßt dem Treiber-Manager und dem Treiber die gesamte Arbeit des Verbindungsaufbaus. Diese Komponenten sind verantwortlich für die gesamte Interaktion mit dem Endbenutzer.

Nun wollen wir genauer betrachten, was in einem solchen Fall passiert. Wenn der Treiber-Manager feststellt, daß eine Anwendung keine Datenquelle angegeben hat (wenn das dritte Argument von *SQLDriverConnect* NULL oder ein leerer String ist), zeigt er das Dialogfeld Datenquellen an, wo der Endbenutzer die Datenquelle auswählen kann. Abbildung 5.2 zeigt das Dialogfeld Datenquellen. Beachten Sie, daß die Schaltfläche Neu gegebenenfalls »dynamisch« eine neue Datenquelle erzeugt.

Nachdem der Endbenutzer eine Datenquelle ausgewählt hat, lädt der Treiber-Manager den entsprechenden Treiber und ruft dann die Funktion *SQLDriverConnect* auf, wobei der Datenquellenname als eines der Argumente angegeben wird.

Abbildung 5.2 – Das ODBC-Dialogfeld Datenquellen, das vom Treiber-Manager angezeigt wird

Der Treiber muß jetzt alle Informationen für den Verbindungsaufbau vom Benutzer ermitteln. In einigen Fällen (zum Beispiel für dBASE-Systeme) ist nichts weiter zu tun, weil nichts weiter gebraucht wird, um den Kontext für die Ausführung von SQL-Anweisungen einzurichten. In anderen Fällen (zum Beispiel für Client/Server-Datenbanksystem) muß der Treiber alle benötigten Informationen vom Benutzer abfragen, ebenso wie alle optionalen Verbindungsinformationen. Abbildung 5.3 zeigt ein Beispiel für das Dialogfeld zur Anmeldung, das vom Microsoft SQL Server-Treiber angezeigt wird.

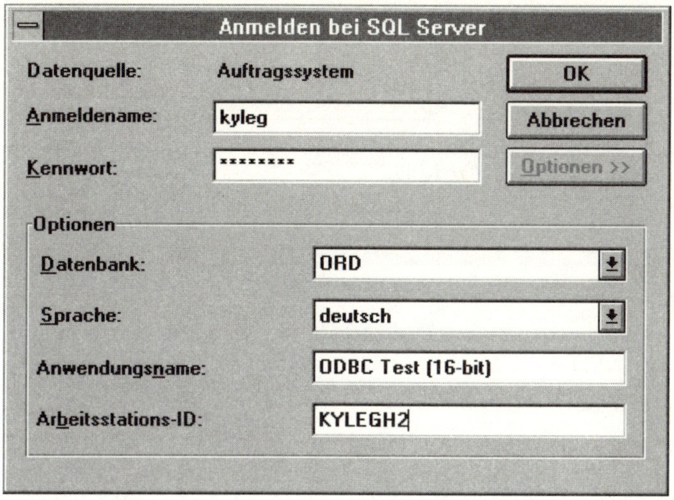

Das Verbindungsmodell von ODBC

Abbildung 5.3 – Das Dialogfeld zum Anmelden für Microsoft SQL Server

Neben den üblichen Editierfeldern für die Login-ID und das Paßwort stellt dieses Dialogfeld Optionen bereit, die es nur für Microsoft SQL Server gibt, etwa den zuvor besprochenen Datenbanknamen.

Wenn sich der Benutzer erfolgreich am Server angemeldet hat, geht die Steuerung an die Anwendung zurück. Die Anwendung kann jetzt beginnen, SQL-Anweisungen auszuführen. Beachten Sie, daß der Anwendungsprogrammierer keinen Code schreiben mußte, um die Verbindung zu realisieren. Dennoch kann der Verbindungsprozeß die verschiedenen Funktionen des jeweiligen Ziel-DBMS ausnutzen, denn der Treiber, der dem Benutzer die DBMS-spezifischen Verbindungsattribute anzeigt, steuert den Prozeß. Wenn nötig, kann der Treiber mehrere Dialogfelder anzeigen, um den Benutzer durch den Verbindungsprozeß für Netzwerk- und Sicherheitstopologien jeder beliebigen Komplexitätsstufe zu führen.

Abbildung 5.4 zeigt das Dialogfeld zur Anmeldung, das vom NetWare SQL-Treiber von Inversolv angezeigt wird. Die hierbei angeforderte Information unterscheidet sich zwar ganz wesentlich von der für den Microsoft SQL Server-Treiber, aber die Anwendung verwendet denselben Aufruf von *SQLDriverConnect* wie für den Microsoft SQL Server-Treiber.

SQLDriverConnect stellt die einfachste Methode dar, eine Verbindung zu einer Datenquelle aufzubauen, deshalb wird sie auch von den meisten Anwendungsentwicklern bevorzugt eingesetzt.

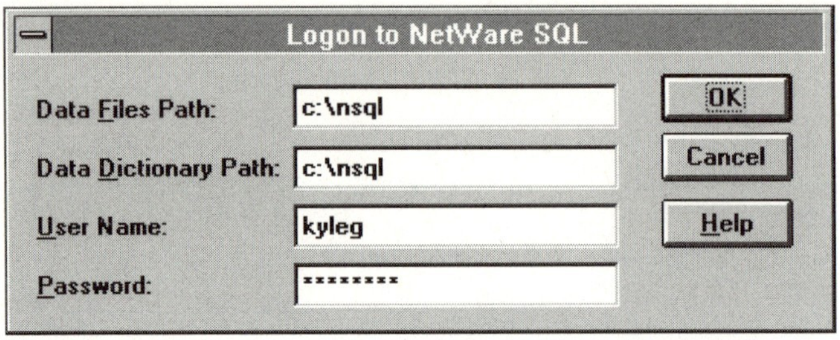

Abbildung 5.4 – Das Dialogfeld für den Netware SQL-Treiber

5.2.2.3 SQLBrowseConnect

SQLBrowseConnect bietet dieselbe Flexibilität wie *SQLDriverConnect*, ermöglicht aber den Anwendungen, das »Look&Feel« der Interaktion mit dem Benutzer während des Verbindungsaufbaus zu beeinflussen. Statt es also dem Treiber-Manager und dem Treiber zu überlassen, Dialogfelder anzuzeigen, ruft die Anwendung *SQLBrowseConnect* auf, um eine Zeichenfolge zu ermitteln, die alle Verbindungsattribute enthält, welche der Treiber normalerweise vom Benutzer erfragt. Die Anwendung kann dann dynamisch ihr eigenes Dialogfeld erzeugen, indem sie die von *SQLBrowseConnect* spezifizierten Informationen verwendet.

SQLBrowseConnect gibt die Information in Attribut/Wert-Paaren zurück. Der Microsoft SQL Server-Treiber zum Beispiel gibt den folgenden String zurück, wenn er von *SQLBrowseConnect* aufgerufen wird:

```
SERVER:Server={GraniteNT};UID:Login ID=?;PWD:Password=?
```

Dieser String hat die folgende Bedeutung: Bei den Wörtern in Großbuchstaben handelt es sich um Schlüsselwörter, die der Treiber benötigt, um die Verbindung aufzubauen. Die Wörter, die diesen Schlüsselwörtern folgen, sind die sogenannten »benutzerfreundlichen« Namen, die die Anwendung verwenden soll, wenn es in einem Dialogfeld Informationen vom Benutzer anfordert. Der benutzerfreundliche Name wird auch für lokalisierte Versionen dieser Namen verwendet. Auf der rechten Seite jedes Gleichheitszeichens (=) befindet sich entweder eine Liste mit Elementen, die in geschweifte Klammern eingeschlossen sind ({}), und die dem Benutzer zur Auswahl in einem Listenfeld angezeigt werden können, oder ein Fragezeichen, das anzeigt, daß die Anwendung den Benutzer in einem Editierfeld nach einem bestimmten Wert fragen soll. Einem Attribut kann auch ein Stern (*) vorausgehen, der anzeigt, daß das Attribut optional ist.

Nachdem die Anwendung die benötigten Informationen vom Benutzer ermittelt hat, stellt sie sie in der Verbindungszeichenfolge bereit und ruft erneut *SQLBrowseConnect* auf. Nachdem die Information ermittelt wurde, kann der Treiber entweder die Verbindung aufbauen oder zur Anwendung zurückkehren, so daß ein weiterer String erzeugt wird. Dieser Prozeß wird wiederholt, bis der Treiber und die Anwendung sich über die Attribute einig sind, die zum Verbindungsaufbau benötigt werden.

5.2.2.4 Zusammenfassung

ODBC bietet zahlreiche Funktionen für die Verwaltung von Verbindungen. Für einfache Anforderungen ist die Funktion *SQLConnect* ausreichend. Für komplexere Situationen oder für Situationen, in denen alle Fähigkeiten eines DBMS ausgenutzt werden müssen, sind *SQLDriverConnect* oder *SQLBrowseConnect* besser geeignet. Fast alle Treiber und Anwendungen verwenden *SQLDriverConnect*, weil es eine leistungsfähige Methode bietet, eine Verbindung einzurichten, und für den Anwendungsprogrammierer den geringstmöglichen Aufwand bedeutet.

5.3 SQL-Ausführungsmodelle in ODBC

Jetzt wissen wir, wie eine Verbindung zu einer bestimmten Datenquelle aufgebaut wird, und wollen nun untersuchen, wie eine Anwendung die Daten einsetzt, die in der Datenquelle gespeichert sind. Unter ODBC bedeutet das, zu untersuchen, wie SQL-Anweisungen ausgeführt werden. Das soll das Thema dieses Abschnitts sein.

ODBC unterstützt drei verschiedene Ausführungsmodelle für SQL-Anweisungen. Das erste ist am einfachsten zu programmieren, weil alles in einem einzigen Funktionsaufruf stattfindet (aus der Perspektive des Anwendungsprogrammierers gesehen). Das zweite Modell trennt die Spezifikation der SQL-Anweisung von ihrer Ausführung, obwohl beide zur Laufzeit stattfinden. Das dritte Modell trennt die Spezifikation von der Ausführung, allerdings mit dem Unterschied, daß die Spezifikation vor der Laufzeit erfolgen kann (und das in der Regel auch tut).

Jedes Modell hat seine Stärken und Schwächen. Welches Modell ein Anwendungsprogrammierer wählt, ist davon abhängig, ob er mehr an einer einfachen Programmierung, an Performance oder an der Möglichkeit, wiederholt SQL-Anweisungen auszuführen, interessiert ist.

Um diese Unterschiede zu verstehen, müssen Sie zuerst verstehen, was passiert, wenn eine SQL-Anweisung ausgeführt wird. Hier die Abfolge der Ereignisse:

1. Die SQL-Anweisung selbst muß durch eine Anwendung oder einen Benutzer formuliert werden.

2. Die SQL-Anweisung muß an das DBMS gesendet werden.

3. Die SQL-Anweisung muß geparst und optimiert werden, so daß ein Zugriffsplan entsteht, den das DBMS letztendlich verwendet, um die Abfrage auszuführen. Der Zugriffsplan gibt an, welche Indizes (falls es solche gibt) verwendet werden sollen, in welcher Reihenfolge die Daten aus den Tabellen ermittelt werden sollen, wie und wann die Sortierung erfolgen soll, und vieles andere mehr.

4. Der Zugriffsplan wird ausgeführt. In den meisten Implementierungen werden in diesem Schritt auch Authentifizierungsüberprüfungen vorgenommen (wobei sichergestellt wird, daß der Benutzer die entsprechenden Berechtigungen besitzt, um auf die in der SQL-Abfrage spezifizierten Tabellen und Spalten zuzugreifen), die jedoch auch im dritten Schritt erfolgen könnten.

5. Der Client und der Server kommunizieren, damit Statusinformationen und Daten an den Client gesendet werden, die dieser beim Server angefordert hat.

Die drei Ausführungsmodelle unter ODBC kommen alle zum selben Ziel, aber sie unterscheiden sich hinsichtlich der Ausführung der einzelnen Schritte, nämlich wann und wo (auf dem Client oder dem Server) sie erfolgen.

5.3.1 ExecDirect

Das *ExecDirect*-Modell kombiniert alle Schritte in einem einzigen Funktionsaufruf von *SQLExecDirect*. Die SQL-Anweisung wird spezifiziert, an den Server gesendet und ausgeführt, und das alles in einem Schritt. Das *ExecDirect*-Modell ist am besten für Ad-hoc-SQL-Anweisungen oder solche SQL-Anweisungen geeignet, die nur einmal ausgeführt werden. Es können Parameter verwendet werden, aber sie agieren hauptsächlich als Platzhalter, die der Treiber durch die Parameterwerte ersetzt, bevor er die SQL-Anweisung an den Server sendet.

Das DBMS verwirft die verwendeten Optimierungsinformationen, die für die Ausführung der SQL-Anweisung benötigt werden, sobald die Ausführung beendet ist. Wenn dieselbe Anweisung erneut mit *SQLExecDirect* spezifiziert wird, wird der gesamte Prozeß des Parsens und Optimierens wiederholt.

Um dieses Modell zu verwenden, gibt der Anwendungsprogrammierer einfach folgendes an:

```
SQLExecDirect(hstmt, sql_statement, SQL_NTS);
```

5.3.2 Prepare/Execute – Vorbereiten/Ausführen

Das Prepare/Execute-Modell ermöglicht es dem Anwendungsprogrammierer, die Schritte 1, 2 und 3 von den Schritten 4 und 5 abzutrennen. Das heißt, die SQL-Anweisung wird »vorbereitet« (an den Server geschickt, geparst und optimiert) und später ausgeführt. Wenn die Anweisung ausgeführt wird, fließt nicht die eigentliche SQL-Anweisung an den Server, sondern irgendein Verweis auf die Anweisung, so daß unmittelbar der Zugriffsplan ausgeführt werden kann. Oft werden in diesen SQL-Anweisungen Parameter verwendet, so daß nur die Verweise auf den Zugriffsplan und die Parameterwerte zum Server fließen, und nicht die gesamte SQL-Anweisung.

Das Prepare/Execute-Modell sollte immer dann verwendet werden, wenn eine SQL-Anweisung wiederholt ausgeführt werden soll oder wenn die SQL-Anweisung dynamisch zur Laufzeit erzeugt wird. Der Zugriffsplan wird aus dem DBMS gelöscht, nachdem das Programm beendet ist (oder in einigen Fällen am Ende einer Transaktion).

Die Performance des Ausführungsteils ist besser als im *ExecDirect*-Modell, weil hier das Parsing und die Optimierung nicht zum Zeitpunkt der Ausführung erfolgen.

Um dieses Modell zu benutzen, spezifiziert der Anwendungsprogrammierer zuerst den Vorbereitungsteil:

```
SQLPrepare(hstmt, sql_statement, SQL_NTS);
```

und dann später (möglicherweise in einer Schleife) die Aufrufe:

```
SQLExecute(hstmt);
```

5.3.3 Gespeicherte Prozeduren

Das Modell mit den gespeicherten Prozeduren ist ähnlich dem Prepare/Execute-Modell, außer daß bei den gespeicherten Prozeduren der Vorbereitungsschritt unabhängig von der Anwendung erfolgen kann und die gespeicherte Prozedur auch über die Laufzeit der Anwendung hinaus erhalten bleibt. Das heißt, im Prepare/Execute-Modell müssen sowohl die Vorbereitung als auch die Ausführung innerhalb desselben Programms erfolgen, während eine gespeicherte Prozedur einmal spezifiziert und dann im DBMS gespeichert werden kann, so daß die Anwendungsprogramme diese Vorbereitungsphase niemals ausführen müssen.

Gespeicherte Prozeduren sind das beste Äquivalent zu statischem SQL, das in Kapitel 2 vorgestellt wurde. Sie wissen, daß beim echten statischen SQL bei der Ausführung der Anwendung nur der Bezeichner für den entsprechenden Abschnitt im Zugriffsplan und die Parameterwerte zwischen dem Client und dem Server übertragen werden. Ebenso verhält es sich bei gespeicherten Prozeduren, außer daß in diesem Fall der »Bezeichner« der Name der gespeicherten Prozedur ist.

Es soll noch ein weiterer wichtiger Unterschied erwähnt werden. In der Regel können die Zugriffsberechtigungen für Anwendungen mit statischem SQL der *Anwendung* selbst erteilt werden, statt dem Benutzer, der die Anwendung ausführt. Bei gespeicherten Prozeduren dagegen basieren die Zugriffsberechtigungen nur auf der User-ID. Das kann zu administrativen Schwierigkeiten führen, wenn derselbe Benutzer abhängig davon, welche Anwendung er gerade verwendet, auf verschiedene Elemente der Datenbank zugreifen kann. Meines Wissens nach gibt es keine Implementierung gespeicherter Prozeduren, die erlaubt, applikationsbasierte Berechtigungen zu definieren und zu verwalten.

Um unter ODBC gespeicherte Prozeduren einzusetzen, verwendet der Anwendungsprogrammierer das *ExecDirect*-Modell, gibt jedoch die SQL-Anweisung an, um den Namen der gespeicherten Prozedur zu spezifizieren:

```
SQLExecDirect(hstmt, "{? = call proc1(?,?,?)}", SQL_NTS);
```

5.3.4 Asynchrone Ausführung

Unabhängig davon, welches der drei Ausführungsmodelle verwendet wird, ermöglicht ODBC die Ausführung von SQL-Anweisungen in zweierlei Modi: synchron und asynchron. Wenn die *synchrone Ausführung* (Default) gewählt wird, geben die ODBC-Funktionen die Steuerung nicht an die aufrufende Anwendung zurück, bis die Funktion beendet wurde. Wenn die *asynchrone Ausführung* gewählt wird, erhält die Anwendung die Steuerung zurück, bevor die Funktion ausgeführt wird, und muß in bestimmten Zeitabständen prüfen, ob die Funktion bereits beendet ist (oder die Ausführung der Funktion abzubrechen).

Die asynchrone Ausführung wurde entwickelt, um es einer Anwendung zu ermöglichen, zeitaufwendige SQL-Anweisungen an das DBMS zu senden und danach weiterzuarbeiten, während sie auf das Ergebnis von dem DBMS wartet. Die Verarbeitung einer komplexen SELECT-Anweisung zum Beispiel, die sich auf viele große Tabellen bezieht, und die über *SQLExecDirect* abgesetzt wurde, kann mehrere Minuten dauern. Auf Betriebssystemen, die kein präemptives Multitasking unterstützen, wie etwa Windows 3.x, ermöglicht es die asynchrone Verarbeitung dem Benutzer, eine andere Arbeit weiterzuführen, statt auf die Uhr starren zu müssen, bis das DBMS die SQL-Abfrage verarbeitet hat. Auf Betriebssystemen, die das präemptive Multitasking unterstützen, wie etwa Windows NT, Windows 95, OS/2 und UNIX-Systemen, bietet das Betriebssystem selbst den Anwendungen die Möglichkeit, eine asynchrone Verarbeitung durchzuführen. Die Anwendung muß einfach nur einen separaten Thread oder einen Prozeß allozieren, der die zeitaufwendige SQL-Anweisung ausführt.

ODBC erlaubt, daß mehrere Funktionen asynchron ausgeführt werden. Die Funktionen, die primär von der asynchronen Ausführung profitieren, sind diejenigen für die Ausführung von SQL-Anfragen: *SQLExecDirect*, *SQLPrepare* und *SQLExecute*. Aber auch jede andere ODBC-Funktion, die möglicherweise Netzwerkverkehr verursacht oder auf die Freigabe von Sperren durch andere Benutzer warten muß, kann asynchron ausgeführt werden. Das Microsoft ODBC 2.0 Programmierhandbuch enthält eine vollständige Liste aller Funktionen, die asynchron arbeiten.

Wenn eine ODBC-Funktion asynchron ausgeführt wird, gibt sie einen speziellen Wert zurück (SQL_STILL_EXECUTING), um anzuzeigen, daß die Ausführung damit nicht beendet ist. Die Anwendung kann eine Zeit lang andere Dinge erledigen und dann die ODBC-Funktion wieder aufrufen. Um die Steuerung an Windows zurückzugeben, ruft eine Anwendung normalerweise entweder die Windows-Funktion *Yield* auf, oder sie schickt an sich selbst eine benutzerdefinierte Nachricht und führt die Schleife zur Nachrichtenverarbeitung aus. Wenn die Anwendung die benutzerdefinierte Nachricht verarbeitet, ruft sie die ODBC-Funktion erneut auf, und wenn SQL_STILL_EXECUTING zurückgegeben wird, schickt sie sich die benutzerdefinierte Nachricht noch einmal. Wenn die asynchrone Funktion abgeschlossen ist, gibt sie statt SQL_STILL_EXECUTING den entsprechenden Rückgabewert zurück, und zwar basierend auf dem Funktionsergebnis (SQL_SUCCESS, SQL_SUCCESS_WITH_INFO oder SQL_ERROR). Wenn die Anwendung die Operation vorher abbrechen will, ruft sie dazu *SQLCancel* auf.

Nicht jeder Treiber und jedes DBMS unterstützen die asynchrone Ausführung und den asynchronen Abbruch. Wenn eine Anwendung versucht, die asynchrone Verarbeitung zu aktivieren, der Treiber diese aber nicht unterstützt, wird ein Fehler zurückgegeben.

Eine Anwendung kann den asynchronen Modus aktivieren, indem sie entweder die Funktion *SQLSetConnectOption* oder die Funktion *SQLSetStmtOption* mit dem Flag SQL_ASYNC_ENABLE aufruft. Beachten Sie, daß, wenn die asynchrone Funktion aufgerufen wurde und den Rückgabewert SQL_STILL_EXECUTING erzeugt hat, nur sehr wenige ODBC-Funktionen für diesen *hstmt* (und den ihm zugeordneten *hdbc*) aufgerufen werden können. Die einzigen ODBC-Funktionen, die dann noch ausgeführt werden können, sind *SQLCancel*, *SQLAllocStmt*, *SQLGetFunctions* und die Originalfunktion.

5.4 Daten aus der Datenquelle ermitteln

Jetzt wissen wir, wie unter ODBC SQL-Anweisungen ausgeführt werden, und wollen nun betrachten, wie Daten aus den Datenquellen ermittelt werden können. Wenn eine SELECT-Anweisung Zeilen an die Anwendung zurückgibt, kann die Anwendung eine von drei ODBC-Methoden anwenden, um diese Daten zu erhalten. Bevor wir sie im einzelnen betrachten, möchte ich bemerken, daß die INSERT-, UPDATE- und DELETE-Anweisungen ebenfalls Informationen an die Anwendung zurückgeben. In diesem Fall handelt es sich jedoch nicht um eigentliche Zeilen oder Daten, sondern um Informationen darüber, wieviele Zeilen modifiziert wurden. Mit anderen Worten, diese Anweisungen geben, im Gegensatz zu SELECT-Anweisungen, keine Zeilen zurück. Nachdem eine dieser Anweisungen ausgeführt ist, gibt die ODBC-Funktion *SQLRowCount* die Anzahl der Zeilen zurück, die in der Datenquelle davon betroffen waren.

Für Anweisungen, welche Zeilen zurückgeben, wie etwa SELECT-Anweisungen oder gespeicherte Prozeduren, bietet ODBC drei Methoden zum Ermitteln der Daten. Mit Hilfe eines einzigen Funktionsaufrufs kann eine Anwendung einen einzelnen Wert, eine Zeile mit Werten oder mehrere Zeilen mit Werten ermitteln.

5.4.1 Einen Wert direkt ermitteln

Eine Anwendung kann Daten ermitteln, indem sie für jede Spalte in jeder Zeile einen Funktionsaufruf (*SQLGetData*) absetzt. Die Anwendung übergibt ein Argument, das die Zeilennummer angibt, sowie eine Variable, in der die Daten abgelegt werden sollen. Nachdem der Funktionsaufruf erfolgreich ausgeführt wurde, wird der Wert für die somit spezifizierte Spalte in dieser Variablen zurückgegeben. Die Anwendung verwendet zwei Schleifen, um eine gesamte Ergebnismenge zu ermitteln, wie etwa im folgenden Beispiel gezeigt:

```
/* Für alle Zeilen */
for (rc = SQLFetch(hstmt); rc == SQL_SUCCESS; rc = SQLFetch(hstmt))
    /* Für alle Spalten in der aktuellen Ergebnismenge */
    for (colnum = 1; i <= columns; colnum++)
        SQLGetData(hstmt, colnum, ..., &value, ...)
```

SQLGetData wird auch noch für eine andere sehr wichtige Aufgabe eingesetzt: das abschnittsweise Ermitteln umfangreicher Text- und Binärdaten (wie etwa Bilder). Oft ist es schwierig oder gar unmöglich für eine Anwendung, einen einzigen Speicherabschnitt zu allozieren, der groß genug ist, um ein großes Datenobjekt aufzunehmen, etwa ein fünfzigseitiges Dokument oder eine HD-Bitmap, die über 1 Million Bytes groß ist. Solche Probleme bei der Speicherallozierung treten insbesondere in 16-Bit-Umgebungen wie etwa Windows auf, wo es schwierig ist, Speicherabschnitte zu verwalten, die größer als 64 KB sind. Wenn so große Elemente in einer Datenbank gespeichert werden sollen, muß die Anwendung sie in kleinere Abschnitte zerlegen, und genau das macht *SQLGetData*. Um dieses abschnittsweise Ermitteln von Daten zu realisieren, ruft die Anwendung *SQLGetData* immer wieder auf, wobei sie jeweils denselben Wert für die Spaltennummer angibt. Immer wenn *SQLGetData* abgearbeitet ist, informiert es die

Anwendung darüber, wieviele Daten noch übrig sind. Die Anwendung kann dann bestimmen, wieviele Daten auf einmal gelesen werden sollen, damit sie in den verfügbaren Speicher passen, die lokale Festplatte verwenden, den Bildschirm abschnittsweise aufbauen, oder was auch immer für die Verwaltung der großen Datenwerte notwendig ist.

5.4.2 Ermitteln einer oder mehrerer Zeilen

Eine Anwendung kann eine oder mehrere Zeilen ermitteln, indem sie das sogenannte Binden einsetzt. Der Begriff »Binden« wird auf unterschiedliche Weisen eingesetzt, aber in diesem Kontext bedeutet er, die Daten aus der Datenquelle den Variablen im Anwendungsprogramm zuzuordnen. Im Gegensatz zu *SQLGetData*, das die Werte direkt in Variablen zurückgibt, bleibt das Binden einer Variablen zu einer Spalte einer Ergebnismenge über den Gültigkeitsbereich eines Funktionsaufrufs hinaus bestehen. Wenn wir sagen, daß eine Spalte in einer Ergebnismenge an eine Variable *gebunden* ist, meinen wir damit, daß die Variable die Werte aus dieser Spalte erhält, ohne daß die Anwendung die Variable als Argument der ODBC-Funktion spezifizieren muß.

Hinweis:
Eine analoge Situation finden wir für die Parameter einer SQL-Anweisung: Die Parameter sind an Variablen gebunden, die später in der Anwendung die eigentlichen Werte für die Parameter bereitstellen. Gebundene Spalten und Parameter arbeiten unter ODBC auf vergleichbare Weise, aber momentan wollen wir unsere Diskussion auf gebundene Spalten beschränken, um die Dinge so einfach wie möglich zu halten.

5.4.2.1 Binden von Spalten für eine Zeile

Im Gegensatz zum Programmiermodell von *SQLGetData*, das wir im vorigen Abschnitt vorgestellt haben, benötigt eine Anwendung bei der Verwendung des Bindens keine innere Schleife über alle Spalten einer Zeile. Statt dessen werden im voraus die Bindungen für jede Spalte festgelegt, und wenn die Anwendung eine Zeile holt, werden die Werte aus den einzelnen Spalten automatisch in den gebundenen Variablen abgelegt:

```
/* Für alle Spalten in der aktuellen Ergebnismenge */
for (i = 0; i < columns; i++)
    SQLBindCol(hstmt, ..., &value[i], ...)

for (rc = SQLFetch(hstmt); rc == SQL_SUCCESS; rc = SQLFetch(hstmt))
    /* value[i..n] enthält die Daten für die aktuelle Zeile */
```

In diesem Beispiel speichert der Treiber die Adresse der Variablen, wenn *SQLBindCol* aufgerufen wird. Wenn später *SQLFetch* aufgerufen wird, legt der Treiber den Wert aus der Datenbank unter dieser Adresse ab. Immer wenn *SQLFetch* abgearbeitet ist, enthält die gebundene Variable eine neue Wertemenge.

ODBC unterstützt das Binden einiger bestimmter oder aller Spalten einer Zeile oder mehrerer Zeilen. Wenn eine Anwendung nur eine Zeile bindet, kann sie eine Kombination aus Binden und direktem Ermitteln mit Hilfe von *SQLGetData* verwenden. Diese Kombination ist notwendig, wenn große Text- oder Bilddaten verarbeitet werden, weil es nur mit *SQLGetData* möglich ist, die Daten abschnittsweise zu ermitteln.

5.4.2.2 Binden von Spalten für mehrere Zeilen

Bei der Entwicklung des mehrzeiligen Bindens waren mehrere Ziele ausschlaggebend:

- Die Bereitstellung einer möglichst hohen Bandbreite für die Übertragung zwischen dem Treiber und einer Anwendung. Mit einem einzigen ODBC-Funktionsaufruf kann eine Anwendung beliebig viele Zeilen und Spalten ermitteln.

- Die Unterstützung von DBMS-Systemen, die die Verwendung von Arrays über das Netzwerk hinweg ermöglichen. Die meisten Client/Server-DBMSe senden zwar für jede zurückgegebene Zeile einen Fetch-Befehl an den Server, es gibt aber auch DBMSe (wie etwa Oracle), die es ermöglichen, in einer Fetch-Operation mehrere Zeilen anzufordern. Diese Möglichkeit reduziert den Netzwerkverkehr und verbessert die Performance.

- Die Bereitstellung eines *virtuellen Fensters* für interaktive Anwendungen, die mehrere Zeilen und Daten anzeigen müssen, und die entsprechend der Eingaben des Benutzers ein Scrolling realisieren müssen. Wenn man so viele Zeilen holt, wie auf dem Bildschirm dargestellt werden können, kann die Anwendung es ODBC überlassen, die Daten im DBMS mit den Daten in den Anwendungsvariablen zu synchronisieren. Die Anwendung ruft einfach nur die Funktion *SQLExtendedFetch* mit der entsprechenden Option auf, so daß die Anwendung um die angegebene Anzahl von Zeilen nach oben oder unten scrollen kann. Die Eingabe des Benutzers kann dabei über die Cursortasten erfolgen, für die jeweils eine Zeile nach oben oder unten gescrollt wird, über die Tasten Bild↑ oder Bild↓, für die jeweils um einen Bildschirm nach oben oder unten gescrollt wird, oder über die Bildlaufleisten, um sich an eine relative Position bezüglich der aktuellen Zeile zu bewegen.

Das Konzept des virtuellen Fensters bedarf einiger Erklärung. Aus der Perspektive der Anwendung handelt es sich bei der Ergebnismenge um ein großes Array. Der Bildschirm kann jeweils einen Teil dieses Arrays anzeigen, so daß die erste und letzte auf dem Bildschirm dargestellten Zeilen der »ersten angezeigten Zeile« und der »letzten angezeigten Zeile« innerhalb des großen Arrays entsprechen. Bei einem Scrolling« nach unten zum Beispiel müssen die erste und die letzte angezeigte Zeile im Array um eins weitergeschaltet werden. Bei einem Scrolling nach oben müssen sie um eins verringert werden. Wenn die Größe des Bildschirms neu eingestellt wird, verändert sich der relative Abstand zwischen der ersten und der letzten angezeigten Zeile.

Abbildung 5.5 zeigt eine Ergebnismenge und ein darauf befindliches virtuelles Fenster. Jede Scrolling-Operation bewegt das virtuelle Fenster in der Ergebnismenge nach unten oder oben, so daß die jeweiligen Zeilen der Ergebnismenge in den Speicher der Anwendung gestellt werden.

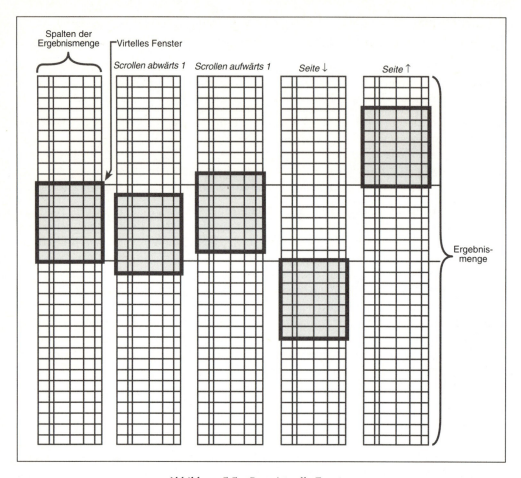

Abbildung 5.5 – Das virtuelle Fenster

ODBC ermöglicht ein mehrzeiliges Binden, so daß die Anwendungen eine Datenstruktur definieren können, die einem virtuellen Fenster entspricht. ODBC verwendet den Begriff *Zeilenmenge*, um die Zeilen zu beschreiben, die sich gerade in den Anwendungsvariablen befinden. Die Anwendung bindet die Datenstruktur zu den Spalten der Ergebnismenge, und der Treiber stellt sicher, daß die Datenstruktur mit den richtigen Zeilen der Ergebnismenge gefüllt wird, wenn ein Scrolling stattfindet.

Das erinnert an das einfache Datei-I/O-Modell, das in Kapitel 2 vorgestellt wurde. Es gibt jedoch einen wesentlichen Unterschied: Die Ergebnismenge muß nicht unbedingt zu einer einzigen Tabellen gebunden werden, sondern kann das Ergebnis beliebiger Abfragen sein. Die Aktualisierung wird natürlich schwieriger, wenn mehrere Tabellen an einer Ergebnismenge beteiligt sind, weil die Semantik der Aktualisierung mehrdeutig sein kann. Aber die Möglichkeit, die Ergebnisse fast jeder beliebigen Abfrage auf dieses Konzept eines virtuellen Fensters abzubilden, ist sehr leistungsstark.

Daten aus der Datenquelle ermitteln

Um die Anwendungsprogrammierer, die diese Metapher des virtuellen Fensters einsetzen wollen, mit einer maximalen Flexibilität auszustatten, unterstützt ODBC zwei Methoden, mit denen eine Anwendung mehrere Zeilen binden kann: *zeilenweises Binden* und *spaltenweises Binden*.

Zeilenweises Binden

Das zeilenweise Binden wurde entwickelt, um eine direkte Abbildung zwischen einem Array mit Strukturen in C und den Spalten einer bestimmten Ergebnismenge zu realisieren. Betrachten Sie zum Beispiel eine einfache Kundenliste, die aus Name, Adresse, Stadt, Staat und Postleitzahl besteht:

```
typedef struct {
    short sCustID;
    char szName[19];
    char szAddress[26];
    char szCity[15];
    char szState[2];
    char szZipcode[5];
} CUSTOMER;
CUSTOMER aCust[10];
```

Die Variable *aCust* (Array mit Kunden) bietet Platz für 10 Kunden; jedes Elemente des Arrays enthält Informationen über einen Kunden, und jedes Feld der Struktur enthält ein Attribut des Kunden. Auf den Namen des fünften Kunden greift man zum Beispiel über *aCust[4].szName* zu. (C-Arrays beginnen ihre Zählung bei Null, deshalb ist das Arrayelement 4 das fünfte Element im Array.) Abbildung 5.6 zeigt, wie diese Struktur im Speicher abgelegt ist. (Die Breite der Strukturelemente ist nicht maßstabsgetreu.)

Das zeilenweise Binden unter ODBC ermöglicht, daß Strukturen, wie die in Abbildung 5.6 gezeigte, als virtuelles Fenster für eine Abfrage verwendet werden, so wie das virtuelle Fenster, das Sie in Abbildung 5.5 gesehen haben. In diesem Beispiel könnte die Abfrage lauten:

```
SELECT custID, name, address, city, state, zipcode
FROM cust WHERE state in ('WA', 'OR')
```

Die Anwendung würde jedes Element der Struktur zu einer Spalte der Ergebnismenge binden, dann angeben, wie viele Zeilen jeweils ermittelt werden sollen (in diesem Beispiel 10), und beginnen, die Ergebnisse mit *SQLExtendedFetch* zu holen. Jeder Aufruf von *SQLExtendedFetch* füllt die 10 Elemente des Arrays mit den Spalten des Ergebnisses. Wenn der Benutzer nach oben oder unten scrollt, paßt der Treiber die Daten im Array entsprechend an. Wenn eine Zeile nach unten gescrollt wird, verschiebt der Treiber das zweite bis zehnte Element des Arrays an die erste bis neunte Position, holt dann die nächste Zeile aus der Datenbank und fügt sie an der Position des zehnten Elements im Array ein, wie in Abbildung 5.5 gezeigt.

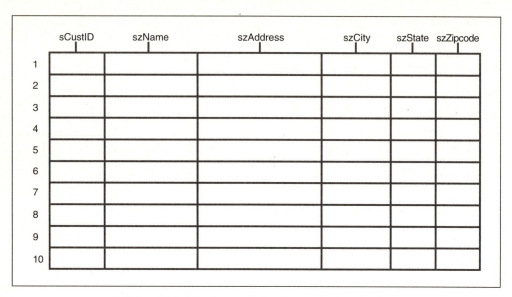

Abbildung 5.6 – Ein Array mit Strukturen für Kundendaten

Jetzt kann man auf diese zehn Zeilen der Ergebnismenge so wie auf ein Array mit Strukturen in einem ganz normalen Programm zugreifen. Das Array dient als virtuelles Fenster auf die Ergebnismenge.

So funktioniert es im Prinzip. In der Praxis ist es etwas komplizierter. Die erste Komplikation ist die Behandlung von NULL-Werten (unspezifizierte Werte) aus der Datenbank. Weil NULLen nicht durch normale Werte dargestellt werden können, muß eine separate Variable (im eingebetteten SQL auch der Indikator genannt) verwendet werden. ODBC verwendet ein und dieselbe Variable für die Länge der eigentlichen Daten oder NULL, je nachdem, was vorliegt. Das obige Beispiel ist also unter ODBC nicht ganz richtig. Für jedes Element der Struktur muß ein Längenelement angegeben und beim Binden als Argument an den Treiber übergeben werden. Die Struktur sollte also eher folgendermaßen aussehen:

```
typedef struct {
    short sCustID;         long  cbCustID;
    char  szName[19];      long  cbName;
    char  szAddress[26];   long  cbAddress;
    char  szCity[15];      long  cbCity;
    char  szState[2];      long  cbState;
    char  szZipcode[5];    long  cbZipcode;
} CUSTOMER;
CUSTOMER aCust[10];
```

Eine zweite Komplikation betrifft die Kürzung von Daten variabler Länge, wie etwa alphanumerische und binäre Daten. Die Anwendung muß erkennen, ob die Daten zu lang für die deklarierte Variable sind, und wenn das der Fall ist, um wieviel die Daten verkürzt werden müssen. Um diese Information bereitzustellen, fordert ODBC den Treiber auf, anhand der Ausgabelängenvariablen in der Struktur die Gesamtlänge der verfügbaren Daten zurückzugeben. Wenn die Variable für die Daten nicht lang genug ist, schreibt der Treiber nur das hinein, was Platz hat, setzt die Ausgabelänge auf diese Länge und gibt für *SQLExtendedFunction* eine Warnung zurück. Wenn *SQLExtendedFetch* eine solche Warnung zurückgibt, muß die Anwendung alle Spalten variabler Länge betrachten, um zu überprüfen, für welche die Ausgabelänge größer als die Variablenlänge ist.

Eine dritte Komplikation entsteht aus der Tatsache, daß die Zeilen, sobald sie von der Anwendung aus der Ergebnismenge in das Array geholt wurden, nicht mehr garantiert dieselben Zeilen wie die entsprechenden veränderbaren Daten in der Datenbank sind. Wenn die Isolationsstufe für die Transaktion kleiner als wiederholbares Lesen ist (siehe Abschnitt 5.5.3), wurden die Zeilen, die sich im Array befinden, möglicherweise in der Datenbank von irgendeinem anderen gelöscht oder aktualisiert. Wenn ein durch eine Schlüsselmenge gesteuerter Cursor verwendet wird (siehe Abschnitt 5.5.2.2), erscheinen die gelöschten Zeilen in dem Array, wenn ein Scrolling durchgeführt wird. Wie kann eine Anwendung den Status von Zeilen in einem Array feststellen? Für genau diesen Zweck stellt ODBC ein Statusarray zur Verfügung, *SQLExtendedFetch*. Das Statusarray hat dieselbe Elementzahl wie das Datenarray. Wenn der Treiber feststellt, daß eine Zeile geändert oder gelöscht wurde, setzt er das entsprechende Element des Arrays auf einen speziellen Wert, der seinen Status anzeigt: aktualisiert, gelöscht, eingefügt oder unverändert.

Eine vierte Komplikation tritt auf, wenn der Benutzer eine Zeile aktualisiert, einfügt oder löscht. Normalerweise verändert der Benutzer eine Zeile auf dem Bildschirm, die einem Element im Array entspricht. Wie kann der Treiber feststellen, welche Zeile aktualisiert oder gelöscht wurde, so daß er die Datenbank korrekt aktualisieren kann? Dazu stellt ODBC eine weitere Funktion bereit, die zusammen mit *SQLExtendedFetch* verwendet wird. Diese Funktion, *SQLSetPos*, ermöglicht es der Anwendung, eine »aktuelle Zeile« innerhalb der Zeilenmenge zu setzen und diese zu aktualisieren, löschen und einzufügen. Wenn die Anwendung jede Zeile in der Zeilenmenge in einer einzigen Operation aktualisieren oder löschen will, ist das mit *SQLSetPos* ebenfalls möglich. Die Beispiele TYPEGEN und VBFETCH in Teil II zeigen, wie das zeilenweise Binden verwendet wird.

Spaltenweises Binden

Beim spaltenweisen Binden wird fortlaufender Speicher für eine einzelne Spalte statt für ganze Zeilen gebunden. Dadurch können die Anwendungen für jede Spalte des Ergebnisses ein separates Array verwenden. Alles andere entspricht genau der Beschreibung für das zeilenweise Binden. Das spaltenweise Binden ist sinnvoller als das zeilenweise Binden, wenn die Form der Ergebnismenge nicht im voraus bekannt ist und deshalb keine C-Struktur zum Binden der Ergebnismenge eingesetzt werden kann, während das Programm geschrieben wird. Das spaltenweise Binden ermöglicht es einer Anwendung, das Fetch-Modell für mehrere Zeilen zu verwenden, indem der Typ und die Anzahl der gebundenen Variablen (Arrays) dynamisch erzeugt werden, nachdem die Ergebnismenge beschrieben wurde.

Aus der Perspektive des Anwendungsprogrammierers ist es mit dem spaltenweisen Binden nicht möglich, eine Zeile der Zeilenmenge als Offset für das Array mit Strukturen zu verwenden: man kann nicht auf eine Spalte in einer Zeile verweisen (zum Beispiel mit Hilfe eines Konstrukts wie etwa *aCust[5].sCustID)*. Statt dessen verwendet der Anwendungsprogrammierer die Arrayvariable für die Spalte direkt (zum Beispiel *sCustID[5]*). Es ist jedoch wahrscheinlicher, daß der Variablennamen den Spaltennamen nicht reflektiert, weil der primäre Grund für die Verwendung des spaltenweisen Bindens ist, daß die Struktur der Ergebnismenge nicht im voraus bekannt ist.

DIE STORY
Akt I, Szene 4: Die Vorkämpfer

Die Konferenz des Industriekonsortiums war eine der ersten Konferenzen der Gruppe, die irgendwann zur SQL Access Group werden sollte. Die Teilnehmer repräsentierten fast alle wichtigen DBMS-Hersteller. Die Mitglieder waren sich darüber einig, daß sie das technische Design einer kompatiblen Version von SQL schaffen wollten, und zwar basierend auf SQL und einem Standardübertragungsprotokoll, das auf RDA basierte. Es gab jedoch Unstimmigkeiten darüber, ob die Gruppe einen Unterroutinen-Stil oder eine »Call Level«-Schnittstelle als Ergänzung zum eingebetteten SQL schaffen sollte. Ich hatte Version 1.5 der SQLC-Spezifikation in meinem Aktenkoffer. Was sollte ich tun? Warten, bis die Gruppe beschlossen hatte, doch eine CLI zu wollen?

Ich entschied mich für das letztere, aber bei einer privaten Unterhaltung in einer Pause stellte ich fest, daß es DEC war, das am meisten an dieser Technologie interessiert war. Ein aufschlußreiches Gespräch mit Jeff Balboni von DEC machte deutlich, daß DEC viel Erfahrung beitragen konnte, um unser Verständnis für die Perspektive des DBMS-Herstellers zu vertiefen. DEC begann also, an den SQL-Designkonferenzen teilzunehmen, vertreten durch Jeff Balboni und Larry Barnes.

Die »Dreier-Gang« war zu einer »Vierer-Gang« geworden: DEC, Lotus, Microsoft und Sybase. Wir arbeiteten weiter an der Spezifikation, trafen uns jeden Monat für zwei oder drei Tage und waren in der Zeit von Oktober 1989 bis Juni 1990 viel zwischen Washington, New Hampshire, Massachusetts und Kalifornien unterwegs. Die Zeit zwischen den Konferenzen verbrachten wir damit, detaillierte Änderungsvorschläge zu schreiben, die beschlossenen Veränderungen zu implementieren und Prototypen zu erstellen. Einige von uns nahmen darüber hinaus an den Konferenzen der entstehenden SQL Access Group teil.

Es war eine Zeit einer großen intellektuellen Herausforderung, die denjenigen von uns, die so intensiv an der Spezifikation arbeiteten (Don Nadel und Tom McGary von Lotus, Tom Haggin und Ed Archibald von Sybase, Jeff Balboni und Larry Barnes von DEC und Bob Muglia und ich von Microsoft) sicher lang im Gedächtnis bleiben wird. Lotus und Microsoft vertraten die Anwendungsprogrammierer, während DEC und Sybase die Perspektive der DBMS-Hersteller einbrachten. Wir waren sehr glücklich darüber, daß so ein breites Maß an Bedürfnissen abgedeckt werden konnte. ▶

> Während dieser Zeit begann die SQLC-Spezifikation, ihre Ähnlichkeit mit DB-Library von Sybase zu verlieren. Statt dessen wurde sie hinsichtlich der Cursor und anderer wichtiger Technologien dem ANSI SQL immer ähnlicher.

5.5 Das Cursormodell von ODBC

Am Anfang der Entwicklung von ODBC (eigentlich noch bevor der Begriff ODBC eingeführt wurde) faßte Rick Vicik von Microsoft alle Ideen und Vorschläge für die Cursorverwaltung zusammen und entwickelte ein allgemeines Cursormodell für Client/Server-Architekturen. Dieses Modell wurde zur Grundlage für Cursor unter ODBC und für mehrere andere Produkte. Ich bin Rick sehr zu Dank verpflichtet, weil er mir erlaubt hat, seinen Aufsatz »Microsoft Scrollable Cursor API« zu verwenden. Viel davon wird in diesem Abschnitt zitiert.

Bevor wir das eigentliche ODBC-Cursormodell betrachten, wollen wir untersuchen, wie Cursor heutzutage eingesetzt werden und welche Implementierungsprobleme sie mit sich bringen.

5.5.1 Grundlagen

Wie bereits in Kapitel 2 definiert, ist ein *Cursor* ein Mechanismus, der es ermöglicht, einzelne Zeilen aus einer Abfrage eines DBMS zu verarbeiten, ähnlich der Verarbeitung von Datensätzen in einer normalen Datei. Der Mechanismus heißt Cursor, weil er die aktuelle Position in einer Ergebnismenge anzeigt, so wie der Cursor auf einem Bildschirm die aktuelle Position zum Beispiel in einem Dokument anzeigt.

Das Cursormodell von ODBC versucht, zwei Aspekte von DBMS-Systemen und Anwendungen auf einen Nenner zu bringen: die Methode, nach der die meisten DBMSe wirklich arbeiten, und wie die meisten interaktiven Anwendungsprogramme diese Methode vorstellen.

Die meisten DBMSe realisieren ein einfaches Modell zum Ermitteln von Daten, nachdem eine Abfrage diese bereitgestellt hat. Dabei werden der Anwendung einzelne Zeilen zurückgegeben, und zwar in der Reihenfolge, die die Abfrage spezifiziert hat, bis das Ende der Ergebnismenge erreicht ist. Es gibt keine Möglichkeit, zurück in eine vorhergehende Zeile zu gehen – dazu muß man die Abfrage erneut ausführen und wieder am Anfang beginnen. Die Aktualisierung (oder das Löschen) der zuletzt ermittelten Zeile mit der SQL-Anweisung:

```
UPDATE table SET (column = value, ...) WHERE CURRENT OF cursor
```

muß von dem DBMS nicht unbedingt unterstützt werden. Microsoft SQL Server und Oracle zum Beispiel unterstützen diese Syntax nicht direkt auf dem Server, können sie aber in ihrem eingebetteten SQL oder durch andere Methoden ihrer eigenen 3GL-APIs simulieren. IBM-Datenbanken unterstützen die Anweisung UPDATE ... WHERE CURRENT OF.

Interaktive Anwendungen, insbesondere solche für PCs, müssen dem Benutzer häufig die Möglichkeit bereitstellen, mit Hilfe der Pfeiltasten oder der Bildlaufleiste in den Daten nach unten oder nach oben zu scrollen. Ein Cursor, der es ermöglicht, in einer Ergebnismenge nach unten oder oben zu scrollen, wird ein *scrollbarer Cursor* genannt. Ein Cursor, der es einem Benutzer ermöglicht, neben dem Scrollen Daten zu verändern oder zu löschen, wird auch als *scrollbarer aktualisierbarer Cursor* bezeichnet.

Neben dem Scrollen und der Aktualisierung von Cursorn gibt es noch einen weiteren Aspekt: Was passiert, wenn mehrere Benutzer dieselben Daten gleichzeitig lesen oder schreiben? Die Verwaltung des nebenläufigen Zugriffs auf gemeinsam genutzte Daten ist enorm komplex und umfaßt eine Vielzahl von Technologien aus der Welt der Datenbankverwaltung und der Transaktionsverarbeitung, die wiederum viel aus dem Bereich der Betriebssysteme übernommen habt. Der Begriff *Transaktionsisolation* (das ist die Verwaltung des nebenläufigen Zugriffs) bezieht sich ganz allgemein auf dieses Thema und wird auch im SQL-92-Standard verwendet, aber man kennt auch andere Namen dafür. Um die Experten zu zitieren: »Dieses Thema wird häufig als *Konsistenz* (die statische Eigenschaft), *Nebenläufigkeitssteuerung* (das Problem), *Serialisierbarkeit* (die Theorie) oder *Sperren* (die Technik) bezeichnet.«[2]

Ohne ein fundiertes Verständnis für die Transaktionsisolation können Sie auch die Cursor nicht verstehen. Dieses Buch kann nicht all diese Informationen bereitstellen, aber es gibt zahlreiche andere Werke, die ausgezeichnete Erklärungen beinhalten.[3] Einige Begriffe werde ich kurz definieren, aber größtenteils muß ich voraussetzen, daß Sie mit den Konzepten und Problemen der Transaktionsisolation vertraut sind.

Einer der Begriffe, der auf alle Fälle geklärt werden soll, ist die Serialisierbarkeit. Die informelle Definition von *serialisierbaren Transaktionen* ist »eine Menge von Transaktionen, deren gleichzeitige Ausführung auf einer Datenbank dieselbe Auswirkung hat, als ob die Transaktionen hintereinander ausgeführt würden«. Mit anderen Worten, die Transaktionen können in beliebiger Reihenfolge ausgeführt werden, und es entsteht stets ein korrektes Ergebnis. Jede nebenläufige Ausführung von Transaktionen, die nicht das Ergebnis der serialisierten Ausführung erzeugt, ist nicht korrekt. Der Trick dabei ist, den *Effekt* zu erhalten, der bei der sequentiellen Ausführung von Anweisungen entsteht, tatsächlich aber die Ausführungen so anzuordnen, daß eine höchstmögliche Nebenläufigkeit entsteht.

---

2   J. N. Gray und Andreas Reuter, *Transaction Processing: Concepts and Techniques*, Morgan Kaufman Publishers, 1993, Seite 375.

3   J. N. Gray und Andreas Reuter, *Transaction Processing: Concepts and Techniques,* Morgan Kaufmann Publishers, 1993; Jim Melton und Alan R. Simon, *Understanding the New SQL: A Complete Guide,* Morgan Kaufmann Publishers, 1993; Richard D. Hackathorn, *Enterprise Database Connectivity,* Wiley & Sons, 1993. Meiner Meinung nach ist das beste Nachschlagewerk zur Transaktionsverarbeitung das Buch von Gray und Reuter, in dem sich Kapitel 7 mit der Transaktionsisolation beschäftigt, wobei detailliert auf Nebenläufigkeit und Konsistenz eingegangen wird.

Das Cursormodell von ODBC

Hier genügt es zu erwähnen, daß bei der Aktualisierung der Datenbank durch Ihre eigenen oder andere Transaktionen immer Abwägungen hinsichtlich der Konsistenz (das ist der Grad, zu dem die Transaktionen eines Benutzers für andere Benutzer sichtbar sind) und der Nebenläufigkeit (die Anzahl der Transaktionen, die ein DBMS gleichzeitig ausführen kann) getroffen werden müssen. Sie können keine vollständige Isolation von anderen Transaktionen vornehmen und dennoch eine größtmögliche Nebenläufigkeit bei der Verwendung der Daten erzielen. Eine größtmögliche Nebenläufigkeit ist immer wünschenswert, die Isolation dagegen nicht. Eine Berichts-Anwendung, die zum Beispiel eine Datenmenge zweimal vollständig durchsucht, muß sicherstellen, daß keine andere Transaktion die Daten während der beiden Durchläufe verändert. Andernfalls stimmen die Detailinformationen möglicherweise nicht mit dem Endergebnis überein. Die Berichts-Anwendung benötigt eine vollständig konsistente Sicht der Daten, also eine vollständige Isolation von anderen Transaktionen. Ein Buchungssystem für eine Fluglinie dagegen muß immer die neuesten Informationen über die verfügbaren Sitzplätze haben. Hier müssen die Veränderungen in der Datenbank sofort jedem angezeigt werden, der dieselben Daten für die Buchung von Plätzen verwendet.

ODBC bietet eine Vielzahl von Optionen für die Abwägung zwischen Konsistenz und Nebenläufigkeit. Ein Treiber arbeitet mit den Funktionen zur Transaktionsverarbeitung in einem DBMS zusammen, um einige oder alle der von ODBC definierten Optionen bereitzustellen.

5.5.2 Cursortypen unter ODBC

ODBC definiert drei Cursortypen: statische, durch Schlüsselmengen gesteuerte gesteuerte und dynamische Cursor. Wir werden die einzelnen Typen betrachten, und ebenso, wie sie das Scrollen, die Aktualisierung und die Transaktionsisolation realisieren. Zuerst wollen wir jedoch untersuchen, in welchem Verhältnis die ODBC-Cursor zu den in SQL-92 definierten Cursorn stehen, und wie die meisten DBMSe Cursor unterstützen.

5.5.2.1 SQL-92 und konventionelle Cursor

Neuere Definitionen des Cursorverhaltens[4] geben zwar an, daß eine Cursor-Ergebnismenge sich nicht mehr ändern darf, nachdem der Cursor geöffnet wurde, aber frühere Interpretationen waren da dynamischer. E.F. Codd sagt, daß ein DBMS entscheiden kann, ob ein Cursor »als Ganzes vor dem von ihm gesteuerten Durchlauf oder während des Durchlaufs festgehalten wird«.[5] Im System R von IBM (dem ersten relationalen DBMS) konnten die Cursor Veränderungen der zugrundeliegenden Daten feststellen, wenn die Ergebnismenge inkrementell erzeugt werden konnte. Wenn eine Ergebnismenge inkre-

---

4 American National Standards Institute (ANSI), «Database Language SQL,« ANSI X3. 135-1989 (Oktober 1989); American National Standards Institute (ANSI), «Database Language SQL,« ANSI X3. 135-1992 (Januar 1993); C. J. Date, *A Guide to the SQL Standard,* 3. Auflage., Addison-Wesley, 1993, Seite 16 und 110.
5 E. F. Codd, «Relational Database: A Practical Foundation for Productivity« (Turing Award Lecture), *CACM*, Februar 1982.

mentell erzeugt werden kann, wird eine Aktualisierung der Basisrelation »über den Cursor unmittelbar sichtbar«.[6] Wenn die Ergebnismenge nicht inkrementell erzeugt werden kann, werden Veränderungen der zugrundeliegenden Daten durch den Cursor nicht angezeigt (und wenn weiterhin versucht wird, Daten zu ermitteln, werden Warnungen erzeugt, daß die Daten möglicherweise nicht mehr aktuell sind). Um aktuelle Daten zu ermitteln, muß die Anwendung den Cursor schließen und wieder öffnen. Aufgrund dieser Einschränkung betrachtete man die inkrementelle Erzeugung der Ergebnismenge als höchst wünschenswert und alles andere als unzulänglich. Mit der inkrementellen Erzeugung der Ergebnismenge kann die ein Cursor hinsichtlich seiner Fähigkeit, Veränderungen festzustellen, als *dynamisch* bezeichnet werden, andernfalls als *statisch*.

Mit konventionellen Cursorn (unter anderem denjenigen, die in SQL-92 definiert sind) muß eine Anwendung, die eine Aktualisierung der Datenbank anzeigen soll, dazu eine UPDATE-Anweisung erzeugen, die viele der Informationen aus der Cursordefinition wiederholt. Entweder müssen alle Spalten blind aktualisiert werden (egal, ob sie aktualisiert wurden oder nicht), oder die UPDATE-Anweisung muß von der Anwendung für jede Veränderung dynamisch erzeugt werden.

SQL-92 hat diesem Cursorverhalten das relative und absolute Scrolling sowie das Rückwärtsscrollen hinzugefügt. Oberflächlich betrachtet scheinen damit die Bedürfnisse interaktiver Client/Server-Anwendungen befriedigt, wo die Benutzer sich durch die Ergebnismenge bewegen und dort manchmal auch Veränderungen vornehmen. Weil jedoch Aktualisierungen verboten sind, wenn SCROLL spezifiziert ist[7], können die scrollbaren Cursor von SQL-92 nur begrenzt eingesetzt werden.

Der SQL-92-Standard hat den Cursordefinitionen eine weitere interessante Möglichkeit hinzugefügt, die es in früheren Versionen des SQL-Standards nicht gab: die Option SENSITIVE/INSENSITIVE.

Die Option SENSITIVE/INSENSITIVE steuert die Sichtbarkeit von Veränderungen, die von dem Eigentümer des Cursors vorgenommen werden (über einen anderen Cursor oder eine andere Operation). Die Auswahl der Option INSENSITIVE erzeugt eine Kopie der Ergebnismenge. Wenn INSENSITIVE angegeben ist, kann der Cursor nicht aktualisiert werden, auch nicht von seinem Eigentümer.[8] Wenn INSENSITIVE nicht spezifiziert ist, sind die Auswirkungen von Veränderungen durch den Eigentümer des Cursors und andere Benutzer *implementationsabhängig*. Weil jeder Benutzer, der von seinen eigenen Aktualisierungen sowie den Aktualisierungen anderer Benutzer isoliert werden will, einfach auch eine Momentaufnahme der Ergebnismenge machen kann, scheint die Option INSENSITIVE nicht sehr sinnvoll zu sein. Die wirklich wichtigen Aspekte, wie etwa die Auswirkungen von Veränderungen durch andere oder durch den Cursoreigentümer werden für Cursor nicht berücksichtigt.

---

6   M. M. Astrahan et al., «System R: A Relational Approach to Data,« *ACM TODS* 1(2), 1976.
7   Jim Melton und Alan R. Simon, *Understanding the New SQL: A Complete Guide,* Morgan Kaufmann Publishers, 1993, Seite 268.
8   C. J. Date, *A Guide to the SQL Standard,* 3. Auflage., Addison-Wesley, 1993, Seite 112.

Die folgenden Aussagen wurden aus verschiedenen Quellen übernommen, welche die Möglichkeiten beschreiben, die die scrollbaren Cursor in SQL-92 bieten:

- Das Öffnen eines Cursors »bewirkt im Prinzip, daß ein Select ausgeführt und somit die entsprechende Zeilenmenge identifiziert wird.«[9]

- »Die Zeilen, die aus der Auswertung [der WHERE-Klausel] resultieren, werden dem Cursor zugewiesen und bleiben somit unverändert, bis der Cursor wieder geschlossen wird.«[10]

- »Wenn INSENSITIVE spezifiziert wird, bewirkt OPEN, daß eine separate Kopie [der Tabellen, die in der FROM-Klausel spezifiziert wurden] erzeugt wird und der Cursor auf diese Kopie zugreift. ... Das Aktualisieren und Löschen aktueller Operationen ist für einen Cursor, für den INSENSITIVE spezifiziert ist, nicht erlaubt.«[11]

- »Veränderungen, die Ihre Anwendung in einer Transaktion vornimmt, können nicht von anderen Transaktionen beeinflußt werden, welche möglicherweise die Datenbank aktualisieren.«[12]

5.5.2.2 Die ODBC-Cursortypen: statisch, durch Schlüsselmengen gesteuert und dynamisch

ODBC-Cursor unterstützen im Gegensatz zu konventionellen Cursorn die meisten der Funktionen, die die Entwickler von interaktiven Client/Server-Anwendungen fordern: das Scrollen nach oben und unten, den direkten Zugriff durch die Positionierung in der Ergebnismenge sowie positionierte Aktualisierungen (selbst wenn die Ergebnismenge mit ORDER BY definiert wurde). In einer einzigen Operation können mehrere Zeilen zurückgegeben werden, um die Netzwerkeffizienz zu verbessern und das Modell des virtuellen Fensters zu unterstützen, das in Abschnitt 5.4 beschrieben wurde. Wie bereits erwähnt, beschreibt der Begriff *Zeilenmenge* die Zeilen, die von der letzten Fetch-Operation zurückgegeben wurden. Bei ODBC-Cursorn kann ein ganzer Bildschirm mit Zeilen gegen *verlorene Aktualisierungen* (Transaktionen, die unbeabsichtigt die Veränderungen einer anderen Transaktion überschreiben) geschützt werden, ohne daß eine unnötige Verringerung der Nebenläufigkeit entsteht. Die Veränderungen können in einer einzigen Operation an die Datenbank zurückgegeben werden. Aktualisierungen können festgeschrieben werden, ohne daß die Position in der Ergebnismenge verlorengeht.

Eine weitere Eigenschaft von ODBC-Cursorn ist ihre Fähigkeit, Client/Server-Systeme zu schaffen, in denen sowohl Client als auch Server die Korrektheit der Daten (Genauigkeit oder Rechtzeitigkeit) beeinflussen. Das heißt, Sie können Daten aus einer Datenbank in einen lokalen Speicher laden, wobei die Daten relativ konsistent sind und von anderen Transaktionen nicht mehr verändert werden können, wenn sie erst einmal gele-

---

9 C. J. Date, *A Guide to the SQL Standard*, 3. Auflage, Addison-Wesley, 1993, Seite 16.
10 C. J. Date, *A Guide to the SQL Standard*, 3. Auflage., Addison-Wesley, 1993, Seite 110.
11 C. J. Date, *A Guide to the SQL Standard*, 3. Auflage., Addison-Wesley, 1993, Seite 112.
12 Jim Melton und Alan R. Simon, *Understanding the New SQL: A Complete Guide,* Morgan Kaufmann Publishers, 1993, Seite 265.

sen sind. Mit der Zeit werden die Daten »veraltet«, weil andere Transaktionen die Daten auf dem Server modifizieren und diese Veränderungen in der lokalen Kopie nicht berücksichtigt werden.

ODBC bietet ein Cursormodell, das es den Treibern ermöglicht, scrollbare, aktualisierbare Cursor zu simulieren, selbst wenn das zugrundeliegende DBMS das nicht tut. Für eine Beschreibung dieser Modelle müssen einige Begriffe eingeführt werden, die verschiedene Datenmanipulationen beschreiben.

Bei einem *statischen Cursor* werden die Veränderungen an den zugrundeliegenden Tabellen erst sichtbar, wenn der Cursor geschlossen und dann wieder geöffnet wird. Bei einem *dynamischen Cursor* werden die Veränderungen unmittelbar sichtbar. Die meisten realen Implementierungen liegen irgendwo zwischen diesen beiden Extremen. Eine gemeinsame Eigenschaft vieler der »Zwischen«-Implementierungen ist das Konzept der *Schlüsselmenge*.

Die Schlüsselmenge ist die Menge eindeutiger Zeilen-IDs einer Ergebnismenge. (Genauer gesagt, die Menge der IDs der Zeilen, aus denen die Ergebnismenge zum Zeitpunkt des Öffnens des Cursors bestand. Das heißt, der Inhalt und die Reihenfolge des Cursors bleiben erhalten, solange der Cursor geöffnet ist.) Wenn nach dem Öffnen des Cursors die zugrundeliegenden Daten verändert werden, bietet die Schlüsselmenge eine Möglichkeit, die Zeilen zu identifizieren, aus denen die Ergebnismenge bestand, als der Cursor geöffnet wurde. Das Schlüsselmengenkonzept ist für nicht-scrollbare Cursor wenig sinnvoll, weil keine erneute Positionierung auf die Zeilen möglich ist, ohne daß der Cursor geschlossen und erneut geöffnet wird. Sehr wichtig dagegen ist es, wenn das Rückwärtsscrollen erlaubt ist. Viele existierende Cursor-Implementierungen zeigen zum Beispiel Zeilen an, die der WHERE-Klausel nicht mehr entsprechen. Die Schlüsselmenge identifiziert diejenigen Zeilen, aus denen die Ergebnismenge zu dem Zeitpunkt bestand, als der Cursor geöffnet wurde, so daß erneut auf die Zeilen zugegriffen werden kann. Die Schlüsselmenge ist eine Untermenge der Ergebnismenge, wie sie vorlag, als der Cursor geöffnet wurde. Diese kann sich von der aktuellen Ergebnismenge unterscheiden, weil andere Benutzer Veränderungen vorgenommen haben können.

Eine Variation des Schlüsselmengen-Cursors ist ein Cursor, für den die Schlüssel nur für einen Teil der Ergebnismenge ermittelt werden, und immer dann neu ermittelt werden, wenn die Anwendung aus dem Bereich hinausscrollt, der gerade beim Client gespeichert ist. Ein Schlüsselmengen-Cursor, der nicht die Schlüssel für die gesamte Ergebnismenge enthält, wird auch *kombinierter Cursor* genannt, weil er die Eigenschaften eines Schlüsselcursors innerhalb der Schlüsselmenge, aber die Eigenschaft eines dynamischen Cursors außerhalb der Schlüsselmenge hat.

Die vier Cursormodelle in ODBC und ihre relativen Eigenschaften, für den Fall, daß das DBMS seine niedrigste Transaktionsisolationsstufe verwendet, sehen Sie in Tabelle 5.1 dargestellt. Diese Typen wurden mit der Option SQL_CURSOR_TYPE in *SQLSetStmtOption* spezifiziert (außer der kombinierte Cursortyp, der implizit durch eine Schlüsselmengengröße spezifiziert ist, welche kleiner als die gesamte Ergebnismenge ist, wenn die Abfrage ausgeführt wird).

	Genauigkeit	Konsistenz	Nebenläufigkeit	Performance
statisch (Momentaufnahme)	Mangelhaft	Ausgezeichnet	Gut	Variiert
durch Schlüsselmengen gesteuert	Gut	Gut	Gut	Gut
dynamisch	Ausgezeichnet	Mangelhaft	Ausgezeichnet	Variiert
kombiniert	Variiert	Ausreichend	Gut	Gut

Tabelle 5.1 – Cursormodelle und ihre Eigenschaften

Statische Cursor (Momentaufnahme)

Bei einem statischen Cursor stehen der Umfang, die Reihenfolge und die Werte der Ergebnismenge zum Zeitpunkt des Öffnens fest. Wenn der Eigentümer des Cursors (oder ein anderer Benutzer) Veränderungen vornimmt, werden diese nicht sichtbar, solange der Cursor geöffnet ist. Dieser Cursor ist sinnvoll für Read-Only-Anwendungen, die nicht unbedingt immer die aktuellsten Daten benötigen, und die die Daten niemals modifizieren müssen. Unter SQL-92 realisiert die Option INSENSITIVE der Cursordeklaration dieses Verhalten hinsichtlich der Veränderungen, die durch Transaktionen des Eigentümers vorgenommen werden.[13] Um die Auswirkungen anderer Transaktionen völlig auszuschließen, müßte der Cursoreigentümer die Transaktionsisolationsstufe SERIALIZABLE verwenden (siehe Abschnitt 5.5.3).

Eine Methode, statische Cursor zu implementieren, ist eine lokale Kopie der Daten, die aus einer Abfrage resultieren. Immer wenn eine Zeile geholt wird, wird sie vom Treiber gespeichert (unter ODBC 2.x von der Cursorbibliothek) und dann gegebenenfalls in eine lokalen Datei gespoolt. Wenn der Client alle Ergebnisse ermittelt hat, ist keine weitere Interaktion mit dem DBMS notwendig. Wenn in der Anwendung rückwärtsgescrollt wird, werden die Daten aus der lokalen Kopie zurückgegeben. Veränderungen, die in der Datenbank von anderen Transaktionen vorgenommen werden, werden dem Client nicht angezeigt. Wenn der Client also Daten in der Datenbank ändert, muß sorgfältig sichergestellt werden, daß diese Aktualisierung für gültige Daten ausgeführt wird. Wenn zum Beispiel ein anderer Benutzer die Werte in der Zeile geändert oder diese gelöscht hat, ist die Aktualisierung ungültig.

Statische Cursor bieten eine sehr konsistente Sicht auf die Daten – nichts ändert sich, weil die Daten kopiert wurden. Und weil das DBMS nicht mehr beteiligt ist, nachdem die letzte Zeile geholt ist, bietet dieser Cursortyp auch eine zufriedenstellende Nebenläufigkeit, wenn erst einmal alle Daten gelesen sind. Bevor jedoch die letzte Zeile geholt wird, setzt das DBMS normalerweise eine Sperre für alle Zeilen (oder für jede Zeilenmenge, wenn ein seitenweises Sperren verwendet wird). Wenn also die Anwendung Daten für die Anfrage eines Benutzers ermittelt und der Benutzer beschließt, eine Pause zu

---

[13] Jim Melton und Alan R. Simon, *Understanding the New SQL: A Complete Guide,* Morgan Kaufmann Publishers, 1993, Seite 265; C. J. Date, *A Guide to the SQL Standard,* 3. Auflage., Addison-Wesley, 1993, Seite 112.

machen oder zum Mittagessen zu gehen, bevor er die letzte Zeile geholt hat, bleibt die Sperre gesetzt, und andere Benutzer können diese Datensätze nicht aktualisieren.

Der größte Nachteil dieses Modells ist, daß der Benutzer keine Veränderungen von Seiten anderer Transaktionen sieht, so daß statische Cursor also eine verhältnismäßig unzureichende Genauigkeit aufweisen. Es ist relativ schwierig, dem Benutzer zu erlauben, die ausgewählten Daten zu modifizieren. Sollten die lokal gepufferten Daten geändert und an die Datenbank weitergereicht werden? Wenn ja, was passiert, wenn die Daten, die lokal geändert werden, in der Datenbank durch eine andere Transaktion geändert wurden? Unter ODBC gibt es die Möglichkeit, Aktualisierungen statischer Cursor zu verwalten. Diese Techniken werden in Abschnitt 5.5.4 beschrieben.

Eine Alternative zum Kopieren der gesamten Ergebnismenge auf den Client ist die Unterstützung statischer Cursor auf dem Server. Dafür wird auf dem Server eine temporäre Tabelle gehalten, die die Ergebnismenge aufnimmt. Eine dritte Alternative wäre, daß das DBMS dieselben Sperrtechniken für die statischen Cursor wie für die Transaktionsisolation anwendet. Die gebräuchlichste Technik ist, daß das DBMS jede zurückgegebene Zeile sperrt, um zu verhindern, daß andere Transaktionen sie ändern. Ein Extrem wäre, Lesesperren für die einzelnen Zeilen oder, noch schlimmer, für die gesamte Tabelle oder alle Tabellen zu setzen. Eine Lesesperre benachrichtigt andere Benutzer, daß ein Element gerade gelesen wird. Dabei können beliebig viele Benutzer gleichzeitig für dasselbe Element eine Lesesperre setzen. Das andere Extrem ist die exklusive Sperre, die nur von jeweils einem Benutzer gleichzeitig gesetzt werden kann, und zwar nur dann, wenn keine Lesesperren für das Element gesetzt sind. Eine exklusive Sperre für die gesamte Ergebnismenge reduziert normalerweise die Nebenläufigkeit auf einen nicht mehr akzeptablen Wert, aber die Lesesperren machen es möglicherweise erforderlich, daß die Benutzer mehrere Versuche unternehmen müssen, bevor sie ein Element erfolgreich aktualisieren können. In beiden Fällen wird eine hohe Konsistenz erzielt, wenn die Sperren bis zum Ende der Transaktion aufrechterhalten werden. Jede Strategie (außer dem Sperren der gesamten Ergebnismenge zum Zeitpunkt des Öffnen des Cursors) könnte jedoch ein Blockieren verursachen (wenn darauf gewartet werden muß, daß eine Sperre aufgehoben wird), oder sogar einen Deadlock, wenn Zeilen geholt werden. Aber selbst das Sperren beim Öffnen kann einen Deadlock oder ein Blockieren verursachen, wenn die Transaktion andere Sperren hält, während der Cursor geöffnet wird.

Wenn der Ansatz mit den Sperren eingesetzt wird, sollte das DBMS alle untersuchten Zeilen sperren, während die Ergebnismenge erzeugt wird, und nicht nur die Zeilen, die zurückgegeben werden.[14] Eine WHERE-Klausel, die einen Subselect mit einem Aggregat für eine andere Tabelle enthält, sollte die Zeilen sperren, die in dieser anderen Tabelle betrachtet werden. Auch ein Einfügen, das in die Definition der Ergebnismenge eindringen würde (Phantom), sollte verboten werden. Dafür wird in der Regel ein Indexbereich verwendet. Wenn das DBMS auf Zeilenebene nicht verhindern kann, daß Phantome eingefügt werden, muß die gesamte Tabelle gesperrt werden.

---

14 K. P. Eswaran et al., «The Notions of Consistency and Predicate Locks in a Database System,» *CACM*, November 1976.

Multiversions-Techniken müssen als statisch betrachtet werden, weil die Aktualisierungen durch andere Benutzer nicht sichtbar sind und Aktualisierungen einer vorherigen Version durch den Cursoreigentümer nicht erlaubt werden können. (Die Vergangenheit kann man nicht ändern.)

GLOSSAR

Multiversionstechnik

Eine nicht-sperrende Technik zur Nebenläufigkeitssteuerung, wobei Kopien – die Versionen – veränderter Zeilen vom DBMS verwaltet werden, und der Client nur die Versionen der Zeilen erhält, die mit der Transaktion des Clients konsistent sind.

Durch Schlüsselmengen gesteuerte Cursor

Bei einem durch eine Schlüsselmenge gesteuerten Cursor stehen der Umfang und die Reihenfolge der Ergebnismenge zum Zeitpunkt des Öffnens fest, aber die Werte können sich verändern. Wenn eine Veränderung bewirkt, daß eine Zeile nicht mehr zu der Ergebnismenge gehört, bleibt die Zeile sichtbar, bis der Cursor geschlossen und wieder geöffnet wird. Wenn eine Veränderung erfolgt, die die Position verändert, an der eine Zeile in der Ergebnismenge stehen soll, wird sie erst verschoben, wenn der Cursor geschlossen und wieder geöffnet wird. Wenn eine Zeile gelöscht wird, agiert der Schlüssel als Platzhalter in der Ergebnismenge, um relative Positionierungen in der Ereignismenge weiterhin zu ermöglichen. Einfügungen durch andere sind nicht sichtbar. Einfügungen durch den Cursoreigentümer werden am Ende der Ergebnismenge angezeigt. Der Vorteil dieses Cursors ist seine Fähigkeit, auf die aktuellsten Werte zuzugreifen und dennoch absolute Positionierungen innerhalb der Zeilenmenge vorzunehmen.

Die Implementierung durch Schlüsselmengen gesteuerter Cursor kann realisiert werden, indem man nur die eindeutigen Zeilen-IDs der Ergebnismenge (die Schlüsselmenge) speichert. Eine Zeilen-ID kann eine Spalten-ID (falls vorhanden), ein eindeutiger Index, ein eindeutiger Schlüssel oder eine gesamte Zeile sein. Die Schlüsselmenge kann auf dem Server verwaltet werden (in einer temporären Tabelle) oder auf dem Client. Die Schlüsselmenge kann aus den untersuchten Zeilen oder im Hintergrund erzeugt werden. Wenn später etwas in der Ergebnismenge ausgewählt werden soll, wird dafür die Schlüsselmenge verwendet, und nicht mehr die Originalkriterien, die die Ergebnismenge definiert haben. Einige Implementierungen[15] ermöglichen es, der Schlüsselmenge einen Namen zu geben und sie zu speichern, was in etwa einer View entspricht, nur daß hier die Definition durch die Zeilennumerierung erfolgt, nicht durch irgendwelche Auswahlkriterien. Abbildung 5.7 zeigt die verschiedenen Komponenten eines durch eine Schlüsselmenge gesteuerten Cursors.

Veränderungen der Werte werden sichtbar gemacht, weil eine eindeutige Zeilen-ID verwendet wird, um die aktuellen Daten zu ermitteln. (Nur die festgeschriebenen Veränderungen anderer Benutzer sind sichtbar.) Wenn die Daten nicht ermittelt werden können,

---

15 Gupta Technologies, Inc., *SQLBase Technical Reference Manual* (Version 3.4), April 1988.

weil die entsprechende Zeile gelöscht wurde, wird eine spezielle Form von »nicht gefunden« zurückgegeben. In einigen Implementierungen ist der Zeilen-ID-Mechanismus auch der »Datensatz-Versions-Mechanismus«. Wenn eine Zeile verändert wird, wird diese Zeile »nicht gefunden«, wenn sie erneut betrachtet werden soll, auch wenn sie den Auswahlkriterien noch entspricht. Der richtige Ansatz wäre es hier, eine eindeutige ID und Versionsinformationen zu verwenden, um zwischen Zeilen zu unterscheiden, die sich seit dem letzten Betrachten verändert haben, und solchen Zeilen, die es einfach nicht mehr gibt.

Es gibt eine dynamischere Variation der durch Schlüsselmengen gesteuerten Cursor, wobei die »Lücken«, die durch die gelöschten Zeilen entstehen, nicht angezeigt werden. Immer wenn eine »Lücke« angetroffen wird, wird die Schlüsselmenge in derselben Richtung nach der ersten »Nicht-Lücke« durchsucht. Damit wird das Ermitteln von Daten durch die absolute Positionierung unmöglich. Zeilen, die den Auswahlkriterien nicht mehr entsprechen, könnten ebenfalls ausgefiltert werden, aber es wäre zu kostspielig, sie so zu verschieben, daß sie der statischen Sortierreihenfolge entsprechen (und es würde dadurch auch keine wesentlich bessere Funktionalität entstehen).

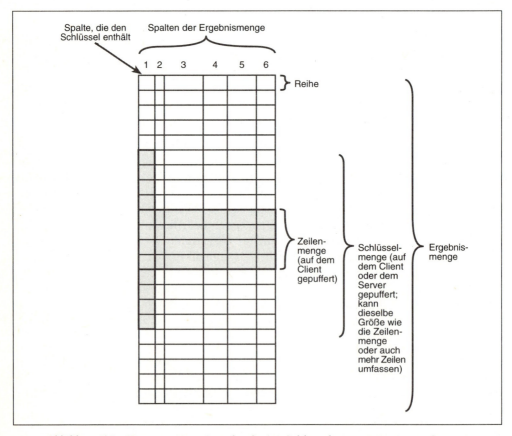

Abbildung 5.7 – Komponenten eines durch eine Schlüsselmenge gesteuerten Cursors

Dynamische Cursor

Bei dynamischen Cursorn werden alle festgeschriebenen Veränderungen (auch Einfügungen) durch die anderen Benutzer und alle nicht-festgeschriebenen Veränderungen durch den Cursoreigentümer dem Cursor sichtbar gemacht. Wenn eine Zeile gelöscht wurde, wird sie nicht als fehlend markiert, sondern erscheint einfach nicht mehr. Aktualisierungen, die von einem beliebigen Benutzer vorgenommen wurden, können den Umfang und die Reihenfolge der Ergebnismenge beeinflussen. Das betrifft auch solche Aktualisierungen, die nicht direkt die Werte der Ergebnismenge beeinflussen (wie etwa eine Veränderung in einer Tabelle, auf die in einem Subselect verwiesen wird). Es ist möglich, innerhalb der Ergebnismenge einen Wert nach seiner relativen Position zu ermitteln. Absolute Positionierungen dagegen sind nicht möglich, weil für gelöschte Zeilen keine Platzhalter mehr vorhanden sind. Dieser Cursortyp wird von Anwendungen verwendet, die es mit höchst dynamischen Daten zu tun haben und immer die aktuellsten Informationen hinsichtlich der Existenz bestimmter Zeilen sowie ihrer Werte benötigen.

Die technisch korrekte Methode zur Implementierung von dynamischen Cursorn ist es, im zugrundeliegenden DBMS einen selektiven Index zu erzeugen, der den Umfang und die Reihenfolge der Ergebnismenge definiert. Weil ein Index aktualisiert wird, wenn andere Benutzer Veränderungen vornehmen, kann ein Cursor, der auf einem solchen Index basiert, alle Veränderungen feststellen. Eine weitere Selektion innerhalb der Ergebnismenge ist möglich, wenn dabei der selektive Index berücksichtigt wird. Ergebnismengen können Namen erhalten und gespeichert werden, so daß der selektive Index persistent wird.

Dynamisch Cursor können auch ohne selektive Indizes implementiert werden, indem die explizite Reihenfolge (unter Verwendung von ORDER BY oder GROUP BY) oder die implizite Reihenfolge (unter Verwendung eines Index oder der Schlüssel aller beteiligten Tabellen) ausgenutzt werden. Die Performance ist adäquat, wenn der Optimierer die Ergebnismenge zusammen mit geeigneten Indizes auswertet. Dieser Ansatz ist für komplexe Joins schwierig, insbesondere, wenn Views (oder Unions) verwendet werden. Die Performance wird unakzeptabel, wenn der Optimierer den Index nicht berücksichtigt.

Dynamische Cursor sollten die Auswirkungen indirekter Veränderungen durch den Cursoreigentümer oder andere Benutzer berücksichtigen können. Eine Cursordefinition könnte zum Beispiel eine WHERE-Klausel mit einem Subselect enthalten, der wiederum ein Aggregat über eine andere Tabelle enthält. Wenn in der Tabelle des Subselects dann eine Veränderung vorgenommen wird, ist davon möglicherweise auch die Ergebnismenge eines dynamischen Cursors betroffen, auch wenn sich die Daten, die der Cursor ermittelt hat, nicht verändert haben.

Kombinierte Cursor

Bei einem kombinierten Cursor ist die Schlüsselmenge größer als die Zeilenmenge aber kleiner als die Ergebnismenge. Sein Verhalten ist eine Kombination aus dem eines durch eine Schlüsselmenge gesteuerten und dem eines dynamischen Cursors. So lange sich der Cursor innerhalb der Schlüsselmenge bewegt, verhält er sich wie ein durch eine Schlüsselmenge gesteuerter Cursor. Wenn der Cursor aus der Schlüsselmenge herausgeschoben wird, verhält er sich wie ein dynamischer Cursor. Beachten Sie, daß, wenn sich der Cursor aus der Schlüsselmenge herausbewegt, eine neue Schlüsselmenge erzeugt werden muß, die die Zeile enthält, welche geholt werden soll. Wenn die aktuelle Zeile die erste Zeile in der aktuellen Schlüsselmenge ist, müßten für das Laden der vorhergehenden Zeile die Schlüsselwerte für die Zeilen in der Schlüsselmenge ermittelt und die Zeilenmenge entsprechend dieser Schlüsselwerte gefüllt werden.

5.5.3 Cursortypen und Transaktionsisolationsstufen

SQL-92 definiert vier Transaktionsisolationsstufen, und wir wollen betrachten, wie die Cursor von ODBC in Kombination mit diesen Definitionen arbeiten. Hier die vereinfachten Definitionen der einzelnen Transaktionsisolationsstufen, aufsteigend sortiert von der geringsten hin zur höchsten Isolationsstufe:

- READ UNCOMMITTED (auch als »Dirty Read« bezeichnet)

Eine Transaktion ist nicht isoliert. Schreibvorgänge von anderen Transaktionen können gelesen werden, bevor die Transaktion abgeschlossen ist.

- READ COMMITTED (auch als Cursorstabilität bezeichnet)[16]

Eine Transaktion ist vor den Einflüssen anderer Transaktionen auf die aktuelle Zeile isoliert, was aber nicht notwendigerweise auch für alle anderen Zeilen gilt. Wenn zum Beispiel der Cursor von einer Zeile wegbewegt wurde, kann eine andere Transaktion diese Zeile modifizieren oder löschen, so daß folgende Ausführungen derselben SELECT-Anweisung diese Veränderungen bemerken.

- REPEATABLE READ

Eine Transaktion wird vor den Einflüssen anderer Transaktionen isoliert, außer bei Phantom-Einfügungen. Das heißt, wenn eine andere Transaktion eine Zeile einfügt, die der WHERE-Klausel des Cursors entspricht, und der Cursor in der ersten Transaktion neu geöffnet wird, ist die von der anderen Transaktion eingefügte Zeile sichtbar. In allen anderen Eigenschaften verhält sich REPEATABLE READ wie SERIALIZABLE.

- SERIALIZABLE

Eine Transaktion wird vor den Einflüssen anderer Transaktionen isoliert.[17]

---

[16] Siehe Gray und Reuter, 1993, Seite 399. Hier finden Sie ein Beispiel, das die subtilen Unterschiede zwischen der Cursorstabilität und dem, was Gray und Reuter »2-Phasen-Isolation« nennen, erklärt.

[17] Das bedeutet nicht, daß ausschließlich über diese Transaktionsisolationsstufe eine Serialisierbarkeit erzielt werden kann. Anwendungsprogramme und DBMSe können serialisierbare Transaktionen auch mit Hilfe anderer Techniken realisieren. Zum Beispiel könnte eine Transaktion auf alles, was sie liest, Lesesperren setzen, auf alles was sie schreibt, exklusive Sperren, eine Sperre niemals freigeben, bevor nicht alle Sperren erfüllt sind, und Schreibsperren halten, bis die Transaktion beendet ist.

ODBC verwendet dieselben Begriffe, wenn eine Anwendung eine Transaktion mit einer bestimmten Isolationsstufe durchführen will. ODBC definiert darüber hinaus eine fünfte Isolationsstufe, VERSIONING, die eingeführt wurde, um Transaktionsisolationsstufen verwenden zu können, die nicht exakt mit den ISO-Definitionen von SQL-92 übereinstimmen. Ein Beispiel dafür wäre etwa die Transaktionsisolationsstufe READ CONSISTENCY von Oracle. Die ISO-Definitionen werden im allgemeinen durch verschiedene Typen und Sperrstufen beschrieben, während beim VERSIONING keine Sperren verwendet werden. Im Fall von Oracle zum Beispiel ist die Transaktionsisolationsstufe READ CONSISTENCY eine Obermenge von READ COMMITTED. Anders als das READ COMMITTED von ISO SQL-92 garantiert die READ CONSISTENCY von Oracle, daß alle Daten, die von einer einzigen Abfrage gelesen werden, aus derselben Version der Daten aus der Datenbank stammen. Nacheinander ausgeführte Abfragen sehen jedoch jeweils die aktuellste Version der Daten aus der Datenbank, es sei denn, die Transaktion ist read-only.[18]

Die Tabellen 5.2, 5.3 und 5.4 fassen das Verhalten durch Schlüsselmengen gesteuerter, dynamischer und statischer Cursor hinsichtlich der Veränderungen durch den Cursoreigentümer bzw. durch andere Benutzer zusammen. Veränderungen durch andere Benutzer können entweder direkt sein, das bedeutet, daß die Veränderung den Wert eines ermittelten Elements betrifft, oder indirekt, das bedeutet, daß die Veränderung nur die Reihenfolge und den Umfang des Cursors betrifft. Ein Beispiel für die letztere Form der Veränderung ist, wenn in einem Subselect eine andere Tabelle verwendet wird, und ein Benutzer eine Zeile der Tabelle verändert, so daß sich die Zeilen oder die Reihenfolge der Zeilen im Cursor ändern.

Durch Schlüsselmengen gesteuerte Cursor und dynamische Cursor können serialisierbar oder nicht-serialisierbar sein. Wenn Lesesperren gehalten werden, bis die Veränderungen festgeschrieben sind, ist ein Cursor serialisierbar, unabhängig davon, ob die Zeilen über eine Schlüsselmenge oder dynamisch gelesen wurden.

Bei serialisierbaren durch Schlüsselmengen gesteuerten oder dynamischen Cursorn ist es möglich, Sperren entweder zum Zeitpunkt des Öffnens zu setzen, oder dann, wenn die einzelnen Zeilen betrachtet werden. Wenn die Sperren beim Öffnen gesetzt werden, können andere Benutzer keine Aktualisierungen durchführen, und das Verhalten des Cursors wird ähnlich dem Verhalten eines statischen Cursors, außer daß der Cursoreigentümer Veränderungen vornehmen kann. Statische Cursor stellen einen Spezialfall dar, weil sie immer serialisierbar sind.

In den folgenden Abbildungen ist das Verhalten der gebräuchlichsten Transaktionsisolationsstufen (READ COMMITTED und SERIALIZABLE) im Vergleich dargestellt. Nicht festgeschriebene Veränderungen durch andere Benutzer (»dirty« Daten) sind nicht sichtbar. Tabelle 5.2 zeigt, daß sich serialisierbare, durch Schlüsselmengen gesteuerte Cursor

---

18 Leider steht im *Microsoft ODBC 2.0 Programmierhandbuch,* daß VERSIONING dieselben Isolationseigenschaften wie SERIALIZABLE hat. Das stimmt nicht. Im Fall von Oracle müssen die Anwendungen die Anweisung LOCK TABLE verwenden, um echte Serialisierbarkeit zu erzielen.

genauso verhalten wie die Isolationsstufe SERIALIZABLE, und daß nicht-serialisierbare, durch Schlüsselmengen gesteuerte Cursor ähnlich der Stufe READ COMMITTED sind (außer daß der Benutzer keine Möglichkeit hat, seine eigenen Aktualisierungen in konventionellen Cursorn zu sehen, weil keine Aktualisierungen vorgenommen werden, wenn SCROLL spezifiziert ist.)[19] Der ANSI SQL-Standard trifft keine Aussage über das Cursorverhalten in Hinblick auf Veränderungen, die vorgenommen werden, während der Cursor geöffnet ist, und auch die Implementierungen variieren.[20]

	Durch Schlüsselmengen gesteuert, serialisierbar	Isolationsstufe SERIALIZABLE	Durch Schlüsselmengen gesteuert, nicht-serialisierbar	Isolationsstufe READ COMMITTED
Sichtbare Veränderungen				
Aktualisierungen durch den Benutzer	Ja	Ja*	Ja	Ja*
Löschungen durch den Benutzer	Ja†	Ja*	Ja	Ja*
Einfügungen durch den Benutzer	Ja‡	Ja*	Ja	Ja*
Aktualisierungen durch andere	Nein	Nein§	Nein	Ja*
Löschungen durch andere	Nein	Nein§	Ja	Ja*
Einfügungen durch andere	Nein	Nein§	Nein	Ja*
Beeinflussung des Umfangs und der Reihenfolge				
Direkte Aktualisierungen durch den Benutzer	Nein	Nein#	Nein	Nein#
Indirekte Aktualisierungen durch den Benutzer	Nein	Nein#	Nein	Nein#

---

[19] Jim Melton und Alan R. Simon, *Understanding the New SQL: A Complete Guide*, Morgan Kaufmann Publishers, 1993.

[20] C. J. Date, «A Critique of the SQL Database Language,» in *Relational Database: Selected Writings*, Addison-Wesley, 1986.

	Durch Schlüssel-mengen gesteuert, serialisierbar	Isolationsstufe SERIALIZABLE	Durch Schlüssel-mengen gesteuert, nicht-serialisierbar	Isolationsstufe READ COMMITTED
Direkte Aktuali-sierungen durch andere	Nein	Nein§	Nein	Nein#
Indirekte Aktuali-sierungen durch andere	Nein	Nein§	Nein	Nein#
Unterstützung absoluter Fetch-Operationen	Ja	Nein**	Ja	Nein
Sperrverhalten	††	††	‡‡	§§

* Der Benutzer sieht die Veränderungen nicht, wenn er nicht rückwärts scrollt oder den Cursor schließt und wieder öffnet.
† Gelöschte Zeilen hinterlassen »Lücken«, so daß die relative Position beibehalten wird.
‡ Einfügungen durch den Benutzer erscheinen am Ende.
§ Die Aktualisierungen oder Löschungen durch andere werden nicht angezeigt. (Die »Momentaufnahmen-Kopie« oder die Ergebnismenge sind gesperrt, Phantome sind verboten.)
# Keine Veränderung darf bewirken, daß eine Zeile zweimal verarbeitet wird.
** Wenn Löschungen erlaubt sind (selbst durch den Benutzer), sind absolute Fetch-Operationen unmöglich.
†† Die Ergebnismenge wird beim Öffnen des Cursors gesperrt, oder die einzelnen Zeilen werden gesperrt, wenn sie untersucht werden.
‡‡ Update-Sperren auf aktuellen Zeilen oder optimistische Nebenläufigkeitssteuerung. Update-Sperren sind mit Lesesperren kompatibel, nicht aber mit Schreibsperren. Für jedes Element ist jeweils nur eine Schreibsperre erlaubt.
§§ Update-Sperre für die aktuelle Zeile (wenn der Cursor zur Aktualisierung geöffnet wurde)

Tabelle 5.2 – Vergleich der durch Schlüsselmengen gesteuerten Cursor und der Isolationsstufen SERIALIZABLE und READ COMMITTED

	Dynamisch serialisierbar	Isolationsstufe SERIALIZABLE	Dynamisch nicht-serialisierbar	Isolations-stufe READ COMMITTED
Sichtbare Veränderungen				
Aktualisierungen durch den Benutzer	Ja	Ja*	Ja	Ja*
Löschungen durch den Benutzer	Ja	Ja*	Ja	Ja*
Einfügungen durch den Benutzer	Ja	Ja*	Ja	Ja*

▶

	Dynamisch serialisierbar	Isolationsstufe SERIALIZABLE	Dynamisch nicht-serialisierbar	Isolations-stufe READ COMMITED
Aktualisierungen durch andere	Nein	Nein†	Ja	Ja*
Löschungen durch andere	Nein	Nein†	Ja	Ja*
Einfügungen durch andere	Nein	Nein†	Ja	Ja*
Beeinflussung des Umfangs und der Reihenfolge				
Direkte Aktualisierungen durch den Benutzer	Ja	Nein‡‡	Ja	Nein‡‡
Indirekte Aktualisierungen durch den Benutzer	Ja	Nein‡‡	Ja	Nein‡‡
Direkte Aktualisierungen durch andere	Nein	Nein†	Ja	Nein‡
Indirekte Aktualisierungen durch andere	Nein	Nein†	Ja	Nein‡
Unterstützung absoluter Fetch-Operationen	Nein§	Nein§	Nein	Nein
Sperrverhalten	#	#	**	††

* Der Benutzer sieht keine Veränderungen, wenn er nicht rückwärts scrollt oder den Cursor schließt und wieder öffnet.
† Aktualisierungen oder Löschungen durch andere werden nicht sichtbar gemacht. (Die »Momentaufnahmen-Kopie« oder die Ergebnismenge sind gesperrt, Phantome sind verboten.)
‡‡ Keine Veränderung darf bewirken, daß eine Zeile zweimal verarbeitet wird.
§ Wenn Löschungen erlaubt sind (selbst durch den Benutzer), sind absolute Fetch-Operationen unmöglich.
# Die Ergebnismenge wird beim Öffnen des Cursors gesperrt, oder die einzelnen Zeilen werden gesperrt, wenn sie untersucht werden.
** Update-Sperren für die aktuellen Zeilen oder optimistische Nebenläufigkeitssteuerung. Update-Sperren sind mit Lesesperren kompatibel, nicht aber mit Schreibsperren. Für jedes Element ist jeweils nur eine Schreibsperre erlaubt.
†† Update-Sperre für die aktuelle Zeile (wenn der Cursor zur Aktualisierung geöffnet wurde).

Tabelle 5.3 – Vergleich dynamischer Cursor und der Isolationsstufen SERIALIZABLE und READ COMMITTED

Das Cursormodell von ODBC

	Statisch serialisierbar	Isolationsstufe SERIALIZABLE
Sichtbare Veränderungen		
Aktualisierungen durch den Benutzer	Nein*	Ja†
Löschungen durch den Benutzer	Nein*	Ja†
Einfügungen durch den Benutzer	Nein*	Ja†
Aktualisierung durch andere	Nein‡	Nein‡
Löschungen durch andere	Nein‡	Nein‡
Einfügungen durch andere	Nein‡	Nein‡
Beeinflussung von Umfang und Reihenfolge		
Direkte Aktualisierungen durch den Benutzer	Nein*	Nein§
Indirekte Aktualisierung durch den Benutzer	Nein*	Nein§
Direkte Aktualisierung durch andere	Nein‡	Nein‡
Indirekte Aktualisierungen durch andere	Ja	Nein‡
Unterstützung absoluter Fetch-Operationen	Ja	Nein#
Sperrverhalten	**	**

* Der Cursoreigentümer führt keine Aktualisierungen durch.
† Der Benutzer sieht keine Veränderungen, wenn er nicht rückwärts scrollt oder den Cursor schließt und wieder öffnet.
‡ Die Aktualisierungen oder Löschungen durch andere werden nicht angezeigt. (Die »Momentaufnahmen-Kopie« oder die Ergebnismenge sind gesperrt, Phantome sind verboten.)
§ Keine Veränderung darf bewirken, daß eine Zeile zweimal verarbeitet wird.
\# Wenn Löschungen erlaubt sind (selbst durch den Benutzer), sind absolute Fetch-Operationen unmöglich.
** Die Ergebnismenge wird beim Öffnen des Cursors gesperrt, oder die einzelnen Zeilen werden gesperrt, wenn sie untersucht werden.

Tabelle 5.4 – Vergleich statischer Cursor und der Isolationsstufe SERIALIZABLE

5.5.4 Nebenläufigkeitssteuerung

Die primären Alternativen für die Nebenläufigkeitssteuerung zum Erzielen verschiedener Transaktionsisolationsstufen sind das Sperren und die optimistische Nebenläufigkeitssteuerung[21].

Die optimistische Nebenläufigkeitssteuerung wird verwendet, wenn eine Anwendung »optimistisch« ist und annimmt, daß keine andere Transaktion die Daten aktualisiert,

---

21 Diese Beschreibung setzt voraus, daß die Client-Seite der Software, nicht das DBMS, die optimistische Nebenläufigkeitssteuerung ausführt. Andere Formen der Nebenläufigkeitssteuerung sind optimistisch (mit anderen Worten, sie verwenden keine Sperren), aber sie werden innerhalb des DBMS ausgeführt. Ein Beispiel für solch eine Technik ist die Transaktionsisolationsstufe READ CONSITENCY von Oracle.

bevor die Anwendung das tun konnte. Das steht im Gegensatz zum Sperren, der »pessimistischen« Nebenläufigkeitssteuerung. Bei der optimistischen Nebenläufigkeitssteuerung wird eine Zeile überprüft, bevor sie aktualisiert oder gelöscht wird, um sicherzustellen, daß keine andere Transaktionen die Zeile modifiziert haben, seitdem sie zuletzt geholt wurde. Die Überprüfung kann anhand einer bestimmten Versionsspalte oder anhand der Werte aller Spalten erfolgen. Bei der letzteren Methode werden Blobs (Binary Large Objects) grundsätzlich ausgeschlossen, und zwar aufgrund ihrer Größe und der Annahmen, daß sie nicht die einzige Spalte einer Zeile darstellen, die von einer etwaigen Veränderung betroffen ist.

5.5.4.1 Nebenläufigkeitssteuerung unter ODBC

Unter ODBC spezifiziert die Anwendung den Typ der Nebenläufigkeitssteuerung. Dazu übergibt sie eine der folgenden Optionen an *SQLSetStmtOption*:

- SQL_CONCUR_READ_ONLY

Diese Option gibt an, daß keine Aktualisierungen vorgenommen werden. (Mit diesem Read-Only-Zugriff werden einige Optimierungen möglich.)

- SQL_CONCUR_LOCK

Diese Option gibt an, daß Daten gesperrt werden sollen, wenn sie geholt werden, so daß die andere Transaktion die Zeile nicht modifizieren kann. Eine Update-Sperre ist dabei vorzuziehen, weil sie andere Benutzer nicht am Lesen, sondern nur am Schreiben hindert. Weil einige DBMSe keine solche Sperre für Anwendungen bieten, kann eine Anwendung einen »Dummy-Update« für die Zeilen durchführen (wobei eine Spalte gleich sich selbst gesetzt wird), bevor sie geholt werden, um eine exklusive Sperre für die Zeilen (oder für die Seite, auf der die Zeilen enthalten sind) zu setzen.

- SQL_CONCUR_ROWVER und SQL_CONCUR_VALUES

Diese Optionen geben an, daß statt des Sperrens die optimistische Nebenläufigkeitssteuerung verwendet wird. Wenn die optimistische Nebenläufigkeitssteuerung verwendet wird, werden die Daten zwischen der Zeit, in der sie für die Anzeige gelesen werden, und der Zeit, zu der sie aktualisiert werden, nicht gesperrt. Wenn kein Schutz realisiert wird, können verlorene Aktualisierungen auftreten, wenn ein anderer Benutzer dieselben Daten während dieses Intervalls aktualisiert.

GLOSSAR

Versionsspalte
Eine Spalte, deren Wert vom DBMS aktualisiert wird, wenn eine der anderen Spalten der Zeile aktualisiert wird.

Die optimistische Nebenläufigkeitssteuerung schützt gegen verlorene Aktualisierungen, indem alle Aktualisierungen zurückgewiesen werden, die auf veränderten Daten basieren. Sie bietet mehr Nebenläufigkeit als das Sperren, ist aber hinsichtlich der Performance teurer, als wenn ein Konflikt auftreten würde. Sie wird »optimistisch« genannt, weil sie am

Das Cursormodell von ODBC

besten funktioniert, wenn nur selten Konflikte auftreten. SQL_CONCUR_ROWVER gibt an, daß eine spezielle Versionsspalte (die mit Hilfe von *SQLSpecialColumns* ermittelt werden kann) verwendet werden kann, um Veränderungen festzustellen. SQL_CONCUR_VALUES gibt an, daß nur anhand des Vergleichs von Spaltenwerten Veränderungen festgestellt werden können. Wenn SQL_CONCUR_ROWVER angegeben wird, muß die Versionsspalte der Zeilen gespeichert werden. Steht keine solche Spalte zur Verfügung, kann der Treiber statt dessen SQL_CONCUR_VALUES angeben.

5.5.4.2 Cursor und das Beenden von Transaktionen

Alle geöffneten Cursor müssen nach dem Festschreiben automatisch geschlossen werden, wenn sie mit SQL-92 und FIPS 127 kompatibel sein wollen. Das ist eine Einschränkung für interaktive Anwendungen, die normalerweise durch die Ergebnisse scrollen und gelegentlich Aktualisierungen vornehmen. Nach dem Festschreiben muß die Anwendung alle Cursor neu öffnen und wieder an die Stelle »rasen«, an der sie sich zuvor befand. Dieses hinderliche Verhalten wird von Test Nummer 60 in der NIST SQL Test Suite[22] gefordert und wurde seit 1988 in jede Version des ANSI SQL-Standards übernommen.

Beachten Sie jedoch, daß nicht alle Cursor dieses Verhalten erzwingen, insbesondere nicht die Cursor in Ein-Stufen-Systemen, weil sie nicht auf ANSI-konformen DBMS-Systemen basieren. Unter ODBC kann eine Anwendung die Funktion *SQLGetInfo* mit der Option SQL_CURSOR_COMMIT_BEHAVIOR aufrufen, wenn sie erfahren will, wie sich ein Cursors für eine Commit- oder Rollback-Operation verhält.

GLOSSAR

FIPS 127
Ein Dokument, das vom National Institute of Standards and Technology veröffentlicht wird. Es definiert eine Testfolge, die die Kompatibilität von SQL DBMSen zum SQL-Standard von ANSI/ISO feststellt.

5.5.4.3 Die Beziehung der Nebenläufigkeitssteuerung zu den Isolationsstufen

Es muß gesagt werden, daß ODBC einer Anwendung zwar eine Methode an die Hand gibt, sowohl die gewünschte Transaktionsisolationsstufe als auch explizite Optionen für die Nebenläufigkeitssteuerung zu spezifizieren, daß jedoch nicht klar ist, welche Optionen sinnvoll sind, und welche nicht.

Wenn ein DBMS zum Beispiel die Isolationsstufe SERIALIZABLE unterstützt und die Anwendung diese Stufe mit Hilfe von *SQLSetConnectOption* setzt, wäre es unsinnig, würde die Anwendung für die Nebenläufigkeitssteuerung andere Optionen als SQL_CONCUR_READ_ONLY benutzen. Warum? Wenn die Anwendung dem DBMS mitteilt, daß sie vollständig isoliert von allen anderen Transaktionen ausgeführt werden will, gibt es kei-

---

[22] National Institute of Standards and Technology, »NIST SQL Test Suite for FIPS 127-1 Adoption of ANSI X3.135-1989 and ANSI X3.169-1989« (Version 2), Dezember 1989.

nen Grund, ein weiteres Sperren oder eine optimistische Nebenläufigkeitssteuerung auf dem Client einzusetzen. Das DBMS übernimmt die ganze Arbeit.

Anwendungsprogrammierer sollten dieser Logik folgen, wenn sie die anderen Optionen einsetzen. Ist es sinnvoll, die Isolationsstufe auf REPEATABLE READ zu setzen und dann ein Sperren oder eine optimistische Nebenläufigkeitssteuerung zu verwenden? Ja, aber nur, wenn die Anwendung dieselbe Abfrage wiederholt ausführt und wissen muß, welche neuen Zeilen sich in der Ergebnismenge befinden.

Die unter ODBC spezifizierten Optionen für die Nebenläufigkeitssteuerung werden häufig von Anwendungen verwendet, die eine niedrige Transaktionsisolationsstufe aufweisen, etwa READ COMMITTED oder READ UNCOMMITTED. Eine Anwendung, die die Optionen und Stufen auf diese Weise kombiniert, drückt im Grunde genommen aus, daß sie von der (möglicherweise) höheren Nebenläufigkeit profitieren will, auch wenn dazu ein gewisser Programmieraufwand notwendig ist, um inkonsistente Aktualisierungen festzustellen. Es war die Absicht von ODBC, dem Anwendungsprogrammierer die Auswahl zu überlassen. Abhängig von der Semantik könnte eine Anwendung eine wesentlich höhere Nebenläufigkeit erzielen, würde sie die Integritätsprüfungen auf dem Client mit Hilfe des Sperrens oder einer optimistischen Nebenläufigkeitssteuerung durchführen, statt dem DBMS durch Angabe der Transaktionsisolationsstufe die gesamte Arbeit zu überlassen. Beachten Sie jedoch, daß die Verantwortung für die Sicherstellung der Korrektheit dann bei der Anwendung liegt, und nicht mehr beim DBMS.[23]

DIE STORY
Akt II, Szene 1: Die SQL Access Group

Wie ich bereits erwähnt habe, arbeitete die »Vierer-Gang« (DEC, Lotus, Microsoft und Sybase) hart an der Definition der SQL Connectivity-API. Im Juni 1990 gaben wir der Version 1.12 der SQL Connectivity-Spezifikation den letzten Schliff und stellten sie der SQL Access Group (SAG) zur Verfügung. Zu diesem Zeitpunkt traten Microsoft und Sybase offiziell in die SQL Access Group ein, während sich Lotus erst ein Jahr später dazu entschloß.

Im demokratischen Sinne der Komitees erklärte die SAG »die Saison für CLIs für eröffnet«, und jeder, der eine CLI-Spezifikation schaffen wollte, konnte das tun und sie dem technischen Komitee vorstellen. Im September 1990 hatten mehrere Firmen CLI-Spezifikationen eingereicht, und die Pros und Kontras dieser Spezifikationen wurden heftig debattiert.

▶

---

[23] Ich kenne einen Fall, in dem die Anwendungsprogrammierer einer großen Firma eine niedrige Transaktionsisolationsstufe verwendeten und dachten, ihre Anwendung würde sich korrekt verhalten. Als die Anwendung von vielen Benutzern getestet wurde, stellte man das klassische Problem der »verlorenen Aktualisierungen« fest, und man glaubte, das DBMS wäre daran schuld. Man kann eben nicht beides haben!

Wir mußten ganz wesentliche Veränderungen an SQLC vornehmen, als das Komitee die Anforderung formulierte, daß die CLI nicht mehr Funktionalität umfassen sollte als der aktuelle SQL-Standard (ANSI 89). Also weg mit den scrollbaren Cursorn, Katalogfunktionen, der Unterstützung gespeicherter Prozeduren, treibergesteuerter Verbindungen, der Unterstützung erweiterbarer Datentypen und vielem anderen mehr. Die SQLC-Spezifikation schrumpfte von 120 auf etwa 50 Seiten, aber sie erfüllte jetzt die Anforderungen. Natürlich war es schmerzlich, all die Funktionen zu streichen, an denen wir so lange gearbeitet hatten. Aber als schließlich die letzte Abstimmung durchgeführt wurde, erhielt die SQLC-Spezifikation den Zuschlag und wurde somit zum »Basisdokument« für die CLI der SQL Access Group.

Der Vorschlag, der die bei weitem größte Konkurrenz darstellte, kam von Oracle. Das Konzept von Gary Hallmark bei Oracle war so elegant, daß wir bei Microsoft schon fast unser SQLC verwerfen und bei Oracle anfragen wollten, ob wir nicht mit ihnen an ihrer Spezifikation arbeiten konnten. Hätte sich Garys Arbeit nicht so eng an das RDA-Protokoll gehalten, wer weiß, was passiert wäre. Wie sich herausgestellt hat, konnten die Jungs bei Oracle die SQLC-basierte CLI mit ihrer Arbeit und ihrem exzellenten Wissen über Programmierschnittstellen und Portabilität ganz erheblich beeinflussen. Insbesondere Gary Hallmark, Andy Mendelsohn, Richard Lim und Sanjeep Jain brachten wertvolle Beiträge zur Spezifikation, und zwar sowohl in der SAG, als auch später, als sie direkt bei Microsoft arbeiteten.

Im Oktober 1990 wurde ein neues technisches Komitee der SAG gegründet, das sich auf die Arbeit an der CLI konzentrierte, und ich wurde zu seinem Vorstand gewählt. Es gab bereits technische Komitees für die Arbeit an eingebettetem SQL und dem Standardübertragungsprotokoll. Das letztere nannte man auch das FAP-Komitee (»Format and Protocols«). SQL war somit nicht länger das Produkt von vier Firmen, sondern jetzt eine offene Spezifikation, die von jedem beeinflußt werden konnte, der an den SAG-Konferenzen teilnahm.

Auch andere Komitees interessierten sich für die CLI. Jim Melton, der Herausgeber der ANSI SQL- und ISO SQL-Dokumente, sendete Ende 1990 über E-Mail eine ausführliche Kritik an der CLI. Ich antwortete mit einer ähnlich langen E-Mail auf viele seiner Hinweise. Im Januar 1991 nahm Jim an der nächsten SAG-Konferenz teil, und als wir erklärten, wie sich die Technologie von eingebettetem SQL unterschied, war er davon überzeugt, daß die CLI sinnvoll war. Jims Hilfe bei der Interpretation des SQL-Standards war unbezahlbar, weil damit sichergestellt werden konnte, daß sich die CLI nicht zu weit vom eingebetteten SQL entfernte, außer dort, wo es absolut notwendig war.

5.5.5 Scrolling

ODBC bietet zwei neue Funktionen zum Laden von Zeilen aus einer Ergebnismenge. Die erste, *SQLFetch*, holt Zeilen aus Cursorn, die nur vorwärts durchlaufen werden können, und zwar zeilenweise. Die zweite, *SQLExtendedFetch*, holt Zeilen aus scrollbaren Cursorn und bietet die Möglichkeit, mehrere Zeilen in einem Aufruf zu laden.

Für Scroll-Operationen bietet *SQLExtendedFetch* die im folgenden beschriebenen Optionen, die mit den FETCH-Optionen von SQL-92 übereinstimmen.

Anders als die SQL-92-Optionen erlauben es die Optionen für *SQLExtendedFetch* einer Anwendung, entweder eine einzelne oder mehrere Zeilen zu laden. Die Anwendung muß eine Anweisungsoption verwenden, um zu spezifizieren, wieviele Zeilen mit einem einzigen Aufruf von *SQLExtendedFetch* geladen werden.

Eines der neuen Features von ODBC 2.0 ist die Unterstützung von Lesezeichen. Ein Lesezeichen ist ein Wert, der den Cursor schnell und einfach auf eine bestimmte Zeile in einer Ergebnismenge zurückbringt. Bei jedem Lesezeichen handelt es sich um einen 32-Bit-Wert, den die Anwendung vom ODBC-Treiber für eine einzelne Zeile anfordert. Die Anwendung positioniert den Cursor auf dieser Zeile, indem sie *SQLExtendedFetch* mit dem Fetch-Typ SQL_FETCH_BOOKMARK aufruft. In interaktiven Anwendungen wird ein Lesezeichen oft dann verwendet, wenn der Benutzer eine bestimmte angezeigte Zeile anklickt, aber dann vor der Aktualisierung noch nach unten oder oben scrollt, so daß die Zeile mit dem Fokus aus dem Bildschirm und möglicherweise auch aus der Zeilenmenge herausgescrollt wird. Wenn der Benutzer etwas eintippt, befindet sich der Fokus immer noch auf der Zeile, die er angeklickt hatte, und diese Zeile muß dann auch wieder angezeigt werden.

Es gibt viele Methoden für die Implementierung von Lesezeichen. Eine Anwendung könnte zum Beispiel einen vollständig durch Schlüsselmengen gesteuerten Cursor verwenden und den Schlüsselwert für die angeklickte Zeile speichern. Wenn sie dann in diese Zeile zurückkehren will, könnte die Anwendung die Schlüsselmenge nach dem zuvor gespeicherten Schlüsselwert durchsuchen. Sie könnte aber auch ein Array logischer Zeilennummern verwalten (eine Nummer für jede Zeile), die Zeilennummer und den Schlüssel der angeklickten Zeile speichern und die Zeilennummer für einen relativen Offset von der aktuellen Zeile verwenden. In jedem Fall gibt es für die Anwendung relativ viel Verwaltungsaufwand, den auch der Treiber übernehmen könnte und sollte. Außerdem funktioniert dieser Ansatz nur für vollständig durch Schlüsselmengen gesteuerte und statische Cursor – dynamische Cursor sind sehr viel schwieriger zu verwalten, weil ihr Umfang nicht im voraus feststeht.

Lesezeichen sollten es den Anwendungen ermöglichen, eine bestimmte Zeile zu speichern und mit einem minimalen Aufwand von Seiten des Anwendungsprogrammierers wieder in diese Zeile zurückzukehren. Sie sind unabhängig von dem verwendeten Cursormodell (statisch, durch Schlüsselmengen gesteuert oder dynamisch). Nicht alle Treiber unterstützen Lesezeichen, deshalb sollte die Anwendung diese Möglichkeit überprüfen, bevor sie sie nutzt.

5.5.6 Anweisungen zum positionierten Aktualisieren und Löschen

Eine Anweisung zum positionierten Aktualisieren und Löschen hat die Form

UPDATE ... WHERE CURRENT OF cursor

oder

DELETE ... WHERE CURRENT OF cursor

Diese Anweisungen sind sehr praktisch für bildschirmbasierte Anwendungen, die es den Benutzern ermöglichen, durch die Ergebnismenge zu scrollen und dabei Zeilen zu aktualisieren oder zu löschen. Solche Anwendungen positionieren den Cursor auf eine Zeile und rufen dann eine Anweisung zum positionierten Aktualisieren der Zeile mit den vom Benutzer eingegebenen Daten oder zum positionierten Löschen der Zeile auf. Leider unterstützen viele der heutigen DBMSe diese Anweisungen nicht. Wie wir gerade gesehen haben, erlaubt SQL-92 nicht einmal, daß scrollbare Cursor aktualisiert werden. Glücklicherweise unterstützt ODBC Anweisungen zum positionierten Aktualisieren und Löschen in der ODBC-Cursorbibliothek, die wir als nächstes beschreiben werden. Die Anwendung kann die positionierten Anweisungen auch simulieren.

5.5.7 Die Cursorbibliothek in ODBC 2.0

Unter ODBC 1.0 haben wir das Cursormodell definiert, es aber den Treiber-Entwicklern überlassen, dieses zu implementieren. Leider hat dies keiner getan, weil es relativ aufwendig war. Viele Anwendungsprogrammierer waren gezwungen, ihre eigenen Implementationen scrollbarer Cursor zu schreiben, wozu sie die in den Abschnitten 5.5.2.2 und 5.5.8 beschriebenen Techniken anwendeten.

Für ODBC 2.0 beschlossen wir, ein einfaches scrollbares Cursormodell einzuführen, das für die meisten Treiber eingesetzt werden konnte. Die Anwendungsprogrammierer sollten die Vorteile der garantiert scrollbaren Cursor nutzen und müßten keinen eigenen Cursorcode mehr schreiben. Die Implementierung scrollbarer Cursor wird auch *Cursorbibliothek* genannt. Sie paßt sich in die ODBC-Architektur als reine Softwarekomponente im Treiber-Manager ein. Der Treiber-Manager ruft die Cursorbibliothek auf, und die Cursorbibliothek ruft den Treiber auf, und in manchen Fällen auch wieder den Treiber-Manager.

Wir haben das einfachste Modell scrollbarer Cursor bereitgestellt: statische Cursor. Das Modell ist jedoch so implementiert, daß die durch Schlüsselmengen gesteuerten Cursor mit relativ wenig Aufwand von Seiten des Anwendungsprogrammierers simuliert werden konnten (indem die Schlüsselspalten gebunden und die eigentlichen Daten mit *SQLGetData* geladen wurden). Mehrzeilige Cursor[24] werden vollständig unterstützt, so daß eine Anwendung so viele oder so wenige Zeilen, wie sie gerade benötigt, laden kann.

---

24 Im Microsoft ODBC 2.0 Programmierhandbuch wird dafür der Begriff *Blockcursor* verwendet

Das positionierte Aktualisieren und Löschen werden auch unterstützt, um es den Programmierern zu ermöglichen, Anwendung zu schreiben, die Daten scrollen und aktualisieren können.

Die Cursorbibliothek wird aktiviert, indem die Anwendung *SQLSetConnectOption* mit der Option SQL_ODBC_CURSORS aufgerufen wird. Wenn das erfolgt ist, kann die Anwendung die Funktionen für scrollbare Cursor verwenden, die in der Konformitätsstufe 2 von ODBC definiert sind (*SQLExtendedFetch*, *SQLSetPos* und die Optionen für Cursor in *SQLSetStmtOption*).

Die Beispielapplikation CRSRDEMO.C im ODBC 2.0 SDK zeigt, wie scrollbare, aktualisierbare Cursor von Anwendungen verwendet werden können. Beachten Sie, daß die Cursorbibliothek nicht die Möglichkeit unterstützt, die Größe der Zeilenmenge dynamisch zu verändern, so daß das zuvor beschriebene Konzept der virtuellen Cursor nicht vollständig implementiert werden kann (es sei denn natürlich, die Anwendung verhindert, daß der Benutzer die Größe des Fensters ändert, und es somit immer dieselbe Anzahl Zeilen anzeigt).

5.5.8 Die Simulation von Cursorn

Weil viele existierende DBMSe keine scrollbaren Cursor unterstützen und die ODBC-Cursorbibliothek nur statische Cursor bietet, ist es für einige Anwendungen und Treiber möglicherweise notwendig, die Cursor selbst zu simulieren. Die folgenden Abschnitte beschreiben kurz, wie die Anwendungen scrollbare Cursor implementieren können.

5.5.8.1 Durch Schlüsselmengen gesteuerte Cursor

Das durch eine Schlüsselmenge gesteuerte Scrolling macht die Verwendung von eindeutigen Zeilen-IDs erforderlich, um eindeutig und wiederholt auf die Zeilen zugreifen zu können. Wenn das DBMS eine persistente, eindeutige Zeilen-ID unterstützt, sollte die Anwendung diese auch nutzen. Wenn die Zeilen-ID des DBMS nicht garantiert persistent oder eindeutig ist, muß statt dessen ein eindeutiger Index verwendet werden. Wenn kein eindeutiger Index zur Verfügung steht, kann die gesamte Zeile als Schlüssel verwendet werden (es sei denn, es gibt doppelt vorhandene Zeilen). In der folgenden Beschreibung steht der Begriff *Schlüssel* für eine entsprechende eindeutige Zeilen-ID.

Wenn ein Benutzer einen Cursor öffnet, muß die Anwendung den für die Tabelle (oder die View) am besten geeigneten Schlüssel ermitteln. Um die Interoperabilität aufrechtzuerhalten, sollte die Anwendung eine der Standard-Katalogfunktionen von ODBC verwenden, also *SQLSpecialColumns* oder *SQLStatistics*, und keine Select-Anweisungen für die eigentlichen Systemkatalog-Tabellen. Anschließend muß sie der Auswahlliste die Schlüsselspalten hinzufügen, wenn es diese noch nicht gibt. Die Anzahl der Pufferwerte, die gespeichert werden (die Größe der Schlüsselmenge), wird in der Funktion *SQLSetStmtOption* spezifiziert. Die Anweisung puffert die Schlüssel zum Zeitpunkt des Öffnens des Cursors mit Hilfe der Funktionen *SQLExecDirect* oder *SQLExecute*. Die Anwendung kann innerhalb der Schlüsselmenge ein relatives oder ein absolutes Scrolling bereitstellen, indem Indizes für die gespeicherten Schlüssel erzeugt werden und der

Zugriff auf die Originaltabellen mit einer WHERE-Klausel erfolgt, welche die Werte der gespeicherten Schlüssel enthält. Sie kann nach vorwärts oder rückwärts über die Schlüsselmenge hinausscrollen, indem sie alle Zeilen, die größer bzw. kleiner als die jeweils letzten Schlüsselspalten (oder ORDER BY) sind, selektiert.

Die Reihenfolge wird durch die Reihenfolge bestimmt, in der die Schlüssel gespeichert wurden. Die Anwendung muß die Unterabfragen, welche die Ergebnismenge definiert haben, nicht wiederholt ausführen, weil die Schlüsselmenge diese Information einkapselt. Für eine maximale Performance können in einer einzigen Select-Anweisung mehrere Zeilen geholt werden, solange die Gesamtzahl der AND- und OR-Anweisungen in der WHERE-Klausel nicht das überschreitet, was das DBMS noch optimieren kann. Darüber hinaus müssen für jedes Vielfache der maximalen Elemente aus der WHERE-Klausel separate Select-Anweisungen verwendet werden.

Wenn der Cursor »aufgefrischt« wird, wird die angegebene Zeile mit Hilfe einer SELECT-Anweisung mit WHERE-Klausel, die aus den gespeicherten Schlüsselwerten konstruiert wird, in denselben Puffer geladen. In dem von *SQLExtendedFetch* zurückgegebenen Statusarray wird ein Flag gesetzt, wenn die Zeile nicht gefunden wurde oder wenn sie sich verändert hat.

5.5.8.2 Dynamische Cursor

Das Scrolling mit dynamischen Cursorn macht eine explizite (durch ORDER BY oder GROUP BY) oder eine implizite Reihenfolge (über einen eindeutigen Index) erforderlich. Wenn es einen eindeutigen Index gibt oder wenn ORDER BY oder GROUP BY ausgeführt werden, indem sie einem Index statt einer Numerierung verwenden, ist die Performance gut. (Wenn die obigen Kriterien nicht erfüllt sind, ist die Performance für große Ergebnismengen nicht akzeptabel.) Um vorwärts zu scrollen, selektiert eine Anwendung diejenigen Zeilen, deren Schlüsselwerte größer als der aktuell geladene Schlüssel sind, wie etwa im folgenden Beispiel:

```
SELECT * FROM t1 WHERE key > lastkey ORDER BY key ASCENDING
```

Um rückwärts zu scrollen, selektiert eine Anwendung diejenigen Zeilen, deren Schlüsselwerte kleiner als der aktuelle Schlüsselwert sind, wie etwa im folgenden Beispiel:

```
SELECT * FROM t1 WHERE key < lastkey ORDER BY key DESCENDING
```

Für zusammengesetzte Schlüssel verkompliziert sich das Ganze, aber glücklicherweise werden solche nur selten benutzt. (Im allgemeinen führen die Datenbankentwickler lieber einen einspaltigen künstlichen Schlüssel ein, statt sich mit der Komplexität zusammengesetzter Schlüssel zu belasten.) Ein zweiteiliger Schlüssel würde zum Beispiel eine sehr viel komplexere WHERE-Klausel erforderlich machen:

```
SELECT * FROM t1
WHERE key1 > lastkey1 or (key1 = lastkey1 and key2 > lastkey2)
```

Wenn es sich bei der Spalte mit der Numerierung nicht um den Primärschlüssel handelt, sollte die Anwendung die Spalte mit der Numerierung verwenden. Wenn es für die verwendete Spalte einen Index gibt, ist die Performance für das Scrollen nach vorwärts akzeptabel. Das Scrollen nach rückwärts ist nicht effizient, es sei denn, der Optimierer setzt die Ergebnismenge inkrementell mit Hilfe eines Index zusammen.

5.5.8.3 Kombinierte Cursor

Das Scrolling in beide Richtungen ist eine mögliche Lösung für solche Fälle, in denen die Schlüssel nicht für die gesamte Ergebnismenge gepuffert werden sollen, für die jedoch auch ein effizientes Scrollen nach vorne oder hinten gewährleistet sein soll (wenn auch nur innerhalb eines beschränkten Bereichs). Wenn die Schlüsselmenge nicht die Schlüssel der gesamten Ergebnismenge aufnehmen kann, muß der Cursor von einem durch eine Schlüsselmenge gesteuerten zu einem dynamischen Scrolling wechseln, wenn das Ende der Schlüsselmenge erreicht ist. Wenn die ORDER BY-Spalten nicht gleich den Schlüsselspalten sind, muß der Treiber neben den Schlüsselwerten der Schlüsselmengengrenzen auch ihre Werte speichern.

5.5.8.4 Dynamisches Scrolling komplexer Selektionen

Verwendet ein Cursor die in Abschnitt 5.5.8.2 beschriebene dynamische Technik zum Scrolling, und das DBMS wertet die Ergebnismenge nach einer anderen Methode als durch die inkrementelle Erzeugung eines Index aus, erhalten wir eine schlechte Performance. Andererseits ist es mit dieser Technik jedoch möglich, fast beliebige Select-Anweisungen zu verarbeiten.

Mit Hilfe des dynamischen Scrollings können Joins mit Primärschlüsseln und Fremdschlüsseln, wahlfreie Joins ohne Schlüssel und einfache Joins verarbeitet werden. Die Anwendung muß der Auswahlliste möglicherweise eine Spalte hinzufügen, die die Eindeutigkeit oder die Reihenfolge realisiert, wodurch doppelte Spaltennamen entstehen könnten. In diesem Fall muß die Select-Anweisung mit Tabellenalias-Präfixen neuformatiert werden. Die Performance für wahlfreie Joins ohne Schlüssel wird unerträglich langsam, wenn viele Zeilen durchsucht werden müssen.

Eine Unterabfrage, die mit einem Gleichheitszeichen (=) eingeführt wird, stellt kein Problem dar, weil sie nur einen einzigen Wert zurückgibt. Eine Unterabfrage, die mit einem IN eingeleitet wird, kann viele Werte zurückgeben, aber jeder Wert in der umschließenden SELECT-Anweisungen wird im Endergebnis nur einmal auftreten. Eine korrelierte Unterabfrage erzeugt keine Komplikationen, weil der innere Teil für jedes Auftreten des äußeren Teils wiederholt wird. Unterabfragen in der Auswahlliste (die in SQL-92 erlaubt sind) werden ebenso verarbeitet wie normale Unterabfragen. Eine Anwendung muß nicht in die Unterabfrage eintreten, wenn die äußere Abfrage für Tabellen und Schlüssel ausgeführt wird. Die Performance leidet durch eine nicht-korrelierte Unterabfrage, weil diese für jede Scroll-Operation erneut ausgewertet wird.

5.5.8.5 Scrolling von Aggregaten

Eine Selektion mit skalaren Aggregaten erzeugt nur eine einzige Zeile. Sie muß nicht gescrollt werden. Eine Auswahl mit Vektor-Aggregaten (solche mit der GROUP BY-Klausel) erzeugt mehrere Zeilen. Wird GROUP BY verwendet, müssen der Auswahlliste keine Spalten hinzugefügt werden, um eine Eindeutigkeit zu erzielen. Die Duplikate werden zu einer einzigen, eindeutigen Zeile komprimiert. Man kann die GROUP BY-Klausel deshalb auch als Schlüssel betrachten. Wenn es neben ORDER BY auch ein GROUP BY gibt, betrachtet man ORDER BY als übergeordnet, GROUP BY als untergeordnet, und die ORDER BY- und GROUP BY-Spalten werden so verarbeitet, als handelte es sich dabei um einen einzigen großen Schlüssel.

5.5.8.6 Anweisungen für das positionierte Aktualisieren und Löschen

Für die Anweisungen zum positionierten Aktualisieren und Löschen werden eindeutige Zeilen-IDs benötigt (siehe Abschnitt 5.5.8.1). Positionierte Operationen sind auf gepufferte Zeilen beschränkt, die sich innerhalb der Schlüsselmenge befinden müssen. Das eigentliche Aktualisieren oder Löschen wird mit Hilfe einer Suche ausgeführt. Die WEHRE-Klausel wird aus den gespeicherten Schlüsseln für die angegebene Zeile und entweder der Zeilenversionsspalte oder der verbleibenden Spaltenwerte erzeugt, abhängig davon, welche Optionen für die Nebenläufigkeit gesetzt wurden. Wenn die gepufferte Zeilenmenge mehr als eine Zeile umfaßt, muß die Funktion *SQLSetPos* zur Positionierung auf eine bestimmte Zeile innerhalb der Zeilenmenge verwendet werden, bevor die Anweisung zum positionierten Aktualisieren oder Löschen ausgeführt werden kann.

Für ein positioniertes Löschen muß eine Such-Löschanweisung erzeugt werden, und zwar unter Verwendung einer WHERE-Klausel, die die Schlüsselspalten enthält. Wurden die Zeilen nicht mit SQL_CONCUR_LOCK geladen, müssen der WHERE-Klausel entweder die Zeilenversionsspalte oder die restlichen selektierten Spalten hinzugefügt werden. Die Werte dieser Spalten werden während der Operation *SQLExtendedFetch* gepuffert, je nachdem, was als Option für die Nebenläufigkeit in *SQLSetStmtOption* spezifiziert wurde.

Für ein positioniertes Aktualisieren wird die WHERE-Klausel auf dieselbe Weise erzeugt. Wenn der Werteparameter ungleich NULL ist, wird er in die zu erzeugende Anweisung für die Aktualisierung eingefügt. Wenn der Werteparameter gleich NULL ist, wird aus den Daten in den gebundenen Puffern eine SET-Klausel konstruiert. Wurden keine Puffer gebunden und keine Werteparameter angegeben, wird ein Fehler zurückgegeben. Wenn in der Cursordefinition SQL_CONCUR_VALUES angegeben wurde und der Werteparameter gleich NULL ist, wird der aktuelle Wert des Puffers mit dem Originalwert verglichen, der während der Fetch-Operation gespeichert wurde. Die Spalte wird der Klausel nur dann hinzugefügt, wenn ein Unterschied festgestellt wird.

GLOSSAR

Aktualisieren und Löschen mit Hilfe einer Suche
Die Pendants zum positionierten Aktualisieren und Löschen. Statt dem DBMS mitzuteilen, welche Zeile aktualisiert oder gelöscht werden soll, weist das Programm das DBMS an, die gewünschte Zeile selbst zu suchen.

5.5.8.7 Weitere Optionen

Um neue Zeilen in einen Cursor einzufügen, wird *SQLSetPos* mit der Option SQL_ADDON benutzt. Die INSERT-Anweisung, die die neue Zeile einfügt, wird aus den Daten in den gebundenen Puffern erzeugt. Wenn der Cursor über eine Schlüsselmenge gesteuert wird, werden der Schlüsselmenge auch die eingefügten Zeilen hinzugefügt.

Um eine Zeile explizit zu sperren, selektiert die Anwendung sie mit Hilfe von FOR UPDATE erneut, falls das verwendete DBMS diese Möglichkeit bietet. Andernfalls führt die Anwendung eine Dummy-Aktualisierung für die angegebene Zeile durch, um eine exklusive Sperre zu erhalten. In den meisten DBMS-Systemen ist es dazu ausreichend, eine beliebige Nicht-Schlüsselspalte auf sich selbst zu setzen (z.B. SET city = city).

Wenn die Cursordefinition einen Join enthält (oder eine View, welche einen Join enthält), geht die Semantik für das Aktualisieren oder Löschen nicht aus der Cursordefinition hervor. Eine Lösung dafür könnte es sein, die Spaltenliste aus der FOR UPDATE-Klausel einer Standard-Cursordefinition zu verwenden. Wenn alle aufgelisteten Spalten aus einer einzigen Tabelle stammen, muß nur diese Tabelle aktualisiert oder gelöscht werden. Das DBMS sorgt für die referentielle Integrität.

5.6 Datentypen

Während der Entwicklung von ODBC gab es zwei Ziele im Hinblick auf die Datentypen:

■ Es sollte eine Standardmenge an Datentypen definiert werden, die groß genug war, um Daten aus allen DBMS-Systemen laden zu können, ohne die semantischen Eigenschaften dieser Daten zu verlieren.

■ Es sollte eine Methode geschaffen werden, alle Datenbank-spezifischen Datentypen (auch die benutzerdefinierten Typen) zurückzugeben, so daß die Anwendungen dynamisch CREATE TABLE-Anweisungen erzeugen können, die jeden von einem DBMS unterstützten Datentyp ausnutzen können.

Um das erste Ziel zu erreichen, haben wir den SQL-Standard sowie die 10 wichtigsten Datenbankprodukte (nach Marktanteilen) betrachtet und eine Liste der dort verwendeten Datentypen zusammengestellt. Diese Liste enthielt die Typnamen, Längenangaben sowie alle Eigenschaften bezüglich des Verhaltens der Datentypen. Aus dieser Liste wiederum erstellten wir eine Liste mit Datentypen, auf die alle Datentypen der Ausgangsliste abgebildet werden konnten, ohne daß Informationen verlorengingen.

Um das zweite Ziel zu erreichen, haben wir die Funktion *SQLGetTypeInfo* definiert, die alle Informationen über alle Datentypen in einem gegebenen DBMS zurückgibt. Die Typinformation wird so zurückgegeben, daß eine Anwendung den Endbenutzer zum Erzeugen einer Tabelle abfragen kann, wozu die DBMS-eigenen Datentypnamen und -eigenschaften verwendet werden können, ohne daß die Anwendung Details über das Ziel-DBMS kennen muß.

5.6.1 Die ODBC-Datentypen

Die Datentypen in ODBC mußten so definiert werden, daß zwischen dem DBMS und einer Anwendung keine Informationen verlorengingen. Dabei sollten die Anwendungen aber doch eine kompatible Methode erhalten, die Datentypen zu verarbeiten, ohne daß

Datentypen

DBMS-spezifische Informationen in der Anwendungslogik implementiert wurden. Insbesondere mußte ODBC eine präzise Definition der Daten bereitstellen, die in den Speicherpuffern der Anwendung abgelegt werden sollten. Andernfalls würde den Daten jegliche Bedeutung fehlen. So variiert zum Beispiel die Form der Daten, die die verschiedenen DBMSe für Zeit- und Datumsinformationen zurückgeben, ganz wesentlich. Einige Systeme geben das Datum und die Zeit in Form eines 8-Byte-Integers zurück, andere geben eine Gleitkommazahl zurück, und wieder andere geben eine Zeichenkette zurück. Offensichtlich muß eine Anwendung wissen, welchen Variablentyp sie verwenden sollen, wenn sie Daten ermittelt, wie etwa mit der folgenden Anweisung:

SELECT lieferdatum FROM aufträge

Es müssen jedoch nicht alle Eigenschaften der Daten so präzise definiert werden. Die maximale Länge von alphanumerischen Datentypen variiert zum Beispiel ebenfalls ganz erheblich. Es gibt aber keine Veranlassung, in ODBC eine Beschränkung zu erzwingen, so lange die Anwendungen die Länge über den Treiber feststellen können. Das bedeutet jedoch nicht, daß die Längenbeschränkungen von zwei Datenbanken als identisch betrachtet werden können, wenn eine Anwendung Daten von einer Datenbank in eine andere kopiert. Wenn eine Anwendung zum Beispiel einen 1000 Byte großen Zeichenpuffer von einer Spalte eines DBMS lädt und das andere DBMS eine Einschränkung von 255 Zeichen für seinen alphanumerischen Datentyp hat, dann wird das zweite DBMS entsprechend reagieren (den Endbenutzer informieren, die Anfrage zurückweisen, die Daten verkürzen oder etwas ähnliches).

Der Anwendungsprogrammierer muß eine Methode erhalten, drei Dinge in einem Anwendungsprogramm zu beschreiben:

- Den Typ der Spalte oder des Ausdrucks in einer Tabelle.
- Den Typ der Variablen, in denen Daten aus einem DBMS gespeichert werden.
- Die eigentliche C-Typdeklaration der Variablen selbst.

Wenn eine Anwendung zum Beispiel eine Integerspalte aus einem DBMS lädt, aber die Datenwerte in einem Zeichenstring ablegen will, muß sie in der Lage sein, dem ODBC mitzuteilen, daß es sich bei der Spalte um einen Integer handelt, und daß der Typ der Variablen, in der der Wert gespeichert werden soll, ein Zeichenstring ist. Darüber hinaus muß sie die Variable im Programm deklarieren können. (Wir hätten auch festlegen können, daß ODBC verbindlich festlegt, welcher C-Datentyp verwendet werden soll, um die jeweiligen SQL-Datentypen zu speichern. Dann müßte sich jedoch der Anwendungsprogrammierer um die Konvertierungen kümmern, und das schien uns nicht sehr sinnvoll zu sein.)

Um ODBC so robust und zuverlässig wie möglich zu gestalten, hielten wir es für besser, die Datentypen in einem Puffer zu deklarieren, statt sie von den SQL-Typen abzuleiten. ODBC unterstützt die Unterscheidung zwischen SQL-Typ und C-Typ. Dazu stellt es SQL-Typnamen bereit, die mit dem Präfix *SQL* beginnen, und eine ähnliche Menge von Beschreibungen für C-Typen, die mit dem Präfix *SQL_C* beginnen.

Bei den SQL-Typen von ODBC handelt es sich einfach nur um eine numerierte Liste symbolischer Konstanten (in C *#define*-Direktiven). Beachten Sie, daß diese SQL-Typen zwar in SQL-DBMS-Systemen vorhanden sind, nicht unbedingt aber in C oder einer anderen Programmiersprache. Jeder SQL-Typ entspricht einer Nummer. Die Nummern werden verwendet, damit die Anwendungen und ODBC hinsichtlich des SQL-Typs einer Spalte oder eines Parameters kommunizieren können. Im Argument *pfSQLType* der Funktion *SQLDescribeCol* teilt ein Treiber einer Anwendung mit, welchen Typ eine Ergebnisspalte hat. Der Typ muß einer der SQL_-Typen sein (SQL_INTEGER, SQL_VARCHAR, SQL_DATE usw.). Wo immer es möglich war, haben wir SQL-Datentypnamen und die im ANSI/ISO-SQL-92-Standard definierte Semantik verwendet. Damit haben wir nicht nur vermieden, »das Rad neu zu erfinden«. Es bedeutet auch, daß die Datentypen in ODBC und den Datenbankprodukten konvergieren und die Kompatibilität verbessert wird, weil die DBMS-Hersteller irgendwann den Standard implementieren.

Bei den SQL_C-Typen handelt es sich ebenfalls um eine numerierte Liste symbolischer Konstanten, aber diese beziehen sich auf Typen der Programmiersprache C, nicht von SQL. Die SQL_C-Typen werden verwendet, wenn eine Anwendung ODBC den Typ einer Variablen mitteilen will, die zum Senden bzw. Empfangen von Daten an den bzw. vom Treiber verwendet wird. Sie fragen sich vielleicht, warum wir nicht einfach die C-Typen verwendet haben: Die Anwendung muß den Typ als Funktionsargument übergeben, und in C ist es nicht erlaubt, für einen Funktionsaufruf einen Typnamen anzugeben.

Zum Beispiel ist:

```
foo(long); /*Das geht nicht */
```

kein gültiger Funktionsaufruf, aber:

```
foo(SQL_C_INTEGER); /* Das ist OK */
```

ist gültig, wobei SQL_C_INTEGER einfach nur eine numerische Konstante darstellt. Für Funktionen wie etwa *SQLBindCol*, die Zeiger auf Variablen beliebigen Typs entgegennehmen (Integer, Zeichenstrings, Gleitkomma usw.), muß es also eine Methode geben, mit der die Anwendung DOBC mitteilen kann, daß eine Variable einen bestimmten C-Typ hat. Deshalb stellt ODBC die SQL_C-Typen bereit, wie etwa SQL_C_SHORT, SQL_C_CHAR und SQL_C_LONG, die den C-Typen *short*, *char* und *long* entsprechen.

Die eigentlichen C-Typdefinitionsnamen (sie werden auch als *typedefs* bezeichnet), die den SQL_C-Typen entsprechen, folgen der Namenskonvention von Microsoft C. Diese Notation wird auch als *Ungarische Notation* bezeichnet, nach dem Microsoft-Softwareentwickler Charles Simonyi, der sie erfunden hat. Die ODBC-C-typedefs umfassen zum Beispiel SWORD (ein vorzeichenbehaftetes Wort, *signed short int*), UCHAR (ein vorzeichenloses Zeichen, *unsigned char*) und SFLOAT (eine Gleitkommazahl mit einfacher Genauigkeit, *float*).

Nach all diesen Erklärungen folgt hier ein Beispiel, das zeigt, wie die ODBC-Datentypen eingesetzt werden, um die drei Bedürfnisse der Anwendungsprogrammierer zu befriedigen, die wir am Anfang dieses Abschnitts beschrieben haben. Angenommen, eine Anwendung greift auf das IBM-DBMS DB2 zu und wählt eine Spalte des Typs DECIMAL(12,5)

Datentypen

aus. Wenn die Anwendung *SQLDescribeCol* aufruft, wird der ODBC-SQL-Typ im Ausgabeargument *pfSQLType* als SQL_DECIMAL zurückgegeben. Die Genauigkeit (12) und die Skalierung (5) werden ebenfalls zurückgegeben, aber in diesem Beispiel wollen wir uns nicht näher damit beschäftigen. C kennt den Datentyp DECIMAL nicht (PL/I dagegen sehr wohl), deshalb verwendet ODBC den SQL_C-Typ als Methode, um die Abbildung zu realisieren, und etwaige Konvertierungen zwischen dem SQL-Typ und dem entsprechenden C-Typ durchzuführen. Die Funktionen *SQLBindCol* oder *SQLGetData* können dazu verwendet werden, den Typ der Variablen zu spezifizieren, in der diese Daten zurückgegeben werden. Deshalb würde die Anwendung SQL_C_CHAR verwenden, um den DECIMAL-Wert in einen String umzuwandeln, oder SQL_C_DOUBLE, um ihn in eine Gleitkommazahl umzuwandeln. Wenn SQL_C_CHAR verwendet wird, sollte die C-Variable, die die empfangenden Daten letztendlich aufnehmen sollte, als String deklariert werden (wozu die ODBC-*typedef* UCHAR oder etwas Äquivalentes verwendet wird). Wenn SQL_C_DOUBLE verwendet wird, sollte die C-Variable die ODBC-*typedef* SDOUBLE oder etwas Äquivalentes sein. Zusammenfassend läßt sich sagen, daß eine Spalte des SQL-Typs DECIMAL in einer ODBC-Anwendung als SQL_DECIMAL beschrieben ist und in einer C-Variable gespeichert wird, die in der ODBC-Funktion als SQL_C_CHAR oder SQL_C_DOUBLE beschrieben ist. Die C-Variable selbst ist als UCHAR oder SDOUBLE deklariert, wozu die typedefs von ODBC verwendet werden.

Hier die einzelnen Kategorien der ODBC-Datentypen:

- **Zeichen-Datentypen (Text)**

ODBC definiert drei Zeichen-Datentypen: einen Zeichentyp fester Länge (SQL_CHAR), einen Zeichentyp variabler Länge (SQL_VARCHAR) und einen Typ für lange Zeichendaten wie etwa Dokumente (SQL_LONGVARCHAR). Die ersten beiden Typen wurden direkt von den Typen CHAR und VARCHAR aus dem SQL-92-Standard übernommen. Jedes DBMS verwendet einen oder beide dieser Typen. Es schien sinnvoll, vorauszusetzen, daß der Typ SQL_LONGVARCHAR einfach nur SQL_VARCHAR mit einer größeren maximalen Länge sein sollte, aber es stellte sich heraus, daß mehrere DBMSe eine zusätzliche Semantik sowie Einschränkungen bezüglich ihrer langen Zeichendatentypen haben, die es im normalen SQL_VARCHAR-Typ nicht gibt. Microsoft SQL Server und Oracle zum Beispiel erlauben außer LIKE keine Vergleichsoperatoren (=, <, > usw.) für ihre langen Zeichentypen (»text« bzw. »long«), während ihre VARCHAR-Typen alle Vergleiche erlauben.

- **Numerische Datentypen**

ODBC definiert zehn numerische Typen: sieben exakte numerische Typen (Fixpunkt-Dezimal und Integer), für die es genaue Darstellungen gibt, und drei annäherungsweise numerische Typen (Gleitkomma), die für die Darstellungen von Zahlen mit Exponenten verwendet werden und einer gewissen Ungenauigkeit unterliegen. Die exakten numerischen Typen werden in der folgenden Tabelle beschrieben:

Exakte numerische Datentypen

Typ	Wird verwendet für ...
SQL_BIT	Wahrheitswerte (Boolesche Werte). Sie können nur die Werte 0 und 1 annehmen.
SQL_TININT	Integer, die in ein einziges Byte passen (8 Bits).
SQL_SMALLINT	Integer, die in 2 Bytes passen (16 Bits).
SQL_INTEGER	Integer, die in 4 Bytes passen (32 Bits).
SQL_BIGINT	Integer, die in 8 Bytes passen (64 Bits).
SQL_DECIMAL, SQL_NUMERIC	Fixpunkt-Dezimalzahlen.

Sie werden bemerken, daß es zwei Fixpunkttypen gibt, SQL_DECIMAL und SQL_NUMERIC, die beide direkt aus dem SQL-92-Standard übernommen wurden. Warum gibt es im SQL-Standard zwei Fixpunkttypen? SQL-Experte Jim Melton erklärt, daß das mit den subtilen Unterschieden zwischen Fixpunkt-Typdefinitionen in PL/I und COBOL gibt (das sind zwei der Sprachen, für die es Bindungen für eingebettetes SQL im Standard gibt). Jim hat übrigens wesentlich zu der folgenden Diskussion beigetragen.

Wenn Sie den Standard sorgfältig lesen, werden Sie sehen, daß die Beschreibung der Fixpunktdatentypen eine spezielle Semantik für PL/I und COBOL enthält (den DECIMAL-Typ für PL/I und den NUMERIC-Typ für COBOL). Kein Typ kann von einer anderen Sprache direkt als Hostvariable in eingebettetem SQL verwendet werden, auch wenn in SQL beide Typen definiert und verwendet werden können. FLOAT, REAL und DOUBLE PRECISION wurden für mehrere Sprachen in den SQL-Standard aufgenommen und können in COBOL überhaupt nicht verwendet werden. Wenn sich der Standard auf diejenigen Typen beschränkt hätte, die in allen Sprachen eingesetzt werden können, dann gäbe es SMALLINT, INT und CHAR, und sonst nichts!

Die detaillierte Semantik von NUMERIC und DECIMAL macht die Unterschiede deutlich. Die Semantik von NUMERIC ist

```
NUMERIC(p, s)
```

Dabei ist die Genauigkeit genau *p*, und die Skalierung ist genau *s*.

Die Semantik von DECIMAL ist

```
DECIMAL(p, s)
```

Dabei ist die Genauigkeit nicht kleiner als *p*, und die Skalierung ist genau *s*.

Sie sollten also NUMERIC verwenden, wenn Ihre Ergebnisse *p* Stellen Genauigkeit überschreiten. DECIMAL ist etwas toleranter, aber die Genauigkeit ist implementationsabhängig, so daß Sie nicht immer genau sagen können, *wie* tolerant es ist.

Es hatte seinen Grund, daß die DECIMAL-Semantik als »... nicht kleiner als ...« definiert ist, und zwar aufgrund der Arbeitsweise von PL/I. In COBOL werden gepackte dezimale

Datentypen

Daten mit einem *exakten* Abbild spezifiziert, und der Compiler erzeugt angepaßten Code, um sicherzustellen, daß die Daten *exakt* die angegebene Genauigkeit haben. PL/I dagegen erkennt, daß dezimale Daten oft mit einer unterschiedlichen Anzahl von Stellen angegeben werden. Deshalb ist der DECIMAL-Typ von PL/I so definiert, daß keine geringere als die angegebene Genauigkeit verwendet wird, aber jederzeit beliebig viel mehr. In der SQL-Bindung an PL/I (das ist der einzige Platz neben der Datenbank, an dem DECIMAL verwendet werden kann) wird vorausgesetzt, daß die DECIMAL-Spalten denselben Hardware-Datentyp verwenden. Somit gibt es keine Möglichkeit, die Host-Datenvariable »aufzublähen«.

Sie können DECIMAL nur verwenden, wenn Sie SQL von PL/I aus aufrufen. PL/I wendet dazu die »Mindestens«-Semantik an, so daß das in diesem Fall kein Problem ist.

Ein Beispiel soll das Ganze verdeutlichen. Betrachten Sie das folgende:

```
CREATE TABLE t1 (
   d1    DECIMAL(10, 2),
   n1    NUMERIC(10, 2)
) ;
```

Angenommen, ich führe zuerst die folgende Anweisung aus:

```
INSERT INTO t1 (d1, n1)
   --    1,000,000.00  2,000,000.00
   VALUES ( 1000000.00, 2000000.00 ) ;
```

Ich weiß, daß die folgende Anweisung korrekt ist:

```
UPDATE t1
   SET d1 = d1 * 10,    -- 10,000,000.00
       n1 = n1 * 10 ;   -- 20,000,000.00
```

weil die Ergebniswerte die geforderte Genauigkeit haben. Darüber hinaus weiß ich, daß die nächste Anweisung fehlschlägt:

```
UPDATE t1
   SET n1 = n1 * 10 ;   -- 200,000,000.00
```

weil wir jetzt in der NUMERIC-Spalte die angegebene Genauigkeit überschreiten. Ich kann jedoch nicht genau sagen, ob die folgende Anweisung erfolgreich ist oder fehlschlägt:

```
UPDATE t1
   SET d1 = d1 * 100 ;  -- 1,000,000,000.00
```

weil die DECIMAL-Spalte möglicherweise zusätzliche Stellen verwendet, vielleicht aber auch nicht.

Ich hoffe, das hat Ihnen den Unterschied zwischen DECIMAL und NUMERIC verdeutlicht. Unter ODBC ist der standardmäßige C-Typ für DECIMAL und NUMERIC ein String, weil C keine Möglichkeit bietet, fixe Dezimalzahlen darzustellen. Sie können auch immer Umwandlungen in andere numerische Datentypen durchführen (wie etwa DOUBLE oder INTEGER), so lange die Werte in den spezifizierten Typ passen und Sie die genaue bzw.

annäherungsweise numerische Darstellung berücksichtigen, wenn Gleitkommawerte verwendet werden.

Die folgende Tabelle beschreibt die annäherungsweisen Datentypen:

Annäherungsweise numerische Datentypen

Typ	Wird verwendet für ...
SQL_REAL	Gleitkommazahlen einfacher Genauigkeit
SQL_DOUBLE, SQL_FLOAT	Gleitkommazahlen doppelter Genauigkeit

Sie werden bemerken, daß es zwei Typen für Gleitkommazahlen doppelter Genauigkeit gibt. Dafür gibt es zwei Gründe: erstens verwendet der ISO-SQL-Standard die beiden Datentypen FLOAT und DOUBLE, zweitens haben wir da etwas durcheinandergebracht. Der Datentyp FLOAT soll ein optionales Argument entgegennehmen, das die minimale Anzahl der Bits für die Mantisse der Gleitkommazahl (die Genauigkeit) definiert. Abhängig von dieser Zahl verwendet das DBMS entweder REAL oder DOUBLE. Unter ODBC haben wir die Genauigkeit für FLOAT nicht definiert, deshalb haben wir ihm dieselbe Semantik wie DOUBLE gegeben.

Binäre Datentypen

ODBC definiert drei binäre Typen, die genau den Zeichentypen entsprechen: einen binären Typ fester Länge (SQL_BINARY), einen binären Typ variabler Länge (SQL_VARBINARY) sowie einen Typ für lange binäre Daten wie etwa Bitmaps und Bilder (SQL_LONGVARBINARY). Die beiden ersten binären Datentypen wurden direkt von den BIT- und BIT VARYING-Typen aus dem SQL-92-Standard übernommen. Dieser Standard verwendet die Anzahl der Bits für die Beschreibung der Spaltenlänge, während ODBC die Anzahl der Bytes verwendet, um die Verwendung in existierenden Datenbankprodukten zu reflektieren. Zeichendaten können in der Regel zwar direkt auf den Bildschirm ausgegeben werden, aber für binäre Daten ist eine gewisse Interpretation notwendig, bevor sie angezeigt werden können, wenn überhaupt. Eine Bitmap oder ein Bild könnten sich zum Beispiel in einem von mehreren möglichen Formaten befinden, die von den heutigen Anwendungen verwendet werden, wie etwa BMP, ICO, PCX, TIFF usw. Auch Audio- und Videodaten würden in binären Spalten abgelegt.

Datums- und Zeitdatentypen

ODBC definiert drei Datums- und Zeit-Typen, die aus dem SQL-92-Standard übernommen wurden: DATE, TIME und TIMESTAMP. DATE und TIME beschreiben das, was Sie erwarten: Jahr, Monat und Tag für DATE, und Stunde, Minute und Sekunde für TIME. TIMESTAMP stellt eine Kombination der beiden Werte dar und umfaßt auch Sekundenbruchteile.

Einige Datentypen können nicht in diese Kategorien eingeteilt werden, weil sie irgendwie exotisch sind. Sie basieren auf vorhandenen Datentypen, aber sie weisen zusätzliche

Eigenschaften oder eine zusätzliche Semantik auf, die eine besondere Behandlung erforderlich machen. Einige DBMSe verwenden zum Beispiel einen Typ, der als automatischer Primärschlüssel verwendet wird. Er wird von dem DBMS selbst erzeugt und häufig auch als *Pseudospalte* bezeichnet. Dieser Typ kann nicht Teil einer CREATE TABLE-Anweisung sein. Er kann zwar ausgewählt, aber von den Anwendungsprogrammen nicht eingefügt oder aktualisiert werden. Oracles Pseudospalte ist die ROWID, die von Ingres ist TID (für Tuple-ID), und die von RDB ist DBKEY. In ODBC nennen wir diese Pseudospalte einen *selbstinkrementierenden* Datentyp. Es handelt sich dabei normalerweise um einen Integerwert, der automatisch um 1 inkrementiert und in jede neu erzeugte Zeile eingefügt wird. Anders als Pseudospalten werden selbstinkrementierende Spalten von Benutzern in CREATE TABLE-Anweisungen erzeugt. Microsoft Access, Microsoft SQL Server 6 und Informix unterstützen einen selbstinkrementierenden Typ (dort heißt er COUNTER, IDENTITY bzw. SERIAL).

Ein weiteres Beispiel für einen solchen exotischen Datentyp ist der Typ, den das DBMS aktualisiert, wenn eine Transaktion eine Veränderung festschreibt. Eine Anwendung kann diesen Wert überprüfen, um feststellen zu können, ob jemand den Datensatz verändert hat, seitdem sie ihn zum letzten Mal gelesen hat. Beispiele dafür sind TIMESTAMP von Microsoft SQL Server oder ROWID von Gupta.

ODBC kann mit diesen exotischen Datentypen auf zweierlei Arten umgehen. Wenn der Typ von einer Anwendung in einer CREATE TABLE-Anweisung verwendet werden kann, wird er durch die Funktion *SQLGetTypeInfo* beschrieben. Wenn es sich bei dem Typ um eine Pseudospalte handelt, die von der Datenbank erzeugt und verwaltet wird, oder wenn es sich um eine Spalte handelt, die eine Zeile in einer bestimmten Tabelle eindeutig kennzeichnet, wird *SQLSpecialColumns* verwendet. (Wir hatten nicht den Mut, die Funktion *SQLDoesThisTableHaveAnyWeirdDataTypes* zu nennen, aber die Versuchung war wirklich sehr groß!)

Die Datentypinformation, die ODBC bereitstellt, umfaßt einen wirklich großen Bereich von Datentypen, die auf den meisten DBMS-Systemen vorhanden sind. Darüber hinaus werden auch einige Typen mit einem interessanten, gewissermaßen exotischen Verhalten berücksichtigt.

DIE STORY

Akt II, Szene 2: Was weiter geschah ...

Wir bei Microsoft implementierten wir immer noch wie verrückt die SQL-Spezifikation. Wir beschlossen, daß wir zwar dem folgen müßten, was das SAG-Komitee nun festgelegt hatte, daß wir aber auch die zusätzlichen Funktionen brauchten, die die ursprüngliche SQLC-Spezifikation enthielt.

Deshalb teilten wir die Spezifikation in Kernfunktionen (die SAG-Funktionen) und in zwei Erweiterungsstufen auf: Stufe 1 für die Funktionen, die von den Anwendungen häufig benötigt wurden, und die Funktionen, die von den Treiberentwicklern relativ schnell implementiert werden konnten, und Stufe 2 für alles andere. ▶

> Im Dezember 1991 führte Microsoft die Designkonferenz der SQLC-Spezifikation für die ISV-Gemeinde durch. Mehr als 50 Hersteller waren vertreten und verfolgten die technische Präsentation. Bei der Vorstellung der Spezifikation gab es zahlreiche wertvolle Verbesserungsvorschläge. Im Winter 1992 sah die SAG-Spezifikation schon recht vertrauenerweckend aus, ebenso wie die Microsoft-Erweiterungen. Der Name der Technologie wurde ein weiteres Mal geändert, diesmal jedoch endgültig: Open Database Connectivity (ODBC).
>
> Im März 1992 führte Microsoft die erste formale Entwicklerkonferenz für ODBC durch. Damals wurde auch die Beta-Version des ODBC 1.0 Software Development Kit veröffentlicht. Das Feedback von der Konferenz zu implementieren dauerte länger, als wir erwartet hatten. Deshalb erschien der offizielle Release von ODBC 1.0 auch erst im September 1992.
>
> Nach dem Beta-Release von ODBC 1.0 im März 1992 machte Lotus noch einmal Veränderungsvorschläge für die Spezifikation. Wir waren zwar mit unserem Auslieferdatum im September schwer unter Druck, aber wir schafften es dennoch, die Forderung von Lotus zu erfüllen. Dabei handelte es sich um eine Verbindungsfunktion, die dieselbe Funktionalität wie die Treiber-Verbindungsfunktion (*SQLDriverConnect*) bot, die es aber der Anwendung überließ, mit dem Endbenutzer zu kommunizieren. Lotus ist also gewissermaßen für die Funktion *SQLBrowseConnect* verantwortlich.

5.6.2 SQLGetTypeInfo und das dynamische Erzeugen von Tabellen

Die Funktion *SQLGetTypeInfo* wird von Anwendungen eingesetzt, die alles über Datentypen einer bestimmten Datenquelle wissen müssen. Sie gibt Informationen über die Abbildungen zurück, die zwischen den Datenbank-eigenen Datentypen und den ODBC-Typen erfolgen, wie oben bereits beschrieben.

Ein Teil der Philosophie von *SQLGetTypeInfo* ist es, die Typen anzuzeigen, mit denen der Benutzer in seinem DBMS vertraut ist, statt irgendwelche standardisierten Namen zu verwenden. ODBC setzt voraus, daß der Benutzer die Datentypen auf dem Ziel-DBMS bereits kennt. Es wäre also nicht akzeptabel, für alle DBMSe eine Menge von Typnamen anzuzeigen und zu hoffen, daß die Treiber die richtige Abbildung finden würden. Die Verwendung Datenbank-spezifischer Datentypnamen und Eigenschaften kann jedoch zur Inkompatibilität führen. Deshalb mußten wir sicherstellen, daß die Anwendungen die Typinformationen darstellen und verwenden konnten, ohne daß sie die zugrundeliegende Semantik kennen mußten.

SQLGetTypeInfo fordert vom Treiber zweierlei Dinge. Erstens muß er die Datentypen so darstellen, daß eine Anwendung eine CREATE TABLE-Anweisung für alle Datentypen eines beliebigen DBMS erzeugen kann. Dabei sollten auch die vom DBMS unterstützten benutzerdefinierten Datentypen berücksichtigt werden. Zweitens muß er der Anwen-

Datentypen 209

dung mitteilen, wie die einzelnen Datentypen des DBMS auf die Variablen in C abgebildet werden, und er muß ihr Informationen über die anderen Attribute bereitstellen, so daß sie die Daten korrekt anzeigen und manipulieren kann. *SQLGetTypeInfo* gibt eine Ergebnismenge zurück, die 15 Spalten umfaßt, und die so wie jede andere Ergebnismenge verarbeitet werden kann. Jede Zeile der Ergebnismenge beschreibt einen Datentyp. Die Spalten der Ergebnismenge werden im folgenden beschrieben.

TYPE_NAME

Die Spalte TYPE_NAME enthält den vom DBMS definierten Datentypnamen. Das scheint recht einfach zu sein. Hier würde Sie die Rückgabe von Namen wie etwa CHAR, VARCHAR, FLOAT oder INTEGER erwarten. Das ist meistens auch der Fall. Für Datentypen jedoch, die aus mehr als einem Wort bestehen, und deren Länge in der Mitte des Namens spezifiziert ist, werden an der Position für die Längenangabe leere Klammern in den Typnamen eingebettet. Wenn keine Länge angegeben ist, oder wenn die Länge nach dem Typnamen angegeben ist, werden keine Klammern zurückgegeben.

Diese etwas komplizierte Regelung ist notwendig, weil einige Datentypen der IBM-Datenbaken (und möglicherweise auch noch weitere) die Länge in der Mitte des Typnamens angeben. Der Datentyp für binäre Daten variabler Länge, in unserem Beispiel mit der Länge 150, würde in DB2 oder DB2/2 von IBM folgendermaßen deklariert:

```
VARCHAR (150) FOR BIT DATA
```

Der von *SQLGetTypeInfo* zurückgegebene Typname wäre in diesem Fall:

```
VARCHAR () FOR BIT DATA
```

Gäbe es nicht diese eingebettete Längenspezifikation, hätten wir auch davon ausgehen können, daß alle Längenspezifikationen dem Typnamen folgen, und die Anwendungen hätten die Klammern selbst einfügen können. Aufgrund der eingebetteten Längenspezifikation müssen die Anwendungen die zurückgegebenen Typenamen jedoch auf Klammern überprüfen und die Länge an der entsprechenden Position oder am Ende eintragen. Etwas umständlich, aber wir haben keine bessere Lösung gefunden – außer wenn IBM seine Typen umbenannt hätte.

Leider erklärt das *Microsoft ODBC 2.0 Programmierhandbuch* diese Dinge nicht besonders gut, deshalb hat dieses Problem große Verwirrung gestiftet.

DATA_TYPE

Die Spalte DATA_TYPE enthält die ODBC-Typnummer, auf die die Datenbank-spezifischen Typen abgebildet wird. Der Watcom SQL-Treiber gibt zum Beispiel einen Typnamen »long binary« zurück und bildet ihn auf den ODBC-Datentyp SQL_LONGVARBINARY ab, während der Treiber für den Microsoft SQL Server einen Typnamen »image« zurückgibt, der ebenfalls auf den Datentyp SQL_LONGVARBINARY abgebildet wird.

PRECISION

Die Spalte PRECISION enthält die maximale Länge des Datentyps. In ODBC waren wir etwas nachlässig mit der Terminologie und weichen leicht von dem im SQL-92-Standard verwendeten Begriff ab. In ODBC ist das PRECISION-Attribut eines von drei Attributen, die sich auf die Länge beziehen (die beiden anderen sind LENGTH und DISPLAY_SIZE), aber alle Datentypen verwenden den Begriff PRECISION auf genau definierte Weise. Im SQL-92-Standard wird dieser Begriff nur verwendet, wenn exakte numerische Datentypen beschrieben werden (DECIMAL, NUMERIC und die Integertypen). Der Begriff PRECISION wird im SQL-92-Standard zusammen mit einem Bezeichner aus den Katalogtabellen (auch als Informationsschema bezeichnet) für andere Datentypen verwendet (wie etwa DATETIME_PRECISION oder NUMERIC_PRECISION). Manchmal wird aber auch noch ein ganz anderes Wort verwendet (wie etwa in CHARACTER_MAXIMUM_LENGTH oder CHARACTER_OCTET_LENGTH).

In ODBC verwendet jeder Typ den Begriff PRECISION folgendermaßen:

- Für Zeichen- und binäre Typen ist PRECISION die Anzahl der Zeichen des definierten Typs. CHAR(10) oder VARBINARY(10) haben zum Beispiel die PRECISION 10. Die maximale Länge des Typs wird von *SQLGetTypeInfo* zurückgegeben. Wenn also ein DBMS eine maximale Länge von 255 für seinen CHAR-Typ unterstützt, wird für PRECISION 255 zurückgegeben.

- Für numerische Typen ist PRECISION die maximale Anzahl dezimaler Stellen, die der Typ darstellen kann. Ein Dezimaltyp (10,2) hat zum Beispiel die PRECISION 19. Die maximale Genauigkeit wird von *SQLGetTypeInfo* zurückgegeben. Wenn die Datenbank also eine maximale Genauigkeit von 15 unterstützt, wird für den Typ DECIMAL der Wert 15 zurückgegeben. Für den Typ SMALLINT (einen 2-Byte-Integer) ist PRECISION 5, weil ein vorzeichenbehafteter 2-Byte-Integer maximal 5 Stellen umfassen kann (den Wert 32.767). Für den Typ DOUBLE (eine IEEE 8-Byte-Gleitkommazahl) ist PRECISION gleich 15, weil das die maximale Anzahl der Stellen ist, die die Mantisse einer solchen Gleitkommazahl aufnehmen kann.

- Für Datum- und Zeittypen ist PRECISION die Anzahl der Zeichen, die der Typ in seinem Standard-ODBC-Format hat: 10 für SQL_DATE (yyy-mm-dd) und 8 für SQL_TIME (hh:mm:ss). Die Situation für SQL_TIMESTAMP ist etwas komplizierter. Erstens können optional Sekundenbruchteile verwendet werden, so daß die Länge der Daten basierend auf der Genauigkeit variieren kann. Wenn das der einzige Aspekt wäre, wäre PRECISION immer 19 (yyy-mm-dd hh:mm:ss) plus der Anzahl der Stellen, die für die Bruchteile einer Sekunde unterstützt werden, plus 1 für den Dezimalpunkt. Der DB2-Typ TIMESTAMP hat also eine PRECISION von 26 (yyy-mm-dd hh:mm:ss.ffffff), weil er Sekundenbruchteile bis zu Mikrosekunden unterstützt.

- Wir können mit diesem Typ aber auch eine größere Verallgemeinerung darstellen, indem wir es PRECISION erlauben, eine beliebige Untermenge des Datentyps SQL_TIMESTAMP zu spezifizieren. Ein Wert von 16 für PRECISION würde zum Beispiel bedeuten, daß SQL_TIMESTAMP überhaupt keine Sekunden unterstützt und immer die

Form yyy-mm-dd hh:mm hat. Ich bin mir nicht ganz sicher, ob es ein DBMS gibt, das diese »Funktion« unterstützt, aber sie entspricht einer Untermenge des INTERVAL-Typs, der in SQL-92 definiert ist.

■ Leider ist SQL_TIMESTAMP nicht ausreichend, um alle Varianten von INTERVAL nachbilden zu können. Beginnend mit ODBC 2.10 wurde die Unterstützung von INTERVAL verbessert, indem erweiterte Datentypen für alle in SQL-92 definierten INTERVAL-Untertypen eingeführt wurden (zum Beispiel YEAR, MONTH, YEAR_TO_MONTH, DAY, HOUR usw.).

Anhang D im Microsoft ODBC 2.0 Programmierhandbuch enthält die Werte für PRECISION für alle ODBC-Datentypen.

Der wichtigste Grund, warum wir PRECISION auf diese Weise verwenden, war, daß es einfacher schien, alle Längenspezifikationen an einer Stelle unterzubringen, statt separate Spalten für jede Länge einzuführen und immer dann, wenn PRECISION nicht verwendet wird, Nullen anzugeben, wie es im Standard der Fall ist. Das heißt, im Informationsschema von SQL-92 müssen Sie wissen, daß wenn der Datentyp CHAR oder VARCHAR ist, Sie die Längenspezifikation in der Spalte CHARACTER_MAXIMUM_LENGTH finden. Wenn der Typ NUMERIC ist, finden Sie sie in der Spalte NUMERIC_PRECISION, und wenn der Typ TIMESTAMP ist, finden Sie sie in der Spalte DATETIME_PRECISION. In ODBC finden Sie sie immer an derselben Stelle: in der Spalte DISPLAY_SIZE, PRECISION oder LENGTH, je nachdem, ob Sie nach der Anzeigegröße, der logischen oder der physikalischen Länge suchen.

LITERAL_PREFIX

In der Spalte LITERAL_PREFIX werden das Zeichen oder die Zeichen beschrieben, mit denen ein SQL-String für den angegebenen Datentyp beginnen muß. In der SQL-Anweisung

```
INSERT INTO T1(name, betrag) VALUES ('Joe', 123.45)
```

zum Beispiel ist das LITERAL_PREFIX für die Namensspalte ein einfaches Anführungszeichen ('). Für die Betragsspalte gibt es kein LITERAL_PREFIX. Die meisten DBMSe unterstützen diese Vorgehensweise. Für die anderen Datentypen, etwa Datum, Zeit und binäre Typen, besteht zwischen den einzelnen Produkten keine Konsistenz. Die folgende Tabelle bietet einen kurzen Überblick über die LITERAL_PREFIX-Werte für nur einen Datentyp verschiedener Produkte.

DBMS	DBMS-spezifischer Datentypname	LITERAL_PREFIX
SQL-92-Standard	BIT	B' oder X'
Microsoft SQL Server	BINARY	0x
Watcom SQL	BIANRY	'
Oracle	RAW	'
IBM DB2/2	CHAR() FOR BIT DATA	x

Sie sehen, daß hier keine große Übereinstimmung herrscht. Deshalb fordert ODBC von den Treibern, daß sie die korrekten Zeichen zurückgeben, so daß eine Anwendung SQL-Anweisungen erzeugen kann. Eine Alternative wäre gewesen, diese Zeichen in ODBC zu definieren, so daß die Treiber die SQL-Anweisungen parsen und die entsprechende Übersetzung durchführen müßten. Das hätte jedoch die Treiberentwickler schwer belastet, während die Arbeit für die Anwendungsprogrammierer nicht sehr schwierig gewesen wäre: einen Wert von *SQLGetTypeInfo* entgegennehmen, ihn in eine Variable stellen und die Variable zum Erzeugen von SQL-Strings verwenden.

Für Datentypen, die kein LITERAL_PREFIX haben, wie etwa numerische Typen, wird in dieser Spalte NULL zurückgegeben. Es gibt jedoch mindestens einen Fall, in dem ein numerischer Datentyp ein Präfix haben kann: der Typ MONEY vom Microsoft SQL Server, wo ein Dollarzeichen ($) verwendet wird, zum Beispiel:

```
INSERT INTO T1(name, betrag) VALUES ('Joe'), $123.45)
```

Dieser Ausdruck ist korrekt. Das Dollarzeichen wird benötigt, um den maximalen Wert auszudrücken, den MONEY-Spalten aufnehmen können, denn ohne das Dollarzeichen wird der Wert als eine Umwandlung von einem Gleitkomma- oder Integertyp betrachtet, die beide nicht die Genauigkeit von MONEY bieten.

LITERAL_SUFFIX

Die Spalte LITERAL_SUFFIX wird verwendet, um die Zeichen zu beschreiben, die einen Wert eines bestimmten Typs abschließen. Dieses Zeichen muß nicht immer gleich dem verwendeten Präfix sein. Wenn es nicht gleich dem Präfix ist, wird in den meisten Fällen einfach überhaupt kein Zeichen angegeben. Für Microsoft SQL Server, Oracle und IBM DB2/2 wird für den binären Datentyp kein Suffix benötigt, deshalb gibt *SQLGetTypeInfo* NULL zurück.

CREATE_PARAMS

Die Spalte CREATE_PARAMS beschreibt, welche Informationen mit dem Datentypnamen angegeben werden sollen, wenn er in einer CREATE TABLE-Anweisung verwendet wird. Für Datentypen variabler Länge wie etwa Zeichen- und binäre Typen enthält die Spalte den String *maximale_länge*. Für die exakten numerischen Datentypen DECIMAL und NUMERIC enthält diese Spalte den String *genauigkeit, skalierung*. Diese Dinge werden im Microsoft ODBC 2.0 Programmierhandbuch nicht deutlich beschrieben, weil man ursprünglich die CREATE_PARAMS-Information dem Endbenutzer bereitstellen wollte, so daß die Anwendung sie nicht verstehen mußte. Leider ist diese Annahme zu vereinfachend. Einige Anwendungen wollen zum Beispiel, daß die Genauigkeit und die Skalierung in zwei verschiedenen Editierfeldern angegeben werden, und müssen somit wissen, wie sie CREATE_PARAMS entsprechend auswerten können.

Die Spalte CREATE_PARAMS wird in der Regel von Anwendungen benutzt, die dem Endbenutzer ermöglichen, interaktiv Tabellen zu erzeugen, wo diese Information ausgewertet werden muß. Abbildung 5.8 zeigt zum Beispiel das Dialogfeld, das in Microsoft Query verwendet wird, um eine Tabelle zu erstellen. Die Editierfelder *Länge* und *Dezimal* sind aktiviert oder deaktiviert, je nach dem Wert, der in CREATE_PARAMS steht. Beach-

Datentypen 213

ten Sie die unterschiedliche Begriffswahl. In Query stehen die Begriffe *Länge* und *Dezimal* synonym für die Begriffe Genauigkeit und Skalierung. Wenn CREATE_PARAMS gleich NULL ist, werden beide Optionen deaktiviert, wie in Abbildung 5.8 gezeigt. Wenn die maximale Länge zurückgegeben wird, wird das Editierfeld *Länge* aktiviert, wie in Abbildung 5.9 gezeigt, und wenn die Genauigkeit und die Skalierung zurückgegeben werden, sind sowohl *Länge* als auch *Dezimal* aktiviert, wie in Abbildung 5.10 gezeigt ist.

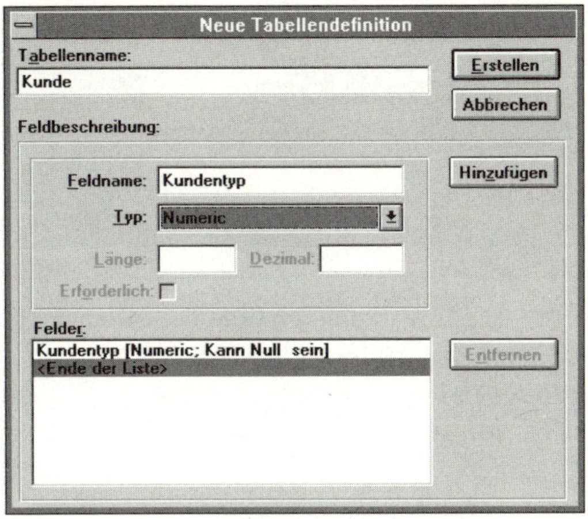

Abbildung 5.8 – Die Auswirkung von CREATE_PARAMS = NULL in Microsoft Query

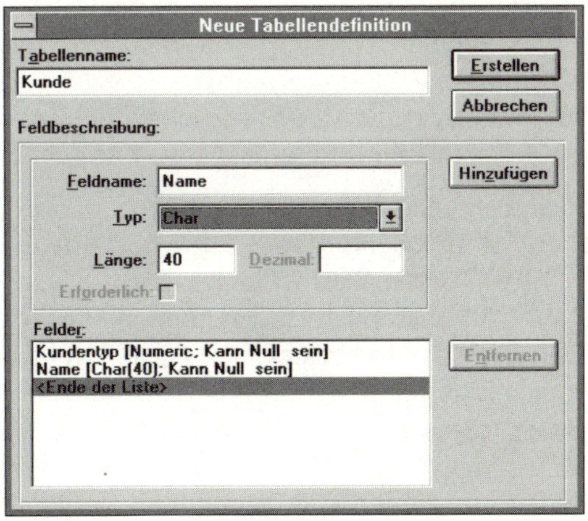

Abbildung 5.9 – Die Auswirkung von CREATE_PARAMS = maximale Länge in Microsoft Query

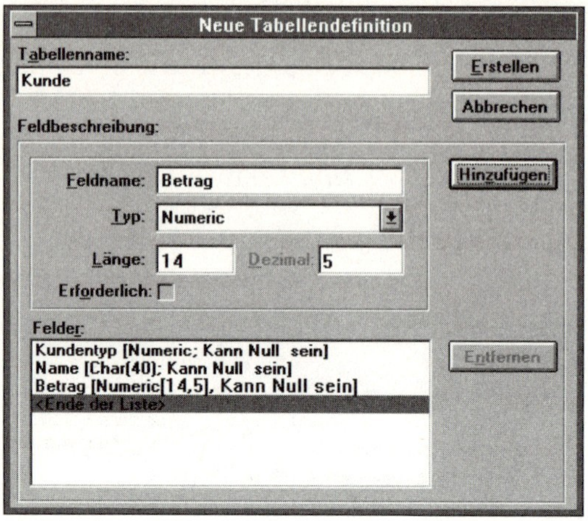

Abbildung 5.10 – Die Auswirkung von CREATE_PARAMS = Genauigkeit, Skalierung in Microsoft Query

NULLABLE

Der Wert der Spalte NULLABLE gibt an, ob der Datentyp Nullwerte enthalten darf. Auf den ersten Blick scheint es unsinnig, das abzufragen. Erlaubt nicht jeder Datentyp Nullwerte? Es wird sich herausstellen, daß das nicht der Fall ist. Einige DBMSe verwenden Boolesche Typen, die nur Wahrheitswerte enthalten können. dBASE dagegen unterstützt einen Booleschen Datentyp namens »logical«, der Nullwerte erlaubt.

Anhand des Wertes in dieser Spalte kann eine Anwendung feststellen, ob sie die Klausel »not null« hinter dem Datentypnamen angeben kann. Zum Beispiel ist

```
create table table1 (b bit null)
```

in Microsoft SQL Server nicht erlaubt und schlägt fehl. Ein Fehler wird zurückgegeben.

Die Spalte NULLABLE kann einen anderen Wert enthalten, der verwendet wird, wenn der Treiber nicht feststellen kann, ob ein Typ Nullwerte annehmen kann oder nicht: SQL_NULLABLE_UNKNOWN. Dieser Wert ist in der ODBC-Spezifikation enthalten, weil benutzerdefinierte Datentypen verwendet werden können, die möglicherweise aufgrund eines zugrundeliegenden Typs die Eigenschaft erben, ob Nullwerte erlaubt sind oder nicht, die aber diese Information nicht direkt enthalten.

CASE_SENSITIVE

Die Spalte CASE_SENSITIVE informiert eine Anwendung darüber, ob der Datentyp Daten enthält, für die die Groß-/Kleinschreibung berücksichtigt werden muß. Eine CHAR-Spalte zum Beispiel, die die Groß-/Kleinschreibung berücksichtigt, und die den Wert *Smith* enthält, wird von der folgenden SELECT-Anweisung nicht ermittelt:

```
SELECT * FROM kunde WHERE name = 'SMITH' OR name = 'smith'
```

Datentypen   215

Diese Information kann sicherstellen, daß Suchen erfolgreich sind. Alternativ kann eine Anwendung eine der Standardfunktionen von ODBC verwenden, um eine Spalte in Großbuchstaben umzuwandeln, wie etwa in der folgenden Anweisung gezeigt:

```
SELECT * FROM kunde WHERE {fn ucase(name)} = 'SMITH'
```

SEARCHABLE
Einige Datentypen haben spezielle Sucheigenschaften, wie etwa die Operatoren, die in einer WHERE-Klausel verwendet werden können. Spalten der Oracle-Typen LONG und LONG RAW können zum Beispiel in einer WHERE-Klausel überhaupt nicht verwendet werden. Spalten im TEXT-Typ von Microsoft SQL Server können zwar in einer WHERE-Klausel verwendet werden, aber nur mit dem Operator LIKE. Andere Datentypen können mit allen Vergleichsoperatoren verwendet werden (=, <, > usw.).

Das Attribut SEARCHABLE ist für interaktive Abfrageanwendungen oder Entwicklungswerkzeuge sehr praktisch, die die Operationstypen auswerten müssen, welche für die Spalten bestimmter Datentypen ausgeführt werden können.

UNSIGNED_ATTRIBUTE
Der SQL-92-Standard setzt zwar voraus, daß alle numerischen Typen vorzeichenbehaftet sind, aber einige Produkte (wie etwa Microsoft SQL Server) verwenden auch vorzeichenlose numerische Datentypen. Wieder andere (wie etwa Tandem) verwenden sowohl vorzeichenlose als auch vorzeichenbehaftete numerische Typen. Die Spalte UNSIGNED_ATTRIBUTE gibt den Anwendungen die notwendige Information, damit die Benutzer gewarnt werden können, falls ein Vorzeichen eingegeben wird, wo das nicht möglich ist.

MONEY
Die Spalte MONEY gibt einen Wert zurück, der spezifiziert, ob der Datentyp für Währungstypen verwendet wird. Weil mehrere DBMSe (Ingres, Informix oder Microsoft SQL Server, um nur ein paar davon zu nennen) einen solchen Datentyp verwenden, aber verschiedene Eigenschaft angeben und ihn auf unterschiedliche ODBC-Typen abgebilden, mußte man den Anwendungen eine einfache Methode an die Hand geben, solche Währungstypen festzustellen.

AUTO_INCREMENT
Einer der zuvor erwähnten »exotischen« Datentypen war der selbstinkrementierende Typ. Die Spalte AUTO_INCREMENT gibt einen Wert zurück, der angibt, ob der Typ jedesmal automatisch um 1 inkrementiert wird, wenn eine neue Zeile eingefügt wird. Das ist ganz praktisch, weil Datenbankentwickler dadurch automatische Primärschlüssel erzeugen können, die garantiert eindeutig sind.

Ein mögliches Ziel für zukünftige Versionen von ODBC ist es, eine Möglichkeit zu schaffen, den Wert zurückzugeben, der von den AUTO_INCREMENT-Spalten erzeugt wird, wenn eine INSERT-Anweisung ausgeführt wird. Momentan gibt es in einigen DBMS-Systemen eine Möglichkeit, diese Information zurückzugeben, aber ODBC kann sie über die API nicht weiterreichen.

LOCAL_TYPE_NAME

Die Spalte LOCAL_TYPE_NAME gibt eine Übersetzung Typnamens zurück, so daß lokalisierte Versionen der Anwendungsprogramme zu Anzeigezwecken die jeweilige Sprache eines Typnamens verwenden können. Die französische Version eines Treibers würde für den Datentyp SQL_DECIMAL den LOCAL_TYPE_NAME *DECIMALE* zurückgeben.

Anwendungsprogrammierer, deren Programme die Typnamen von *SQLGetTypeInfo* anzeigen, sollten immer LOCAL_TYPE_NAME statt TYPE_NAME verwenden, wenn sie ihre Anwendungen auch in anderen Ländern einsetzen wollen. Eine Anwendung sollte in der eigentlichen CREATE TABLE-Anweisung jedoch immer TYPE_NAME verwenden – der SQL-Standard und die DBMS-Produkte unterstützen keine lokalisierten Typnamen in SQL. Der Wert von LOCAL_TYPE_NAME wird in ODBC nur zu Anzeigezwecken verwendet.

MINIMUM_SCALE und MAXIMUM_SCALE

Die Spalten MINIMUM_SCALE und MAXIMUM_SCALE geben Informationen über Datentypen zurück, die eine Skalierung haben, aber nicht konform mit der standardmäßigen Verwendung von DECIMAL- und NUMERIC-Typen sind, wo die Skalierung ein beliebiger Wert sein kann, der kleiner oder gleich der Genauigkeit ist. Zum Beispiel gibt es sowohl in Microsoft SQL Server als auch in Microsoft Access Währungs-Datentypen, bei denen es sich um exakte numerische Typen handelt, die jedoch nur eine Skalierung von 4 unterstützen. Ansonsten verhalten sich die Typen in jeder anderen Hinsicht wie DECIMAL.

Wie Sie sehen, gibt die Funktion *SQLGetTypeInfo* zahlreiche Informationen über Datentypen zurück. Der Zweck dieser Funktion ist es, die Anwendungen über alle Eigenschaften von Datentypen zu informieren, so daß diese sich einen genauen Eindruck hinsichtlich des Verhaltens jeder Spalte machen können, und die Spalten so verarbeiten, wie es der Benutzer erwartet.

5.7 Stufen der Interoperabilität

Wir haben viele der Elemente von ODBC und ihre Zusammenarbeit betrachtet. Jetzt wollen wir einen weiteren Aspekt von ODBC untersuchen, der für viel Verwirrung gesorgt hat. Es handelt sich dabei um die Interoperabilität. Sie beschreibt, wie gut die Programmierschnittstelle (und was noch wichtiger ist, die Anwendungen, die sie nutzen) auf die Daten verschiedener DBMSe zugreifen können.

Für dieses Problem gibt es viele Lösungen, die zum Teil auch schon in den vorigen Kapiteln beschrieben wurden (zum Beispiel die Verwendung eines Standarddatenprotokolls wie etwa RDA). Hier versuchen wir, einige weitere Ansätze zu betrachten. Anschließend beschreiben wir, wie ODBC das Problem angeht.

5.7.1 Der Ansatz des kleinsten gemeinsamen Nenners

Die erste Lösung, die sich die Entwickler überlegten, als sie sich dem Problem der Interoperabilität befaßten, war die Unterstützung nur solcher Funktionen, die in allen

DBMS-Systemen angeboten werden. Man nennt dies auch den Ansatz des kleinsten gemeinsamen Nenners. Diese Lösung macht es erforderlich, daß der jeweilige SQL-Dialekt, die Semantik und Datentypen aller unterstützten DBMSe ermittelt werden, um dann sicherzustellen, daß die Anwendungen nur entsprechende Funktionen verwenden. Definitionsgemäß können dann alle Anwendungen alle DBMSe verwenden, weil die Funktionalitäten, die die einzelnen Systeme unterscheiden, einfach nicht angeboten werden.

Die großen Fragen sind natürlich, wie eine solche Untermenge von SQL und die Datentypen aussehen würden, und ob sie leistungsfähig genug für Echtzeit-Anwendungen wären. Die Antwort auf die zweite Frage ist positiv, aber nur für eine sehr kleine Menge von Anwendungen. Wenn die Menge der Datenquellen groß genug ist, schränken die unterschiedlichen Funktionalitäten die resultierende gemeinsame Untermenge sehr klein. Als wir viele verschiedene DBMSe untersuchten, stellten wir fest, daß die gemeinsame Untermenge an Datentypen auf einen einzigen reduziert worden war: Zeichenstrings. Für sehr einfache Anwendungen kann dieser Ansatz jedoch funktionieren.

5.7.2 Beschränkung auf ein bestimmtes DBMS

Als entgegengesetzte mögliche Lösung könnten die Anwendungsentwickler Code für jedes einzelne DBMS schreiben, mit dem die Anwendung arbeiten soll. (Hier verwende ich den Begriff *Anwendung* im generischen Sinne. Dabei ist entweder eine Anwendung für die Endbenutzer oder ein Entwicklungswerkzeug, mit dem Anwendungen für Endbenutzer erzeugt werden, gemeint. Die Entwicklungswerkzeuge müssen in der Lage sein, verschiedene DBMSe anzusprechen. Das heißt, die Endbenutzer verwenden in der Regel nur ein DBMS, während die Entwicklungswerkzeuge im allgemeinen Anwendungen für viele verschiedene DBMSe erstellen müssen.) Weil eine solche Anwendung eingebautes Wissen über die Fähigkeiten aller DBMSe hat, kann die Anwendung so viele oder so wenige der Funktionen eines DBMS verwenden wie nötig, so daß die Beschränkungen, die durch den Ansatz des kleinsten gemeinsamen Nenners entstehen, kompensiert werden können.

Eine Möglichkeit, wie eine Anwendung das implementieren kann, ist die Verwendung von Code, der sich jeweils direkt auf die API des entsprechenden DBMS bezieht. In der resultierenden Anwendung werden alle Informationen über die Fähigkeiten der einzelnen DBMSe in die Anwendungslogik eingebaut.

Für jedes gewünschte DBMS muß der Programmierer DBMS-spezifischen Code schreiben. Wenn Sie sich an Abbildung 2.11 in Kapitel 2 erinnern, wo die Programmierschnittstellen von Oracle und Sybase gezeigt wurden, werden Sie feststellen, daß die APIs in ihrer Struktur sehr ähnlich sind, sich jedoch im Detail ganz wesentlich unterscheiden. Das heißt, die Modelle sind in etwa gleich, aber die Codierung erzeugt zwei völlig unterschiedliche APIs. Die Komplexität und die Größe des Codes, der sich an einzelne APIs richtet, wird schnell unübersichtlich, deshalb entwickeln die meisten Anwendungen eine Standard-API-Schicht, um zu verhindern, daß die Anwendungslogik für jedes neue DBMS geändert werden muß.

Um die volle Funktionalität jedes DBMS zum Erzeugen leistungsfähiger Anwendungen ausnutzen zu können, muß die Schicht eine Methode bereitstellen, diese Funktionalitäten sichtbar zu machen. (Eine Anwendung muß zum Beispiel herausfinden können, ob ein DBMS einen Outer-Join durchführen kann.) Anschließend muß der Entwickler das Problem beachten, das aus der Tatsache entsteht, daß jedes DBMS eine eigene Menge Systemtabellen und einen eigenen Katalog hat (die Tabellen in einem DBMS, die die Tabellen und Spalten der Daten des Endbenutzers beschreiben). Dazu definiert eine API-Schicht in der Regel eine Standardmethode für den Zugriff auf einen Katalog und bringt die DBMS-spezifische Funktionalität in der untersten Schicht der Software unter, so daß sich die Anwendung nicht darum kümmern muß. Und so geht es auch weiter: alle Unterschiede zwischen den DBMS-Systemen werden in der darunterliegenden Softwareschicht behandelt, um den Kern der Anwendung vor den Details der DBMSe zu schützen. Und genau diese Architektur wird für ODBC verwendet!

Abbildung 5.11 zeigt die Schichten einer Anwendung, die eine eigene Standard-API für den Zugriff auf Microsoft SQL Server und Oracle verwendet, im Vergleich zu den von ODBC verwendeten Schichten. Die Komponenten sind für jedes Client/Server-DBMS gleich.

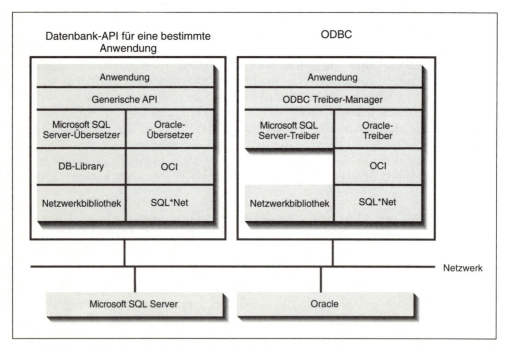

Abbildung 5.11 – Die Architektur einer fest codierten Anwendung im Vergleich zu ODBC

Für die Anwendungsentwickler ist es sinnvoll, statt ODBC eigene Standard-APIs zu verwenden. Ihre APIs können genau auf die Bedürfnisse ihrer Anwendungen abgestimmt werden – und es gibt keinen Grund, eine weitere Verallgemeinerung zu schaffen. Die Kosten und Vorteile dieser Lösung müssen jedoch genau analysiert werden. Die Entwicklung einer Standard-Datenbank-API ist keine triviale Aufgabe, insbesondere wenn dabei die volle Funktionalität des DBMS ausgenutzt werden soll. Auch die speziellen Übersetzer für die einzelnen DBMSe sind nicht gerade einfach.

Vielleicht kann eine Analogie die Zusammenhänge verdeutlichen. Es gibt heute nicht mehr viele Anwendungen, die ihre eigenen Grafiktreiber (einen für jeden Bildschirm und jede unterstützte Grafikkarte) und ihre eigenen Druckertreiber (einen für jeden unterstützten Drucker) mitbringen. Das war aber schon einmal so, weil einige Anwendungshersteller glaubten, daß sie eine bessere Performance oder eine höhere Funktionalität als die Standardtreiber von Windows realisieren könnten. Einige Hersteller versuchten sogar, dies als Wettbewerbsvorteil zu nutzen.

Aber während ihre Entwickler damit beschäftigt waren, die nächsten Grafik- und Druckertreiber zu schreiben, hat die Konkurrenz schon neue Funktionen in ihre Produkte eingebaut, so daß sie für die Kunden attraktiver wurden. Schließlich wurden die marginalen Performancegewinne durch die eigenen Grafik- und Druckertreiber durch die Einführung sehr viel besserer Treiber auf dem Markt zunichte, und diese Entwickler gerieten ins Hintertreffen, weil sie versuchten, sich in Bereichen zu profilieren, die für die Akzeptanz der Anwendung nicht wesentlich waren.

Die Parallelen zum Datenbankzugriff sollten offensichtlich sein. Im Endeffekt ermöglichen es die Vorteile einer Standard-Datenbank-API den Anwendungsentwicklern, sich auf ihre eigentlichen Aufgaben zu konzentrieren – das Erstellen von Entwicklungswerkzeugen und/oder Anwendungen –, ohne viel Zeit auf eine periphere Technologie aufwenden zu müssen.

5.7.3 Das Mittelfeld: Adaptive Programmierung

Wenn der kleinste gemeinsame Nenner für leistungsfähige Anwendungen nicht leistungsfähig genug ist, und wenn das Codieren DBMS-spezifischer APIs zu schwierig ist, was ist dann die beste Lösung? In ODBC verfolgen wir einen Ansatz, den wir auch *adaptive Programmierung* nennen.

Bei der adaptiven Programmierung kann der Anwendungsprogrammierer Funktionen aufrufen, mit denen er die Fähigkeiten eines Treibers abfragt. Eine Anwendung kann dann ihr Verhalten den Fähigkeiten des Treibers und des DBMS entsprechend anpassen. Statt also Code wie etwa:

```
if (DBMS == ORACLE) {
    ... }
else if (DBMS == SQLSERVER) {
    ... }
else if (DBMS == DB2) {
    ... }
....
```

zu schreiben, überprüft der Entwickler die vorhandenen Möglichkeiten ohne Berücksichtigung des Ziel-DBMS. Unter ODBC Version 2.0 kann eine Anwendung 115 solcher Fähigkeiten abtesten.

Eine davon ist zum Beispiel, ob ein bestimmtes DBMS Outer-Joins unterstützt. Unter ODBC würde der Anwendungsprogrammierer die Funktion *SQLGetInfo* mit der Option SQL_OUTER_JOINS aufrufen, um den aktuellen Treiber zu ermitteln. Wenn der Treiber Outer-Joins unterstützt, gibt er eine positive Antwort zurück, andernfalls eine negative. Im Fall von Outer-Joins handelt es sich bei der Antwort nicht um ein einfaches »Ja« oder »Nein«, weil die Antwort »Ja« gleichzeitig den Typ der unterstützten Outer-Joins angeben muß – teilweise (nur zwei Tabellen) oder vollständig.

Wie würde eine Anwendung diese Information nutzen? Im Fall von Outer-Joins würde zum Beispiel ein Ad-hoc-Abfragewerkzeug den Benutzer nach dem gewünschten Join-Typ abfragen. Wenn das DBMS Outer-Joins unterstützt, ist die Option »Outer-Join« aktiv. Wenn nicht, wird sie deaktiviert oder überhaupt nicht angezeigt.

Mit Hilfe der durch den Treiber und das DBMS unterstützten Fähigkeiten kann eine Anwendung adaptiv sein. Sie kann die volle Leitungsstärke eines DBMS je nach Bedarf ausnutzen, indem sie testet, welche Fähigkeiten vorhanden sind. Wenn das DBMS eine bestimmte Funktionalität nicht unterstützt, steht diese Feature der Anwendung dem Benutzer nicht zur Verfügung.

Die Aktivierung einer Anwendung zur vollständigen Ausnutzung aller Funktionen eines DBMS ist eine schwierige Aufgabe, aber es ist sehr viel einfacher, als die verschiedenen Datenbank-spezifischen APIs zu kodieren. Darüber hinaus ermöglicht sie es dem Anwendungsprogrammierer, zu entscheiden, wieviel der Leistung des DBMS er ausnutzen will. Es gibt eine direkte Abwägung zwischen der Leistungsstärke der Anwendung und dem Aufwand, mit der sie programmiert werden muß. Das heißt, es ist möglich, unter ODBC den Ansatz des kleinsten gemeinsamen Nenners zu verwenden, wenn er der Anwendung gerecht wird. In diesem Fall muß die Anwendung überhaupt nicht prüfen, welche Funktionen zur Verfügung stehen. Sie verwendet einfach nur das gemeinsame SQL und die grundlegenden Funktionen des ODBC. Die Entwicklung einer solchen Anwendung ist relativ einfach.

Aber Programmierer, die ihre Arbeit am liebsten ganz einfach halten, opfern einen Teil der Funktionalität des DBMS und auch der Kompatibilität. Es wäre zum Beispiel unsinnig, würde ein Entwicklungswerkzeug, das die Erstellung von Anwendungen für mehrere DBMSe unterstützt, voraussetzen, daß jedes DBMS den Outer-Join bietet. Die Benutzer dieses Werkzeugs wären sicher nicht dankbar, würde es SQL erzeugen, das von einigen DBMS-Systemen nicht ausgeführt werden könnte.

Am anderen Ende des Spektrums kann ein Programmierer jede nur mögliche Funktionalität überprüfen und die Anwendung entsprechend anpassen. Dazu muß er relativ viel Code schreiben, aber der Code kann auch für ein neues DBMS eingesetzt werden, auch wenn er nicht für dieses geschrieben wurde. Hier ist es wesentlich, daß der Entwickler entscheidet, ob er alle Funktionen eines DBMS nutzen will.

Diese Beschreibung sollte eines der wichtigsten Designziele von ODBC verdeutlicht haben: Es soll den Anwendungsprogrammierern überlassen bleiben, wie kompatibel ihre Anwendungen sind. Die Interoperabilität sollte ihnen nicht durch die ODBC-API oder die allgemeine Architektur aufgezwungen werden. Statt dessen sollte ODBC die Entwickler unterstützen, wo das nötig ist, und ihnen nicht im Wege stehen, wenn sie das DBMS auf eine bestimmte Weise nutzen wollen.

Viele der Beispiele in Teil II verwenden die adaptive Programmiertechnik, um ihr Verhalten entsprechend dem Treiber und der Datenquelle anzupassen.

5.8 Konformitätsstufen

Ein weiterer Aspekt der Interoperabilität hat mit den Konformitätsstufen zu tun, also mit der Kompatibilität. Konformitätsstufen bilden die höchste Kategorie für die Aufteilung der Funktionalität unter ODBC. Im folgenden finden Sie einige Begründungen dafür, warum wir in ODBC die Konformitätsstufen eingeführt haben:

■ Es sollte eine Methode für Anwendungen und Treiber geschaffen werden, Teile der API gemäß ihren Bedürfnissen zu implementieren, ohne daß eine unnötige Funktionalität übernommen wird. Damit wird nicht nur die Entwicklungszeit reduziert, wodurch die Treiber schneller auf den Markt kommen, sondern es entstehen auch einfachere, kleinere Treiber. Darüber hinaus erhält man einen klareren Migrationspfad für die Entwicklung höherer Funktionalitätsstufen in späteren Versionen der Treiber und Anwendungen.

■ ODBC sollte der aktuellen Arbeit der Standardisierungs-Gremien angepaßt werden, so daß die Unterscheidung zwischen dem eigentlichen Standard und den Erweiterungen der API deutlich wird. Der SQL-Standard selbst hat seit seiner ersten Veröffentlichung 1986 auch Konformitätsstufen beibehalten. Es gab damals zwei Stufen, mit SQL-92 (dem aktuellen Standard) sind es drei.

■ Es sollte möglich sein, Interoperabilität zu realisieren. Auf niedrigeren Konformitätsstufen schafft eine Anwendung die Interoperabilität mit geringerem Aufwand, aber geringere Stufen haben auch eine geringere Funktionalität. Mit höheren Konformitätsstufen hat eine Anwendung mehr Leistungsstärke, bringt aber auch eine höhere Komplexität mit sich.

ODBC definiert zweierlei Konformitätsstufen: eine für Funktionsaufrufe (API-Konformität), und eine für die unterstützte SQL-Ebene (SQL-Konformität). Jeder Konformitätstyp hat drei Stufen. Sie werden noch detailliert beschrieben, aber zuvor sollen einige allgemeine Anmerkungen getroffen werden.

Einer der verwirrendsten Aspekte von ODBC entsteht durch seine SQL-Konformitätsstufen. Viele Benutzer glauben, daß aufgrund dieser SQL-Stufen nur das jeweils dort definierte SQL an das DBMS weitergegeben wird. Das ist nicht der Fall. Der eigentliche Zweck für die Einführung der SQL-Konformitätsstufen war es, eine Richtschnur für die Interoperabilität zu schaffen, nicht eine Beschränkung dessen, was die Anwendungen nutzen können, oder was die Treiber zum Server weitergeben dürfen. Ein zweiter Zweck war es, die Treiberentwickler für ISAM-Datenquellen, die ihre eigenen SQL-Parser schreiben, zu ermutigen, die in ODBC definierte Grammatik zu verwenden, weil sie auf dem von X/Open definierten SQL basierte, das wiederum auf dem ISO-Standard für SQL basiert. Ein dritter Zweck war es, eine gewissen Sicherheit zu schaffen. Wenn ein Treiber die Unterstützung einer bestimmten Stufe anzeigt, dann stehen dem Entwickler alle Funktionen dieser Stufe garantiert zur Verfügung. Und schließlich benötigten wir noch einen Platz, an dem wir unsere »Escape-Klausel«-SQL-Erweiterungen unterbringen konnten (siehe Abschnitt 5.8.2.3). Eine separate Konformitätsstufe schien uns die beste Möglichkeit darzustellen, das zu bewerkstelligen.

5.8.1 API-Konformität

Die API-Konformität wird verwendet, um die Menge der Funktionsaufrufe, die ein Treiber unterstützt, in bestimmte Kategorien einzuteilen. Eine Anwendung fragt einen Treiber, welche Konformitätsstufe er unterstützt, und verwendet dann genau die Funktionen aus dieser Konformitätsstufe. Wenn ein Treiber anzeigt, daß er eine bestimmte Konformitätsstufe unterstützt, muß er auch alles unterstützen, was dieser Stufe entspricht. Er darf jedoch auch Funktionen aus der nächsthöheren Stufe unterstützen. Um solchen Fällen gerecht zu werden, können die Anwendungen einzelne Funktionen überprüfen (mit Hilfe von *SQLGetFunctions*), so daß die maximale Funktionalität des Treibers ausgenutzt werden kann.

5.8.1.1 Kern

Diese Konformitätsstufe wurde direkt von der CLI-Spezifikation der X/Open SQL Access Group übernommen, wie sie im Mai 1992 existierte. Damals glaubte man, daß die Spezifikation extrem stabil sei, und die erste Veröffentlichung der CLI durch X/Open im Oktober 1992 entsprach auch fast der Spezifikation vom Mai.

Das Ziel von ODBC war es, diese Konformitätsstufe zur Verfügung zu stellen, so daß den Entwicklern, die nur das Standard-API nutzen wollten, eine klar definierte Untermenge der ODBC-API zur Verfügung stand, die genau das realisierte. Ein zweites Ziel war, den Entwickler eine klare Methode zur Verfügung zu stellen, den Stil des »kleinsten gemeinsamen Nenners« zu verwenden und dennoch den Vorgaben der Standardisierungs-Organisationen zu folgen.

Vom technischen Aspekt her betrachtet erledigt die Kern-API all die grundlegenden Dinge, die eine Datenbankanwendung können sollte:

- Die Verwaltung einfacher Verbindungen.

- Die Ausführung von SQL-Anweisungen unter Verwendung des dynamischen SQL-Modells des SQL-Standards (Vorbereiten und Ausführen einer Anweisung, optionale Angabe von Parameterwerten zur Laufzeit) und das Senden von SQL-Anweisungen direkt an die DBMS-Systeme in einem einzigen Aufruf.

■ Das Laden von Daten aus SQL-SELECT-Anweisungen in Variablen, wobei einfache Routinen zur Cursorverwaltung verwendet werden.

■ Die Ausführung von Funktionen zur Transaktionsverwaltung, um Transaktionen rückgängig zu machen oder festzuschreiben.

■ Die Bereitstellung einer Standardmethode für die Fehlerbehandlung.

5.8.1.2 Stufe 1

Die erste Erweiterung für die API ist Stufe 1. Stufe 1 führt eine Funktionalität ein, die es den Entwicklern erlaubt, eine größere Vielfalt voll funktionsfähiger Anwendungen zu erstellen, als es mit den Kern-Funktionen möglich ist. Stufe 1 bietet die Funktionalität, die die meisten DBMSe unterstützen, deshalb müssen die Treiberentwickler nicht viel zusätzliche Arbeit leisten, um Funktionen aus Stufe 1 zu simulieren, die das DBMS nicht unterstützt. Treiberentwickler für Stufe 1 müssen die Anwendungen jedoch zum Teil in dem Bereich der Verwaltung der Verbindungen unterstützen, ebenso hinsichtlich von Blobs und dem adaptiven Programmiermodell. Diese Elemente machen es komplizierter, einen Treiber zu schreiben, aber das entstehende Produkt ist wesentlich vielseitiger. Stufe 1 ist die mindeste Stufe, die Microsoft den Treiberentwicklern empfiehlt, weil die meisten Anwendungen Stufe-1-Konformität fordern.

Neben allen Kern-Funktionen umfaßt die Stufe-1-Konformität von ODBC die folgenden Dinge:

■ Erweiterte Funktionalität für die Verbindungsverwaltung, so daß eine Anwendung die vom Treiber bereitgestellte Schnittstelle verwenden kann, um eine Verbindung zur Datenquelle herzustellen.

■ Funktionen zum Laden und Senden großer Datenwerte (Blobs) von und zum Server. Der wichtigste Vorteil ist die Möglichkeit, einen einzelnen Wert für eine Spalte in einer Tabelle in Abschnitten zu laden oder zu senden, statt in einem einzigen Ausführungsschritt, wie es für die Kern-Konformitätsstufe der Fall ist.

■ Adaptive Programmierfunktionen ermöglichen es den Anwendungen, die Fähigkeiten des Treibers und des DBMS abzufragen.

■ Die Funktion *SQLGetTypeInfo* ermittelt alle Datentypen des Ziel-DBMS und ihre Abbildung auf die entsprechenden ODBC-Typen auf dem Client.

Katalogfunktionen ermitteln Informationen über die Objekte in einem DBMS. Bei diesen Objekten handelt es sich um Tabellen, Spalten (inklusive Pseudospalten und anderen spaltenähnlichen Objekten mit einem speziellen Verhalten oder einer speziellen Semantik, wie etwa Oracle ROWIDs oder TIMESTAMP-Spalten von Microsoft SQL Server) und Statistiken (Indizes und andere Informationen).

5.8.1.3 Stufe 2

Stufe 2 enthält alle Funktionen, die wir uns nur vorstellen können, um eine umfassende und robuste API für den Datenzugriff zu schaffen. Neben den Funktionen aus Stufe 1 handelt es sich dabei um die folgenden Dinge:

- Scrollbare Cursor. Weil die meisten DBMSe kein Scrolling nach oben oder unten unterstützen, muß der Client oft scrollbare Cursor simulieren. Wie in Abschnitt 5.5 beschrieben, definiert ODBC ein sehr umfassendes Cursormodell, um den wechselnden Anforderungen von Anwendungen und DBMS-Systemen gerecht werden zu können. Die von ODBC Version 2.0 bereitgestellte Cursorbibliothek ermöglicht es den Anwendungen, scrollbare Cursor auch für solche Treiber zu verwenden, die nur Stufe-1-konform sind.

- Eine erweiterte Verwaltung für Verbindungen, wodurch es den Anwendungen möglich wird, dynamisch eigene Benutzeroberflächen für die Verarbeitung beliebiger Verbindungsszenarios zu schaffen.

- Zusätzliche Katalogfunktionen für die Rückgabe von referentiellen Integritätsinformationen (Primär- und Fremdschlüssel für Tabellen), Privileginformationen (auf welche Tabellen und Spalten der Benutzer zugreifen darf) und Informationen über gespeicherte Prozeduren und die jeweiligen Argumente.

- Verschiedene andere »Goodies«, wie etwa Funktionen, die eine SQL-Anweisung zurückgeben, nachdem der Treiber bestimmte Transformationen dafür durchgeführt hat (siehe Abschnitt 5.8.2.3), die es den Treibern ermöglichen, die DLL-Technologie für Zeichensatzkonvertierungen zu verwenden, und die zusätzliche Informationen über Parametern in SQL-Anweisungen bieten.

5.8.2 SQL-Konformität

Es gibt drei SQL-Konformitätsstufen. Wie bereits erwähnt, handelt es sich dabei eher um Richtlinien, weniger um Einschränkungen. Es steht den Anwendungen frei, beliebige SQL-Anweisungen an ein DBMS zu senden, auch wenn diese nicht in den SQL-Konformitätsstufen von ODBC enthalten sind. Die Treiber müssen alle SQL-Anweisungen für eine Konformitätsstufe unterstützen, wenn sie behaupten, dieser Stufe zu entsprechen (das wird über die Funktion *SQLGetInfo* ermittelt).

5.8.2.1 Minimales SQL

Die Konformitätsstufe für minimales SQL enthält die notwendigsten Dinge zum Schreiben von ODBC-Anwendungen. Dabei wurden zweierlei Zwecke verfolgt:

1. Es sollte eine gemeinsame Untermenge von SQL geschaffen werden, so daß die Anwendungen mit einem minimalen Aufwand zusammenarbeiten können, so lange die Einschränkungen für die SQL-Funktionalität nicht zu einengend sind.

2. Es sollte eine Ziel-SQL-Grammatik für Entwickler geschaffen werden, die Treiber für den Zugriff auf flache Dateien und ISAMs schreiben wollen.

Die minimale Grammatik enthält deshalb auch nur einfache SQL-Konstrukte:

- Einfache CREATE- und DROP TABLE-Anweisungen (keine ALTER TABLE-Anweisung).
- Einfache SELECT-, INSERT, UPDATE- und DELETE-Anweisungen.

Konformitätsstufen

- Einfache Ausdrücke.
- Zeichen-Datentypen (CHAR, VARCHAR und LONG VARCHAR).

5.8.2.2 Kern-SQL

Die Absicht hinter der Einführung dieser Konformitätsstufe war es, genau dieselbe Funktionalität bereitzustellen, die auch die SQL-Spezifikation von X/Open definiert. Weil es das Ziel von X/Open war, die Entwicklung portabler Anwendungen mit Hilfe von SQL zu unterstützen, wurde angenommen, daß alle DBMS-Hersteller, die das von X/Open spezifizierte SQL noch nicht unterstützten, dies bald schon tun würden. Ein Großteil der SQL-Funktionalität in der X/Open-Spezifikation wurde direkt aus dem ISO-Standard für SQL übernommen. Die einzigen Unterschiede sind einige Einschränkungen, die X/Open eingeführt hat, um die Entwicklung portabler Anwendungen zu vereinfachen, sowie einige Erweiterungen, zu denen der Standard nichts aussagt (wie etwa das Erzeugen eines Index).

Die meisten SQL-DBMS-Hersteller unterstützten im Frühjahr 1992, als ODBC 1.0 ausgeliefert wurde, Kern-SQL. Es war jedoch etwas überraschend, daß die meisten Treiberentwickler für flache Dateien und ISAM ebenfalls versuchten, Kern-SQL zu unterstützen. Als im September 1993 die Entwicklerkonferenz für ODBC 2.0 stattfand, erhielten wir verstärkt die Information, daß die Treiberentwickler mit dem Kern-SQL konform bleiben konnten, bis auf positioniertes UPDATE, positioniertes DELETE, SELECT FOR UPDATE-Anweisungen und die UNION-Klausel. Die Entwicklergemeinde war sich einig, daß diese Konstrukte in die nächste Konformitätsstufe aufgenommen werden sollten, so daß noch mehr Treiber Kern-SQL unterstützen könnten.

Das Kern-SQL hat dem minimalen SQL die folgenden Funktionen hinzugefügt:

- Mehr DLL-Funktionalität (ALTER TABLE, CREATE/DROP INDEX, CREATE/DROP VIEW und GRANT/REVOKE)
- Volle SELECT-Funktionalität, unter anderem Unterabfragen und Mengenfunktionen (SUM, MAX, MIN, AVG und COUNT)
- Mehr Datentypen (DECIMAL, NUMERIC, SMALLINT, INTEGER, REAL, FLOAT und DOUBLE PRECISION)

5.8.2.3 Erweitertes SQL

Das erweiterte SQL beschreibt die SQL-Erweiterungen, die für ODBC eindeutig sind, und bietet eine ganz praktische Kategorie für komplexe SQL-Funktionen und -Datentypen, die viele DBMSe unterstützen, für die es aber im SQL-Standard kein Äquivalent gibt.

Die SQL-Erweiterungen von ODBC bieten den Anwendungsentwicklern eine ganz wesentliche Interoperabilität. In den DBMS-Systemen sind in der Regel vier Funktionalitätstypen implementiert, aber jedes DBMS verwendet seine eigene Syntax. Es handelt sich dabei unter anderem um die Darstellung von Datums- und Zeitwerten, die Syntax für Outer-Joins, die Syntax für skalare Funktionen und den Aufruf gespeicherter Prozeduren. ODBC definiert eine SQL-Syntax, die zwar dem SQL-92-Standard entspricht, wobei aber die Treiber die ODBC-Syntax in die DBMS-spezifische Syntax übersetzen müssen. Um zu vermeiden, daß die Treiberentwickler einen vollständigen SQL-Parser schreiben müssen, bietet ODBC die Möglichkeit, die Übersetzungen mit Hilfe einfacher Routinen zur Stringmanipulation durchzuführen. Wir nennen diese Möglichkeit auch die *Escape-Klausel*. Die Escape-Klausel ist nichts weiter als ein Paar geschweifter Klammern({}), die die Standardform der SQL-Syntax sowie ein ein- oder zweistelliges Token, das den Typ der Klausel spezifiziert, umschließen. Es ist etwas unglücklich, daß diese Escape-Klausel überhaupt notwendig ist. Es wäre sehr viel einfacher, wenn alle DBMS-Hersteller die SQL-92-Syntax für alle definierten Bereiche unterstützen würden. Irgendwann wird das auch der Fall sein, aber bis dahin müssen Escape-Klauseln oder etwas Vergleichbares verwendet werden.

Die nächsten paar Seiten beschreiben die Bereiche, in denen Escape-Klauseln verwendet werden können.

Datum und Zeit

Viele DBMSe unterstützen einige oder alle der Datentypen DATE, TIME oder TIMESTAMP (manchmal wird dieser Datentyp auch DATETIME genannt; er stellt eine Kombination der beiden ersten Datentypen dar). Das Format, das in den SQL-Anweisungen dafür verwendet wird, variiert jedoch. Das Format für Oracle 6 ist *mmm dd, yyy*, während DB2 *yyyy-mm-dd* verwendet. Scheinbar gibt es nicht zwei Systeme, die diese Werte in derselben Form angeben! Der ISO-SQL-Standard für DATE ist *yyyy-mm-dd*. Diesen Standard verwendet auch ODBC. Wenn ein Treiber angibt, daß er den Datentyp DATE unterstützt, sollte der Anwendungsprogrammierer immer die Escape-Klausel verwenden, das ist *{d 'yyyy-mm-dd'}*. Um die Aufträge zu ermitteln, die zwischen dem 12. und dem 19. August datiert sind, würde die Anwendung etwa das folgende erzeugen:

```
SELECT OrderNum, OrderDate
FROM Orders
WHERE OrderDate = {d '1995-08-12'}
OR   OrderDate = {d '1995-08-19'}
```

Der Oracle-Treiber würde diese Abfrage folgendermaßen übersetzen:

```
SELECT OrderNum, OrderDate
FROM Orders
WHERE OrderDate = 'Aug 12, 1995'
OR   OrderDate = 'Aug 19, 1995'
```

Der Microsoft SQL Server-Treiber würde sie so übersetzen:

```
SELECT OrderNum, OrderDate
FROM Orders
WHERE OrderDate = '08-12-1995'
OR   OrderDate = '08-19-1995'
```

Für TIME und TIMESTAMP gibt es ähnliche Escape-Klauseln. Alle verwenden das ISO-Standardformat für die Syntax, und der Treiber muß diese Syntax in eine für das DBMS geeignete Form übersetzen.

Konformitätsstufen

Outer-Joins

So wie die Syntax für Datum und Zeit variiert auch die Syntax für Outer-Joins zwischen den verschiedenen DBMS-Systemen. Outer-Joins sind sehr praktisch für das, was ich die »falls es solche gibt«-Abfrage nenne, etwa »Zeige alle Kunden in Boston und ihre Aufträge, falls es solche gibt.«. Wenn ein Kunde keine aktuellen Aufträge hat, dann zeigt der Inner-Join diese Kunden überhaupt nicht an, während der Outer-Join einfach eine Null für die Auftragsinformation aber trotzdem die Kundeninformation zurückgibt.

Ursprünglich wollten wir, daß ODBC die Syntax für den Outer-Join aus dem SQL-92-Standard übernimmt, aber wir haben festgestellt, daß es kein DBMS gibt, das alle Varianten des im Standard definierten Outer-Joins unterstützt. Deshalb haben wir eine Untermenge der Grammatik für den Outer-Join aus SQL-92 eingeführt, die die aktuellen Implementierungen abdeckt. Wir haben jedoch die Möglichkeit geschaffen, optional das vollständige SQL-92-Format zu verwenden. Die wichtigste Einschränkung der meisten DBMS-Systeme war ihre Unfähigkeit, Verschachtelungen und Prioritäten zu verwalten, die für die Realisierung von Outer-Joins notwendig sind. Hier die ODBC-Syntax für den Outer-Join:

```
outer_join ::= table_name [correlation_name] LEFT OUTER JOIN
   {table_name [correlation_name] | outer_join} ON search_condition
```

Für die Abfrage »Zeige alle Kunden in Boston und ihre Aufträge, falls es solche gibt«, lautet die ODBC-Syntax zum Beispiel:

```
SELECT cust.custname, ord.ordernum
FROM {oj cust LEFT OUTER JOIN ord ON cust.custid = ord.custid}
WHERE cust.city = 'Boston'
```

Der Oracle-Treiber würde diese Abfrage folgendermaßen übersetzen:

```
SELECT cust.custname, ord.ordernum
FROM cust, ord
WHERE cust.custid = ord.custid (+) AND cust.city = 'Boston'
```

Der Microsoft SQL Server-Treiber würde diese Abfrage so übersetzen:

```
SELECT cust.custname, ord.ordernum
FROM cust, ord
WHERE cust.custid *= ord.custid AND cust.city = 'Boston'
```

Irgendwann verwenden alle DBMSe den SQL-92-Standard für die Syntax von Outer-Joins, so daß diese Übersetzungen nicht mehr durchgeführt werden müssen. Die SQL-92-Syntax wird dann in den DBMS-Systemen selbst unterstützt.

Skalare Funktionen

Eine skalare Funktion ist eine Funktion, die für einen einzelnen Wert ausgeführt wird, wie etwa für die Berechnung eines Absolutwerts oder zur Extraktion von Teilstrings. Skalare Funktionen unterscheiden sich von den Mengen-Funktionen (manchmal auch Aggregat-Funktionen genannt) wie etwa SUM, MAX, MIN und AVG.

So wie die anderen Funktionalitäten, für die Escape-Klauseln verwendet werden, sind auch skalare Funktionen größtenteils implementiert, variieren aber zwischen den einzelnen DBMS-Systemen in ihrer Syntax. ODBC unterstützt mehr als 60 skalare Funktionen. Wo immer möglich, haben wir die Syntaxdefinition der skalaren Funktionen aus dem SQL-92-Standard übernommen. Für skalare Funktionen, die nicht Teil des Standards sind, haben wir die Standards aus anderen Programmiersprachen übernommen (etwa aus C, FORTRAN und COBOL). Schließlich haben wir noch versucht sicherzustellen, daß alle weiteren skalaren Funktionen, die es in zwei oder mehreren kommerziellen DBMS-Produkten gab, spezifiziert wurden. In der Regel haben wir dafür die Syntax ausgewählt, die auch das Produkt mit der größten Marktpräsenz verwendet.

ODBC unterstützt fünf Kategorien skalarer Funktionen: numerische Funktionen, String-Funktionen, Zeit- und Datums-Funktionen sowie Konvertierungen. Im folgenden sehen Sie einige Beispiele. Die vollständige Liste finden Sie im Anhang F des Microsoft ODBC 2.0 Programmierhandbuchs.

Numerische Funktionen

Bei den numerischen Funktionen handelt es sich unter anderem um die Quadratwurzel, Sinus und Cosinus oder den Logarithmus, um nur ein paar davon zu nennen. Hier ein Beispiel, das die Verwendung einer Absolutwert-Funktion zeigt:

```
SELECT {fn abs(temperature)}
FROM table1
```

Wie die Syntax in anderen Arten von Escape-Klauseln wird auch diese Syntax in die Syntax der Absolutwert-Funktion übersetzt, die von dem entsprechenden DBMS unterstützt wird.

String-Funktionen

String-Funktionen umfassen die Funktionen, die Teilstrings extrahieren, eine Umwandlung in Groß- bzw. Kleinbuchstaben vornehmen oder die Stringlänge ermitteln, um nur ein paar davon zu nennen. Hier ein Beispiel, das die Konkatenation von zwei Strings zeigt:

```
SELECT {fn concat(LastName, {fn concat(", ", FirstName)})} FROM table1
```

Dieses Beispiel zeigt, daß die skalaren Funktionen unter ODBC auch verschachtelt werden können.

Zeit- und Datums-Funktionen

Die Zeit- und Datumsfunktionen umfassen Funktionen, die Zeit- und Datumselemente aus einer Spalte extrahieren und zeitbasierte Berechnungen durchführen. Hier ein Beispiel, das die Funktion für das aktuelle Datum verwendet:

```
SELECT ordnum
FROM orders
WHERE orddate < {fn curdate()} - 7
```

Diese Abfrage zeigt, daß eine skalare Funktion unter ODBC auch in einer WHERE-Klausel verwendet werden kann. Im allgemeinen kann eine skalare Funktion unter ODBC an jeder beliebigen Stelle eingesetzt werden, wo auch ein Ausdruck verwendet werden kann. Darüber hinaus zeigt dieses Beispiel, daß eine skalare Funktion Teil eines Ausdrucks sein kann. Die hier gezeigte Abfrage gibt die Aufträge zurück, die wir vor mehr als einer Woche eingegeben haben.

Systemfunktionen

Systemfunktionen umfassen unter anderem die Funktion, die den aktuellen Benutzer zurückgibt, wie etwa im folgenden gezeigt:

```
SELECT ordnum
FROM orders
WHERE employee = {fn user()}
```

Dieses Beispiel gibt alle Aufträge zurück, die der aktuelle Benutzer eingegeben hat.

Konvertierungsfunktion

Die Funktion zu Datentypkonvertierung wandelt einen Datentyp in einen anderen Datentyp auf dem Server um, wie im folgenden gezeigt:

```
SELECT ordnum
FROM orders
WHERE {fn convert(orddate, SQL_CHAR)} like '199%'
```

Dieses Beispiel zeigt die einfache Umwandlung einer Datenspalte in einen Zeichenstring. Darüber hinaus zeigt es, wie überaus hilfreich die Verwendung von skalaren Funktionen in Ausdrücken sein kann. In diesem Fall gibt die Abfrage alle Aufträge der 90er Jahre zurück.

Aufrufe gespeicherter Prozeduren

Ein Schlüsselelement der Client/Server-Programmierung ist die Verwendung gespeicherter Prozeduren für die Zentralisierung der Geschäftsbedingungen auf dem Server, statt sie auf Client-Anwendungen zu verteilen. ODBC unterstützt den Aufruf gespeicherter Prozeduren unabhängig vom verwendeten DBMS. Es bietet jedoch keine Methode, den Inhalt einer gespeicherten Prozedur zu definieren. Das ist einer der Fälle, in denen sich die einzelnen DBMSe so stark unterscheiden, daß die Definition einer Standardsprache und die Übersetzung in die DBMS-spezifische Syntax zu aufwendig wäre.

Die gespeicherten Prozeduren funktionieren ganz ähnlich wie die Prozeduraufrufe in Standard-3GLs. Eine gespeicherte Prozedur hat einen Namen und kann Argumente sowie einen Rückgabewert besitzen. Die Argumente sind äquivalent zu den Call-by-value-Argumenten (Argumente, die von der aufgerufenen Prozedur nicht verändert werden können) oder zu den Call-by-reference-Argumenten (Argumente, die von der aufgerufenen Routine modifiziert werden können). Anders als die Prozeduraufrufe in 3GLs können die gespeicherten Prozeduren in einigen Implementierungen (insbesondere Microsoft SQL Server) Nebeneffekte haben, wie etwa die Rückgabe von Ergebnissen sowie Status- und Fehlermeldungen.

Die ODBC-Syntax für den Aufruf einer gespeicherten Prozedur lautet:

```
{[? =] call procedure_name[(arg1, arg2, ...)]}
```

Für den Rückgabewerte (falls es einen solchen gibt) und alle Ausgabeargumente müssen Parameter (Fragezeichen) angegeben werden, weil sie zu Programmvariablen gebunden sind. Die Eingabeargumente können entweder direkt oder als Parameter angegeben werden.

Im folgenden finden Sie einen Codeabschnitt, der eine gespeicherte Prozedur aufruft und die Argumente bindet. Er nimmt nur ein Eingabeargument entgegen und gibt einen Wert zurück.

```
/*
Die gespeicherte Prozedur, die wir aufrufen wollen, hat die Form
    TaxRate = GetTaxRate(ZipCode);

Zuerst wird der Rückgabewert zur Gleitkomma-Vaiablen TaxRate gebunden.
Nach der Ausführung enthält die Variable TaxRate den Rückgabewert der
gespeicherten Prozedur.
*/
rc = SQLBindParameter(hstmt1, 1, SQL_PARAM_OUTPUT, SQL_C_FLOAT,
    SQL_FLOAT, 0, 0, &TaxRate, 0, 0);
/*
Als nächstes wird das Zip-Code-Argument für die gespeicherte Prozedur
gesezt. Die Variable ZipCode sendet den Wert an die gespeicherte Prozedur
*/
ZipCode = 98053;
rc = SQLBindParameter(hstmt1, 2, SQL_PARAM_INPUT, SQL_C_LONG,
    SQL_INTEGER, 0, 0, &ZipCode, 0, 0);
/*
Aufruf der gespeicherten Prozedur mit Hilfe der Standardsyntax von ODBC.
*/
rc = SQLExecDirect (hstmt1, "{? = call GetTaxRate(?)}", SQL_NTS);
/*
Nachricht erzeugen
*/
sprintf (szBuf, "The tax rate is: %f", TaxRate);
```

5.9 Treiberinstallation, Setup und Konfiguration

Ein weiteres Designziel für ODBC war die Vereinfachung der Installation und Konfiguration von Treibern, die dabei für alle Treiber konsistent sein sollte. Dazu mußten wir verschiedene Dinge bereitstellen, unter anderem:

■ Die notwendigen Werkzeuge und Schablonen für die Treiberentwickler, damit diese ihre Treiber einfach verteilen können. Neben der Abschaffung der Notwendigkeit, daß jeder Treiberentwickler ein Installationsprogramm schreibt, erzwingt ODBC eine Konsistenz für die Benutzeroberfläche der Installation sowie für die Positionen, wo die Treiber installiert und wie sie konfiguriert werden. Gleichzeitig ist es wichtig für die Treiberentwickler, die notwendige Flexibilität zu haben, ihre Komponenten einzurichten und

Treiberinstallation, Setup und Konfiguration

die Benutzer direkt nach zusätzlichen Setup- oder Konfigurationsinformationen abzufragen.

- Eine vollständige programmatische Methode für die Anwendung, automatisch ODBC-Komponenten zu installieren, wobei die gesamte Benutzeroberfläche oder aber nur ein Teil davon verwendet werden kann. Einige Anwendungsprogrammierer legen ihren Anwendungen zum Beispiel mehrere ODBC-Treiber bei, wollen aber, daß diese »stillschweigend« installiert werden (ohne daß eine Interaktion mit dem Benutzer notwendig ist).

- Ein Konfigurationswerkzeug, so daß Treiber hinzugefügt, konfiguriert und verwaltet werden können, und zwar unabhängig von einer Anwendung oder dem Setup-Programm eines Treiberentwicklers.

Um das erste Ziel zu erreichen enthält der ODBC SDK ein Beispiel für ein Setup-Programm als Quellcode, so daß die Treiberentwickler nur noch die »Lücken ausfüllen« müssen und damit ein einsatzbereites Programm für ihre Treiber haben.

Das zweite Ziel wurde erreicht, indem eine Programmierschnittstelle für Setup und Installation bereitgestellt werden, so daß die Anwendungen die gesamte ODBC-Benutzeroberfläche für die Installation verwenden können, oder aber auch nur einen Teil davon.

Das dritte Ziel wurde erreicht, indem die ODBC-Steuerung automatisch in der Windows-Systemsteuerung installiert wird. Selbst wenn eine Anwendung ODBC-Komponenten stillschweigend installiert, kann der Benutzer somit die Treiber und Datenquellen konfigurieren.

Um zu verstehen, wie ODBC diese scheinbar widersprüchlichen Ziele realisieren kann, wobei ein standardisierter Setup verwendet wird und die Treiberentwickler dennoch die Freiheit haben, ihre Installation beliebig anzupassen, wollen wir betrachten, wie die allgemeine Installationsarchitektur aufgebaut ist. Hier eine Abfolge der Ereignisse bei einer normalen Treiberinstallation:

1. Wenn das Setup-Programm (SETUP.EXE auf der Installationsdiskette des ODBC-Treibers) ausgeführt wird, zeigt es zunächst das Dialogfeld an, das Sie in Abbildung 5.12 sehen.

Abbildung 5.12 – Das Dialogfeld beim Aufruf des Setup-Programms

2. Das Setup-Programm ruft die Funktion *SQLInstallODBC* auf, die Teil der Installations-API von ODBC ist. So wie alle Installationsfunktionen befindet es sich in der Bibliothek ODBCINST.DLL, die Teil des ODBC SDK ist und kostenlos von allen Treiberentwicklern und Anwendungen weitergegeben werden darf.

3. Die Funktion *SQLInstallODBC* zeigt das Dialogfeld zur Treiberinstallation an (siehe Abbildung 5.13). Das Setup-Programm erzeugt dieses Dialogfeld dynamisch, indem es die Einträge in der Datei ODBC.INF liest. Die Datei ODBC.INF legt fest, welche Treiber und Dateien installiert werden sollen, und darüber hinaus noch viele weitere Informationen. Die Schaltfläche Optionen ermöglicht es dem Benutzer Optionen für die Installation vorzugeben.

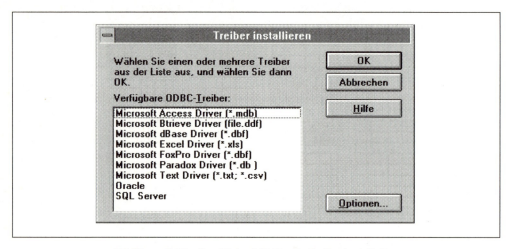

Abbildung 5.13 – Das Dialogfeld für die Treiberinstallation

4. Nachdem die Treiberdateien an die richtige Stelle kopiert wurden und die Information aus den verschiedenen Initialisierungsdateien (ODBC.INI, ODBCINST.INI, Registry) hinzugefügt oder aktualisiert wurde, geht die Steuerung von ODBCINST.DLL zurück an die Setup-Anwendung. Vorausgesetzt, es sind keine Fehler aufgetreten, ruft die Setup-Anwendung als nächstes die Funktion *SQLManageDataSources* auf, eine weitere Funktion der Installations-API.

5. Die Funktion *SQLManageDataSources* zeigt das Dialogfeld *Datenquellen* an (siehe Abbildung 5.14), das den Schlüssel für die Abbildung von Treibern auf Datenquellennamen darstellt. (Die Motivation für das Datenquellen-Konzept finden Sie in Kapitel 4 beschrieben.) Dieses Dialogfeld ist der Ausgangspunkt für jegliche Konfiguration und Verwaltung von ODBC-Treibern und Datenquellen. Alle Konfigurationen von ODBC können in diesem Dialogfeld vorgenommen werden. Es wird auch angezeigt, wenn die Benutzer das ODBC-Administrator-Werkzeug verwenden oder das ODBC-Tool aus der Windows-Systemsteuerung aufrufen. Kapitel 24 des Microsoft ODBC 2.0 Programmierhandbuchs erklärt die verschiedenen Aufgaben dieses Dialogfelds, so daß ich hier die einzelnen Schaltflächen und ihre Aktionen hier nicht detailliert beschreiben werde.

Treiberinstallation, Setup und Konfiguration

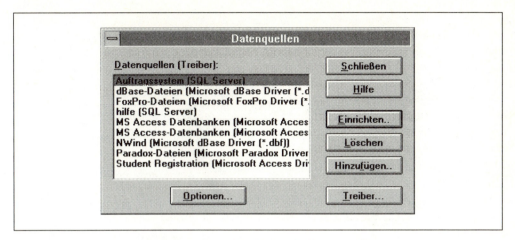

Abbildung 5.14 – Das Dialogfeld Datenquelle

6. Die Benutzer klicken die Schaltfläche *Einrichten* an, wenn sie einen bestimmten Treiber konfigurieren wollen. Bis zu dieser Stelle wird die gesamte Software vom ODBC SDK bereitgestellt, wenn auch möglicherweise mit bestimmten Anpassungen durch die Treiberentwickler. Aber jetzt ändern sich die Dinge: Jetzt geht die Steuerung an den Konfigurationsprozeß über. Der Entwickler eines ODBC-konformen Treibers muß eine Setup-Bibliothek (häufig auch als *Setup-DLL* bezeichnet) bereitstellen, und zwar entweder als separate DLL oder als Teil der Treiber-DLL. Die einzige Anforderung ist, daß der Treiberentwickler den Einsprungpunkt *ConfigDSN* bereitstellen muß. Wenn der Benutzer auf die Schaltfläche *Einrichten* klickt, liest die ODBCIST.DLL die Initialisierungsdatei ODBCINST.INI und stellt fest, wo die Setup-Routine des Treibers abgelegt ist. Die Setup-DLL des Treibers wird geladen und der Einsprungpunkt *ConfigDSN* wird aufgerufen.

7. Die Funktion *ConfigDSN* zeigt das Dialogfeld für den entsprechenden Treiber an. (Das Dialogfeld für den Oracle-Treiber sehen Sie in Abbildung 5.15.) Der Treiberentwickler kann den Benutzer nach Treiber-spezifischen Informationen fragen. Beachten Sie, daß dieses Dialogfeld auf einen bestimmten Treiber ausgelegt ist und sich deshalb von den Dialogfeldern für die anderen Treiber unterscheiden kann. Der Benutzer setzt die gewünschten Optionen und die Setup-DLL zeichnet sie für zukünftige Verwendungen auf, normalerweise in der Initialisierungsdatei ODBC.INI. Statt jedoch die Initialisierungsdateien durch die Setup-DLLs direkt modifizieren zu lassen, bietet die Installationsroutine verschiedene Funktionsaufrufe, mit denen diese Dateien konsistent verwaltet werden können.

Eine weitere Beschreibung der Details finden Sie im Microsoft ODBC 2.0 Programmierhandbuch.

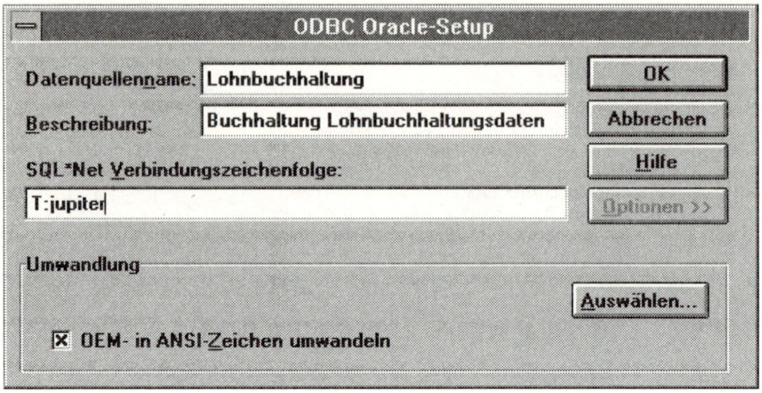

Abbildung 5.15 – Das Dialogfeld für den Oracle-Treiber

Ein Aspekt soll jedoch noch erwähnt werden. Eines der Bedürfnisse, die mehrere Kunden angemeldet haben, war es, vermeiden zu können, die gesamte Setup-Prozedur für jeden einzelnen Client-PC durchlaufen zu müssen. Um dieser Forderung nachkommen zu können, wurde ODBC so entwickelt, daß die ODBC-Installation im Auto-Modus ausgeführt werden konnte. Dabei mußte nur ein Netzwerk-Server das entsprechende Setup-Programm für die Treiber und die Konfigurationsoptionen ausgeführen. Jeder Client kann das Setup-Programm einfach ausführen, indem er den Schalter /AUTO sowie den entsprechenden Netzwerk-Dateiserver angibt. Statt den Benutzer aufzufordern, Treiber auszuwählen und Datenquellen zu konfigurieren, »clont« das Programm das Setup des Netzwerk-Servers auf dem Client. In einem großen Unternehmen wird die Setup-Prozedur dadurch einfach auf die Verbindung zum Netzwerk-Laufwerk und die Ausführung des ODBC-Programms SETUP.EXE mit dem Schalter /AUTO reduziert. Das ODBC-Installationsprogramm kümmert sich darum, daß alle notwendigen Dateien vom Netzwerk-Server auf den Client kopiert werden.

Eine weitere Möglichkeit wäre es, ODBC direkt vom Dateiserver aus auszuführen – das heißt, es müssen überhaupt keine Komponenten auf dem Client-PC installiert werden. Dafür wird vorausgesetzt, daß Windows auf dem Netzwerk-Dateiserver läuft und daß die gesamte ODBC-Software über das Netzwerk in den Speicher des Client-PCs geladen wird. Unter ODBC 2.1 wurde der Code für diese Art der Konfiguration in den Treiber-Manager aufgenommen. Vorherige Versionen setzten die Existenz der Datei ODBC.INI auf dem Client voraus. Es war jedoch nicht möglich, eine vollständige Netzwerk-Version von ODBC auszuführen.

5.10 Qualifizierende Bezeichner in Tabellennamen

Eine Tabelle ist das wesentliche Element einer relationalen Datenbank. Alle DBMSe unterstützen die vereinfachte Methode, eine Tabelle über ihren Namen anzusprechen, zum Beispiel:

```
SELECT * FROM customer WHERE state IN ('WA', 'OR')
```

Hier wird die Tabelle namens *customer* angesprochen. Dies ist jedoch vereinfacht dargestellt, weil in dem DBMS ein Tabellenname eine Menge Kontext impliziert, der auch explizit in einer SQL-Anweisung angegeben werden kann, wie etwa den Eigentümer der Tabelle, den Container für den Tabellennamen und manchmal auch die Position der Tabelle in einem verteilten DBMS. Die Spezifikation des Tabellennamens alleine setzt für die anderen Elemente des Tabellennamens die Standardwerte voraus. Aber die Tabellennamen können auch *qualifiziert bezeichnet* werden, indem ihnen andere Namen vorausgestellt oder hinten angestellt werden, um explizit die Standards anzugeben oder alle Standards zu überschreiben. Die meisten DBMSe setzen zum Beispiel voraus, daß ein Tabellenname eine Tabelle bezeichnet, die dem aktuellen Benutzer gehört. Wenn ein Benutzer Fred also gerade im DBMS arbeitet, entspricht die obige Anweisung dem folgenden:

```
SELECT * FROM fred.customer WHERE state IN ('WA', 'OR')
```

Wenn der Benutzer Mary auf die Kundentabelle zugreifen will (und wenn Fred die dafür notwendigen Berechtigungen erteilt hat), muß er den qualifizierten Namen *fred.customer* angeben, denn *customer* alleine würde einen Fehler erzeugen, weil das DBMS dann die Datei *mary.customer* suchen würde. Wie sich herausstellt, ist die Verwendung qualifizierender Tabellennamen unter Verwendung von Eigentümernamen nur die Spitze des Eisbergs.

Jedes DBMS verwendet verschiedene Methoden, um Tabellennamen für einen bestimmten Kontext zu qualifizieren. In SQL-92 kann ein Tabellenname zum Beispiel durch einen Katalog und einen Schema-Eigentümer qualifiziert werden. Unter Oracle wird eine Tabelle durch den Tabelleneigentümer und den Tabellennamen identifiziert. Es kann jedoch auch ein Positionsname angegeben werden, der an den Tabellennamen angehängt wird, um zu zeigen, daß sich die Tabelle auf einem anderen System als dem aktuellen befindet, zum Beispiel:

```
SELECT * FROM fred.customer@Denver WHERE state IN ('WA', 'OR')
```

Damit erfolgt ein Zugriff auf die Kundentabelle von Fred, die sich auf dem System Denver befindet.

In Microsoft SQL Server werden die Tabellen durch einen Datenbanknamen, einen Tabelleneigentümer und einen Tabellennamen identifiziert.

```
SELECT * FROM dbx.fred.customer WHERE state IN ('WA', 'OR')
```

Diese Anweisung greift auf die Kundentabelle von Fred in der Datenbank dbx zu.

dBASE-Tabellen, bei denen es sich eigentlich um Dateien auf einem PC handelt, werden durch einen Verzeichnisnamen und einen Dateinamen identifiziert, zum Beispiel:

```
SELECT * FROM c:\mydata\customer.dbf WHERE state IN ('WA', 'OR')
```

Damit wird auf die Kundentabelle auf Laufwerk C im Verzeichnis MYDATA zugegriffen.

ODBC muß all diese verschiedenen Namensschemata in einem Modell zusammenfassen, so daß die Anwendungen wissen, wie sie die Tabellennamen korrekt spezifizieren können, ohne die Namensregeln für jedes DBMS zu kennen. Das war notwendig, um sowohl die korrekte SQL-Syntax zu spezifizieren, als auch den Benutzern von Ad-hoc-Abfragewerkzeugen die Möglichkeit zu verschaffen, Tabellen so auszuwählen, wie es für das jeweilige DBMS am sinnvollsten ist. (Ein Benutzer, der zum Beispiel mit Oracle verbunden ist, sollte Tabellennamen und Eigentümernamen angezeigt bekommen, während einem Benutzer von dBASE-Dateien Dateinamen und Verzeichnisse angezeigt werden sollten.)

ODBC wurde unter der Annahme entwickelt, daß allen Tabellennamen optional ein Eigentümername zugeordnet werden kann. Wenn ein Eigentümername angegeben ist, trennt ein Punkt ihn vom Tabellennamen. Diese Annahme ist für Client/Server-DBMSe gültig, aber nicht für Desktop-Datenbanken, wo es in der Regel keine Sicherheitsvorkehrungen gibt und deshalb keine Eigentümernamen verwendet werden. Der Eigentümername war jedoch optional, so daß auch Desktop-Datenbanken benutzt werden konnten. Alle anderen Elemente der Tabellennamen werden unter ODBC in einem qualifizierenden Bezeichner spezifiziert. Ein qualifizierender Bezeichner kann ein Verzeichnisname (für dBASE), aber auch ein Positionsbezeichner (für Oracle) sein.

Neben der Spezifizierung einer korrekten SQL-Syntax werden die qualifizierenden Bezeichner unter ODBC hauptsächlich in den Katalogfunktionen verwendet, die Informationen über die Tabellen, Spalten, Indizes und andere Elemente in einem bestimmten DBMS ermitteln. Wenn eine Anwendung zum Beispiel *SQLTables* aufruft, werden der Tabellenname, der Eigentümer und der qualifizierende Bezeichner zurückgegeben.

Die Abbildungen 5.20, 5.21 und 5.22 zeigen, wie die verschiedenen DBMSe Informationen über Tabellen zurückgeben. Tabelle 5.5 zeigt die Rückgabewerte von *SQLTables* für den Watcom SQL ODBC-Treiber, Tabelle 5.6 zeigt die Rückgabewerte von *SQLTables* für den dBASE ODBC-Treiber, und Tabelle 5.7 zeigt die Rückgabewerte von *SQLTables* für den Microsoft SQL Server ODBC-Treiber.

Qual. Bezeichner	Eigentümer	Name	Typ	Bemerkungen
NULL	DBA	contact	TABLE	NULL
NULL	DBA	cust_order	TABLE	NULL
NULL	DBA	customer	TABLE	NULL

Tabelle 5.5 – Beispiel für die Rückgabewerte von SQLTables für den Watcom SQL ODBC-Treiber

Qual. Bezeichner	Eigentümer	Name	Typ	Anmerkungen
C:\MYDATA	NULL	CUSTOMER	TABLE	NULL
C:\MYDATA	NULL	ORDDTAIL	TABLE	NULL
C:\MYDATA	NULL	ORDERS	TABLE	NULL

Tabelle 5.6 – Beispiel für die Rückgabewerte von SQLTables für den dBASE ODBC-Treiber

Qual. Bezeichner	Eigentümer	Name	Typ	Anmerkungen
PUBS	DBO	authors	TABLE	NULL
PUBS	DBO	title_view	VIEW	NULL
PUBS	DBO	titles	TABLE	NULL

Tabelle 5.7 – Beispiel für die Rückgabewerte von SQLTables für den Microsoft SQL Server ODBC-Treiber

5.11 Zusammenfassung

In diesem Kapitel haben wir sehr viele Themen angesprochen. Sie haben hier viele Aspekte von ODBC auf einer eher konzeptuellen Ebene kennengelernt. Im nächsten Kapitel von Teil I werden wir untersuchen, wie ein ODBC-Treiber arbeitet.

> **DIE STORY**
>
> *Akt II, Szene 3: ODBC, ISO, CLI und die Theorie der allumfassenden Vereinigung*
>
> Etwa gleichzeitig mit ODBC 1.0 veröffentlichte X/Open eine vorläufige Spezifikation der SAG CLI. Die Kern-Funktionen von ODBC waren fast identisch mit denen der SAG CLI-Spezifikation. Die SAG CLI-Spezifikation hatte sich aufgrund der jetzt eingeführten COBOL-Unterstützung leicht verändert. Die Veränderungen waren notwendig, um die C- und COBOL-Versionen der CLI nicht zu weit auseinanderdriften zu lassen.
>
> Im Oktober 1992 hat das ANSI-SQL-Komitee das Basisdokument für einen neuen Stil für Bindungen unter SQL geprüft und übernommen. Die Spezifikation wurde im November 1993² vom ISO-DBL-Komitee übernommen.
>
> Obwohl drei verschiedene Standardisierungs-Organisationen (SAG-X/Open, ANSI und ISO) an der Spezifikation schreiben und somit eine mögliche Divergenz entstehen könnte, haben alle von Anfang an mit einer bewundernswerter Übereinstim- ▶

mung zusammengearbeitet. Die technischen Komitees von SAG-X/Open haben fast die gesamte technische Arbeit für die Spezifikation geleistet, aber die Spezifikation wurde zu den jeweils relevanten Zeitpunkten vom X/Open-Stil in den ANSI/ISO-Stil konvertiert und dann von ANSI und ISO überprüft.

1993 begann das technische Komitee, die Spezifikation zu verbessern, damit sie besser mit einigen der neuen Konstrukte des SQL-92-Standards für eingebettetes SQL übereinstimmte. Das fand gewissermaßen auch in Hinblick auf ODBC statt, weil niemand zwei Standards haben wollte: einen De-facto-Standard (ODBC) und einen De-jure-Standard (die ANSI-, ISO- und SAG-X/Open-Spezifikation). Glücklicherweise hatte sich die SAG-X/Open-Spezifikation Ende 1993 zur Konformitätsstufe 1 von ODBC hin entwickelt, und die neuen Funktionen von SQL-92 wurden korrekt eingeordnet, um Inkompatibilitäten zu vermeiden.

Aufgrund der ausgezeichneten technischen Leistung aller Mitglieder des SAG-X/Open-Komitees sowie ihrer Zusammenarbeit mit ANSI und ISO wird die nächste Version von ODBC, Version 3.0, möglicherweise alle Funktionen in die »echte« Standard-CLI aufnehmen. Damit wird ODBC 3.0 zu einer echten Obermenge des internationalen CLI-Standards, so daß die Entwickler in der Lage sein werden, entweder nur den ISO-Standard oder aber auch die ODBC-Erweiterungen zu benutzen. So lange ODBC und die Standardisierungs-Organisationen auf diese Weise zusammenarbeiten, können sich die Entwickler auf ihre Software konzertieren und müssen sich nicht mit ständig neuen APIs beschäftigen.

Ein Überblick zum ODBC-Treiber für Microsoft SQL Server

◆ 6 ◆

Was wäre dieses Buch ohne einen Blick hinter die Kulissen eines realen ODBC-Treibers? Dieses Kapitel beschreibt das Design und die Implementierung des ODBC-Treibers für Microsoft SQL Server. Diese Beschreibung sollte Ihnen genügend Einsichten bieten, damit Sie sich eine konkrete Vorstellung von einigen der theoretischen Aspekte der ODBC-API machen können. Ein Großteil des Kapitels beschäftigt sich mit dem Treiber der Version 4.21 von Microsoft SQL Server, es gibt aber auch einen Abschnitt, der die Funktionen des Treibers für den neuesten Release beschreibt, Microsoft SQL Server 6.

Die Beschreibung dieses Treibers erhebt keinen Anspruch auf Vollständigkeit. Wir können hier nur die wichtigsten Eigenschaften des Treibers vorstellen, unter anderem, wie er sich in die Gesamtarchitektur einpaßt und wie er zum Beispiel Verbindungen, die Ausführung von Anweisungen, Cursor, gespeicherte Prozeduren und Datentypen handhabt.

6.1 Einige Vorbemerkungen

In gewisser Hinsicht handelt es sich beim ODBC-Treiber für Microsoft SQL Server um keinen typischen ODBC-Treiber. Microsoft SQL Server bietet zahlreiche komplexe Funktionen, die man in anderen Produkten in der Regel nicht findet (gespeicherte Prozeduren, Trigger und benutzerdefinierte Datentypen, um nur ein paar davon aufzuzählen), und es unterscheidet sich zum Teil auch ganz wesentlich von den meisten anderen DBMS-Systemen, wobei insbesondere das Fehlen echter Cursor auffällt.[1]

Trotz dieser Dinge ist der ODBC-Treiber für Microsoft SQL Server ein gutes Beispiel für einen wohlimplementierten Treiber, der eine gleiche oder sogar bessere Performance als die »ursprüngliche« API bietet, nämlich DB-Library.

Dieser Vorteil entsteht, weil es sich beim ODBC-Treiber für Microsoft SQL Server nicht einfach nur um eine Softwareschicht handelt, die auf DB-Library aufsetzt. Statt dessen verwendet der Treiber ebenso wie DB-Library das TDS-Datenprotokoll aus den transportunabhängigen Netzwerkbibliotheken (Netlibs), die von Microsoft SQL Server bereitgestellt werden. Die Funktionalität des Servers kann der von DB-Library fast gleichgesetzt werden; das Fehlen einiger Funktionen im ODBC-Treiber ist größtenteils dadurch bedingt,

---

[1] Microsoft SQL Server 6 dagegen bietet die vielseitigste Unterstützung von ODBC-Cursorn im Vergleich mit allen anderen aktuellen DBMS-Systemen.

daß das Produkt so schnell wie möglich auf den Markt kommen sollte, und wird nicht etwa durch irgendwelchen Einschränkungen der ODBC-API verursacht.[2]

Der ODBC-Treiber für Microsoft SQL Server nutzt die Client/Server-Architektur so aus, wie wir es für alle Client/Server-DBMS-Treiber beschrieben haben. Ein Treiber für ein Client/Server-DBMS kann und sollte dieses Modell verwenden, um die bestmögliche Performance und Funktionalität zu erzielen.

6.2 Die Architektur von Microsoft SQL Server

Die Architektur eines Systems, das ODBC und Microsoft SQL Server einsetzt, ist ähnlich der Standardarchitektur für die in Kapitel 3 beschriebenen Client/Server-Konfigurationen. Abbildung 6.1 zeigt die verschiedenen Server- und Client-Softwarekomponenten für den ODBC-Treiber für Microsoft SQL Server und für Microsoft SQL Server.

Für den Moment genügt es, wenn Sie die allgemeine Aufgabenstellung sowie die Arbeitsweise der Benutzeroberfläche, der Anwendung, des ODBC-Treiber-Managers und des Treibers verstehen. Die anderen Komponenten bedürfen einer genaueren Erklärung.

Die Netzwerkbibliothek besteht aus zwei Komponenten: einer auf dem Client und einer auf dem Server. Diese Architektur schirmt die DBMS-Schnittstellensoftware gegen die Details des jeweils eingesetzten Netzwerks ab. Diese Situation ist deshalb so wünschenswert, weil die Schnittstellen zu der zugrundeliegenden Netzwerksoftware variieren, abhängig vom Typ der Netzwerkübertragung und vom verwendeten Protokoll (TCP/IP, SPX/IPX, benannte Pipes, SNA LU 6.2 usw.). Verschiedene Netzwerke verwenden zum Beispiel unterschiedliche Namensschemata für die Identifizierung des Servers. Bei benannten Pipes wird der Server durch einen Namen wie etwa \\server1\pipe\sql angesprochen. Bei einer direkten TCP/IP-Verbindung werden dazu eine IP-Adresse und eine Socket-Nummer verwendet, wie etwa 11.1.8.166,2025 usw. Aus der Sicht der Client-Datenbank-API sind diese Unterschiede für die Aufgabenstellung (den Verbindungsaufbau zu einem Datenbankserver) nicht von Bedeutung. Deshalb ist es sinnvoller, die Schnittstelle zu einer generischen Funktion »Verbindungsaufbau« zu abstrahieren und die Entscheidung, ob ein Pipe-Name oder eine IP-Adresse und eine Socket-Nummer verwendet werden sollen, einer darunterliegenden Software überlassen.

---

2 Die beiden wichtigsten Features, die dem Treiber fehlen, sind BCP (Bulk Copy) und das Zwei-Phasen-Commit. ODBC unterstützt etwas ähnliches wie BCP, wenn der Treiber die Funktion *SQLParamOptions* bereitstellt und Arrays mit den Eingabeparametern für die INSERT-Anweisungen auf die BCP-Befehle abbildet. Das Fehlen des zweiten Features kann nicht so einfach kompensiert werden. Die ODBC-API gibt zwar an, daß die Funktion *SQLTransact* ein Zwei-Phasen-Commit unterstützt, indem dem Treiber der Umgebungs-Handle übergeben wird, aber die aktuelle Implementation des Treiber-Managers (Version 2.11) gibt den Umgebungs-Handle nicht an den Treiber weiter, so daß eine Unterstützung des Zwei-Phasen-Commits innerhalb eines einzigen Treibers unmöglich wird. Zum Zeitpunkt der Drucklegung dieses Buches ist ein komplexerer Ansatz für das Zwei-Phasen-Commit für ODBC 3.0 in Planung.

Die Architektur von Microsoft SQL Server

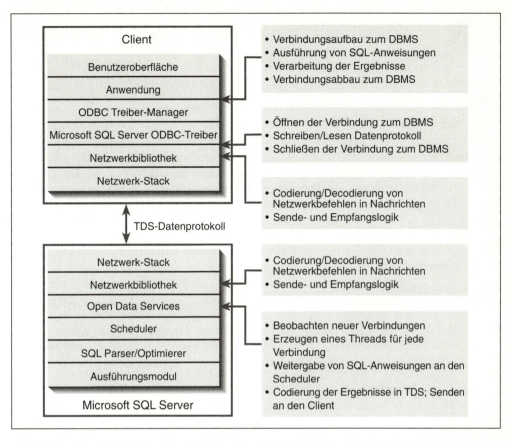

Abbildung 6.1 – Architektur eines Systems, das den ODBC-Treiber für Microsoft SQL Server und Microsoft SQL Server einsetzt

Wenn Sie jetzt glauben, das Konzept der Netzwerkbibliotheken sei dem der ODBC-Treiber sehr ähnlich, dann haben Sie recht. Die Netzwerkbibliothek für benannte Pipes kann durch die Netzwerkbibliothek für TCP/IP ersetzt werden, ohne daß der ODBC-Treiber (bzw. in diesem Fall DB-Library) dazu neu programmiert werden müßte. Wenn sich natürlich das Netzwerk ändert, ändern sich möglicherweise auch seine Eigenschaften. (Einige Netzwerke zum Beispiel unterstützen asynchronen I/O, andere dagegen nicht.) Das ist jedoch viel einfacher zu kompensieren, als für jeden Netzwerktyp einen völlig neuen Treiber (oder eine neue Version von DB-Library) schreiben zu müssen.

Die Programmierschnittstelle zur Netzwerkbibliothek ist ganz einfach. Es gibt insgesamt neun Funktionsaufrufe; die wichtigsten davon beziehen sich auf den Auf- und Abbau von Verbindungen, das Senden und Empfangen von Daten sowie die Verwaltung asynchroner Kommunikation.

Die Daten, die zwischen dem Client und dem Server »über die Leitung« fließen, bezeichnet man als das *TDS-Protokoll* (*Tabular Data Stream*). Wie im Beispiel in Abschnitt

3.4.3.1 beschrieben, erzeugt der ODBC-Treiber das TDS-Protokoll, um Daten an den Microsoft SQL Server zu senden, und dekodiert den TDS-Stream, nachdem die Daten vom Server gelesen wurden. Wenn der Treiber mit Hilfe der Funktion *ConnectionWrite* aus der Netzwerkbibliothek Daten an den Server sendet, sendet er TDS; wenn er mit Hilfe der Funktion *ConnectionRead* Daten vom Server liest, werden die Daten immer als TDS kodiert.

Auf dem Server bietet die *ODS-Komponente* (Open Data Services) die Grundlage für das restliche Microsoft SQL Server-DBMS (und andere Server-Anwendungen). ODS stellt ein einfaches, ereignisgesteuertes Programmiermodell zur Verfügung, das alle Ereignisse, wie etwa eine Anfrage zum Verbindungsaufbau, SQL-Abfragen oder das Zurücksenden von Daten an die Clients, verwaltet. Unter Windows NT bewirkt jede Client-Verbindung, daß ODS einen neuen Thread erzeugt, der für diese Verbindung zuständig ist. ODS wandelt das TDS-Protokoll in eine API um. Das heißt, wenn eine Anforderung vom Client empfangen wird, dekodiert ODS die TDS-Token und ruft die entsprechende Routine zur Verarbeitung des Ereignisses auf. Dabei kann es sich um Anforderungen zum Verbindungsaufbau, SQL-Anforderungen, RPC-Anforderungen[3] oder Anforderungen zum Verbindungsabbau handeln. Jeder Ereignis-Handler ruft innerhalb von Microsoft SQL Server eine Funktion auf und gibt übergibt ihr die entsprechenden Elemente des TDS-Datenstroms als Argumente. Wenn der Microsoft SQL Server dagegen Statusinformationen oder Daten an den Client senden will, dann ruft er eine ODS-Funktion auf, die die Argumente des Funktionsaufrufs wiederum in TDS-Datenstromelemente umwandelt, und ruft dann die Netzwerkbibliothek auf Seiten des Servers auf, um den TDS-Strom an den Client zu senden.

Die restlichen Serverkomponenten bilden den Kern des eigentlichen Microsoft SQL Server-DBMS. Abbildung 6.1 zeigt einige der wichtigsten Komponenten. Einige Elemente sind dabei nicht dargestellt, wie etwas das Sicherheits-Teilsystem, der Transaktionsmanager oder der Recovery-Manager. Sie müssen jedoch diese Details hinsichtlich des Microsoft SQL Servers nicht verstehen, um ODBC verstehen zu können.

6.3 Verbindungsaufbau zum Microsoft SQL Server

Für den Verbindungsaufbau zum Microsoft SQL Server muß der Treiber drei Aufgaben erledigen:

1. Einrichten der Netzwerkverbindung zum Server

2. Senden des Login-Datensatzes an den Microsoft SQL Server. Dieser Datensatz enthält den User-ID, das Paßwort[4] sowie diverse Konfigurationsparameter von Seiten des Clients.

---

3   Dabei handelt es sich nicht um dieselbe Art RPCs, wie sie in Abschnitt 3.4.3.2 beschrieben wurden. Bei diesen RPCs handelt es sich um eine effiziente Codierung gespeicherter Prozeduren.

4   Die User-ID und das Paßwort werden nicht gesendet, wenn Microsoft SQL Server mit der integrierten Sicherheit von Windows NT ausgeführt wird. In diesem Fall verwendet Windows NT automatisch die User-ID und das Paßwort, die beim Einschalten des Computers eingegeben wurden.

3. Abfragen des DBMS nach Konfigurationsinformationen (z.B. Optionen bezüglich der Groß-/Kleinschreibung oder benutzerdefinierten Datentypen) und Setzen der Optionen so, daß Text- und Bildspalten unter ODBC unterstützt werden.

Im ersten Schritt richtet der Treiber die Netzwerkverbindung zum Server ein. Dazu muß er den Servernamen oder die Netzwerkadresse aus dem Datenquellennamen ermitteln. Der Datenquellenname wird dem Treiber-Manager entweder von der Anwendung übergeben oder der Treiber-Manager fordert den Benutzer auf, einen Datenquellennamen zu wählen. Nachdem der Treiber-Manager den Treiber geladen hat, wird dem Treiber der Datenquellenname als Argument einer der ODBC-Verbindungsfunktionen (*SQLConnect*, *SQLDriverConnect* oder *SQLBrowseConnect*) übergeben. Analog übergibt die Anwendung die User-ID und das Paßwort entweder in den Argumenten der Verbindungsfunktion oder der Treiber fordert den Benutzer zur Eingabe auf, abhängig davon, welche Optionen für die Anwendung gesetzt sind.

Der ODBC-Treiber für Microsoft SQL Server unterstützt eine Option, die es dem Anwendungsprogrammierer ermöglicht, einen Timeout-Wert für den Verbindungsaufbau zu setzen. Wenn die Anwendung angibt, daß sie nicht länger als eine bestimmte Zeitspanne auf die Einrichtung einer Verbindung wartet, gibt der Treiber die Steuerung nach Ablauf dieses Intervalls an die Anwendung zurück. Timeouts sind insbesondere dann sinnvoll, wenn in einem System ein extrem ausgelasteter Server vorliegt, oder wenn es ein sehr großes Aufkommen an Netzwerkverkehr gibt. Das Login-Timeout wird mit Hilfe von *SQLSetConnectOption* mit der Option SQL_LOGIN_TIMEOUT gesetzt.

Im zweiten Schritt sendet der Treiber den Login-Datensatz an den Microsoft SQL Server. Die User-ID und das Paßwort werden im Login-Datensatz gesendet, es sei denn, die integrierte Sicherheit von Windows NT ist aktiviert. Die meisten Anwendungen verwenden die Funktion *SQLDriverConnect* im ODBC-Treiber für Microsoft SQL Server, um den Benutzer aufzufordern, die User-ID und das Paßwort einzugeben. *SQLDriverConnect* zeigt ein Dialogfeld an, in dem der Benutzer diese Information eingibt, sowie weitere Dinge, die im Login-Datensatz spezifiziert werden können, etwa der Name der Anwendung oder die Sprache, in der die Fehlermeldungen zurückgegeben werden sollen. Abbildung 6.2 zeigt das Dialogfeld, das vom ODBC-Treiber für Microsoft SQL Server beim Aufruf von *SQLDriverConnect* angezeigt wird.

Das Kombinationsfeld *Datenbank* muß genauer erklärt werden. Anders als die meisten DBMSe unterstützt Microsoft SQL Server mehrere benannte Datenbanken auf einem einzigen Server, die jeweils einen eigenen Namensbereich für Tabellen haben. (Mit anderen Worten, zwei Benutzer können in zwei verschiedenen Datenbanken dieselben Tabellennamen verwenden.) Ein Client kann einen Kontext für einen benannte Datenbank in Microsoft SQL Server einrichten. Defaultmäßig wird jedem Benutzer eine bestimmte Datenbank zugeordnet.Diese Zuordnung kann geändert werden, während die Anwendung läuft, auch wenn das nur selten notwendig ist. Der ODBC-Treiber ermöglicht es dem Benutzer, einen Datenbanknamen einzugeben und während der Verbindungsaufbaus zu dieser Datenbank zu wechseln.[5] Wenn darüber hinaus einmal ein gültiger

---

5 Dabei wird der Login-Datensatz an den Server gesendet, und anschließend wird ein Befehl (*use database_name*) an den Server geschickt, damit dieser zum Kontext einer anderen Datenbank umschaltet.

Benutzername und ein Paßwort angegeben wurden, kann das Login-Dialogfeld die Datenbanknamen auflisten, wenn der Benutzer zu einer weiteren Eingabe aufgefordert werden soll.

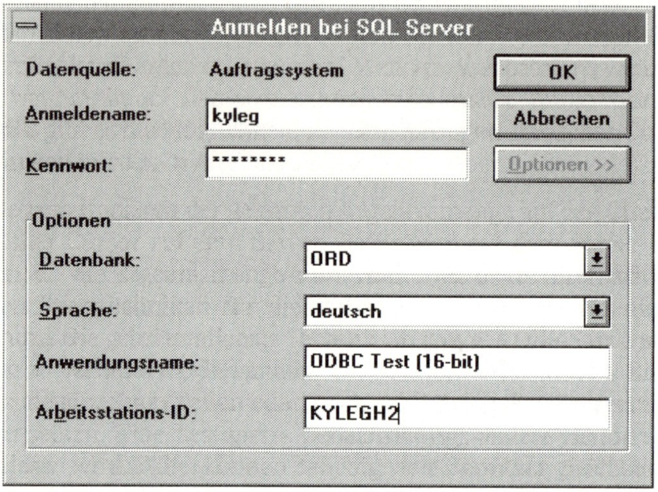

Abbildung 6.2 – Das Login-Dialogfeld vom ODBC-Treiber für Microsoft SQL Server

Im dritten und letzten Schritt für den endgültigen Verbindungsaufbau erfolgen einige Abfragen, um bestimmte Informationen zu ermitteln, die für eine spätere Optimierung der Performance benötigt werden. Der Treiber fragt zum Beispiel Microsoft SQL Server nach den benutzerdefinierten Typnamen, damit er die Datentypnamen der benutzerdefinierten Datentypen an die Anwendung zurückgeben kann. Dies ist sehr problematisch, da diese Information gerade in zeitkritischen Abschnitten während der Verarbeitung der Abfrageergebnisse benötigt werden. Deshalb fragt der Treiber den Microsoft SQL Server vorher nach den benutzerdefinierten Datentypnamen ab. Nicht alle Anwendungen benötigen jedoch benutzerdefinierte Datentypnamen. Deshalb bietet der Treiber auch die Schnellverbindungsoption, wobei diese Abfrage nicht ausgeführt wird.

Die anderen Abfragen, die ausgeführt werden (wenn die Schnellverbindungsoption nicht selektiert ist)[6], sind unter anderem Überprüfungen, die feststellen, welche Option für die Groß-/Kleinschreibung auf dem Server installiert ist, welche Version der gespeicherten Prozeduren auf dem Server für die ODBC-Katalogfunktionen verwendet wird, und wie die Default-Rückgabegröße für Text- und Bildspalten gesetzt werden soll.[7]

---

6 Im ODBC-Treiber für Microsoft SQL Server 6 wurde die Abfrage nach zusätzlichen Informationen so optimiert, daß die Schnellverbindungsoption nicht mehr gebraucht wird.

7 Defaultmäßig sendet Microsoft SQL Server nur die ersten 4096 Bytes einer Text- oder Bildspalte an den Client. ODBC sendet defaultmäßig alle Daten, deshalb muß Microsoft SQL Server über eine Option angewiesen werden, dasselbe zu tun.

6.4 Die Verarbeitung von Anweisungen

Microsoft SQL Server unterstützt das vom dynamischen SQL eingeführte PREPARE-Konzept nicht. Wie in den vorigen Kapiteln beschrieben, sendet der PREPARE-Befehl eine SQL-Anweisung an das DBMS. Die Anweisung wird kompiliert und optimiert. Anschließend wird eine Referenz (den Anweisungsbezeichner) auf das kompilierte SQL zurückgegeben, der sogenannte Zugriffsplan. Anschließend kann die Anwendung den EXECUTE-Befehl aus dem dynamischen SQL ein oder mehrere Male verwenden, indem sie einfach den Anweisungsbezeichner angibt, der vom PREPARE-Befehl zurückgegeben wurde. Die einzige Information, die beim Aufruf von EXECUTE an das DBMS fließt, ist der Anweisungsbezeichner (in einer kodierten Form), der auf den Zugriffsplan verweist, sowie gegebenenfalls die Parameter. Es wird nicht die gesamte SQL-Anweisung an das DBMS gesendet.

Auch wenn Microsoft SQL Server den PREPARE-Befehl nicht unterstützt, kann mit Hilfe der gespeicherten Prozeduren fast derselbe Effekt erzielt werden. Wenn eine Anwendung die ODBC-Funktion *SQLPrepare* aufruft, erzeugt der Microsoft SQL Server-Treiber eine gespeicherte Prozedur, die die SQL-Anweisung enthält. Microsoft SQL Server kompiliert und optimiert diese gespeicherte Prozedur. Wenn *SQLExecute* aufgerufen wird, sendet sie nur die gespeicherte Prozedur (und gegebenenfalls irgendwelche Parameter) an den Server. Wenn Microsoft SQL Server die gespeicherte Prozedur ausführt, verwendet es ihre kompilierte Version.[8]

6.5 Ein Beispiel mit SQLDriverConnect und SQLPrepare

Ich habe festgestellt, daß ich viele Dinge erst dann richtig verstehe, wenn ich gesehen habe, wie sie funktionieren. Auch wenn ich Sie in diesem Abschnitt möglicherweise mit Details langweile, will ich Ihnen schrittweise einen einfachen Verbindungsaufbau unter Verwendung des OBDC-Treibers für Microsoft SQL Server vorführen. Dieses Beispiel verwendet das Programm ODBC Test, das im SDK von ODBC Version 2.0 enthalten ist, sowie ein internes Tool von Microsoft SQL Server, um den Inhalt des TDS zu zeigen, das zwischen dem Client und dem Server fließt.

Zunächst verwende ich die Menüs von ODBC Test, um Handles zu allozieren und *SQLDriverConnect* aufzurufen. Anschließend verwende ich *SQLPrepare* mit der folgenden Anweisung:

```
select * from sysusers where uid < ?
```

---

[8] Um genau zu sein: Wenn die gespeicherte Prozedur zum ersten Mal ausgeführt wird, erfolgt eine weitere Optimierung, und der resultierende Zugriffsplan wird im Prozedur-Cache von Microsoft SQL Server abgelegt. Für weitere Aufrufe wird der vollständig optimierte Zugriffsplan direkt aus dem Prozedur-Cache verwendet.

Die sysusers-Tabelle enthält eine Zeile für jeden Benutzer, für den es ein Konto in Microsoft SQL Server gibt. In diesem Beispiel sieht die gesamte sysusers-Tabelle folgendermaßen aus:

suid	uid	gid	name	environ
-2	0	0	public	NULL
-1	2	0	guest	NULL
1	1	0	dbo	NULL
2	3	0	probe	NULL
3	4	0	kyleg	NULL

Nachdem ODBC Test *SQLPrepare* aufgerufen hat, spezifiziere ich einen Parameter und setze ihn mit Hilfe von *SQLBindParameter* auf den Wert 5. Anschließend rufe ich *SQLExecute* auf, um die Abfrage auszuführen. Sie werden sehen, daß nur der Name der gespeicherten Prozedur und der Parameterwert an den Server übertragen werden. Der Parameterwert 5 bewirkt, daß alle Zeilen aus der Tabelle zurückgegeben werden, weil der größte Wert in der Spalte *uid* 4 ist. Die Ergebnismenge wird unter Verwendung von *SQLFetch* und *SQLGetData* ermittelt. (Ich habe die meisten Details aus dem Tracing entfernt.) Jetzt wird *SQLExecute* erneut aufgerufen, diesmal mit dem Parameterwert 3. Die Daten werden zwar wie zuvor ermittelt, aber nur die ersten drei Zeilen werden zurückgegeben.

Auf den nächsten Seiten wird das Tracing zeigen, was passiert. Zuerst führt ODBC Test die folgenden ODBC-Aufrufe aus:

```
SQLAllocEnv
SQLAllocConnect
SQLDriverConnect
```

Ich habe keine Verbindungsinformation in den Argumenten von *SQLDriverConnect* angegeben, so daß der Treiber-Manager und der Treiber mich auffordern, den Datenquellennamen, die User-ID und das Paßwort einzugeben. Beachten Sie, daß nichts zwischen dem Treiber und dem Server passiert, bevor nicht *SQLDriverConnect* aufgerufen wurde. Anschließend wird der im folgenden aufgezeigte TDS-Datenstrom vom OBDC-Treiber für Microsoft SQL Server erzeugt. Die Treiberfunktion *SQLDriverConnect* bildet den Datenquellennamen *kyleg1* auf den Netzwerkservernamen ab, der ebenfalls *kyleg1* ist. Anschließend stellt der Treiber eine Verbindung zur Datenquelle *kyleg1* her und sendet den Login-Datensatz, der den Namen der Client-Maschine (KYLEGHOM), die User-ID (sa), den Namen der Anwendung (ODBC Test (16-bit)) und andere Informationen enthält. All dies erfolgt mit den Funktionen *ConnectionOpen* und *ConnectionWrite* aus der Netzwerkbibliothek.

```
Connection Succeeded, pipe # = 6
ConnectionWrite    : wrote 512 bytes
0000: 02 00 02 00 00 00 01 00 4B 59 4C 45 47 48 4F 4D    ........KYLEGHOM
0010: 00 00 00 00 00 00 00 00 00 00 00 00 00 00 00 00    ................  ▶
```

Ein Beispiel mit SQLDriverConnect und SQLPrepare 247

```
0020: 00 00 00 00 00 00 08 73 61 00 00 00 00 00 00 00    .......sa.......
0030: 00 00 00 00 00 00 00 00 00 00 00 00 00 00 00 00    ................
0040: 00 00 00 00 00 02 00 00 00 00 00 00 00 00 00 00    ................
0050: 00 00 00 00 00 00 00 00 00 00 00 00 00 00 00 00    ................
0060: 00 00 00 00 00 32 33 37 30 33 00 00 00 00 00 00    .....23703......
0070: 00 00 00 00 00 00 00 00 00 00 00 00 00 00 00 00    ................
0080: 00 00 00 05 03 01 06 0A 09 01 01 00 00 00 00 00    ................
0090: 00 00 00 00 4F 44 42 43 20 54 65 73 74 20 28 31    ....ODBC Test (1
00A0: 36 2D 62 69 74 29 00 00 00 00 00 00 00 00 00 00    6-bit)..........
00B0: 00 00 12 6B 79 6C 65 67 31 00 00 00 00 00 00 00    ...kyleg1.......
```

Nachdem der Aufruf von *ConnectionWrite* Daten gesendet hat, erfolgt ein Aufruf von *ConnectionRead*, um Daten zu ermitteln, die von Microsoft SQL Server gesendet werden. Zwei Meldungen fließen vom Server zurück: eine hinsichtlich des Default-Datenbankkontexts (*master*), die andere über den Default-Sprachkontext (*us_english*). Den TDS-Strom sehen Sie im folgenden:

```
ConnectionRead (peek)    : peek bytes 190 bytes
ConnectionRead (read)    : read attempt 512 bytes Maximum
ConnectionRead : read 190 bytes
0000: 04 01 00 BE 00 00 00 00 E3 0F 00 01 06 6D 61 73    .............mas
0010: 74 65 72 06 6D 61 73 74 65 72 AB 37 00 45 16 00    ter.master.7.E..
0020: 00 02 00 25 00 43 68 61 6E 67 65 64 20 64 61 74    ...%.Changed dat
0030: 61 62 61 73 65 20 63 6F 6E 74 65 78 74 20 74 6F    abase context to
0040: 20 27 6D 61 73 74 65 72 27 2E 06 4B 59 4C 45 47     'master'..KYLEG
0050: 31 00 00 00 E3 0D 00 02 0A 75 73 5F 65 6E 67 6C    1........us_engl
0060: 69 73 68 00 AB 3B 00 47 16 00 00 01 00 29 00 43    ish..;.G.....).C
0070: 68 61 6E 67 65 64 20 6C 61 6E 67 75 61 67 65 20    hanged language
0080: 73 65 74 74 69 6E 67 20 74 6F 20 27 75 73 5F 65    setting to 'us_e
0090: 6E 67 6C 69 73 68 27 2E 06 4B 59 4C 45 47 31 00    nglish'..KYLEG1.
00A0: 00 00 AD 10 00 01 04 02 00 00 06 53 65 72 76 65    ...........Serve
00B0: 72 04 02 00 00 FD 00 00 00 00 00 00 00 00          r.............
```

Damit haben wir uns erfolgreich beim Microsoft SQL Server angemeldet, und der Treiber benötigt einige Informationen, die er später weiterverarbeitet. Deshalb sendet er mehrere Befehle als Batch an den Microsoft SQL Server. (Beachten Sie, daß diese Befehle nicht gesendet werden, wenn für die Anwendung die Schnellverbindungsoption mit Hilfe von *SQLSetConnectionOpen* selektiert wurde.)

Bei den Befehlen handelt es sich unter anderem um

▬ *select usertype* ..., der die Informationen über benutzerdefinierte Datentypen selektiert (was in diesem Beispiel nicht der Fall ist),

▬ *exec sp_server_info 500*, der eine gespeicherte Prozedur auf dem Server ausführt, die die Versionsnummern einiger der gespeicherten Prozeduren überprüft, um sicherzustellen, daß die Versionen des Treibers und diejenigen der gespeicherten Prozeduren kompatibel sind,

▬ *select 501* ..., der feststellt, ob der Server mit der Option für Groß-/Kleinschreibung installiert wurde, und *set textsize* ..., der den Server anweist, vollständige Blob-Daten zurückzusenden, und nicht nur die ersten 2 KB (der Default für den Server).

Der TDS-Strom, der vom Treiber gesendet wird, sieht folgendermaßen aus:

```
ConnectionTransact     : writing 147 bytes
0000: 01 01 00 93 00 00 01 00 73 65 6C 65 63 74 20 75   ........select u
0010: 73 65 72 74 79 70 65 2C 74 79 70 65 2C 6E 61 6D   sertype,type,nam
0020: 65 20 66 72 6F 6D 20 73 79 73 74 79 70 65 73 20   e from systypes
0030: 77 68 65 72 65 20 75 73 65 72 74 79 70 65 3E 3D   where usertype>=
0040: 31 30 30 20 65 78 65 63 20 73 70 5F 73 65 72 76   100 exec sp_serv
0050: 65 72 5F 69 6E 66 6F 20 35 30 30 20 73 65 6C 65   er_info 500 sele
0060: 63 74 20 35 30 31 2C 4E 55 4C 4C 2C 31 20 77 68   ct 501,NULL,1 wh
0070: 65 72 65 20 27 61 27 3D 27 41 27 20 73 65 74 20   ere 'a'='A' set
0080: 74 65 78 74 73 69 7A 65 20 32 31 34 37 34 38 33   textsize 2147483
0090: 36 34 37                                          647
```

Schließlich werden die Ergebnisse der Abfragen vom Server gelesen, wie im folgenden gezeigt. Die Steuerung geht erst an die Anwendung zurück, wenn der Aufruf von *SQLDriverConnect* vollständig abgearbeitet ist.

```
ConnectionTransact     : read 270 bytes
0000: 04 01 01 0E 00 00 00 00 A0 13 00 08 75 73 65 72   ............user
0010: 74 79 70 65 04 74 79 70 65 04 6E 61 6D 65 A1 10   type.type.name..
0020: 00 06 00 00 00 34 05 00 00 00 30 12 00 00 00 27   .....4....0....'
0030: 1E AE 03 00 00 00 FD 11 00 00 00 00 00 00 00 00   ................
0040: FF 41 00 00 00 00 00 00 7C A5 0A 45 2F 00 00 00   .A......|..E/...
0050: 00 00 A0 2C 00 0C 61 74 74 72 69 62 75 74 65 5F   ...,..attribute_
0060: 69 64 0E 61 74 74 72 69 62 75 74 65 5F 6E 61 6D   id.attribute_nam
0070: 65 0F 61 74 74 72 69 62 75 74 65 5F 76 61 6C 75   e.attribute_valu
0080: 65 A1 11 00 07 00 00 00 38 02 00 00 00 27 3C 02   e.......8....'<.
0090: 00 00 00 27 FF AE 03 00 00 00 D1 F4 01 00 00 00   ...'............
00A0: 11 53 59 53 5F 53 50 52 4F 43 5F 56 45 52 53 49   .SYS_SPROC_VERSI
00B0: 4F 4E 0A 30 32 2E 30 30 2E 34 31 32 37 FF 51 00   ON.02.00.4127.Q.
00C0: 00 00 01 00 00 00 FF 41 00 00 00 01 00 00 00 79   .......A.......y
00D0: 00 00 00 00 FE 09 00 00 00 01 00 00 00 A0 03 00   ................
00E0: 00 00 00 A1 10 00 07 00 00 00 38 0D 00 00 00 26   ..........8....&
00F0: 04 07 00 00 00 38 AE 03 00 00 00 00 FD 11 00 00   .....8..........
0100: 00 00 00 00 FD 00 00 00 00 00 00 00 00 00         ..............
```

Beachten Sie, daß statt *ConnectionWrite* und *ConnectionRead* der Aufruf der Netzwerkbibliotheksfunktion *ConnectionTransact* verwendet wird. *ConnectionTransact* stellt eine effizientere Form für das Lesen und Schreiben dar, wobei nur ein Umlauf im Server notwendig wird. *SQLDriverConnect* gibt SQL_SUCCESS_WITH_INFO zurück, so daß die Funktion *SQLError* aufgerufen wird, um die Informationsmeldungen hinsichtlich des Datenbanknamens und der Sprache zu ermitteln, wie oben bereits beschrieben. Die nachfolgend gezeigten Rückgabewerte von *SQLError* setzen sich aus dem standardisierten Fehlercode (SQLSTATE), dem ursprünglichen Fehlercode, der von Microsoft SQL Server gesendet wird, und der Meldung mit dem beschreibenden Präfix der ODBC-Fehlermeldung zusammen.

```
SQLError
    01000
    5701
    [Microsoft][ODBC SQL Server Driver][SQL Server]
```

▶

Ein Beispiel mit SQLDriverConnect und SQLPrepare

```
    Changed database context to 'master'
SQLError
    01000
    5703
    [Microsoft][ODBC SQL Server Driver][SQL Server]
    Changed language setting to 'us_english'
```

Die Anwendung ruft anschließend *SQLGetInfo* mit der Option SQL_USER_NAME auf, so daß der Treiber eine Abfrage an den Server sendet, um den aktuellen Benutzernamen zu ermitteln.

Der Server gibt den folgenden TDS-Strom zurück. Bei Microsoft SQL Server ist der Benutzername nicht unbedingt gleich dem Login-Namen, deshalb auch der Rückgabewert *dbo*:

```
ConnectionTransact    : writing 26 bytes
0000: 01 01 00 1A 00 00 01 00 73 65 6C 65 63 74 20 55    ........select U
0010: 53 45 52 5F 4E 41 4D 45 28 29                      SER_NAME()

ConnectionTransact    : read 39 bytes
0000: 04 01 00 27 00 00 00 00 A0 01 00 00 A1 06 00 02    ...'............
0010: 00 00 00 27 1E AE 01 00 00 D1 03 64 62 6F FD 10    ...'.......dbo..
0020: 00 00 00 01 00 00 00                               .......
```

Nun wird ein Anweisungs-Handle alloziert, der Parameter wird gebunden und *SQLPrepare* wird aufgerufen:

```
SQLAllocStmt
SQLBindParameter
SQPrepare
    select * from sysusers where uid < ?
```

Wenn *SQLPrepare* aufgerufen wird, erzeugt Microsoft SQL Server eine gespeicherte Prozedur. Der Prozedurname wird unter Verwendung von *odbc#*, dem Login-Namen (*sa*) und einer eindeutigen Nummer erzeugt. Die Parameternamen werden mit einem P, gefolgt von der Parameternummer erzeugt. Hier wird der TDS-Strom vom Treiber erzeugt, gefolgt vom Ergebnis des Microsoft SQL Servers, das anzeigt, ob die gespeicherte Prozedur erfolgreich erzeugt wurde:

```
ConnectionTransact    : writing 89 bytes
0000: 01 01 00 59 00 00 01 00 63 72 65 61 74 65 20 70    ...Y....create p
0010: 72 6F 63 20 6F 64 62 63 23 73 61 34 35 31 36 32    roc odbc#sa45162
0020: 36 33 20 40 50 30 20 73 6D 61 6C 6C 69 6E 74 20    63 @P0 smallint
0030: 61 73 20 73 65 6C 65 63 74 20 2A 20 66 72 6F 6D    as select * from
0040: 20 73 79 73 75 73 65 72 73 20 77 68 65 72 65 20    sysusers where

00575 69 64 20 3C 20 40 50 30                            uid < @P0

ConnectionTransact    : read 17 bytes
0000: 04 01 00 11 00 00 00 00 FD 00 00 00 00 00 00 00    ................
0010: 00                                                 .
```

Als nächstes wird *SQLExecute* aufgerufen, und die einzigen Informationen, die an den Server gesendet werden, sind der Name der gespeicherten Prozedur und der Parameterwert (5) in seinem ursprünglichen Datentyp (in diesem Fall ein 2-Byte-Integer). Der Wert in TDS wird am Ende der zweiten Zeile im folgenden Hex-Dump aufgezeigt. Die Vertauschung der Bytes erfolgt aufgrund der Intel-Architektur.

```
ConnectionTransact     : writing 32 bytes
0000: 03 01 00 20 00 00 01 00 0E 6F 64 62 63 23 73 61   ... .....odbc#sa
0010: 34 35 31 36 32 36 33 00 00 00 00 26 02 02 05 00   4516263....&....
```

Die Ergebnisse, die aus Metadaten und Daten bestehen, werden vom Server im folgenden TDS-Strom zurückgegeben:

```
ConnectionTransact     : read 176 bytes
0000: 04 01 00 B0 00 00 00 00 7C C2 BF 09 34 00 00 00   ........|...4...
0010: 00 A0 1A 00 04 73 75 69 64 03 75 69 64 03 67 69   .....suid.uid.gi
0020: 64 04 6E 61 6D 65 07 65 6E 76 69 72 6F 6E A1 1B   d.name.environ..
0030: 00 06 00 00 00 34 06 00 00 00 34 06 00 00 00 34   .....4....4....4
0040: 12 00 00 00 27 1E 02 00 00 00 27 FF AE 05 00 00   ....'.....'.....
0050: 00 00 00 00 D1 FE FF 00 00 00 00 06 70 75 62 6C   ............publ
0060: 69 63 00 D1 FF FF 02 00 00 00 05 67 75 65 73 74   ic.........guest
0070: 00 D1 01 00 01 00 00 00 03 64 62 6F 00 D1 02 00   .........dbo....
0080: 03 00 00 00 05 70 72 6F 62 65 00 D1 03 00 04 00   .....probe......
0090: 00 00 05 6B 79 6C 65 67 00 FF 51 00 00 00 05 00   ...kyleg..Q.....
00A0: 00 00 79 00 00 00 FD 00 00 00 05 00 00 00 00     ..y............
```

Als nächstes verwende ich das Tool *GetDataAll* aus ODBC Test, das die folgenden Funktionen aufruft, um die Anzahl der Ergebnisspalten (5) den Datentyp und die Spaltennamen festzustellen , und um die Ergebnisse zu ermitteln.

```
SQLNumResultCols
SQLDescribeCol ... cols 1-5
SQLFetch ...SQLGetData rows 1-5
SQLFreeStmt
    SQL_CLOSE
```

Beachten Sie, daß beim Aufruf von *SQLDescribeCol* oder *SQLFetch* nichts an den Server fließt. Der nächste Abschnitt erklärt, warum das so ist.

Bei erneuter Ausführung der Anweisung, wird nur die Funktion *SQLExecute* wiederholt (nicht die Funktion *SQLPrepare*). In diesem Fall habe ich den Parameterwert auf 3 gesetzt.

Wie zuvor fließen nur der Name der gespeicherten Prozedur sowie der Parameterwert an den Server, nicht jedoch die ursprüngliche SQL-Anweisung. Diesmal wird der Parameterwert 3 am Ende der zweiten Zeile im folgenden TDS-Strom gezeigt. Wieder werden die Ergebnisse der Abfrage zurückgegeben. Diesmal werden nur drei Benutzer zurückgegeben, was die Auswirkung des neuen Parameterwerts reflektiert.

Ein Beispiel mit SQLDriverConnect und SQLPrepare

```
ConnectionTransact     : writing 32 bytes
0000: 03 01 00 20 00 00 01 00 0E 6F 64 62 63 23 73 61    ... .....odbc#sa
0010: 34 35 31 36 32 36 33 00 00 00 26 02 02 03 00       4516263....&....

ConnectionTransact     : read 148 bytes
0000: 04 01 00 94 00 00 00 00 7C C2 BF 09 34 00 00 00    ........|...4...
0010: 00 A0 1A 00 04 73 75 69 64 03 75 69 64 03 67 69    .....suid.uid.gi
0020: 64 04 6E 61 6D 65 07 65 6E 76 69 72 6F 6E A1 1B    d.name.environ..
0030: 00 06 00 00 00 34 06 00 00 00 34 06 00 00 00 34    .....4....4....4
0040: 12 00 00 00 27 1E 02 00 00 00 27 FF AE 05 00 00    ....'.....'.....
0050: 00 00 00 00 D1 FE FF 00 00 00 00 06 70 75 62 6C    ............publ
0060: 69 63 00 D1 FF FF 02 00 00 00 05 67 75 65 73 74    ic.........guest
0070: 00 D1 01 00 01 00 00 00 03 64 62 6F 00 FF 51 00    .........dbo..Q.
0080: 00 00 03 00 00 00 79 00 00 00 00 FD 00 00 00 00    ......y.........
0090: 03 00 00 00                                        ....
```

Jetzt löschen wir den Anweisungs-Handle:

```
SQLFreeStmt
        SQL_DROP
```

Die mit *SQLPrepare* erzeugte gespeicherte Prozedur wird vom Server gelöscht.

Die Anwendung baut die Verbindung zum Server mit Hilfe von *SQLDisconnect* ab. Das veranlaßt den Treiber, die Funktion *ConnectionClose* aufzurufen, so daß schließlich die Netzwerkverbindung zum Server abgebaut wird.

Der Server ist jetzt nicht mehr an der Sache beteiligt und die Anwendung schließt den Verbindungsabbau ab:

```
SQLFreeConnect
SQLFreeEnv
```

Ich hoffe, dieses Beispiel hat Ihnen einen Eindruck darüber verschafft, was wirklich im Microsoft SQL Server-Treiber passiert. Dazu sind jedoch noch einige Anmerkungen notwendig. Es sollte deutlich geworden sein, daß *SQLPrepare* und *SQLExecute* nur verwendet werden sollten, wenn eine SQL-Anweisung mehrfach ausgeführt werden soll. Für eine einzige Ausführung einer Anweisung (oder bei einer sehr einfachen Anweisung für sehr wenige Ausführungen) ist der Overhead, der beim Erzeugen und Verwerfen der gespeicherten Prozedur entsteht, gleich der Ausführungszeit der Anweisung oder übersteigt diese sogar. Dadurch ist die Verwendung von *SQLPrepare* und *SQLExecute* effektiv langsamer, als den SQL-String einfach an *SQLExecDirect* zu senden. Komplexere SQL-Anweisungen (insbesondere solche, in denen numerische Parameter verwendet werden) ziehen den größten Nutzen aus der Verwendung von *SQLPrepare* und *SQLExecute*. Numerische Parameter erhöhen die Performance, weil sie in ihrem ursprünglichen Datenformat gesendet werden können, so daß der Server sie nicht aus einem Text umwandeln muß, wie es etwa bei einer nicht-parametrisierten SQL-Anweisung der Fall wäre. Wenn also die Anweisung:

```
insert into table1(amt1, amt1) values (399, 45.454)
```

an den Server gesendet wird, müssen die Werte 399 und 45.454 von der Textdarstellung in die jeweiligen Datentypen umgewandelt werden (in diesem Fall Integer und Fließkomma).

Dieser Umwandlungsaspekt kann sehr wichtig sein, insbesondere bei Gleitkommazahlen, deren Umwandlung sehr zeitaufwendig ist. Ich habe von einem Entwickler gehört, der dies entdeckt hat, als er acht Gleitkommawerte als Teil eines Systems zur automatischen Prozeßüberwachung an den Microsoft SQL Server gesendet hat. Die Werte wurden vom Client entgegengenommen und zur Berechnung und zum Speichern direkt an den Server gesendet. Der Entwickler hat von einer Geschwindigkeitssteigerung von fast 20% berichtet, als er statt *SQLExecDirect* die Funktionen *SQLPrepare* und *SQLExecute* mit SQL_C_DOUBLE-Parametern verwendet hat.

Anwendungsprogrammierer, die den OBDC-Treiber für Microsoft SQL Server verwenden, könnten auch in Betracht ziehen, eine gespeicherte Prozedur explizit zu definieren und diese dann einfach von der Anwendung aus aufzurufen, statt die oben beschriebene, implizite Methode zu verwenden. Somit muß die Anwendung die gespeicherte Prozedur nicht bei jeder Ausführung der Anwendung erzeugen und wieder verwerfen; dadurch entstehen jedoch auch schwerwiegende Einschränkungen hinsichtlich der Interoperabilität der Anwendung mit DBMS-Systemen, die keine gespeicherten Prozeduren unterstützen. Weil *SQLPrepare* und *SQLExecute* Kernfunktionen von ODBC sind, können sie garantiert für alle Treiber eingesetzt werden. Damit kann der Anwendungsprogrammierer die Vorgehensweise wählen, die für seine Bedürfnisse am besten geeignet ist. Für Entwicklungswerkzeuge ist eine generische Lösung am sinnvollsten (wobei *SQLPrepare* und *SQLExecute* verwendet werden); für eine C-Anwendung zur Auftragseinplanung, die ausschließlich auf Microsoft SQL Server oder Oracle 7 zugreifen soll, ist die Methode mit den explizit gespeicherten Prozeduraufrufen am besten geeignet.

6.6 Cursor in Microsoft SQL Server

Die Versionen vor Microsoft SQL Server 6 unterstützen keine echte Cursor-Funktion, wie sie in ANSI SQL definiert ist. Die übliche Cursor-Implementierung besagt, daß der Client für jede Zeile, die als Ergebnis einer SELECT-Anweisung entstand, eine FETCH-Anweisung über das Netzwerk an den Server sendet. Der Server wiederum sendet die Datenzeile über das Netzwerk an den Client zurück. Das nenne ich auch gern das »Badminton«-Modell: Der Client und der Server sind die beiden Spieler; immer wenn der Client eine Zeile benötigt, sendet er eine FETCH-Anweisung an den Server. (Der Client schlägt den Ball zum Server.) Der Server sendet die Zeile zurück an den Client. (Der Server schlägt den Ball zum Client.) Dieses Spiel geht so lange, wie der Client Zeilen ermitteln will und so lange es Zeilen gibt, die zurückgegeben werden können.

Beim Badminton-Modell sind das DBMS und die Client-Anwendung hinsichtlich der Position des Cursors auf dem Client und auf dem Server gut aufeinander abgestimmt. Wenn die Client-Anwendung die letzte angeforderte Zeile aktualisieren will, kann ihm das DBMS einfach folgen, weil es genau weiß, welche Zeile als letzte an den Client gesendet wurde. Versionen vor Microsoft SQL Server 6 dagegen verwenden das, was manchmal auch das »Feuerwehrschlauch«-Modell genannt wird. Wenn eine SELECT-Anweisung an den Server gesendet wird, dann gibt es kein Hin- und Herspielen von Zeilenanforderungen und Zeilenrückgaben zwischen Client und Server. Statt dessen sendet der Server einfach sofort alle Zeilen an den Client, ohne den Client weiter zu fragen. Wenn der Client FETCH aufruft, werden alle Zeilen vom Netzwerk gelesen.

Der Feuerwehrschlauch-Ansatz hat offensichtliche Vorteile für eine Verarbeitung, bei der nur gelesen wird: reduzierter Netzwerkverkehr und damit verbesserte Performance. Der Nachteil ist, daß der Client und der Server hinsichtlich der Cursorposition nicht synchronisiert sind, und deshalb das positionierte Aktualisieren und Löschen nicht unterstützt werden kann. Der Server sendet Zeilen an den Client, bis die Netzwerkpuffer sowohl auf dem Client als auch auf dem Server voll sind, oder bis keine weiteren Zeilen gesendet werden müssen. Wenn der Client Zeilen aus dem Puffer liest, sendet der Server weitere Zeilen. Der Server weiß nicht, welche Zeilen, wenn überhaupt, schon vom Client gelesen wurden, und damit auch nicht, welches die »aktuelle Zeile« ist. Abbildung 6.3 zeigt den Badminton- und den Feuerwehrschlauch-Ansatz.

Genau aufgrund dieses Problems unterstützt der OBDC-Treiber für Microsoft SQL Server im ersten Release kein positioniertes Aktualisieren und Löschen. Wenn Sie jedoch Kapitel 5 gelesen haben, dann werden Sie erkennen, daß das herkömmliche (Badminton-) Cursor-Modell von Microsoft SQL Server zwar nicht unterstützt wird, was aber nicht heißen muß, daß dieses herkömmliche Modell nicht auf dem Client simuliert werden kann. Und so lange der Primärschlüssel für eine Tabelle in der Ergebnismenge identifiziert werden kann, kann der Client das positionierte Aktualisieren und Löschen simulieren, indem er die aktuelle Zeile mit Hilfe des Primärschlüsselwerts ermittelt. Die Cursorbibliothek in ODBC 2.0 stellt eine solche Simulation zur Verfügung.

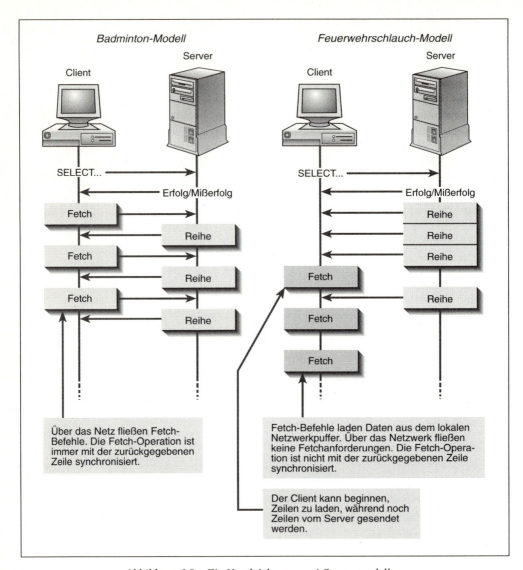

Abbildung 6.3 – Ein Vergleich von zwei Cursormodellen

6.6.1 Die Cursorbibliothek von ODBC und der OBDC-Treiber für Microsoft SQL Server 4.21

Die Cursorbibliothek in ODBC 2.0 ergänzt jeden Stufe-1-ODBC-Treiber, der das Scrolling noch nicht unterstützt, um die Funktionalität scrollbarer, aktualisierbarer Cursor. Weil der OBDC-Treiber für Microsoft SQL Server 4.21 ein Stufe-1-konformer Treiber ist, kann auch für ihn die Cursorbibliothek genutzt werden.

6.6.1.1 Unterstützung von »fetten« Cursorn

Weil die Cursorbibliothek nur statische Cursor unterstützt, muß für die Implementierung des mehrzeiligen oder »fetten« Cursormodells einfach nur eine Abbildung von Funktionsaufrufen von *SQLExtendedFetch* mit mehreren Aufrufen auf *SQLFetch* vorgenommen werden, und die gelesenen Ergebnisse müssen im Cache abgelegt werden. Für jeden Aufruf von *SQLExetendedFetch* ruft der Treiber die Funktion *SQLFetch* für so viele Zeilen auf, wie in der Option SQL_ROWSET-SIZE der Funktion *SQLSetStmt* angegeben sind. Die Cursorbibliothek speichert 64 KB Daten im Speicher. Wenn mehr als 64 KB Daten zurückgegeben werden, schreibt die Bibliothek die Zeilen, die gelesen wurden, in eine temporäre Datei auf der Festplatte.

Das Binden mehrerer Zeilen zum Array der Anwendung muß vollständig in der Cursorbibliothek stattfinden. Die Cursorbibliothek unterstützt sowohl das zeilenweise als auch das spaltenweise Binden, aber das zeilenweise Binden bietet eine spezielle Optimierung für die bestmögliche Performance. Wenn die Anwendung ein Array von Strukturen bindet, so daß der Speicher fortlaufend belegt ist, füllt die Cursorbibliothek es mit der gesamten Zeilenmenge aus dem Plattencache, wozu fast keine weitere Manipulation erforderlich wird. Im Normalfall werden die Daten in einem Block übertragen, mit einer einzigen Lese-Operationn vom lokalen Cache direkt in die gebundenen Puffer. Beim spaltenweisen Binden oder beim spaltenweisen Binden nicht-aufeinanderfolgender Spalten muß die Cursorbibliothek die Werte für jede Spalten und jede Zeile in die korrekte gebundene Adresse schreiben.

Um den Cursor in der Zeilenmenge zu positionieren und innerhalb des »fetten« Cursors zu aktualisieren und zu löschen, muß die Cursorbibliothek selbst *SQLSetPos* sowie die SQL-Anweisungen zum positionierten Aktualisieren und Löschen (UPDATE ... WHERE CURRENT OF und DELETE ... WHERE CURRENT OF) implementieren.

Ein negativer Aspekt der Implementierung der Cursorbibliothek für den OBDC-Treiber für Microsoft SQL Server 4.21 ist, daß Lesesperren für die Datenseiten der Tabellen gesetzt werden, während der Microsoft SQL Server liest und Seiten an den Client sendet. Wenn die Anwendung *SQLExtendedFetch* nicht mehr aufruft, bevor alle Ergebnisse gelesen sind (wenn der Benutzer zum Beispiel kein weiteres Scrolling durch die Ergebnisdaten durchführt), werden andere Anwendungen daran gehindert, Zeilen auf der gesperrten Seite zu aktualisieren. Eine mögliche Verbesserung der Cursorbibliothek in Hinblick auf Windows 95 ist die Verwendung von Threads, um im voraus zu lesen und den lokalen Cache im Hintergrund zu füllen. Das muß jedoch mit Bedacht erfolgen, um ein zu großes Verkehrsaufkommen auf dem Netzwerk zu vermeiden. Für Microsoft SQL Server 6 fällt das Sperr-Problem weg, weil Cursor auf der Server-Seite eingesetzt werden können (siehe Abschnitt 6.6.2).

6.6.1.2 Unterstützung von positioniertem Aktualisieren und Löschen

Der zentrale Aspekt für das positionierte Aktualisieren und Löschen ist, wie man die Zeilen identifizieren kann, welche verändert werden sollen. Die Cursorbibliothek fordert keinen eindeutigen Schlüssel für die Ergebnismenge, so daß es passieren kann, daß positionierte Operationen mehr als eine Zeile betreffen. Demzufolge gibt die Cursorbibliothek

SQL_SC_NON_UNIQUE für die Option SQL_SIMULATE_CURSOR in *SQLSetStmtOption* zurück.

Wenn die Anwendung durch die SQL-Anweisungen UPDATE ... WHERE CURRENT oder DELETE ... WHERE CURRENT OF ein positioniertes Aktualisieren oder Löschen anfordert, erzeugt die Cursorbibliothek als Ersatz ein Aktualisieren oder Löschen mit Hilfe einer Suche. Der Cursor verwendet dazu alle Werte in der Zeile; wenn eine Spalte selektiert wurde, die eindeutige Werte enthält, wird nur eine Zeile aktualisiert.

So wie bei allen Simulationen entsteht auch bei diesem Ansatz ein erhöhter Overhead, um die Schlüssel auf dem Client zu verwalten und alle notwendigen Überprüfungen auf nebenläufige Aktualisierungen durch andere Benutzer durchzuführen, die ebenfalls auf dem Client verwaltet werden müssen. Das DBMS hat alle Informationen, um diese Verarbeitung direkt auf dem Server ausführen zu können. Es wäre viel besser, wenn das DBMS selbst die Cursor-Funktion unterstützen könnte.

Microsoft SQL Server 6 bietet diese Funktionen, und es unterstützt echte Cursor sowohl im Badminton- als auch im Feuerwehrschlauch-Modell. Der OBDC-Treiber für Microsoft SQL Server 6 kann in Kombination mit der Cursorbibliothek die Cursor sowohl auf der Server-Seite als auch auf der Client-Seite unterstützen.

6.6.2 Cursor in Microsoft SQL Server 6

Statt einfach alle Daten unmittelbar nach der Ausführung einer SELECT-Anweisung an den Client zurückzusenden, öffnet Microsoft SQL Server 6 einen Cursor im Badminton-Stil, sobald der Client etwas anderes als einen Read-Only-, zeilenweisen und vorwärts scrollenden Cursor anfordert. Ein wichtiger Unterschied zwischen dem grundlegenden Badminton-Modell und dem vom Microsoft SQL Server implementierten Modell ist, daß der Server auch »fette« Cursor im Badminton-Modell unterstützt. Das heißt, Microsoft SQL Server 6 sendet mehrere Zeilen in einem einzigen Aufruf von FETCH zurück. Diese Eigenschaft ist der Schlüssel zu höchster Performance und reduziertem Netzwerkverkehr.

Die Verwendung von Cursor-Funktionen auf der Server-Seite wird eigentlich vom Client initiiert. Der Treiber stellt fest, ob es sich bei der Anweisung, die in *SQLExecDirect* übergeben wurde, um eine SELECT-Anweisung oder um eine gespeicherte Prozedur handelt. Wenn es sich um eines von beiden handelt, ruft der Treiber eine erweiterte gespeicherte Prozedur namens *sp_cursopen* auf und gibt die SQL-Anweisung und andere Optionen als Argumente an. Die Syntax dafür lautet:

```
sp_cursoropen(cursor, anweisung, scroll_option, cc_option, zeilen)
```

- **cursor** ist ein Handle, der von der Prozedur zurückgegeben und auf das aktuelle *hstmt* im Treiber abgebildet wird.

- **anweisung** ist die SQL-Anweisung, wobei es sich entweder um eine SELECT-Anweisung oder um einen Aufruf einer gespeicherten Prozedur handeln kann. Die gespeicherte Prozedur muß eine einzelne SELECT-Anweisung enthalten; wenn das nicht der Fall ist, gibt der Server einen Fehler zurück.

- *scroll_option* ist einer der Cursortypen (die in Kapitel 5 vorgestellt wurden); es wird in *SQLSetStmtOption*(... SQL_CURSOR_TYPE): KEYSET, STATIC, DYNAMIC oder FORWARD_ONLY spezifiziert.

- *cc_option* ist eine der Optionen für die Steuerung der Nebenläufigkeit (ebenfalls in Kapitel 5 beschrieben); es wird spezifiziert in *SQLSetStmtOption*(... SQL_CONCURRENCY): READ_ONLY, LOCK, ROWVER oder VALUES.

- *zeilen* ist ein Rückgabewert, der die Anzahl der Ergebniszeilen angibt, wenn diese Zahl beim Öffnen des Cursors zur Verfügung steht (wenn der Server zum Beispiel die Daten sortieren muß, um eine ORDER BY-Klausel in der SELECT-Anweisung zu erfüllen).

Die gespeicherte Prozedur *sp_cursoropen* bewirkt, daß die SQL-Anweisung ausgeführt und die Metadaten des Ergebnisses zurückgegeben werden. Um weitere Zeilen zu ermitteln, ruft der Treiber eine weitere gespeicherte Prozedur auf, *sp_cursorfetch*, die die nächste Zeilenmenge ermittelt. Wie Sie sich sicher vorstellen können, sieht die Syntax für *sp_cursorfetch* ähnlich aus wie die für *SQLExtendedFetch*:

```
sp_cursorfetch(cursor, fetchtype, zeilennummer, anzahlzeilen, werte, ...)
```

- *cursor* ist der Handle, der von *sp_cursoropen* zurückgegeben wird.

- *fetchtype* ist NEXT, PREV, FIRST, LAST, ABSOLUTE, RELATIVE, BY_VALUE, REFRESH oder INFO. ABSOLUT kann nur verwendet werden, wenn der Cursor als statisch oder über Schlüsselmengen gesteuert deklariert wurde. BY_VALUE macht die Angabe der optionalen Wertparameter (siehe letztes Element dieser Liste) erforderlich. FORWARD_ONLY-Cursor können nur die Parameter INFO, FIRST, NEXT und REFRESH verwenden. Die Positionen für NEXT, PREV und RELATIVE werden in Hinblick auf die Cursorposition ermittelt, die als die erste Zeile in der vorhergehenden Fetch-Operation betrachtet wird. Wenn das aktuelle Fetch das erste Fetch ist, wird die Cursorposition als vor dem Anfang der Ergebnismenge angenommen. Wenn eine Fetch-Operation fehlschlägt, weil die angeforderte Cursorposition hinter oder vor der Ergebnismenge liegt, wird die Cursorposition hinter die letzte Zeile bzw. vor die erste Zeile gesetzt.

- *zeilennummer* ist die absolute oder relative Nummer der Zeile, die geholt werden soll. Sie wird nur dann angegeben, wenn *fetchtype* gleich ABSOLUTE oder RELATIVE ist.

- *anzahlzeilen* ist die Anzahl der Zeilen, die geholt werden sollen. Dieser Wert entspricht der Größe der Zeilenmenge.

- *werte* steht für eine optionale Menge an Datenwertparametern, die nur für BY_VALUE-Operationen angegeben werden. Diese Option ermöglicht es der Anwendung, dem Wert nach auf eine bestimmte Zeile in der Ergebnismenge zu positionieren.

Bei Microsoft SQL Server 6 muß der ODBC-Treiber nicht mehr alle Schlüssel für über Schlüsselmengen gesteuerte Cursor auf dem Client verwalten und keine SELECT-Anweisungen unter Verwendung der Tastenwerte mehr ausführen, um Zeilen mit Hilfe des Scrollings zu ermitteln. Jetzt muß der Treiber nur noch die gespeicherten Prozeduren aufrufen, und Microsoft SQL Server erledigt den Rest.

Für die Operationen, die mit *SQLSetPos* möglich sind, wie etwa das Aktualisieren, Einfügen, das explizite Sperren und das Löschen von Zeilen, gibt es noch eine weitere gespeicherte Prozedur: *sp_cursor* führt die Operationen aus, die durch *SQLSetPos* spezifiziert werden. Wir wollen anhand eines Beispiels betrachten, wie das funktioniert. Angenommen, wir wollen ein virtuelles Fenster mit zehn Zeilen implementieren, wie in Kapitel 5 beschrieben. Wenn der Benutzer mit Hilfe der Tastatur und der Maus scrollt, müssen wir die entsprechend selektierte Zeilenmenge feststellen. Wenn der Benutzer eine Aktualisierung durchführen will, müssen wir sicherstellen, daß die Zeile, die wir betrachten, gesperrt ist, und dann die Aktualisierung durchführen.

6.6.2.1 Scrollen der Daten

Zuerst müssen wir dem Treiber mitteilen, daß wir eine Zeilenmenge der Größe 10 verwenden wollen. Dazu rufen wir *SQLSetStmtOption* auf, wobei SQL_ROWSET_SIZE auf 10 gesetzt ist. Wir wollen einen dynamischen Cursor, deshalb rufen wir *SQLSetStmtOption* erneut auf und setzen SQL_CURSOR_TYPE auf SQL_CURSOR_DYNAMIC. Weil wir eine Aktualisierung durchführen wollen, müssen wir auch angeben, wie Veränderungen zwischen Client und Server festgestellt werden. In diesem Beispiel wollen wir, daß der Treiber die Werte vergleicht. Das heißt, wenn die Anwendung bereit zur Aktualisierung ist, erhält der Treiber die aktuellen Werte der zu aktualisierenden Zeile und vergleicht diese mit dem aktuellen Inhalt der lokal gespeicherten Zeilen. Dadurch wird sichergestellt, daß keine anderen Transaktionen die Zeile verändert haben, seit die Anwendung sie gelesen hat. Noch einmal rufen wir *SQLSetStmtOption* auf, diesmal mit SQL_CONCURRENCY auf SQL_CONCUR_VALUES gesetzt. Wenn diese Optionen spezifiziert werden, fließen keine Informationen an den Server – der Treiber merkt sie sich einfach bis zur Ausführung.

Jetzt können wir die SQL-Anweisung ausführen, deshalb rufen wir die Funktion *SQLExecDirect* auf. Der Treiber prüft, ob es sich wirklich um eine SQL-Anweisung handelt, und erzeugt dann den Aufruf der gespeicherten Prozedur:

```
sp_cursoropen(cursor, "SELECT ...", SQL_CURSOR_DYNAMIC,
              SQL_CONCUR_VALUES)
```

Die gespeicherte Prozedur wird an den Server gesendet, die SQL-Anweisung wird geparst und optimiert, und der Cursor-Handle wird an den Client zurückgegeben, zusammen mit den Metadaten für die SELECT-Anweisung. Der Cursor-Handle wird dem aktuellen *hstmt* zugeordnet. Der erste Informationsaustausch zwischen Client und Server ist in Abbildung 6.4 gezeigt.

Jetzt können wir die erste Menge Zeilen empfangen, deshalb ruft die Anwendung *SQLBindCol* auf, um die Variablen zu spezifizieren, die die Datenspalten aufnehmen sollen. Die naheliegendste Datenstruktur für das Modell des virtuellen Fensters ist ein Array von Strukturen. Eine Struktur hat ein Feld für die Daten und ein Feld für die Ausgabelänge für jede Spalte in der Ergebnismenge. Das Array muß mindestens 10 Elemente umfassen, so daß wir genügend Platz für eine Zeilenmenge haben. Wenn die Spalten gebunden sind, rufen wir *SQLExtendedFetch* auf, um das Array mit den ersten 10 Zeilen zu füllen.

Cursor in Microsoft SQL Server

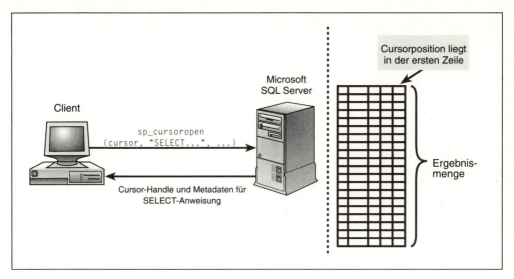

Abbildung 6.4 – Öffnen des Cursors

Wenn *SQLExtendedFetch* mit dem Argument SQL_FETCH_NEXT aufgerufen wird, sendet der Treiber eine weitere gespeicherte Prozedur an den Server:

sp_cursorfetch(cursor, SQL_FETCH_NEXT, 0, 10)

Der Server sendet die ersten zehn Zeilen aus der SELECT-Anweisung an den Client. Der Treiber wiederum legt die Daten in den gebundenen Puffern ab, die in *SQLBindCol* spezifiziert sind. Die Interaktion zwischen Client und Server ist in Abbildung 6.5 gezeigt.

Wenn der Benutzer die Taste Bild⁻ drückt, ruft die Anwendung erneut die Funktion *SQLExtendedFetch* mit dem Argument SQL_FETCH_NEXT auf, und es wird noch einmal dasselbe ausgeführt:

sp_cursorfetch(cursor, SQL_FETCH_NEXT, 0, 10)

Damit bewegen wir uns in der Ergebnismenge um 10 Zeilen weiter nach unten, wie in Abbildung 6.6 gezeigt.

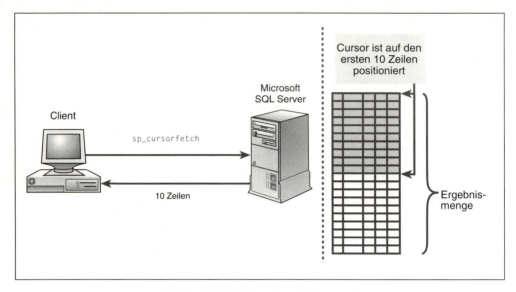

Abbildung 6.5 – Holen einer Zeilenmenge

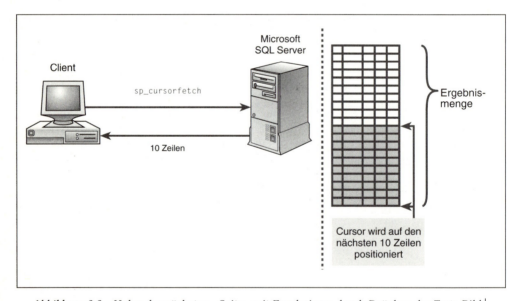

Abbildung 6.6 – Holen der nächsten »Seite« mit Ergebnissen durch Drücken der Taste Bild↓

Wenn der Benutzer jetzt die Taste Bild↑ drückt, ruft die Anwendung die Funktion *SQLExtendedFetch* mit dem Argument SQL_FETCH_PRIOR auf und der Treiber erzeugt das folgende:

```
sp_cursorfetch(cursor, SQL_FETCH_PRIOR, 0, 10)
```

Cursor in Microsoft SQL Server 261

Damit sind wir wieder an unserer Ausgangsposition, wie in Abbildung 6.7 gezeigt.

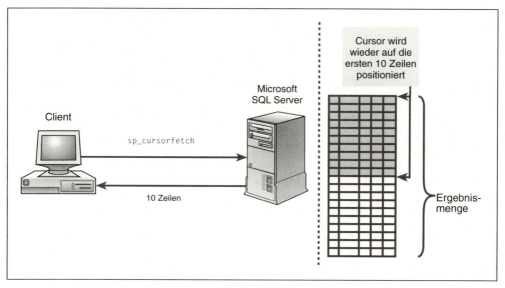

Abbildung 6.7 – Holen der vorherigen »Seite« mit Ergebnissen durch Drücken der Taste Bild↑

Beachten Sie jedoch, daß die hier geholten zehn Zeilen möglicherweise nicht dieselben zehn Zeilen sind, mit denen wir begonnen haben, weil es sich um einen dynamischen Cursor handelt. Wenn die Transaktions-Isolationsstufe für die aktuelle Transaktion kleiner als SERIALIZABLE ist, haben vielleicht andere Anwendungen etwas aktualisiert, eingefügt oder gelöscht. Dies kann Auswirkungen auf die zurückgegebenen Zeilen haben. Während der Cursor auf eine Zeilenmenge positioniert ist, können Veränderungen an diesen Zeilen vorgenommen worden sein, sofern die Option CONCURRENCY nicht auf LOCKCC steht. Wir sehen die Auswirkungen einiger dieser Optionen, wenn wir die Aktualisierung vornehmen. Hier wollen wir die Diskussion über das Scrolling mit einer Betrachtung einer weiteren häufigen Operation abschließen: Das Scrolling um eine einzelne Zeile, normalerweise, nachdem der Benutzer den Pfeil nach oben oder unten gedrückt oder eine entsprechende Operation mit der Maus ausgeführt hat.

Um eine Zeile nach unten zu scrollen, wenn der Benutzer sich in der letzten auf dem Bildschirm (und in der Zeilenmenge) angezeigten Zeile befindet, verwendet die Anwendung ein relatives Holen, indem es die *Funktion SQLExtendedFetch(hstmt, SQL_FETCH_RELATIVE, +1)* aufruft. Die entsprechende gespeicherte Prozedur ist:

```
sp_cursorfetch(cursor, SQL_FETCH_RELATIVE, 1, 10)
```

Welche Auswirkungen dies hat, sehen Sie in Abbildung 6.8.

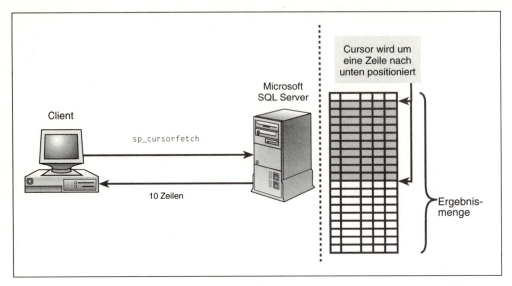

Abbildung 6.8 – Um eine Zeile nach unten scrollen

Beachten Sie, daß damit die gesamte Zeilenmenge mit allen 10 Zeilen aktualisiert wird, auch wenn nur eine Zeile für die korrekte Positionierung des Cursors benötigt wird. Das scheint zwar ineffizient, aber wenn die Transaktion nicht als SERIALIZABLE oder LOCKCC deklariert wurde, sind möglicherweise für die anderen Zeilen von anderen Transaktionen Veränderungen vorgenommen worden. Eine mögliche Optimierung wäre es, den Treiber nur eine Zeile neu ermitteln zu lassen, und den 10-Zeilen-Cache lokal zu ergänzen, indem statt der Verwendung des Arguments SQL_FETCH_RELATIVE der folgende Aufruf durchgeführt wird:

```
sp_cursorfetch(cursor, SQL_FETCH_NEXT, 0, 1)
```

Damit wird nur eine Zeile über das Netzwerk gesendet. Aber der Treiber muß den Inhalt der Zeilenmengen-Puffer verschieben, um die erste Zeile zu entfernen, die zweite und alle folgenden Zeilen »nach oben« zu kopieren, und schließlich die neue Zeile am Ende der Ergebnismenge abzulegen. Wenn das erfolgt ist, liegt die Zeilenmenge auf dem Server nicht mehr synchronisiert mit der Zeilenmenge auf dem Client vor. Weil der Server glaubt, daß der Client jetzt eine nebenläufige Steuerung nur noch für eine Zeile, und nicht mehr für alle zehn Zeilen haben will, hebt er die Sperren für die anderen neun Zeilen in der Zeilenmenge auf. Abhängig von der Client-Anwendung kann das sinnvoll sein oder auch nicht. Wenn die Anwendung LOCKCC Nebenläufigkeit verwendet und vom Server erwartet, daß dieser sicherstellt, daß keine anderen Transaktionen für die aktuellen Zeilen durchgeführt werden können, ist das offensichtlich nicht sinnvoll, weil dann nur noch eine Zeile gesperrt würde. Kann die Anwendung jedoch tolerieren, daß sie nicht mehr mit dem Server synchronisiert ist, und somit möglicherweise »alte« Daten anzeigt, bzw. gegebenenfalls die gesamte Zeilenmenge aktualisiert, ist das Verhalten akzeptabel.

Der erste Release des OBDC-Treibers für Microsoft SQL Server 6 (Version 2.5 des Treibers) führt diese Optimierung nicht aus, die nur eine Zeile sendet, wenn ein relatives Holen für eine Zeile durchgeführt werden soll. Damit müssen sich die Anwendungen nicht mehr damit befassen, die Sperren für Transaktionen korrekt zu verwalten. Damit entfallen auch die Probleme, die aus inkonsistenten Ergebnissen entstehen.

6.6.2.2 Daten aktualisieren oder löschen

Wenn scrollbare Cursor verwendet werden, wird das Aktualisieren oder Löschen von »geholten« Zeilen in der Regel durch irgendeine Aktion des Endbenutzers initiiert. Normalerweise drückt der Benutzer auf eine Pfeiltaste oder klickt mit der Maus, um eine bestimmte Zeile zu selektieren. Dann gibt er die neuen Werte für die Zeile ein. In unserer Anwendung nehmen wir an, daß die Speicheradressen, die den Spalten zugeordnet sind, dieselben Speicheradressen sind, die die Anwendung verwendet, um Eingaben vom Benutzer zu ermitteln. Weil der Treiber auch die Speicheradressen der zugeordneten Puffer kennt, erhält er beim Aufruf aus einer Anwendung die vom Benutzer eingegebenen neuen Werte automatisch. Die Anwendung kann mit Hilfe von *SQLSetPos* Daten aktualisieren oder löschen und erhält somit eine beachtliche Flexibilität bei der Steuerung der Nebenläufigkeit. In unserem Beispiel betrachten wir zwei Ansätze für die Handhabung der Nebenläufigkeit: den »Hoffnung-daß-keine-Konflikte-entstehen«-Ansatz, der eine optimistische Nebenläufigkeitssteuerung verwendet, und einen konservativeren, zuverlässigeren Ansatz.

Angenommen, die fünfte Zeile in der zehnzeiligen Zeilenmenge soll aktualisiert werden. Beim »Hoffnung-daß-keine-Konflikte-entstehen«-Ansatz setzt die Anwendung einfach den folgenden Aufruf ab:

```
SQLSetPos(hstmt, 5, SQL_UPDATE, SQL_LOCK_NO_CHANGE);
```

Was bedeutet das und was bewirkt es? Eine Menge, wie sich herausstellen wird. Zunächst ruft der Treiber eine entsprechend gespeicherte Prozedur auf, um dem Server mitzuteilen, daß er Zeile 5 aktualisieren soll:

```
sp_cursor(cursor, UPDATE, 5, values...)
```

Das Argument *values* stellt die Menge der Spaltenwerte in Zeile 5 der aktuellen Zeilenmenge dar. Dabei werden alle Werte der Zeilenmenge berücksichtigt, weil der Treiber nicht weiß, welche Werte durch die Anwendung verändert wurden. (Wir werden gleich eine Methode kennenlernen, wie man nur die aktualisierten Spalten an den Server zurücksenden kann.) Der Treiber könnte die Werte überprüfen, wenn er eine Kopie der Zeilenmenge besäße, aber das wäre zu ineffizient.

Was passiert, wenn eine andere Transaktion einen oder mehrere der Werte in der gerade aktualisierten Zeilen verändert hat? Beim »Hoffnung-daß-keine-Konflikte-entstehen«-Ansatz würde unsere Anwendung etwa die folgende Fehlermeldung erzeugen:

```
SQLSTATE = "37000", NativeError = 16934, ErrorMsg="[Microsoft][ODBC SQL
Server Driver][SQL Server] Die Zeile wurde außerhalb dieses Cursors modi-
fiziert."
```

Anschließend müßte die Anwendung die Zeile erneut selektieren, um den aktuellen Wert zu erhalten, und die Operation wiederholen. Und möglicherweise würde noch einmal dasselbe passieren. Wäre es nicht besser, wenn man garantieren könnte, daß die Aktualisierung gleich beim ersten Mal klappt, indem man sicherstellt, daß keine andere Transaktion die Zeile modifizieren kann?

Die Sicherstellung einer erfolgreichen Aktualisierung ist das wesentliche am zweiten Ansatz. In diesem Fall führt die Anwendung eine Positionierung auf die betreffende Zeile aus und sperrt sie explizit, bevor die Aktualisierung durchgeführt wird. Dazu ruft sie *SQLSetPos* auf, diesmal mit etwas anderen Argumenten:

```
SQLSetPos(hstmt, 5, SQL_POSITION, SQL_LOCK_EXCLUSIVE);
```

Wie das Argument SQL_LOCK_EXCLUSIVE schon zeigt, erzeugen wir damit eine exklusive Sperre für die zu aktualisierende Zeile. Der Treiber erzeugt den entsprechenden Aufruf einer gespeicherten Prozedur:

```
sp_cursor(cursor, LOCK, 5)
```

Wenn *SQLSetPos* ausgeführt ist, können wir die Aktualisierung durchführen:

```
SQLSetPos(hstmt, 5, SQL_UPDATE, SQL_LOCK_NO_CHANGE);
```

Wenn die Anwendung den Default-Commitmodus AUTO_COMMIT verwendet, wird die Sperre nach der Aktualisierung auf dem Server freigegeben. Andernfalls wird die Sperre aufrecht erhalten, bis die Anwendung *SQLTransact* aufruft.

Der »Hoffnung-daß-keine-Konflikte-entstehen«-Ansatz kann in Situationen eingesetzt werden, wo nur eine der Anwendungen, die auf den Server zugreift, Aktualisierungen ausführt, oder wenn die Wahrscheinlichkeit, daß Konflikte bei der Aktualisierung auftreten, gering ist. In allen anderen Situationen ist es besser, den konservativeren, garantierten Ansatz zu verwenden.

Hier muß noch ein letzter Aspekt der Nebenläufigkeitssteuerung erwähnt werden: Was passiert, wenn eine andere Transaktion eine Sperre für die Zeile hält, die die Anwendung aktualisieren will? Kurz gesagt, der Anwendung bleibt nichts anderes übrig, als zu warten. Wenn für eine oder mehrere Zeilen eine exklusive Sperre gesetzt ist, muß sogar der Aufruf von *SQLExtendedFetch* warten; wenn eine Schreibsperre gesetzt ist, können die Zeilen zwar geholt, aber nicht aktualisiert werden. Setzt die Anwendung ODBC asynchron ein, wird die Steuerung immer wieder an die Anwendung zurückgegeben, so lange eine andere Transaktion die Sperre hält. Wenn diese Option nicht gesetzt ist, »hängt« die Anwendung im Aufruf von *SQLSetPos* fest, bis die andere Transaktion die Sperre aufhebt, oder, falls ein Timeout-Wert angegeben wurde, bis der Timeout abläuft.

6.6.2.3 Weitere neue Funktionen des OBDC-Treibers für Microsoft SQL Server 6

Neben der ausgezeichneten Unterstützung von Cursorn im OBDC-Treiber für Microsoft SQL Server 6 gibt es noch zahlreiche weitere Funktionen, die hier erwähnt werden sollen:

■ Der Treiber ist voll ODBC Stufe 2-konform. Das heißt, er unterstützt alle Funktionen in der ODBC-API, so daß den Anwendungsentwicklern zahlreiche Funktionen zur Verfügung stehen.

■ Der Treiber unterstützt mehrere *hstmts* für eine einzige Verbindung. Vor dem Release von Microsoft SQL Server 6 und seinem ODBC-Treiber hat das zuvor beschriebene Feuerwehrschlauch-Modell verhindert, daß ODBC-Anwendungen eine Verbindung zum Server aufbauten, bis alle Zeilen aus einer SELECT-Anweisung abgeholt waren. Das führte oft zu einer frustrierenden Situation für die Anwendungsentwickler, die mehrere Anweisungs-Handles für eine einzige Verbindung einsetzen wollten, aber einfach daran gehindert wurden. Bei Microsoft SQL Server 6 können wie in anderen DBMS-Systemen mehrere Anweisungs-Handles verwendet werden, wenn die Cursor auf der Server-Seite eingesetzt werden.

■ Microsoft SQL Server 6 unterstützt temporäre gespeicherte Prozeduren, die automatisch gelöscht werden, wenn die Verbindung zum Server abgebaut wird. Wenn in früheren Versionen des Servers und des Treibers eine Client-Anwendung *SQLPrepare* verwendete und diese fehlerhaft beendete, blieb die gespeicherte Prozedur auf dem Server und mußte manuell entfernt werden. Bei Microsoft SQL Server 6 werden diese gespeicherten Prozeduren automatisch gelöscht, wenn die Verbindung zum Server abgebaut wird.

■ Der Treiber ermöglicht, daß für über Schlüsselmengen gesteuerte Cursor die Schlüsselmenge asynchron auf dem Server erzeugt wird. Wenn der Client einen über eine Schlüsselmenge gesteuerter Cursor spezifiziert, legt Microsoft SQL Server die Schlüsselmenge in einer temporären Tabelle auf dem Server ab. Optional kann der Client angeben, daß die Schlüsselmenge unter Verwendung eines separaten Threads erzeugt wird. Damit erhält man nicht nur die volle Funktionalität von durch Schlüsselmengen gesteuerten Cursorn, sondern die Leerlaufzeit auf dem Server wird optimal genutzt, so daß eine bessere Antwortzeit für die Clients entsteht und die Clients nicht mehr dafür sorgen müssen, daß die Schlüsselmenge auf dem Client geholt, in den Cache gestellt und gelöscht wird.

■ Der OBDC-Treiber für Microsoft SQL Server unterstützt eine Option, mit deren Hilfe die Cursor geöffnet bleiben und über Transaktionsgrenzen hinweg positioniert werden können. Anwendungen können die Zeilen in einem Cursor aktualisieren oder löschen, die Veränderungen permanent an Microsoft SQL Server weitergeben und dann ihre Operation fortsetzen.

6.7 Gespeicherte Prozeduren

Wir haben bereits gesehen, wie die Funktion *SQLPrepare* implizit eine gespeicherte Prozedur erzeugt, aber wie kann eine Anwendung eine gespeicherte Prozedur direkt aufrufen? Und wie werden die komplexeren Funktionen gespeicherter Prozeduren in Microsoft SQL Server, wie etwa Rückgabewerte oder Ausgabeparameter, unter ODBC gehandhabt? In diesem Abschnitt werden wir Antworten auf die Fragen geben.[9]

---

[9] Das Beispiel VBSPROCS in Teil II zeigt, wie die verschiedensten gespeicherten Prozeduren von Microsoft Visual Basic aus aufgerufen werden können.

6.7.1 Ausführen von gespeicherten Prozeduren in ODBC und DB-Library

Die Standardsyntax für gespeicherte Prozeduren haben wir bereits kennengelernt:

```
{[? =] call procedure_name [(param, ...)]}
```

Wenn die gespeicherten Prozeduren in Kombination mit *SQLBindParameter* eingesetzt werden, werden ihre Parameter in ihrem ursprünglichen Format übergeben (d.h. Integer werden als binäre Integer, nicht als alphanumerische Strings übergeben). Das ist etwas verwirrend, insbesondere für diejenigen unter Ihnen, die mit DB-Library vertraut sind, wo man gespeicherte Prozeduren entweder direkt im Text aufrufen kann, wie etwa in:

```
dbcmd(dbproc, "exec proc1 23.4, 'fred', '11/18/95'")
```

oder unter Verwendung der effizienteren Methode, wobei die Parameter mit ihren ursprünglichen Datentypen übergeben werden:

```
dbrpcinit(dbproc, "proc1");
dbrpcparam(dbproc, 1, FLOAT, &p1);
dbrpcparam(dbproc, 2, CHAR, p2);
dbrpcparam(dbproc, 3, DATETIME, &p3);
dbrpcsend(dbproc);
```

Bei der ersten Methode wird ein String an den Server gesendet, der geparst werden muß, so daß die Parameter in ihre ursprünglichen Datentypen (FLOAT, CHAR und DATETIME) konvertiert werden können. Bei *dbrpcsend* dagegen wird eine Nachricht kodiert, die sich aus dem Prozedurnamen (*proc1*) und den einzelnen Parametern der gespeicherten Prozedur in dem jeweiligen Datentyp zusammensetzt (eine 8-Byte-IEEE-Gleitkommazahl für Parameter *p1*, einen 4-Byte-String für Parameter *p2* und eine 8-Byte-DATETIME-Struktur für Parameter *p3*). Auf dem Server kann die Prozedur direkt ausgeführt werden, ohne daß irgendwelche Argumente geparst oder konvertiert werden müßten.

Die letztere Methode verwendet die sogenannten RPCs (Remote Procedure Calls), aber ich finde diese Bezeichnung etwas verwirrend, weil sie nicht der RPC-Technologie entspricht, die in Kapitel 3 (Abschnitt 3.4.3.2) beschrieben wurde, und die für Programmiersprachen der dritten Generation eingesetzt wird. Die beiden Technologien sind vom Konzept her sehr ähnlich. Echte RPCs sind eher allgemein und statisch (sie werden beim Schreiben des Programms definiert), während die RPCs von Microsoft SQL Server sehr datenbankspezifisch sind und dynamisch definiert werden. DB-Library bietet eine separate Menge von Funktionsaufrufen, um die oben gezeigten RPCs zu realisieren, und diese erzeugen einen anderen TDS-Strom als gespeicherte Prozeduren, die einfach in Textform übergeben werden. In ODBC gibt es keine solche Unterscheidung. Wenn Parameter für die gespeicherte Prozedur angegeben werden, wie z.B. in:

```
SQLBindParameter(hstmt, 1, FLOAT, &p1);
SQLBindParameter(hstmt, 2, CHAR, &p2);
SQLBindParameter(hstmt, 3, DATETIME, &p3);
SQLExecDirect(hstmt, "{call proc1 (?, ?, ?)}");
```

wird die Prozedur unter Verwendung der RPC-Form des TDS-Stroms ausgeführt. Wenn für die Parameter Zeichenketten angegeben werden, wie z.B. in

```
SQLExecDirect(hstmt, "{call proc1 (23.4, 'fred', '11/18/95')}");
```

wird die Anweisung als Standard-Textbefehl gesendet. Der Anwendungsprogrammierer, der ODBC einsetzt, muß für die unterschiedlichen Aufrufmethoden keine unterschiedlichen Funktionsaufrufe verwenden.

6.7.2 Auflistung der auf dem Server gespeicherten Prozeduren

ODBC bietet zwei Katalogfunktionen für die Auflistung der gespeicherten Prozeduren und ihre Parameter. Diese Funktionen sind sehr praktisch für die Programmierer von Entwicklungswerkzeugen, die die Anwendungsentwickler bei der Auswahl und Verwendung gespeicherter Prozeduren unterstützen wollen.

Die ODBC-Funktion *SQLProcedures* listet alle gespeicherten Prozeduren auf. *SQLProcedureColumns* listet die Parameter für eine gespeicherte Prozedur auf. Dies erfolgt unter Berücksichtigung der Datentypen der Parameter, ihrer Länge und ob es sich bei dem Parameter um eine Eingabe, Ausgabe oder beides handelt.

6.8 Datentypen

Microsoft SQL Server stellt eine besondere Herausforderung für ODBC-Entwickler dar, weil es benutzerdefinierte Datentypen unterstützt. Ein benutzerdefinierter Datentyp basiert auf einem der Grund-Datentypen von Microsoft SQL Server, bietet aber eine zusätzliche Semantik, zum Beispiel bezüglich irgendwelche Einschränkungen. Es könnte zum Beispiel der Typ ZIPCODE als char(5) erzeugt werden. Statt in einer Tabellendefinition dann char(5) für die Spalten mit den Postleitzahlen anzugeben, wie etwa in:

```
CREATE TABLE t1(... zip char(5))
```

könnte man den Typ ZIPCODE verwenden:

```
CREATE TABLE t1(... zip ZIPCODE=.)
```

Insbesondere bei großen Aufgabenstellungen hilft eine strengere Typisierung immer, die Semantik der zugrundeliegenden Daten zu verbessern. In ODBC wollten wir sicherstellen, daß jeder Benutzer dieselbe Möglichkeit hat, Tabellen zu erzeugen, selbst wenn dabei benutzerdefinierte Datentypen verwendet werden. Im Fall von Microsoft SQL Server fragt die Funktion *SQLGetTypeInfo* den Server nach allen Typen ab, wobei auch die benutzerdefinierten Typen berücksichtigt werden.

Für Anwendungen, die den Benutzer beim Erzeugen der Tabellen abfragen, macht die Verfügbarkeit benutzerdefinierter Typen das Erzeugen von Tabellen sehr viel funktionaler, als wenn nur die Grundtypen zur Verfügung stehen. Ein Beispiel für eine solche Anwendung ist Microsoft Query. Wenn im Microsoft SQL Server ein benutzerdefinierter Typ ZIPCODE erzeugt wird, zeigt Query den Typ in seinem Dialogfeld zum Erzeugen einer Tabelle an, wie in Abbildung 6.9 gezeigt.

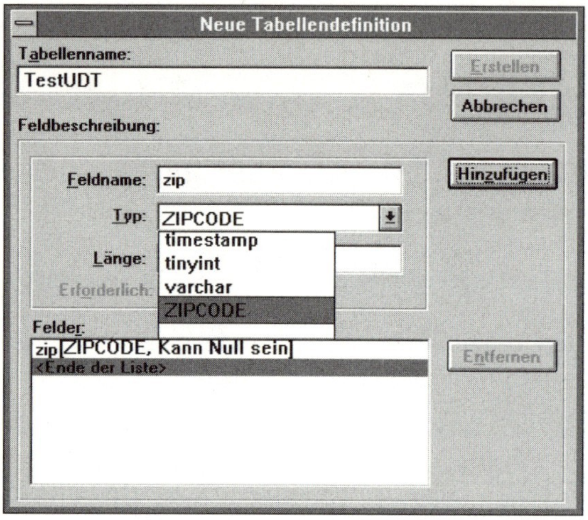

Abbildung 6.9 – Microsoft Query zeigt benutzerdefinierte Datentypen an

Weil jeder der benutzerdefinierten Typen von einem Basistyp abgeleitet ist, kann er auch immer einem der Standardtypen von ODBC zugeordnet werden.

Ein besonderer Aspekt soll hier noch erwähnt werden, obwohl er nicht nur für den OBDC-Treiber für Microsoft SQL Server zutrifft. Eine der unglücklichen Konstellationen in den ODBC-Versionen 1 und 2 war die Möglichkeit, den »bestmöglich passenden« ODBC-Typ auszuwählen, auf den mehrere DBMS-Typen abgebildet wurden. Für den benutzerdefinierten Typ ZIPCODE würde *SQLGetTypeInfo* zum Beispiel den TYPE_NAME ZIPCODE und den DATA_TYPE SQL_CHAR zurückgeben. Die Information für char (den allgemeinen Typ für Zeichen fester Länge auf dem Microsoft SQL Server) würde ebenfalls einen DATA_TYPE SQL_CHAR zurückgeben. Soll eine Anwendung eine Tabelle von einer Datenquelle in eine andere konvertieren, ergibt sich daraus ein Problem: Wie erkennt man, welchen Typ man auswählen soll, wenn mehrere Typen angeboten werden? Ein Mensch könnte die Typen char und ZIPCODE ansehen und sofort erkennen, welcher davon generisch ist, aber bei einem Computer ist die Auswertung aller Typen von allen Datenquellen nicht immer so einfach.

Die meisten Anwendungen bieten eine Art Heuristik, etwa die Auswahl des Typnamen, der dem ODBC-Typnamen am ähnlichsten ist (natürlich ohne das Präfix SQL_). Die

Datentypen

ODBC-Typnamen wurden direkt aus dem ANSI/ISO-SQL-Standard übernommen. Demzufolge verwenden die meisten DBMSe diese Typnamen ebenfalls in ihren Produkten.

Im obigen Beispiel wäre der erste Typ, nach dem gesucht wird, char, der auch gerade mit dem ODBC-Typ SQL_CHAR übereinstimmt. Wenn keine Übereinstimmung gefunden wird, verwenden die meisten Anwendungen einfach den ersten der von *SQLGetTypeInfo* zurückgegebenen Datentypen. Ein Beispiel für diese Art der Typzuordnung finden Sie im Beispielprogramm Table Copy in Teil II.

Programmieren mit ODBC

ABC

In Teil I haben wir die Grundlagen und die Architektur von ODBC betrachtet. Jetzt wollen wir unsere Ärmel aufkrempeln und programmieren! Aber zuvor will ich kurz beschreiben, welche Ziele ich mir für diesen Teil gesetzt habe.

Erstens, dieser Teil des Buches beschäftigt sich zwar mit der ODBC-API-Programmierung unter Microsoft Windows, aber es geht hier nicht um die Windows-Programmierung. Zu diesem Thema gibt es viele andere Bücher. Der Klassiker darunter ist »Programmierung unter Microsoft Windows 3.1«, von Charles Petzold (Microsoft Press, 3. Auflage, 1992).

Zweitens, weil es sich bei ODBC primär um den Datenbankzugriff handelt, werden wir nicht viel Zeit darauf verschwenden, schöne Bildschirmausgaben zu erzeugen. Das soll den Applikationsentwicklern überlassen bleiben.

Drittens, mit derselben Begründung wie für die beiden ersten Punkte habe ich aus allen Beispielen in Kapitel 7 so viel von dem Windows-spezifischen Code wie möglich entfernt. In Kapitel 8 werde ich einige sehr nützliche, vollständige Beispielprogramme vorstellen, die einige der wichtigsten Funktionalitäten von ODBC aufzeigen, und die eine etwas bessere Benutzeroberfläche aufweisen. Ein ODBC-Beispiel, das Ihnen einen vollständigeren Code für eine Benutzeroberfläche zeigt, finden Sie im ODBC 2.0 SDK, nämlich CRSRDEMO.

Um schließlich die verschiedenen Programmiersprachen aufzuzeigen, die momentan für die Entwicklung von ODBC-Applikationen verwendet werden, habe ich einige der Beispiele in C, C++ und Visual Basic beschrieben. Weiterhing gibt es ein Beispiel für einen OLE Automation-Server, der in C geschrieben ist, und von Visual Basic für Microsoft Excel-Applikationen aufgerufen wird.

Einführung in die ODBC-Programmierung

7

Dieses Kapitel stellt Ihnen einige einfache Beispiele für die ODBC-Programmierung vor. Bevor wir jedoch mit den ODBC-Funktionsaufrufen beginnen, möchte ich Ihnen einige allgemeine Grundlagen zur ODBC-API vermitteln.

7.1 Allgemeine Konzepte der ODBC-Programmierung

Die folgenden Punkte sollten Sie bei der Arbeit mit ODBC beachten.

7.1.1 Die Verwendung von Handles unter ODBC

Jede ODBC-Funktion nimmt als erstes Argument einen 32-Bit-Handle entgegen. Dieser Handle sorgt für den Kontext der Funktion. Aus der Perspektive der Anwendung handelt es sich bei dem Handle um einen nicht transparenten Wert. Manchmal nennt man ihn auch den »magic cookie«, weil sein Inhalt von der Anwendung niemals gelesen oder modifiziert wird. Er wird einfach nur umhergereicht. Windows-Programmierer benutzen ständig irgendwelche Handles, deshalb sollte ihnen das Konzept nicht fremd sein. Im Fall von ODBC handelt es sich bei dem Handle um einen Zeiger auf eine Struktur im ODBC Treiber-Manager.

Ein Handle kann auf dreierlei Weise eingesetzt werden. Als erstes kann er Fehlerinformationen zurückgeben. Immer wenn eine ODBC-Funktion einen Fehlercode zurückgibt, muß die Funktion *SQLError* mit dem der Funktion zurückgegebenen Handle aufgerufen werden. Die Funktion *SQLError* verwendet den Handle, um den Fehler zu ermitteln.

Darüber hinaus kann ein Handle verwendet werden, um den Treiber-Manager polymorph zu machen. Das heißt, der Treiber-Manager stellt anhand eines Handles fest, welche Anwendung ihn aufgerufen hat und an welchen Treiber er den Funktionsaufruf senden soll. Die Anwendung kann die SQL-Anweisung in einem einzigen Codeabschnitt realisieren, und der Inhalt des Handles gibt an, welcher Treiber die Funktion ausführt.

Das Design »Für jede Funktion einen Handle« ermöglicht, daß Handles für Multithread-Anwendungen verwendet werden. Wenn ein Handle angegeben wird, muß sich die Anwendung nicht gegen mehrdeutige nebenläufige Ausführungen schützen, weil der Handle immer den richtigen Kontext zur Verfügung stellt. Wenn Sie dagegen jemals DB-Library auf einer Multithread-Anwendung unter Windows NT verwendet haben, wissen Sie wahrscheinlich, daß die Routinen zur Fehler- und Meldungsverarbeitung global sind (mit anderen Worten, sie benötigen keinen Kontexthandle und werden von DB-Library für alle Fehler für jede Verbindung für jeden Thread aufgerufen), und daß für den Zugriff auf Fehlerinformationen Semaphoren verwendet werden müssen.

Unter ODBC gibt es drei Handles: den Umgebungs-Handle, den Verbindungs-Handle und den Anweisungs-Handle. Wie wir in Kapitel 5 gesehen haben, sind sie hierarchisch angeordnet, wie in Abbildung 7.1 gezeigt.

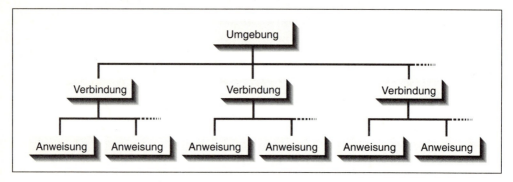

Abbildung 7.1 – Hierarchie der ODBC-Handles

7.1.2 Längen-Argumente in ODBC-Funktionen

Allen Argumenten unter ODBC, bei denen Zeichenketten variabler Länge übergeben werden, wird ein Längenargument zugeordnet. Dieses Design wurde schon von mehr als einem C-Programmierer in Frage gestellt. Warum verwendet man nicht einfach nullterminierte Zeichenketten? Wir wollten das nicht, weil ODBC von Anfang an auf verschiedene Programmiersprachen ausgelegt war, nicht nur auf C, und einige Sprachen können nur dann Zeichenketten variabler Länge verwenden, wenn diese Länge spezifiziert ist. COBOL ist eine solche Sprache, und in der X/Open-CLI gibt es für jede Funktion sowohl C- als auch COBOL-Prototypen. Eine zweite Begründung für das Längenargument ist, daß es NULL-Indikatorwerte für Daten aufnehmen kann, die von und zur Datenquelle fließen. Jede Funktion, die einen Datenbankwert senden oder empfangen kann, benötigt also ohnehin eine solche Variable.

7.1.3 Fehlerverarbeitung

Jede ODBC-Funktion gibt einen Wert zurück (den Rückgabewert), der den Erfolg oder Mißerfolg des Funktionsaufrufs anzeigt. Die allgemeine Idee hinter dem Design der Fehlerbehandlung unter ODBC ist es, einer Anwendung zu ermöglichen, anhand des Rückgabewerts den allgemeinen Status der Funktion festzustellen. Die Anwendung ruft nur dann die Funktion *SQLError* auf, um die Details über einen Fehler zu ermitteln,

Allgemeine Konzepte der ODBC-Programmierung 275

wenn der Rückgabecode zeigt, daß die Funktion fehlgeschlagen ist, oder wenn eine Warnung aufgetreten ist. Das Design nimmt dabei an, daß ein einziger Funktionsaufruf in ODBC mehrere Fehler erzeugen kann, so daß die Funktion *SQLError* wiederholt aufgerufen werden muß, bis sie keine weiteren Fehlerinformationen mehr zurückgibt. Die Rückgabewerte in ODBC sind in der folgenden Tabelle aufgelistet:

#define-Name	Wert	Bedeutung
SQL_INVALID_HANDLE	-2	Im Anwendungsprogramm ist ein Fehler aufgetreten. Der Umgebungs-, der Verbindungs- oder der Anweisungs-Handle, die dem Treiber-Manager übergeben wurden, waren fehlerhaft. Wenn eine ODBC-Funktion einen Handle erforderlich macht, und für diesen beim Aufruf Null (0) übergeben wird, erzeugt die Funktion immer diesen Fehler.
SQL_ERROR	-1	Die ODBC-Funktion ist fehlgeschlagen. Ein Aufruf von *SQLError* ermittelt die Fehlerursache. Die Funktion *SQLExecDirect* zum Beispiel gibt SQL_ERROR zurück, wenn sie mit einer SQL-Anweisung aufgerufen wird, die einen Syntaxfehler enthält.
SQL_SUCCESS	0	Die ODBC-Funktion war erfolgreich. Es ist keine weitere Verarbeitung notwendig. Das Programm kann fortgesetzt werden.
SQL_SUCCESS_WITH_INFO	1	Die ODBC-Funktion war erfolgreich, aber der Treiber oder das DBMS haben irgendeine Warnung zurückgegeben, die mit Hilfe von *SQLError* ermittelt werden kann. Ein Aufruf von *SQLFetch* zum Beispiel gibt SQL_SUCCESS_WITH_INFO zurück, wenn eine Spalte mit einer Zeichenkette variabler Länge beim Empfangen gekürzt wurde.
SQL_NO_DATA_FOUND	100	Dieser Rückgabewert wird verwendet, wenn Daten vom Treiber geholt werden. Er zeigt an, daß keine weiteren Daten mehr zur Verfügung stehen. Ein Aufruf der Funktion *SQLFetch* zum Beispiel gibt SQL_NO_DATA_FOUND zurück, wenn der Cursor auf die letzte Zeile einer Ergebnismenge positioniert wird.
SQL_STILL_EXECUTING	2	Dieser Rückgabewert wird bei der asynchronen Ausführung verwendet und zeigt an, daß die aufgerufene Funktion (zum Beispiel *SQLExecDirect*) noch nicht vollständig abgearbeitet wurde.
SQL_NEED_DATA	99	Dieser Rückgabewert wird verwendet, wenn Blob-Daten in Abschnitten an den Treiber gesendet werden. Er zeigt an, daß der Treiber noch nicht bereit ist, um die den nächsten Abschnitt von der Anwendung an das DBMS zu senden.

Tabelle 7.1 – Fehler-Rückgabewerte in ODBC

Eine gebräuchliche Abkürzung, die hilft, den allgemeinen Erfolg oder Mißerfolg einer Funktion festzustellen, ist die Kombination von SQL_SUCCESS und SQL_SUCCESS_WITH_INFO in einem einzigen Makro, wie etwa in der folgenden Zeile:

```
#define RC_SUCCESS(rc)
(((rc)==SQL_SUCCESS)||((rc)==SQL_SUCCESS_WITH_INFO))
```

Der Code ist dann etwas einfacher zu lesen, zum Beispiel ist:

```
rc = SQLExecDirect(...)
if (rc == SQL_SUCCESS II rc == SQL_SUCCESS_WITH_INFO) {
/* Logik für den Erfolg */
}
```

etwas langatmiger als:

```
rc = SQLExecDirect(...)
if (RC_SUCCESS(rc)) {
/* Logik für den Erfolg */
}
```

In fast jedem ODBC-Programm gibt es ein Makro, das diese Kombination der Returncodes realisiert. Das Makro, das in diesem Buch vorgestellt wird, ist hinsichtlich der Codegröße etwas effizienter, aber es ist nicht so offensichtlich:

```
#define RC_SUCCESS(rc) (!((rc)>>1))
```

Der Beweis, daß dieses Makro äquivalent zur oben gezeigten Formulierung ist, bleibt dem Leser als Übung überlassen. (Das wollte ich immer schon einmal schreiben!)

7.2 Das »Hello World«-Beispiel in ODBC

Wenn Sie nicht mit der C-Programmierung vertraut sind, wird Ihnen diese Überschrift nicht viel sagen. »Hello World« ist für C-Programmierer der Name des ersten Programms, das man in dieser Programmiersprache lernt. Meiner Meinung nach gehen die Ursprünge von »Hello World« zurück auf das erste Buch über C, »Programmieren in C« (Brian W. Kernighan und Dennis M. Ritchie, Prentice Hall, 1978 und 1988).

Und hier das Originalprogramm:

```
main()
{
printf("Hello World\n");
}
```

Dieses Programm zeigt einfach nur die Worte »Hello World« auf dem Bildschirm an und wird dann beendet. Unser erstes ODBC-Programm zeigt zwei Dialogfelder zusammen mit den Zeilen des ursprünglichen »Hello World«-Programms an, wie in Abbildung 7.2 gezeigt.

Das »Hello World«-Beispiel in ODBC

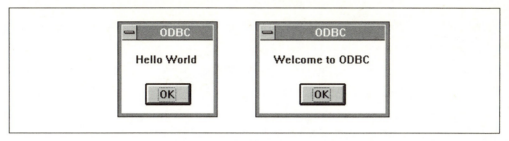

Abbildung 7.2 – Die Ausgabe des »Hello World«-Programms in ODBC

Weil es bei ODBC um Datenbanken geht, hat unser »Hello World«-Code mehr zu tun, als einfach nur diese Worte auf dem Bildschirm auszugeben. Wir müssen Daten aus einer Datenbank holen! Wir werden ein Programm schreiben, *Hello*, das alle Zeilen einer Textdatei (HELLO) ermittelt und anzeigt, wozu es den Textdatei-ODBC-Treiber verwendet, der auf der CD zum Buch enthalten ist.[1] Für jede Zeile in HELLO öffnen wir ein Dialogfeld, das den Text aus der Datei anzeigt. Der Quellcode (HELLO.C) und die Textdatei (HELLO) sind im Verzeichnis \CHAPTERS\HELLO auf der CD enthalten. Den Quellcode für das Programm HELLO.C ist in Abbildung 7.3 dargestellt.

```
/* "Hello World"-Programm mit ODBC */
#include <windows.h>
#include <sql.h>
#include <sqlext.h>

#define MAX_DATA          100

int WINAPI WinMain (HANDLE hInstance, HANDLE hPrevInstance,
                    LPSTR lpszCmdLine, int nCmdShow)
{
RETCODE rc;              /* Rückgabewert für ODBC-Funktionen */
HENV henv;               /* Umgebungs-Handle                 */
HDBC hdbc;               /* Verbindungs-Handle               */
HSTMT hstmt;             /* Anweisungs-Handle                */
char szData[MAX_DATA];   /* Variable, die die ermittelten    */
                         /* Daten aufnimmt                   */
SDWORD cbData;           /* Ausgabelänge der Daten           */

SQLAllocEnv(&henv);
SQLAllocConnect(henv, &hdbc);
SQLConnect(hdbc, "hello", SQL_NTS, NULL, 0, NULL, 0);            ▶
```

---

[1] Dieser Treiber ist einer von mehreren, die Sie zusammen mit diesem Buch erhalten. Die Treiber umfassen diejenigen für die 16-Bit- und 32-Bit-Versionen von Microsoft Access 1.x und 2.0, Microsoft FoxPro 2.0, 2.5 und 2.6, dBASE III und IV, Paradox 3.x und 4.x, Microsoft Excel 3, 4 und 5, Text und Microsoft SQL Server 4.2x. Darüber hinaus sind Treiber für die 16-Bit-Versionen von Btrieve sowie Oracle 6 und 7 enthalten. Alle diese Treiber wurden im Dezember 1994 von Microsoft als ODBC Driver Pack Version 2.0 veröffentlicht.

```
SQLAllocStmt(hdbc, &hstmt);
SQLExecDirect(hstmt, "select * from hello", SQL_NTS);
for (rc = SQLFetch(hstmt); rc == SQL_SUCCESS;
     rc = SQLFetch(hstmt)) {
    SQLGetData(hstmt, 1, SQL_C_CHAR, szData, sizeof(szData),
               &cbData);
    MessageBox(NULL, szData, ÒODBCÓ, MB_OK);
    }
SQLFreeStmt(hstmt, SQL_DROP);
SQLDisconnect(hdbc);
SQLFreeConnect(hdbc);
SQLFreeEnv(henv);
return(TRUE);
}
```

Abbildung 7.3 – HELLO.C

Es handelt sich hierbei nicht um ein »echtes« Windows-basiertes Programm, weil es keine Windows-Klasse registriert und kein Fenster erzeugt. Wie ich jedoch bereits erwähnt habe, hat sich dieses Buch nicht die Windows-Programmierung zum Ziel gesetzt. Statt dessen soll es die ODBC-Programmierung demonstrieren. Aber selbst wenn Sie das wissen, fehlt es diesem Programm immer noch an vielem, was Sie von einer ernsthaften Anwendung erwarten würden. Dieses Programm führt zum Beispiel keine Fehlerüberprüfung durch. In Kapitel 8 werden wir einen besseren Stil gemäß der Vorgaben des Software-Engineerings zeigen, aber hier wollen wir uns auf ODBC konzentrieren.

Zuerst betrachten wir die Include-Dateien. Die Datei WINDOWS.H ist offensichlich die Haupt-Include-Datei für Windows-basierte Anwendungen. Die Dateien SQL.H und SQLEXT.H definieren alle ODBC-Funktionen sowie zahlreiche praktische #*define*-Konstanten für ODBC-Programme. Diese Dateien finden Sie in jedem C-Programm, das die ODBC-Funktionen verwendet. Später werden wir diese Include-Dateien mit anderen Include-Dateien kombinieren, um eine vorkompilierte Headerdatei zu erzeugen, die uns das Leben einfacher (und die Kompilierung schneller) macht.

Die Funktion *WinMain* ist der Eintrittspunkt für ein Windows-basiertes Programm, so wie *main* der Eintrittspunkt für ein MD-DOS-basiertes Programm ist. Wir werden in diesem Programm keine Argumente (*hInstance* usw.) für *WinMain* angeben.

Als nächstes finden wir die Deklarationen einer Variablen für einen Rückgabewert (*rc*) sowie drei Typen von ODBC-Handles. SQL.H enthält *typedefs* für die Typen RETCODE, HENV, HDBC und HSTMT. Wir nennen diese Typen zwar Handles, aber eigentlich handelt es sich um 32-Bit-Zeiger. Es folgen zwei Deklarationen für die Variablen, die die Ausgabedaten (*szData*) und die Ausgabelänge (*cbData*) aufnehmen.

Die erste ausführbare Anweisung ist ein Aufruf von *SQLAllocEnv*, der den Umgebungs-Handle alloziert:

```
SQLAllocEnv(&henv);
```

Diese ODBC-Funktion muß in allen Anwendungen, die ODBC verwenden, vor allen anderen ODBC-Funktionen aufgerufen werden. Der Umgebungs-Handle ist der globale (Eltern-) Handle, dem alle ODBC-Ressourcen, die für die Anwendung alloziert werden, untergeordnet sind. Es gibt für jede Instanz einer Anwendung nur einen Umgebungs-Handle.

Nachdem der Umgebungs-Handle *henv* alloziert wurde, können wir mit Hilfe von *SQLAllocConnect* einen Verbindungs-Handle allozieren und diese Verbindung dem gerade allozierten Umgebungs-Handle *henv* zuordnen.

```
SQLAllocConnect(henv, &hdbc);
```

Jetzt ist es an der Zeit, die Verbindung aufzubauen. »Verbindung« ist in diesem Kontext vielleicht nicht gerade der richtige Ausdruck, weil wir einfach nur Daten von einer Textdatei auf der lokalen Festplatte ermitteln wollen, und keine »Verbindung« zu einem Server im Netzwerk schaffen. Sie wissen jedoch, daß ODBC primär auf Client/Server-DBMSe ausgelegt ist, und somit wird diese Terminologie für alle Datenquellen beibehalten. Für den Zugriff auf Desktop-Datenbanken und flache Dateien, wie in unserem hier gezeigten Beispiel, können Sie sich vorstellen, daß wir eine Verbindung zum Treiber selbst aufbauen, und nicht zu irgendeiner physikalischen Maschine im Netzwerk.

In HELLO.C verwenden wir die einfachste der drei ODBC-Verbindungsfunktionen, *SQLConnect*:

```
SQLConnect(hdbc, "hello", SQL_NTS, NULL, 0, NULL, 0);
```

Mit dem Aufruf dieser scheinbar harmlosen Funktion wird eine ganz enorme Aktivität erzeugt. Die Argumente von *SQLConnect* zeigen an, daß wir den gerade allozierten Verbindungs-Handle (die Variable *hdbc*) verwenden, und daß wir eine Verbindung zu einer Datenquelle namens »hello« aufbauen wollen. SQL_NTS zeigt an, daß es sich beim Datenquellennamen um einen nullterminierten String handelt, was typisch für die Stringübergabe in C-Programmen ist. Wie ich jedoch bereits erwähnt habe, unterstützen einige Programmiersprachen keine nullterminierten Strings, so daß möglicherweise der Längenwert benötigt wird. Hier hätten wir die Konstante 5 spezifizieren oder die C-Laufzeitfunktion *strlen(»hello«)* verwenden können, aber die Angabe von SQL_NTS ist viel einfacher. Die restlichen Argumente sind für die User-ID und das Paßwort (und die jeweiligen Längenwerte dieser Strings) vorgesehen. Diese haben aber in diesem Fall keine Bedeutung, so daß wir einen NULL-String bzw. den Längenwert 0 angeben können. Wenn der angegebene Datenquellenname einem DBMS entspricht, das die Sicherheitsüberprüfung verwendet, etwa Microsoft SQL Server oder Oracle, dann müssen wir diese Argumente spezifizieren.

Woher ich wußte, daß der Datenquellenname »hello« angegeben werden muß? Was bedeutet dieser Name und was hat er mit dem Text-Treiber zu tun? Sie wissen, daß ein Datenquellenname in ODBC auf einen Treiber und auf die Daten, auf die dieser Treiber zugreifen kann, abgebildet wird. Wenn Sie das Setup-Programm ausgeführt haben, das Sie auf der CD zum Buch finden, dann hat dieses den Text-Treiber automatisch installiert und einen Datenquellennamen erzeugt, »hello«, der auf den Text-Treiber verweist. Das

Setup-Programm erzeugt den Datenquellennamen »hello«, indem es die Install-API von ODBC aufruft, die der ODB.INI[2] einige Zeilen hinzufügt, welche zeigen, daß »hello« den Text-Treiber verwendet.

Wenn der Treiber-Manager in diesem Beispiel die *SQLConnect*-Funktion von HELLO.EXE empfängt, sieht er in der Datei ODBC.INI nach, ob es dort einen Eintrag »hello« gibt. Und das steht in der Datei ODBC.INI für die Datenquelle »hello«:

```
[ODBC Data Sources]
hello=Microsoft Text-Treiber (*.txt; *.csv)
```

Diese Angabe spezifiziert, daß die Datenquelle »hello« den Treiber verwendet, dessen deskriptiver Name »Microsoft Text-Treiber (*.txt; *.csv)« ist. Alle weiteren Details für »hello« werden weiter unten in der Datei ODBC.INI angegeben:

```
[hello]
Driver=C:\WINDOWS\SYSTEM\odbcjt16.dll
DefaultDir=.
DriverId=27
JetIniPath=odbcddp.ini
```

Die Information in diesen Zeilen teilt dem Treiber-Manager den Namen der eigentlichen Treiber-DLL mit, die geladen werden soll (ODBCJT16.DLL). Die restlichen Informationen werden nur vom Treiber verwendet. Auch dies wurde mit dem Setup-Programm von der CD zum Buch erzeugt, wo die entsprechenden Funktionen im Installationsprogramm von ODBC aufgerufen wurden (mehr über das Installationsprogramm erfahren Sie in Kapitel 7.3). Wenn Sie versuchen, dieses Programm auszuführen, ohne daß Sie den Text-Treiber oder eine Datenquelle namens »hello« installiert haben, passiert überhaupt nichts.

Wenn der Aufruf von *SQLConnect* abgearbeitet ist, hat der Treiber-Manager den Text-Treiber in den Speicher geladen[3], den *SQLConnect*-Eintrittspunkt aufgerufen und sich selbst mit den verschiedenen Parametern aus den Initialisierungsdateien (wie etwa ODBC.INI und ODBCDDP.INI) initialisiert. Für den Text-Treiber kann eine Datenquelle konfiguriert werden, die entweder Dateien in einem bestimmten Verzeichnis oder im aktuellen Verzeichnis verwendet. Wir verwenden die letztere Möglichkeit. Jetzt sind wir bereit, unsere einzige SQL-Anweisung für dieses Programm auszuführen:

```
SQLExecDirect(hstmt, "select * from hello", SQL_NTS);
```

---

2 Wenn Sie die Beispiele von Inside ODBC unter Windows NT installiert haben, verwendet HELLO den 32-Bit-Text-Treiber, und die Datenquelle »hello« ist in der Registry, nicht in der ODBC.INI gespeichert. Beachten Sie, daß 16-Bit-Applikationen, unter anderem der 16-Bit-ODBC-Administrator, sowohl auf 32-Bit- als auch auf 16-Bit-Datenquellen zugreifen können. 32-Bit-Applikationen (unter anderem der 32-Bit-ODBC-Administrator) können nur auf 32-Bit-Datenquellen zugreifen.

3 Der Text-Treiber verwendet wie alle Desktop-Datenbanktreiber von der CD die Microsoft Jet Engine, die einen relativ komplexen Optimierer und viele komplexe Möglichkeiten umfaßt. Sie ist auch ziemlich groß – alle erforderlichen DLLs umfassen mehr als 3 MB –, deshalb ist es zumindest im Moment nicht unbedingt notwendig, sie zu laden.

Das »Hello World«-Beispiel in ODBC

SQLExecDirect ist die Arbeitspferd-Funktion in ODBC. Mit ihr senden Sie SQL-Strings an den Treiber. Abhängig von dem verwendeten Treibertyp wird der SQL-String entweder über das Netzwerk an das DBMS gesendet (wie etwa in einem Zwei-Stufen-System), oder sie werden direkt im Treiber ausgeführt (wie in einem Ein-Stufen-System). Der Text-Treiber ist natürlich ein Ein-Stufen-Treiber, deshalb führt er die Anweisung direkt aus.

Wenn der Treiber den Aufruf von *SQLExecDirect* abarbeitet, muß er den SQL-String parsen und die Datei HELLO suchen, auf die darin verwiesen wird. Die Datei HELLO in unserem Beispiel wird wie eine Tabelle in einem herkömmlichen DBMS behandelt. Der Treiber muß die Datei öffnen und das ausführen, was der SQL-String vorschreibt. In diesem Fall gibt es keine WHERE-Klausel und auch keine weiteren Komplikationen, deshalb muß der Treiber einfach nur die Spalten und alle Zeilen der »Tabelle« HELLO lesen. Hier der Inhalt der Datei HELLO:

```
Hello World
Welcome to ODBC
```

Als nächstes springen wir in einer Schleife die einzelnen Zeilen der Datei HELLO, in der die Funktion *SQLFetch* steht, an, ermitteln mit *SQLGetData* die erste Datenspalte (in diesem Fall ist das die einzige Spalte) und zeigen mit Hilfe der Windows-Funktion *MessageBox* ein einfaches Dialogfeld an, das die ermittelten Daten anzeigt.

```
for (rc = SQLFetch(hstmt); rc == SQL_SUCCESS; rc = SQLFetch(hstmt)) {
    SQLGetData(hstmt, 1, SQL_C_CHAR, szData, sizeof(szData), &cbData);
    MessageBox(NULL, szData, "ODBC", MB_OK);
    }
```

Weil HELLO zwei Zeilen (Spalten) Text enthält, wird die *SQLFetch*-Schleife nach zwei Durchgängen beenden. Fügen Sie der Datei HELLO ein paar Zeilen hinzu, dann werden diese beim erneuten Ausführen des Programms *Hello* angezeigt.

SQLGetData stellt in ODBC die einfachste Methode dar, eine Spalte mit Daten zu ermitteln. *SQLGetData* kann nur verwendet werden, wenn zuvor mit *SQLFetch* der Cursor auf eine Zeile positioniert wurde. Anschließend kann *SQLGetData* die Daten dieser Zeile spaltenweise ermitteln. Die Spaltennummer wird als zweites Argument angegeben. *SQLGetData* ermöglicht es, Daten in die von der Anwendung benötigten Formate zu konvertieren. Hier wird der Typ SQL_C_CHAR verwendet, der anzeigt, daß es sich bei der Variablen für die Ausgabedaten, *szData*, um einen alphanumerischen String handelt, und daß dies das Format ist, in dem wir die Daten brauchen. In diesem Fall erfolgt keine Konvertierung, weil die Daten bereits als Zeichenkette vorliegen. Dieser Aufruf von *SQLGetData* hätte jedoch genau so gut funktioniert, wenn es sich bei den Daten um eine Zahl oder um ein Datum gehandelt hätte – der Treiber hätte sie einfach in einen String umgewandelt. Das fünfte Argument für *SQLGetData* gibt die Länge des übergebenen Puffers an. In diesem Fall habe ich dazu den *sizeof*-Operator von C auf den Puffer *szData* angewendet. Die Länge wird angegeben, so daß der Treiber nicht über das Ende eines Puffers hinausschreibt – ein Fehler, der fast immer zu einem GP-Fehler führt. Das letzte Argument schließlich (in diesem Fall *cbData*) ist die Anzahl der Bytes, die in den Ausgabepuffer geschrieben werden. Wenn der Wert in *szData* NULL ist, enthält die Variable *cbData* einen speziellen Wert für SQL_NULL_DATA (-1), der in SQL.H definiert ist.

Der Code, der der *SQLFetch*-Schleife folgt, gibt die verschiedenen Handles und die von den Handles belegten Ressourcen frei.

```
SQLFreeStmt(hstmt, SQL_DROP);
SQLDisconnect(hdbc);
SQLFreeConnect(hdbc);
SQLFreeEnv(henv);
return(TRUE)
```

Wird *SQLFreeStmt* mit der Option SQL_DROP aufgerufen, gibt sie den Speicher für den Anweisungs-Handle frei. *SQLDisconnect* baut die Verbindung zum Treiber ab. *SQLFreeConnect* gibt den Verbindungs-Handle frei und *SQLFreeEnv* gibt den Umgebungs-Handle frei.

Hello ist wahrscheinlich das einfachste ODBC-Programm, das es gibt, aber es ist nicht unbedingt das sinnvollste Programm auf der Welt. Wenn man mit Hilfe des Text-Treibers SELECT *-Abfragen ohne WHERE-Klausel ausführt, dann entspricht das gerade dem Öffnen der Datei, und dem anschließenden Lesen und Anzeigen aller Daten, allerdings mit einem enormen Overhead. Im nächsten Beispiel verwenden wir wieder den Text-Treiber, aber es soll mehr der Fähigkeiten von SQL und der ODBC-Features zeigen.

7.3 ODBCFile – Abfragen in Ihrem Dateisystem

In diesem Beispiel werden wir Daten ermitteln, die mehr Aussagekraft haben als die Daten aus unserem HELLO-Beispiel. Als erstes erzeugen wir eine flache Datei, die alle Dateien auf der Festplatte Ihres Computers beschreibt. Damit erhalten wir eine realistischere Textdatenbank für unsere Arbeit. Anschließend verbessern wir das *Hello*-Programm und erzeugen daraus das Programm *ODBCFile*, das Ihnen den Namen der längsten Datei auf Ihrer Festplatte anzeigt, die in den letzten fünf Tagen modifiziert oder erzeugt wurde. Dieses Beispiel zeigt Ihnen,

■ wie die ODBC-API-Installationsfunktion *SQLConfigDataSource* verwendet wird, um dynamisch eine neue Datenquelle zu erzeugen.

■ wie eine SQL-SELECT-Anweisung verwendet wird, die eine Escape-Klausel für eine ODBC-Standard-Skalarfunktion enthält.

■ wie die ODBC-Funktionen *SQLNumResultCols*, *SQLDescribeCol* und *SQLColAttributes* verwendet werden, um die Anzahl und die Beschreibungen der Spalten in der erzeugten Textdatei zu ermitteln. Das Programm benötigt diese Informationen eigentlich nicht, aber ich habe sie aufgenommen, um Ihnen zu zeigen, warum die SELECT-Anweisung das tut, was sie tut.

Abbildung 7.4 zeigt den Quellcode für *ODBCFile*. (Beachten Sie, daß ich den Code für die Fehlerbehandlung weggelassen habe, damit Sie sich ganz auf die ODBC-Funktionen konzentrieren können.)

```c
//  ODBCFile: ODBC-Programm zum Erzeugen und Abfragen
//  einer Textdatei
#include "stdinc.h"
#include <odbcinst.h>
#include "common.h"
#include "progress.h"

#define MAX_DATA        300
#define MAX_COLNAME      50
#define MAX_ERROR_MSG   100

long GenFile(char *);
static char * szDIALOG_TITLE = "ODBCFile";
static char * szDSN = "Odbcfile";

int WINAPI WinMain (HINSTANCE hInstance, HINSTANCE hPrevInstance,
                    LPSTR lpszCmdLine, int nCmdShow)
{
RETCODE rc;                     // Rückgabewert für ODBC-Funktionen
HENV    henv;                   // Umgebungs-Handle
HDBC    hdbc;                   // Verbindungs-Handle
HSTMT   hstmt;                  // Anweisungs-Handle
char    szData[MAX_DATA];       // Variable, die die ermittelten Daten
                                // aufnimmt
char *  pszData;                // Zeiger auf die ermittelten Daten
SDWORD  cbData;                 // Ausgabelänge der Daten
char *  szSQL = "select * "
                        "from MyFiles "
                        "where f3 = "
                            "(select max(f3) "
                            "from MyFiles "
                            "where f4 between {fn now()} - 1 and "
                                            "{fn now()} - 5)";
char * szDriverName = "Microsoft Text Driver (*.txt; *.csv)";
char * szAttributes =
    "DSN=odbcfile\0DefaultDir=\\\0DriverId=27\0";
SWORD   cCols;
SWORD   i;
char    szColName[MAX_COLNAME + 1];
char    szTypeName[MAX_COLNAME + 1];
SWORD   cbColName;
SWORD   fSQLType;
UDWORD  cbPrec;
SWORD   cbTypeName;
SWORD   cbScale;
SWORD   fNullable;
int     fOK;
long    nfiles;
SQLAllocEnv(&henv);
SQLAllocConnect(henv, &hdbc);

    // Verbindungsaufbau zur Datenquelle "odbcfile"; wenn nicht erfolg-
    // reich, erzeugen, Text-Datei erzeugen und Verbindung aufbauen
```

```
rc = SQLConnect(hdbc, szDSN, SQL_NTS, NULL, 0, NULL, 0);
if (rc != SQL_SUCCESS) {
    ShowProgress(NULL, hInstance, szDIALOG_TITLE);
    SetWorkingItem(
        "Erzeugen der Textdatei aus den Dateinamen auf der Festplatte");
    nfiles = GenFile("\\MyFiles");
    if (!nfiles) {
        MessageBox(NULL,
            "Abgebrochen! Drücken Sie OK, um ODBCFILE zu beenden",
            szDIALOG_TITLE,
            MB_OK);
        goto abort;
    }
    wsprintf(szData, "Datei wurde mit %ld Zeilen erzeugt", nfiles);
    SetWorkingItem(szData);
    SetProgressText(
        "Erzeugen der Datenquelle 'odbcfile' und Verbindungsaufbau");
    SQLConfigDataSource(NULL, ODBC_ADD_DSN, szDriverName,
        szAttributes);
    SQLConnect(hdbc, szDSN, SQL_NTS, 0, 0, 0, 0);
    StopProgress();
}

fOK = MessageBox(NULL,
    "Bereit zur Abfrage?", szDIALOG_TITLE, MB_YESNO);
if (fOK == IDNO)
    goto abort;

    // Anweisungs-Handle allozieren, Abfrage ausführen und
    // Fehler verarbeiten

SQLAllocStmt(hdbc, &hstmt);
ShowProgress(NULL, hInstance, szDIALOG_TITLE);
ShowCancel(FALSE);
vBusy();
SetWorkingItem("Ausführen der Abfrage.");
rc = SQLExecDirect(hstmt, szSQL, SQL_NTS);
vBusy();
if (rc != SQL_SUCCESS) {
    char    szSQLSTATE[6];
SDWORD nErr;
    char    msg[MAX_ERROR_MSG + 1];
    SWORD   cbmsg;
    while(SQLError(0, 0, hstmt, szSQLSTATE, &nErr, msg,
                sizeof(msg), &cbmsg) == SQL_SUCCESS) {
        wsprintf(szData,
            "Fehler!!\nSQLSTATE = %s, Ursprünglicher Fehler = %ld,
                msg = '%s'",
            szSQLSTATE, nErr, msg);
        MessageBox(NULL, szData, szDIALOG_TITLE, MB_OK);
    }
}
```

```
    else    {

            // Metadaten ermitteln und anzeigen

        rc = SQLNumResultCols(hstmt, &cCols);
        szData[0] = "\0";
        for (i = 1; i <= cCols; i++) {
            rc = SQLDescribeCol(hstmt, i, szColName, MAX_COLNAME,
                &cbColName, &fSQLType, &cbPrec, &cbScale, &fNullable);
            rc = SQLColAttributes(hstmt, i, SQL_COLUMN_TYPE_NAME,
                szTypeName, sizeof(szTypeName), &cbTypeName, 0);
            wsprintf(szData + lstrlen(szData),
                "Spalte %d Name = '%s'; Typ ist %02d (%s); "
                "max. Länge = %3ld\n",
                i, szColName, fSQLType, szTypeName, cbPrec);
        }
        MessageBox(NULL, szData, "ODBCFile: Spalten in der Textdatei",
            MB_OK);

            // Daten ermitteln und anzeigen

        for(rc = SQLFetch(hstmt); rc == SQL_SUCCESS;
            rc = SQLFetch(hstmt)) {
            szData[0] = "\0";
            pszData = szData;
            for(i = 1; i <= cCols; i++)  {
                SQLGetData(hstmt, i, SQL_C_CHAR, pszData,
                    MAX_DATA - (pszData - szData), &cbData);
                if (i < cCols)   {
                    pszData+=cbData;
                    *pszData++ = '\t';
                }
            }
            MessageBox(NULL, szData, "ODBCFile:  Größte Datei "
                "die zwischen gestern und vor 5 Tagen modifiziert wurde",
                MB_OK);
SetWorkingItem("Nächste Zeile holen     ");
        }
    }

    if (i)
        MessageBox(NULL,
            "Alle Zeilen geholt; ODBCFILE ist komplett",
            szDIALOG_TITLE, MB_OK);
    else
        MessageBox(NULL,
            "Keine Datensätze gefunden",
            szDIALOG_TITLE, MB_OK);

        // Aufräumen: Verwerfen und Freigeben aller Handles

SQLFreeStmt(hstmt, SQL_DROP);
abort:
```

```
SQLDisconnect(hdbc);
SQLFreeConnect(hdbc);
SQLFreeEnv(henv);
StopProgress();
return(TRUE);
}
```

Abbildung 7.4 – ODBCFile

Das Programm *ODBCFile* beginnt etwas anders als das *Hello*-Programm. Die *#include*-Anweisungen für WINDOWS.H, ODBC.H und ODBCEXT.H wurden durch eine einzige Zeile ersetzt:

```
#include "stdinc.h"
```

Das ist ein vorkompilierter Header, der alle oben aufgelisteten Include-Dateien sowie einige C-Laufzeit-*#includes* enthält. Wir werden STDINC.H im gesamten Teil II verwenden.

Das Programm *ODBCFile* alloziert Handles und stellt die Verbindung zum Treiber in der Weise her, wie das Programm *Hello* es gemacht hat. Aber nach dem Aufruf von *SQLConnect* erfolgt eine Fehlerprüfung. Wird ein Fehler festgestellt, nehmen wir an, daß der Datenquellenname »odbcfile« nicht vorhanden ist. (Wenn Sie das Programm zum ersten Mal aufrufen, dann gibt es diese Datenquelle noch nicht.)

Um die Textdatei zu erzeugen, die diesem Programm als Datenbanktabelle dient, rufen wir die Funktion *GenFile* auf. *GenFile* erzeugt mit Hilfe einer Utility-Bibliothek eine Zeile für jede Datei auf Ihrer Festplatte. Jede Zeile enthält den Verzeichnispfad, den Dateinamen, die Dateigröße und das Datum, an dem die Datei erzeugt oder zuletzt modifiziert wurde. Die Zeile zum Beispiel, die WIN.COM beschreibt (das Programm, das Windows startet), sieht auf meinem Computer folgendermaßen aus:

```
\WINDOWS\,win.com,50904,1994-12-08 12:09
```

Abhängig von der Größe Ihrer Festplatte wird der Prozeß zum Erzeugen der Datei eine oder zwei Minuten in Anspruch nehmen. Ein Dialogfeld zeigt den Fortschritt des Prozesses, und Sie können jederzeit die Schaltfläche Abbrechen anklicken, um ihn abzubrechen. Die erzeugte Datei heißt MYFILES und wird im Hauptverzeichnis abgelegt.

Nachdem MYFILE erzeugt wurde, müssen wir noch die Datenquelle »odbcfile« erzeugen. Dazu verwenden wir die ODBC-Installationsfunktion *SQLConfigDataSource*. *SQLConfigDataSource* ist die Funktion, die die Programmierer dazu verwenden, einen Treiber und seine Attribute aus einem Programm heraus zu spezifizieren. Die Endbenutzer können dasselbe tun, indem sie den ODBC-Administrator aus der Systemsteuerung von Windows aufrufen. Die Variablen *szDriverName* und *szAttributes* enthalten die Treiberbeschreibung und die Attribute, mit denen ich die Datenquelle für den Treiber erzeugen will. Hier die Variablendeklarationen und der Aufruf von *SQLConfigDataSource*:

ODBCFile – Abfragen in Ihrem Dateisystem

```
char * szDriverName = "Microsoft Text Driver (*.txt; *.csv)";
char * szAttributes = "DSN=odbcfile\0DefaultDir\\\0DriverId=27\0";

SQLConfigDataSource(hInstance, ODBC_ADD_DSN, szDriverName,
    szAttributes);
```

Hinweis:
Die Funktion *SQLConfigDataSource* kann auch dazu verwendet werden, um einen Datenquellennamen zu modifizieren oder zu löschen. Zum Modifizieren geben Sie als zweites Argument ODBC_CONFIG_DSN, zum Löschen ODBC_REMOVE_DSN an.

Der Treiber wird mit seinem deskriptiven Namen spezifiziert, der in ODBCINST.INI[4] abgelegt ist, nicht mit seinem eigentlichen DLL-Namen. Nachdem *SQLConfigDataSource* abgearbeitet ist, erscheint ein neuer Eintrag in ODBC.INI, nämlich »odbcfile«. Jetzt versuchen wir unter Verwendung von *SQLConnect* eine Verbindung aufzubauen. Diesmal sollte die Anweisung erfolgreich sein, weil wir die Datenquelle gerade erzeugt haben. Nun können wir mit *SQLAllocStmt* den Anweisungs-Handle allozieren und mit *SQLExecDirect* die in der Variablen *szSQL* angegebene Abfrage ausführen. Aber was macht diese komplizierte Abfrage? Hier finden Sie den SQL-Text noch einmal, etwas modifiziert, damit er besser lesbar ist:

```
select *
from MyFiles
where f3 = (
    select max(f3)
    from MyFiles
    where f4 between {fn now()} - 1 and {fn now()} - 5
    )
```

Die erste und die zweite Zeile teilen dem DBMS mit, alle Spalten der Datei MYFILES zu selektieren. Die WHERE-Klausel, die in der dritten Zeile beginnt, besagt, daß wir nur an der Zeile interessiert sind, in der die Spalte *f3* (die Dateigröße) die größte für alle Zeilen ist, wobei die Spalte *f4* (das Datum und die Zeit, als die Datei zum letzten Mal geschrieben wurde) vor zwischen einem und fünf Tagen liegt. Kurz gesagt: wir fordern das DBMS auf, die größte Datei zu suchen, in die in den letzten fünf Tagen geschrieben wurde.

Beachten Sie die Verwendung der geschweiften Klammern, { und }, in dieser Abfrage. Die geschweiften Klammern sind Begrenzungszeichen für die ODBC-Escape-Klausel, die verwendet wird, wenn der Treiber etwas von einer Standardsyntax in eine treiberspezifische oder DBMS-spezifische Syntax umwandeln muß. Wir haben bereits in Kapitel 5 (Abschnitt 5.8.2.3) verschiedene Arten von Escape-Klauseln vorgestellt. Der Ausdruck *{fn now()}* zeigt die Verwendung der ODBC-Escape-Klausel für die skalaren ODBC-Funktionen, die jetzt aufgerufen werden. Wie Sie vielleicht schon vermuten, gibt die Skalarfunktion *now* das aktuelle Datum und die aktuelle Zeit zurück.

---

[4] In der Datei ODBCINST.INI werden Informationen über die installierten Treiber gespeichert. Mit Hilfe der Datei ODBC.INI werden den Treibern Datenquellennamen zugeordnet.

Ich habe statt der ursprünglichen Syntax des Text-Treibers die ODBC-Escape-Klausel für die Skalarfunktion *now* verwendet, weil ich damit diesen Teil der Abfrage nicht umschreiben muß, wenn die Anwendung für ein anderes DBMS eingesetzt werden soll (vorausgesetzt, der ODBC-Treiber für das andere DBMS-System unterstützt die ODBC-Funktion *now*).

Wenn die Abfrage durchgeführt ist[5] (was eine Weile dauern kann, abhängig von der Größe von MYFILES), ermitteln wir über den Rückgabewert *rc*, ob sie erfolgreich war oder nicht. Wenn sie nicht erfolgreich war (was eigentlich nicht der Fall sein sollte, es sei denn, der Treiber ist nicht installiert oder die Funktion *GenFile* ist fehlgeschlagen), rufen wir die Funktion *SQLError* auf, um den Standard-Fehlercode (SQLSTATE), die ursprüngliche Fehlernummer und den Text der Fehlermeldung zu erhalten. Im allgemeinen rufen die meisten ODBC-Programme *SQLError* auf, wenn eine ODBC-Funktion einen Fehler zurückgibt. Der Aufruf von *SQLError* erfolgt in einer *while*-Schleife, weil es möglich ist, daß der Treiber mehrere Fehler zurückgibt. Wir haben die Fehlerbehandlung durch *SQLError* bereits in Kapitel 4 (Abschnitt 4.2.3.5) beschrieben. Wenn die Abfrage erfolgreich war, verwenden wir *SQLNumResultCols*, um die Anzahl der Spalten des Ergebnisses in der Variablen *cCols* abzulegen. *SQLNumResultCols* wird immer dann aufgerufen, wenn die Menge der Spalten in einer Ergebnismenge unbekannt ist. Ich hätte sie hier zwar nicht unbedingt benötigt, aber es ist nicht falsch, *SQLNumResultCols* für SELECT *-Abfragen aufzurufen, weil sich die Definition einer Tabelle möglicherweise irgendwann ändert.

Wenn wir die Anzahl der Spalten kennen, können wir anhand dieser Information die einzelnen Spalten durchlaufen und die deskriptiven Informationen über jede Spalte mit Hilfe der Funktion *SQLDescribeCol* ermitteln. Diese deskriptiven Informationen über zurückgegebene Daten nennt man auch *Metadaten*. So wie *SQLNumResultCols* wird auch *SQLDescribeCol* hier nicht unbedingt benötigt. Ich rufe diese Funktion nur auf, um die Datentypen der erzeugten Textdatei anzuzeigen. Wenn man eine Abfrage fest codiert, so daß sie bestimmte Spaltennamen und Typen in einer Tabelle erwartet, wie wir es auch in ODBCFILE.C machen, muß man *SQLDescribeCol* nicht unbedingt aufrufen – man kennt ja die Beschreibung der Daten in der Abfrage bereits. Für dieses Beispiel jedoch soll die Datentypinformation angezeigt werden, so daß Sie die ausgeführte Abfrage besser verstehen können. Der Aufruf von *SQLDescribeCol* in ODBCFILE.C sieht folgendermaßen aus:

```
SQLDescribeCol(hstmt, i, szColName, MAX_COLNAME, &cbColName, &fSQLType,
&cbPrec, &cbScale, &fNullable);
```

SQLDescribeCol gibt die am häufigsten benutzten Metadaten in einem einzigen Funktionsaufruf zurück. Dabei handelt es sich unter anderem um den Spaltennamen (*szColName*), seinen ODBC-Datentyp (*fSQLType*), die definierte Länge der Spalte (*cbPrec*), ihre Skalierung (DECIMAL, NUMERIC oder TIMESTAMP), die die Anzahl der Stellen rechts vom Dezimalpunkt (*cbScale*) spezifiziert, sowie ein Flag, das angibt, ob die Spalte

---

5 Leider können Sie die Abfrage nicht abbrechen, auch wenn Sie das möchten. Der Text-Treiber unterstützt nämlich keine asynchrone Verarbeitung, deshalb bleibt Ihnen nichts anderes übrig, als zu warten.

ODBCFile – Abfragen in Ihrem Dateisystem

Nullwerte enthalten darf (*fNullable*). Die Datentypinformation, die in *fSQLType* zurückgegeben wird, ist eine Zahl, die den in ODBC definierten Typnummern entspricht. (Die ODBC-Typen und ihre Bedeutung wurden in Kapitel 5, Abschnitt 5.6 definiert). Treiber müssen die Datentypen auf die von ODBC definierten Typen abbilden, so daß die Anwendungen wissen, welchen C-Datentyp sie für die an *SQLGetData* übergebene Ausgabevariable verwenden sollen.

Die von *SQLDescribeCol* zurückgegebene Information enthält möglicherweise nicht alle Metadaten, die Sie benötigen. In ODBCFile zum Beispiel will ich auch die ursprünglichen Datentypnamen für die Spalten in der Textdatei anzeigen, aber diese Information wird nicht von *SQLDescribeCol* zurückgegeben. Die allgemeinere Metadaten-Funktion ist *SQLColAttributes*. *SQLColAttributes* nimmt einen Eingabeparameter entgegen, der beschreibt, welche Art Metadaten Sie benötigen, und gibt diese dann zurück. Das schöne an *SQLColAttributes* ist, daß es sehr allgemein ist; es gibt nicht nur eine sehr umfangreiche Liste aus Metadaten-Elementen, aus denen Sie auswählen können, sondern die Entwickler von Treibern können ihr auch zusätzliche Elemente hinzufügen, die für den Treiber bzw. die Datenquelle spezifisch sind. Wenn Sie ein treiberspezifisches Element verwenden, sind Sie zwar nicht mehr mit anderen Treibern kompatibel, aber wenn Sie die Diskussion in Abschnitt 5.7 in Kapitel 5 verfolgt haben, werden Sie noch wissen, daß es eines der hauptsächlichen Designziele von ODBC war, es dem Anwendungsentwicklern – nicht der ODBC-API – zu überlassen, welche Kompatibilitätsstufe er wählt. Die folgende Zeile zeigt den Aufruf von *SQLColAttributes* in ODBCFILE.C:

```
SQLColAttributes(hstmt, i, SQL_COLUMN_TYPE_NAME, szTypeName,
sizeof(szTypeName), &cbTypeName, 0);
```

Für die angegebene Spaltennummer (*i*) spezifizieren wir das Argument *fDesc* als SQL_COLUMN_TYPE_NAME, und der Treiber gibt den Typenamen in der Variablen *szTypeName* zurück. In diesem Beispiel verknüpfe ich alle Metadateninformationen für *SQLDescribeCol* und *SQLColAttributes* in einem langen String, der nach der Ausführung der Schleife angezeigt wird. Nach der Anzeige der Metadaten erfolgt mit Hilfe der *SQLFetch*-Schleife eine Positionierung auf die einzelnen Zeilen. Für jede Zeile ruft die innere Schleife *SQLGetData* auf, um die einzelnen Spalten zu ermitteln (so wie wir es auch im *Hello*-Programm gemacht haben). Wie die Metadaten verknüpfe ich auch alle Informationen für jede Zeile und zeige sie in einem Aufruf von *MessageBox* an.

Wenn die Ergebnisse der Abfrage angezeigt wurden, werden die üblichen Aufräumarbeiten ausgeführt: alle Handles werden freigegeben, und die Verbindung wird beendet.

Wenn Sie das Programm ODBCFile zum ersten Mal ausführen, erscheint ein Dialogfeld mit der Anzeige, daß die Textdatei und die Datenquelle erzeugt werden müssen. Nachdem Sie das getan haben, müssen Sie die Datei MYFILES oder die Datenquelle fünf Tage lang nicht mehr neu erzeugen. (Wenn die Datei nicht nach fünf Tagen neu erzeugt wird, zeigt die Abfrage keine Zeilen an.) Folgende Ausführungen des Programms bauen sofort eine Verbindung auf und gehen zum nächsten Schritt weiter. Dort kündigt das Dialogfeld an, daß das Programm bereit ist, die Abfrage auszuführen. Ist die Abfrage abgearbeitet, werden die Metadaten angezeigt, gefolgt von den Daten, die die Abfrage zurückgegeben hat. Bei den Daten handelt es sich um den Verzeichnisnamen, den Dateinamen, die Größe der Datei und den Zeitpunkt, zu dem sie geschrieben wurde. Wenn Sie mehrere Dateien mit derselben Größe haben, die auch gleichzeitig die größten Dateien sind, dann sehen Sie dieses Dialogfeld mehrfach. Sie sehen überhaupt nichts, wenn die Dateien auf Ihrer Festplatte nicht in den letzten ein bis fünf Tagen modifiziert wurden. Um die Textdatei neu zu erzeugen, löschen Sie die Datenquelle »odbcfile« mit Hilfe des ODBC-Administrators und führen das Programm ODBCFile erneut aus.

Ich hoffe, dieses Beispiel hat Ihnen demonstriert, was Sie alles mit SQL und einem einfachen Text-Treiber machen können. Ich würde Ihnen zwar nicht empfehlen, echte Datenbankapplikationen mit dem Text-Treiber zu erstellen, aber er kann außerordentlich nützlich zum Importieren oder Exportieren von Daten in unterschiedlichen Datenformaten sein. Die Performance dieses Treibers ist jedoch nicht besonders gut, weil er keine Indizes besitzt.

Offensichtlich wäre die Leistungsfähigkeit, die durch den Einsatz von SQL für das Dateisystem entsteht, sinnvoller genutzt, wenn der Treiber direkt mit dem Dateisystem kommunizieren würde. Könnte man einen solchen Treiber schreiben? Natürlich! Aber meines Wissens nach hat noch nie jemand einen solchen Treiber geschrieben (auch wenn ich versucht war, zur Demonstration einen für dieses Buch zu schreiben). Wir sind jedoch mit dem Dateisystem noch nicht fertig. Das nächste Beispiel zeigt die wesentlichen Performancegewinne, die erzielt werden können, wenn Sie einen Treiber verwenden, der Indizes benutzt. Darüber hinaus werden weitere Elemente der ODBC-API vorgestellt.

7.4 ODBCAcc – damit Sie mehr Spaß mit Ihrem Dateisystem haben

In diesem Beispiel werden wir das Programm ODBCFile weiter verbessern. In dem neuen Programm werden zwei verschiedene Treiber verwendet – einer, der Indizes verwendet (der Microsoft Access-Treiber), und einer, der keine Indizes verwendet (der Text-Treiber) –, um zu zeigen, welche Auswirkungen das auf die Performance hat. Mehrere Techniken werden vorgestellt:

- Wie man mit Hilfe der Installations-API eine Microsoft Access-Datenbank erzeugt.
- Wie man mehrere Verbindungs- und Anweisungs-Handles benutzt.
- Wie man Spalten und Parameter mit *SQLBindCol* und *SQLBindParameter* bindet.
- Wie man *SQLPrepare* und *SQLExecute* verwendet.
- Wie man *SQLTransact* verwendet.

Das Programm ODBCAcc baut auf dem Programm ODBCFile auf, indem es alle Zeilen der Textdatei, die von ODBCFile erzeugt wurde, in eine Microsoft Access-Datenbank kopiert. Anschließend führt es zwei Abfragen sowohl mit dem Text-Treiber als auch mit dem Microsoft Access-Treiber aus. Für jeden Treiber wird die Ausführungszeit gemessen und angezeigt. Abbildung 7.5 zeigt den Quellcode für ODBCACC.C.

ODBCAcc – damit Sie mehr Spaß mit Ihrem Dateisystem haben

```c
#include "stdinc.h"
#include <odbcinst.h>
#include "stdio.h"
#include "time.h"
#include "common.h"
#include "progress.h"

#define MAX_DATA        300
#define MAX_COLNAME     50
static void RunQuery(HDBC, char * pszSQL, char * pszTitle);
static void fCopyText(HDBC hdbc, HDBC hdbc2);

int WINAPI WinMain (HINSTANCE hInstance, HINSTANCE hPrevInstance,
                    LPSTR lpszCmdLine, int nCmdShow)
{
HENV      henv;              // Umgebungs-Handle
HDBC      hdbc;              // Verbindungs-Handle
HDBC      hdbc2;             // Verbindungs-Handle
char      szSQL1[] =
    "select * "
    "from MyFiles "
    "where f3 = ( "
        "select max(f3) "
        "from MyFiles "
        "where f4 "
        "between {fn now()} - 1 and {fn now()} - 5 "
        ")";
char      szSQL2[] =
    "select * "
    "from MyFiles "
    "where f2 in ( "
        "select f2 "
        "from MyFiles "
        "where f3 > 350000 "
        "group by f2 "
        "having(count(*) > 1) "
        ") "
    "order by f2";
char      szDriverName[] = "Microsoft Access-Treiber (*.mdb)";
char      szAttributes[] = "DSN=odbcacc\0DefaultDir=\\\0"
                           "DriverId=25\0DBQ=odbcacc.mdb\0";
char      szAttributesCreateMDB[] =
                           "CREATE_DB=\\odbcacc.mdb General\0";
int       fOK;

ShowProgress(NULL, hInstance, 'ODBCACC');
ShowCancel(FALSE);

    // Microsoft Access-Datenbank-Datei ODBCACC.MDB erzeugen
SQLConfigDataSource(NULL, ODBC_ADD_DSN, szDriverName,
    szAttributesCreateMDB);
```

▶

```
    // Datenquelle "odbcacc" für die neue Datenbank erzeugen
SetWorkingItem("Access-Datenbank ODBCACC.MDB erzeugen...");
SQLConfigDataSource(NULL, ODBC_ADD_DSN, szDriverName,
    szAttributes);

    // Handles allozieren und eine Verbindung zu den
    // Text- und MS Access-Treibern aufbauen
SQLAllocEnv(&henv);
SQLAllocConnect(henv, &hdbc);
SetWorkingItem("Verbindungsaufbau zu den Datenquellen odbcfile
                und odbcacc");
SQLConnect(hdbc, "odbcfile", SQL_NTS, NULL, 0, NULL, 0);
SQLAllocConnect(henv, &hdbc2);
SQLConnect(hdbc2, "odbcacc", SQL_NTS, NULL, 0, NULL, 0);

fOK = MessageBox(0, "Text erzeugen und in "
    "Microsoft Access-Tabelle kopieren?", "ODBCAcc", MB_YESNO);
if (fOK == IDYES)
    // Microsoft Access-Tabelle aus der Textdatei füllen
    fCopyText(hdbc, hdbc2);

fOK = MessageBox(0, "Abfragen ausführen? "ODBCAcc", MB_YESNO);
if (fOK == IDYES) {
    // Abfragen mit beiden Servern durchführen
    RunQuery(hdbc, szSQL1, "Text-Treiber - "
        "Größte Datei, die in den letzten 5 Tagen verändert wurde");
    RunQuery(hdbc2, szSQL1, "Microsoft Access-Treiber - "
        " Größte Datei, die in den letzten 5 Tagen verändert wurde ");
    RunQuery(hdbc, szSQL2, " Text-Treiber - "
        "Doppelte Dateien, die größer als 350 KB sind");
    RunQuery(hdbc2, szSQL2, "Microsoft Access-Treiber - "
        " Doppelte Dateien, die größer als 350 KB sind ");
    }

    // Verbindung abbauen und Verbindungs-Handles freigeben
SQLDisconnect(hdbc);
SQLDisconnect(hdbc2);
SQLFreeConnect(hdbc);
SQLFreeConnect(hdbc2);
SQLFreeEnv(henv);
StopProgress();
return(TRUE);
}
////////////////////////////////////////////////////////////////
// RunQuery - Führt den SQL-Eingabestring aus
//
// Rückgabe: Nichts
////////////////////////////////////////////////////////////////

void RunQuery(
    HDBC hdbc,          // Verbindungs-Handle
    char * pszSQL,      // SQL-String, der ausgeführt werden soll
                        // (ohne den Tabellennamen)                    ▶
```

```c
    char  * pszTitle    // Titel des Dialogfelds
    )
{
HSTMT      hstmt;
    DWORD      t1;
    DWORD      t2;
    RETCODE    rc;         // Rückgabewert für ODBC-Funktionen
    char       szData[MAX_DATA];
    char   *   pszData;
    SWORD      cCols;
    SWORD      i;
    char       szColName[MAX_COLNAME + 1];
    char       szTypeName[MAX_COLNAME + 1];
    SWORD      cbColName;
    SWORD      fSQLType;
    UDWORD     cbPrec;
    SWORD      cbTypeName;
    SWORD      cbScale;
    SWORD      fNullable;
    SDWORD     cbData;

    SQLAllocStmt(hdbc, &hstmt);
    MessageBox(NULL, "Bereit für die Abfrage?", pszTitle, MB_OK);
    SetWorkingItem("Die Abfrage wird ausgeführt ...");
    SetProgressText(pszTitle);
    vBusy();
    t1 = GetTickCount();
    rc = SQLExecDirect(hstmt, pszSQL, SQL_NTS);
    t2 = GetTickCount();
    SetWorkingItem("Complete");
    SetProgressText("");
    vBusy();

    wsprintf(szData, "Execution time = %ld:%ld seconds",
        (long) (t2 - t1) / 1000L,
        (long) (t2 - t1) % 1000L
        );
    MessageBox(0, szData, pszTitle, MB_OK);
    if (rc != SQL_SUCCESS) {
        char szSQLSTATE[6];
        long nErr;
        char msg[100];
        short cbmsg;
        while(SQLError(0, 0, hstmt, szSQLSTATE, &nErr, msg, 100,
            &cbmsg) == SQL_SUCCESS) {
                wsprintf(szData, "Fehler! sqlstate = %s, urspr. Fehlercode = "
                    "%ld, msg = '%s'", szSQLSTATE, nErr, msg);
                MessageBox(NULL, szData, "ODBCAcc", MB_OK);
            }
        }
    else   {
        SQLNumResultCols(hstmt, &cCols);
        szData[0] = '\0';
```

```
            for (i = 1; i <= cCols; i++) {
                SQLDescribeCol(hstmt, i, szColName, MAX_COLNAME,
                    &cbColName, &fSQLType, &cbPrec, &cbScale,
                    &fNullable);
                SQLColAttributes(hstmt, i, SQL_COLUMN_TYPE_NAME,
                    szTypeName, sizeof(szTypeName), &cbTypeName,
                    0);
                wsprintf(szData + lstrlen(szData),
                    "Spalte %d name = '%s'; Typ: %02d (%s); "
                    "max. Länge = %3ld\n",
                    i, szColName, fSQLType, szTypeName, cbPrec);
            }
            MessageBox(NULL, szData,
                "ODBCAcc: Spaltenbeschreibungen", MB_OK);
        }
    for(rc = SQLFetch(hstmt); rc == SQL_SUCCESS;
        rc = SQLFetch(hstmt)) {
        szData[0] = '\0';
        pszData = szData;
        for(i = 1; i <= cCols; i++)  {
            SQLGetData(hstmt, i, SQL_C_CHAR, pszData,
                MAX_DATA - (pszData - szData), &cbData);
            if (i < cCols) {
                pszData += cbData;
                *pszData++ = '\t';
                }
            }
        MessageBox(NULL, szData, pszTitle, MB_OK);
        }
    SQLFreeStmt(hstmt, SQL_DROP);
}

/////////////////////////////////////////////////////////////////////
// fCopyText - Importiert eine Tabelle vom Text-Treiber in die
//             Microsoft Access-Datenbank, unter Verwendung von
//             INSERT-Anweisungen und
//             SQLPrepare/SQLExecute
//
// Rückgabe: Nichts
/////////////////////////////////////////////////////////////////////

void fCopyText(HDBC hdbc, HDBC hdbc2)
{
HSTMT              hstmt;
    HSTMT          hstmt2;
    char           szData[MAX_DATA];
    SDWORD         cbData1;
    SDWORD         cbData2;
    SDWORD         cbData3;
    SDWORD         cbData4;
    char           f1[MAX_DATA + 1];
    char           f2[MAX_DATA + 1];
    SDWORD         lf3;
```

```
TIMESTAMP_STRUCT tsf4;
DWORD            t1;
DWORD            t2;
DWORD            rowcount;
RETCODE          rc;              // Rückgabewert für ODBC-Funktionen

SQLAllocStmt(hdbc, &hstmt);
SQLAllocStmt(hdbc2, &hstmt2);

SetWorkingItem("Access-Tabelle 'MyFiles' wird erzeugt");
SQLExecDirect(hstmt2, "Verwerfen von Tabelle MyFiles", SQL_NTS);

SQLExecDirect(hstmt2, "Erzeugen Tabelle MyFiles ("
    "f1 text(255), "
    "f2 text(15), "
    "f3 long, "
    "f4 datetime)",
    SQL_NTS);

SQLBindCol(hstmt, 1, SQL_C_CHAR, f1, MAX_DATA, &cbData1);
SQLBindCol(hstmt, 2, SQL_C_CHAR, f2, MAX_DATA, &cbData2);
SQLBindCol(hstmt, 3, SQL_C_LONG, &lf3, sizeof(lf3), &cbData3);
SQLBindCol(hstmt, 4, SQL_C_TIMESTAMP, &tsf4, sizeof(tsf4),
    &cbData4);

SQLBindParameter(hstmt2, 1, SQL_PARAM_INPUT, SQL_C_CHAR,
    SQL_CHAR, 15, 0, f1, sizeof(f1), &cbData1);
SQLBindParameter(hstmt2, 2, SQL_PARAM_INPUT, SQL_C_CHAR,
    SQL_CHAR, 255, 0, f2, sizeof(f2), &cbData2);
SQLBindParameter(hstmt2, 3, SQL_PARAM_INPUT, SQL_C_LONG,
    SQL_INTEGER, 0, 0, &lf3, sizeof(lf3),&cbData3);
SQLBindParameter(hstmt2, 4, SQL_PARAM_INPUT, SQL_C_TIMESTAMP,
    SQL_TIMESTAMP, 0, 0, &tsf4, 0, &cbData4);

SQLSetConnectOption(hdbc2, SQL_AUTOCOMMIT, SQL_AUTOCOMMIT_OFF);
SQLPrepare(hstmt2,
    "Einfügen in MyFiles(f1, f2, f3, f4) Werte (?, ?, ?, ?)",
    SQL_NTS);
rc = SQLExecDirect(hstmt, "select * from MyFiles", SQL_NTS);
t1 = GetTickCount();

SetWorkingItem("Kopieren der Datensätze von der Textdatei in Access");
ShowCancel(TRUE);
for(rowcount = 0, rc = SQLFetch(hstmt); rc == SQL_SUCCESS;
    rc = SQLFetch(hstmt)) {
    SQLExecute(hstmt2);
    rowcount++;
    if (rowcount % 10 == 0 ) {
        wsprintf(szData, "%ld records copied", rowcount);
        SetProgressText(szData);
        if (fCancel())
            break;
    }
```
▶

```
            }
        SetProgressText("");
        SQLTransact(SQL_NULL_HENV, hdbc2, SQL_COMMIT);
        t2 = GetTickCount();
        wsprintf(szData, "Kopieren abgeschlossen"
            "in %ld:%ld Sekunden; %ld Datensätze/secÓ,
            (long) (t2 - t1) / 1000L,
            (long) (t2 - t1) % 1000L,
            (long) (t2 - t1 >= 1000L) ?
                (rowcount / ((t2 - t1) / 1000L)) : rowcount
            );
        SetWorkingItem(szData);
        SQLFreeStmt(hstmt, SQL_DROP);
        ShowCancel(FALSE);
        SQLExecDirect(hstmt2,
            "Index f2idx für MyFiles(f2) erzeugen", SQL_NTS);
        SQLExecDirect(hstmt2,
            " Index f3idx für MyFiles(f3) erzeugen ", SQL_NTS);
        SQLExecDirect(hstmt2,
            " Index f4idx für MyFiles(f4) erzeugen ", SQL_NTS);
        SQLTransact(SQL_NULL_HENV, hdbc2, SQL_COMMIT);
        SQLFreeStmt(hstmt2, SQL_DROP);
        SQLSetConnectOption(hdbc2, SQL_AUTOCOMMIT, SQL_AUTOCOMMIT_ON);
}
```

Abbildung 7.5 – ODBCACC.C

7.4.1 Erzeugen einer Microsoft Access-Datenbank

Das erste, was dieses Programm macht, ist eine Microsoft Access-Datenbank zu erzeugen, wozu es die Funktion *SQLConfigDataSource* verwendet, zusammen mit einigen treiberspezifischen Schlüsselwörtern. In diesem Fall gibt der Attributstring an, daß eine Microsoft Access-Datenbank namens ODBCACC im Hauptverzeichnis erzeugt werden sollte, und zwar mit folgendem Code:

```
char    szDriverName[] = "Microsoft Access-Treiber (*.mdb)";

char    szAttributesCreateMDB[] =
                "CREATE_DB=\\odbcacc.mdb General\0";

SQLConfigDataSource(hInstance, ODBC_ADD_DSN, szDriverName,
    szAttributesCreateMDB);
```

Nachdem die Datenbankdatei angelegt wurde, werden der Umgebungs-Handle und zwei Verbindungs-Handles erzeugt. Die Aufrufe von *SQLConnect* sorgen für die Verbindung zum Text-Treiber, wozu sie den Datenquellennamen »odbcfile« verwenden, und zum Microsoft Access-Treiber, indem sie den neu erzeugten Datenquellennamen »odbcacc« verwenden.

Als nächstes muß der Benutzer angeben, ob er die Textdaten in die Microsoft Access-Datenbank importieren will. Das Importieren muß mindestens einmal erfolgen, so daß die Abfragen stattfinden können. Es wird mit Hilfe der Funktion *fCopyText* realisiert, die wir sofort besprechen werden.

Jetzt muß der Benutzer angeben, ob er die Abfragen ausführen will. Wenn er die Schaltfläche Yes selektiert, erfolgen vier Aufrufe der Funktion *RunQuery*, um die Abfragen zu beginnen. Anschließend führt das Programm die üblichen Aufräumarbeiten durch.

7.4.2 Kopieren von Daten in die Datenbank

Die Funktion *fCopyText* zeigt eine der gebräuchlichen Techniken, die zum Einfügen von Daten in eine Tabelle verwendet werden.[6] Zunächst werden Anweisungs-Handles alloziert und die Tabelle *MyFiles* wird (falls sie schon existiert) verworfen und mit Hilfe von *SQLExecDirect* neu erzeugt. Die folgende Sequenz zeigt, wie das geht:

```
SQLExecDirect(hstmt2, "Tabelle MyFiles verwerfen", SQL_NTS);

SQLExecDirect(hstmt2, "Tabelle MyFiles erzeugen("
    "f1 text(255), "
    "f2 text(15), "
    "f3 long, "
    "f4 datetime)",
    SQL_NTS);
```

Wenn die Tabelle *MyFiles* nicht existiert, ergibt der erste Aufruf von *SQLExecDirect* einen Fehler. Wir werden den Fehler ignorieren, weil wir ohnehin eine neue Tabelle erzeugen wollen.

Als nächstes rufen wir *SQLBindCol* auf, um alle Spalten zu binden, die wir aus der Textdatei ermitteln wollen. Die erste *SQLBindCol*-Anweisung sehen Sie hier:

```
SQLBindCol(hstmt, 1, SQL_C_CHAR, f1, MAX_DATA, &cbData1);
```

SQLBindCol ist ähnlich der Funktion *SQLGetData*, die wir im vorigen Beispiel benutzt haben, und beide Funktionen erzeugen auch dasselbe Ergebnis. Der wichtigste Unterschied ist, daß *SQLBindCol* normalerweise außerhalb der Schleife zum Holen der Daten aufgerufen wird, und daß die Daten nicht sofort zurückgegeben werden (so wie es bei *SQLGetData* der Fall ist). So wie *SQLGetData* basiert auch *SQLBindCol* auf *SQLFetch* oder *SQLExtendedFetch*, um den Cursor auf der nächsten Zeile in der Ergebnismenge zu positionieren. Wenn *SQLBindCol* verwendet wird, füllt die Funktion die spezifizierte Variable automatisch mit den Daten aus der Ergebnismenge– es müssen keine weiteren Funktionen aufgerufen werden. Der Treiber speichert die Adresse, die für jede gebundene Spalte angegeben wird, und legt immer wenn eine Zeile geholt wird, dort Daten ab. So wie bei *SQLGetData* können auch hier Umwandlungen für die Argumente von *SQLBindCol*

---

[6] Im nächsten Beispiel werden wir eine weniger offensichtliche Technik betrachten, die für einige Desktop-Datenbank-Treiber, die die ODBC-Stufe-2-Funktion *SQLSetPos* unterstützen, eine wesentlich bessere Performance bietet.

vorgegeben werden. In diesem Beispiel binden die vier Aufrufe die Variablen *f1*, *f2*, *lf3* und *tsf4* zu den Spalten *f1*, *f2*, *f3* und *f4*. Beachten Sie, daß die Typen der einzelnen Variablen dem *fCType*-Argument von *SQLBindCol* entsprechen müssen. In diesem Fall bestehen die Variablen aus zwei Zeichenketten, einem Long Integer und einer Zeitmarke. Immer dann, wenn *SQLFetch* aufgerufen wird, erhalten die vier Variablen die Werte der nächsten Zeile in der Ergebnismenge. Die Funktion wandelt die Werte in die entsprechende Darstellung um, die durch den C-Typ vorgegeben ist. Für die Zeichenketten muß keine Umwandlung erfolgen. Für den Long Integer und die Zeitmarke wird die Textdarstellung der Daten, die in der Textdatei gespeichert ist, in den Typ umgewandelt, der durch den Typ SQL_C vorgegeben ist. Die weiteren Aufrufe von *SQLBindCol* werden im folgenden gezeigt:

```
SQLBindCol(hstmt, 2, SQL_C_CHAR, f2, MAX_DATA, &cbData2);
SQLBindCol(hstmt, 3, SQL_C_LONG, &lf3, sizeof(lf3), &cbData3);
SQLBindCol(hstmt, 4, SQL_C_TIMESTAMP, &tsf4, sizeof(tsf4),
    &cbData4);
```

Auf die *SQLBindCol*-Aufrufe folgen vier Aufrufe von *SQLBindParameter*, von denen der erste hier gezeigt ist:

```
SQLBindParameter(hstmt2, 1, SQL_PARAM_INPUT, SQL_C_CHAR,
    SQL_CHAR, 15, 0, f1, sizeof(f1), &cbData1);
```

SQLBindParameter ist für die SQL-Parameter das, was *SQLBindCol* für die Spalten in einer Ergebnismenge darstellt. In diesem Fall führen wir ein Binden zu den gleichen Variablen durch, die zum Ermitteln der Daten verwendet werden. Das ist völlig in Ordnung. Wir wollen in unserem Programm nichts kopieren, auch nicht die Treiber. Wenn die Daten vom Text-Treiber ermittelt wurden, kann der Microsoft Access-Treiber sie benutzen, da der Treiber die Adressen der in *SQLBindCol* spezifizierten Adressen kennt. Die nächste Zeile spezifiziert, daß unsere Kopie für die Transaktionssteuerung verwendet wird:

```
SQLSetConnectOption(hdbc2, SQL_AUTOCOMMIT, SQL_AUTOCOMMIT_OFF);
```

Standardmäßig laufen ODBC-Anwendungen im Autocommit-Modus, das heißt, jede ausführbare Anweisung wird als atomare Aktion betrachtet. Weil wir wollen, daß mehrere Anweisungen als eine atomare Arbeitseinheit für den Microsoft Access-Treiber betrachtet werden, müssen wir das Autocommit ausschalten, indem wir *SQLSetConnectOption* angeben, wie oben gezeigt.

Jetzt wollen wir Daten aus der Textdatei ermitteln und in die Microsoft Access-Datenbank einfügen. Zuerst wird die INSERT-Anweisung unter Verwendung der Funktion *SQLPrepare* vorbereitet:

```
SQLPrepare(hstmt2,
    "In MyFiles einfügen (f1, f2, f3, f4) Werte (?, ?, ?, ?)",
    SQL_NTS);
```

ODBCAcc – damit Sie mehr Spaß mit Ihrem Dateisystem haben   299

Hinweis:
SQLPrepare sollte nur eingesetzt werden, wenn die SQL-Anweisung mehrere Male ausgeführt werden soll. Wenn sie nur ein oder zweimal ausgeführt werden soll, ist die Verwendung von *SQLExecDirect* sinnvoller.

Die INSERT-Anweisung wird vom Microsoft Access-Treiber geparst und optimiert. Jeder Parameter stellt die entsprechenden Variablen dar, die in *SQLBindParameter* spezifiziert wurden.

Als nächstes wird die Abfrage ausgeführt, mit der alle Zeilen aus der Textdatei MYFILES ermittelt werden:

```
SQLExecDirect(hstmt, "select * from MyFiles", SQL_NTS);
```

Schließlich verwenden wir noch *SQLFetch*, um die einzelnen Zeilen aus der Textdatei zu ermitteln. Für jede Zeile rufen wir *SQLExecute* auf, um die vorbereitete INSERT-Anweisung auszuführen:

```
for(rowcount = 0, rc = SQLFetch(hstmt); rc == SQL_SUCCESS;
    rc = SQLFetch(hstmt)) {
    SQLExecute(hstmt2);
    rowcount++;
}
```

Bei den Aufrufen von *SQLFetch* erhalten die gebundenen Variablen *f1*, *f2*, *lf3* und *tsf4* die Werte aus der aktuellen Zeile der Textdatei, und der Aufruf von *SQLExecute* bewirkt, daß der Microsoft Access-Treiber die Werte aus diesen Variablen nimmt und sie in die Tabelle *MyFiles* einträgt.

Nachdem die Schleife zum Holen der Werte beendet wird, bestätigen wir die Transaktion mit Hilfe der Funktion *SQLTransact*:

```
SQLTransact(SQL_NULL_HENV, hdbc2, SQL_COMMIT);
```

Der Rest der Funktion zeigt die Ausführungszeit an, erzeugt die Indizes der Microsoft Access-Tabelle und gibt die Anweisungs-Handles frei.

7.4.3 Ausführen der Abfragen mit dem Text- und dem Microsoft Access-Treiber

Die Funktion *RunQuery* verwendet dieselbe Technik, die auch schon in ODBCFile benutzt wurde, um Anweisungen auszuführen und Daten zu ermitteln. Die Aufrufe von *WinMain* übergeben einen Verbindungs-Handle (für den Text-Treiber oder den Microsoft Access-Treiber), den auszuführenden SQL-String (inklusive der Platzhalter für den Tabellennamen) und einen Titel für das Dialogfeld, in dem die Ergebnisse angezeigt werden:

```
RunQuery(hdbc, szSQL1, "Text-Treiber - "
    "Größte Datei, die in den letzten 5 Tagen verändert wurde");
RunQuery(hdbc2, szSQL1, "Microsoft Access-Treiber - "
    " Größte Datei, die in den letzten 5 Tagen verändert wurde ");
RunQuery(hdbc, szSQL2, " Text-Treiber - "
    "Doppelte Dateien, die größer als 350 KB sind");
RunQuery(hdbc2, szSQL2, "Microsoft Access-Treiber - "
    " Doppelte Dateien, die größer als 350 KB sind ");
```

Sie sollten einen wesentlichen Unterschied zwischen der Performance der beiden Treiber bemerken. Sie wissen, daß wir mit Hilfe des Microsoft Access-Treibers Indizes für die Tabelle erzeugt haben, während der Text-Treiber hierzu keine Möglichkeit bietet. Die erste Abfrage ist dieselbe wie in ODBCFile: Anzeige der größten Datei, die in den letzten fünf Tagen zuletzt verändert wurde. In meinen Tests hat der Microsoft Access-Treiber die Abfrage immer um mindestens 10mal schneller als der Text-Treiber ausgeführt.

Die zweite Abfrage ist schon schwieriger auszuführen. Sie sucht alle Dateien auf Ihrer Festplatte, die denselben Namen haben und größer als 350 KB sind. Wir wollen den SQL-Code im Detail betrachten:

```
select *
from MyFiles
where f2 in (
    select f2
    from MyFiles
    where f3 > 350000
    group by f2
    having (count(*) > 1)
    )
order by f2
```

Diese Abfrage verwendet eine Unterabfrage für die Spalte *f2*, um alle Dateinamen zurückzugeben, deren Dateigröße 350 KB überschreitet, und die mehr als einmal vorhanden sind (mit anderen Worten, diese Dateien haben denselben Dateinamen, aber sie befinden sich in verschiedenen Verzeichnissen). Schließlich werden die Ergebnisse noch nach dem Dateinamen sortiert.

Wieder übertrifft der Microsoft Access-Treiber den Text-Treiber bei weitem. (Nebenbei bemerkt, wenn Sie identische Dateien in der Liste finden – das sind die Dateien, deren Datum, Zeit und Dateigröße gleich sind –, können Sie einige davon löschen, um Plattenspeicher zu sparen.)

Das letzte Beispiel in diesem Kapitel stellt eine alternative Version der Funktion *fCopyText* dar, die weitere Funktionen der ODBC-API vorstellt.

7.5 ODBCAcc2 – Schnelles Einfügen für Stufe-2-Desktop-Treiber

In diesem Beispiel nehmen wir eine letzte Verbesserung am Programm ODBCFile vor, um eine Alternative zu der im vorigen Beispiel vorgestellten INSERT-Anweisung zu zeigen, die jedoch eine wesentlich höhere Performance bietet. Diese Technik funktioniert nur für Treiber, die die ODBC-Stufe-2-Funktionen *SQLExtendedFetch* und *SQLSetPos* unterstützen. Möglicherweise ist die Performance von Client/Server-Datenquellen davon nicht betroffen, aber für Desktop-Datenbank-Treiber kann die Performance-Steigerung ganz wesentlich sein. Der einzige Unterschied zwischen diesem Beispiel und ODBCAcc ist die Arbeitsweise von *fCopyText*. Statt eine INSERT-Anweisung in SQL auszuführen, werden wir eine spezielle Funktion von *SQLSetPos* verwenden: die Operation ADD. Abbildung 7.6 zeigt die neue *fCopyText*-Funktion.

```
#define ROWSET   1
void fCopyText(HDBC hdbc, HDBC hdbc2)
{
    HSTMT             hstmt;
    HSTMT             hstmt2;
    char              szData[MAX_DATA];
    SDWORD            cbData1;
    SDWORD            cbData2;
    SDWORD            cbData3;
    SDWORD            cbData4;
    char              f1[MAX_DATA + 1];
    char              f2[MAX_DATA + 1];
    SDWORD            lf3;
    TIMESTAMP_STRUCT  tsf4;
    DWORD             t1;
    DWORD             t2;
    DWORD             rowcount;
    UDWORD            r;
    UWORD             rgfRowStat[ROWSET];
    RETCODE           rc;           // Rückgabewert für ODBC-Funktionen

    SQLAllocStmt(hdbc, &hstmt);
    SQLAllocStmt(hdbc2, &hstmt2);
  SetWorkingItem("Erzeugen der Access-Tabelle 'MyFiles'");

    SQLExecDirect(hstmt2, "Tabelle MyFiles verwerfen" , SQL_NTS);

    SQLExecDirect(hstmt2, "Tabelle MyFiles erzeugen ("
        "f1 text(255), "
        "f2 text(15), "
        "f3 long, "
        "f4 datetime)",
        SQL_NTS);
    SQLFreeStmt(hstmt2,SQL_CLOSE);
```

▶

```
    // Anweisungsoptionen für den Cursor setzen, der verwendet wird,
    // um Zeilen einzufügen
    SQLSetStmtOption(hstmt2, SQL_CONCURRENCY, SQL_CONCUR_VALUES);
    SQLSetStmtOption(hstmt2, SQL_CURSOR_TYPE,
        SQL_CURSOR_KEYSET_DRIVEN);
    SQLSetStmtOption(hstmt2, SQL_ROWSET_SIZE, ROWSET);

    // Spalten des Ausgabecursors binden
    SQLBindCol(hstmt2, 1, SQL_C_CHAR, f1, MAX_DATA, &cbData1);
    SQLBindCol(hstmt2, 2, SQL_C_CHAR, f2, MAX_DATA, &cbData2);
    SQLBindCol(hstmt2, 3, SQL_C_LONG, &lf3, sizeof(lf3), &cbData3);
    SQLBindCol(hstmt2, 4, SQL_C_TIMESTAMP, &tsf4, sizeof(tsf4),
        &cbData4);

    // Den Microsoft Access-Treiber anweisen, Transaktionen zu
    // verwenden
    SQLSetConnectOption(hdbc2, SQL_AUTOCOMMIT, SQL_AUTOCOMMIT_OFF);

    // Spalten vom Text-Treiber binden
    SQLBindCol(hstmt, 1, SQL_C_CHAR, f1, MAX_DATA, &cbData1);
    SQLBindCol(hstmt, 2, SQL_C_CHAR, f2, MAX_DATA, &cbData2);
    SQLBindCol(hstmt, 3, SQL_C_LONG, &lf3, sizeof(lf3), &cbData3);
    SQLBindCol(hstmt, 4, SQL_C_TIMESTAMP, &tsf4, sizeof(tsf4),
        &cbData4);

    // Alle Daten vom Text-Treiber selektieren
    SQLExecDirect(hstmt, "select * from MyFiles", SQL_NTS);

    // Den Cursor öffnen, der verwendet wird, um neue Zeilen für
    // den Microsoft Access-Treiber hinzuzufügen
    SQLExecDirect(hstmt2, "select * from MyFiles", SQL_NTS);

    // Cursor positionieren, so daß SetPos verwendet werden kann
    SQLExtendedFetch(hstmt2, SQL_FETCH_FIRST, 1, &r, rgfRowStat);
    t1 = GetTickCount();

    SetWorkingItem("Datensätze von der Textdatei in Access kopieren");
    ShowCancel(TRUE);
// Alle Zeilen mit dem Text-Treiber holen
    for(rowcount = 0, rc = SQLFetch(hstmt); rc == SQL_SUCCESS;
        rc = SQLFetch(hstmt)) {

        // Für jede Zeile im Text-Treiber SetPos zum Hinzufügen der
        // Zeile in die Microsoft Access-Tabelle aufrufen
        rc = SQLSetPos(hstmt2, 0, SQL_ADD, SQL_LOCK_NO_CHANGE);
        if (rc != SQL_SUCCESS)
            break;
        rowcount++;
        if (rowcount % 10 == 0 ) {
            wsprintf(szData, "%ld Datensätze kopiert", rowcount);
            SetProgressText(szData);
            if (fCancel())
                break;
```

```
            }
        }
        SetProgressText("");
        SQLTransact(SQL_NULL_HENV, hdbc2, SQL_COMMIT);
        t2 = GetTickCount();
        wsprintf(szData, "Kopieren beendet "
            "in %ld:%ld Sekunden; %ld Datensätze/sec",
            (long) (t2 - t1) / 1000L,
            (long) (t2 - t1) % 1000L,
            (long) (t2 - t1 >= 1000L) ?
                (rowcount / ((t2 - t1) / 1000L)) : rowcount
            );
        SetWorkingItem(szData);
        SQLFreeStmt(hstmt, SQL_DROP);
        SQLFreeStmt(hstmt2, SQL_CLOSE);
        ShowCancel(FALSE);

        // Der Microsoft Access-Tabelle Indizes hinzufügen
        SQLExecDirect(hstmt2,
            "Index f2idx für MyFiles(f2) erzeugen", SQL_NTS);
        SQLExecDirect(hstmt2,
            " Index f3idx für MyFiles(f3) erzeugen ", SQL_NTS);
        SQLExecDirect(hstmt2,
            " Index index f4idx für MyFiles(f4) erzeugen ", SQL_NTS);
        SQLTransact(SQL_NULL_HENV, hdbc2, SQL_COMMIT);
        SQLFreeStmt(hstmt2, SQL_DROP);

        // Transaktionen für den Rest des Programms ausschalten
        SQLSetConnectOption(hdbc2, SQL_AUTOCOMMIT, SQL_AUTOCOMMIT_ON);
}
```

Abbildung 7.6 – Ddie neue *fCopyText*-Funktion

Statt Parameter und *SQLBindParameter* zu verwenden, binden wir in diesem Beispiel die Spalten für die Eingabe und die Ausgabe und führen dann einen SELECT für die Microsoft Access-Tabelle durch, in die wir die Daten einfügen wollen. Das erscheint zunächst etwas seltsam; warum wenden wir SELECT auf eine leere Tabelle an? Denken Sie an die Diskussion der Dateiorientierung von Desktop-Datenbanken in Kapitel 2 (Abschnitt 2.2), wo gezeigt wurde, daß die SELECT-Anweisung dieselbe Funktionalität aufweist wie die herkömmliche Operation »Datei öffnen«. Der Aufruf von *SQLSetPos* verhält sich wie die Datei-I/O-Funktion, die etwas in die Datei schreibt. Diese Aktionen werden im folgenden Code gezeigt:

```
// Den Cursor öffnen, der verwendet wird, um neue Zeilen für
// den Microsoft Access-Treiber hinzuzufügen
    SQLExecDirect(hstmt2, "select * from MyFiles", SQL_NTS);

// Cursor positionieren, so daß SetPos verwendet werden kann
    SQLExtendedFetch(hstmt2, SQL_FETCH_FIRST, 1, &r, rgfRowStat);
    t1 = GetTickCount();
```

▶

```
// Alle Zeilen mit dem Text-Treiber holen
    for(rowcount = 0, rc = SQLFetch(hstmt); rc == SQL_SUCCESS;
        rc = SQLFetch(hstmt)) {

        // Für jede Zeile im Text-Treiber SetPos zum Hinzufügen der
        // Zeile in die Microsoft Access-Tabelle aufrufen
        rc = SQLSetPos(hstmt2, 0, SQL_ADD, SQL_LOCK_NO_CHANGE);
        if (rc != SQL_SUCCESS)
            break;
        rowcount++;
```

Wenn Sie die Treiber verwenden, die Sie auf der CD zum Buch finden, werden Sie feststellen, daß das Kopieren der Daten vom Text-Treiber auf den Microsoft Access-Treiber fünf- oder sechsmal schneller ist als die INSERT-Technik aus ODBCAcc. Das liegt hauptsächlich daran, daß Jet, die zugrundeliegende SQL-Engine für den Microsoft Access-Treiber, die Microsoft Access-MDB-Datei immer öffnet und schließt, wenn eine INSERT-Anweisung ausgeführt wird, sie jedoch für die Cursor-Methode, die *SQLSetPos* verwendet, geöffnet läßt.

Damit beenden wir unsere kurze Einführung in die ODBC-Programmierung. Sie haben die grundlegenden Programmiertechniken kennengelernt, die in ODBC-Programmen verwendet werden. Wir haben jedoch noch nicht über Client/Server-DBMSe gesprochen oder die Funktionen für die Kompatibilität betrachtet. Im nächsten Kapitel werden wir einige komplexere ODBC-Programme entwickeln, wo wir genau diese Aspekte betrachten.

ODBC in der Praxis

8

In diesem Kapitel werden wir elf vollständige Programme betrachten, die die Anwendung von ODBC zeigen sollen. Viele dieser Programme sind nicht nur lehrreich, sondern können auch selbst als praktische Werkzeuge eingesetzt werden. Am wichtigsten ist jedoch der Quellcode der Beispiele, anhand dessen Sie lernen, wie Sie unter ODBC programmieren können. Fünf der Programme sind in C geschrieben, zwei in C++ und vier in Visual Basic. Eines der C++-Programme ist ein OLE Automations-Server, der eine Anwendung enthält, die in Visual Basic für Anwendungen (VBA) geschrieben wurde, und die von Microsoft Excel 5 aus aufgerufen wird.

Alle Programme sind auf der CD-ROM zum Buch enthalten. Wenn Sie das Setup-Programm der CD ausführen, erscheinen Icons im Programmanager oder im Startmenü für jedes ausführbare Programm[1], von wo aus Sie sie ganz einfach aufrufen können. Wenn Sie unter Windows NT arbeiten, stehen Ihnen sowohl die 16-Bit- als auch die 32-Bit-Versionen der C- und C++-Beispiele zur Verfügung. Arbeiten Sie unter Windows 3.x oder Windows 95, stehen nur die 16-Bit-Beispiele zur Verfügung. Auf der CD sind der gesamte Quellcode und alle für die Ausführung benötigten Dateien enthalten. Der vollständige Quellcode für die einzelnen Beispiele finden Sie in jeweils eigenen Unterverzeichnissen im Verzeichnis SAMPLES. Um die Beispiele zu installieren, führen Sie SETUP.EXE aus dem Hauptverzeichnis der CD aus.

Im folgenden finden Sie eine kurze Beschreibung der einzelnen Programme.

Das Benchmark-Beispiel (BENCH)

Das ODBC-Benchmark-Beispiel ist ein C-Programm, das locker auf dem TPC-B-Benchmark-Programm basiert, einem gebräuchlichen Benchmark-Test zum Testen der OLTP-Performance in Client/Server-ODBC-Systemen. Das Benchmark-Programm besteht aus vier Tabellen zur Durchführung von Bank-Transaktionen, unter anderem mit Tabellen für Filialen, Kassen und Konten. Eine vierte Tabelle für die Statistik protokolliert alle durchgeführten Veränderungen. Jede Transaktion besteht aus drei Updates, einem Select über eine Zeile und einer Einfügeoperation. Optional ermöglicht es BENCH dem Benutzer, eine 100-Zeilen-Abfrage für die Tabellen mit den Daten für den Benchmark-Test auszuführen.

---

1 Außer für das Programm REGISTER, das keine Benutzeroberfläche hat.

BENCH verfolgt zwei Zielsetzungen:

1. BENCH kann die Performance-Auswirkungen dreier verschiedener Ausführungs-Paradigmen messen: Dynamisches Erzeugen von SQL-Strings und Ausführung mit Hilfe von *SQLExecDirect;* Verwendung von *SQLPrepare* und *SQLExecute* mit gebundenen Parametern, wozu *SQLBindParameter* verwendet wird; und die Verwendung einer gespeicherten Prozedur mit gebundenen Parametern (falls das DBMS das unterstützt).

2. BENCH kann als Vergleichswerkzeug verwendet werden, um die Performance von ODBC-Treibern für OLTP-Anwendungen zu beurteilen. Die aussagekräftigsten Vergleiche können für Treiber angestellt werden, die dasselbe DBMS verwenden. Es ist also aussagekräftiger, BENCH zum Vergleich von zwei Treibern für Oracle 7 einzusetzen, als einen Oracle-Treiber mit einem Sybase-Treiber zu vergleichen, es sei denn, die Software (bis auf den ODBC-Treiber und das DBMS) und die Hardware sind für die beiden Tests identisch.

Neben der Möglichkeit, BENCH als Utility einzusetzen, demonstriert es auch einige komplexe ODBC-Programmiertechniken, unter anderem:

- Wie mit *SQLDriverConnect* eine Verbindung zu einer Datenquelle aufgebaut wird.
- Wie von ODBC aus gespeicherte Prozeduren aufgerufen werden.
- Wie SQL-Anweisungen im asynchronen Modus ausgeführt werden.
- Wie mit Hilfe von *SQLGetInfo* die verschiedenen Eigenschaften der Datenquelle ermittelt werden können, wie zum Beispiel die Unterstützung gespeicherter Prozeduren oder asynchroner Verarbeitung.

Das Beispiel zum Kopieren von Tabellen (TBLCPY)

Das ODBC-Beispiel zum Kopieren von Tabellen ist ein C-Programm, mit dem man Schemata und Daten zwischen Datenquellen kopieren kann.

TBLCPY ermöglicht es dem Benutzer, Schemainformationen (Tabellen und Indizes) von einer Datenquelle in eine andere zu kopieren. Es verwendet ein Wizard-Formular, um den Benutzer durch die Anwendung zu leiten, wobei der Benutzer in mehreren Schritten nach Informationen abgefragt wird, die spezifizieren, wie die Kopie ausgeführt werden soll. Der Benutzer kann viele der Optionen seinen Bedürfnissen anpassen, unter anderem die zu erzeugenden Objekte, die zu kopierenden Daten und ob die SQL-Anweisungen, die während des Prozesses erzeugt wurden, angezeigt werden sollen.

TBLCPY demonstriert die folgenden komplexen ODBC-Programmiertechniken:

- Wie drei der ODBC-Katalogfunktionen – *SQLTables*, *SQLColumns* und *SQLStatistics* – verwendet werden können, um eine Liste aller Tabellen, Spalten und Indizes für eine Datenquelle zu ermitteln.
- Wie mit Hilfe von *SQLGetTypeInfo* die Datentypen einer Datenquelle auf eine andere abgebildet werden können.

Einleitung

■ Wie lange Datenwerte mit Hilfe von *SQLGetData* und *SQLPutData* ermittelt und eingefügt werden können.

■ Wie mit Hilfe von *SQLGetInfo* verzwickte SQL-Syntaxprobleme gelöst werden können.

Der Typdeklarationsgenerator (TYPEGEN)

TYPEGEN ist ein C-Programm, das Quellcode für C und Visual Basic erzeugt. Es kann nur sinnvoll zum Erzeugen von ODBC-Programmen eingesetzt werden, die mehrzeilige Cursor mit zeilenweiser Bindung verwenden. Für eine gegebene Eingabe-SQL-Abfrage generiert es eine C-Struktur oder eine benutzerdefinierte Visual Basic-Typdeklaration und Aufrufe von *SQLBindCol* entsprechend den Spalten der Abfrage. TYPEGEN erzeugt auch eine C-Testfunktion, die in das Hauptprogramm eingefügt werden kann, um die ODBC-Bindungen mit Aufrufen von *SQLExtendedFetch* zu testen.

Der von TYPEGEN erzeugte Code wird, demonstriert die folgenden ODBC-Programmiertechniken:

■ Wie man *SQLSetStmtOption* und *SQLBindCol* einsetzt, um ein zeilenweises Binden für mehrzeilige Cursor zu realisieren.

■ Wie man die korrekten benutzerdefinierten Typdefinitionen in Visual Basic erzeugt, um mehrzeilige Bindungen in ODBC zu benutzen.

■ Wie man *SQLExtendedFetch* aufruft, um einen mehrzeiligen Cursor zu scrollen.

Das SQL-Executer-Beispiel (EXECUTER)

EXECUTER ist ein C-Programm, das SQL-Anweisungen unter verschiedenen ODBC-Einstellungen ausführt. Die meisten performance-bezogenen Funktionen, die anhand von EXECUTER demonstriert werden, sind auch schon in BENCH enthalten (zum Beispiel die Verwendung von *SQLExecDirect* gegenüber der Verwendung von *SQLPrepare* und *SQLExecute,* oder die Verwendung der asynchronen Ausführung), aber einige Funktionen werden nur im EXECUTER gezeigt, unter anderem:

■ Die Verwendung des Abfrage-Timeouts in *SQLSetStmtOption*.

■ Die Verwendung von *SQLMoreResults*. Das ist die Funktion, die ODBC verwendet, um die Rückgabe von Daten von Batch-SQL-Anweisungen, gespeicherte Prozeduren, die mehrere Ergebnismengen zurückgeben, und andere Funktionen eines DBMS, das mehrere Ergebnisse durch die Ausführung einer einzigen Anweisung erzeugt, zu unterstützen. (Die COMPUTE BY-Klausel in Microsoft SQL Server ist ein Beispiel für eine Anweisung, die mehrere Ergebnisse zurückgibt.)

Weil ein Großteil des Codes Konzepte vorstellt, die ähnlich denen von BENCH sind, wird EXECUTER in diesem Kapitel nicht weiter beschrieben. Der Quellcode befindet sich auf der CD zum Buch.

DSN-Registrierung (REGISTER)

Im SAMPLES-Verzeichnis auf der CD finden Sie das Verzeichnis REGISTER. Das Verzeichnis REGISTER enthält ein ODBC-Utility namens REGISTER, das DSNs erzeugt, löscht und modifiziert. Hierzu verwendet es die ODBC-API-Installationsfunktionen *SQLConfigDataSource* und *SQLGetInstalledDrivers*. REGISTER ist ein C-Programm, mit dem das Setup-Programm der CD den DSN Hello einrichtet, der im HELLO-Beispiel in Kapitel 7 verwendet wird, ebenso wie einige Beispiel-DSNs, die für das Benchmark-Beispiel eingesetzt werden können.

Während des Setups wird für REGISTER kein Icon erzeugt, weil das Programm nicht mehr ausgeführt werden muß, wenn der Setup einmal ausgeführt wurde. (Wenn das Programm noch einmal ausgeführt wird, wird einfach ein Teil des Setup-Prozesses wiederholt.) Der Quellcode für REGISTER befindet sich jedoch auf der CD, weil er ganz praktisch ist, wenn Sie eine ODBC-Anwendung schreiben und bei der Installation dieser Anwendung einen oder mehrere DSNs erzeugen wollen. In REGISTER ist eine DSN-Liste als Struktur kodiert. Wenn Sie also weitere DSNs hinzufügen wollen, müssen Sie die Liste entsprechend ändern, um den Treiber und die DSN-Attribute anzugeben, und dann die Anwendung neu aufbauen. Weil die Verwendung von *SQLConfigDataSource* schon in Kapitel 7 beschrieben wurde, wird der Quellcode für REGISTER in diesem Kapitel nicht weiter untersucht.

Eine einfache C++-Klassenbibliothek für ODBC (CPPSMPL)

CPPSMPL ist ein C++-Programm, das eine stark vereinfachte Programmierschnittstelle für ODBC realisiert. Es bietet nur die Möglichkeit, eine Verbindung aufzubauen, SQL-Anweisungen auszuführen und alle Ergebnisse von SELECT-Anweisungen in ein Spalten-Objekt einzulesen. Die zwei Klassen *ODBCExecute* und *ODBCColumn* kapseln die ODBC-Funktionen, die diese einfache Abstraktion für den Datenzugriff realisieren.

CPPSMPL zeigt, wie die ODBC-API einfach in eine simple C++-Klassenbibliothek aufgenommen werden kann. Es ist zwar möglich, eine Anwendung zu schreiben, die nur diese einfache Klassenbibliothek verwendet. Wahrscheinlich werden Sie aber darauf Ihre eigene C++-Klassenbibliothek aufbauen, die ganz auf Ihre Bedürfnisse abgestimmt ist.

Der OLE Automation-Server (ODBCAUTO)

ODBCAUTO erledigt grundsätzlich dasselbe wie CPPSMPL, fügt jedoch die Möglichkeit hinzu, die einfache Programmierschnittstelle als *inproc* OLE Automation-Server aufzurufen. Dieses Beispiel ist in C++ geschrieben. Für die OLE-»Installation«, die man zum Erzeugen eines OLE Automation-Servers benötigt, verwendet es aber auch Code, der von den Microsoft Visual C++ Foundation Classes erzeugt wurde,. Dieses Beispiel umfaßt eine Microsoft Excel-Tabellenkalkulation mit einem kleinen VBA-Programm (Visual Basic für Anwendungen), das den OLE-Server aufruft. Sie können eine SQL-Anweisung in die Tabellenkalkulation eingeben, sie mit Hilfe einer Schaltfläche, die den VBA-Code aufruft, anstoßen, und die Ergebnisse dann in der Tabellenkalkulation betrachten.

Ähnlich wie CPPSMPL stellt auch ODBCAUTO eine Grundlage für einen komplexeren OLE-Automation-Server für den Datenzugriff unter ODBC dar.

Einleitung

Einfaches ODBC für Visual Basic (VBODBC)

Bei VBODBC handelt es um ein Visual Basic 3.0-Programm, das ein einfaches Programmiermodell für ODBC darstellt. Das VBODBC-Programmiermodell ist etwas leistungsfähiger als dasjenige, das von CPPSMPL und ODBCAUTO bereitgestellt wird. Es unterstützt ein Modell zum Holen von Daten und die Verwendung einiger der Funktionen der scrollbaren Cursor unter ODBC. Darüber hinaus gibt es auch noch die Möglichkeit, alle Ergebnisse zur Ausführungszeit zu holen. VBODBC zeigt Ihnen, wie man die Ergebnisse einer Abfrage im Raster von Visual Basic anzeigen kann.

VBODBC demonstriert die folgenden Funktionen:

- Wie man eine Visual Basic-Anwendung unter Verwendung der in VBODBC bereitgestellten API schreibt.
- Wie man die verschiedensten Cursormodelle unter ODBC mit Hilfe von *SQLFetch* und *SQLExtendedFetch* einsetzen kann.
- Wie man statt des Bindens *SQLSetPos* und *SQLGetData* verwendet, um mehrzeilige Cursor mit *SQLExtendedFetch* zu unterstützen.
- Wie man mit Hilfe von *SQLSetStmtOption* und *SQLGetInfo* die Cursoroptionen von ODBC setzt.

Visual Basic ODBC-Bindung und mehrzeilige Cursor (VBFETCH)

Das Beispiel VBFETCH zeigt, wie man mehrzeilige Cursor (auch als »fette« Cursor bezeichnet) zeilenweise binden kann. Weil das zeilenweise Binden insbesondere für solche Ergebnisse sinnvoll ist, deren Strukturen schon bei der Programmentwicklung bekannt sind, werden statt einer zufälligen Abfrage zwei feste Ergebnismengen verwendet. Neben dem Binden zeigt VBFETCH auch noch, wie das Statusarray, das von *SQLExtendedFetch* zurückgegeben wird, ausgewertet wird, um den Status der einzelnen Zeilen in der Zeilenmenge festzustellen. Darüber hinaus zeigt VBFETCH, wie man Visual Basic-Variablen so deklariert, daß das ODBC-Binden eingesetzt werden kann.

Gespeicherte Prozeduren unter Visual Basic (VBSPROCS)

Das Beispiel VBSPROCS demonstriert das Erzeugen und Ausführen verschiedener gespeicherter Prozeduren. Es zeigt die Konzepte, die eine Kommunikation zwischen gespeicherten Prozeduren und einer Anwendung mit Hilfe der {call}-Syntax von ODBC und *SQLBindParameter* ermöglichen.

Das Beispiel mit den gespeicherten Prozeduren zeigt die folgenden ODBC-Techniken:

- Erzeugen und Ausführen von gespeicherten Prozeduren
  - ohne Parameter
  - mit Eingabeparametern
  - mit Ausgabeparametern
  - mit Ein- und Ausgabeparametern

- mit Rückgabewerten
- mit einer beliebigen Kombination dieser Werte
- Binden von Parametern für Eingaben, Ausgaben und Rückgabewerte
- Binden und Ermitteln von Ergebnissen einer gespeicherten Prozedur

In VBSPROCS können gespeicherte Prozeduren für Microsoft SQL Server oder Oracle 7 erzeugt werden.

Hotelreservierungen (VBENTRY)

Das VBENTRY-Beispiel demonstriert ein einfaches Hotelreservierungssystem, das die ODBC-API direkt für eine spezifische Anwendung verwendet.

Dieses Beispiel zeigt die folgenden ODBC-Techniken:

- Wie mit Hilfe von *SQLExtendedFetch* durch die Ergebnisse gescrollt werden kann, wobei *SQLSetPos* zum Aktualisieren und Löschen verwendet wird.
- Wie ein tastaturgesteuerter Cursor die Aktualisierungen und Löschungen reflektiert, die für eine Ergebnismenge ausgeführt werden.
- Wie Datentypen in ihrem ursprünglichen Format an und von Visual Basic-Variablen gesendet werden können.
- Wie man verschiedene Steuerelemente aus Visual Basic für die ODBC-API verwendet.

8.1 Benchmark-Beispiel (BENCH)

Dieser Abschnitt beschreibt die allgemeine Arbeitsweise des Standard-TPC-B-Benchmarks (auf dem BENCH basiert). Anschließend werden die verschiedenen Elemente der Benutzeroberfläche von BENCH vorgestellt und die Implementierung von BENCH betrachtet.

8.1.1 Grundlagen des TPC-B-Benchmark

BENCH basiert locker auf dem TPC-B-Benchmark, der von dem Transaction Processing Performance Council definiert wurde. (Dies ist eine gemeinnützige Organisation, die zur Definition von Benchmarks für die Transaktionsverarbeitung und Datenbanken gegründet wurde. In diesem Konsortium sitzen Vertreter fast aller großen Hardware- und Softwarehersteller, die sich mit der Online-Transaktionsverarbeitung beschäftigen.) TPC-B ist ein Test für die Belastbarkeit von Datenbanken, der Hunderte oder Tausende von Transaktionen im Batch-Modus simuliert, und der Aktivitäten wie etwa eine Verarbeitung der täglichen Auftragseinplanung durchführt, wie es in großen Firmen häufig der Fall ist. Paragraph 1.1.1 dieser TPC-B-Spezifikation besagt:

Dieser Benchmark-Test beschreibt eine hypothetische Bank. Die Bank hat eine oder mehrere Filialen. Jede Filiale hat mehrere Kassen. Die Bank hat viele Kunden, von denen jeder ein Konto hat. Die Datenbank repräsentiert die Salden für alle Objekte (Filiale, Kasse und Konto) und es gibt eine Statistik der zuletzt in der Bank ausgeführten

Benchmark-Beispiel (BENCH)

Transaktionen. Eine Transaktion ist die Arbeit, die ausgeführt wird, wenn ein Kunde etwas auf sein Konto einzahlt oder davon abhebt. Die Transaktion wird von einer Kasse in einer Filiale ausgeführt.

Die Tabellendefinitionen sind sehr einfach, wie im folgenden Abschnitt gezeigt wird.

Die Konto-Tabelle:

Spalte	Datentyp
account	INTEGER // Konto
branch	INTEGER // Filiale
balance	FLOAT // Saldo
filler	CHAR(84) // Füllfeld

Die Kassen-Tabelle:

Spalte	Datentyp
teller	INTEGER // Kasse
branch	INTEGER // Filiale
balance	FLOAT // Saldo
filler	CHAR(84) // Füllfeld

Die Filialen-Tabelle:

Spalte	Datentyp
branch	INTEGER // Filiale
fillerint	INTEGER // Kundenzahl
balance	FLOAT // Saldo
filler	CHAR(84) // Füllfeld

Die Statistik-Tabelle:

Spalte	Datentyp
histid	INTEGER // Statistik-ID
account	INTEGER // Konto
teller	INTEGER // Kasse
branch	INTEGER // Filiale
amount	FLOAT // Betrag
timeoftxn	TIMESTAMP // Datum + Zeit
filler	CHAR(22) // Füllfeld

Jede Transaktion umfaßt fünf Operationen: drei Aktualisierungen, einen Select und ein Einfügen. Die Operationen beginnen mit dem Einzahlen auf ein Konto oder dem Abheben von einem Konto, wie im folgenden gezeigt:

```
UPDATE account
    SET balance = balance + ?
    WHERE account = ?
```

Bei dem ersten Fragezeichen handelt es sich um einen Platzhalter für den Betrag der Einzahlung (wenn der Wert positiv ist) oder der Abhebung (wenn der Wert negativ ist). Das zweite Fragezeichen ist ein Platzhalter für die Kontonummer.

Als nächstes wird der neue Saldo für das soeben aktualisierte Konto ermittelt:

```
SELECT   balance
    FROM   account
    WHERE  account = ?
```

Das Fragezeichen ist ein Platzhalter für die Kontonummer, die in der ersten Aktualisierung verwendet wurde.

Anschließend wird der Saldo einer Kasse mit dem Betrag für die Einzahlung bzw. Abhebung aktualisiert:

```
UPDATE    teller
    SET    balance = balance + ?
    WHERE teller   = ?
```

Wie beim Update für die Konto-Tabelle ist das erste Fragezeichen ein Platzhalter für den Betrag der Einzahlung oder der Abhebung. Das zweite Fragezeichen ist ein Platzhalter für die Kassennummer. Diese Aktualisierung simuliert den veränderten Saldo im Gelddepot der Kasse.

Als nächstes wird der Saldo der Filiale mit dem Betrag für die Einzahlung bzw. Abhebung aktualisiert:

```
UPDATE    branch
    SET    balance = balance + ?
    WHERE branch   = ?
```

Wieder ist das erste Fragezeichen ein Platzhalter für den Betrag der Einzahlung oder Abhebung. Das zweite Fragezeichen ist ein Platzhalter für die Filialennummer. Diese Aktualisierung simuliert die Veränderung der Gesamteinlagen in einer Filiale.

Schließlich wird noch ein Datensatz in die Statistiktabelle geschrieben, der das Konto, die Kasse, die Filiale, den Betrag sowie den Zeitpunkt der Transaktion aufzeichnet:

```
INSERT history1
    (histid, account, teller, branch, amount, timeoftxn, filler)
VALUES
    (?, ?, ?, ?, ?, ?, ?)
```

Bei dem Standard-Benchmark müssen all diese Operationen innerhalb einer einzigen Transaktion erfolgen. Die Anzahl der Transaktionen, die in einem bestimmten Zeitabschnitt ausgeführt werden, stellen den Vergleichsmaßstab für die Transaktionen pro Sekunde (TPS) dar. Je höher der Wert von TPS, desto besser die Performance. Bei der Ausführung des Benchmark-Tests werden mehrere Statistiken geführt, unter anderem über TPS, die Gesamtzahl der Transaktionen sowie die Anzahl der Transaktionen, die in weniger als einer Sekunde ausgeführt werden können.

8.1.2 Unterschiede zwischen Standard TCP-B und dem ODBC-Beispiel (BENCH)

Verglichen mit TCB-B fehlen bei BENCH zahlreiche Funktionen, die die Synchronisation mehrere Clients und die Skalierbarkeit betreffen. BENCH bietet die Möglichkeit, eine Abfrage auszuführen, die 100 Zeilen zurückgibt, um eine Kombination aus Abfragen und Aktualisierungen zu simulieren. Abweichungen im Code für das Binden, Ermitteln und Konvertieren von Daten im Treiber können einen Einfluß auf die Performance haben. Die Abfrage von 100 Zeilen zeigt Treiber-Ineffizienzen in diesem Bereich auf.

Jeder DBMS-Hersteller schreibt normalerweise Code für den TPC-B-Benchmark, der nur für sein eigenes DBMS verwendet werden kann, und der für bestimmte Performance-Funktionen des DBMS festgeschrieben ist. BENCH kann für mehrere verschiedene Datenquellen eingesetzt werden und ermöglicht es den Entwicklern, verschiedene Funktionen zu testen, indem *SQLGetInfo* mit verschiedenen Optionen aufgerufen wird.

Während typische Benchmarks in der Regel zwei Programme verwenden – eines, das die Daten lädt, und eines, das den Benchmark-Test ausführt –, enthält BENCH ein integriertes Ladeprogramm, das Erzeugen der im Benchmark-Test verwendeten Tabellen vereinfacht. Das gleiche gilt für die Daten, die benötigt werden, um diese Tabellen mit Werten zu füllen.

Die Anzahl der Zeilen in jeder Tabelle sowie bestimmte Index-Optionen können mit Hilfe der Benutzeroberfläche von BENCH verändert werden. Dadruch kann der Einfluß verschieden großer Tabellen auf die Performance ganz einfach gemessen werden. Für zuverlässige Beurteilungen muß für TPC-B eine Mindestanzahl Zeilen vorgegeben werden: 100.000 Kontenzeilen, 10 Kassenzeilen und 1 Filialenzeile. BENCH verwendet standardmäßig 1000 Konten, 100 Kassen und 10 Filialen, so daß es nicht so lange dauert, bis die Tabellen geladen sind.

8.1.3 Die Benutzeroberfläche von BENCH

BENCH führt vier funktionale Aufgaben aus: den Aufbau einer Verbindung zur Datenquelle, das Laden der Benchmark-Tabellen, die Ausführung des Benchmark-Tests und die Aufräumarbeiten. Der Lader erzeugt und füllt die Tabellen des Benchmarks (Filialen-, Kassen-, Konten- und Statistik-Tabelle). Um den Benchmark auszuführen, geben Sie die Anzahl der Durchläufe, die Zeit für die einzelnen Durchläufe und die gewünschten Optionen für die Ausführung an. Bei den Aufräumarbeiten werden die Tabellen und die Indizes verworfen, die der Lader erzeugt hat.

8.1.3.1 Verbindungsaufbau zu einer Datenquelle

BENCH verwendet die einfachste Form von *SQLDriverConnect*, um eine Verbindung zu der gewünschten Datenquelle aufzubauen. Um die Verbindung einzurichten, wählen Sie *Connect* im Dateimenü, wie in Abbildung 8.1 gezeigt.

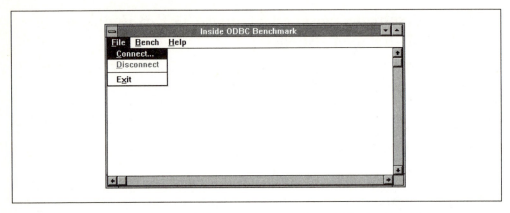

Abbildung 8.1 – Aufbau einer Verbindung zur Datenquelle mit Hilfe des BENCH-Programms

Weil in den Argumenten von *SQLDriverConnect* nichts angegeben wurde, zeigt der ODBC-Treiber-Manager das Dialogfeld für die Auswahl von Datenquellen an, wie in Abbildung 8.2 gezeigt.

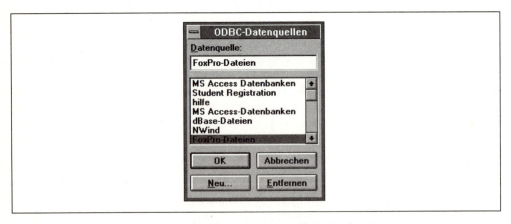

Abbildung 8.2 – Auswahl einer Datenquelle im Treiber-Manager

Zu ihrer Bequemlichkeit erzeugt das Setup-Programm Inside ODBC eine Datenquelle für den Treiber, wenn Sie den Microsoft Access- oder FoxPro-Treiber aufrufen wollen, der auf der CD enthalten ist. Die Datenquellen heißen Access Benchmark bzw. FoxPro Benchmark.[2] Jede davon kann für das BENCH-Programm und für den entsprechenden Treiber eingesetzt werden. Es können jedoch auch andere Treiber verwendet werden, die ebenfalls bereitgestellt werden, so daß Sie etwas tun können, ohne daß Sie selbst eine Datenquelle konfigurieren müssen.

Wenn die Verbindung zu der gewünschten Datenquelle aufgebaut ist, können die verschiedenen Operationen aus dem *Bench*-Menü, wie Laden, Benchmark oder Cleanup, ausgewählt werden.

8.1.3.2 Laden der Benchmark-Tabellen

Der Lader wird vom Benchmark-Menü aus aufgerufen, wie in Abbildung 8.3 gezeigt.

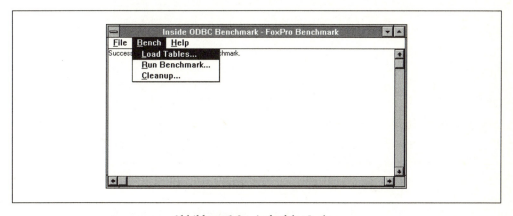

Abbildung 8.3 – Aufruf des Laders

Der Lader bietet mehrere Optionen. Das Dialogfeld, das diese Optionen enthält, ist in Abbildung 8.4 gezeigt. Wie Sie in Abbildung 8.4 außerdem sehen, können Sie jede Tabelle, die im Benchmark verwendet wird, laden und erzeugen, und Sie können Indizes erstellen. Darüber hinaus kann auch die Anzahl der zu ladenden Datensätze spezifiziert werden. Diese Einstellungen werden im Windows-INI-Standardformat in einer Datei namens BENCH.INI abgelegt.

Das Kombinationsfeld *Schema From DBMS* soll genauer erklärt werden. Sie wissen vielleicht noch aus der Beschreibung der Datentypen in Kapitel 5 (Abschnitt 5.6), daß ODBC die ursprünglichen Datentypen von DBMS-Systemen an die Anwendungen zurückgibt, statt eine Menge von Standardtypen zu definieren und dann den Treibern das Parsen und Konvertieren von CONVERT-TABLE-Anweisungen zu überlassen. Das Programm BENCH enthält Schablonen für die ursprünglichen Datentypen aller Treiber, die sich auf der CD befinden. Darüber hinaus finden Sie noch mehrere Schablonen für gebräuchliche

---

2 Wenn Sie das Setup-Programm Inside ODBC unter Windows NT ausführen, werden die Datenquellen für die 32-Bit-Versionen der Treiber erzeugt. Für Windows 95 und Windows 3.x werden die 16-Bit-Versionen verwendet

DBMSe sowie eine Schablone namens ANSI, die die Datentypnamen aus dem SQL-92-Standard verwendet.

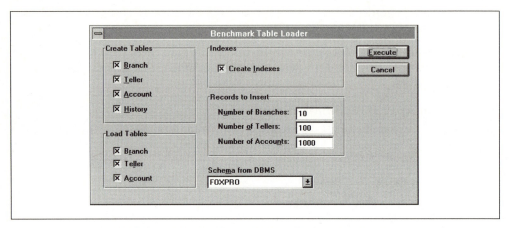

Abbildung 8. 4 – Das Dialogfeld Benchmark Table Loader

8.1.3.3 Ausführen des Benchmarks

Wenn Sie im BENCH-Menü *Run Benchmark* ausführen, wird das Dialogfeld *Execute Benchmark* angezeigt, wie in Abbildung 8.5 dargestellt.

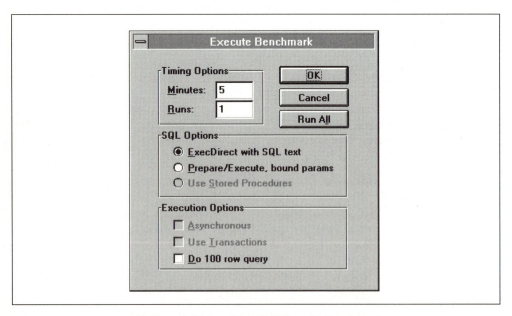

Abbildung 8.5 – Das Dialogfeld Execute Benchmark

Benchmark-Beispiel (BENCH) 317

Der Benchmark wird so oft ausgeführt, wie Sie angeben, und zwar jeweils für die spezifizierte Zeit. Standardmäßig läuft der Benchmark einmal 5 Minuten lang. Es gibt drei Optionen für die Ausführung von SQL-Anweisungen; eine davon (*Use Stored Procedures*) wird entsprechend der zur Verbindungszeit erfolgten Aufrufe von *SQLGetInfo* aktiviert oder deaktiviert.

Die erste SQL-Option, *ExecDirect With SQL Text*, erzeugt die SQL-Anweisungen für die Transaktion jeweils dynamisch. Die C-Funktion *sprintf* wird verwendet, um die aktuellen Werte für die Kontonummer, die Kassennummer, die Filialennummer usw. für jede SQL-Anweisung bereitzustellen. Für die Aktualisierung der Kontotabelle wird zum Beispiel der folgende Codeabschnitt verwendet.

```
static const char gszUPD_ACCOUNTS[] =
    "UPDATE account SET balance = balance + (%f) WHERE account = %ld";

sprintf(szStmt, gszUPD_ACCOUNTS, dDelta, nAcctNum);
fRtn = fExecuteSql(lpBench, szStmt);
```

Zur Ausführungszeit würde eine echte Update-Anweisung etwa folgendermaßen aussehen:

```
UPDATE account SET balance = balance + (-15.0000) WHERE account = 145
```

In diesem Modell wandelt die Anwendung alles in Text um, bevor sie die Anweisung ausführt.

Die zweite SQL-Option in Abbildung 8.5, *Prepare/Execute, Bound Params*, wandelt die Werte für die einzelnen Anweisungen nicht in Text um, sondern führt statt dessen den Code außerhalb der Hauptschleife *SQLBindParameter* aus, um die Variablen, die die Kontonummer, den Saldo usw. enthalten, zu den Parametern der jeweiligen SQL-Anweisungen zu binden. Der Code zum Binden der Parameter für die Aktualisierung des Kontos würde etwa folgendermaßen aussehen:

```
SQLAllocStmt(lpBench->hdbc, &hstmtUpdAcct);
fSuccess &= fSQLBindParameter(hwnd, hstmtUpdAcct, 1, SQL_PARAM_INPUT,
            SQL_C_DOUBLE, SQL_DOUBLE, sizeof(double), 0,
            &dDelta, sizeof(dDelta), NULL);
fSuccess &= fSQLBindParameter(hwnd, hstmtUpdAcct, 2, SQL_PARAM_INPUT,
            SQL_C_LONG, SQL_INTEGER, sizeof(SDWORD), 0,
            &nAcctNum, sizeof(nAcctNum), NULL);
if(fSuccess) {
    do {
        rc = SQLPrepare(hstmtUpdAcct,
            "update account set balance = balance + ? where account = ?",
            SQL_NTS);
    } while(SQL_STILL_EXECUTING == rc);
```

Bei der Auswahl der Option *Prepare/Execute* wandelt die Anwendung die Werte nicht mit Hilfe von *sprintf* in Text um, wie es bei *ExecDirect With SQL Text* der Fall ist. Statt dessen wird der Inhalt der jeweiligen Variablen vom Treiber direkt verwendet, weil ihm die Adresse dieser Variablen im Aufruf von *SQLBindParameter* übergeben wird. Im Idealfall sollten weder der Treiber noch das DBMS diese Werte konvertieren müssen, sondern in der Lage sein, sie in ihrer ursprünglichen Form zu speichern oder danach zu suchen. Wenn der Treiber und die Datenquelle so optimiert sind, daß sie die Parameter auf diese Weise unterstützen, zeigt diese Option eine wesentliche Performanceverbesserung auf.

Jede SQL-Anweisung verwendet ihren eigenen Anweisungs-Handle. In der Hauptschleife, in der die Transaktion ausgeführt wird, wird jede Anweisung mit einem Aufruf der Funktion *SQLExecute* ausgeführt. Der Code, der die Kontotabelle aktualisiert, lautet:

```
do {
    rc = SQLExecute(hstmtUpdAcct);
    } while(SQL_STILL_EXECUTING == rc);
```

Die Aufrufe von *SQLExecute* und *SQLPrepare* befinden sich in einer Schleife, die ausgeführt wird, solange der Rückgabewert SQL_STILL_EXECUTING ist. Das ist ein Beispiel dafür, wie der asynchrone Ausführungsmodus von ODBC eingesetzt werden kann. Wenn diese Anweisungen sehr zeitaufwendig sind, ist es sinnvoll, die Windows-Funktion *Yield* in Windows 3.1-basierten Programmen aufzurufen. In Windows 95 und Windows NT sollten Sie einen separaten Thread für den Code erzeugen, der den Benchmark ausführt (die Funktion *fRunTrans* in EXECUTE.C).

Die dritte und letzte Option der Gruppe ist *Use Stored Procedures*. Wenn der Treiber und die Datenquelle gespeicherte Prozeduren unterstützen, wird das Markierungsfeld *Use Stored Procedures* aktiviert. Mit seiner Auswahl erhält man in der Regel die besten Benchmark-Ergebnisse. Wie in der Option *Prepare/Execute* werden auch hier gebundene Parameter verwendet, um alle Eingabe- und Ausgabeargumente an die Datenquelle zu senden. Der wichtigste Unterschied zwischen diesem Modell und dem *Prepare/Execute*-Modell ist, daß hier alle SQL-Anweisungen in der gespeicherten Prozedur enthalten sind, wodurch eine noch bessere Performance erzielt werden sollte. Die gesamte Transaktion (drei Updates, ein Select und ein Einfügen) wird durch den Aufruf der gespeicherten Prozedur in der Standardsyntax erledigt:

```
{CALL ODBC_BENCHMARK(?,?,?,?,?,?,?)}
```

Natürlich muß in dem DBMS eine solche gespeicherte Prozedur definiert sein. Beispiele für Microsoft SQL Server und Oracle finden Sie auf der CD zum Buch, außerdem sind sie in Abschnitt 8.1.4.3 beschrieben.

Abbildung 8.5 zeigt drei Optionen zur Ausführung. Wenn der Treiber die asynchrone Ausführung unterstützt, wird das Markierungsfeld *Asynchronous* aktiviert, und Sie können die Auswirkung der asynchronen Ausführung auf die Performance testen.

Das Markierungsfeld *Use Transactions* wird aktiviert, wenn der Treiber Transaktionen unterstützt. Wenn er keine Transaktionen unterstützt, bewirkt das Selektieren dieses Markierungsfeldes, daß alle SQL-Befehle zu einer einzigen Transaktion zusammengefaßt werden (Default für den Standard-TPC-B-Benchmark). Wenn Sie das Markierungsfeld löschen, können Sie die Auswirkungen des Autocommit-Modus von ODBC testen, wobei jede Anweisung einzeln festgeschrieben wird. Diese Option hat keine Auswirkung, wenn gespeicherte Prozeduren verwendet werden.

Benchmark-Beispiel (BENCH)

Wenn das Markierungsfeld *Do 100 Row Query* markiert ist, wird neben den üblichen TPC-B-Anweisungen eine Abfrage ausgeführt, die mit Hilfe von *SQLExecDirect* 100 Zeilen in der Kontotabelle selektiert und holt. Unter Verwendung von *SQLBindCol* und *SQLFetch* werden die Zeilendaten ermittelt und umgewandelt.

Um alle Optionen automatisch auszuprobieren, klicken Sie die Schaltfläche *Run All* an. Damit wird jede gültige Option für den aktuellen Treiber ausgeführt, was die einfachste Methode ist, die verschiedenen Optionen und ihre Auswirkung auf die Performance zu testen.

Sie können nach dem Setzen der gewünschten Optionen den Benchmark aber auch manuell starten, indem Sie die Schaltfläche OK anklicken. Abbildung 8.6 zeigt ein Beispiel für die Statistik, die angezeigt wird.

```
Starting benchmark run number: 1
Max branch = 10, Max teller = 100, Max account = 1000
Benchmark finished.
Calculating statistics:
    SQL options used:            Params
    Transaction time:            61.000000
    Environmental overhead:      -1.000000
    Total transactions:          158
    Transactions per second:     2.590164
    % less than 1 second:        100.000000
    % 1 < n < 2 seconds:         0.000000
    Average processing time:     0.386076
```

Abbildung 8.6 – Die von BENCH angezeigte Statisitk

Die Statistik wird auch in die Textdatei ODBCBNCH.CSV geschrieben und kann in eine Tabellenkalkulation wie etwa Microsoft Excel geladen werden, um die Ergebnisse mehrerer Durchläufe ausgeben zu können. Die Datei enthält das Datum und die Zeit der Programmausführung, den Datenquellennamen, die gewählten Optionen sowie alle Statistikwerte, die in Abbildung 8.6 gezeigt sind. Um zum Beispiel die Ergebnisse mit Hilfe von Microsoft Excel als Diagramm auszugeben, öffnen Sie ODBCBNCH.CSV und selektieren die ersten vier Spalten, wie in Abbildung 8.7 gezeigt. Anschließend drücken Sie die Taste F11, und schon haben Sie ein Diagramm der mittleren TPS jeder Datenquelle, wie in Abbildung 8.8 gezeigt.

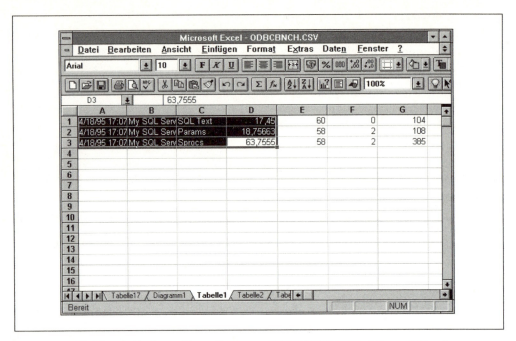

Abbildung 8.7 – Auswahl von Daten aus ODBCBNCH.CSV in Microsoft Excel

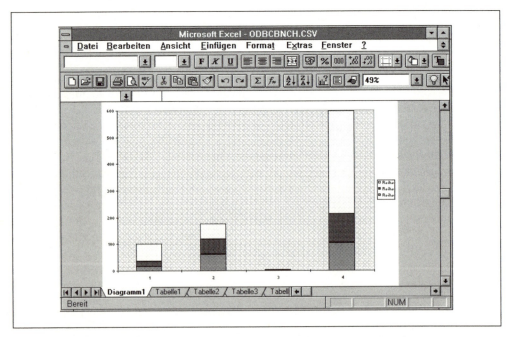

Abbildung 8.8 – Diagramm für die Transaktionen pro Sekunde

Das Diagramm in Abbildung 8.8 zeigt die Auswirkung der drei verschiedenen SQL-Optionen für den Microsoft SQL Server-Treiber. Die Performanceverbesserung, die durch *Prepare/Execute* gegenüber *SQLExecDirect* und *SQL text* erzielt werden kann, ist unwesentlich. Aber wie erwartet, gibt es einen wesentlichen Performancegewinn, wenn die Methode mit den gespeicherten Prozeduren verwendet wird.

8.1.3.4 Die Aufräumarbeiten

Nachdem Sie einen Benchmark ausgeführt haben, können Sie einige oder alle Tabellen und Indizes der Datenquelle löschen, indem Sie *Cleanup* im Bench-Menü auswählen. Das entsprechende Dialogfeld sehen Sie in Abbildung 8.9.

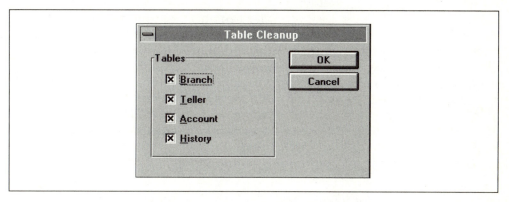

Abbildung 8.9 – Das Dialogfeld Table Cleanup

Sie müssen Cleanup nicht unbedingt aufrufen, wenn Sie weitere Benchmarktests ausführen wollen, weil die Statistiktabelle für jeden Durchlauf automatisch gelöscht wird, und es nicht notwendig ist, die drei Tabellen jedesmal von Neuem zu laden.

8.1.4 Inside BENCH

Die allgemeine Struktur von BENCH ist ganz einfach. Der Code zur Initialisierung und die Windows-Organisation ist in BENCH.C abgelegt. Die Funktion *WndProc* ist für die üblichen Ereignisse der Fensterverwaltung (Erzeugen, Größenveränderungen und Zerstören) und das Befehlsmenü zuständig. Die ODBC-Funktionen werden in der Funktion *OnConnect* in BENCH.C und in COMMON.C (das eine Menge praktischer ODBC-Hilfsfunktionen enthält) ausgeführt. Die Funktion *vDisplayLoad* ist die oberste Funktion des Laders, und *ExecuteBench* verwaltet den Ausführungscode für den Benchmark. Die Aufräumarbeiten erfolgen in CLEANUP.C.

Viele der notwendigen Statusinformationen für BENCH werden über eine Struktur des Typs BENCHINFO übergeben. In BENCH.C ist eine globale Instanz der Struktur *gBenchInfo* deklariert. Der Lader-Code in LOADER.C verwendet eine separate Struktur namens *RunCfg*, die einen Zeiger auf *gBenchInfo* enthält. Der Ausführungscode in EXECUTE.C verwendet einen Zeiger auf *gBenchInfo*, *lpBench*. Der Windows-Handle und die ODBC-Umgebungs-, -Verbindungs- und -Anweisungs-Handles, die überall in BENCH verwendet werden, befinden sich in *BenchInfo*.

8.1.4.1 Verbindung zur Datenquelle

Die Auswahl von *Connect* im Dateimenü bewirkt den Aufruf der Funktion *OnConnect*. Die Hilfsfunktion *fDoConnect* wird zum Aufbau der Verbindung verwendet. *fDoConnect* ruft die ODBC-Funktion *SQLDriverConnect* mit dem Datenquellennamen Null auf. Der Rest des Verbindungsprozesses wird vom Treiber-Manager und vom Treiber ausgeführt. Wenn die Verbindung erfolgreich aufgebaut werden kann, wird ein Anweisungs-Handle alloziert und von *fDoConnect* zurückgegeben.

Nachdem die Verbindung aufgebaut ist, erfolgen fünf Aufrufe von *SQLGetInfo*, um den Datenquellennamen und den DBMS-Namen zu ermitteln. Es wird zusätzlich getestet, ob das DBMS gespeicherte Prozeduren und Transaktionen unterstützt. Weiterhin wird die entsprechende skalare Funktion ermittelt, mit der die aktuelle Zeit und das aktuelle Datum erzeugt werden können. Das Flag für die gespeicherten Prozeduren wird ausgewertet, um das Markierungsfeld *Use Stored Procedures* zu aktivieren, wenn die Benchmarkausführung konfiguriert wird. Schließlich stellt ein Aufruf von *SQLSetConnectOption* fest, ob die asynchrone Ausführung unterstützt wird. Flags werden gesetzt, so daß die die jeweiligen Markierungsfelder im Dialogfeld *Execute Benchmark* entsprechend aktiviert oder deaktiviert werden können.

Abbildung 8.10 zeigt den Code für die Funktion *OnConnect* in BENCH.C.

```
////////////////////////////////////////////////////////////////
// OnConnect - Eine Verbindung aufbauen
//
// Rückgabe: Nichts
////////////////////////////////////////////////////////////////
void OnConnect(
    HWND       hwnd,                    // Elternfenster
    lpBENCHINFO lpBench                 // Anwendung-Info
    )
{
    char       szBuff[256];
    SWORD      sTxnCapable;
    long       ulDTFunc;
    RETCODE    rc;

    if(fDoConnect(hwnd, lpBench->henv, lpBench->hdbc,
        &lpBench->hdbc, NULL, &lpBench->hstmt)) {
        // Verbindungs-Infos zur späteren Auswertung ermitteln
        //
        SQLGetInfo(lpBench->hdbc,
                    SQL_DATA_SOURCE_NAME,
                    lpBench->szDSN,
                    sizeof(lpBench->szDSN),
                    NULL);
SQLGetInfo(lpBench->hdbc,
                    SQL_DBMS_NAME,                                ▶
```

```
                        lpBench->szDBMS,
                        sizeof(lpBench->szDBMS),
                        NULL);
        SQLGetInfo(lpBench->hdbc,
                        SQL_PROCEDURES,
                        szBuff,
                        sizeof(szBuff),
                        NULL);

        if ("Y" == *szBuff ) {
            rc=SQLProcedures(lpBench->hstmt, NULL, 0, NULL, 0,
                "ODBC_BENCHMARK", SQL_NTS);
            if ( SQL_SUCCESS != rc
                || SQL_SUCCESS != SQLFetch(lpBench->hstmt) )
                *szBuff = "N";
            SQLFreeStmt(lpBench->hstmt, SQL_CLOSE);
        }
        lpBench->fProcsSupported = (*szBuff == "Y");

        SQLGetInfo(lpBench->hdbc,
                        SQL_TXN_CAPABLE,
                        &sTxnCapable,
                        sizeof(sTxnCapable),
                        NULL);
        lpBench->fCommitSupported = sTxnCapable > 0;

        SQLGetInfo(lpBench->hdbc,
                        SQL_TIMEDATE_FUNCTIONS,
                        &ulDTFunc,
                        sizeof(ulDTFunc),
                        NULL);
        if (ulDTFunc & SQL_FN_TD_NOW)
            lpBench->pszDateTimeSQLFunc = "now";
        else if (ulDTFunc & SQL_FN_TD_CURDATE)
            lpBench->pszDateTimeSQLFunc = "curdate";
        else
            lpBench->pszDateTimeSQLFunc = NULL;


        // Titel der Anwendung mit DSN für den Benutzer setzen
        //
        wsprintf(szBuff, "%s - %s", (LPCSTR)gsz_WIN_TITLE,
            (LPCSTR)lpBench->szDSN);
        SetWindowText(hwnd, szBuff);

        // Feststellen, ob asynchrone Verarbeitung unterstützt wird, indem
        // der Default gesetzt wird, was nur bewirkt, daß wir
        // erfahren, ob die asyn. Verarbeitung unterstützt wird.
        //
rc = SQLSetStmtOption(lpBench->hstmt, SQL_ASYNC_ENABLE,
            SQL_ASYNC_ENABLE_OFF);
        lpBench->fAsyncSupported = RC_SUCCESSFUL(rc);
```

```
                // Default für die Ausführung setzen - alle Features
                // sollen unterstützt werden
                lpBench->fExecAsync = lpBench->fAsyncSupported;
                lpBench->fUseCommit = lpBench->fCommitSupported;
                lpBench->fSQLOption =
                    lpBench->fProcsSupported ? IDX_SPROCS : IDX_PLAINSQL;
                lpBench->fDoQuery = FALSE;
                lpBench->fClearHistory = FALSE;

                // Give user some feedback
                //
                Printf(lpBench, "Erfolgreicher Verbindungsaufbau mit %s.\r\n",
                    (LPCSTR)lpBench->szDSN);
                }
        }
```

Abbildung 8.10 – Die Funktion OnConnect in BENCH.C

Die Funktion *fDoConnect* in COMMON.C alloziert den Verbindungs-Handle und ruft *SQLDriverConnect* mit dem Verbindungsstring NULL für die Eingabe auf:

```
if(SQL_SUCCESS != SQLAllocConnect(henv, &hdbcNew))
    return FALSE;
rc = SQLDriverConnect(hdbcNew, hDlg,
            NULL, 0,    // Input connect string is NULL
            szConnOut, sizeof(szConnOut), NULL,
            SQL_DRIVER_COMPLETE);
```

Der Treiber und der Treiber-Manager übernehmen den weiteren Verbindungsaufbau.

8.1.4.2 Daten mit Hilfe des Laders einfügen

Die Funktion *vDisplayLoad* in LOADER.C zeigt das Options-Dialogfeld an, das in Abbildung 8.4 gezeigt wurde. Anschließend ruft sie die Funktion *fBuildBench* auf, die ebenfalls in LOADER.C enthalten ist. Abhängig von den Optionen, die der Benutzer in diesem Dialogfeld auswählt, ruft *fBuildBench* Funktionen auf, um Tabellen zu erzeugen (mit Hilfe von *vCreateTables*), um Indizes zu erzeugen (mit Hilfe von *vCreateIndices*), oder um die einzelnen Tabellen mit Daten zu füllen (mit Hilfe von *vLoadBranch*, *vLoadTeller* oder *vLoadAccount*). Die einzelnen Tabellen werden mit der SQL-Anweisung CREATE TABLE erzeugt. Die einzelnen SQL-Strings werden in globalen Variablen abgelegt (*szCreateBranch*, *szCreateTeller* oder *szCreateAccount*) und mit *SQLExecDirect* ausgeführt. Weil die Tabellen jedoch für unterschiedliche DBMSe erzeugt werden können, werden in den globalen Strings die Datentypnamen nicht angegeben. Die Datentypen, die in der Anweisung CREATE TABLE für die einzelnen Tabellen verwendet werden sollen, werden von der Schablone für das DBMS abgeleitet, die Sie im Dialogfeld für den Loader auswählen, wie in Abschnitt 8.1.3.2 beschrieben. Es wäre möglich, mit Hilfe von *SQLGetTypeInfo* die Datenquelle abzufragen und dann die Typen entsprechend der unterstützten Datenquelle abzubilden. Aber es gibt noch ein anderes Beispiel, in dem das gezeigt wird (TBLCPY). Die hier gezeigte Methode ist vielleicht nicht so komplex wie der

SQLGetTypeInfo-Ansatz, aber die Schablonen können für eine Vielzahl unterschiedlicher Datenquellen eingesetzt werden. Wenn Sie einen Treiber verwenden, der nicht direkt unterstützt wird, ist es relativ einfach, eine neue Schablone einzuführen: Am Anfang von LOADER.C finden Sie mehrere Tabellen mit Typnamen. Fügen Sie einfach die neuen Typnamen und die Schablone am Ende der einzelnen Tabellen ein und kompilieren Sie das Programm neu.

Das Laden der Tabellen mit Daten wird mit Hilfe von gebundenen Parametern und der »Vorbereiten-und-Ausführen«-Methode realisiert. Der Code zum Beispiel, der in der Funktion *vLoadTeller* die Daten für die Kassentabelle lädt, bindet zunächst für jede Spalte einen *Parameter*, wozu auch hier wieder die Datentypen verwendet werden, die von der im Lader-Dialogfeld gewählten DBMS-Schablone abgeleitet werden. Der Code in *vLoadTeller* bereitet die INSERT-Anweisung vor, bindet die Parameter für jede Spalte in der Kassentabelle und ruft in einer Schleife *SQLExecute* auf, wie in Abbildung 8.11 gezeigt. Der Code zum Laden der Daten in die Filialen- und Kontentabellen ist ganz ähnlich.

```
const char szInsertTeller[] =
    "insert in %s (teller, branch, balance, filler) "
    "values (?, ?, ?, ?)";
...
// Vorbereitung der Anweisung zum Einfügen
wsprintf(szSQLBuffer, szInsertTeller, szTeller);
rc = SQLPrepare(lpRunCfg->lpBenchInfo->hstmt, szSQLBuffer,
    SQL_NTS);

// Binden der Variablen zu den entsprechenden Parametern
// Teller ID
rc = fSQLBindParameter(lpRunCfg->lpBenchInfo->hwndMain,
    lpRunCfg->lpBenchInfo->hstmt, 1, SQL_PARAM_INPUT,
    SQL_C_LONG, BindTypeMap[uwBindIdx].swInt,
    BindTypeMap[uwBindIdx].uwInt, 0, (PTR)&udwTeller, 0, 0);

// Filialen-ID
rc = fSQLBindParameter(lpRunCfg->lpBenchInfo->hwndMain,
    lpRunCfg->lpBenchInfo->hstmt, 2, SQL_PARAM_INPUT,
    SQL_C_LONG, BindTypeMap[uwBindIdx].swInt,
    BindTypeMap[uwBindIdx].uwInt, 0, (PTR)&udwBranch, 0, 0);
// Saldo
rc = fSQLBindParameter(lpRunCfg->lpBenchInfo->hwndMain,
    lpRunCfg->lpBenchInfo->hstmt, 3, SQL_PARAM_INPUT,
    SQL_C_DOUBLE, BindTypeMap[uwBindIdx].swFloat,
    BindTypeMap[uwBindIdx].uwFloat, 0, (PTR) &dBalance, 0, 0);

// Filler char
rc = fSQLBindParameter(lpRunCfg->lpBenchInfo->hwndMain,
    lpRunCfg->lpBenchInfo->hstmt, 4, SQL_PARAM_INPUT,
    SQL_C_CHAR, BindTypeMap[uwBindIdx].swChar,
    sizeof(lpRunCfg->szTemp) - 1, 0, lpRunCfg->szTemp,
    sizeof(lpRunCfg->szTemp) - 1, &cbFiller);
...                                                          ▶
```

```
// Datensätze einfügen
for(udwTeller=1; udwTeller <= lpRunCfg->udwMaxTeller;
    udwTeller++) {
    udwBranch = (UDWORD)((rand() % lpRunCfg->udwMaxBranch) + 1);
    rc = SQLExecute(lpRunCfg->lpBenchInfo->hstmt);
    if (RC_NOTSUCCESSFUL(rc)) {
        Printf(lpRunCfg->lpBenchInfo, (LPSTR)szInsertFailure,
            udwTeller);
        break;
    }
```

Abbildung 8.11 – Laden der Daten mit Hilfe der Funktion vLoadTeller

8.1.4.3 Ausführung des Benchmarks

Der Code, der den Benchmark ausführt, ist in EXECUTE.C abgelegt. Die Hauptfunktion, *ExecuteBench*, zeigt ein Optionen-Dialogfeld an und führt dann den Benchmark gemäß der gewählten Optionen aus. Die Funktion *fRunTrans* in EXECUTE.C ist für die Routinearbeiten des Benchmarks zuständig, und zwar mit Hilfe einer der folgenden drei Methoden:

■ Unter Verwendung der Standard-SQL-Anweisungen UPDATE, SELECT und INSERT. In diesem Fall werden die Werte, die eingefügt oder aktualisiert werden sollen, in einem String abgelegt (mit Hilfe von *sprintf*), der wiederum als Argument an *SQLExecDirect* übergeben wird.

■ Unter Verwendung von *SQLBindParameter* und der *SQLPrepare*- und *SQLExecute*-Methode.

■ Mit Hilfe einer gespeicherten Prozedur, die separat gemäß der vom DBMS unterstützten Syntax erzeugt werden muß. Die gespeicherte Prozedur muß ODBC_BENCHMARK heißen und sieben Parameter entgegennehmen.

Der folgende Code zeigt die gespeicherte Prozedur, die für die Version 4.21 von Microsoft SQL Server verwendet wird.

```
CREATE PROCEDURE ODBC_BENCHMARK
    @histid    int;
    @acct      int,
    @teller    int,
    @branch    int,
    @delta     float,
    @balance   float output,
    @filler    char(22)
AS
BEGIN TRANSACTION
UPDATE    account
    SET    balance = balance + @delta
    WHERE  account = @acct
SELECT    @balance = balance                        ▶
```

Benchmark-Beispiel (BENCH)

```
    FROM    account
    WHERE   account = @acct
UPDATE      teller
    SET     balance = balance + @delta
    WHERE   teller  = @teller
UPDATE      branch
    SET     balance = balance + @delta
    WHERE   branch  = @branch
INSERT history
    (histid, account, teller, branch, amount, timeoftxn, filler)
VALUES
    (@histid, @acct, @teller, @branch, @delta, getdate(), @filler)
COMMIT TRANSACTION
```

Die gespeicherte Prozedur für Oracle sieht folgendermaßen aus:

```
create procedure ODBC_BENCHMARK(
    vhistid IN   number,
    acct    IN   number,
    vteller IN   number,
    vbranch IN   number,
    delta   IN   float,
    balance OUT  float,
    vfiller IN   char)
is
BEGIN
update account set balance = balance + delta where account = acct;
update teller set balance = balance + delta where teller = vteller;
update branch set balance = balance + delta where branch = vbranch;
insert INTO history
    (histid, account, teller, branch, amount, timeoftxn, filler)
values
    (vhistid, acct, vteller, vbranch, delta, SYSDATE, vfiller);
COMMIT WORK;
END  ODBC_BENCHMARK;
```

Für die Methode mit der gespeicherten Prozedur wird für jeden Parameter *SQLBindParameter* aufgerufen (wie im Code für den Lader). Zur Ausführungszeit wird die gesamte Transaktion durch die ODBC-Standardsyntax für gespeicherte Prozeduren ausgeführt:

```
{CALL ODBC_BENCHMARK(?,?,?,?,?,?,?)}
```

Jeder Parameter wird in seinem ursprünglichen Format weitergegeben. Der Ausgabeparameter für den neuen Saldo im Konto wird als sechster Parameter übergeben. Beachten Sie, daß die Deklaration für diesen Parameter den Parametertyp SQL_PARAM _INPUT_OUTPUT vorgibt:

```
fSQLBindParameter(hwnd, lpBench->hstmt, 6, SQL_PARAM_INPUT_OUTPUT,
    SQL_C_DOUBLE, SQL_DOUBLE, sizeof(double), 0,
    &dBalance, sizeof(dBalance), NULL);
```

Immer wenn die gespeicherte Prozedur abgearbeitet ist, steht der neue Wert der Saldo-Spalte in der Variablen *dBalance* zur Verfügung.

Die Hauptschleife des Benchmarks befindet sich in *fRunTrans* in EXECUTE.C. Die Schleife wird so lange ausgeführt, wie im Dialogfeld *Execute Benchmark* angegeben; im Fehlerfall wird sie abgebrochen. Als erstes werden in der Schleife die Werte für die Kontonummer, die Kassennummer, die Filialnummer und die Anzahl der Transaktionen zufällig erzeugt, wie in Abbildung 8.12 gezeigt.

```
while((dDiff <= dTimeToRun) && !fDone) {
    // Zufallsdaten für jedes Feld und jeden Betrag erzeugen
    //
    nAcctNum = ((rand() * rand()) % lpBench->udwMaxAccount) + 1;
    assert(nAcctNum > -1);

    nBranchNum = (rand() % lpBench->udwMaxBranch) + 1;
    assert(nBranchNum > -1);

    nTellerNum = (rand() % lpBench->udwMaxTeller) + 1;
    assert(nTellerNum > -1);

    // Zufällig Banktransaktionen setzen, deren Anzahl nicht
    // größer als die Anzahl der Kassen ist. Der Typ der
    // Transaktion (Einzahlung oder Abhebung) wird durch die
    // C-Laufzeitfunktion 'time' festgelegt, je nachdem, ob
    // sie gerade oder ungerade ist
    dDelta = ((rand() % lpBench->udwMaxTeller) + 1) *
        (double)(((long)time(NULL) % 2) ? 1 : -1);

    // Transaktionszähler um 1 inkrementieren
    ++lpBench->nTrnCnt;

    // Startzeit für diese Transaktion ermitteln
    time(&tTransStartTime);
```

Abbildung 8.12 – Erzeugen der Werte in EXECUTE.C

Als nächstes werden die für die Ausführung gewählten Optionen ausgewertet und das entsprechende Ausführungsmodell wird angewendet, wie in Abbildung 8.13 gezeigt.

```
    // Methode mit den gespeicherten Prozeduren
    if(IDX_SPROCS == lpBench->fSQLOption) {
        SetWorkingItem(
            "Ausführung der gespeicherten Prozedur mit Parametern");
        fRtn = fExecuteSprocCall(lpBench);
        if(!fRtn)
            fDone = TRUE;
    }

    // Prepare/Execute mit Parametern
    else if (IDX_PARAMS == lpBench->fSQLOption) {
        SetWorkingItem(
            "Ausführung der vorbereiteten Anweisung mit Parametern");    ▶
```

```c
        // Konto aktualisieren
        do {
            rc = SQLExecute(hstmtUpdAcct);
            } while(SQL_STILL_EXECUTING == rc);
        if(SQL_SUCCESS != rc)
            vShowErrors(lpBench->hwndMain, NULL, NULL,
                hstmtUpdAcct);

        // Neuen Saldo für das gerade aktualisierte Konto setzen
        if (RC_SUCCESSFUL(rc)) {
            do {
                rc = SQLExecute(hstmtSelBal);
                } while(SQL_STILL_EXECUTING == rc);
            if(SQL_SUCCESS != rc)
                vShowErrors(lpBench->hwndMain, NULL, NULL,
                    hstmtSelBal);
            else {
                SDWORD cbBal;
                SQLFetch(hstmtSelBal);
                SQLGetData(hstmtSelBal, 1, SQL_C_DOUBLE,
                    &dBalance, 0, &cbBal);
                SQLFreeStmt(hstmtSelBal, SQL_CLOSE);
                }
            }

        // Kasse aktualisieren
        if (RC_SUCCESSFUL(rc)) {
            do {
                rc = SQLExecute(hstmtUpdTeller);
                } while(SQL_STILL_EXECUTING == rc);
            if(SQL_SUCCESS != rc)
                vShowErrors(lpBench->hwndMain, NULL, NULL,
                    hstmtUpdTeller);
            }

        // Filiale aktualisieren
        if (RC_SUCCESSFUL(rc)) {
            do {
                rc = SQLExecute(hstmtUpdBranch);
                } while(SQL_STILL_EXECUTING == rc);
            if(SQL_SUCCESS != rc)
                vShowErrors(lpBench->hwndMain, NULL, NULL,
                    hstmtUpdBranch);
            }

        // In Statistiktabelle eintragen
        if (RC_SUCCESSFUL(rc)) {
            do {
                rc = SQLExecute(hstmtInsHist);
                } while(SQL_STILL_EXECUTING == rc);
            if(SQL_SUCCESS != rc)
                vShowErrors(lpBench->hwndMain, NULL, NULL,
                    hstmtInsHist);
```

```
          }
      if (SQL_SUCCESS != rc)
          fDone = TRUE;
      else
          fDone = !fExecuteQuery(lpBench, TRUE);
      } // Prepare/Execute w/params

// Für SQLExecDirect mit der SQL-Text-Methode
// einen SQL-String mit allen Werten erzeugen
//
else {
    SetWorkingItem(
        "Ausführung von SQL-Text ohne Parameter");

    if(!(fRtn = fExecuteTrans(lpBench, lpBench->nTrnCnt,
        nAcctNum, nTellerNum,
        nBranchNum, &dBalance, dDelta)))
        fDone = TRUE;
}
```

Abbildung 8.13 – Auswahl der Ausführungsoptionen und Ausführung in EXECUTE.C

Die Methode mit der gespeicherten Prozedur ruft die Funktion *fExectueSprocCall* auf, die für *hstmt*, das den Aufruf der gespeicherten Prozedur enthält, *SQLExecute* aufruft.

Die Methode *Prepare/Execute* mit Parametern wird inline verarbeitet. Beachten Sie, daß jede SQL-Anweisung ihr eigenes *hstmt* hat. Das ist notwendig, weil die gebundenen Parameter für die verschiedenen Anweisungen nicht gleich sind. In jedem Fall jedoch wird die Anweisung ausgeführt, indem einfach nur *SQLExecute* aufgerufen wird.

Die Methode *SQLExecDirect* mit SQL-Text ruft die Funktion *fExecuteTrans* auf, die wiederum *sprintf* mit den Eingabewerten für jede Anweisung aufruft und jede Anweisung mit *SQLExecDirect* ausführt.

Nach der Ausführung wird die Transaktion mit *SQLTransaction* beendet. Wenn ein Fehler aufgetreten ist, wird die Transaktion rückgängig gemacht, andernfalls wird sie festgeschrieben. Das Flag *fUseCommit* wird überprüft, und *SQLTransact* wird nur dann ausgeführt, wenn der Benutzer die Option gesetzt hat, daß Transaktionen verwendet werden sollen:

```
// Festschreiben der Transaktion, wenn kein Fehler aufgetreten ist
// Hinweis: Für die Methode mit der gespeicherten Prozedur hat dies
// keinerlei Auswirkungen
// Das Festschreiben erfolgt in sproc
if(lpBench->fUseCommit) {
    rc = SQLTransact(NULL, lpBench->hdbc,
        (UWORD)((fRtn) ? SQL_COMMIT : SQL_ROLLBACK));
    fRtn &= RC_SUCCESSFUL(rc);
    }
```

Damit ist die Transaktion beendet, und es muß nur noch festgestellt werden, wie lange sie gedauert hat. Weiterhin müssen einige Statistiken berechnet werden, und die Anzeige muß aktualisiert werden, wie in Abbildung 8.14 gezeigt.

```
// Endzeit und verbrauchte Zeit ermitteln
//
time(&tTransEndTime);
dTransDiff = difftime(tTransEndTime, tTransStartTime);
lpBench->dDiffSum += dTransDiff;

// Transaktionen ermitteln, die 1 bzw. 2 Sekunden gedauert haben
//
if(dTransDiff <= 1)
    ++lpBench->nTrnCnt1Sec;
if(dTransDiff > 1 && dTransDiff <= 2)
    ++lpBench->nTrnCnt2Sec;
// Verbrauchte Zeit ermitteln, um zu prüfen, ob wir die Schleife
// jetzt beenden sollen
//
time(&tCurTime);
dDiff = difftime(tCurTime, tStartTime);
// Alle fünf Transaktionen prüfen, ob abgebrochen werden soll
//
if(0 == (lpBench->nTrnCnt % 5)) {
    char    szBuff[50];
    wsprintf(szBuff, "%ld transactions processed",
        lpBench->nTrnCnt);
    SetProgressText(szBuff);
    if(fCancel()) {
        fDone = TRUE;
        fRtn = TRUE;
        Printf(lpBench, "*** Cancelled ***\r\n");
        }
    }
} // Ende Hauptschleife
```

Abbildung 8.14 – Die letzten Aktionen der Funktion fRunTrans

Wenn die Schleife abgearbeitet ist, werden die Statistiken zusammengefaßt, angezeigt und in die Datei ODBCBNCH.CSV geschrieben. Insgesamt wurde anhand dieses Benchmark-Tests gezeigt, wie ODBC das Binden von Parametern und Spalten ausführt, wie gespeicherte Prozeduren ausgeführt werden, und wie die asynchrone Ausführung funktioniert. Darüber hinaus kann BENCH natürlich auch dazu verwendet werden, einen objektiven Vergleich von ODBC-Treibern durchzuführen.

8.2 Tabellen kopieren (TBLCPY)

In diesem Beispiel werden wir eines der kompliziertesten Probleme ansprechen, denen die Entwickler beim Schreiben kompatibler Datenbankapplikationen unter Verwendung von ODBC gegenüberstehen: Das Kopieren der Tabellendefinition und der Tabellendaten von einer Datenquelle in eine andere, wobei die Semantik der kopierten Datei so weit wie möglich beibehalten werden soll. Das betrifft auch die Methode, wie die einzelnen Datenquellen Blobs, benutzerdefinierte Typen oder andere spezielle Datentypen wie etwa Währungsformate oder automatisch inkrementierte Spalten handhaben. Die Lösung für dieses Problem ist nicht einfach: TBLCPY umfaßt mehr als 5000 Zeilen C-Code!

So wie BENCH ist auch TBLCPY ein sehr praktisches Utility, unabhängig davon, ob Sie den Quellcode betrachten oder modifizieren wollen. Sie können TBLCPY als allgemeine Import/Export-Utility zwischen zwei Datenquellen einsetzen. Wenn Sie TBLCPY häufig für eine bestimmte Datenquellenkombination einsetzen, können Sie dafür eine eigene Version erzeugen. Diese wird so optimiert, daß sie eine bestmögliche Performance erzielt, indem für jede Datenquelle ganz bestimmte SQL-Erweiterungen oder Programmtechniken verwendet werden. Das letzte Beispiel in Kapitel 7 hat zum Beispiel gezeigt, daß die Verwendung von Cursorn und *SQLSetPos* sehr viel schneller ist, als die Verwendung von *SQLPrepare* und *SQLExecute* mit INSERT-Anweisungen, wenn man Daten unter Verwendung von Desktop-Datenbanktreibern für Anwendungen wie etwa Microsoft Access und FoxPro in Tabellen kopiert. Als weiteres Beispiel für die Performancesteigerung für eine bestimmte Datenquelle könnten Sie etwa eine Microsoft SQL Server-spezifische Version von TBLCPY erstellen. Diese verwendet dann die Stufe-2-Funktion *SQLParamOptions*, welche im Microsoft SQL Server 6 zur Verfügung steht, um die Geschwindigkeit von Einfügeoperationen in Microsoft SQL Server 6 zu erhöhen.

TBLCPY ist mehr im Stil der Beispiele aus Kapitel 7 gehalten, weniger nach der Art von BENCH. Das heißt, es registriert keine Fensterklasse und erzeugt auch kein Hauptfenster, sondern verwendet statt dessen eine Folge von Dialogfeldern, ähnlich der Wizards, die man in vielen Microsoft-Anwendungen findet. Jedes Dialogfeld bringt den Benutzer um einen Schritt im Kopierprozeß weiter, wobei jederzeit auch zu einem vorherigen Schritt zurückgekehrt werden kann.

Zunächst wollen wir uns einen allgemeinen Überblick über die Programmierung dieser Utility verschaffen. Sie verwendet die ODBC-Funktionen *SQLTables* und *SQLColumns*, um die Tabellen und Spalten einer Datenquelle aufzulisten. Wenn eine Tabelle ausgewählt wurde, listet *SQLStatistics* die Indizes auf, die kopiert werden können. Anschließend werden mit *SQLGetTypeInfo* die besten Übereinstimmungen zwischen den Datentypinformationen der Quell-Tabelle und der Ziel-Tabelle festgestellt. Schließlich werden die Ziel-Tabelle und die Indizes erzeugt und die Daten werden von der Quelle zum Ziel kopiert. *SQLBindCol* bindet die Spalten der Quell-Tabelle, *SQLBindParameter* bindet die Parameter für die INSERT-Anweisung in der Ziel-Tabelle. Wenn umfangreicher Text oder binäre Spalten kopiert werden sollen, werden die Funktionen *SQLGetData* und *SQLPutData* verwendet, um die Daten abschnittsweise zu lesen und zu schreiben.

8.2.1 Initialisierung und allgemeiner Steuerfluß

TBLCPY wird in vier großen Schritten ausgeführt, denen jeweils ein Dialogfeld zugeordnet ist:

1. Verbindungsaufbau zu einer Datenquelle, von der die Daten kopiert werden, und Auswahl der zu kopierenden Tabelle.

2. Anzeige und Auswahl der zu kopierenden Indizes.

3. Verbindungsaufbau zu der Datenquelle, in die die Daten kopiert werden sollen, und Angabe des Tabellennamens.

4. Erzeugen der Ziel-Tabelle und Kopieren der Daten. Dieser Schritt umfaßt mehrere Komponenten, unter anderem einige Dialogfelder, die die jeweils verwendete Typabbildung zeigen, und wenn Sie wollen, auch die erzeugten SQL-Anweisungen.

Der Steuerfluß zwischen den einzelnen Schritten des Wizards wird in TBLCPY.C verwaltet. Der Code zur Initialisierung der Fenster, unter anderem der Einsprungpunkt von *WinMain*, befindet sich ebenfalls in TBLCPY.C. Die Einsprungpunkte für jeden Schritt des Wizards werden in einem Array von Funktionszeigern abgelegt. Die Deklaration des Funktionszeiger-Arrays und der Code für *WinMain* ist in Abbildung 8.15 gezeigt.

```
// Funktionen, die die einzelnen Schritte des Wizards beobachten
//
STEPPROC procs[] = {
    fDoStep1,
    fDoStep2,
    fDoStep3,
    fDoStep4
    };
...
int WINAPI WinMain (HINSTANCE hInstance,
                    HINSTANCE hPrevInstance,
                    LPSTR    lpszCmdLine,
                    int      nCmdShow)
{
int nReturn;
    if (Init(hInstance, hPrevInstance, lpszCmdLine, nCmdShow)) {
        nReturn = DoMain(hInstance);
        Cleanup();
        }
    return nReturn;
}
```

Abbildung 8.15 – Die Deklaration des Funktionszeiger-Arrays und der WinMain-Code für TBLCPY

Die *Init*-Funktion (die hier nicht gezeigt ist) alloziert den Umgebungs-Handle mit *SQLAllocEnv* und weist den resultierenden Handle *henv* einer globalen Struktur zu, *gcpInfo*. Die Struktur *gcpInfo* wird dazu verwendet, die ODBC-Handles und diverse andere Einstellungen im Programm weiterzugeben. Nach *Init* wird die Funktion *DoMain* aufgerufen. *DoMain* ist für die Flußsteuerung zwischen den einzelnen Dialogfeldern zuständig; sie ist in Abbildung 8.16 gezeigt.

```
int   DoMain(HANDLE hInstance)
{
    int       iDlg;
    HWND      hwnd = NULL;

    Ctl3dRegister(hInstance);
    Ctl3dAutoSubclass(hInstance);

    // Jeden einzelnen Schritt aufrufen. Der Rückgabewert ist entweder
    // der nächst auszuführende Schritt, oder END_WIZARD, wenn
    // alle Schritte ausgeführt sind.
//
    iDlg = DO_STEP1;
    while(END_WIZARD != iDlg)
        iDlg = (*procs[iDlg])(hwnd, hInst, &gcpInfo);

    Ctl3dUnregister(hInstance);

    return TRUE;
}
```

Abbildung 8.16 – Die Funktion DoMain in TBLCPY

Die Aufrufe von *Ctl3dRegister* und *Ctl3dAutoSubclass* geben den Dialogfeldern dreidimensionale Effekte. Die *while*-Schleife, die den Wizard steuert, ruft die einzelnen Elemente im *proc*-Array indirekt auf. Die Elemente des *proc*-Arrays enthalten die Funktionszeiger auf *fDoStep1*, *fDoStep2*, *fDoStep3* und *fDoStep4*. Diese Funktionen geben immer den Schritt zurück, den der Wizard als nächstes ausführen soll (entweder den nächsten oder den vorhergehenden Schritt). Wenn der Benutzer die Eingabe abbricht oder beendet, gibt die Funktion den Wert END_WIZARD zurück, mit der die Schleife beendet wird. Die Funktion *Ctl3dUnregister* führt die notwendigen Aufräumarbeiten für die 3-D-Steuerelemente durch und beendet das Programm.

Nun wollen wir die ODBC-Funktionen in den einzelnen Schritten von TBLCPY betrachten.

8.2.2 Schritt 1: Verbindungsaufbau und Anzeige der Tabellenliste

In Schritt 1 rufen wir *SQLDriverConnect* auf, um eine Verbindung zur gewünschten Datenquelle herzustellen. Anschließend verwenden wir die Funktion *SQLTables*, um die Liste der Tabellen zu ermitteln, aus denen wir kopieren können. Der Code für Schritt 1 von TBLCPY ist in STEP1.C abgelegt und beginnt mit der Funktion *fDoStep1*, die einfach nur das Dialogfeld für Schritt 1 aufruft. Die eigentliche Arbeit passiert in der Fensterprozedur (*Step1WndProc*), die das Dialogfeld verwendet. Diese Organisation wird in allen

Tabellen kopieren (TBLCPY)

Schritten beibehalten. Abbildung 8.17 zeigt den Code für *fDoStep1*. Das Dialogfeld für Schritt 1 sehen Sie in Abbildung 8.18.

```
int fDoStep1(
    HWND hwnd,              // Elternfenster-Handle
    HINSTANCE hInst,        // Instanz-Handle für das Dialogfeld
    lpCOPYINFO pCopyInfo    // Kopier-Information
    )
{
    DLGPROC dlgproc;
    int     nRtn=END_WIZARD;

    dlgproc = MakeProcInstance((FARPROC)Step1WndProc, hInst);
    switch(DialogBoxParam(hInst, MAKEINTRESOURCE(IDD_FROM_INFO),
                  hwnd, dlgproc, (LPARAM)pCopyInfo)) {
        case IDOK:
            nRtn = DO_STEP2;
            break;

        case IDCANCEL:
            break;

        default:
            assert(0);
            break;
    }

    FreeProcInstance((FARPROC) dlgproc);

    return nRtn;
}
```

Abbildung 8.17 – Der Code von fDoStep1 in STEP1.C

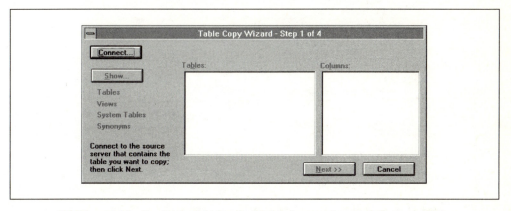

Abbildung 8.18 – Das Dialogfeld für den Verbindungsaufbau und die Auswahl der Eingabedatenquelle in Schritt 1

Mit dem Anklicken der Schaltfläche *Connect* wird in *Step1WndProc* innerhalb der switch-Anweisung im WM_COMMAND-Fall die Funktion *fDoFromConnect* aufgerufen. Die Funktion *fDoFromConnect* ist für den Verbindungsaufbau zu der Datenquelle zuständig, von der wir die Tabelle kopieren werden. Beim Verbindungsaufbau wird die Verbindung eingerichtet und es erfolgen mehrere Aufrufe von *SQLGetInfo*, um die Information zu ermitteln, die wir später noch benötigen. Abbildung 8.19 zeigt den Code für *fDoFromConnect*.

```
BOOL fDoFromConnect(
    HWND hDlg,                              // Elternfenster-Handle
    lpCOPYINFO pCopyInfo                    // Kopieren der stuct.Information
    )
{
    assert(NULL!=pCopyInfo && NULL!=hDlg);

    if(fDoConnect(hDlg, pCopyInfo->henv,
                  pCopyInfo->hFromConn, &pCopyInfo->hFromConn,
                  pCopyInfo->szFromConn,
                  &pCopyInfo->hFromStmt)) {
        // Do some cleanup
        //
        vMaskKeyword(pCopyInfo->szFromConn, "PWD", "*");
        SQLGetInfo(pCopyInfo->hFromConn,
                   SQL_DATA_SOURCE_NAME,
                   pCopyInfo->szFromDsn,
                   sizeof(pCopyInfo->szFromDsn),
                   NULL);
        SQLGetInfo(pCopyInfo->hFromConn,
                   SQL_IDENTIFIER_QUOTE_CHAR,
                   pCopyInfo->szFromIDQuote,
                   sizeof(pCopyInfo->szFromIDQuote),
                   NULL);
        *pCopyInfo->szFromDBMS = "\0";
        SQLGetInfo(pCopyInfo->hFromConn,
                   SQL_DBMS_NAME,
                   pCopyInfo->szFromDBMS,
                   sizeof(pCopyInfo->szFromDBMS),
                   NULL);
pCopyInfo->ulGetDataExt = 0L;
        SQLGetInfo(pCopyInfo->hFromConn,
                   SQL_GETDATA_EXTENSIONS,
                   &pCopyInfo->ulGetDataExt,
                   sizeof(pCopyInfo->ulGetDataExt),
                   NULL);

        // Alle Strings zurücksetzen, die die Verarbeitung dieses
        // Dialogfelds beeinflußen. Davon ist nicht jedes Element
        // von Schritt 1 betroffen
        //
        *pCopyInfo->szFromTable = Ô\0Õ;
        *pCopyInfo->szColList = Ô\0Õ;
                                                                    ▶
```

```
        vResetIndexInfo(pCopyInfo);

        return TRUE;
    }

    return FALSE;
}
```

Abbildung 8.19 – Der Code von fDoFromConnect in STEP1.C

Die Funktion *fDoConnect* in COMMON.C richtet die eigentliche Verbindung ein. Dabei handelt es sich um dieselbe Funktion, die wir schon in BENCH verwendet haben. Wie bereits gezeigt, verwendet *fDoConnect* die Funktion *SQLDriverConnect*, um die Benutzeroberfläche für die Verbindung zu verwalten und einen Anweisungs-Handle zu allozieren, den sie im letzten Argument zurückgibt (das wäre in diesem Fall *pCopyInfo->hFormStmt*).

Der Ausgabeverbindungs-String von *SQLDriverconnect* wird in *pCopyInfo->szFromConn* zurückgegeben. Um den String auf dem Bildschirm anzuzeigen, müssen wir sicherstellen, daß das Paßwort nicht angezeigt wird, falls wir eine Verbindung zu einem System herstellen, für das Sicherheitsinformationen angegeben werden müssen. Der Aufruf von *vMaskKeyword* (das sich ebenfalls in COMMAN.COM befindet) ersetzt die einzelnen Zeichen des eingegebenen Paßworts durch Sterne. Sie fragen sich vielleicht, warum der Treiber das Paßwort überhaupt im Verbindungsstring zurückgibt. Wenn wir einen vollständigen Verbindungsstring haben, können wir eine zweite Verbindung zur selben Datenquelle aufbauen oder den Verbindungsaufbau nach einem Fehler wiederholen, ohne daß der Benutzer noch einmal die Informationen eingeben muß. Der zweite Versuch, eine Verbindung aufzubauen, würde wieder *SQLDriverConnect* verwenden, aber diesmal wird der Verbindungsstring als Eingabe im Argument *szConnStrIn* übergeben. Wenn das Argument *fDriverComplete* in der Funktion *SQLDriverConnect* auf SQL_DRIVER_COMPLETE gesetzt ist, würde die Verbindung wie zuvor aufgebaut, aber ohne das Zutun des Benutzers. Wir haben den automatischen Verbindungsaufbau in TBLCPY nicht realisiert, aber hielten dieses Beispiel einfach für gut geeignet, zu erklären, warum Paßwörter zurückgegeben werden.

Dem Aufruf von vMaskKeyword folgen mehrere Aufrufe von SQLGetInfo. SQL_DATA_SOURCE_NAME und SQL_DBMS_NAME werden nur für Anzeigezwecke verwendet, aber es ist ganz sinnvoll, SQL_IDENTIFIER_QUOTE_CHAR und SQL_GETDATA_EXTENSIONS zu erklären.

SQL_IDENTIFIER_QUOTE_CHAR wird vom Treiber ermittelt, so daß wir Begrenzungszeichen verwenden können. Begrenzungszeichen werden vom SQL-92-Standard (und von ODBC) verwendet, damit in SQL-Bezeichnern (zum Beispiel Tabellennamen, Spaltennamen und Indexnamen) Zeichen verwendet werden können, die normalerweise für Bezeichner nicht erlaubt sind. Zum Beispiel erlaubt kein DBMS die Angabe von Leerzeichen in einem normalen Spaltennamen. Man könnte also in SQL mit der folgenden Syntax niemals eine Tabelle erzeugen:

```
CREATE TABLE THIS_WILL_NOT_WORK (First Name VARCHAR(25))
```

Wenn Sie jedoch Begrenzungszeichen verwenden, ist der Name *First Name* kein Problem:

```
CREATE TABLE THIS_WILL_WORK ("First Name" VARCHAR(25))
```

Das doppelte Anführungszeichen wird verwendet, um den Bezeichner *First Name* zu begrenzen. Wie Sie vielleicht schon erkannt haben, verwenden nicht alle DBMSe dasselbe Begrenzungszeichen! Obwohl in SQL-92 das doppelte Anführungszeichen als Begrenzungszeichen vorgegeben ist, gibt es einige Produkte, die dieses Zeichen für einen anderen Zweck einsetzen und deshalb ein anderes Begrenzungszeichen verwenden. Ein gebräuchliches Begrenzungszeichen ist das einfache Anführungszeichen. Der hier gezeigte Aufruf von *SQLGetInfo* gibt das Zeichen zurück, in das wir alle Bezeichner in unseren SQL-Anweisungen einschließen können, wenn Sonderzeichen wie etwa das Leerzeichen darin verwendet werden.

```
SQL_IDENTIFIER_QUOTE_CHAR,
         pCopyInfo->szFromIDQuote,
         sizeof(pCopyInfo->szFromIDQuote),
         NULL);
```

Der zweite interessante Aufruf von *SQLGetInfo* ermittelt SQL_GETDATA_EXTENSIONS. Hier werden Informationen darüber zurückgegeben, wie *SQLGetData* verwendet werden kann, um mehr Funktionalität zu bieten, als in der ODBC-Spezifikation verlangt wird, wie etwa die Reihenfolge, in der *SQLGetData* auf Spalteninformationen in einer Ergebnismenge zugreifen kann. Einige Treiber unterstützen zum Beispiel den Aufruf von *SQLGetData* für alle Spalten in beliebiger Reihenfolge, während andere den Zugriff auf die Daten nur in aufsteigender Reihenfolge erlauben. Deshalb puffern einige Treiber eine ganze Zeile, bis die nächste Zeile geholt ist, während andere keinerlei Pufferung im Treiber vornehmen, so daß es keine Möglichkeit mehr gibt, die Daten, nachdem sie vom DBMS geholt und in die Puffer der Anwendung geschrieben wurden, noch einmal zurückzugeben, auch wenn die Anwendung sie noch einmal benötigt. Die letztere Funktionalität ist das einzig geforderte Verhalten für *SQLGetData*. Weil mehrere Treiber und Anwendungen Erweiterungen dazu unterstützen, ist die Option *SQLGetInfo* ganz praktisch. Andere *SQLGetData*-Erweiterungen spezifizieren die Operationen, die ausgeführt werden können, wenn das Binden mit *SQLBindCol* für *SQLGetData* verwendet wird. In unserem Fall überprüfen wir, ob die SQL_GD_ANY_ORDER-Erweiterung unterstützt wird, um die effizienteste Methode feststellen zu können, um Blob-Daten von einer Datenquelle in eine andere zu übertragen. Wenn *SQLGetData* für die Spalten nur in aufsteigender Reihenfolge aufgerufen werden kann, muß die SELECT-Liste neugeordnet werden, damit alle Blob-Spalten am Ende stehen und die *SQLGetData/SQLPutData*-Schleife in der richtigen Reihenfolge aufgerufen werden kann.

Nach dem Verbindungsaufbau und der Ermittlung der *SQLGetInfo*-Einstellungen geht die Steuerung zurück an *Step1WndProc*. Wenn der Verbindungsaufbau erfolgreich war, wird die Funktion *vResetTableList* aufgerufen. In *vResetTableList* wird die ODBC-Funktion *SQLTables* aufgerufen, um die Liste der Tabellen von der Datenquelle zu erhalten. *SQLTables* kann nicht nur Basistabellen zurückgeben, sondern auch Views, Systemtabellen und Synonyme. Die Tabellentypen, die dabei zurückgegeben werden müssen, werden *SQLTables* im Argument *szTableType* übergeben. In unserem Fall kann der Benutzer die gewünschten Tabellentypen auswählen, indem er auf die Schaltfläche *Show* im Dialogfeld für Schritt 1 klickt. Der Standard ist, daß nur Basistabellen und Views angezeigt werden.

SQLTables erzeugt normalerweise eine Abfrage für den Systemkatalog des DBMS. Die Ergebnisse werden wie jede andere Abfrage verarbeitet. Deshalb wird nach dem Aufruf von *SQLTables* die typische Verarbeitungsschleife für einen Cursor ausgeführt. Die Ergebnisspalten aus *SQLTables* werden in der folgenden Tabelle gezeigt und erklärt.

Spaltenname	Datentyp	Beschreibung
TABLE_QUALIFIER	VARCHAR(128)	Tabellenbezeichner. Dieser Wert ist NULL, wenn die Tabellenbezeichner nicht für die Datenquelle verwendet werden können. Wenn ein Treiber Bezeichner für einige Tabellen unterstützt, für andere dagegen nicht, wie es etwa der Fall sein könnte, wenn der Treiber Daten von verschiedenen DBMS-Systemen ermittelt, gibt er für die Tabellen, die keine Bezeichner haben, einen leeren String ("") zurück.
TABLE_OWNER	VARCHAR(128)	Tabelleneigentümer. Dieser Wert ist NULL, wenn auf die Datenquelle keine Tabelleneigentümer verwendet werden können. Wenn ein Treiber Eigentümer für einige Bezeichner unterstützt, für andere dagegen nicht, wie es etwa der Fall sein könnte, wenn der Treiber Daten von verschiedenen DBMS-Systemen ermittelt, gibt er für die Tabellen, die keine Eigentümer haben, einen leeren String ("") zurück.
TABLE_NAME	VAR_CHAR(128)	Tabellenbezeichner.
TABLE_TYPE	VAR_CHAR(128)	Tabellentypbezeichner. Dieser Wert kann einer der folgenden sein: TABLE, VIEW, SYSTEM TABLE, ALIAS, GLOBAL TEMPORARY, LOCAL TEMPORARY, SYNONYM oder ein für die Datenquelle spezifischer Typ.
REMARKS	VARCHAR(254)	Eine Beschreibung der Tabelle.

In unserem Beispiel verwenden wir *SQLBindCol*, um den Namen des Tabelleneigentümers und den Tabellennamen zu ermitteln. Abbildung 8.20 zeigt den wichtigen Code aus *vResetTableList*.

```
vGetTypes(szTypes, pCopyInfo);
   rc = SQLTables(pCopyInfo->hFromStmt,
               NULL, 0,
               NULL, 0,
               NULL, 0,
               (UCHAR FAR *)szTypes, SQL_NTS);
   if(RC_SUCCESSFUL(rc)) {
      if(SQL_SUCCESS_WITH_INFO == rc)
         vShowErrors(hwndTblList, NULL, NULL,
            pCopyInfo->hFromStmt);

      // Benutzer- und Tabellenname für die Liste binden
      //
      fRtn = fSQLBindCol(hwndTblList, pCopyInfo->hFromStmt,
                        2, SQL_C_CHAR,
                        szUser, sizeof(szUser), &cbUser);
      fRtn &= fSQLBindCol(hwndTblList, pCopyInfo->hFromStmt,
                        3, SQL_C_CHAR,
                        szTable, sizeof(szTable), &cbTbl);
      if(!fRtn)
         goto clean_up;

      // Alle Tabellen holen
      //
      rc = SQLFetch(pCopyInfo->hFromStmt);
      while(RC_SUCCESSFUL(rc)) {
         // Benutzern etwaige Info-Meldungen anzeigen
         //
         if(SQL_SUCCESS_WITH_INFO == rc)
            vShowErrors(hwndTblList, NULL, NULL,
               pCopyInfo->hFromStmt);
         // Wenn es einen Benutzer gibt, Puffer entsrp. formatieren
         //
         if((SQL_NULL_DATA != cbUser) && (*szUser)) {
            wsprintf(szFmtBuff, "%s.%s",
               (LPCSTR)szUser,
               (LPCSTR)szTable);
            nRow = (WPARAM)SendMessage(hwndTblList, LB_ADDSTRING,
                     0, (LPARAM)szFmtBuff);
            dwTableLoc = lstrlen(szUser) + 1;
         }
         else {
            nRow = (WPARAM)SendMessage(hwndTblList, LB_ADDSTRING,
                     0, (LPARAM)szTable);
            dwTableLoc = 0;
         }
         ...
         // Nächste Tabelle holen
         //
         rc = SQLFetch(pCopyInfo->hFromStmt);
      }
   }
```

Abbildung 8.20 – Der Code für vResetTableList in STEP1.C

Tabellen kopieren (TBLCPY)

Wenn die Tabellennamen angezeigt werden, kann der Benutzer mit Hilfe der Schaltfläche *Show* die gewünschten Tabellentypen spezifizieren. Wenn ein Tabellenname aus dem Listenfeld ausgewählt wird, werden die Spaltennamen für diese Tabelle ermittelt. Wie das Dialogfeld für Schritt 1 aussieht, nachdem der Tabellenname ausgewählt wurde, sehen Sie in Abbildung 8.21. Hier verwenden wir *SQLColumns* ähnlich wie *SQLTables*. Die Funktion *SQLColumns* wird von der Funktion *vResetColInfo* aufgerufen, die wiederum aufgerufen wird, wenn der Benutzer einen Tabellennamen aus dem Listenfeld ausgewählt hat. Abbildung 8.22 zeigt den dafür relevanten Code aus *vResetColInfo*.

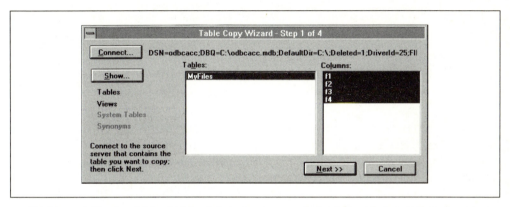

Abbildung 8.21 – Das Dialogfeld für Schritt 1, wie es nach der Auswahl einer Tabelle aussieht

Die Ergebnismenge für *SQLColumns* enthält diverse Informationen über eine Spalte, unter anderem auch ihren Datentyp, die Länge, ob Nullwerte eingetragen werden dürfen usw. Hier sind wir nur an der vierten Spalte der Ergebnismenge, dem Spaltennamen, interessiert. Deshalb ist das auch die einzige Spalte, die wir in *SQLBindCol* angegeben haben.

```
rc = SQLColumns(pCopyInfo->hFromStmt,
            NULL, 0,
            NULL, 0,
            (UCHAR FAR *)pCopyInfo->szFromTable, SQL_NTS,
            NULL, 0);
if(RC_SUCCESSFUL(rc)) {
    if(SQL_SUCCESS_WITH_INFO == rc)
        vShowErrors(hwndColList, NULL, NULL,
            pCopyInfo->hFromStmt);

    // Den Tabellennamen für die Liste binden
    //
    rc = SQLBindCol(pCopyInfo->hFromStmt, 4, SQL_C_CHAR,
                szColumn, sizeof(szColumn), NULL);
    if(RC_NOTSUCCESSFUL(rc)) {
        vShowErrors(hwndColList, NULL, NULL,
            pCopyInfo->hFromStmt);
```

```
            goto clean_up;
        }

    // Alle Spalten holen
    //
    rc = SQLFetch(pCopyInfo->hFromStmt);
    while(RC_SUCCESSFUL(rc)) {
        if(SQL_SUCCESS_WITH_INFO == rc)
            vShowErrors(hwndColList, NULL, NULL,
                pCopyInfo->hFromStmt);
        SendMessage(hwndColList, LB_ADDSTRING,
                    0, (LPARAM)szColumn);
        rc = SQLFetch(pCopyInfo->hFromStmt);
    }
}
```

Abbildung 8.22 – Der Code für vResetColInfo

Sind alle Spaltennamen ermittelt und im Listenfeld angezeigt, wird defaultmäßig jede Spalte in dem Listenfeld selektiert, so daß alle Spalten in der Tabelle kopiert werden. Der Benutzer kann jedoch auch nur einen Teil der Spalten selektieren, indem er die entsprechenden Spalten anklickt. Ein relativ großer Codeabschnitt in STEP1.C sorgt dafür, daß es dem Benutzer möglich wird, durch Anklicken der Schaltfläche *Show* die Auswirkungen zu sehen, die die Auswahl eines anderen Tabellentyps hat (wozu ein neuer Aufruf von *SQLColumns* erforderlich ist, um die Tabellenliste zu berichtigen), und eine andere Tabelle in dem Tabellen-Listenfeld auszuwählen (wozu ein neuer Aufruf von *SQLColumns* erforderlich ist, um die korrekten Spalten im Listenfeld anzuzeigen). Ich habe festgestellt, daß das Dialogfeld von Schritt 1 ein ganz praktisches Werkzeug darstellt, um die Tabellen einer bestimmten Datenquelle sowie die Spalten jeder Tabelle zu sichten. Sie klicken einfach nur den Tabellennamen an, wenn Sie die Spaltennamen sehen wollen.

Das war Schritt 1. Wir haben eine Verbindung zur Datenquelle hergestellt, aus der wir die Tabelle kopieren wollen, und die zu kopierende Tabelle und die entsprechenden Spalten ausgewählt. Jetzt ist es Zeit für Schritt 2.

8.2.3 Schritt 2: Indizes ermitteln und anzeigen

In Schritt 2 ermitteln wir alle Indizes, die für die in Schritt 1 selektierte Tabelle definiert sind, und zeigen sie an. Das für Schritt 2 angezeigte Dialogfeld sehen Sie in Abbildung 8.23 dargestellt.

Tabellen kopieren (TBLCPY)

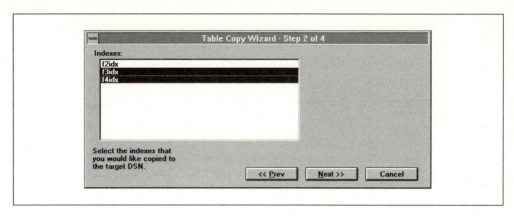

Abbildung 8.23 – Das Dialogfeld zur Auswahl der in Schritt 2 von TBLCPY zu kopierenden Indizes

Der gesamte Code für Schritt 2 ist in STEP2.C enthalten. So wie *fDoStep1* für Schritt 1 erzeugt *fDoStep2* für Schritt 2 ein Dialogfeld, und die eigentliche Arbeit erfolgt in *Step2WinProc*. Die ODBC-Funktion zum Ermitteln der Indexinformation ist eine weitere Katalogfunktion, die so wie *SQLTables* und *SQLColumns* funktioniert: *SQLStatistics*. Die Funktion *SQLStatistics* wird von *vResetIndexList* in STEP2.C aufgerufen. Abbildung 8.24 zeigt den relevanten Code aus *vResetIndexList*.

```
rc = SQLStatistics(pCopyInfo->hFromStmt,
          NULL, 0,
          NULL, 0,
          (UCHAR FAR *)pCopyInfo->szFromTable, SQL_NTS,
          SQL_INDEX_ALL, SQL_ENSURE);
if(RC_SUCCESSFUL(rc)) {
   if(SQL_SUCCESS_WITH_INFO == rc)
      vShowErrors(hwndDexList, NULL, NULL,
          pCopyInfo->hFromStmt);

   // Indexinformation binden
   //
   fRtn = fSQLBindCol(hwndDexList, pCopyInfo->hFromStmt, 3,
      SQL_C_CHAR, szTable, sizeof(szTable), &cbWhoCares);
   fRtn &= fSQLBindCol(hwndDexList, pCopyInfo->hFromStmt, 4,
      SQL_C_SHORT, &fNonUnique, sizeof(fNonUnique), &cbUnique);
   fRtn &= fSQLBindCol(hwndDexList, pCopyInfo->hFromStmt, 6,
      SQL_C_CHAR, szIndex, sizeof(szIndex), &cbIndex);
   fRtn &= fSQLBindCol(hwndDexList, pCopyInfo->hFromStmt, 7,
      SQL_C_SHORT, &iType, sizeof(iType), &cbWhoCares);
   fRtn &= fSQLBindCol(hwndDexList, pCopyInfo->hFromStmt, 8,
      SQL_C_SHORT, &iColDex, sizeof(iColDex), &cbWhoCares);
   fRtn &= fSQLBindCol(hwndDexList, pCopyInfo->hFromStmt, 9,
      SQL_C_CHAR, szCol, sizeof(szCol), &cbWhoCares);
   fRtn &= fSQLBindCol(hwndDexList, pCopyInfo->hFromStmt, 10,
      SQL_C_CHAR, szCollation, sizeof(szCollation),
      &cbCollation);                                    ▶
```

```c
if(fRtn) {
    // Alle Indexinformationen holen
    //
    rc = SQLFetch(pCopyInfo->hFromStmt);
    while(RC_SUCCESSFUL(rc)) {
        if(SQL_SUCCESS_WITH_INFO == rc)
            vShowErrors(hwndDexList, NULL, NULL,
                pCopyInfo->hFromStmt);

        // Wir kümmern uns nur um die Indizes und können
        // somit die Tabellenstatistik ignorieren
        //
        if(SQL_TABLE_STAT != iType) {
            if(SQL_NULL_DATA == cbIndex)
                *szIndex = "\0";

            // Die Information über diese Spalte der
            // Liste hinzufügen
            //
            if(1 == iColDex)
                ++iDex;
            fAscending = (SQL_NULL_DATA == cbCollation) ||
                        ("A" == *szCollation);
            if(!fAddIndexInfo(hwndDexList,
                        iDex, &pCopyInfo->pIndexInfo,
                        (FALSE==fNonUnique &&
                            SQL_NULL_DATA!=cbUnique),
                        szIndex,
                        szTable,
                        iColDex, szCol,
                        fAscending))
                goto clean_up;

            // Dem Listenfeld werden neue Indizes hinzugefügt
            //
            if(1 == iColDex) {
                SendMessage(hwndDexList, LB_ADDSTRING,
                        0, (LPARAM)szIndex);
                ++pCopyInfo->iIndexes;
            }
        }

        rc = SQLFetch(pCopyInfo->hFromStmt);
    }
}
```

Abbildung 8.24 – Der Code von vResetIndexList aus STEP2.C

Tabellen kopieren (TBLCPY)

SQLStatistics gibt die verschiedensten Informationen zurück (insgesamt 13 Spalten), und wir werden nur die Hälfte davon auswerten (7 Spalten). Hier die Beschreibung der einzelnen Spalten, die von *SQLStatistics* zurückgegeben werden, so wie sie im Microsoft ODBC 2.0 Programmierhandbuch spezifiziert ist:

Spaltenname	Datentyp	Beschreibung
TABLE_QUALIFIER	VARCHAR(128)	Tabellenbezeichner der Tabelle, für die die Statistik oder der Index erzeugt werden. Dieser Wert ist NULL, wenn es für die Datenquelle keine Tabellenbezeichner gibt. Wenn ein Treiber für einige Tabellen Bezeichner angibt, wie es zum Beispiel der Fall sein könnte, wenn der Treiber Daten von verschiedenen DBMS-Systemen ermittelt, gibt er einen leeren String ("") für die Tabellen zurück, die keine Bezeichner haben.
TABLE_OWNER	VARCHAR(128)	Eigentümer der Tabelle, für die die Statistik oder der Index erzeugt werden. Dieser Wert ist NULL, wenn es für die Datenquelle keinen Eigentümer gibt. Wenn ein Treiber für einige Tabellen Eigentümer angibt, wie es zum Beispiel der Fall sein könnte, wenn der Treiber Daten von verschiedenen DBMS-Systemen ermittelt, gibt er einen leeren String ("") für die Tabellen zurück, die keine Eigentümer haben.
TABLE_NAME	VARCHAR(128)	Tabellenname der Tabelle, für die die Statistik oder der Index erzeugt werden.
NON_UNIQUE	SMALLINT	Wert, der anzeigt, ob der Index doppelte Werte verbietet. Dieser Wert ist TRUE, wenn die Indexwerte nicht eindeutig sein müssen, und FALSE, wenn die Indexwerte eindeutig sein müssen. NULL wird zurückgegeben, wenn TYPE gleich SQL_TABLE_STAT ist.
INDEX_QUALIFIER	VARCHAR(128)	Bezeichner, der für die Qualifizierung des Indexnamens in einer DROP INDEX-Anweisung verwendet wird. Wenn die Datenquelle keinen Indexbezeichner unterstützt oder wenn TYPE gleich SQL_TABLE_STAT ist, wird NULL zurückgegeben. Wenn in dieser Spalte ein Wert ungleich NULL zurückgegeben wird, sollte der TABLE_OWNER angegeben werden, um den Indexnamen in der Anweisung zu qualifizieren.
INDEX_NAME	VARCHAR(128)	Indexname. Wenn TYPE gleich SQL_TABLE_STAT ist, wird NULL zurückgegeben. ▶

Spaltenname	Datentyp	Beschreibung
TYPE	SMALLINT	Typ der Information, die zurückgegeben wird. SQL_TABLE_STAT bedeutet, daß es sich um eine Statistik für die Tabelle handelt. SQL_INDEX_CLUSTERED bedeutet, daß es sich um einen Cluster-Index handelt.
		SQL_INDEX_HASHED bedeutet, daß es sich um einen Hash-Index handelt.
		SQL_INDEX_OTHER bedeutet einen anderen, datenquellenspezifischen Indextyp.
SEQ_IN_INDEX	SMALLINT	Spaltennummer im Index (beginnend mit 1). Wenn TYPE gleich SQL_TABLE_STAT ist, wird NULL zurückgegeben.
COLUMN_NAME	VARCHAR(128)	Spaltenname. Wenn die Spalte auf einem Ausdruck basiert, wie etwa GEHALT + GEWINNE, wird der Ausdruck zurückgegeben. Wenn der Ausdruck nicht ermittelt werden kann, wird ein leerer String zurückgegeben. Wenn es sich um einen gefilterten Index handelt, wird die Spalte der Filter-Bedingung zurückgegeben. Dafür sind möglicherweise mehrere Zeilen notwendig. Wenn TYPE gleich SQL_TABLE_STAT ist, wird NULL zurückgegeben.
COLLATION	CHAR(1)	Sortierreihenfolge der Spalte. A bedeutet aufsteigend, D bedeutet absteigend. Wenn die Datenquelle keine Sortierreihenfolge unterstützt, oder wenn TYPE gleich SQL_TABLE_STAT ist, wird NULL zurückgegeben.
CARDINALITY	INTEGER	Kardinalität der Tabelle oder des Index. Dieser Wert gibt die Anzahl der Zeilen in der Tabelle zurück, wenn TYPE gleich SQL_TABLE_STAT ist; die Anzahl der eindeutigen Werte im Index, wenn TYPE nicht SQL_TABLE_STAT ist; NULL, wenn der Wert in der Datenquelle nicht zur Verfügung steht.
PAGES	INTEGER	Anzahl der Seiten, die zum Speichern des Index oder der Tabelle verwendet werden. Dieser Wert gibt die Seitenzahl für die Tabelle an, wenn TYPE gleich SQL_TABLE_STAT ist, bzw. die Anzahl der Seiten für den Index, wenn TYPE nicht gleich SQL_TABLE_STATE ist. Wenn der Wert aus der Datenquelle nicht ermittelt werden kann, oder wenn die Anzahl der Seiten in der Datenquelle nicht zur Verfügung steht, wird NULL zurückgegeben. ▶

Spaltenname	Datentyp	Beschreibung
FILTER_CONDITION	VARCHAR(128)	Wenn es sich bei dem Index um einen gefilterten Index handelt, ist dies die Filter-Bedingung, wie etwa VERKÄUFE > 30000. Wenn die Filterbedingung nicht festgestellt werden kann, ist dies ein leerer String. Wenn es sich bei dem Index nicht um einen gefilterten Index handelt, wenn nicht festgestellt werden kann, ob es sich um einen gefilterten Index handelt, oder wenn TYPE gleich SQL_TABLE_STAT ist, wird NULL zurückgegeben.

Die Information, die wir in den Spalten der Ergebnismenge von *SQLStatistics* finden, verwenden wir, um Indizes für die Tabelle zu erzeugen, in die wir kopieren. Diese Indizes haben dieselben Eigenschaften wie die Originalindizes. Die wichtigsten Eigenschaften sind, ob der Index eindeutige Werte erzwingt (spezifiziert in der Spalte NON_UNIQUE), der Typ des Index (Cluster oder Hash, spezifiziert in der Spalte TYPE), und ob der Index in aufsteigender oder absteigender Reihenfolge angegeben wird (spezifiziert in der Spalte COLLATION).

So wie bei *SQLTables* und *SQLColumns* rufen wir zuerst die Funktion auf, binden dann die Spalten und verwenden *SQLFetch*, um die Ergebnisse zu holen. *SQLStatistics* gibt Informationen sowohl über die Basistabellen als auch über die Indizes zurück. Wir sind nur an der Information über die Indizes interessiert, deshalb wird in der Schleife zum Holen der Ergebnisse die Tabelleninformation ausgeschlossen, indem die gebundene Spalte *iType* aus der Ergebnismenge überprüft wird:

```
if(SQL_TABLE_STAT != iType) {
```

Wir rufen *fAddIndexInfo* auf, um die einzelnen Indizes in die globale Datenstruktur einzutragen, und fügen dann in das Listenfeld für Schritt 2 nur die Indexnamen ein. Der Benutzer kann aus einer Menge von Indizes (oder keinen oder alle) für die Tabelle auswählen, die in der Ausgabedatenquelle erzeugt werden soll.

8.2.4 Schritt 3: Verbindungsaufbau und Spezifizieren der Optionen für das Kopieren

In Schritt 3 (STEP3.C) werden wir erneut eine Verbindung herstellen, um die Ausgabedatenquelle auszuwählen. Abbildung 8.25 zeigt das Dialogfeld für Schritt 3.

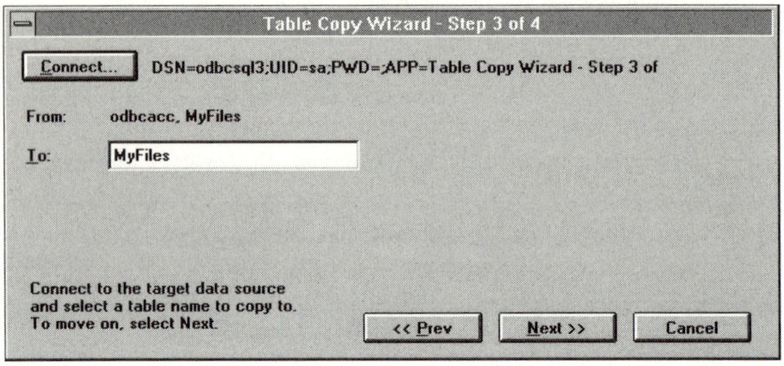

```
              Table Copy Wizard - Step 3 of 4
 Connect...   DSN=odbcsql3;UID=sa;PWD=;APP=Table Copy Wizard - Step 3 of
 From:   odbcacc. MyFiles
 To:     MyFiles


 Connect to the target data source
 and select a table name to copy to.
 To move on, select Next.          << Prev    Next >>    Cancel
```

Abbildung 8.25 – Das Dialogfeld für Schritt 3, nachdem eine Verbindung zur Ausgabedatenquelle hergestellt wurde

Die hier ausgeführten Aktionen sind denen aus Schritt 1 sehr ähnlich: Sie klicken die Schaltfläche *Connect* an, wählen die gewünschte Ziel-Datenquelle und klicken auf OK. Im Code prüfen wir einige weitere *SQLGetInfo*-Elemente:

- SQL_DATA_SOURCE_READ_ONLY

Wenn der Treiber angibt, daß die Datenquelle nur gelesen werden kann, können wir die Tabelle nicht erzeugen. Wenn dies passiert, wird ein Nachrichtenfeld angezeigt, das den Benutzer auffordert, eine andere Datenquelle auszuwählen.

- SQL_SPECIAL_CHARACTERS

Wenn die Datenquelle nicht-alphanumerische Zeichen in Bezeichnern erlaubt, müssen wir alle Zeichen umwandeln, die für die Namen der Eingabetabelle, Spalten und Indizes nicht gültig sind, sobald wir die neuen Objekte in der Ausgabedatenquelle erzeugen. Die Option SQL_SPECIAL_CHARACTERS gibt einen String aller nicht-alphanumerischer Zeichen zurück, die für Bezeichner verwendet werden können.

- SQL_NEED_LONG_DATA_LEN

Einige Datenquellen machen es erforderlich, daß die Länge von Blobspalten-Daten angegeben wird, bevor die eigentlichen Daten gesendet werden. Wenn dies der Fall ist, müssen wir das während des Kopiervorgangs erledigen. Die Option SQL_NEED_LONG_DATA_LEN gibt Y (Ja) zurück, wenn die Länge benötigt wird, N (Nein), wenn die Daten an die Datenquelle gesendet werden können, ohne daß zuvor ihre Länge spezifiziert wird.

- SQL_MAX_COLUMN_NAME_LEN

Wir müssen sicherstellen, daß die Spaltennamen für die Eingabetabelle nicht die für die Ausgabetabelle maximale Länge überschreiten. Die Option SQL_MAX_COLUMN_NAME_LEN gibt einen Integer zurück, der die maximale Anzahl von Zeichen angibt, die für eine Spalte in der Ausgabedatenquelle erlaubt sind.

Das war Schritt 3. Damit haben wir Verbindungen zu den Eingabe- und Ausgabedatenquellen hergestellt; wir haben die Tabellen-, Spalten- und Indexinformationen aus der Eingabetabelle ermittelt und mit Hilfe von *SQLGetInfo* alle Daten gesammelt, die wir für den letzten Schritt benötigen.

8.2.5 Schritt 4: Erzeugen der Tabelle und Kopieren der Daten

Schritt 4 zeigt ein weiteres Dialogfeld an, das den Benutzer auffordert, die Ausgabe-Optionen einzustellen, bevor der Kopiervorgang gestartet wird. Der Kopiervorgang selbst setzt sich aus mehreren kleineren Schritten zusammen. Abbildung 8.26 zeigt das Dialogfeld für Schritt 4.

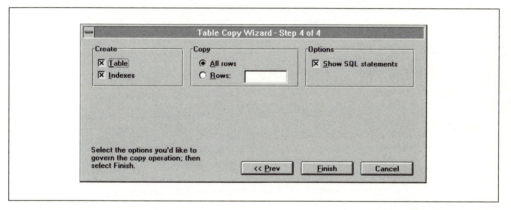

Abbildung 8.26 – Das Dialogfeld zur Wahl der Ausgabe-Optionen in Schritt 4 von TBLCPY

In diesem Dialogfeld kann der Benutzer angeben, welche Indizes erzeugt werden sollen, ob die Anzahl der kopierten Zeilen begrenzt sein soll, und ob die erzeugten SQL-Anweisungen angezeigt werden sollen.

Wenn die Schaltfläche *Finish* angeklickt wird, werden die Optionen in die Datenstruktur *pCopyInfo* kopiert. Jetzt kommen wir zum eigentlichen Kern von TBLCPY, beginnend mit der Funktion *nCopyTable*, die sich in COPY.C befindet.

Bei der Funktion *nCopyTable* handelt es sich um eine dreistufige übergeordnete Steuerroutine im Wizard-Format. Der Wizard unterstützt Sie bei den folgenden Dingen:

1. Ausführung des SELECTs für die Eingabetabelle und Ermitteln aller notwendigen Metadaten für jede Spalte.

2. Aus der Eingabetabelle und der Spalteninformation wird die Abbildung auf die Ausgabetabelle und die Spalteninformation ermittelt und die Anweisungen CREATE TABLE und CREATE INDEX werden ausgeführt.

3. Kopieren der Daten, wobei Blob-Daten gesondert behandelt werden.

Abbildung 8.27 enthält den Code für *nCopyTable*, der die allgemeine Flußsteuerung zeigt.

```
int nCopyTable(
    lpCOPYINFO pCopyInfo,           // Information kopieren
    UDWORD * pnRecords              // Kopierte Datensätze
    )
{
    HWND      hwnd=NULL;            // Wir haben eigentlich keinen
    int       nRtn=END_WIZARD;      // Erfolg wird vorausgesetzt
    assert(pCopyInfo);

    // Spaltenbeschreibungen ermitteln
    //
    if(END_WIZARD == (nRtn = nDescInfo(hwnd, pCopyInfo))) {
        // Gegebenenfalls Tabelle und Indizes erzeugen
        //
        if(END_WIZARD == (nRtn = nCreateSchema(hwnd, pCopyInfo))) {
            // Jetzt alle Daten kopieren
            //
            nRtn = nCopyData(hwnd, pCopyInfo, pnRecords);
        }
    }

    return nRtn;
}
```

Abbildung 8.27 – Die Flußsteuerung in nCopyTable

8.2.5.1 Metadaten aus der Eingabetabelle ermitteln

Die Funktion *nDescInfo* (in TYPEMAP.C) erzeugt unter Verwendung der in der Eingabe-Tabelle ausgewählten Spalten eine SELECT-Anweisung, zeigt die Anweisung dem Benutzer an, falls er die entsprechende Option im Dialogfeld für Schritt 4 gesetzt hat, führt die Anweisung mit *SQLExecDirect* aus und ermittelt die Metadaten mit Hilfe einer Kombination aus *SQLDescribeCol* und *SQLColAttributes*. Abbildung 8.28 zeigt den Code für *nDescInfo*.

```
int nDescInfo(
    HWND      hwnd,                 // Fenster-Handle für Fehler
    lpCOPYINFO pCopyInfo            // Information kopieren
    )
{
    int       nRtn=1;               // Im Fehlerfall erneute Auswahl ermöglichen
    RETCODE   rc;                   // Rückgabewert von ODBC-Funktionen
    lpCOLDESC pColInfo;             // Datentyp-Ausgabe für jede Spalte
    int       idex;                 // Index für Spalten
    LPCSTR    pszCol;               // Zeiger auf Spaltenliste
    LPSTR     pszSqlStmt;           // Basisadresse aus der SELECT-Anweisung
    LPSTR     pszStr;               // Schiebezeiger für Effizient      ▶
```

Tabellen kopieren (TBLCPY)

```
    assert(pCopyInfo);

    // Formatieren einer SELECT-Anweisung, indem alle Spalten auf-
    // gelistet werden, die der Benutzer zum Kopieren selektiert hat
    //
    pszSqlStmt = (LPSTR)malloc(MAX_STMT);
    if(!pszSqlStmt) {
        vOutOfMemory(hwnd);
        goto clean_up;
        }

    // Spaltenliste zuerst in Standardreihenfolge erzeugen
    //
    lstrcpy(pszSqlStmt, "SELECT ");
    pszStr = pszSqlStmt + lstrlen(pszSqlStmt);
    pszCol = pCopyInfo->szColList;
    while(*pszCol) {
        GetQuotedID(pszStr,
            pCopyInfo->szFromIDQuote, (LPSTR)pszCol);
        pszCol += lstrlen(pszCol) + 1;
        if(*pszCol != "\0")
            lstrcat(pszStr, ", ");
        pszStr += lstrlen(pszStr);
        }
// Tabellenname hinzufügen
    //
    lstrcat(pszStr, " FROM ");
    pszStr += lstrlen(pszStr);
    GetQuotedID(pszStr, pCopyInfo->szFromIDQuote,
        pCopyInfo->szFromTable);

    // Schließlich wird noch eine gefälschte WHERE-Klausel eingefügt.
    // Weil wir wollen, daß diese Anweisung nur die Metadaten ermittelt,
    // versuchen wir dem Server mitzuteilen, daß er die Zeilen
    // nicht ermitteln soll.
    //
    lstrcat(pszStr, " WHERE 0 = 1");

    // Wenn die Benutzer die Anweisung sehen wollen, anzeigen
    //
    if(pCopyInfo->fDisplaySql)
        iClipMessageBox(hwnd, MB_OK | MB_ICONINFORMATION,
            sz_SHOW_SQL, pszSqlStmt);

    // Abfrage ausführen und die Ergebnisse ermitteln
    //
    rc = SQLExecDirect(pCopyInfo->hFromStmt, pszSqlStmt, SQL_NTS);
    if(RC_SUCCESSFUL(rc)) {
        rc = SQLNumResultCols(
            pCopyInfo->hFromStmt, &pCopyInfo->iCols);
        if(RC_SUCCESSFUL(rc)) {
            // Speicher für die Beschreibung der Spalten allozieren
            //
```

▶

```c
pCopyInfo->pColumns =
    (lpCOLDESC)GlobalAllocPtr(GHND,
    pCopyInfo->iCols * sizeof(COLDESC));
if(!pCopyInfo->pColumns) {
    vOutOfMemory(hwnd);
    return nRtn;
    }
memset(pCopyInfo->pColumns, 0,
    (pCopyInfo->iCols * sizeof(COLDESC)));

// Metadaten für die Spalten ermitteln und speichern
//
for(idex = 0 ;  idex < pCopyInfo->iCols;  idex++) {
    pColInfo = &pCopyInfo->pColumns[idex];
    rc = SQLDescribeCol(pCopyInfo->hFromStmt,
                (UWORD)(idex + 1),
                NULL, 0, NULL,
                &pColInfo->fSqlType,
                &pColInfo->cbPrecision,
                &pColInfo->ibScale,
                &pColInfo->fNullable);
    if(RC_NOTSUCCESSFUL(rc))
        goto clean_up;

    // Typ der Spalte für die Zuordnung ermitteln
    //
    rc = SQLColAttributes(pCopyInfo->hFromStmt,
                (UWORD)(idex + 1),
                SQL_COLUMN_TYPE_NAME,
                &pColInfo->szFromType,
                sizeof(pColInfo->szFromType),
                NULL,
                NULL);
    if(RC_NOTSUCCESSFUL(rc))
        goto clean_up;

    // Anzeigegröße ermitteln, falls diese Spalte in
    // Zeichen umgewandelt wird
    //
    rc = SQLColAttributes(pCopyInfo->hFromStmt,
                (UWORD)(idex + 1),
                SQL_COLUMN_DISPLAY_SIZE,
                NULL,
                sizeof(pColInfo->cbDspSize),
                NULL,
                &pColInfo->cbDspSize);
    if(RC_NOTSUCCESSFUL(rc))
        goto clean_up;

    // Wenn es sich um ein Währungsformat handelt,
    // versuchen wir, eine Währungs-Spalte zu finden
    //
    rc = SQLColAttributes(pCopyInfo->hFromStmt,
```
▶

```
                                (UWORD)(idex + 1),
                                SQL_COLUMN_MONEY,
                                NULL,
                                sizeof(pColInfo->fIsMoney),
                                NULL,
                                &pColInfo->fIsMoney);
                if(RC_NOTSUCCESSFUL(rc))
                    goto clean_up;
            }
            nRtn = END_WIZARD;
        }
    }
// Anweisungs-Handle verwerfen
    //
clean_up:
    if(pszSqlStmt)
        free(pszSqlStmt);
    if(RC_NOTSUCCESSFUL(rc))
        vShowErrors(hwnd, NULL, NULL, pCopyInfo->hFromStmt);
    SQLFreeStmt(pCopyInfo->hFromStmt, SQL_CLOSE);
    SQLFreeStmt(pCopyInfo->hFromStmt, SQL_UNBIND);

    return nRtn;
}
```

Abbildung 8.28 – Der Code für nDescInfo

Die Spaltenliste, die in Schritt 1 für die Eingabetabelle erzeugt wurde, ist in *pColInfo->szColList* gespeichert. Die Liste verwendet nullterminierte Begrenzer, um die Spaltennamen voneinander zu trennen, und am Ende wird ein zusätzliches Nullzeichen eingefügt. Diese Einstellung ermöglicht es uns, eine Liste mit einem Zeiger zu durchlaufen, der um die Stringlänge des aktuellen Spaltennamens inkrementiert wird, so wie in der Schleife, in der die SELECT-Liste erzeugt wird. Hier der Code, mit dem die SELECT-Liste erstellt wird:

```
pszCol = pCopyInfo->szColList;
    while(*pszCol) {
        GetQuotedID(pszStr, pCopyInfo->szFromIDQuote, (LPSTR)pszCol);
        pszCol += lstrlen(pszCol) + 1;
        if(*pszCol != "\0")
            lstrcat(pszStr, ", ");
        pszStr += lstrlen(pszStr);
    }
```

Beachten Sie den Aufruf der Funktion *GetQuotedID* für die Spalten- und Tabellennamen in der SELECT-Anweisung. Diese Funktion verwendet die Information, die wir in Schritt 1 über die Begrenzungszeichen ermittelt haben, um das richtige Zeichen für die Begrenzung von Spaltennamen zu erfahren. Der Aufruf von *GetQuotedID* wird auch für den Tabellennamen ausgeführt. Nachdem der SQL-String erzeugt ist, wird er mit *SQLExecDirect* ausgeführt. Die Standard-Metadaten (Spaltenname, Typ und Länge) werden mit

SQLDescribeCol ermittelt. Aber wir müssen auch den Typnamen und die Anzeigelänge kennen. Interessant ist auch, ob es Spalten gibt, die ein Währungsformat haben, um die bestmögliche Übereinstimmung für die Datentypen in der Ausgabedatenquelle zu finden. Für die zuletzt erwähnten Metadaten verwenden wir *SQLColAttributes*.

Sie fragen sich vielleicht, warum wir all diese Informationen nicht über einen Aufruf von *SQLColumns* ermittelt haben, statt eine EXECUTE-Anweisung mit einer gefälschten WHERE-Klausel auszuführen und die Metadaten zu verarbeiten. Dafür gibt es zwei Gründe. Erstens gibt die Funktion *SQLColumns* nicht so viele Informationen zurück. Zum Beispiel kann man mit *SQLColumns* die Anzeigegröße einer Spalte nicht ermitteln, während das mit *SQLColAttributes* möglich ist. Es sollte klappen, tut es aber nicht. Der zweite Grund dafür, daß *SQLColumns* nicht verwendet wird, ist, daß der Benutzer vielleicht nur einige Spalten zum Kopieren selektiert hat, und *SQLColumns* nur erlaubt, entweder eine oder alle Spalten einer Tabelle zu selektieren. Wir müssen stets wissen, welcher Datentyp in welche Spalte gehört. Deshalb ist es viel einfacher, SELECT für genau die Spalten auszuführen, die wir brauchen, statt zu versuchen, die Ergebnisse von *SQLColumns* an die entsprechende Position im Array *pCopyInfo->pColumns* zu verfrachten.

Jetzt wollen wir uns der übergeordneten Routine *nCopyTable* zuwenden. Es stehen uns bereits die meisten Informationen zur Verfügung, die wir für den kompliziertesten Abschnitt von TBLCPY benötigen: für die Datentypabbildung.

8.2.5.2 Abbildung der Typen und Erzeugen der Ausgabetabelle und Indizes

Die nächste Funktion, die in *nCopyTable* aufgerufen wird, ist *nCreateSchema*, die steuert, wie die Typen abgebildet werden, wie die Ausgabetabelle erzeugt wird und wie die Ausgabeindizes erzeugt werden, falls es solche gibt. Den Code für *nCreateSchema* sehen Sie in Abbildung 8.29 dargestellt.

```
int nCreateSchema(
    HWND hwnd,                          // Fenster-Handle für Fehler
    lpCOPYINFO pCopyInfo                // Kopierinformation
    )
{
    int        nRtn=END_WIZARD;         // Erfolgreiche Ausführung
                                        // wird vorausgesetzt
    assert(pCopyInfo);

    // Zuerst alle Datentypen abbilden
    //
    if(END_WIZARD == (nRtn = nMapType(hwnd, pCopyInfo))) {
        // Dem Benutzer die abgebildeten Daten zeigen
        //
        DspDataTypes(hwnd, hInst, pCopyInfo);

        // Wenn alle Typen korrekt abgebildet sind,
        // wird die Tabelle erzeugt
        //
        if(pCopyInfo->fCopySchema)                                ▶
```

```
                nRtn = nCreateTable(hwnd, pCopyInfo);

        // (Gegebenenfalls) die Indizes erzeugen
        //
        if(END_WIZARD == nRtn && pCopyInfo->fCopyIndexes)
            nRtn = nCreateIndexes(hwnd, pCopyInfo);
        }

    return nRtn;
}
```

Abbildung 8.29 – Der Code für nCreateSchema

Der Prozeß der Typabbildung besteht aus drei Funktionen, die in der Funktion *nMapType* in TYPEMAP.C enthalten sind. In *nMapType* werden die Spalten für den Aufruf von *SQLGetTypeInfo* gebunden. Anschließend werden in einer Schleife die einzelnen Spalten an *fFindTypeMatch* übergeben. Die Schleife sehen Sie in Abbildung 8.30.

```
// Schleife, in der alle Spalten betrachtet werden und ein
// passender Datentyp gesucht wird
    //
    for(idex = 0; idex < pCopyInfo->iCols; idex++) {
        pColInfo = &pCopyInfo->pColumns[idex];
        if(!fFindTypeMatch(hwnd,
            pCopyInfo->hToStmt, pColInfo, &sInfo))
            goto clean_up;

        // Initialisierung basierend auf dem Abbildungstyp
        //
        pColInfo->fCType =
            GetCTypeFromSqlType(pColInfo->fSqlType);
        SetMappedInfo(pColInfo, &sInfo);
        pCopyInfo->fConvertNulls |= pColInfo->fConvertNulls;

        // Feststellen, ob diese Spalte Long-Daten aufnehmen muß.
        // Das ist nur der Fall, wenn das Ziel die Genauigkeit einer
        // Datenspalten kennen muß, bevor ihm die Daten übergeben werden,
        // und wenn eine Spalte einen Long-Datentyp hat.
        //
        if((SQL_LONGVARCHAR == pColInfo->fToSqlType ||
            SQL_LONGVARBINARY == pColInfo->fToSqlType) &&
            pCopyInfo->fNeedLongDataLen) {
            // Index der Spalte in dem Array von Spalten ablegen,
            // für das dies angefordert wurde
            //
            pCopyInfo->rgnColNLD[pCopyInfo->nHandleNLD] = idex;
            ++pCopyInfo->nHandleNLD;
        }
    }
```

Abbildung 8.30 – Die Übergabe von Spalten an fFindTypeMatch in einer Schleife

In *fFindTypeMatch* betrachtet die Schleife jeden möglichen Typ, der für den Typ der Quellspalte in Frage kommt. Wenn keiner der else-Zweige zutrifft, verwendet die Funktion als Ausgabetyp eine Zeichenkette. An diesem Prozeß ist eine Menge Heuristik beteiligt, aber allgemein kann man den Algorithmus zum Finden eines passenden Typs für eine Eingabespalte in *fFindTypeMatch* folgendermaßen beschreiben:

1. Wenn die ODBC-Typnummer (SQL_INTEGER oder SQL_CHAR) und der Typname (wie etwa INTEGER oder CHAR) der Quellspalte mit den entsprechenden Werten eines möglichen Typs übereinstimmen, wird die Quellspalte auf diesen Typ abgebildet. Dabei wird auch eines der schwierigsten Probleme berücksichtigt, das die benutzerdefinierten Datentypen, die bereits in Kapitel 6 (Abschnitt 6.8) beschrieben wurden, betrifft: Für eine Datenquelle mit benutzerdefinierten Datentypen kann es mehrere Typen geben, die mit dem ODBC-Typ übereinstimmen. Der ZIPCODE-Typ zum Beispiel, den wir in Abschnitt 6.8 betrachtet haben, würde von *SQLGetTypeInfo* zusammen mit dem CHAR-Datentyp zurückgegeben. Wenn der Eingabe-Typname dagegen »CHAR« war, würde »CHAR« gegenüber »ZIPCODE« für den Ausgabe-Typnamen bevorzugt, auch wenn es sich bei beiden Typen um den ODBC-Typ SQL_CHAR handelt.

2. Es wird ein Typ derselben Typfamilie gesucht, von denen es sechs gibt:

INTEGER (TINYINT, SMALLINT, INTEGER und BIGINT)

Numerische Festpunkt-Datentypen (DECIMAL und NUMERIC)

Numerische Gleitkomma-Datentypen (REAL, FLOAT und DOUBLE)

Zeichen (CHAR, VARCHAR und LONG_VARCHAR)

Binäre Typen (BINARY, VARBINARY und LONG_VARBINARY)

Zeit/Datum-Typen (DATE, TIME und TIMESTAMP)

3. »Befördern« des Typs in eine allgemeinere Familie. Ein Integer zum Beispiel kann auch durch einen Festpunkt-Datentyp beschrieben werden, wenn der Integer-Typ für die Ausgabedatenquelle nicht zur Verfügung steht.

4. Verwendung eines Zeichentyps. Sie verlieren möglicherweise die Semantik des Datentyps, aber die Daten selbst bleiben erhalten. Wenn zum Beispiel ein Gleitkommawert in eine Zeichenkette konvertiert wird, geht die Semantik des ursprünglichen Typs verloren (das heißt, daß Sie keine arithmetischen Operationen mehr auf der Zeichenkette ausführen können), aber die Daten bleiben erhalten. Die Schleife setzt bei der Suche nach einer Übereinstimmung Flags ein, um die bisher beste Übereinstimmung für den Quelldatentyp zu kennzeichnen. Das Flag MATCH_FULL zeigt, daß eine passende Übereinstimmung gefunden ist, und daß der Prozeß somit beendet werden kann. MATCH_NAME zeigt an, daß eine Typnamenübereinstimmung gefunden ist. MATCH_PREC gibt an, daß die Genauigkeit oder die Länge in der Ausgabedatenquelle groß genug ist, um die Eingabespalte verwalten zu können. MATCH_DFT zeigt an, daß es nötig war, einen Zeichen- oder einen binären Typ zu verwenden.

Dabei werden einige Sonderfälle geprüft. Die Verwendung von Datentypen zum Beispiel, für die AUTO_INCREMENT gesetzt ist, wird überprüft und verhindert, weil für diese Typen kein Einfügen vorgenommen werden kann. Spalten, die das MONEY-Attribut haben, sollten nur verwendet werden, wenn sowohl die Eingabe- als auch die Ausgabedatenquelle sie unterstützen (vorausgesetzt, die Ausgabegenauigkeit und die Größe sind ausreichend, um den Eingabetyp verarbeiten zu können). Schließlich muß für alle Spalten die Länge überprüft werden, um für Daten variabler Länge sicherzustellen, daß keine Kürzungen erfolgen.

Alle Informationen über den Ausgabedatentyp werden durch den Aufruf von *SQLGetTypeInfo* mit dem Eingabeargument für den ODBC-Typ der Eingabespalte ermittelt. Sie wissen, daß *SQLGetTypeInfo* alle Datentypen im DBMS für einen bestimmten ODBC-Typ zurückgibt. Wir haben *SQLGetTypeInfo* bereits in Kapitel 5 detailliert betrachtet. Nach *SQLGetTypeInfo* rufen wir *SQLFetch* auf, um den ersten Typ in der Ausgabedatenquelle zu erhalten, der mit dem ODBC-Typ übereinstimmt, welcher kompatibel zur Eingabespalte ist.

Abbildung 8.31 zeigt den Code für *fFindTypeMatch*, der in TYPEMAP.C abgelegt ist.

```
BOOL fFindTypeMatch(
    HWND hwnd,                    // Fenster für Fehler
    HSTMT hstmt,                  // Anweisungs-Handle für die Ergebnisse
    lpCOLDESC pColInfo,           // Spalte, für die die Übereinstimmung
                                  // gesucht wird
    lpGETTYPEINFO psInfo          // Typinfo, die bei Erfolg zurück-
                                  // gegeben wird
    )
{
    RETCODE         rc;           // Rückgabewert für den Status
    UWORD           uTypesUsed;   // Flag zum Vermeiden rekursiver
                                  // "Beförderung"
    SWORD           fSrcType;     // Originaltyp, für den wir eine
                                  // Übereinstimmung suchen
    UWORD           uMatch;       // Maske für die Übereinstimmung
    GETTYPEINFO     sMatch;       // Mögliche Übereinstimmungen
    GETTYPEINFO     sDftType;     // Defaulttyp, falls keine Überein-
                                  // stimmung gefunden wird

    // Alle Werte auf die Defaults setzen
    //
    uTypesUsed = 0;
    fSrcType = pColInfo->fSqlType;
    uMatch = 0;
    memset(&sMatch, 0, sizeof(GETTYPEINFO));
    memset(&sDftType, 0, sizeof(GETTYPEINFO));
    psInfo->fSqlType = pColInfo->fSqlType;

    while(!(uMatch & MATCH_FULL)) {
// Typinfo für den gegebenen SQL-Typ
        //
        rc = SQLGetTypeInfo(hstmt, psInfo->fSqlType);       ▶
```

```c
if(RC_NOTSUCCESSFUL(rc)) {
    vShowErrors(hwnd, NULL, NULL, hstmt);
    return FALSE;
    }

rc = SQLFetch(hstmt);
while(RC_SUCCESSFUL(rc) && !(uMatch & MATCH_FULL)) {
    // Auto-Inkrement-Felder verbieten (siehe Hinweis im
    // Header)
    //
    if((SQL_NULL_DATA != psInfo->cbAutoInc) &&
        (TRUE == psInfo->fAutoInc))
        ;

    // Versuch, Währungstypen auf andere Währungstypen
    // abzubilden
    //
        // Quelltyp ist eine Währung
    else if(pColInfo->fIsMoney &&
        // Aber der Zieltyp nicht
        !psInfo->fMoney &&
        // Und wir haben eine mögliche Übereinstimmung
        (uMatch & (MATCH_PREC | MATCH_NAME)))
        ;
    else {
        // Namenstypübereistimmungen haben Priorität
        //
        if(fExactNameMatch(psInfo->fSqlType,
            psInfo->szTypeName) &&
            (pColInfo->cbPrecision <=
            (UDWORD)psInfo->cbMaxPrec)) {
            if(!pColInfo->fIsMoney)
                uMatch |= MATCH_FULL;
            else {
                uMatch |= MATCH_NAME;
                uMatch &= ~MATCH_PREC;
                }
            memcpy(&sMatch, psInfo, sizeof(GETTYPEINFO));
            }
        // Keine Namensübereinstimmung. Wenn dieser Typ unsere
        // Genauigkeit unterstützt, könnte es funktionieren.
        //
        else if(!(uMatch & MATCH_NAME) &&
            (pColInfo->cbPrecision <=
            (UDWORD)psInfo->cbMaxPrec)) {
            uMatch |= MATCH_PREC;
            memcpy(&sMatch, psInfo, sizeof(GETTYPEINFO));
            }

        // Wenn wir eine mögliche Übereinstimmung gespeichert
        // haben und eine Währungsübereinstimmung vorliegt,
        // wird diese trotzdem verwendet
        //
```

Tabellen kopieren (TBLCPY)

```
                if(uMatch && pColInfo->fIsMoney && psInfo->fMoney)
                    uMatch |= MATCH_FULL;
                }

            // Wenn keine Übereinstimmung vorliegt, prüfen, ob es sich
            // um einen langen binären oder Zeichentyp handelt. Dies
            // ist die letzte mögliche Übereinstimmung.
            //
            if(!(uMatch & MATCH_FULL)) {
                if(fIsCharType(psInfo->fSqlType) ||
                    fIsBinType(psInfo->fSqlType)) {
                    // Wir haben einen Zeichen- oder binären Typ, der
                    // als Default verwendet kann. Damit ist sicherge-
                    // stellt, daß wir nur den größten verwenden.
                    //
                    if((UDWORD)sDftType.cbMaxPrec <
                        pColInfo->cbPrecision &&
                        psInfo->cbMaxPrec > sDftType.cbMaxPrec) {
                        memcpy(&sDftType, psInfo,
                            sizeof(GETTYPEINFO));
                        uMatch |= MATCH_DFT;
                        }
                    }
                }

            // Nächste Zeile holen, wenn noch nicht fertig
            //
            if(!(uMatch & MATCH_FULL))
                rc = SQLFetch(hstmt);
            } // Schleifenende

    // Ausstehende Ergebnisse oder Status entfernen
    //
    SQLFreeStmt(hstmt, SQL_CLOSE);

    // Wenn es keine exakte Namensübereinstimmung gibt, auf
    // Übereinstimmung der Genauigkeit prüfen
    //
    if(!pColInfo->fIsMoney &&
        !(uMatch & MATCH_FULL) && (uMatch & MATCH_PREC))
        uMatch |= MATCH_FULL;
    // Wenn es noch immer keine Übereinstimmung gibt, Datentyp
    // "befördern" und noch einmal versuchen
    //
    if(!(uMatch & MATCH_FULL))
        if(!fGetPromotedType(&psInfo->fSqlType, &uTypesUsed))
            {
            // Wenn es neben dem Default irgendeine Übereinstimmung
            // gibt, wird diese verwendet
            //
            if(uMatch & (~MATCH_DFT))
                uMatch |= MATCH_FULL;
```

```
                // Andernfalls verwenden wir den Default. Das ist zwar
                // nicht ideal, aber wir versuchen es
                //
                else if(uMatch & MATCH_DFT) {
                    memcpy(&sMatch, &sDftType,
                        sizeof(GETTYPEINFO));
                    uMatch |= MATCH_FULL;
                }
                // Andernfalls haben wir Pech gehabt
                //
                else {
                    iMessageBox(hwnd, MB_ICONEXCLAMATION | MB_OK,
                        sz_ERROR, sz_NO_TYPES_CORRESPOND,
                        GetSqlTypeName(fSrcType));
                    return FALSE;
                }
            }

        } // Ende while-Schleife

    // Wenn wir eine Übereinstimmung gefunden haben, Rückgabe
    // den Aufrufer
    //
    if(uMatch & MATCH_FULL) {
        memcpy(psInfo, &sMatch, sizeof(GETTYPEINFO));

        // Prüfen, ob die Quelle Nullwerte erlaubt und das Ziel
        // möglicherweise nicht. Das könnte dazu führen, daß die
        // Nullwerte beim Kopieren korrigiert werden müssen.
//
        pColInfo->fConvertNulls =
            (SQL_NO_NULLS == psInfo->fNullable &&
             SQL_NO_NULLS != pColInfo->fNullable);
    }

    return (uMatch & MATCH_FULL);
}
```

Abbildung 8.31 – Der Code für fFindTypeMatch in TYPEMAP.C

Die »Typausweitung« wird in *fGetPromotedType* verarbeitet. Das findet einfach nur in einer großen *switch*-Anweisung statt, die die Regeln für die Beförderung des Typs in den nächsten kompatiblen Typ regelt, falls keine genaue Übereinstimmung gefunden werden kann. Abbildung 8.32 zeigt den Code von *fGetPromotedType*.

```
BOOL fGetPromotedType(
    SWORD * pfSqlType,              // Der Eingabetyp
    UWORD * puType                  // Bitmaske für die verwendeten Typen
    )
{
    switch(*pfSqlType) {                                              ▶
```

```c
// Zeichen-Familie
//
case SQL_CHAR:
    if(*puType & CHR_VARCHAR_CHECKED)
        return FALSE;
    *pfSqlType = SQL_VARCHAR;
    break;

case SQL_VARCHAR:
    // VARCHAR zuerst in CHAR befördern und dann
    // in LONGVARCHAR
    //
    if(*puType & CHR_LONGVARCHAR_CHECKED)
        return FALSE;
    else if(*puType & CHR_CHAR_CHECKED)
        *pfSqlType = SQL_LONGVARCHAR;
    else
        *pfSqlType = SQL_CHAR;
    break;

case SQL_LONGVARCHAR:
    if(*puType & CHR_CHAR_CHECKED)
        return FALSE;
    *pfSqlType = SQL_CHAR;
    break;


// Integer-Familie
//
case SQL_BIT:
    *pfSqlType = SQL_TINYINT;
    break;
case SQL_TINYINT:
    *pfSqlType = SQL_SMALLINT;
    break;

case SQL_SMALLINT:
    *pfSqlType = SQL_INTEGER;
    break;

case SQL_INTEGER:
    *pfSqlType = SQL_BIGINT;
    break;

case SQL_BIGINT:
    *pfSqlType = SQL_NUMERIC;
    break;


// Gleitkommatyp-Familie. FLAOT und DOUBLE haben eigentlich
// dieselbe Genauigkeit, deshalb muß eine wechselseitige
// "Beförderung" ausgeführt werden (das heißt, FLOAT kann
// zu DOUBLE werden und DOUBLE kann zu FLOAT werden), bevor    ▶
```

```
        // CHAR verwendet wird.
        //
        case SQL_REAL:
            *pfSqlType = SQL_FLOAT;
            break;

        case SQL_FLOAT:
            if(*puType & FLT_DOUBLE_CHECKED)
                *pfSqlType = SQL_CHAR;
            else
                *pfSqlType = SQL_DOUBLE;
            break;

        case SQL_DOUBLE:
            if(*puType & FLT_FLOAT_CHECKED)
                *pfSqlType = SQL_CHAR;
            else
                *pfSqlType = SQL_FLOAT;
            break;

        // Festpunkt-Zahlen. Die Reihenfolge der beiden Typen
        // ist nicht relevant - für unsere Zwecke weisen beide
        // genau dieselbe Semantik auf.
        //
        case SQL_NUMERIC:
            *pfSqlType = SQL_DECIMAL;
            break;
        case SQL_DECIMAL:
            *pfSqlType = SQL_REAL;
            break;


        // Binäre Typen
        //
        case SQL_BINARY:
            *pfSqlType = SQL_VARBINARY;
            break;

        case SQL_VARBINARY:
            *pfSqlType = SQL_LONGVARBINARY;
            break;

        case SQL_LONGVARBINARY:
            *pfSqlType = SQL_CHAR;
            break;


        // Datum/Zeit-Familie
        //
        case SQL_DATE:
            *pfSqlType = SQL_TIMESTAMP;
            break;
```
▶

```
            case SQL_TIME:
                *pfSqlType = SQL_TIMESTAMP;
                break;

            case SQL_TIMESTAMP:
                *pfSqlType = SQL_CHAR;
                break;

            // Wenn wir hierhin kommen, haben wir Probleme
            //
            default:
                assert(0);
                return SQL_CHAR;
        }

    // Flags für die Überprüfung setzen, um zu verhindern,
    // daß bestimmte Prüfungen wiederholt werden
    //
    switch(*pfSqlType) {
        case SQL_CHAR:
            *puType |= CHR_CHAR_CHECKED;
            break;
        case SQL_VARCHAR:
            *puType |= CHR_VARCHAR_CHECKED;
            break;

        case SQL_LONGVARCHAR:
            *puType |= CHR_LONGVARCHAR_CHECKED;
            break;

        case SQL_FLOAT:
            *puType |= FLT_FLOAT_CHECKED;
            break;

        case SQL_DOUBLE:
            *puType |= FLT_DOUBLE_CHECKED;
            break;
    }

    return TRUE;
}
```

Abbildung 8.32 – Der Code von *fGetPromotedType*

Wenn alle Typen abgebildet und die Längen der Ausgabespaltendefinitionen berechnet sind, wird ein Dialogfeld angezeigt, das die Ergebnisse der Typabbildung zeigt. Die Spaltendefinitionen für die Eingabe- und Ausgabetabellen werden nebeneinander dargestellt, so daß Sie sehen, wie gut sie übereinstimmen. Abbildung 8.33 zeigt das Dialogfeld für den Datentypvergleich, wenn die Tabelle aus dem Beispiel in Kapitel 7 auf den Microsoft SQL Server kopiert wird.

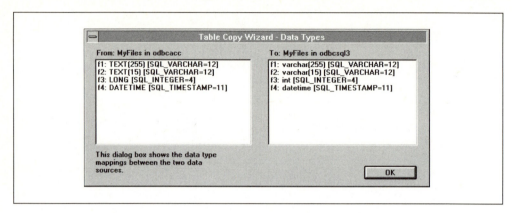

Abbildung 8.33 – Beispiel für ein Dialogfeld für die Typübereinstimmung

Wenn der Benutzer im Dialogfeld auf OK klickt, wird in der Funktion *nCreateTable* in COPY.C die Anweisung CREATE TABLE erzeugt. (Das Erzeugen des Index ist weniger kompliziert, weil es dafür nicht so viele Auswahlmöglichkeiten gibt. Den Code für das Erzeugen der CREATE INDEX-Anweisungen finden Sie in der Funktion *nCreateIndexes* in COPY.C.) Weitere Dialogfelder enthalten die erzeugten SQL-Anweisungen. Das Status-Dialogfeld schließlich zeigt die Datensätze an, die kopiert werden. Ein Beispiel für das Status-Dialogfeld sehen Sie in Abbildung 8.34.

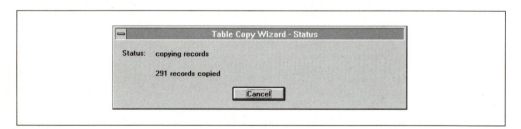

Abbildung 8.34 – Das Status-Dialogfeld

8.2.5.3 Kopieren der Daten: Blob-Daten

Die Daten werden unter Verwendung der Standardmethode mit *SQLPrepare* und *SQLExecute* kopiert, wobei die Parameter mit *SQLBindParameter* gebunden werden. Wir haben diese Technik bereits in anderen Beispielen kennengelernt, aber TBLCPY führt eine neue Operation ein: die Berücksichtigung von Blob-Daten. ODBC unterstützt die Möglichkeit, Daten für solche Spalten, die auf die ODBC-Typen SQL_LONGVARCHAR und SQL_LONGVARBINARY abgebildet werden, abschnittsweise zu übertragen. Dazu werden die Funktionen *SQLGetData* und *SQLPutData* verwendet.

Die Funktion *nCopyData* in COPY.C ist für das Lesen der Daten von der Eingabedatenquelle und das Kopieren auf die Ausgabedatenquelle zuständig. Bei der Vorbereitung der INSERT-Anweisung wird die Länge des langen Datenparameters unter Verwendung einer

Tabellen kopieren (TBLCPY)

separaten Variablen spezifiziert, wie im folgenden Codeabschnitt aus der Funktion *nPrepareInsert* in COPY.C gezeigt:

```
static SDWORD gcbDataAtExec=SQL_DATA_AT_EXEC;
...
rc = SQLBindParameter(pCopyInfo->hToStmt,
    (UWORD)(nCol + 1 ),      // Parameternummer
    SQL_PARAM_INPUT,         // Eingabewert zum Einfügen
    pColInfo->fCType,        // Quelldatentyp
    pColInfo->fToSqlType,    // Zieldatentyp
    pColInfo->cbToPrecision, // Genauigkeit der Spalte (keine Daten)
    pColInfo->ibScale,       // Größenordnung der Spalte
    (PTR)nCol,               // Speicherindex
    0,                       // Nicht für "Daten-zur-Ausführung"
                             // anzuwenden
    &gcbDataAtExec);         // Zeigt an, daß wir die Werte zur
                             // Laufzeit angeben
```

Der Wert der Variablen *gcbData* muß der #*define*-Wert SQL_DATA_AT_EXEC sein. Für Treiber und Anwendungen von ODBC 2.0 kann das Makro SQL_LEN_DATA_AT_EXEC(*length*) verwendet werden, weil es Treiber erlaubt, die die Gesamtlänge der Spalte mit den Long-Daten im voraus kennen müssen. Die Beschreibung von *SQLBindParameter* im Programmierhandbuch von Microsoft ODBC 2.0 enthält eine detailliertere Erklärung dieses Makros. TBLCPY verwendet dieses Makro, wenn es Spalten neu bindet, so daß Datenquellen verarbeitet werden können, die die Gesamtlänge kennen müssen, bevor sie Daten senden können.

Parameter, deren Werte erst zur Ausführungszeit angegeben werden, bezeichnet man auch als »Daten-zur-Ausführungszeit«-Parameter. Beachten Sie, daß wir für die Adresse der Daten (das *rgbValue*-Argument von *SQLBindParameter*) die Parameternummer in der Variablen *nCol* übergeben müssen (diese entspricht der Nummer der Spalte, aus der wir lesen wollen). Wir können diesen Wert zur Ausführungszeit ermitteln und damit die Parameter identifizieren, für die wir den Wert bereitstellen müssen.

Für »Daten-zur-Ausführungszeit«-Parameter kann die Anwendung nicht einfach den Wert der Variablen, die an einen Parameter gebunden ist, ändern, und es dem Treiber überlassen, automatisch den neuen Wert zu ermitteln, wenn *SQLExecute* aufgerufen wird. Es ist schon etwas komplizierter.

Wenn *SQLExecute* aufgerufen wird und »Daten-zur-Ausführungszeit«-Parameter vorliegen (wie etwa im obigen Codeabschnitt), erzeugt der Treiber für *SQLExecute* einen speziellen Rückgabewert: SQL_NEED_DATA. Anschließend kann die Anwendung den Wert aus dem *rgbValue*-Argument ermitteln, das *SQLBindParameter* übergeben wird, indem sie *SQLParamData* aufruft. In unserem Fall ist der Wert die Nummer des Parameters, für den wir Daten bereitstellen müssen. Wir verwenden diese Information, um *SQLGetData* für die Spaltendaten und danach *SQLPutData* aufzurufen, um den Wert iterativ an den Treiber zu senden. Abbildung 8.35 zeigt den Code, der die Verarbeitung von »Daten-zur-Ausführungszeit«-Parametern übernimmt.

```
RETCODE HandleNeedData(
    HWND        hwnd,              // Fenster für Fehler
    lpCOPYINFO  pCopyInfo,         // Kopierinformation
    PTR         pDataAtExec        // Datenzeiger für die Über-
                                   // tragung
    )
{
    RETCODE     rc;                // Status
    int         nIndex;            // Index des Parameters
    lpCOLDESC   pColInfo;          // Spalteninfo
    SDWORD      cbVal;             // Bytes, die gerade
                                   // verarbeitet werden
    // Verwendung von SQLParamData, um den Index der Spalte, für die
    // wir die Daten benötigen, zu ermitteln. Diese wurde mit
    // SQLBindParameter spezifiziert.
    //
    rc = SQLParamData(pCopyInfo->hToStmt, (PTR)&nIndex);
    while(SQL_NEED_DATA == rc) {
        assert(nIndex < pCopyInfo->iCols);
        pColInfo = &pCopyInfo->pColumns[nIndex];

        // Ersten Datenabschnitt ermitteln, wenn das noch
        // nicht geschehen ist
        //
        if(!pCopyInfo->fTruncNLD)
            rc = SQLGetData(pCopyInfo->hFromStmt,
                            pColInfo->nColInRslt,
                            pColInfo->fCType,
                            pDataAtExec,
                            MAX_INLINE_BUFF,
                            &cbVal);
        else {
            // Andernfalls die Länge durch Dekodieren des Makros
            // ermitteln
            //
            cbVal = -pColInfo->cbFetched +
                SQL_LEN_DATA_AT_EXEC_OFFSET;
            rc = SQL_SUCCESS;
        }

        while(RC_SUCCESSFUL(rc)) {
            // Ergänzen der ermittelten Bytes um das Null-
            // Endezeichen, falls eine Kürzung erfolgt ist.
            // Beim Put wird die Null nicht mit angegeben.
            //
            cbVal = min(cbVal, MAX_INLINE_BUFF);
            if((cbVal >= MAX_INLINE_BUFF) &&
                    (SQL_C_CHAR == pColInfo->fCType))
                cbVal -= 1;

            // Weiterhin Abschnitte senden, bis keine
            // weiteren Abschnitte mehr vorhanden sind
            //
```
▶

```
                    rc = SQLPutData(pCopyInfo->hToStmt,
                                    pDataAtExec,
                                    cbVal);
                    if(RC_NOTSUCCESSFUL(rc))
                        goto clean_up;
                    // Wenn wir Spalten mit Long-Daten kürzen, weiter
                    //
                    if(pCopyInfo->fTruncNLD)
                        rc = SQL_NO_DATA_FOUND;
                    // Nächsten Abschnitt ermitteln
                    //
                    else
                        rc = SQLGetData(pCopyInfo->hFromStmt,
                                    pColInfo->nColInRslt,
                                    pColInfo->fCType,
                                    pDataAtExec,
                                    MAX_INLINE_BUFF,
                                    &cbVal);
                }
            // Feststellen, ob auch noch für andere Spalten
            // Daten benötigt werden
            //
            if(SQL_NO_DATA_FOUND == rc || RC_SUCCESSFUL(rc))
                rc = SQLParamData(pCopyInfo->hToStmt, (PTR)&nIndex);
            }
clean_up:
    if(RC_NOTSUCCESSFUL(rc)) {
        vShowErrors(hwnd, NULL, NULL, pCopyInfo->hFromStmt);
        vShowErrors(hwnd, NULL, NULL, pCopyInfo->hToStmt);
        }
    return rc;
}
```

Abbildung 8.35 – Der Code für die Verarbeitung von »Daten-zur-Ausführungszeit«-Parametern

Die Verarbeitung von Long-Daten ist eines der kompliziertesten Themengebiete von ODBC; ich hoffe, das TBLCPY-Beispiel hat es Ihnen ein wenig nähergebracht.

Alles in allem holt der Kopierprozeß etwas von der Eingabedatenquelle und ruft *SQLExecute* für die Ausgabedatenquelle auf, wobei gegebenenfalls auch Long-Daten verarbeitet werden.

Das ist alles. Im nächsten Beispiel betrachten wir ein praktisches Programm zur Codeerzeugung für Entwickler, die ODBC-Cursor mit zeilenweisem Binden verwenden wollen.

8.3 TYPEGEN – Typdeklaration-Generator

In diesem Beispiel betrachten wir ein Utility, das Typdeklarationen unter C und Visual Basic 3.0 erzeugt. Diese Typdeklarationen sind zum Erstellen von Programmen geeignet, welche die scrollbaren Cursor von ODBC verwenden. Insbesondere erzeugt TYPEGEN eine Struktur (die Visual Basic einen »benutzerdefinierten Typ« nennt), die mit den Spalten einer bestimmten Abfrage übereinstimmt, so daß das zeilenweise Binden eingesetzt werden kann. Darüber hinaus werden Aufrufe von *SQLBindCol* erzeugt, die die Elemente der Datenstruktur verwenden. Für Testzwecke erzeugt TYPEGEN eine C-Funktion, die *SQLExtendedFetch* aufruft und Dumps für die Ergebnisse mehrerer Fetch-Typen (FIRST, NEXT, PRIOR, RELATIVE und ABSOLUTE) erzeugt. Die Testfunktion kann an das Hauptprogramm von TYPEGEN (MAIN.C) angehängt und vom Menü aus aufgerufen werden.

TYPEGEN ist sehr praktisch für vertikale Anwendungen oder für Anwendungen, bei denen die Abfragen bereits zum Zeitpunkt des Schreibens bekannt sind. Der von TYPEGEN erzeugte Code kann in den Code der eigentlichen Anwendung einkopiert werden. Weil TYPEGEN keine neuen Programmierkonzepte von ODBC aufzeigt, werde ich mich hier darauf beschränken, zu beschreiben, wie es eingesetzt werden kann. Der Quellcode von TYPEGEN wird nicht untersucht.

Aus Kapitel 5 (Abschnitt 5.4.2.2) wissen Sie, daß das zeilenweise Binden insbesondere dann sinnvoll ist, wenn die Ergebnismenge einer Abfrage im voraus bekannt ist, und wenn Sie eine Datenstruktur in Ihrem Programm erstellen wollen, die mit den Ergebnissen der Abfrage übereinstimmt. In TYPEGEN wird die Struktur aus der eingegebenen Abfrage erzeugt.

Nun wollen wir ein Beispiel betrachten. Abbildung 8.36 zeigt das Anwendungsfenster von TYPEGEN, wobei im *File*-Menü das Menüelement *Connect* ausgewählt ist. Die Auswahl von *Connect* bewirkt, daß *SQLDriverConnect* die Verbindung aufbaut. Anschließend kann das Element *Execute* aus dem Menü *Map* ausgewählt werden. *Execute* zeigt das Dialogfeld *Map Data Types* an, wie in Abbildung 8.37 gezeigt.

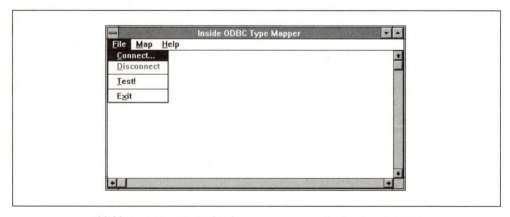

Abbildung 8.36 – Die Verbindung zur Datenquelle durch TYPEGEN

TYPEGEN – Typdeklaration-Generator

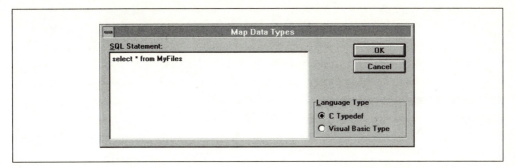

Abbildung 8.37 – Das Dialogfeld Map Data Types in TYPEGEN

In das Editierfeld können Sie eine SELECT-Anweisung eingeben. In Abbildung 8.37 habe ich eine sehr einfache Abfrage eingegeben. Sie können entweder ein *typedef* für C oder eine Typdefinition für Visual Basic 3.0 erzeugen. Das Testprogramm wird nur erzeugt, wenn Sie eine C-Ausgabe auswählen, deshalb werden wir uns in dieser Beschreibung auf C konzentrieren. Wir werden das zeilenweise Binden unter Visual Basic im Beispiel VBFETCH in Abschnitt 8.7 noch genauer beschreiben.

Mit dem Anklicken der Schaltfläche OK wird die Anweisung ausgeführt. Wenn keine Fehler aufgetreten sind, sehen Sie jetzt C-Code (bzw. Visual Basic-Code) auf Ihrem Bildschirm. Abbildung 8.38 zeigt den Code, der erzeugt wird, wenn die Abfrage aus Abbildung 8.37 für die Tabelle *MyFiles* aus der Datenquelle *odbcfile* aus Kapitel 7 ausgeführt wird.

```
typedef struct _DATAMAP {
    char             F1[254+1];   // Spalte: 'F1', Genauigkeit: 255
    SDWORD           cbF1;        // Länge/Nullindikator für 'F1'
    char             F2[254+1];   // Spalte: 'F2', Genauigkeit: 255
    SDWORD           cbF2;        // Länge/Nullindikator für 'F2'
    long             F3;          // Spalte: 'F3', Genauigkeit: 10
    SDWORD           cbF3;        // Länge/Nullindikator für 'F3'
    TIMESTAMP_STRUCT F4;          // Spalte: 'F4', Genauigkeit: 16
    SDWORD           cbF4;        // Länge/Nullindikator für 'F4'
    } DATAMAP, FAR * lpDATAMAP;

// Setzen der Größe für Ihre Zeilenmenge
#undef ROWSET_SIZE
#define ROWSET_SIZE  10
static DATAMAP rgData[ROWSET_SIZE];

static BOOL SetRowsetOptions(HWND hwnd, HSTMT hstmt)
{
    RETCODE    rc;
    // Hier werden weitere gewünschte Anweisungsoptionen eingefügt
    //    (etwa SQL_CONCURRENCY)
    SQLSetStmtOption(hstmt,SQL_KEYSET_SIZE, ROWSET_SIZE);
    rc = SQLSetStmtOption(hstmt, SQL_CURSOR_TYPE,
        SQL_CURSOR_KEYSET_DRIVEN);                              ▶
```

```
            rc = SQLSetStmtOption(hstmt, SQL_ROWSET_SIZE,
                ROWSET_SIZE);
        if (RC_SUCCESSFUL(rc))
            rc = SQLSetStmtOption(hstmt, SQL_BIND_TYPE,
                sizeof(DATAMAP));
        }
    if (RC_NOTSUCCESSFUL(rc))
        vShowErrors(hwnd, NULL, NULL, hstmt);
    return RC_SUCCESSFUL(rc);
}


static BOOL BindDataCols(HWND hwnd, HSTMT hstmt)
{
    BOOL            fRtn=TRUE;
    fRtn &= fSQLBindCol(hwnd, hstmt, 1, SQL_C_CHAR,
        &rgData[0].F1, sizeof(rgData[0].F1), &rgData[0].cbF1);
    fRtn &= fSQLBindCol(hwnd, hstmt, 2, SQL_C_CHAR,
        &rgData[0].F2, sizeof(rgData[0].F2), &rgData[0].cbF2);
    fRtn &= fSQLBindCol(hwnd, hstmt, 3, SQL_C_LONG,
        &rgData[0].F3, sizeof(rgData[0].F3), &rgData[0].cbF3);
    fRtn &= fSQLBindCol(hwnd, hstmt, 4, SQL_C_TIMESTAMP,
        &rgData[0].F4, sizeof(rgData[0].F4), &rgData[0].cbF4);
    return fRtn;
}



///////////////////////////////////////////////////////////////////
// OnCTest - Erzeugter Code zum Testen des Bindens und von
// SQLExtendedFetch
//
// Rückgaben: Keine
///////////////////////////////////////////////////////////////////

struct {
    UWORD    fFetchType;
    char *   pszFetchType;
    SDWORD   nFetchRows;
} rgTest[] ={
SQL_FETCH_FIRST,    "SQL_FETCH_FIRST", 0,
SQL_FETCH_NEXT,     "SQL_FETCH_NEXT", 0,
SQL_FETCH_PRIOR,    "SQL_FETCH_PRIOR", 0,
SQL_FETCH_RELATIVE, "SQL_FETCH_RELATIVE", 1,
SQL_FETCH_RELATIVE, "SQL_FETCH_RELATIVE", -1,
SQL_FETCH_ABSOLUTE, "SQL_FETCH_ABSOLUTE", 5,
0,                  0,                   0
};

void OnCTest(
    HWND hwnd,                              // Elternfenster
    lpMAPINFO lpMap                         // Anwendungsinfo
    )
{
```

```
HDBC      hdbc;
HSTMT     hstmt;
RETCODE   rc;
UWORD     rgfStatus[ROWSET_SIZE];
UDWORD    nrows;
int       cTest, cRow;

SQLAllocConnect(lpMap->henv, &hdbc);
SQLSetConnectOption(hdbc,SQL_ODBC_CURSORS, SQL_CUR_USE_IF_NEEDED);
Printf(lpMap, "Connecting to 'odbcfile'\r\n");
SQLDriverConnect(hdbc, hwnd, "DSN=odbcfile", SQL_NTS, NULL, 0,
        rgTest[cTest].nFetchRows, &nrows, rgfStatus);
    if (rc != SQL_SUCCESS) {
        vShowErrors(hwnd, NULL, NULL, hstmt);
        if (rc != SQL_SUCCESS_WITH_INFO)
            goto cleanup;
    }
    for (cRow = 0; cRow < nrows; cRow++)
        Printf(lpMap,
            "%.80s\t%.80s\t%10ld\t%04d-%02d-%02d "
            "%02d:%02d:%02d.%ld\r\n",
            rgData[cRow].F1,
            rgData[cRow].F2,
            rgData[cRow].F3,
            rgData[cRow].F4.year,rgData[cRow].F4.month,
            rgData[cRow].F4.day,rgData[cRow].F4.hour,
            rgData[cRow].F4.minute,rgData[cRow].F4.second,
            rgData[cRow].F4.fraction
        );
}

cleanup:
SQLFreeStmt(hstmt, SQL_DROP);
SQLDisconnect(hdbc);
SQLFreeConnect(hdbc);
}
```

Abbildung 8.38 – Code für die Abfrage aus Abbildung 8.37 für die Tabelle MyFiles

Beachten Sie bei der Beschreibung dieses Beispiels, daß der in Abbildung 8.38 gezeigte Code nicht der Code von TYPEGEN ist, sondern der von TYPEGEN erzeugte Code.

Das erste, was Sie bei der erzeugten Ausgabe sehen, ist die Strukturdefinition. Für jede Spalte in der Ergebnismenge gibt es zwei Strukturelemente: eines für die Spaltendaten und eines für die Variable mit der Ausgabelänge. Der Datentyp der einzelnen Strukturelemente wird entsprechend dem von der Abfrage zurückgegebenen ODBC-Datentyp erzeugt. Der Name des Elements ist gleich dem Spaltennamen aus der Abfrage. In diesem Beispiel gibt es vier Spalten, die den Spalten *f1*, *f2*, *f3* und *f4* in der Tabelle *MyFiles* entsprechen. Es gibt zwei Zeichenketten (ODBC-Typ SQL_CHAR), einen Long-Integer

(SQL_INTEGER) und eine Zeitmarke (SQL_TIMESTAMP). Der Typ erhält den Namen DATAMAP.

Als nächstes folgt ein *#define* für die Größe der Zeilenmenge und die Deklaration von *rgData*, das ist das Array mit den Strukturen. Das Array *rgData* ist die Datenstruktur, die als virtuelles Fenster auf die Ergebnismenge dient. Die Größe der erzeugten Zeilenmenge umfaßt standardmäßig 10 Zeilen, Sie können aber auch jeden anderen Wert angeben.

Die darauffolgende Funktion *SetRowsetOptions* setzt einen Anweisungs-Handle, der die gewünschten Cursor-Optionen aufnimmt, welche mit *SQLSetStmtOption* gesetzt werden. TYPEGEN prüft mit Hilfe von *SQLGetInfo* die Cursor-Optionen, die von dem Treiber unterstützt werden, und erzeugt die Anweisungsoption für einen dynamischen, tastaturgesteuerten oder statischen Cursor (in dieser Reihenfolge), abhängig davon, was der Treiber unterstützt. Als Voreinstellung wird als CONCURRENCY (Read-Only) angenommen, aber Sie können im erzeugten Code auch beliebige Aufrufe von *SQLSetStmtOption* einfügen. Der letzte Aufruf von *SQLSetStmtOption* setzt den Stil für das Binden auf zeilenweises Binden:

```
rc = SQLSetStmtOption(hstmt, SQL_BIND_TYPE, sizeof(DATAMAP));
```

Statt einen Optionswert zu übergeben, wie es für *SQLSetStmtOption* typisch ist, müssen wir einen Integer übergeben, der die Länge eine »Zeile« der Struktur spezifiziert. Der Treiber berechnet daraus die Offsets für die Spalten der einzelnen Zeilen.

Als nächstes finden wir den Code für *BindDataCols*. Diese Funktion ruft für jede Spalte, die von der Abfrage erzeugt wird, *SQLBindCol* auf. Der Code in TYPEGEN, CMAP.C (VBMAP.C für Visual Basic), wertet die Informationen aus, die von *SQLDescribeCol* und *SQLColAttributes* für die einzelnen Spalten ermittelt wurden. An *SQLBindCol* werden die Datenwerte sowie der Wert für die Ausgabelänge des ersten Strukturelements als Argument übergeben, wie dieser Aufruf für die dritte Spalte zeigt:

```
fRtn &= fSQLBindCol(hwnd, hstmt, 3, SQL_C_LONG,
    &rgData[0].F3, sizeof(rgData[0].F3), &rgData[0].cbF3);
```

Es ist zwar auch möglich, die Spalten in einer anderen Reihenfolge als in der Strukturdefinition angegeben zu binden. Aber die ODBC-Cursorbibliothek und möglicherweise auch einige Treiber bieten eine Optimierung im Speicher, wenn die Spalten aufeinanderfolgend gebunden werden. Bei dieser Optimierung der Cursorbibliothek können die Spalten mit einem einzigen Aufruf vom Speicher in das Strukturarray kopiert werden. Wenn der Speicher nicht fortlaufend ist, muß jede Spalte separat kopiert werden. Der Funktion *BindDataCols* folgt die erzeugte Testfunktion, *OnCTest*. (Diese Testfunktion erhalten Sie nicht, wenn Sie statt C Visual Basic gewählt haben.) *OnCTest* verwendet den erzeugten Code, um Scroll-Operationen mit *SQLExtendedFetch* auszuführen. *OnCTest* erledigt das folgende:

- Sie stellt eine Verbindung zu der Datenquelle her, die für die Abfrage verwendet wird.

- Sie verwendet die erzeugten Funktionen *SetRowsetOptions* und *BindDataCols* für die Initialisierung der Cursoroptionen und zum Binden der Spalten.

TYPEGEN – Typdeklaration-Generator

■ Sie führt dieselbe Abfrage aus, die wir auch zuvor schon verwendet haben, aber *OnCTest* ermittelt die Daten aus dem Array mit den Strukturen (*rgData*).

■ Sie macht einige zufällige Aufrufe von *SQLExtendedFetch* mit unterschiedlichen Fetch-Typen, die im Array *rgType* spezifiziert sind.

■ Sie zeigt die Daten im Hauptfenster von TYPEGEN an.

Hier der Aufruf von *SQLExtendedFetch*:

```
rc = SQLExtendedFetch(hstmt, rgTest[cTest].fFetchType,
    rgTest[cTest].nFetchRows, &nrows, rgfStatus);
```

Sie werden feststellen, daß *rgData* nicht in den Argumenten erscheint – die Funktion *SQLExtendedFetch* weiß aus den früheren Aufrufen von *SQLBindCol* für dasselbe *hstmt*, wohin sie die Daten schicken soll. Nach einem einzigen Aufruf von *SQLExtendedFetch* enthält das Array *rgData* die angegebene Anzahl an Zeilen (in diesem Fall 10). Anschließend werden die einzelnen Spalten der Zeile in einer for-Schleife angezeigt. Das Format der Daten ist immer:

```
rgData[row_number].column_name
```

Wenn der Datentyp selbst als Struktur dargestellt wird, müssen die Strukturelemente des Typs verwendet werden, wie in diesem Beispiel für die Spalte *f4* mit TIMESTAMP_STRUCT gezeigt:

```
rgData[cRow].F4.year,rgData[cRow].F4.month,rgData[cRow].F4.day,
    rgData[cRow].F4.hour,rgData[cRow].F4.minute,rgData[cRow].F4.second,
    rgData[cRow].F4.fraction
```

Aber wie bringt man das alles zum Laufen? Glücklicherweise sind in TYPEGEN einige Hooks eingebaut, so daß Sie kein separates Programm schreiben müssen, um es ausprobieren zu können. Hier die Schritte, denen Sie dazu folgen sollten:

1. Selektieren Sie den gesamten erzeugten Code, beginnend mit dem Kommentar *//TypeGen automated code generated:* ... und kopieren Sie ihn in die Zwischenablage (drücken Sie dazu einfach nur Strg-C).

2. Verlassen Sie das Programm TYPEGEN.

3. Öffnen Sie mit dem Windows-Editor oder einem anderen Editor MAIN.C im Quellverzeichnis für TYPEGEN. (Das ist wahrscheinlich C:\INODBC\SAMPLES\TYPEGEN, es sei denn, Sie haben bei der Installation ein anderes Verzeichnis vorgegeben.)

4. Gehen Sie an das Ende von MAIN.C.

5. Fügen Sie den Code aus der Zwischenablage ein.

6. Suchen Sie den Aufruf von *OnCTest*, der sich in der Prozedur *WndProc* befindet. Sie sehen einen Kommentar, der Sie anweist, die Auskommentierung von *OnCTest* aufzuheben.

```
case IDM_TEST:
        // Heben Sie die Auskommentierung von OnCTest() auf, wenn der
        // erzeugte Code an diese Datei angehängt wurde.
        ...
//      OnCTest(hwnd, &gMapInfo);
        return FALSE;
```

Entfernen Sie die Auskommentierung.

7. Gehen Sie in die MS-DOS- oder Windows NT-Befehlszeile. Wechseln Sie in das Verzeichnis C:\SAMPLES\TYPEGEN und geben Sie:

`build`

ein, oder, falls Sie Windows NT einsetzen und die 32-Bit-Version erzeugen wollen:

`build drop32`

8. Konnte die Operation erfolgreich durchgeführt werden, führen Sie TYPEGEN erneut aus. Statt *Connect* im *File*-Menü wählen Sie diesmal jedoch *Test*.

Der Code, den Sie in MAIN.C eingefügt haben, wird ausgeführt. Abbildung 8.39 zeigt die Ausgabe des ODBCFile-Beispiels.

```
┌─────────────────── Inside ODBC Type Mapper - odbcfile ───────────────────┐
│ File  Map  Help                                                          │
│ Connecting to 'odbcfile'                                                 │
│ Executing 'select * from MyFiles'                                        │
│                                                                          │
│ ****** Fetch SQL_FETCH_FIRST 0 ******                                    │
│                                                                          │
│ \windows\ 256color.bmp      19994   1994-09-04 08:07:00.0                │
│ \windows\ 9hawkeye.grp       2417   1995-04-21 12:40:00.0                │
│ \windows\ 9reset.exe        60288   1994-05-06 01:38:00.0                │
│ \windows\ accessor.grp       8863   1995-04-21 12:40:00.0                │
│ \windows\ admndemo.ini        262   1994-12-21 21:14:00.0                │
│ \windows\ adptgrp.grp        3144   1995-04-21 12:40:00.0                │
│ \windows\ apps.hlp          15694   1993-07-08 03:10:00.0                │
│ \windows\ apstudio.ini        678   1995-04-20 20:11:00.0                │
│ \windows\ arcade.bmp          630   1994-09-04 08:07:00.0                │
│ \windows\ arches.bmp        10358   1994-09-04 08:07:00.0                │
│                                                                          │
│ ****** Fetch SQL_FETCH_NEXT 0 ******                                     │
│                                                                          │
│ \windows\ argyle.bmp          630   1994-09-04 08:07:00.0                │
│ \windows\ artgalry.ini         86   1994-09-20 11:22:00.0                │
│ \windows\ awcas.dll         11264   1993-11-01 03:11:00.0                │
└──────────────────────────────────────────────────────────────────────────┘
```

Abbildung 8.39 – Ausgabe des von OnCTest erzeugten Codes

Ich hoffe, dieses Beispiel hilft Ihnen, das zeilenweise Binden und die scrollbaren Cursor in ODBC zu verstehen. Das ist das letzte Beispiel, das in C geschrieben wurde. Jetzt werden wir uns einer anderen Programmiersprache zuwenden: C++.

8.4 Eine einfache C++-Klassenbibliothek (CPPSMPL)

In diesem Beispiel betrachten wir ein paar einfache C++-Klassen, die einen Großteil der ODBC-Funktionalität einkapseln. Sie könnten mit Hilfe dieser Klassen eine ganz einfache Anwendung schreiben, aber es ist wahrscheinlicher, daß Sie sie als Ausgangspunkt für eigene Klassen verwenden. Alternativ könnten Sie auch die einfachen Klassen des ODBC SDK oder eine der leistungsfähigeren C++-Klassenbibliotheken, die es gegenwärtig auf dem Markt gibt, verwenden. Eine kurze Auflistung dieser Klassenbibliotheken finden Sie am Ende dieses Abschnitts.

Die Funktionalität von CPPSMPL ist darauf beschränkt, eine Verbindung aufzubauen, eine SQL-Anweisung auszuführen, die gesamte Ergebnismenge in einem Array von Spaltenobjekten abzulegen und mit Hilfe von Elementfunktionen auf dieses Array zuzugreifen. Es gibt kein Fetch-Modell, keine Möglichkeit zum Aktualisieren und auch die komplexen ODBC-Funktionen stehen nicht zur Verfügung. Offensichtlich ist dieser Ansatz nur für sehr einfache Anwendungen geeignet, die nur sehr kleine Datenmengen verwalten.

8.4.1 Die Benutzeroberfläche von CPPSMPL

Die Benutzeroberfläche für CPPSMPL ist so einfach gehalten, wie es für eine ODBC-Anwendung möglich ist. Abbildung 8.40 zeigt das Hauptfenster für CPPSMPS, wobei das File-Menü angezeigt wird.

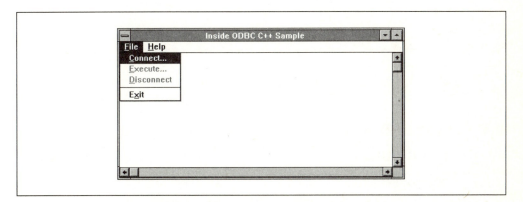

Abbildung 8.40 – Das File-Menü für CPPSMPL

Wenn Sie eine Verbindung aufgebaut haben, können Sie eine beliebige SQL-Anweisung ausführen, indem Sie im File-Menü Execute auswählen, so daß ein einfaches Dialogfeld erscheint, wie in Abbildung 8.41 gezeigt.

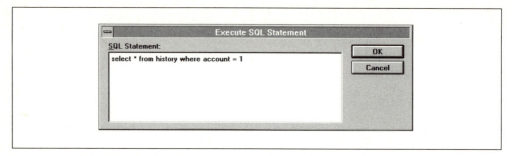

Abbildung 8.41 – Das Dialogfeld zum Ausführen einer SQL-Anweisung in CPPSMPL

Wenn Sie OK anwählen, wird die SQL-Anweisung ausgeführt und die Ergebnisse werden im Hauptfenster angezeigt (siehe Abbildung 8.42). Um dei Verbindung zur Datenquelle abzubauen, wählen Sie Disconnect im Dateimenü.

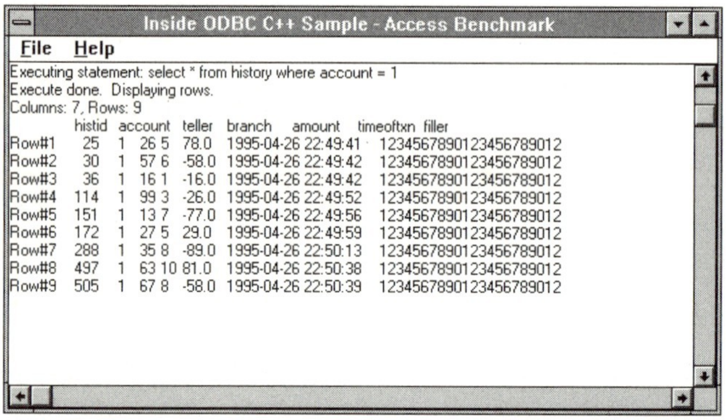

Abbildung 8.42 – Ausgabe einer SQL-Anweisung in CPPSMPL

8.4.2 Inside CPPSMPL: Das Programmiermodell der Anwendung

In diesem Abschnitt erfahren Sie, was die einfache Klassenbibliothek von CPPSMPL dem Anwendungsprogrammierer bietet. Die Verwendung der Klassen unterscheidet sich von der Verwendung einfacher ODBC-Aufrufe. Zum einen sehen Sie dabei im Anwendungscode keine ODBC-Handles mehr. Sie sehen auch kein explizites Binden von Spalten. Alles was Sie sehen, sind die Aufrufe von *Connect*, *Execute* und *Disconnect* auf oberster Ebene sowie die Funktionen zum Zugriff auf die Daten. Die Daten werden so ermittelt, als ob es sich bei den Ergebnissen um ein Array mit Strukturen handelte, allerdings nach der objektorientierten Methode. Nun wollen wir die Details betrachten.

Eine einfache C++-Klassenbibliothek (CPPSMPL) 377

CPPSMPL umfaßt nur zwei übergeordnete Klassen: *CODBCExec* und *CODBCColumn*. Die Klasse *CODEBCExec* stellt eine Verbindung zur Datenquelle her, führt SQL-Anweisungen aus und baut die Verbindung wieder ab. Die Klasse *CODBCColumn* ist für das Binden und das Ermitteln der Daten zuständig.

Wenn im *File*-Menü *Connect* ausgewählt wird, wird die Funktion *OnConnect* in CPPSMPL.CPP aufgerufen. Hier der Code für *OnConnect*:

```
void OnConnect(
    HWND        hwnd,                       // Elternfenster
    lpCPPSMPL   lpInfo                      // Anwendungsinfo
    )
{
    char        szBuff[256];

    lpInfo->odbc.SetParentWindow(hwnd);
    if(lpInfo->odbc.fConnect("")) {
        // Titel der Anwendung mit dem DSN für den Benutzer setzen
        //
        wsprintf(szBuff, "%s - %s", (LPCSTR)gsz_WIN_TITLE,
            (LPCSTR)lpInfo->odbc.GetDSNName());
        SetWindowText(hwnd, szBuff);

        // Feedback für den Benutzer erzeugen
        //
        Printf(lpInfo, "Verbindung erfolgreich aufgebaut mit %s.\r\n",
            (LPCSTR)lpInfo->odbc.GetDSNName());
    }
}
```

Die gesamte Aktion findet in der Codezeile statt, die die Methode *fConnect* der Instanzvariablen *odbc* aufruft:

```
if(lpInfo->odbc.fConnect("")) {
```

Die Variable *lpInfo* ist ein Zeiger auf eine Struktur, die ähnlich den Informationsstrukturen ist, die wir aus früheren Beispielen kennen (wie etwa *lpBench* in BENCH, *lpCopyInfo* in TBLCPY oder *lpMap* in TYPEGEN). Die Variable *odbc* ist Teil dieser Struktur und wird als Instanz der Klasse *CODEBCExec* deklariert:

```
typedef struct _CPPSMPL {
    // Globale Infos
    //
    HWND        hwndMain;       // Hauptfenster-Handle
    HWND        hwndOut;        // Ausgabefenster für Protokollinfos
    HFONT       hFont;          // Font für das Ausgabefenster
    HGLOBAL     hEditMem;       // Speicher-Handle, um das Ausgabefenster
                                // zu vergrößern
    HINSTANCE   hInst;          // Instanz-Handle dieser Anwendung
    int         nHelpCnt;       // Zähler für die Hilfedatei

    // ODBC-Handles
```

▶

```
//
CODBCExec    odbc;              // Unsere Klasseninstanz
} CPPSMPL, FAR * lpCPPSMPL;
```

Die Funktion *CODBCExec::fConnect* nimmt als Eingabeargument eine Verbindungszeichenkette entgegen und übernimmt den gesamten Verbindungsaufbau. Wie sie funktioniert, erfahren Sie in Abschnitt 8.4.3.

Mit der Auswahl von *Execute* im *File*-Menü wird die Funktion *OnExecute* in CPPSMPL.CPP aufgerufen. Abbildung 8.43 zeigt den Code für die Funktion *OnExecute*.

```
void OnExecute(
    HWND hwnd,                           // Elternfenster
    lpCPPSMPL lpInfo                     // Anwendungsinfo
    )
{
    char       szSql[DFT_SQL_STMT + 1];
    CODBCExec * podbc;

    if(IDOK == GetSqlText(hwnd, lpInfo->hInst, szSql)) {
        Printf(lpInfo, "Ausführung der Anweisung: %s\r\n",
            (LPCSTR)szSql);

        podbc = &lpInfo->odbc;
        if(podbc->fExecSql(szSql)) {
            Printf(lpInfo, "Ausführung beendet. Die Zeilen
                    werden angezeigt.\r\n");
            Printf(lpInfo, "Spalten: %d, Zeilen: %ld\r\n",
                podbc->GetColumnCnt(), podbc->GetRowCnt());
            // Deaktivieren des Neuzeichnens des Fensters, bis
            // die Ergebnisse angezeigt sind. Das Editierfeld
            // reagiert recht ruckartig, und man erhält den
            // Eindruck, daß die Abfrage langsam sei, auch wenn
            // sie es nicht ist.
            //
            ShowWindow(lpInfo->hwndOut, SW_HIDE);
            HCURSOR hOld = SetCursor(LoadCursor(NULL,
                MAKEINTRESOURCE(IDC_WAIT)));

            if(podbc->HasResultsSet()) {
                CODBCColumn *   prgColInfo;
                CODBCColumn *   pColInfo;
                UDWORD          nRows = podbc->GetRowCnt();
                UWORD           nCols = podbc->GetColumnCnt();
                LPCSTR          pszData;
                SDWORD          cbVal;

                // Spaltendeskriptoren zum Holen der Daten ermitteln
                //
                prgColInfo = podbc->GetColDesc();
                                                                ▶
```

Eine einfache C++-Klassenbibliothek (CPPSMPL)

```
                // Spaltenüberschriften anzeigen
                for(UWORD col = 0;  col < nCols;  col++) {
                    pColInfo = &prgColInfo[col];
                    Printf(lpInfo, "\t%s", pColInfo->GetColName());
                }
                Printf(lpInfo, "\r\n");

                // Anzeige der Daten in einer Schleife
                //
                for(UDWORD row = 0;  row < nRows;  row++) {
                    Printf(lpInfo, "Row#%lu", row + 1);

                    // Für diese Zeile jeden Spaltenwert anzeigen
                    //
                    for(UWORD col = 0;  col < nCols;  col++) {
                        pColInfo = &prgColInfo[col];
                        pColInfo->GetRowData(row + 1,
                            (PTR *)&pszData, &cbVal);

                        Printf(lpInfo, "\t%s",
                            (SQL_NULL_DATA == cbVal) ?
                            (LPCSTR)"<null>" : (LPCSTR)pszData);
                    }  // Spalten-Schleife
                    (Printf(lpInfo, "\r\n");
                }  // Zeilen-Schleife
            }  // hat die Ergebnisse
            // Ergebnisse anzeigen
            //
            SetCursor(hOld);
            ShowWindow(lpInfo->hwndOut, SW_SHOW);
        }  // erfolgreiche Ausführung
    }
}
```

Abbildung 8.43 – Der Code für die Funktion OnExecute

In *OnExecute* wird ein Zeiger (*podbc*) auf die Klasse *CODBCExec* deklariert, so daß wir ihn als abkürzende Schreibweise für einen Verweis auf die Instanzvariable *odbc* in der Struktur *lpInfo* verwenden können:

```
podbc = &lpInfo->odbc;
```

Der Aufruf von *GetSqlText* zeigt das Dialogfeld an, das zur Eingabe der SQL-Anweisung auffordert, und gibt den SQL-String in der Variablen *szSql* zurück.

Die SQL-Anweisung wird durch den Aufruf der Methode *fExecSql* der Klasse *CODBCExec* ausgeführt:

```
if(podbc->fExecSql(szSql)) {
```

Nach der Ausführung sind alle Daten für die SQL-Anweisung ermittelt und für jede Spalte in der Ergebnismenge wird ein *CODBCColumn*-Objekt erzeugt (wenn es sich bei der Anweisung um eine SELECT-Anweisung handelt). Jetzt können wir mit Hilfe der Elementfunktionen auf die Daten zugreifen.

Wenn Zeilen zurückgegeben wurden, können wir die Anzahl der Zeilen und Spalten mit Hilfe der Elementfunktionen *ODBCExec::GetRowCnt* und *CODBCExec::GetColumnCnt* ermitteln. Mit dem Aufruf der Elementfunktion *GetColDesc* erhalten wir einen Zeiger auf das Array der *CODBCColumn*-Objekte:

```
prgColInfo = podbc->GetColDesc();
```

Anschließend können wir in einer verschachtelten Schleife die Daten ausdrucken. In der inneren Schleife erhalten wir das *CODBCColumn*-Objekt für die aktuelle Spalte mit:

```
pColInfo = &prgColInfo[col];
```

Mit der Elementfunktion *GetRowData* bringen wir die Daten für die gewünschte Zeile in die Variable *cbVal*.

```
pColInfo->GetRowData(row + 1, (PTR *)&pszData, &cbVal);
```

Das ist der Kern des Programmiermodells für CPPSMPL. Jetzt wollen wir betrachten, wie es in der Klassenbibliothek implementiert ist.

8.4.3 Inside CPPSMPL: Der Code für die Klassen

Wie Sie vielleicht schon der Beschreibung der Klasse *CODBCExec* entnommen haben, handelt es sich bei der Elementfunktion *fConnect* einfach nur um eine dünne Hülle um *SQLDriverConnect*. Darüber hinaus alloziert sie die ODBC-Handles und legt sie in privaten Elementvariablen ab. Abbildung 8.44 zeigt den Code für *CODBCExec::fConnect* aus CPPODBC.CPP.

```
BOOL CODBCExec::fConnect(
    LPCSTR pszConnStr          // Eingabe-Verbindungszeichenkette, siehe
                               // die Funktion SQLDriverConnect
    )
{
    RETCODE        rc;

    assert(NULL == m_hdbc);    // Nicht aufrufen, wenn die
                               // Verbindung aufgebaut ist

    // Allozieren des Umgebungs-Handles für diese Anwendung
    //
    rc = SQLAllocEnv(&m_henv);
    if(RC_SUCCESSFUL(rc)) {
        // Einen Verbindungs-Handle allozieren
        //
        rc = SQLAllocConnect(m_henv, &m_hdbc);
        if(RC_SUCCESSFUL(rc)) {
            // Verbindungsaufbau zur gewünschten Datenquelle
            //
            rc = SQLDriverConnect(m_hdbc, m_hwnd,             ▶
```

```
                        (UCHAR FAR *)pszConnStr, SQL_NTS,
                        NULL, 0, NULL,
                        SQL_DRIVER_COMPLETE);
            if(RC_SUCCESSFUL(rc)) {
                // Anweisungs-Handle allozieren
                //
                rc = SQLAllocStmt(m_hdbc, &m_hstmt);
                if(RC_SUCCESSFUL(rc)) {
                    GatherConnectInfo();
                    return TRUE;
                    } // alloc stmt
                } // connect

            } // alloc hdbc
        } // alloc henv

    // Ein Fehler ist aufgetreten. Eine Meldung für den Benutzer
    // anzeigen und alle Handles freigeben, die alloziert wurden.
//
    ShowAllErrors();
    vDisconnect();

    return FALSE;
}
```

Abbildung 8.44 – Der Code für CODBCExec::fConnect

Die Ausführung der SQL-Anweisung wird von *SQLEXecDirect* in *CODEBCExec::fExecSql* übernommen, wie in Abbildung 8.45 gezeigt.

```
BOOL CODBCExec::fExecSql(
    LPCSTR pszSqlStr            // auszuführende SQL-Anweisung
    )
{
    RETCODE         rc;
    BOOL            fRtn = TRUE;
    int             iRtn = TRUE;
    CODBCColumn     *pColInfo;

    assert(pszSqlStr);

    // Direkte Ausführung der Anweisung
    //
    rc = SQLExecDirect(m_hstmt, (UCHAR FAR *)pszSqlStr, SQL_NTS);
    if(RC_SUCCESSFUL(rc)) {
        // Alte Spalteninfo zerstören, neue Info ermitteln
        //
        vDestroyColumns();
        if(fGetResultsCols()) {
            ...
```

Abbildung 8.45 – Der Code für CODBCExec::fExecSql

Der Rest von *fExecSql* realisiert das Binden der Spalten, alloziert das Array der *CODBCColumn*-Objekte und schreibt alle Daten in das Array. Das Binden wird mit der Funktion *fGetResultsCols* bewerkstelligt, wie in Abbildung 8.46 gezeigt.

```
BOOL CODBCExec::fGetResultsCols(void)
{
    RETCODE      rc;
    BOOL         fRtn = FALSE;         // Fehlerfall
    CODBCColumn * pColInfo;            // Arbeitszeiger für jede Spalte

    rc = SQLNumResultCols(m_hstmt, &m_nCols);
    if(RC_SUCCESSFUL(rc)) {
        fRtn = TRUE;
        if(m_nCols > 0) {
            // Die ausgeführte Anweisung hat eine
            // Ergebnismenge erzeugt
            //
            assert(NULL == m_rgColumns);
            if(NULL != (m_rgColumns = new CODBCColumn[m_nCols])) {
                // Schleife über die Spalten und Ermitteln
                // der Metadaten
                //
                for(SWORD col = 0;  col < m_nCols;  col++) {
                    pColInfo = &m_rgColumns[col];
                    if(!pColInfo->InitToColumn(col + 1, m_hstmt,
                                    GetGrowRate(),
                                    GetMaxBinding(), m_hwnd)) {
                        fRtn = FALSE;
                        break;
                    }
                } // for
            } // Allozieren Spalten-Array
        } // Ergebnismenge liegt vor
    }
}
```

Abbildung 8.46 – Die Funktion fGetResultsCols

Die Anzahl der Spalten wird mit Hilfe von *SQLNumResultsCols* in *m_nCols* geschrieben, wobei die korrekte Anzahl an *CODBCColumn*-Objekten alloziert wird:

```
if(NULL != (m_rgColumns = new CODBCColumn[m_nCols])) {
```

Anschließend wird für jedes *CODBCColumn*-Objekt die Funktion *InitToColumn* aufgerufen. Diese Funktion alloziert Speicher, legt die Metadaten mit Hilfe von *SQLDescribeCol* und *SQLColAttributes* ab und ruft *SQLBindCol* auf, um das eigentliche Binden der Zeilendaten durchzuführen.

Zurück in *fExecSql* holen wir jetzt alle Zeilen (bis zu einer maximalen Anzahl Zeilen, die in der Variablen *m_ulMaxRows* abgelegt ist) und rufen *SetDataRow* auf, um die gebundenen Werte an die korrekte Zeilenposition zu kopieren.

Eine einfache C++-Klassenbibliothek (CPPSMPL) 383

```
m_ulRtndRows = 0;
rc = SQL_SUCCESS;
while(RC_SUCCESSFUL(rc) && (m_ulRtndRows < m_ulMaxRows) &&
                      fRtn && (TRUE == iRtn)) {
   // Jede Zeile holen; Zähler aktualisieren
   //
   rc = SQLFetch(m_hstmt);
   if(RC_SUCCESSFUL(rc)) {
      ++m_ulRtndRows;

      // Für jede Spalte die gebundenen Daten in die korrekte
      // Zeilennummer übertragen
      //
      for(SWORD col = 0;  col < m_nCols;  col++) {
         pColInfo = &m_rgColumns[col];
         if((iRtn = pColInfo->SetDataRow(m_hstmt, m_ulRtndRows,
                          m_hwnd)) < 0) {
```

Das waren die wesentlichen Aspekte bei der Implementierung der Klassenbibliothek. In den Klassen *CODBCExec* und *CODBCColumn* gibt es noch zahlreiche weitere praktische Elementfunktionen, die hier nicht beschrieben werden konnten. Sie finden diese Klassen in der Datei CPPODBC.H. Die Implementierung erfolgt in CPPODBC.CPP.

Im nächsten Beispiel werden wir diese einfache Klassenbibliothek zum Erzeugen eines OLE Automation-Servers für ODBC einsetzen.

QUELLEN

Weitere Informationen über C++-Klassenbibliotheken für ODBC finden Sie in den folgenden Produkten:

- Microsoft Visual C++ Entwicklungssystem und Werkzeuge, Version 2.0, Microsoft Corporation, 1995.

- Microsoft Open Database Connectivity Software Development Kit, Version 2.10, Microsoft Corporation.

- winPAK, Version 1.0, Faison Computing Inc., Irvine, CA. Weitere Informationen erhalten Sie unter der Telefonnummer 1-800-500-6535.

- odbc/ClassLib, Version 2.0, South Wind Design Inc., Ann Arbor, MI. Weitere Informationen erhalten Sie unter der Telefonnummer 1-800-89-S-WIND.

- WinClient, WinClient Technologies Inc., Seattle, WA. Weitere Informationen erhalten Sie unter der Telefonnummer 1-800-959-8515.

8.5 Der OLE Automation-Server (ODBCAUTO)

ODBCAUTO ist ein OLE Automation-Server für ODBC, der die Funktionalität der einfachen Klassen unterstützt, die in CPPSMPL beschrieben wurden. Das Beispiel wurde unter Verwendung der Visual C++ Microsoft Foundation Classes (MFC) erzeugt und verwendet demzufolge viele Konzepte von OLE 2. Um das Beispiel ausführen zu können, müssen Sie Visual Basic für Anwendungen (VBA) in Microsoft Excel Version 5 installiert haben. Dieses Buch versucht nicht, MFC, OLE, VBA oder Microsoft Excel zu erklären. Am Ende dieses Abschnitts finden Sie Hinweise auf Quellen, die weitere Informationen über diese Themen bieten.

Dieses Beispiel soll in erster Linie zeigen, wie eine einfache Menge von Hüllfunktionen für ODBC als inproc OLE Automation-Server aufgerufen werden kann. Sie können die Schnittstelle im vorliegenden Quellcode jederzeit verbessern.

8.5.1 Die Benutzeroberfläche für ODBCAUTO in Microsoft Excel 5

Die Benutzeroberfläche für dieses Beispiel wird von Microsoft Excel bereitgestellt. Wenn Sie das Beispiel über das entsprechende Icon in der Programmgruppe Inside ODBC aufrufen, wird die Tabellenkalkulationsdatei USEAUTO.XLS in Microsoft Excel geöffnet. Abbildung 8.47 zeigt den Bildschirm, der dafür angezeigt wird.

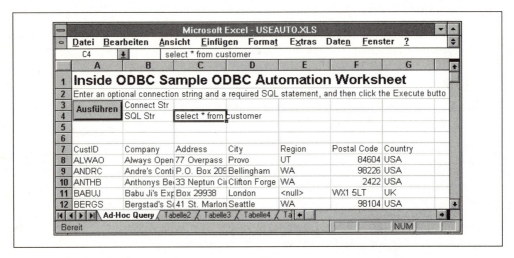

Abbildung 8.47 – USEAUTO.XLS im OLE Automation-Server

Sie können eine Verbindungszeichenkette in Zelle C3 eintragen oder diese Zelle ignorieren und die Verbindungsschnittstelle der Funktion *SQLDriverConnect* überlassen, wie wir es in den bisherigen Beispielen getan haben. Die SQL-Zeichenkette in Zelle C4 muß für die gewählte Datenquelle gültig sein. Wenn Sie auf die Schaltfläche Ausführen klicken, werden Sie aufgefordert, weitere Informationen für den Verbindungsaufbau einzugeben; anschließend wird die SQL-Zeichenkette verarbeitet und die Ergebnisse (falls es solche gibt) werden in dem Spreadsheet angezeigt, beginnend mit Zeile 7.

So weit zur Benutzeroberfläche. Nun wollen wir untersuchen, was hinter den Kulissen passiert.

Der OLE Automation-Server (ODBCAUTO)

8.5.2 Das Programmiermodell für Visual Basic für Anwendungen

Mit dem Anklicken der Schaltfläche *Ausführen* wird die VBA-Funktion *AdHocQuery* aufgerufen. Sie können den Code ansehen, indem Sie unten im Fenster auf *Code* klicken. Die Funktion *AdHocQuery* ist in Abbildung 8.48 gezeigt.

```
' Nimmt die SQL-Zeichenkette entgegen und führt sie aus,
' nachdem eine Verbindung zur Datenquelle hergestellt wurde
Function AdHocQuery()
    Dim nColCnt As Integer
    Dim nColNum As Integer
    Dim nRowCnt As Long
    Dim nRowNum As Long
    Dim szColName As String
    Dim szColData As String
    Dim szSql As String
    Dim szConnectStr As String
    Dim nBaseRow As Integer

    nBaseRow = 7

    ' Ein Objekt mit unserer eigenen prog-id erzeugen
    '
    Set MyQuery = CreateObject("inodbc.ExecSql")

    szConnectStr = ActiveSheet.Cells(3, 3).Value
    If (MyQuery.Connect(szConnectStr) = True) Then
        ' Execute the SQL statement we are given
        '
        szSql = ActiveSheet.Cells(4, 3).Value
        If (MyQuery.ExecSql(szSql) = True) Then
            ' Anzahl der Spalten im Ergebnis ermitteln, dann
            ' das Spreadsheet mit den Ergebnissen füllen
            nColCnt = MyQuery.ColumnCount
            nRowCnt = MyQuery.RowCount
            Call ClearOldResults(nBaseRow)
            For nColNum = 1 To nColCnt
                ' Setzen der aktuellen Spaltennummer und
                ' Anzeigen des Titels
                '
                MyQuery.SetCurCol (nColNum)
                szColName = MyQuery.GetColName
                ActiveSheet.Cells(nBaseRow, nColNum).Font.Bold =
                    True
                ActiveSheet.Cells(nBaseRow, nColNum).Value =
                    szColName

                ' Jede Zeile für diese Spalte anzeigen. Das Auto-
                ' Objekt wird für den fortlaufenden Zugriff optimiert,
```
▶

```
                        ' so daß dies schneller ist, als je eine Zeile für
                        ' je eine Spalte zu durchlaufen. Beachten Sie, daß die
                        ' Daten bereits vom Treiber ermittelt wurden; wir
                        ' müssen hier nur das Spreadsheet füllen.
                        '
                        For nRowNum = 1 To nRowCnt
                            szColData = MyQuery.GetRowData(nRowNum)
                            ActiveSheet.Cells(nBaseRow + nRowNum,
                            nColNum).Value = szColData
                        Next nRowNum
                    Next nColNum
            End If

            ' Verbindungsabbau
            '
            MyQuery.Disconnect
        End If
End Function

' Entfernt den Inhalt einer alten Abfrage
Sub ClearOldResults(nBaseRow As Integer)
    Dim anchor_cell
    ActiveSheet.Cells(nBaseRow, 1).Select
    anchor_cell = ActiveCell.Address
    ActiveCell.End(xlDown).Select
    ActiveCell.End(xlToRight).Select
    Range(anchor_cell, ActiveCell).Select
    Selection.Clear
    ActiveSheet.Cells(nBaseRow, 1).Select
End Sub
```

Abbildung 8.48 – Die Funktion AdHocQuery

Nach einigen Deklarationen und einer Zuweisung sehen Sie die Anweisung:

```
Set MyQuery = CreateObject("inodbc.ExecSql")
```

Die Funktion *CreateObject* wird von VBA bereitgestellt. Sie erzeugt ein OLE Automation-Objekt, wenn ihr eine prog-id übergeben wird (in diesem Fall ist das die Zeichenkette »*inodbc*.ExecSql«). Die Zeichenkette muß in der Form:

```
Anwendung.Objekt_Typ
```

vorliegen. In unserem Beispiel ist der Anwendungsname gleich *inodbc*, der Objekttyp ist *ExecSql*. Hier passiert nach einer umfangreichen OLE-2-»Vorbereitung« im wesentlichen folgendes: eine DLL (ODBCAUTO.DLL für 32-Bit-Excel oder ODBCAU16.DLL für 16-Bit-Excel), die die ODBC-Klassen aus CPPSMPL enthält, wird geladen, und ein Verweis auf das OLE Automation-Objekt wird in der VBA-Variablen *MyQuery* abgelegt. In Abschnitt 8.5.3 werden wir die Vorbereitung detailliert betrachten. Momentan ist es ausreichend zu

Der OLE Automation-Server (ODBCAUTO)

wissen, daß *MyQuery* ebenso wie eine Instanz der Klasse *CODBCExec* in CPPSMPL verwendet werden kann.

Anschließend wird die Verbindungszeichenkette aus dem Formular ermittelt und die Methode *Connect* wird aufgerufen:

```
szConnectStr = ActiveSheet.Cells(3, 3).Value
If (MyQuery.Connect(szConnectStr) = True) Then
    ...
```

Wie Sie vielleicht schon erraten haben, wird dadurch schließlich *SQLDriverConnect* mit der Eingabe-Verbindungszeichenkette aufgerufen, um eine Verbindung zur Datenquelle aufzubauen.

Konnte die Verbindung erfolgreich aufgebaut werden, holt das Programm die SQL-Anweisung aus dem Formular und führt sie aus:

```
szSql = ActiveSheet.Cells(4, 3).Value
If (MyQuery.ExecSql(szSql) = True) Then
    ...
```

Und Sie haben ganz recht, wenn Sie vermuten, daß damit schließlich *CODBCExec::fExecSql* aufgerufen wird!

Abschließend führen wir eine Schleife für die Ergebnisverarbeitung aus, ähnlich der, die wir bereits in CPPSMPL verwendet haben. Wir beginnen damit, die Anzahl der Spalten und Zeilen zu ermitteln, die von *MyQuery.ColumnCount* und *MyQuery.RowCount* zurückgegeben wurden:

```
nColCnt = MyQuery.ColumnCount
nRowCnt = MyQuery.RowCount
```

Nachdem der Spaltenname ermittelt und angezeigt ist, ermitteln wir die Zeilen für die Spalte, und zwar mit Hilfe von:

```
MyQuery.SetCurCol (nColNum)
```

und zeigen sie in dem Formular an.

Das war das Programmiermodell in Kürze. Die Ähnlichkeiten mit CPPSMPL sind offensichtlich. Jetzt wollen wir betrachten, wie das alles zusammenarbeitet.

8.5.3 Inside ODBCAUTO.DLL und wie man von Visual Basic für Anwendungen aus dorthin gelangt

Der Code, der für die ODBC-Aufrufe zuständig ist, befindet sich in ODBCAUTO.DLL (oder ODBCAU16.DLL für 16-Bit-Excel). Was hat der Aufruf von *CreateObject*, der im VBA-Code erfolgt, mit der ODBCAUTO.DLL zu tun? Hier der Code, der *CreateObject* aufruft:

```
Set MyQuery = CreateObject("inodbc.ExecSql")
```

Zuerst sucht VBA anhand des Arguments von *CreateObject* (auch also Programm-ID bezeichnet) nach einem entsprechenden Eintrag in der Registry. Unter Windows NT finden wir mit Hilfe des Programms *regedt32* den Registry-Eintrag für *inodbc.ExecSql* in HKEY_CLASSES_ROOT. Im Registry-Eintrag befindet sich die CLSID, wie in Abbildung 8.49 gezeigt.

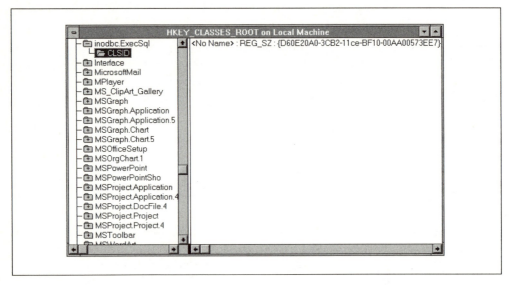

Abbildung 8.49 – Der Registry-Editor zeigt den Eintrag für inodbc.ExecSqul und die CLSID

Der Registry-Eintrag für *inodbc.ExecSql* wurde vom Setup-Programm Inside ODBC erzeugt. Die Datei, die die von Setup erzeugten Einträge enthält, befindet sich zusammen mit dem Beispielcode für ODBCAUTO in ODBCAUTO.REG. VBA sucht anhand der CLSID aus *inodbc.ExecSql* nach einem weiteren Eintrag in der Registry, wie in Abbildung 8.50 gezeigt.

Hier sehen wir den Verweis auf ODBCAUTO.DLL unterhalb des InprocServer32-Eintrags für die CLSID. Der Aufruf der Funktion *CreateObject* veranlaßt, daß ODBCAUOT.DLL geladen wird, und durch die Magie von OLE und MFC werden die notwendigen Schnittstellen initialisiert, so daß auf die Methoden von *CODBCExec-* und *ODBCColumn*-Objekte in ODBCAUTO.DLL zugegriffen werden kann.

Der OLE Automation-Server (ODBCAUTO) 389

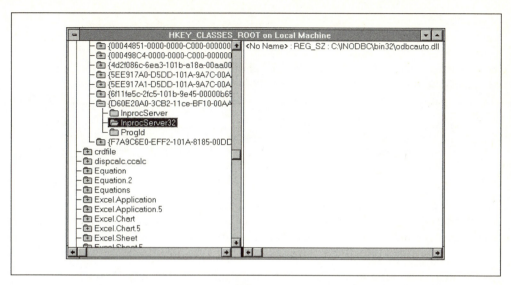

Abbildung 8.50 – Der CLSID-Registry-Eintrag für inodbc.ExecSql, der den Verweis auf ODBCAUTO.DLL zeigt

Wenn eine Methode wie zum Beispiel *Connect* aufgerufen wird, bildet der von MFC erzeugte Code die von VBA übergebene Zeichenkette (in diesem Fall »Connect«) auf die OLE Automation-Bibliothek und anschließend auf die entsprechende Funktionsadresse in ODBCAUTO.DLL ab. Der von MFC erzeugte Code, der die Abbildung für alle Methoden realisiert, befindet sich in AUTOEXEC.CPP. Der Code ist in Abbildung 8.51 gezeigt.

```
BEGIN_DISPATCH_MAP(CAutoExec, CCmdTarget)
    //{{AFX_DISPATCH_MAP(CAutoExec)
    DISP_PROPERTY_EX(CAutoExec, "ColumnCount", GetColumnCount,
        SetNotSupported, VT_I2)
    DISP_FUNCTION(CAutoExec, "Connect", Connect, VT_BOOL,
        VTS_BSTR)
    DISP_FUNCTION(CAutoExec, "ExecSql", ExecSql, VT_BOOL,
        VTS_BSTR)
    DISP_FUNCTION(CAutoExec, "Disconnect", Disconnect, VT_EMPTY,
        VTS_NONE)
    DISP_FUNCTION(CAutoExec, "SetCurCol", SetCurCol, VT_EMPTY,
        VTS_I2)
    DISP_FUNCTION(CAutoExec, "GetColName", GetColName, VT_BSTR,
        VTS_NONE)
    DISP_FUNCTION(CAutoExec, "GetRowData", GetRowData, VT_BSTR,
        VTS_I4)
    DISP_FUNCTION(CAutoExec, "RowCount", RowCount, VT_I4,
        VTS_NONE)
    //}}AFX_DISPATCH_MAP
END_DISPATCH_MAP()
```

Abbildung 8.51 – Der MFC-Code für die Abbildung von Methoden

Wenn der VBA-Aufruf:

```
MyQuery.Connect(szConnectStr)
```

erfolgt, wird die Zeichenkette »Connect« auf die eigentliche *Connect*-Funktion abgebildet, für die von MFC ein Stub erzeugt wurde. Dem Stub wurde Code hinzugefügt, um die Funktion aufzurufen, die die eigentliche Arbeit macht, in diesem Fall die Methode *fConnect*:

```
BOOL CAutoExec::Connect(LPCTSTR pszConnStr)
{
    return m_ODBCExec.fConnect(pszConnStr);
}
```

Die Variable *m_ODBCExec* ist eine Instanz der Klasse *CODBCExec*, und die Implementierung für *fConnect* befindet sich in CPPODBC.CPP, wie es auch bei CPPSMPL der Fall war. Alle anderen Funktionen werden auf genau dieselbe Weise gehandhabt.

Wir haben zwar hier die Details der OLE Automation nicht beschrieben, aber das Beispiel sollte Ihnen zumindest einen Ausgangspunkt bieten, von dem aus Sie Ihre eigenen Verbesserungen für ODBC realisieren können.

Für die weiteren Beispiele verwenden wir Visual Basic Version 3. Dabei werden wir mehrere Methoden vorstellen, wie Sie ODBC in der Visual Basic-Umgebung einsetzen können.

QUELLEN

Weitere Informationen über OLE, MFC und Microsoft Excel finden Sie in den folgenden Quellen:

- Kraig Brockschmidt, Inside OLE 2, Microsoft Press, 1994
- OLE 2 Programmierhandbuch, Microsoft Corporation, 1993
- Microsoft Visual C++ Entwicklungssystem und Werkzeuge, Version 2.0, Microsoft, 1995
- Microsoft Excel 5 Dokumentation, Microsoft Corporation, 1993

Die Visual Basic-Beispiele

Die letzten vier Beispiele sind in Visual Basic geschrieben. Wenn Sie Visual Basic auf Ihrer Maschine installiert haben und den Quellcode betrachten wollen, sollten Sie beachten, wie die einzelnen Beispiele organisiert sind. In jedem Beispiel besteht das Projekt aus vier Modulen. Es handelt sich um die Module ODBCOR_G.BI, ODBCOR_M.BI, ODBEXT_G.BI und ODBEXT_M.BI. Diese Module enthalten alle ODBC-*#defines* und ODBC-Funktionsprototypen aus den ODBC-C-Headerdateien SQL.H bzw. SQLEXT.H.

Zweitens befindet sich ein Großteil des Codes, der ODBC direkt aufruft, in einem BAS-Modul. Der Code, der in den Formularen von Visual Basic enthalten ist, verwendet eine abstraktere Schnittstelle, die einige der Details und die C-Orientierung der ODBC-API vereinfacht.

Wenn Sie diese Module als Basis für Ihre eigenen Anwendungen verwenden wollen, sollten Sie darauf achten, wie die Variablen deklariert und an ODBC-Funktionen übergeben werden. Die korrekte Verwendung von ByVal und benutzerdefinierten Typen ist dabei Voraussetzung. Aber es ist nicht immer offensichtlich, wann was verwendet werden soll. Glauben Sie mir, es hat ziemlich viele E-Mails mit den Entwicklern von Visual Basic gebraucht, bis ich das richtig verstanden habe!

Mit diesen Kommentaren im Hinterkopf wollen wir uns in die Welt von ODBC und Visual Basic begeben.

8.6 Einfaches ODBC für Visual Basic (VBODBC)

VBODBC verbessert die oberflächliche Schnittstelle, die wir in CPPSMPL und ODBCAUTO verwendet haben, indem ihr ein Fetch-Modell hinzugefügt wird, das die scrollbaren Cursor von ODBC nutzt. VBODBC soll Sie nicht lehren, in Visual Basic zu programmieren, sondern statt dessen einige spezielle Informationen über die Schnittstelle zwischen Visual Basic und ODBC bereitstellen. Darüber hinaus stellt VBODBC ein einfaches Abfragewerkzeug dar und bietet ein besseres Ausgabemodell für Cursor, als wir es in den bisherigen C- oder C++-Beispielen gesehen haben.

Anders als die vorhergehenden Beispiele unterstützt VBODBC scollbare Cursor mit *SQLExtendedFetch* und es zeigt die Verwendung von zwei Katalogfunktionen, *SQLTables* und *SQLColumns*.

Diese Beschreibung ist ähnlich strukturiert wie die der bisherigen Beispiele. Zuerst wird die Benutzerschnittstelle beschrieben; anschließend wird das Programmiermodell vorgestellt, das für diese Anwendung verwendet wird, und schließlich wird die Implementierung der Schnittstelle gezeigt.

8.6.1 Die Schnittstelle von VBODBC

Die Schnittstelle für VBODBC bietet die übliche einfache Funktionalität: Verbindungsaufbau, Ausführung von SQL-Anweisungen und Scrollen in der Ergebnismenge, wozu es eine Vielzahl von Optionen gibt. Abbildung 8.52 zeigt das Hauptformular für VBODBC unter Visual Basic.

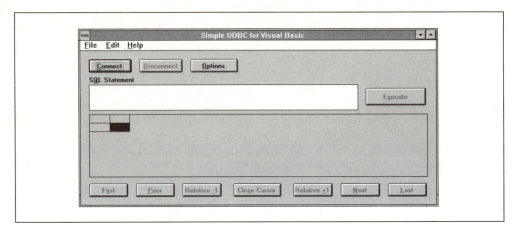

Abbildung 8.52 – Das Hauptformular für VBODBC

Die Schaltflächen *Connect* und *Disconnect* bilden die Funktionalität des *File*-Menüs nach, das wir aus den bisherigen Beispielen kennen. (Das *File*-Menü ist ebenfalls noch vorhanden, aber die Schaltflächen sind in der Anwendung einfacher.) Wenn Sie eine Verbindung zur Datenquelle aufgebaut haben, können Sie eine beliebige SQL-Anweisung in das Editierfeld eingeben und auf die Schaltfläche *Execute* klicken (oder Execute im File-Menü auswählen). Sie können in das Editierfeld auch das Wort »tables« eingeben, um *SQLTables* aufzurufen, das Ihnen eine Liste der Tabellen zurückgibt, auf die Sie zugreifen können, wie in Abbildung 8.53 gezeigt. Sie können auch das Wort »columns« eingeben, um *SQLColumns* aufzurufen, das eine Liste aller Spalten für alle Tabellen zurückgibt.

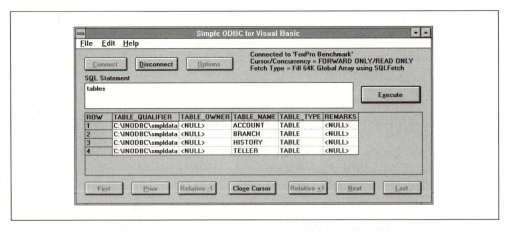

Abbildung 8.53 – Der Aufruf von SQLTables in VBODBC

Mit Hilfe der Schaltfläche *Options* können die verschiedenen Cursoroptionen gesetzt werden. Standardmäßig verhält sich VBODBC ähnlich wie CPPSMPL: es führt die SQL-

Einfaches ODBC für Visual Basic (VBODBC)   393

Anweisungen aus und holt alle Ergebnisse in den Speicher (in diesem Fall in das Raster-Steuerelement). Die Schaltfläche *Options* ermöglicht Ihnen, ein echtes Fetch-Modell einzusetzen, um die Daten zu ermitteln. Sie können damit viele der Cursormöglichkeiten einstellen, die unter ODBC zur Verfügung stehen.

Die Schaltfläche *Options* ist nur aktiviert, wenn es keinen geöffneten Cursor gibt. Sie müssen also möglicherweise die Schaltfläche *Close Cursor* unten im Fenster anklicken, bevor Sie Optionen für die ODBC-Cursortypen und für die Methode, wie die Daten geholt werden sollen, spezifizieren können.

Das Dialogfeld *ODBC Cursor Options* kann entweder vor oder nach dem Verbindungsaufbau zur Datenquelle angezeigt werden. Wenn Sie das Dialogfeld vor dem Verbindungsaufbau anzeigen, können alle Cursoroptionen für mehrzeilige Cursor gesetzt werden, auch wenn der Treiber für die Datenquelle einige davon nicht unterstützen kann. Wenn Sie das Dialogfeld nach dem Verbindungsaufbau anzeigen, werden unter Verwendung von *SQLGetInfo* nur diejenigen Optionen aktiviert, die der Treiber tatsächlich unterstützt. Das Dialogfeld *ODBC Cursor Options* ist in Abbildung 8.54 gezeigt.

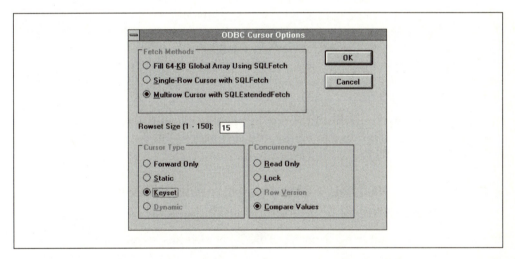

Abbildung 8.54 – Das Dialogfeld ODBC Cursor Options in VBODBC

Im Bereich *Fetch Methodes* des Dialogfeldes können Sie unter den folgenden Optionen wählen:

- *Fill 64-KB Global Array Using SQLFetch*

Wenn die Schaltfläche *Execute* angeklickt wurde, holt diese Option alle Daten in das Hauptfenster und legt sie (bis zu 64 KB) im Speicher ab, wie wir es schon im CPPSMPL-Beispiel gezeigt haben. In diesem Fall werden die Scroll-Schaltflächen unten im Hauptfenster deaktiviert, und das Raster-Steuerelement kann direkt manipuliert werden, weil es bereits alle Daten enthält.

- *Single-Row Cursor With SQLFetch*

Diese Option verwendet einen einzeiligen Cursor mit *SQLFetch* und *SQLGetData*. In diesem Fall sehen Sie jeweils nur eine Zeile im Ausgaberaster, und nur die Schaltfläche *Next* im Hauptfenster ist aktiviert.

- *Multirow Cursor With SQLExtendedFetch*

Diese Option verwendet einen mehrzeiligen Cursor mit *SQLExtendedFetch*, wobei der Cursor mit Hilfe von *SQLSetPos* innerhalb der Zeilenmenge positioniert und mit Hilfe von *SQLGetData* die Zeilenmenge gefüllt wird. Wenn diese Option gewählt wird, werden alle Scroll-Schaltflächen unten im Hauptfenster aktiviert. Für *SQLExtendedFetch* müssen Sie *SQLBindCol* nicht einsetzen. Die *SQLSetPos*- und *SQLGetData*-Technik, die in VBODBC verwendet wird, realisiert dasselbe mehrzeilige Modell, auch wenn dafür etwas mehr Programmcode erforderlich ist. Wie das genau erfolgt, werden wir in Abschnitt 8.6.3 betrachten. (Ein Beispiel für die Verwendung von *SQLBindCol* mit *SQLExtendedFetch*, VBFETCH, wird einige der Schwierigkeiten mit dem Speichermodell von Visual Basic aufzeigen, für den Fall, daß das Binden unter ODBC eingesetzt wird.)

Die untere Hälfte des Optionen-Dialogfelds enthält die drei Standard-Angaben für Cursor: die Größe der Zeilenmenge, den Cursortyp und die Einstellung für die Nebenläufigkeit. Diese Optionen wurden bereits in Kapitel 5 (Abschnitt 5.5) beschrieben. Das Raster-Steuerelement im Hauptfenster wird mit der in der Zeilenmenge spezifizierten Anzahl Zeilen gefüllt. Scroll-Operationen werden auf der gesamten Zeilenmenge ausgeführt.

Damit beenden wir unsere Beschreibung der Benutzerschnittstelle von VBODBC. Als nächstes werden wir das Programmmiermodell betrachten, das den wichtigsten Funktionen dieser Anwendung zugrundeliegt.

8.6.2 Inside VBODBC – Das Programmiermodell für die Anwendung

Das ODBC-Programmiermodell für VBODBC setzt sich aus sechs Funktionen zusammen:

- *ODBC_Connect(hwnd, DSN, UserID, Password)*

Diese Funktion stellt die Verbindung zur Datenquelle her. Die Anwendung kann den Namen der Eingabedatenquelle (DSN), die User-ID und ein Paßwort angeben. Es können auch leere Strings angegeben werden, dann fordern der Treiber-Manager und der Treiber den Benutzer auf, die entsprechenden Informationen einzugeben. Hier der Code, der ausgeführt wird, wenn die Schaltfläche *Connect* angeklickt wird:

```
If (True = ODBC_Connect((frmMain.hWnd), "", "", "")) Then
    Call SetControlStatus(gConnect.fConnected)
End if
```

Einfaches ODBC für Visual Basic (VBODBC)

■ *ODBC_ExtFetch(FetchDir, Rownum)*

Diese Funktion holt mehrere Zeilen in der durch *FetchDir* angegebenen Richtung. Bei der Richtung kann es sich um SQL_FETCH_NEXT, SQL_FETCH_RELATIVE, SQL_FETCH_PRIOR usw. handeln. Wenn *FetchDir* entweder SQL_FETCH_RELATIVE oder SQL_FETCH_ABSOLUTE ist, gibt das *Rownum*-Argument die relative oder absolute Zeilennummer an, die geholt werden soll. Die Scroll-Schaltflächen unten im Fenster verwenden *ODBC_ExtFetch*. Hier befindet sich zum Beispiel der Code, der ausgeführt wird, wenn die Schaltfläche *Next* angeklickt wird:

```
If (ODBC_ExtFetch(SQL_FETCH_NEXT, 0)) Then
...
```

Hier der Code, der ausgeführt wird, wenn die Schaltfläche *Relative -1* angeklickt wird:

```
If (ODBC_ExtFetch(SQL_FETCH_RELATIVE, -1)) Then
...
```

■ *ODBC_Fetch*

Diese Funktion holt die nächste Zeile und wird nur für einzeilige Cursor, die nach vorwärts suchen, verwendet.

■ *ODBC_Close*

Diese Funktion schließt den geöffneten Cursor.

■ *ODBC_Disconnect*

Diese Funktion baut die Verbindung zur Datenquelle ab.

Zur Steuerung der Cursoroptionen und zum Ermitteln der Ergebnismengen verwendet die Anwendung die Variable *gExecute*, die als benutzerdefinierter Typ *TypeExecute* definiert ist. Abbildung 8.55 zeigt die Definition von *TypeExecute* und *gExecute* in VBODBC.BAS.

```
Type TypeExecute
    'Einstellungen für die Ausführung
    fColumnLabels As Integer      'Wenn True, enthält die erste Zeile Labels
    lMaxBinding As Long           'Länge, auf die große Werte gekürzt werden
                                  'sollen
    lInitialSize As Long          'Ausgangsgröße für Raster oder Array
    lIncrement As Long            'Inkrementgröße für die Neudimensionierung
                                  'eines Arrays, wenn noch weitere
                                  'Ergebnisse vorliegen

    'Ausgabewerte
    nColsReturned As Integer      'Anzahl zurückgegebener Spalten
    lRowsReturned As Long         'Anzahl zurückgegebener Zeilen
    lRowCount As Long             'Zeilenzähler für Operationen

    nFetchType As Integer         'Fetch-Methode
                                                                          ▶
```

```
    'Cursor-spezifische Optionen
    lRowsetSize As Long         'Anzahl Zeilen in der Zeilenmenge
    lMaxRows As Long            'Max. Anzahl zurückzugebender Zeilen
    lCursor As Long             'Cursor-Typ
    lConcur As Long             'Nebenläufigkeit
End Type

Global gExecute As TypeExecute
```

Abbildung 8.55 – Die Definition von TypeExecute und gExecute in VBODBC.BAS

Die Variable *gExecute* wird von der Anwendung VBODBC verwendet, um die verschiedenen Fetch- und Cursoroptionen aus dem Optionenmenü zu setzen, nachdem die Schaltfläche OK gedrückt wurde, wie im folgenden Code gezeigt:

```
'Optionswerte speichern
If gExecute.nFetchType < 2 Then
    gExecute.lRowsetSize = 1
    gExecute.lCursor = SQL_CURSOR_FORWARD_ONLY
    gExecute.lConcur = SQL_CONCUR_READ_ONLY
Else
    'Prüfen, ob ein gültiger Bereich für die Zeilenmenge vorliegt
    If (Val(txtRowset.Text) < 1 Or Val(txtRowset.Text) > 150) Then
        MsgBox "Invalid Rowset Size", MB_OK + MB_ICONSTOP
        txtRowset.SetFocus
        Exit Sub
    End If

    gExecute.lRowsetSize = Val(txtRowset.Text)

    'Globalen Cursortyp und Nebenläufigkeit gemäß den Werten
    'setzen, die in den entsprechend Arrays gesetzt sind.
    'Dieser Code basiert auf der Tatsache, daß die Cursortypen
    'in ODBC von 0 bis 3, die Nebenläufigkeitstypen von
    'eins bis vier durchnumeriert sind.
    For i = 0 To 3
        If CursorType(i) = True Then
            gExecute.lCursor = i
        End If
        If Concurrency(i + 1) = True Then
            gExecute.lConcur = i + 1
        End If
    Next i
End If
```

Es gibt noch zwei weitere Prozeduren, die beim Schreiben Ihrer eigenen Anwendung unter Verwendung von VBODBC sehr nützlich sind. Die erste ist *FillResultsArray*, die als Eingabeargument die Anzahl der Zeilen, die im Speicher ermittelt werden sollen, entgegennimmt. Die zweite ist *FillGridFromArray*, die als Eingabeargumente den Namen eines Rasters sowie die Anzahl der Zeilen, die in diesem Raster angezeigt werden sollen,

Einfaches ODBC für Visual Basic (VBODBC)   397

entgegennimmt. Wenn zum Beispiel die Schaltfläche *Next* angeklickt wird, wird nach der folgenden Logik die nächste Zeilenmenge ermittelt und das Raster gefüllt, und zwar sowohl für einzeilige als auch für mehrzeilige Cursor:

```
If (gExecute.nFetchType = MULTIROW_FETCH) Then
    If (ODBC_ExtFetch(SQL_FETCH_NEXT, 0)) Then
        fOK = FillResultsArray(gExecute.lRowsetSize)
        Call FillGridFromArray(grdResults, gExecute.lRowsetSize)
    End If
Else
    If ODBC_Fetch() Then
        fOK = FillResultsArray(1)
        Call FillGridFromArray(grdResults, 1)
    End If
End If
```

Das ist sehr viel einfacher als die Verwendung von *printf*-Formatanweisungen, wie sie in CPPSMPL verwendet wurden, und außerdem wesentlich eleganter!

Zum Abschluß der Beschreibung wollen wir noch betrachten, was hinter dieser einfachen Anwendungsschicht mit den sechs Funktionen steckt.

8.6.3 Inside VBODBC – Die Implementierung der Anwendungsschicht

Wie Sie vielleicht schon erraten haben, ist die Funktion *ODBC_Connect* diejenige, die am einfachsten zu implementieren ist. Neben dem Aufbau eines Verbindungsstrings aus den Eingabeargumenten alloziert *ODBC_Connect* einfach nur den Umgebungs-Handle und einen Verbindungs-Handle, ruft *SQLDriverConnect* auf und alloziert einen Anweisungs-Handle. *ODBC_Execute* ist etwas komplizierter, weil hier mit Hilfe von *SQLSetStmtOption* die Anweisungsoptionen gesetzt werden und Überprüfungen auf die speziellen Schlüsselwörter *tables* und *columns* erfolgen müssen. Ansonsten handelt es sich dabei einfach nur um einen Aufruf von *SQLExecDirect*. Abbildung 8.56 zeigt den Code für *ODBC_Execute* in VBODBC.BAS.

```
Function ODBC_Execute (szSQLString As String) As Integer
Dim rc As Integer
Dim fOK As Integer

    'Rückgabewert initialisieren
    ODBC_Execute = False

    'Anweisungs-Handle entfernen
    fOK = ODBC_Close()

    'Cursoroptionen für ExtendedFetch setzen
    If gExecute.nFetchType = MULTIROW_FETCH Then
        'Größe der Zeilenmenge setzen
        rc = SQLSetStmtOption(ByVal gConnect.pHstmt,
            SQL_ROWSET_SIZE, gExecute.lRowsetSize)
```
▶

```
        If (False = CheckSuccess(HNDL_HSTMT, gConnect.pHstmt, rc))
            Then
            MsgBox "Prior message meant the rowset size of " &
                gExecute.lRowsetSize &
                " could not be set; prior value will be used.",
                MB_OK + MB_ICONINFORMATION
        End If

        'Cursortyp setzen
        rc = SQLSetStmtOption(ByVal gConnect.pHstmt,
            SQL_CURSOR_TYPE, gExecute.lCursor)
        If (False = CheckSuccess(HNDL_HSTMT, gConnect.pHstmt, rc))
            Then
            MsgBox "Prior message meant the cursor type
                was not valid; prior value will be used.",
                MB_OK + MB_ICONINFORMATION
        End If

        'Nebenläufigkeit setzen
        rc = SQLSetStmtOption(ByVal gConnect.pHstmt,
            SQL_CONCURRENCY, gExecute.lConcur)
        If (False = CheckSuccess(HNDL_HSTMT, gConnect.pHstmt, rc))
            Then
            MsgBox "Prior message meant the concurrency type
                was not valid; prior value will be used.",
                MB_OK + MB_ICONINFORMATION
        End If

        'Maximale Anzahl der Zeilen setzen, die vom DBMS ermittelt
        'werden sollen
        rc = SQLSetStmtOption(ByVal gConnect.pHstmt, SQL_MAX_ROWS,
            gExecute.lMaxRows)
        If (False = CheckSuccess(HNDL_HSTMT, gConnect.pHstmt, rc))
            Then
            MsgBox "Prior message meant the maximum number of rows
                could not be set; prior value will be used.",
                MB_OK + MB_ICONINFORMATION
        End If

End If

If (0 = StrComp(szSQLString, "tables", 1)) Then
    rc = SQLTables(ByVal gConnect.pHstmt, ByVal 0&, SQL_NTS,
        ByVal 0&, SQL_NTS, ByVal 0&, SQL_NTS,
        ByVal 0&, SQL_NTS)
    If (True = CheckSuccess(HNDL_HSTMT, gConnect.pHstmt, rc))
        Then
        ODBC_Execute = True
        Exit Function
    End If
    GoTo cleanup
End If
```

Einfaches ODBC für Visual Basic (VBODBC) 399

```
        If (0 = StrComp(szSQLString, "columns", 1)) Then
            rc = SQLColumns(ByVal gConnect.pHstmt, ByVal 0&, SQL_NTS,
                ByVal 0&, SQL_NTS, ByVal 0&, SQL_NTS,
                ByVal 0&, SQL_NTS)
            If (True = CheckSuccess(HNDL_HSTMT, gConnect.pHstmt, rc))
                Then
                ODBC_Execute = True
                Exit Function
            End If
            GoTo cleanup
        End If
        'DML- und DDL-Operationen ausführen
        rc = SQLExecDirect(ByVal gConnect.pHstmt, ByVal szSQLString,
            SQL_NTS)
        If (True = CheckSuccess(HNDL_HSTMT, gConnect.pHstmt, rc)) Then
            ODBC_Execute = True
            Exit Function
        End If

cleanup:
    fOK = ODBC_Close()


End Function
```

Abbildung 8.56 – Der Code für ODBC_Execute

Die Funktion *ODBC_ExtFetch* ist eine sehr einfache Abbildung der Funktion *SQLExtendedFetch*:

```
Function ODBC_ExtFetch (lFetchDir As Long, iRow As Long) As Long
Dim lRows As Long

    ODBC_ExtFetch = 0
    ReDim gnRowStatus(gExecute.lRowsetSize)

    rc = SQLExtendedFetch(ByVal gConnect.pHstmt, lFetchDir, iRow, lRows,
        gnRowStatus(0))

    If (SQL_NO_DATA_FOUND = rc) Then
        MsgBox "No more records exist in the direction you are
            fetching", MB_OK + MB_ICONINFORMATION
        Exit Function
    End If

    If (CheckSuccess(HNDL_HSTMT, gConnect.pHstmt, rc)) Then
        ODBC_ExtFetch = lRows
    End If
End Function
```

Beachten Sie die Verwendung einer ganz praktischen Funktion von Visual Basic: Die dynamische Größenänderung eines Arrays. Dem Statusarray für *SQLExtendedFetch*, *gnRowStatus*, kann ganz einfach eine neue Größe zugewiesen werden, die der Größe der Zeilenmenge entspricht. *ODBC_Fetch* ist fast identisch mit *ODBC_ExtFetch*, deshalb werde ich Sie hier nicht noch einmal mit dem Code langweilen. Es ruft statt *SQLExtendedFetch* einfach nur *SQLFetch* auf und muß sich nicht mit dem Statusarray beschäftigen.

ODBC_Close und *ODBC_Disconnect* sind Hüllen für *SQLFreeStmt* und *SQLDisconnect*.

Der Code für *FillResultsArray* soll genauer beschrieben werden. Sie wissen, daß es drei Methoden gibt, Daten zu ermitteln: alle auf einmal (bis zu 64 KB Speicher), eine einzelne Zeile oder mehrere Zeilen, indem die Zeilenmengengröße verwendet wird, die in dem Dialogfeld für die ODBC-Cursoroptionen spezifiziert ist. Wenn wir das gesamte Ergebnis auf einmal erhalten wollen, rufen wir einfach für jede Zeile und Spalte *SQLFetch* und *SQLGetData* auf und vergrößern, wenn nötig, das Array jeweils dynamisch um 10 Zeilen. Abbildung 8.57 zeigt den ersten Teil von *FillResultsArray*, der den Code für die erste Option enthält.

```
Function FillResultsArray (lCursorSize As Long) As Integer
Dim i As Integer
Dim j As Integer
Dim pHstmt As Long

    pHstmt = gConnect.pHstmt
    'Rückgabewert initialisieren
    FillResultsArray = True

    On Error GoTo ErrHandler

    'Arrays vergrößern, damit sie die Daten aufnehmen können
    ReDim gszResults(gExecute.nColsReturned, lCursorSize)
    ReDim gcbResults(gExecute.nColsReturned, lCursorSize)

    'Routine feststellen, die zum Ermitteln der Daten aufgerufen
    'werden soll
    Select Case gExecute.nFetchType
        Case FETCH_64K
            'Alle Daten oder bis zu 64 KB mit Hilfe von
            'SQLFetch and SQLGetData
            'ermitteln
            gExecute.lRowsReturned = 0

            While (rc <> SQL_NO_DATA_FOUND)
                i = gExecute.lRowsReturned
                For j = 0 To (gExecute.nColsReturned - 1)
                    'Stringpuffer initialisieren
                    gszResults(j, i) =
                        String(glDisplaySize(j) + 1, 0)
                    rc = SQLGetData(ByVal pHstmt, j + 1,
                        SQL_C_CHAR, ByVal gszResults(j, i),
                        glDisplaySize(j), gcbResults(j, i))
```
▶

Einfaches ODBC für Visual Basic (VBODBC)

```
                    'Wenn ein Fehler für SQLGetData aufgetreten ist
                    If (rc = SQL_ERROR) Then
                        gszResults(j, i) = "<ERROR>"
                    End If
                    'Wenn SQL_NULL_DATA zurückgegeben wurde
                    If (gcbResults(j, i) = SQL_NULL_DATA) Then
                        gszResults(j, i) = "<NULL>"
                    End If
                Next j

                'Zeilenzähler erhöhen und nächste Zeile holen
                gExecute.lRowsReturned =
                    gExecute.lRowsReturned + 1
                rc = SQLFetch(ByVal pHstmt)

                If (lCursorSize <= (gExecute.lRowsReturned + 1))
                    Then
                    lCursorSize = lCursorSize + 10
                    ReDim Preserve
                        gszResults(gExecute.nColsReturned,
                        lCursorSize)
                    ReDim Preserve
                        gcbResults(gExecute.nColsReturned,
                        lCursorSize)
                End If

                'Wenn ein Fehler aufgetreten ist oder keine
                'Daten gefunden wurden, return
                If (rc <> SQL_NO_DATA_FOUND) Then
                    If (CheckSuccess(HNDL_HSTMT,
                        gConnect.pHstmt, rc) = False) Then
                        rc = SQL_NO_DATA_FOUND
                    End If
                End If
            Wend
            ...
```

Abbildung 8.57 – Der erste Teil von FillResultsArray, der den Code enthält, mit dem alle Daten auf einmal ermittelt werden können

Wenn nur eine einzige Zeile geholt werden soll, ist der Code ganz einfach: Die Anwendung ruft einfach nur für jede Spalte der nächsten Zeile *SQLGetData* auf und kehrt dann zurück.

```
Case SINGLE_FETCH
    'Ermitteln einer einzigen Datenzeile mit Hilfe von
    'SQLGetData und SQLFetch
    i = 0
    For j = 0 To (gExecute.nColsReturned - 1)
        'Strinpuffer initialisieren
        gszResults(j, i) = String(glDisplaySize(j) + 1, 0)          ▶
```

```
        rc = SQLGetData(ByVal pHstmt, j + 1, SQL_C_CHAR,
           ByVal gszResults(j, i), glDisplaySize(j), gcbResults(j, i))
        'Wenn für SQLGetData ein Fehler aufgetreten ist
        If (rc = SQL_ERROR) Then
            gszResults(j, i) = "<ERROR>"
        End If

        'Wenn SQL_NULL_DATA zurückgegeben wurde
        If (gcbResults(j, i) = SQL_NULL_DATA) Then
            gszResults(j, i) = "<NULL>"
        End If
    Next j
```

Wenn mehrere Zeilen geholt werden sollen, ist das ein bißchen kompliziert, weil wir kein Binden einsetzen, um mit einem einzigen Aufruf von *SQLExtendedFetch* automatisch mehrere Zeilen zu erhalten. (Warum das so ist, erfahren Sie im nächsten Beispiel.) Wir müssen also mit *SQLSetPos* eine explizite Positionierung auf die einzelnen Zeilen im mehrzeiligen Cursor vornehmen und können dann ganz normal die Funktion *SQLGetData* verwenden. Abbildung 8.58 zeigt den Teil von *FillResultsArray*, der für das Holen mehrere Zeilen verantwortlich ist.

```
Case MULTIROW_FETCH
    'Datenwert eines mehrzeiligen Cursors mit Hilfe von SQLGetData
    'und SQLExtendedFetch ermitteln
    For i = 0 To (lCursorSize - 1)
        If (gnRowStatus(i) = SQL_ROW_SUCCESS) Then
            'Positionierung auf die korrekte Zeile, für die SQLGetData
            'aufgerufen werden soll
            rc = SQLSetPos(ByVal pHstmt, i + 1, SQL_POSITION,
                SQL_LOCK_NO_CHANGE)

            For j = 0 To (gExecute.nColsReturned - 1)
                'Initialisierung des Stringpuffers
                gszResults(j, i) = String(glDisplaySize(j) + 1, 0)
                rc = SQLGetData(ByVal pHstmt, j + 1, SQL_C_CHAR,
                    ByVal gszResults(j, i), glDisplaySize(j),
                    gcbResults(j, i))

                'Wenn für SQLGetData ein Fehler aufgetreten ist
                If (rc = SQL_ERROR) Then
                    gszResults(j, i) = "<ERROR>"
                End If

                'Wenn SQL_NULL_DATA zurückgegeben wurde
                If (gcbResults(j, i) = SQL_NULL_DATA) Then
                    gszResults(j, i) = "<NULL>"
                End If
            Next j
        End If
    Next i
```

Abbildung 8.58 – Der Teil von FillResultsArray, der für das Holen mehrerer Zeilen zuständig ist

Einfaches ODBC für Visual Basic (VBODBC) 403

Ich glaube, VBODBC ist ein sinnvoller Ausgangspunkt, von dem aus Sie Ihre eigenen Visual Basic-Anwendungen für die direkte Verwendung von ODBC erzeugen können, die einen Großteil der C-Natur von ODBC verbergen.

Im nächsten Beispiel betrachten wir, wie das ODBC-Binden unter Visual Basic eingesetzt werden kann.

8.7 ODBC-Bindungen unter Visual Basic und mehrzeilige Cursor (VBFETCH)

Dieses Beispiel zeigt, wie das zeilenweise Binden unter Visual Basic realisiert wird. Die naheliegendste Datenstruktur für das zeilenweise Binden – ein Array mit Strukturen – besitzt unter Visual Basic eine Eigenheit, die sorgfältig beachtet werden sollte, um sicherzustellen, daß der Speicher korrekt interpretiert wird. Wie Sie vielleicht noch aus Kapitel 5 (Abschnitt 5.4.2.2) wissen, ist das zeilenweise Binden sinnvoll, wenn die Struktur der Ergebnismenge im voraus bekannt ist. Im VBFETCH-Beispiel verwenden wir die Ausgabe von zwei Katalogfunktionen, *SQLTables* und *SQLColumns,* für die zeilenweise Ausgabe.

8.7.1 Die Benutzeroberfläche von VBFETCH

Die Benutzeroberfläche von VBFETCH ist ganz ähnlich der von VBODBC, außer daß hier statt einem Editierfeld, in das man eine beliebige SQL-Abfrage eintragen kann, nur die beiden Schaltflächen *SQLTables* und *SQLColumns* angezeigt werden. Abbildung 8.59 zeigt das Hauptfenster von VBFETCH, nachdem eine Verbindung aufgebaut und die Schaltfläche *SQLTables* angeklickt wurde.

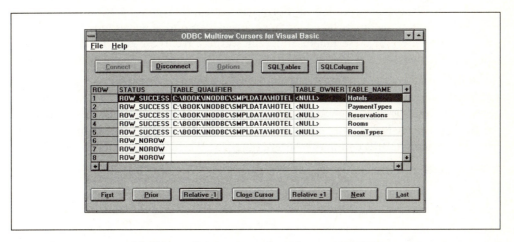

Abbildung 8.59 – Das Hauptformular von VBFETCH

Die Schaltflächen *Connect* und *Disconnect* sind für den Verbindungsauf- und -abbau durch die Aufrufe von *SQLDriverConnect* und *SQLDisconnect* zuständig. Das *File*-Menü enthält die Menüpunkte *Connect* und *Disconnect*, die denselben Code ausführen. Mit dem Anklicken der Schaltfläche *Options* wird das Dialogfeld angezeigt, das Sie in Abbildung 8.60 sehen. In diesem Dialogfeld können der Cursortyp und die Nebenläufigkeit gesetzt werden. Darüber hinaus enthält das Dialogfeld ein Markierungsfeld, mit dem Sie das Laden der Cursorbibliothek veranlassen können.

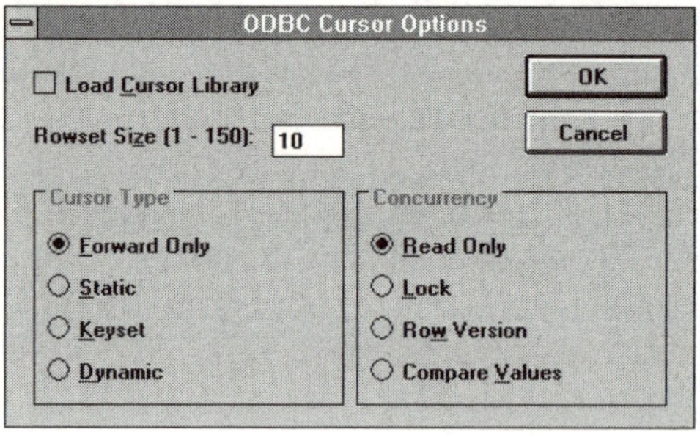

Abbildung 8.60 – Das Dialogfeld Options in VBFETCH

Wenn die gewünschten Optionen gesetzt sind, können Sie auf die Schaltfläche *SQLTables* im Hauptfenster klicken, um die Funktion *SQLTables* aufzurufen (womit die verfügbaren Tabellen angezeigt werden), oder auf die Schaltfläche *SQLColumns*, um die Funktion *SQLColumns* aufzurufen (womit alle Spalten einer oder mehrerer Tabellen angezeigt werden). Die Ergebnisse werden in dem Raster dargestellt. Die Scroll-Operationen werden über die Schaltflächen unten im Formular gesteuert. Wenn die Tabellenliste angezeigt wird, können Sie einen Tabellennamen auswählen und *SQLColumns* anklicken, so daß nur die Spalten für diese Tabelle angezeigt werden. Wenn Sie keinen Tabellennamen ausgewählt haben, werden alle Spalten für alle Tabellen in der Liste angezeigt.

Die Benutzeroberfläche von VBFETCH zeigt noch ein weiteres ODBC-Feature, das wir in VBODBC nicht beschrieben haben: Die Verwendung des Statusarrays in *SQLExtendedFetch*. Im Raster von VBFETCH sehen Sie rechts von der Zeilennummer eine weitere Spalte. Sie enthält den Status für die einzelnen Zeilen in der Zeilenmenge, der dem Statusarray entnommen wird. ODBC definiert mehrere mögliche Werte für das Statusarray:

- SQL_ROW_SUCCESS
- Dieser Wert zeigt an, daß die Zeile erfolgreich ermittelt werden konnte.
- SQL_ROW_DELETED

Dieser Wert zeigt an, daß die Zeile gelöscht wurde (nur bei dynamischen und statischen Cursorn).

ODBC-Bindungen unter Visual Basic und mehrzeilige Cursor (VBFETCH)

- SQL_ROW_ERROR

Dieser Wert zeigt an, daß die Zeile nicht gefunden werden konnte.

- SQL_ROW_ADDED

Dieser Wert zeigt an, daß es sich bei der Zeile um eine neue Zeile handelt, die von Ihrer Anwendung hinzugefügt wurde.

- SQL_ROW_NOROW

Dieser Wert zeigt an, daß das Ende der Ergebnismenge erreicht ist und die Zeile der Zeilenmenge keine Daten enthält.

In VBFETCH werden Sie möglicherweise nur die Werte SQL_ROW_SUCCESS und SQL_ROW_NOROW zu Gesicht bekommen, weil es unwahrscheinlich ist, daß andere Benutzer Veränderungen an den Systemtabellen treffen, die Auswirkungen auf die Arbeit von *SQLTables* oder *SQLColumns* hätten.

8.7.2 Das zeilenweise Binden in Visual Basic

Bevor wir den Code für VBFETCH betrachten, wollen wir ein kurzes Beispiel durchlaufen, um die Konzepte hinter dem zeilenweisen Binden in Visual Basic zu erklären. Weil Visual Basic umfassende Möglichkeiten zur Verwaltung von Zeichenketten bietet, ist nicht immer klar, wie es Speicher für Stringvariablen alloziert. Das hat keinerlei Folgen, wenn Sie in der Visual Basic-Umgebung bleiben, aber wenn Sie in C DLLs wie etwa ODBC aufrufen, dann kommt es sehr wohl darauf an. Intern verwendet Visual Basic entweder Strings fester Länge oder Strings variabler Länge. Nur die Strings fester Länge können für das zeilenweise Binden unter ODBC eingesetzt werden. Strings variabler Länge stellen den eigentlichen Daten ein Präfix voraus, das die Länge angibt. Diese Strings werden an eine andere Speicherstelle verschoben, wenn der Speichermanager von Visual Basic versucht, Platz zu gewinnen. Aus diesen beiden Gründen würde es zur Katastrophe führen, wenn Sie versuchen, unter Visual Basic Strings variabler Länge mit *SQLBindCol* zu binden; ODBC unterstützt keine Strings variabler Länge mit einem Präfix, das die Länge angibt, und es fordert, daß die Daten an einer fixen Speicherposition verbleiben, solange die Stringdaten gebunden sind. Um unter Visual Basic einen String fester Länge zu deklarieren, geben Sie die Länge einfach in der Deklaration mit an:

```
Dim str1 As String * 25
```

Für das zeilenweise Binden muß der Speicher für alle zurückgegebenen Spalten in einem fortlaufenden Abschnitt alloziert werden, so daß die Daten der Zeilen ebenfalls aufeinanderfolgend abgelegt werden. Die beste Datenstruktur für das zeilenweise Binden ist also ein Array mit Strukturen, in Visual Basic-Terminologie auch als Array benutzerdefinierter Typen bezeichnet. Weitere Komplikationen entstehen, wenn Sie Visual Basic-Strings innerhalb von benutzerdefinierten Typen verwenden, aber glücklicherweise gibt es eine Möglichkeit, all das zu kompensieren. Um unter Visual Basic einen benutzerdefinierten Typ zu allozieren, der für das zeilenweise Binden unter ODBC verwendet werden kann, muß jede Stringvariable als separater Typ mit der entsprechenden Länge deklariert werden. So wird zum Beispiel eine Stringvariable der Länge 25 folgendermaßen deklariert:

```
Type TypeFixedStr25
    strData As String * 25
End Type
```

Anschließend kann der String in einer Typdefinition für das zeilenweise Binden verwendet werden, etwa folgendermaßen:

```
Type TypeCustomer
    Name As TypeFixedStr25
    lName As Long
    InterestRate As Double
    lInterestRate As Long
End Type
```

Für das zeilenweise Binden unter ODBC muß jedes Datenelement des benutzerdefinierten Typs (zum Beispiel *Name* und *InterestRate* im oben gezeigten Beispiel *TypeCustomer*) eine entsprechende Längen- oder Indikatorvariable besitzen (das wären in *TypeCustomer* zum Beispiel *lName* und *LInterestRate*). Diese Variablen geben die Ausgabelänge an, und ebenso, ob die Daten NULL waren. Weil Visual Basic kein Äquivalent zum C-Operator *sizeof* bietet, muß die Gesamtgröße des benutzerdefinierten Typs explizit definiert werden, so daß sie an *SQLSetStmtOption* übergeben werden kann, wenn der Bindungstyp spezifiziert wird. Eine Möglichkeit, das zu realisieren, ist die Deklaration einer globalen Konstanten, die im Code direkt hinter der Definition des benutzerdefinierten Typs angegeben wird, wie etwa im folgenden Beispiel gezeigt:

```
Global Const SizeofTypeCustomer = 41
```

Alternativ könnten Sie die Länge auch zur Laufzeit mit der Funktion *Len* berechnen. Aber dazu müssen Sie zuerst das Arrays neu dimensionieren und ein Element des Arrays als Argument für *Len* angeben, etwa *Len(Customer(0))*. In VBFETCH wird das Array neu dimensioniert, nachdem der Aufruf von *SQLSetStmtOption* das zeilenweise Binden gesetzt hat, so daß die Längenkonstante verwendet wird.

Um das Array des benutzerdefinierten Typs zu deklarieren, können Sie entweder die Anzahl der Zeilen fest codieren, wie etwa in:

```
Global Customer(15) As TypeCustomer
```

oder Sie lassen die Anzahl der Zeilen weg und fügen sie später ein, wie etwa in:

```
Global Customer() As TypeCustomer
```

Der letztere Fall hat den Vorteil, daß es möglich ist, das Array nach der Größe der Zeilenmenge zu dimensionieren, die abhängig von der Anwendung variieren kann. Wenn die Anwendung es dem Benutzer zum Beispiel ermöglicht, die Größe der Zeilenmenge anzugeben (wie es in VBFETCH der Fall ist), oder sie basierend auf der Anzahl der Zeilen, die gleichzeitig angezeigt werden können, dynamisch setzt, wird die Dimension des Arrays in der Deklaration besser nicht angegeben. Wenn Sie es dennoch tun, können Sie im Code nicht *ReDim* verwenden, um die Arraygröße zu verändern.

Nun wollen wir untersuchen, wie die Aufrufe der ODBC-Funktion arbeiten. Um ein zeilenweises Binden zu spezifizieren, wird *SQLSetStmtOption* mit der Option SQL_BIND_TYPE und der Länge des benutzerdefinierten Typs aufgerufen. Hier ein Beispiel für die oben gezeigte Variable *Customer*:

```
SQLSetStmtOption(hstmt, SQL_BIND_TYPE, SizeofTypeCustomer)
```

Die Größe der Zeilenmenge, der Cursortyp und die Nebenläufigkeitsoption werden ebenfalls mit *SQLSetStmtOption* gesetzt. Mit dem folgenden Code wird die Größe der Zeilenmenge zum Beispiel im Code auf 15 gesetzt:

```
RowSetSize = 15
SQLSetStmtOption(hstmt, SQL_ROWSET_SIZE, RowSetSize)
```

Als nächstes werden das *TypeCustomer*-Array und das Statusarray entsprechend der Zeilenzahl der Zeilenmenge dimensioniert, und jedes Datenelement von *Customer* wird mit *SQLBindCol* gebunden:

```
ReDim Customer(RowSetSize)
ReDim RowStatus(RowSetSize)

rc = SQLBindCol(ByVal hstmt, 1, SQL_C_CHAR, Customer(0).Name,
    Len(Customer(0).Name), Customer(0).lName)
rc = SQLBindCol(ByVal hstmt, 2, SQL_C_DOUBLE, Customer(0).InterestRate,
    8, Customer(0).lInterestRate)
```

Beachten Sie, daß das Datenelement und die Ausgabelänge für eine einzige Ergebnisspalte beide in einem Aufruf von *SQLBindCol* spezifiziert werden.

Die SELECT-Anweisung kann mit *SQLExecDirect* ausgeführt werden:

```
SQLExecDirect(hstmt, "select name, rate from customer where city =
'Boston'", SQL_NTS);
```

Die Daten können mit Hilfe von *SQLExtendedFetch* ermittelt werden:

```
SQLExtendedFetch(ByVal hstmt, lFetchDir, 1, lRows, RowStatus(0))
```

Wenn der Aufruf von *SQLExtendedFetch* abgearbeitet ist, sind die Elemente im *Customer*-Array gesetzt. Der Zugriff auf Strings erfolgt in der Form:

```
Customer(Zeilennummer).Elementname.Stringtypname
```

Der Zugriff auf Nicht-Strings erfolgt in der Form:

```
Customer(Zeilennummer).Elementname
```

Um zum Beispiel den fünften Kundennamen und die entsprechende Zinsrate zu ermitteln, verwenden Sie die Syntax:

```
MsgBox "Customer name = " & Customer(4).Name.strData &
    ";  Interest rate = " & Customer(4).InterestRate
```

Beachten Sie insbesondere den Verweis auf den Kundennamen. Um auf Stringdaten zuzugreifen, verwenden Sie nicht einfach die Werte, die Sie auch *SQLBindCol* übergeben. Sie müssen dazu auch den Typnamen des Strings angeben. Mit anderen Worten, für den benutzerdefinierten Typ *Customer* ist es nicht ausreichend, anzugeben:

```
MsgBox "Customer name = " & Customer(4).Name            ' ungültig!
```

Dagegen ist die folgende Spezifizierung völlig korrekt:

```
MsgBox "Customer name = " & Customer(4).Name.strData    ' gültig
```

Darüber hinaus sollten Sie beachten, daß die Zählung für Arrays in Visual Basic bei Null beginnt, so daß also das fünfte Element eigentlich *Customer(4)* ist.

8.7.3 Inside VBFETCH

Nun wollen wir betrachten, wie VBFETCH das zeilenweise Binden für die beiden Abfragen *SQLTables* und *SQLColumns* implementiert. Die Typen werden in VBFETCH.BAS deklariert, wie in Abbildung 8.61 gezeigt.

```
' Stub-Typ, der einen fortlaufenden Speicher erzwingt, wenn er in
' eine andere Struktur eingebettet ist
'
Type TypeFixedStr128
    strData As String * 128
End Type


' SQLTables-Konstanten und Felddefinitionen
'
Global Const SizeofTypeTables = 660
Type TypeTables
    szQualifier As TypeFixedStr128
    lQualifier As Long
    szOwner As TypeFixedStr128
    lOwner As Long
    szTableName As TypeFixedStr128
    lTableName As Long
    szTableType As TypeFixedStr128
    lTableType As Long
    szRemarks As TypeFixedStr128
    lRemarks As Long
End Type
Global gTables() As TypeTables

'
' SQLColumns-Feldddefinitionen
'
Global Const SizeofTypeColumns = 832
Type TypeColumns
    szQualifier As TypeFixedStr128
    lQualifier As Long
    szOwner As TypeFixedStr128
    lOwner As Long
```
▶

```
        szTableName As TypeFixedStr128
        lTableName As Long
        szColumnName As TypeFixedStr128
        lColumnName As Long
        nDataType As Integer
        lDataType As Long
        szTypeName As TypeFixedStr128
        lTypeName As Long
        nPrecision As Long
        lPrecision As Long
        nLength As Long
        lLength As Long
        nScale As Integer
        lScale As Long
        nRadix As Integer
        lRadix As Long
        nNullable As Integer
        lNullable As Long
        szRemarks As TypeFixedStr128
        lRemarks As Long
End Type
Global gColumns() As TypeColumns
```

Abbildung 8.61 – Typdeklarationen in VBFETCH.BAS

Wenn im Hauptfenster die Schaltfläche *SQLTables* angeklickt wird, wird die Visual Basic-Funktion *cmdTables_Click* aufgerufen. Diese Funktion setzt die Größe des Typs in einer globalen Informationsstruktur namens *gOptions.lRowBindSize*, wozu sie die Konstante *SizeofTypeTables* verwendet. *cmdTables_Click* ruft *ODBC_Execute* mit der Abfrage auf, die ausgeführt werden soll. Dabei handelt es sich um dasselbe *ODBC_Execute*, das wir auch in VBODBC verwendet haben. Hier das relevante Code-Fragment aus *cmdTables_Click*:

```
gOptions.lRowBindSize = SizeofTypeTables
If (ODBC_Execute("tables")) Then
    {...
    Call cmdNext_Click
    ...}
End If
```

In *ODBC_Execute* werden die Anweisungsoptionen für die Größe der Zeilenmenge, der Cursortyp und die Nebenläufigkeit mit Hilfe von *SQLSetStmtOption* gesetzt. Der Code von *ODBC_Execute* prüft, ob der String »tables« enthalten ist, und wenn ja, führt er *ODBC_Tables* aus. Die Funktion *ODBC_Tables* bindet die Spalten mit *SQLBindCol* und ruft *SQLTables* auf, wie in Abbildung 8.62 gezeigt. Beachten Sie die Verwendung von *ReDim* für die Neudimensionierung des Arrays *gTables* und des Statusarrays mit der Größe der Zeilenmenge. Für die Aufrufe von *SQLBindCol* werden die Daten- und Ausgabelängenelemente des Arrays *gTables* übergeben.

```
Function ODBC_Tables (pHstmt As Long) As Integer
Dim rc As Integer

    rc = SQLTables(ByVal pHstmt, ByVal 0&, SQL_NTS, _
        ByVal 0&, SQL_NTS, ByVal 0&, SQL_NTS, ByVal 0&, SQL_NTS)

    If (SQL_SUCCESS_WITH_INFO = rc) Then
        MsgBox "SQLTables returned SQL_SUCCESS_WITH_INFO; most _
            likely the options chosen are not valid for this _
            results set type. The actual error message follows.", _
            MB_ICONINFORMATION
        Call PostError(HNDL_HSTMT, pHstmt)
    End If

    If (True = CheckSuccess(HNDL_HSTMT, gConnect.pHstmt, rc)) Then
        On Error GoTo ErrTables

        'Arrays auf die Zeilenmengengröße zurücksetzen
        ReDim gTables(gOptions.lRowsetSize)
        ReDim gnRowStatus(gOptions.lRowsetSize)

        ' Spalten zu einer Speicheradresse binden
        rc = SQLBindCol(ByVal pHstmt, 1, SQL_C_CHAR, _
            gTables(0).szQualifier, MAX_QUALIFIER, _
            gTables(0).lQualifier)
        rc = SQLBindCol(ByVal pHstmt, 2, SQL_C_CHAR, _
            gTables(0).szOwner, MAX_OWNER, _
            gTables(0).lOwner)
        rc = SQLBindCol(ByVal pHstmt, 3, SQL_C_CHAR, _
            gTables(0).szTableName, MAX_TABLENAME, _
            gTables(0).lTableName)
        rc = SQLBindCol(ByVal pHstmt, 4, SQL_C_CHAR, _
            gTables(0).szTableType, MAX_TABLETYPE, _
            gTables(0).lTableType)
        rc = SQLBindCol(ByVal pHstmt, 5, SQL_C_CHAR, _
            gTables(0).szRemarks, MAX_REMARKS, _
            gTables(0).lRemarks)

        ODBC_Tables = True
    End If
    Exit Function

ErrTables:
    If (Err = 14) Then      'Out of string space
        fOK = MsgBox("Out of string space; rowset size too large", _
            MB_ICONSTOP)
        ODBC_Tables = False
        Exit Function
    Else
        Resume Next
    End If
End Function
```

Abbildung 8.62 – Die Funktion ODBC_Tables

ODBC-Bindungen unter Visual Basic und mehrzeilige Cursor (VBFETCH)

Nachdem der Aufruf von *ODBC_Tables* abgearbeitet ist, kehrt *ODBC_Execute* zurück und die Funktion *cmdNext_Click* wird aufgerufen:

```
Sub cmdNext_Click ()
    frmMain.MousePointer = HOUR_GLASS
    If (ODBC_ExtFetch(SQL_FETCH_NEXT, 0)) Then
        If (RSLT_TABLES = gOptions.nResultType) Then
            Call FillGridFromTablesArray(grdResults)
        Else
            Call FillGridFromColumnsArray(grdResults)
        End If
    End If
    frmMain.MousePointer = ARROW
End Sub
```

In *cmdNext_Click* wird die Funktion *ODBC_ExtFetch* aufgerufen, gefolgt von einem Aufruf entweder der Funktion *FillGridFromTablesArray* oder der Funktion *FillGridFromColumnsArray*, abhängig davon, welche Schaltfläche angeklickt wurde. Sie wissen vielleicht noch aus dem VBODBC-Beispiel, daß *ODBC_ExtFetch* nur eine Hülle für *SQLExtendedFetch* ist.

In *FillGridFromTablesArray* wird jede gebundene Spalte zur Anzeige in das Raster kopiert. Hier der Abschnitt aus *FillGridFromColumnsArray*, der zeigt, wie Strings anderer Datentypen unterschiedlich behandelt werden:

```
Select Case y
    ...
    Case 5
    strTemp = gColumns(x).szColumnName.strData
    cbValue = gColumns(x).lColumnName

    Case 6
    strTemp = Str(gColumns(x).nDataType)
    cbValue = gColumns(x).lDataType

    Case 7
    strTemp = gColumns(x).szTypeName.strData
    cbValue = gColumns(x).lTypeName

    Case 8
    strTemp = Str(gColumns(x).nPrecision)
    cbValue = gColumns(x).lPrecision
    ...
End Select

If (SQL_NULL_DATA = cbValue) Then
    grdResult.Text = "<NULL>"
Else
    grdResult.Text = Left(strTemp, cbValue)
End If
```

Beachten Sie, daß für die Stringdaten in Fall 5 und 7 neben den Typelementnamen (*szColumnName* und *szTypeName*) der Stringtypname (*strData*) angegeben wird, während für die numerischen Typen (*lDataType* und *lPrecision*) nur die Elementnamen verwendet werden.

Ich hoffe, dieses Beispiel hat Ihnen verdeutlicht, wie das zeilenweise Binden unter Visual Basic funktioniert. Wenn Sie eine Anwendung schreiben wollen, die das zeilenweise Binden einsetzt, sollten Sie das TYPEGEN-Beispiel heranziehen, um die Typdefinitionen für Visual Basic und die Aufrufe von *SQLBindCol* zu erzeugen.

8.8 Gespeicherte Prozeduren unter Visual Basic (VBSPROCS)

In diesem Beispiel betrachten wir, wie unter Visual Basic gespeicherte Prozeduren aufgerufen werden, wobei die ODBC-Standardsyntax verwendet wird. Das Beispiel erzeugt einige gespeicherte Prozeduren für Microsoft SQL Server und Oracle 7 und führt sie aus (sie funktionieren auch für Sybase SQL Server). Gespeicherte Prozeduren sind insbesondere für die Performance von Client/Server-DBMS-Systemen wichtig. Ob eine Anwendung gut oder weniger gut läuft, ist nicht selten davon abhängig, wo die verschiedenen Komponenten der Anwendung ausgeführt werden: auf dem Client oder auf dem Server. Die Server-Komponente der Anwendung verwendet häufig gespeicherte Prozeduren für ihre Arbeit.

Wenn Sie Visual Basic als Client-Programmierumgebung verwenden und gespeicherte Prozeduren zur Manipulation der Daten im DBMS einsetzen, werden Sie das VBSPROCS-Beispiel gut brauchen können, weil es zeigt, wie ODBC für die Ausführung gespeicherter Prozeduren verwendet werden kann. Unter anderem erfahren Sie dabei, wie Ein- und Ausgabeparameter, Rückgabewerte und Ergebnismengen verarbeitet werden.

8.8.1 Die Benutzeroberfläche von VBSPROCS

Die Benutzeroberfläche von VBSPROCS ist ganz einfach: der Benutzer stellt eine Verbindung zu einer Datenquelle her, wählt das Ziel-DBMS (Microsoft SQL Server oder Oracle), wählt den Parametertyp für die gespeicherte Prozedur und erhält das Ergebnis auf dem Bildschirm. Abbildung 8.63 zeigt das Hauptfenster für VBSPROCS.

Gespeicherte Prozeduren unter Visual Basic (VBSPROCS) 413

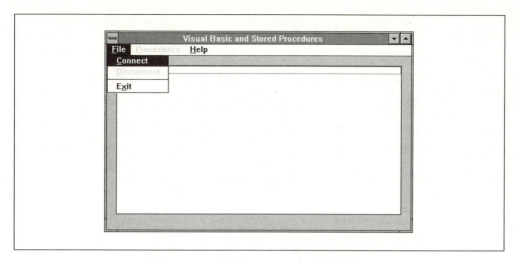

Abbildung 8.63 – Das Hauptfenster für VBSPROCS

Ist die Verbindung mit Hilfe der Funktion *SQLDriverConnect* erfolgreich aufgebaut, wird ein weiteres Dialogfeld angezeigt, in dem der Name des gewünschten DBMS ermittelt wird, wie in Abbildung 8.64 gezeigt.

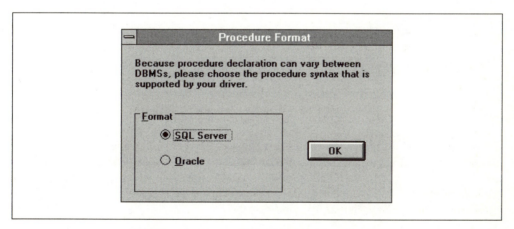

Abbildung 8.64 – Das Dialogfeld Procedure Format

Es erscheint Ihnen vielleicht seltsam, daß hier nach DMBS-spezifischen Informationen gefragt wird. Sollte ODBC nicht die Interoperabilität realisieren? Leider ist der einzige Aspekt, in dem sich die DBMSe hinsichtlich der gespeicherten Prozeduren auch nur im entferntesten ähnlich sind, die Aufrufmethode. Die Syntax zum Erzeugen der gespeicherten Prozeduren ist in jedem DBMS anders. Weil wir wollten, daß das VBSPROCS-Beispiel ohne Anpassungen sowohl für Microsoft SQL Server als auch für Oracle eingesetzt werden kann, ist die Syntax zum Erzeugen der gespeicherten Prozeduren in den Visual

Basic-Quellcode eingebettet. Wir werden jedoch sehen, daß die Syntax zum Aufruf der gespeicherten Prozeduren unter Visual Basic für Microsoft SQL Server derselbe ist wie für Oracle: beide verwenden die Aufruf-Escapefolge von ODBC.

Das *Procedures*-Menü auf der Benutzeroberfläche von VBSPROCS enthält Optionen, mit denen Sie den Typ der gespeicherten Prozedur angeben können, die Sie erzeugen und ausführen wollen. Abbildung 8.65 zeigt die Menüelemente von *Procedures*.

Wie Sie sehen, ermöglichen es diese Optionen, die gespeicherten Prozeduren ohne Parameter, nur mit Eingabeparametern, nur mit Ausgabeparametern, mit einem Rückgabewert oder in einer kombinierten Form mit zwei Eingabeparametern, einem Ausgabeparameter und einem Rückgabewert zu erzeugen und auszuführen.

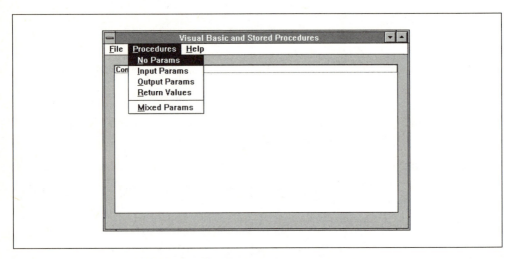

Abbildung 8.65 – Menüelemente von Procedures

Wenn Sie einen Menüpunkt auswählen, erzeugt der Code eine oder mehrere gespeicherte Prozeduren und führt sie aus, wobei die Anweisungen angezeigt werden, die zum Erzeugen verwendet wurden, die ODBC-Syntax für den Aufruf sowie alle zurückgegebenen Ausgabewerte. Abbildung 8.66 zeigt das Ergebnis für *Mixed Params* aus dem *Procedures*-Menü für Microsoft SQL Server.

Die Auswahl anderer Menüpunkte erzeugt ähnliche Ausgaben. Als nächstes betrachten wir den Visual Basic-Code, der die gespeicherten Prozeduren erzeugt und ausführt.

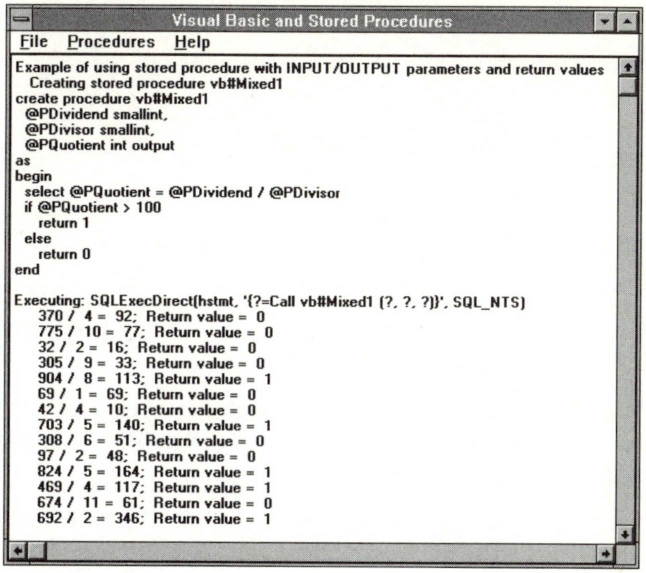

```
                        Visual Basic and Stored Procedures
 File   Procedures   Help
Example of using stored procedure with INPUT/OUTPUT parameters and return values
    Creating stored procedure vb#Mixed1
create procedure vb#Mixed1
    @PDividend smallint,
    @PDivisor smallint,
    @PQuotient int output
as
begin
  select @PQuotient = @PDividend / @PDivisor
  if @PQuotient > 100
      return 1
  else
      return 0
end
Executing: SQLExecDirect(hstmt, '{?=Call vb#Mixed1 (?, ?, ?)}', SQL_NTS)
      370 /  4 =  92; Return value = 0
      775 / 10 =  77; Return value = 0
       32 /  2 =  16; Return value = 0
      305 /  9 =  33; Return value = 0
      904 /  8 = 113; Return value = 1
       69 /  1 =  69; Return value = 0
       42 /  4 =  10; Return value = 0
      703 /  5 = 140; Return value = 1
      308 /  6 =  51; Return value = 0
       97 /  2 =  48; Return value = 0
      824 /  5 = 164; Return value = 1
      469 /  4 = 117; Return value = 1
      674 / 11 =  61; Return value = 0
      692 /  2 = 346; Return value = 1
```

Abbildung 8.66 – Die Ergebnisse für Mixed Params aus dem Procedures-Menü

8.8.2 Inside VBSPROCS

Wir haben bereits oft genug den Code gesehen, der die Verbindung mit Hilfe von *SQLDriverConnect* aufbaut, deshalb werden wir hier den gesamten Prozeß für den Verbindungsaufbau überspringen. Wir wollen voraussetzen, daß eine gültige Verbindung existiert und daß ein Anweisungs-Handle alloziert ist. Wir werden nur den Code für den Menüpunkt *Mixed Params* betrachten. Der Code für die anderen Elemente ist ähnlich.

Wenn der Menüpunkt *Mixed Params* im *Procedures*-Menü ausgewählt wird, wird die Prozedur MNU_SPROCS_MIXEDPARAMS_Click aufgerufen. Diese Prozedur löscht das Ausgabefenster, zeigt eine Statusmeldung an und ruft *ExecMixedParams* mit dem zuvor allozierten Anweisungs-Handle auf.

```
Sub MNU_SPROCS_MIXEDPARAMS_Click ()

    frmMain.MousePointer = HOUR_GLASS

    out = ""
    Call DisplayMsg("Example of using stored procedure with INPUT/OUTPUT
        parameters and return values", 0)
    fOK = ExecMixedParams(gHandles.pHstmt)

    frmMain.MousePointer = ARROW

End Sub
```

In *ExecMixedParams* überprüfen wir den Typ des DBMS und rufen die entsprechende Funktion auf.

```
Function ExecMixedParams (pHstmt As Long) As Integer

    If (gHandles.nProcType = PROC_SQLSERVER) Then
        fOK = SQLMixedParams(pHstmt)
    Else
        fOK = OraMixedParams(pHstmt)
    End If

End Function
```

Nun wollen wir noch die Oracle-Version in *OraMixedParams* betrachten. Sie führt im wesentlichen die folgenden Schritte aus:

1. Sie erzeugt die gespeicherte Prozedur *vbMixed1*, die zwei Eingabeparameter, einen Ausgabeparameter und einen Rückgabewert hat. Alle Parameter und der Rückgabewert sind Gleitkommazahlen.

2. Sie bindet den Rückgabewert und die Parameter mit *SQLBindParameter* zu Visual Basic-Variablen des Typs DOUBLE.

3. Sie setzt die Werte der Eingabeparameter und führt die gespeicherte Prozedur *vbMixed1* mit *SQLExecDirect* aus.

4. Sie zeigt die Ausgabeparameter und den Rückgabewert an.

5. Sie löscht die gespeicherte Prozedur.

Abbildung 8.67 zeigt den Code für *OraMixedParams*.

```
Function OraMixedParams (pHstmt As Long) As Integer
Const SP_Divide = "vbMixed1"
Const SP_DivideExecute = "{?=Call vbMixed1 (?, ?, ?)}"
Dim rc As Integer
Dim fOK As Integer
Dim dReturn As Double
Dim dDividend As Double
Dim dDivisor As Double
Dim dQuotient As Double
Dim cbValue As Long
Dim i as Integer
Dim szProc As String
Dim crlf As String

    crlf = Chr(13) + Chr(10)

    szProc = "create function vbMixed1 " + crlf
    szProc = szProc + "  (PDividend IN number, " + crlf
    szProc = szProc + "   PDivisor  IN number, " + crlf
    szProc = szProc + "   PQuotient IN OUT number) " + crlf
    szProc = szProc + "RETURN number " + crlf
```
▶

```
    szProc = szProc + "as " + crlf
    szProc = szProc + "begin " + crlf
    szProc = szProc + "   PQuotient := PDividend / PDivisor; " +
        crlf
    szProc = szProc + "   IF PQuotient > 100 THEN " + crlf
    szProc = szProc + "      return 1; " + crlf
    szProc = szProc + "   ELSE " + crlf
    szProc = szProc + "      return 0; " + crlf
    szProc = szProc + "   END IF; " + crlf
    szProc = szProc + "end;" + crlf

    If (False = CreateProc(pHstmt, SP_Divide, szProc)) Then
        OraMixedParams = False
        GoTo OraMixedCleanup
    End If

    'Puffer und Werte für die Parameter der gespeicherten
    'Prozedur binden
    rc = SQLBindParameter(ByVal pHstmt, 1, SQL_PARAM_OUTPUT,
        SQL_C_DOUBLE, SQL_NUMERIC, 8, 0, dReturn, 8, cbValue)
    rc = SQLBindParameter(ByVal pHstmt, 2, SQL_PARAM_INPUT,
        SQL_C_DOUBLE, SQL_NUMERIC, 8, 0, dDividend, 8, cbValue)
    rc = SQLBindParameter(ByVal pHstmt, 3, SQL_PARAM_INPUT,
        SQL_C_DOUBLE, SQL_NUMERIC, 8, 0, dDivisor, 8, cbValue)
    rc = SQLBindParameter(ByVal pHstmt, 4, SQL_PARAM_INPUT_OUTPUT,
        SQL_C_DOUBLE, SQL_NUMERIC, 8, 0, dQuotient, 8, cbValue)

    Call DisplayMsg("Executing: SQLExecDirect(hstmt, '" +
        SP_DivideExecute + "', " + "SQL_NTS)", 0)
    Randomize

    'Mehrfache Ausführung der gespeicherten Prozedur mit jeweils
    'verschiedenen Parameterwerten
    For i = 1 To 15
        dDividend = Int(1000 * Rnd)
        dDivisor = Int(10 * Rnd + 1)

        rc =
            SQLExecDirect(ByVal pHstmt, SP_DivideExecute, SQL_NTS)
        If (True = CheckSuccess(HNDL_HSTMT, pHstmt, rc)) Then
            'Display the return value and parameters
            Call DisplayMsg(Str(dDividend) + " DIV " +
                Str(dDivisor) + " = " + Str(dQuotient) +
                "; Return value = " + Str(nReturn), 4)
        End If
    Next i
    Call DisplayMsg("", 0)
    'Die soeben erzeugte Prozedur löschen
OraMixedCleanup:
    rc = SQLExecDirect(ByVal pHstmt, (DropFuncMsg + SP_Divide),
        SQL_NTS)

    'Handles bereinigen                                        ▶
```

```
      '--------------------------------------------
      rc = SQLFreeStmt(ByVal pHstmt, SQL_CLOSE)
      fOK = CheckSuccess(HNDL_HSTMT, pHstmt, rc)
      rc = SQLFreeStmt(ByVal pHstmt, SQL_RESET_PARAMS)
      fOK = CheckSuccess(HNDL_HSTMT, pHstmt, rc)
End Function
```

Abbildung 8.67 – Der Code für *OraMixedParams*

Die gespeicherte Prozedur *vbMixed1* dividiert einfach den ersten Parameter durch den zweiten, legt den Quotienten im dritten ab (das ist der Ausgabeparameter) und setzt den Rückgabewert auf 1 oder 0, abhängig davon, ob der Quotient größer als 100 war oder nicht. Der folgende Code zeigt den Text der gespeicherten Prozedur, der der besseren Lesbarkeit halber formatiert wurde. (Diese Prozedur ist in Oracle eigentlich eine Funktion, weil ein Wert zurückgegeben wird.)

```
create function vbMixed1 (
    PDividend  IN number,
    PDivisor   IN number,
    PQuotient  IN OUT number)
RETURN number
as
BEGIN
    PQuotient := PDividend / PDivisor;
    IF PQuotient > 100 THEN
        return 1;
    ELSE
        return 0;
    END IF;
END;
```

Im Visual Basic-Code wird die Funktion *CreateProc* aufgerufen, um den Prozedurtext an Oracle zu senden. *CreateProc* verwirft zuerst eine möglicherweise bereits existierende Prozedur dieses Namens und ruft dann *SQLExecDirect* auf, um den Text zu senden.

Als nächstes werden mit *SQLBindParameter* die Visual Basic-Variablen zum Rückgabewert und den Funktionsparametern gebunden. Beachten Sie, daß das dritte Argument von *SQLBindParameter* der Parametertyp ist (Eingabe, Eingabe/Ausgabe oder Ausgabe). Für den Rückgabewert ist dieser Typ gleich SQL_PARAM_OUTPUT, für die Eingabeparameter ist der Typ SQL_PARAM_INPUT, und für den letzten Parameter ist der Typ SQL_PARAM_INPUT_OUTPUT, selbst wenn der Eingabewert in der Oracle-Funktion gar nicht verwendet wird:

```
rc = SQLBindParameter(ByVal pHstmt, 1, SQL_PARAM_OUTPUT,
    SQL_C_DOUBLE, SQL_NUMERIC, 8, 0, dReturn, 8, cbValue)
rc = SQLBindParameter(ByVal pHstmt, 2, SQL_PARAM_INPUT,
    SQL_C_DOUBLE, SQL_NUMERIC, 8, 0, dDividend, 8, cbValue)
rc = SQLBindParameter(ByVal pHstmt, 3, SQL_PARAM_INPUT,
    SQL_C_DOUBLE, SQL_NUMERIC, 8, 0, dDivisor, 8, cbValue)
rc = SQLBindParameter(ByVal pHstmt, 4, SQL_PARAM_INPUT_OUTPUT,
    SQL_C_DOUBLE, SQL_NUMERIC, 8, 0, dQuotient, 8, cbValue)
```

Beachten Sie außerdem, daß der Eingabedatentyp SQL_C_DOUBLE ist, entsprechend den Visual Basic-Variablen des Typs DOUBLE, daß jedoch der Datentyp des Parameters SQL_NUMERIC ist. Daran erkennen Sie, daß *SQLBindParameter* so wie *SQLGetData* und *SQLBindCol* die Möglichkeit unterstützt, Datentypen zu konvertieren, indem einfach die gewünschten Typen in der Argumentliste angegeben werden.

Nachdem die Parameter gebunden sind, treten wir in eine Schleife ein, in der die Oracle-Funktion mit *SQLExecDirect* 15mal ausgeführt und die Ergebnisse angezeigt werden. Der String für *SQLExecDirect* folgt der ODBC-Standardsyntax für gespeicherte Prozeduren:

```
Const SP_DivideExecute = "{?=Call vbMixed1 (?, ?, ?)}"
...
rc = SQLExecDirect(ByVal pHstmt, SP_DivideExecute, SQL_NTS)
```

Die geschweiften Klammern zeigen dem Treiber an, daß eine ODBC-Escapeklausel verwendet wird, und das Schlüsselwort *Call* bedeutet, daß es sich bei der Escapeklausel um den Aufruf einer gespeicherten Prozedur handelt (und nicht um eine skalare Funktion oder einen Zeit/Datum-Ausdruck). Im Beispiel für den Oracle-Treiber wird die Escapeklausel vom Treiber folgendermaßen übersetzt:

```
EXECUTE vbMixed1 (parameter_list)
```

Schließlich löschen wir die Oracle-Funktion aus dem Oracle-DBMS und bereinigen den Anweisungs-Handle.

```
rc = SQLExecDirect(ByVal pHstmt, (DropFuncMsg + SP_Divide), _
    SQL_NTS)

    'Handles bereinigen
    '----------------------------------------
    rc = SQLFreeStmt(ByVal pHstmt, SQL_CLOSE)
    fOK = CheckSuccess(HNDL_HSTMT, pHstmt, rc)
    rc = SQLFreeStmt(ByVal pHstmt, SQL_RESET_PARAMS)
    fOK = CheckSuccess(HNDL_HSTMT, pHstmt, rc)
End Function
```

Das war alles. Alle anderen Elemente des *Procedures*-Menüs werden analog gehandhabt. Im nächsten Beispiel betrachten wir eine vollständige Visual Basic-Anwendung für ein einfaches Hotelreservierungssystem, das direkt für die ODBC-API geschrieben ist.

8.9 Ein Hotelreservierungssystem (VBENTRY)

Bei VBENTRY handelt es sich um ein einfaches Hotelreservierungssystem, das zeigt, wie Visual Basic-Anwendungen geschrieben werden können, die ODBC direkt verwenden. Der hypothetische Benutzer dieser Anwendung ist ein Angestellter, der Reservierungen für eines von vier Hotels bucht und deren Status überprüft. Beachten Sie jedoch, daß es der eigentliche Zweck dieser Anwendung ist, Ihnen die Verwendung der ODBC-API von Visual Basic aus zu zeigen. Deshalb fehlen viele der Funktionen, die ein echtes Hotelreservierungssystem aufweisen müßte. Zum Beispiel werden die »Geschäftsbedingungen« nur wenig berücksichtigt, die Teil jeder realen Softwareapplikation sein sollten. Sie würden etwa von einem Hotelreservierungssystem eine Garantie erwarten, daß es dasselbe Zimmer nicht gleichzeitig an zwei Gäste vergibt. VBENTRY führt zwar gewisse Überprüfungen aus, aber Sie sollten dieses Beispiel nicht als Grundlage für ein reales Hotelreservierungssystem betrachten. Es soll nur zeigen, wie die ODBC-Funktionsaufrufe verwendet werden.

VBENTRY wurde für den Microsoft Access-Treiber geschrieben. Die Microsoft Access-Datenbank, die die Hotels und die Zimmer beschreibt, heißt HOTEL.MDB und befindet sich im Verzeichnis SMPLDATA. Wenn Sie die Beispiele von der CD zum Buch installiert haben, sehen Sie einen Datenquellennamen, *Hotel Entry*, der sich auf HOTEL.MDB bezieht. Auch wenn VBENTRY auf den Microsoft Access-Treiber ausgelegt ist, ist es relativ portabel, so lange der Zieltreiber tastaturgesteuerte Cursor unterstützt und das Aktualisieren und Löschen mit Hilfe von *SQLSetPos* durchgeführt werden kann. Ich konnte zum Beispiel die Datenquelle *Hotel Entry* mit Hilfe von TBLCPY in eine Microsoft SQL Server 6-Datenbank kopieren, die Datenquelle so ändern, daß sie auf den Microsoft SQL Server-Treiber verweist und VBENTRY mit Microsoft SQL Server ausführen, ohne daß Änderungen im Code notwendig wurden.

8.9.1 Das VBENTRY-Datenbankschema

Das VBENTRY-Datenbankschema umfaßt fünf Tabellen. Ihre Beziehungen untereinander sind in Abbildung 8.68 dargestellt. Die Tabellen *PaymentTypes*, *Hotels* und *RoomTypes* sind Nachschlagetabellen. Das Herz des Systems bilden die *Reservations*-Tabelle, die eine Zeile für jede Reservierung enthält, und die *Rooms*-Tabelle, die eine Menge gültiger Zimmernummern und andere Informationen über die einzelnen Hotels enthält.

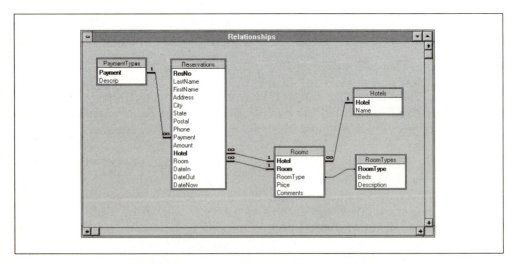

Abbildung 8.68 – Das Datenbankschema für VBENTRY

Ein Hotelreservierungssystem (VBENTRY)

8.9.2 Die Benutzeroberfläche von VBENTRY

Die Benutzeroberfläche für VBENTRY besteht aus einem MDI-Formular, in dem Sie eines oder beide der Formulare anzeigen können, die die eigentliche Arbeit ausführen: Das Reservierungsformular (*Reservations*) und das Bestätigungsformular (*Confirmation*). Das Hauptformular von VBENTRY ist in Abbildung 8.69 gezeigt.

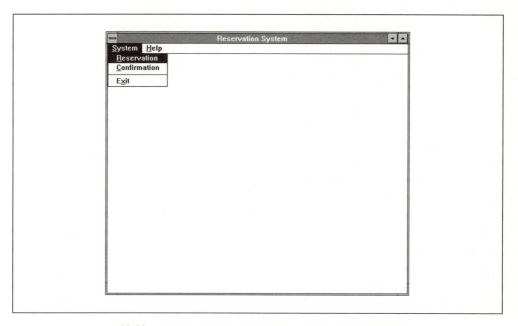

Abbildung 8.69 – Das Haupt-MDI-Formular von VBENTRY

Das Reservierungsformular ermöglicht es dem Benutzer, neue Reservierungsinformationen einzugeben, und zwar unter anderem Gästeinformationen (Name, Adresse usw.), die Zimmernummer, die Buchungsdauer und den Zahlungstyp. Im Bestätigungsformular kann der Benutzer Reservierungen überprüfen und die Datenbank nach allen oder einigen der Reservierungen für ein bestimmtes Hotel abfragen.

8.9.2.1 Das Reservierungsformular

Das Reservierungsformular wird angezeigt, wenn im Systemmenü *Reservation* ausgewählt wird. Sie sehen das Formular in Abbildung 8.70.

Als erstes wählt der Benutzer das Hotel aus. Um die Liste der Hotelnamen anzuzeigen, klickt er auf das Kombinationsfeld *Hotel*. Anschließend kann das gewünschte Hotel aus der Liste ausgewählt werden.

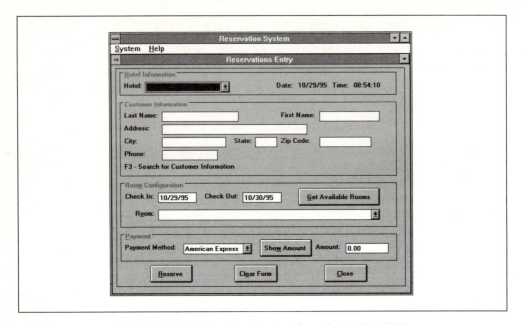

Abbildung 8.70 – Das Reservierungsformular in VBENTRY

Als nächstes ermittelt der Benutzer die Informationen über den Gast und trägt sie in die Steuerelemente im Abschnitt *Customer Information* ein. Wenn der Benutzer die Taste F3 drückt, wird der Name eines bestimmten Gastes in der Datenbank gesucht und alle dort gespeicherten Informationen über diese Person werden zurückgegeben. (Der Benutzer kann also fragen: »Haben Sie schon einmal bei uns übernachtet, Herr X?« Wenn das der Fall ist, kann er die Adresse des Gastes laden und sie zusammen mit dem Gast überprüfen, statt sie neu eintippen zu müssen.) Das entsprechende Dialogfeld sehen Sie in Abbildung 8.71.

Der Benutzer kann die ersten paar Buchstaben des Nachnamens eingeben und dann auf die Schaltfläche *Search* klicken, um den Namen zu suchen. Wenn mehr als drei Buchstaben eingegeben sind, beginnt die Suche automatisch. Wenn ein Name ausgewählt wurde und der Benutzer auf die Schaltfläche *Done* klickt, wird die Information über diesen Gast im Reservierungsformular angezeigt.

Ein Hotelreservierungssystem (VBENTRY)

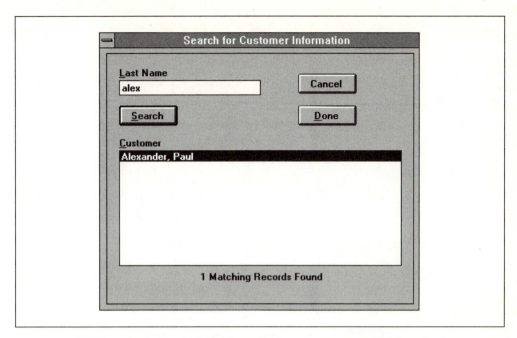

Abbildung 8.71 – Das Dialogfeld zum Suchen eines Gastes in der Datenbank

Nachdem die Information über den Gast eingegeben oder geladen wurde, können die Anreise- und Abreisedaten eingegeben werden (wobei die Vorgabe eine Nacht ist, beginnend am heutigen Tag). Durch Anklicken der Schaltfläche *Get Available Room* wird ihm das erste freie Zimmer zugeteilt. Der Benutzer kann im Kombinationsfeld *Room* gegebenenfalls ein anderes Zimmer auswählen. Wenn die Anreise- und Abreisedaten eingegeben sind und eine Zimmernummer zugewiesen ist, kann die Schaltfläche *Show Amount* angeklickt werden, um die Kosten für die Übernachtung anzuzeigen. (Das entspricht der Übernachtungszahl multipliziert mit dem Zimmerpreis.) Schließlich kann noch der Zahlungstyp aus dem Kombinationsfeld *Payment Method* ausgewählt werden. Abbildung 8.72 zeigt das ausgefüllte Reservierungsformular.

Nachdem die Informationen eingegeben sind, wird die Reservierung mit dem Anklicken der Schaltfläche *Reserve* abgeschlossen. Ein Dialogfeld zeigt eine Bestätigungsnummer für die Reservierung an.

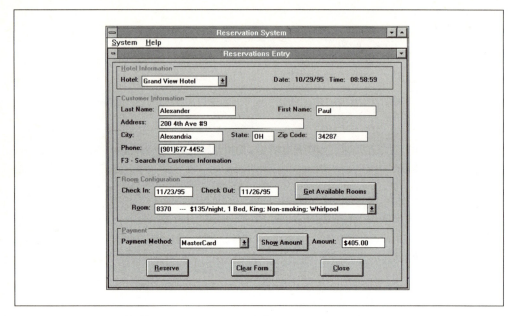

Abbildung 8.72 – Ein ausgefülltes Reservierungsformular

8.9.2.2 Das Bestätigungsformular

Das Bestätigungsformular wird angezeigt, wenn im Systemmenü *Confirmation* ausgewählt wird. Das entsprechende Formular sehen Sie in Abbildung 8.73. Zuerst muß im Kombinationsfeld *Hotel* ein Hotel ausgewählt werden. Der Benutzer kann gegebenenfalls den gesamten oder einen Teil des Nachnamens eines Gastes in das Editierfeld *Last Name* eingeben. Durch Anklicken der Schaltfläche *Query* werden alle Reservierungen angezeigt, die für diesen Namen in dem angegebenen Hotel vorgenommen wurden. Mit Hilfe der Schaltflächen unten im Formular kann sich der Benutzer durch die Reservierungen scrollen. Die Information kann aktualisiert werden, indem die Daten in den Steuerelementen verändert werden und die Schaltfläche *Update* angeklickt wird. Das Wort UPDATED erscheint in roten Buchstaben im Formular, wie in Abbildung 8.74 gezeigt. (UPDATED erscheint auch, wenn jemand anderes die Reservierung aktualisiert, nachdem der Benutzer die Abfrage ausgeführt hat.) Die Reservierung kann mit Hilfe der Schaltfläche *Delete* gelöscht werden. Wenn der Benutzer ein Scrolling vornimmt, wird auch die »Lücke« angezeigt, die durch das Löschen entsteht, weil VBENTRY einen tastaturgesteuerten Cursor verwendet. Wenn der Benutzer die Abfrage ausführt, erscheint der gelöschte Datensatz nicht.

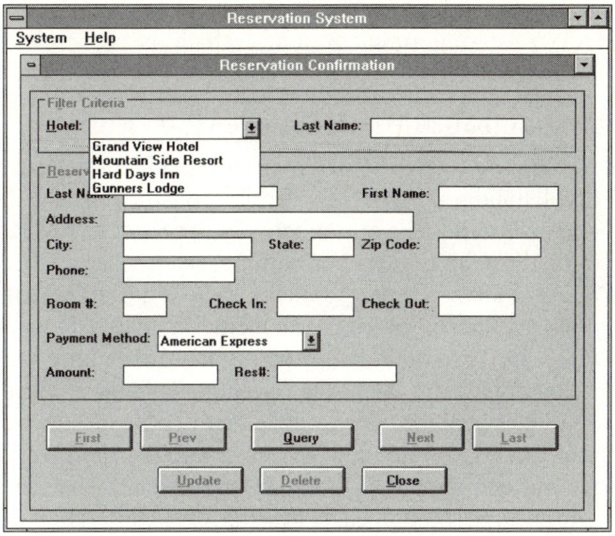

Ein Hotelreservierungssystem (VBENTRY)

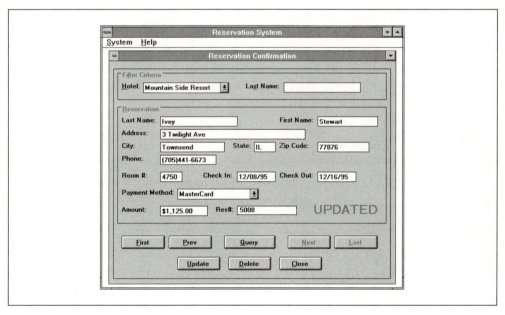

Abbildung 8.73 – Das Bestätigungsformular mit der Hotelliste

Abbildung 8.74 – Das Bestätigungsformular, nachdem eine Reservierung aktualisiert wurde

8.9.3 Inside VBENTRY

Der Code für VBENTRY ist sehr umfangreich, deshalb werde ich hier nur einige der wichtigsten Abschnitte aufzeigen.

8.9.3.1 Verbindungsaufbau zur Datenquelle Hotel Entry

Anders als die anderen Beispiele, die wir in diesem Kapitel kennengelernt haben, verwendet VBENTRY kein vollständig generisches Verbindungsmodell, das dem Benutzer die Auswahl einer beliebigen Datenquelle ermöglicht. Es verwendet zwar *SQLDriverConnect*, allerdings mit einer festgeschriebenen Verbindungszeichenkette »DSN=Hotel Entry«. Das Dialogfeld *Treiber-Manager*, wo der Benutzer nach dem Datenquellennamen gefragt wird, wird übersprungen. Sie haben vielleicht bemerkt, daß es kein Menü und keine Schaltfläche gibt, die eine Verbindung initiieren. Die Verbindung wird nämlich beim Starten der Anwendung aufgebaut. Wenn die Datenquelle keine weiteren Informationen für den Verbindungsaufbau benötigt, wie es etwa beim Microsoft Access-Treiber der Fall ist, wird keine weitere Interaktion mit dem Benutzer erforderlich. Wenn die Datenquelle *Hotel Entry* dagegen auf den Microsoft SQL Server verweist, wird das Dialogfeld angezeigt, das den Benutzernamen und das Paßwort ermittelt. Hier der Code für den Verbindungsaufbau, der sich in CONNECT.BAS befindet:

```
rc = SQLDriverConnect(ByVal Handles.pHdbc, MDIMain.hWnd,
    "DSN=Hotel Entry", SQL_NTS, "", 0, 0, SQL_DRIVER_COMPLETE)
```

8.9.3.2 Füllen der Kombinationsfelder

Viele der Kombinationsfelder in diesem Beispiel verwenden festgeschriebene SELECT-Anweisungen, um die Informationen zu ermitteln, die darin angezeigt werden. Das Kombinationsfeld *Hotel* bildet keine Ausnahme: es wird mit dem Inhalt der *Hotels*-Tabelle gefüllt. Abbildung 8.75 zeigt den Code, der das Kombinationsfeld *Hotel* füllt. Dieser Code ist in CURSOR.BAS abgelegt.

```
Function PopulateHotels (nControl As Control) As Integer
Const HOTELS_SQL1 =
    "select Hotel, Name from Hotels order by Hotel"
Dim fHotels As Integer
Dim fOK As Integer
Dim szName As TYPESTR_51
Dim lHotel As Long
Dim cbHotel As Long
Dim cbName As Long

    'Initialisierung der Rückgabewerte
    PopulateHotels = False
    'Ausführen der SELECT-Anweisung
    rc = SQLExecDirect(Handles.pMiscHstmt, HOTELS_SQL1, SQL_NTS)
    If (CheckSuccess(HNDL_HSTMT, Handles.pMiscHstmt, rc) = True)
        Then

        'Puffer für die Hotelinformation binden
        rc = SQLBindCol(Handles.pMiscHstmt, 1, SQL_C_ULONG,    ▶
```

```
                lHotel, 4, cbHotel)
            rc = SQLBindCol(Handles.pMiscHstmt, 2, SQL_C_CHAR,
                szName, MAX_HOTELNAME, cbName)

            'Die Daten aus der Ergebnismenge holen
            rc = SQLFetch(Handles.pMiscHstmt)
            While ((rc = SQL_SUCCESS) Or (rc = SQL_SUCCESS_WITH_INFO))
                'SQL_NULL_DATA-Fälle überspringen
                If ((cbName <> SQL_NULL_DATA)
                    And (cbHotel <> SQL_NULL_DATA)) Then
                    nControl.AddItem szName.strData
                    nControl.ItemData(nControl.NewIndex) = lHotel
                    fHotels = True
                End If
                rc = SQLFetch(Handles.pMiscHstmt)
            Wend

            If (fHotels = True) Then
                PopulateHotels = True
            End If
        End If

        'Anweisungs-Handle schließen und Binden
        'rückgängig machen
        rc = SQLFreeStmt(Handles.pMiscHstmt, SQL_CLOSE)
        fOK = CheckSuccess(HNDL_STMT, Handles.pMiscHstmt, rc)
        rc = SQLFreeStmt(Handles.pMiscHstmt, SQL_UNBIND)
        fOK = CheckSuccess(HNDL_STMT, Handles.pMiscHstmt, rc)

End Function
```

Abbildung 8.75 – Der Code zum Füllen des Hotel-Kombinationsfeldes

Die Funktion *PopulateHotels* verwendet für die Ausführung der SQL-Anweisung und zum Ermitteln der Hotelinformationen *SQLExecDirect*, *SQLBindCol* und *SQLFetch*. Für jede Zeile wird der Hotelname mit der Methode *AddItem* in das Kombinationsfeld eingetragen, und das entsprechende Element aus dem Array *ItemData* wird auf die Hotelnummer gesetzt:

```
nControl.AddItem szName.strData
nControl.ItemData(nControl.NewIndex) = lHotel
```

Beachten Sie, daß wir hier dieselbe Technik einsetzen wie in VBFETCH, um sicherzustellen, daß Visual Basic Stringvariablen fester Länge verwendet. Die Variable wird mit einem benutzerdefinierten Typ deklariert, wie hier etwa für die Variable *szName*:

```
Type TYPESTR_51
    strData As String * 51
End Type

Dim szName As TYPESTR_51
```

8.9.3.3 Füllen des Kombinationsfeldes Room

Eine der kompliziertesten Aufgaben von VBENTRY ist die Sicherstellung, daß nicht zwei Buchungen für ein Hotel das gleiche Zimmer für dasselbe Datum reservieren. Glücklicherweise übernimmt die SQL-Abfrage den schwierigsten Teil. Obwohl ein Großteil des VBENTRY-Codes, der Daten vom Bildschirm holt und eine Abfrage erzeugt, *SQLBindParameter* verwendet, sind im Code für die Konstruktion der Abfrage viele Stringkonkatenationen enthalten. Abbildung 8.76 zeigt den Code für die Zuteilung der Zimmer.

```
Function PopulateRooms (pHstmt As Long, nControl As Control)
    As Integer
Dim fRooms As Integer
Dim fOK As Integer
Dim nRoom As Integer
Dim cbRoom As Long
Dim cbHotelNo As Long
Dim szDateIn As String
Dim szDateOut As String
Dim szSQL As String
Dim nBeds As Integer
Dim szDesc As TYPESTR_51
Dim dPrice As Double
Dim cbIgnore As Long
    'Initialisierung des Rückgabewertes
    PopulateRooms = False

    'Ausführung der SELECT-Anweisung
    szDateIn = "{ts '19" & Mid$(Reserve.txtDateIn, 7, 2) & "-"
        & Mid$(Reserve.txtDateIn, 1, 2) & "-"
        & Mid$(Reserve.txtDateIn, 4, 2) & " 00:00:00.000'}"
    szDateOut = "{ts '19" & Mid$(Reserve.txtDateOut, 7, 2) & "-"
        & Mid$(Reserve.txtDateOut, 1, 2) & "-"
        & Mid$(Reserve.txtDateOut, 4, 2) & " 00:00:00.000'}"

    szSQL =
        "select Room, Beds, Description from Rooms, RoomTypes "
    szSQL = szSQL
        & "where Hotel = " & DSNStruct.lHotelNo & " and "
    szSQL = szSQL
        & "RoomTypes.RoomType = Rooms.RoomType and Room not in ( "
    szSQL = szSQL & "select Room from Reservations "
    szSQL = szSQL
        & "where Hotel = " & DSNStruct.lHotelNo & " and "
    szSQL = szSQL & szDateIn & " between DateIn and DateOut and "
    szSQL = szSQL & szDateOut & " between DateIn and DateOut"
    szSQL = szSQL & ") "
    szSQL = szSQL & "order by Room"

    rc = SQLExecDirect(ByVal pHstmt, szSQL, SQL_NTS)

    If (CheckSuccess(HNDL_HSTMT, pHstmt, rc) = True) Then
```

▶

```
        'Bind buffers for room information
        rc = SQLBindCol(ByVal pHstmt, 1, SQL_C_USHORT, nRoom,
            2, cbRoom)
        rc = SQLBindCol(ByVal pHstmt, 2, SQL_C_USHORT, nBeds,
            2, cbIgnore)
        rc = SQLBindCol(ByVal pHstmt, 3, SQL_C_CHAR, szDesc,
            Len(szDesc), cbIgnore)
        rc = SQLBindCol(ByVal pHstmt, 4, SQL_C_DOUBLE, dPrice,
            0, cbIgnore)

        'Daten aus der Ergebnismenge holen
        rc = SQLFetch(ByVal pHstmt)
        nControl.Clear
        While ((rc = SQL_SUCCESS) Or (rc = SQL_SUCCESS_WITH_INFO))
            'SQL_NULL_DATA-Fälle überspringen
            If (cbRoom <> SQL_NULL_DATA) Then
                nControl.AddItem Trim$(Str$(nRoom) & "    - $"
                    & dPrice & "/night, " & nBeds & " Bed"
                    & IIf(nBeds > 1, "s", "") & ", "
                    & szDesc.strData & ")")
                fRooms = True
            End If
            rc = SQLFetch(ByVal pHstmt)
        Wend

        If (fRooms = True) Then
            PopulateRooms = True
            nControl.ListIndex = 0
        End If
    End If

    'Anweisungs-Handle schließen und Binden
    'rückgängig machen
    rc = SQLFreeStmt(ByVal pHstmt, SQL_CLOSE)
    fOK = CheckSuccess(HNDL_STMT, pHstmt, rc)
    rc = SQLFreeStmt(ByVal pHstmt, SQL_UNBIND)
    fOK = CheckSuccess(HNDL_STMT, pHstmt, rc)
    rc = SQLFreeStmt(ByVal pHstmt, SQL_RESET_PARAMS)
    fOK = CheckSuccess(HNDL_STMT, pHstmt, rc)

End Function
```

Abbildung 8.76 – Der Code für die Zimmerzuteilung

Die Abfrage verwendet einen Subselect für die *Reservations*-Tabelle, um alle Zimmer auszuschließen, die bereits einer Reservierung zugeordnet sind und deren Beginn- oder Enddatum sich mit den Daten der gerade bearbeiteten Reservierung überlappt. Die Funktion *PopulateRooms* wird aufgerufen, wenn die Schaltfläche *Get Available Rooms* angeklickt wird.

8.9.3.4 Scrollbare Cursor im Bestätigungsformular

Das Bestätigungsformular nutzt die Scroll-Funktionen des Treibers, um alle Reservierungsinformationen für ein Hotel anzuzeigen. Dazu wird eine einzeilige Zeilenmenge verwendet, so daß hier die Komplexität für die Verwaltung von Arrays unter Visual Basic nicht entsteht, wie es bei VBFETCH der Fall war. Für das Binden aller Spalten, die auf dem Bildschirm angezeigt werden, wird eine globale Variable, *HotelData*, verwendet. (*HotelData* wird mit dem benutzerdefinierten Typ *TypeHotelStruct* deklariert.) Anschließend wird die Funktion *SQLExtendedFetch* für jede Schaltfläche aufgerufen, mit der ein Scrolling für die Daten durchgeführt wird. Der Code zur Ausführung der Abfrage befindet sich in *RetrieveHotel* in CURSOR.BAS und ist in Abbildung 8.77 gezeigt.

```
Function RetrieveHotelData (pHstmt As Long, lHotel As Long,
    szLastName As String) As Integer
Const HOTEL_DATA_SQL1 = "select LastName, FirstName, Address,
    City, State, Postal, Phone, Payment, Amount, Hotel, Room,
    DateIn, "
Const HOTEL_DATA_SQL2 = "DateOut, ResNo from reservations
    where (Hotel = "
Const HOTEL_DATA_SQL3 = " and LastName like '"
Const HOTEL_DATA_SQL4 = "%') order by LastName"
Dim rc As Integer
Dim fOK As Integer
Dim wRowStatus As Integer
Dim dwCrow As Long
Dim SQL As String

    'Rückgabewert initialisieren
    RetrieveHotelData = False

    'Anweisungs-Handle löschen
    rc = SQLFreeStmt(pHstmt, SQL_CLOSE)

    'SQL-Anweisung erzeugen
    SQL = HOTEL_DATA_SQL1 + HOTEL_DATA_SQL2
    SQL = SQL + Str(lHotel) + HOTEL_DATA_SQL3 + szLastName
    SQL = SQL + HOTEL_DATA_SQL4

    'SELECT-Anweisung ausführen
    rc = SQLExecDirect(pHstmt, SQL, SQL_NTS)
    If (CheckSuccess(HNDL_HSTMT, pHstmt, rc) = True) Then
        'Datenpuffer binden
        If (BindHotelStruct(pHstmt, HotelData, 0) = True) Then
            'Ersten Datensatz ermitteln, wenn es keinen gibt,
            'ein neues Formular anzeigen
            If (MoveRecord(pHstmt, MOVE_FIRST) = True) Then
                RetrieveHotelData = True
            End If
        End If
    End If
End Function
```

Abbildung 8.77 – Der Code zur Ausführung der Abfrage

BindHotelStruct ruft für jede Spalte in der Ergebnismenge *SQLBindCol* auf. Die Funktion *MoveRecord* ruft *SQLExtendedFetch* mit der entsprechenden Suchrichtung auf. Ein Teil des Codes für *MoveRecord* ist in Abbildung 8.78 gezeigt.

```
...
Select Case nMoveType
    Case MOVE_NEXT
        rc = SQLExtendedFetch(ByVal pHstmt, SQL_FETCH_NEXT, 1,
            cRow, HotelData.rgfRowStatus)

        'Vom Ende der Ergebnismenge an
        If (rc = SQL_NO_DATA_FOUND) Then
            'Wenn diese Routine aufgerufen wurde und HotelStatus.rc
            'auf SQL_NO_DATA_FOUND gesetzt ist, befinden sich keine
            'Datensätze in der Ergebnismenge
            If (HotelStatus.rc = SQL_NO_DATA_FOUND) Then
                HotelStatus.fFirstRecord = True
                HotelStatus.fLastRecord = True
                Exit Function
            End If

            'Wenn wir angezeigt haben, daß wir uns auf dem ersten
            'Datensatz befinden, müssen wir nicht versuchen, nach
            'hinten zu blättern.
            ' If (HotelStatus.fFirstRecord = False) Then
                HotelStatus.rc = rc
                If (False = MoveRecord(pHstmt, MOVE_PREV)) Then
                    HotelStatus.fNoRecords = True
                    HotelStatus.rc = SQL_SUCCESS
                    MoveRecord = True
                    Exit Function
                End If
            ' End If
            MsgBox "At last record", MB_OK + MB_ICONINFORMATION
            HotelStatus.rc = SQL_SUCCESS
            HotelStatus.fLastRecord = True
        Else
            HotelStatus.fFirstRecord = False
            GoTo MoveRecordSuccess
        End If
...
```

Abbildung 8.78 – Code aus MoveRecord

9.8.3.5 SQLSetPos zum Aktualisieren und Löschen

Wenn der Cursor auf eine Zeile positioniert ist, führt das Anklicken der Schaltflächen *Update* oder *Delete* die entsprechende Operation auf dieser Zeile aus, wozu *SQLSetPos* verwendet wird. Hier der Code, der aufgerufen wird, wenn die Schaltfläche *Update* angeklickt wird:

```
Function UpdtRecord () As Integer
Dim rc As Integer
Dim fBool As Integer

    'Rückgabewert initialisieren
    UpdtRecord = True
    Call TransferToBuffers(HotelData)

    'Reservierung aktualisieren
    rc = SQLSetPos(ByVal Handles.pConfirmHstmt, 1, SQL_UPDATE,
        SQL_LOCK_NO_CHANGE)
    If (CheckSuccess(HNDL_HSTMT, Handles.pConfirmHstmt, rc) = False)
        Then
            UpdtRecord = False
    End If

End Function
```

Die Funktion *TransferToBuffers* stellt sicher, daß die aktuellen Daten aus dem Formular in den gebundenen Puffern in der globalen Variablen *HotelData* berücksichtigt werden. Der Aufruf von *SQLSetPos* mit dem Flag SQL_UPDATE speichert die Werte in den aktuellen gebundenen Puffern in der Datenbank. Das Löschen erfolgt analog, außer daß hier kein Aufruf von *TransferToBuffers* benötigt wird.

Auf das Zeilenstatusarray wird *SQLExtendedFetch* angewendet, um aktualisierte oder gelöschte Datensätze in der Ergebnismenge festzustellen. Das Zeilenstatusarray, *rgfRowStatus*, ist in der globalen Variablen *HotelData* gespeichert. Nach jedem Aufruf der Funktion *SQLExtendedFetch* wird mit der Funktion *SetButtonStatus* der Wert im Statusarray angezeigt. Hier der relevante Code aus *SetButtonStatus*:

```
If (HotelData.rgfRowStatus = SQL_ROW_DELETED) Then
    lblRecStatus.Visible = True
    lblRecStatus.Caption = "DELETED"
Else
    If (HotelData.rgfRowStatus = SQL_ROW_UPDATED) Then
        lblRecStatus.Visible = True
        lblRecStatus.Caption = "UPDATED"
    Else
        lblRecStatus.Visible = False
    End If
End If
```

Das waren die Schwerpunkte von VBENTRY. Ich hoffe, der Code hilft Ihnen beim Schreiben eigener Anwendungen, die ODBC direkt verwenden.

QUELLEN

Weitere Informationen über die Programmierung mit ODBC finden Sie in den folgenden Büchern:

- Tom Johnston, ODBC Developers Guide, Howard W. Sams & Company, 1994
- Ken North, Windows Multi-DBMS Programming: Using C++, Visual Basic, ODBC, OLE 2 and Tools for DBMS Projects, John Wiley & Sons, Inc., 1995
- Michael Stegman, Robert Signore und John Creamer, The ODBC Solution: Open Database Connectivity in Distributed Environments, McGraw-Hill, 1994
- Robert Gryphon et al., Using ODBC 2, Special Edition, Que Corporation, 1995
- Bill Whiting, Teach Yourself ODBC in Twenty-One Days, Howard W. Sams & Company, 1994

Zukunftsaussichten für ODBC

9

In diesem letzten Kapitel werden wir kurz die nächsten Versionen 2.5 und 3.0 von ODBC betrachten, die sich zum Zeitpunkt der Drucklegung dieses Buches noch in der Entwicklung bzw. in der Prototypphase befanden.

9.1 ODBC 2.5

ODBC 2.5 wird ODBC um Funktionen ergänzen, die Microsoft Windows 95 unterstützen, und darüber hinaus noch einige weitere Verbesserungen einführen. ODBC 2.5 wird nur als 32-Bit-Version realisiert und soll insbesondere die folgenden Funktionen umfassen:

■ Eine neue API zum Deinstallieren, mit deren Hilfe ODBC-Komponenten aus den Registry-Dateien von Windows NT und Windows 95 entfernt werden können.

■ Die Verwendung der 3D-Steuerelemente von Windows 95. Damit entfällt die Notwendigkeit, CTL3D32.DLL für Windows 95 bereitzustellen. (Windows NT wird jedoch weiterhin CTL3D32.DLL verwenden.)

■ Eine sauberere Architektur für die Lokalisierung. Der gesamte Code, der für die Kernkomponenten lokalisiert werden muß, wird in einer DLL zusammengefaßt. Das Material, das von einer bereits existierenden DLL in eine allgemeine DLL unter ODBC 2.5 übertragen wird, umfaßt alle Fehlermeldungen und alle Dialogfelder.

■ Unterstützung systemweiter DSNs. Momentan werden alle Datenquellen unter Windows 95 und Windows NT als »Benutzer«-Information registriert. Deshalb können sie nicht von allen Benutzern einer Maschine gemeinsam genutzt werden, und sie können auch nicht von den Systemservices verwendet werden, denen überhaupt kein Benutzer zugewiesen ist. ODBC 2.5 bietet die Möglichkeit, einen System-Datenquellennamen (System-DSN) zu erzeugen. Auf einen System-DSN können alle Benutzer einer Maschine und alle Systemservices zugreifen. Die momentan erzeugten Datenquellennamen werden defaultmäßig Benutzer-Datenquellennamen (Benutzer-DSNs) genannt. ODBC 2.5 bietet dieselbe Funktionalität für Benutzer-DSNs, wie sich auch in vorherigen Versionen der ODBC-Installation realisiert wurde.

■ Modifikation der Standard- und erweiterten Headerdateien SQL.H und SQLEXT.H, so daß sie die Veränderungen der X/Open CLI-Spezifikation berücksichtigen. Die Datei SQL.H wird die Definitionen der X/Open-Spezifikation enthalten, die Datei SQLEXT.H wird alle Microsoft-Erweiterungen enthalten. Weil die X/Open-Spezifikation jetzt viele

ODBC-Stufe-1- und Stufe-2-Erweiterungen aufgenommen hat, sind diese Headerdateien nicht mehr korrekt. ODBC 2.5 aktualisiert diese Headerdateien gemäß dem neuen Standard.

Wenn Sie dies lesen, ist ODBC 2.5 möglicherweise schon auf dem Markt.

9.2 ODBC 3.0

ODBC 3.0 wird ein Haupt-Release sein. Beachten Sie, daß das, was ich hier beschreibe, sich noch ändern kann (und wahrscheinlich auch wird), bevor ODBC 3.0 irgendwann 1996 veröffentlicht wird.

Es gibt drei hauptsächliche Kategorien, in denen für ODBC 3.0 Verbesserungen geplant sind:

- Anpassung an den ISO CLI-Standard
- Unterstützung des OLE-Datenzugriffs
- Neue oder verbesserte Funktionen, die von den Entwicklern gefordert werden

Wir wollen diese Kategorien jetzt im Detail betrachten.

9.2.1 Anpassung an den ISO CLI-Standard

Die CLI-Spezifikation von X/Open wurde im April 1995 abgeschlossen, die endgültigen ANSI- und ISO-Spezifikationen werden Mitte 1995 erwartet. Bis auf eine der Verbesserungen handelt es sich dabei einfach um Varianten der bereits existierenden ODBC-Funktionen. In diesen Fällen kann ODBC 3.0 mit Hilfe einfacher Makros die meisten der neuen ISO-Funktionen auf existierende ODBC-Funktionen abbilden und den Rest durch geringfügige Codeergänzungen im Treiber-Manager implementieren. Neben dem Hinzufügen von Deskriptoren betrifft eine ganz wesentliche Verbesserung die Erweiterbarkeit von ODBC, die unter anderem die Arbeit mit Metadaten konsistenter macht als die aktuellen ODBC-Metadatenfunktionen sie realisieren (*SQLDescribeCol* und *SQLColAttributes* für die Ergebnisspalten und *SQLBindParameter* für Parameter).

Beachten Sie, daß es das Ziel des ODBC 3.0 Treiber-Managers sein wird, bereits existierende Anwendungen auf neuen, ISO CLI-konformen Treibern zu unterstützen. Der ODBC 3.0 Treiber-Manager unterstützt ODBC 3.0-konforme Anwendungen, die ODBC 2.x-konforme Treiber verwenden, indem er die ODBC 3.0-Funktionen auf die äquivalenten ODBC 2.x-Funktionen abbildet, wo immer das möglich ist. Offensichtlich werden ODBC 3.0-konforme Anwendungen nicht in der Lage sein, die neue ODBC 3.0-Funktionalität mit einem ODBC 2.x-Treiber zu nutzen. Der ODBC 3.0 Treiber-Manager unterstützt darüber hinaus ODBC 2.x-Anwendungen, die ODBC 3.0-Treiber verwenden, indem er eine »umgekehrte« Abbildung von ODBC 2.x-Funktionen auf ihre Äquivalente in ODBC 3.0 durchführt. Nun wollen wir genauer betrachten, wie ODBC 3.0 verbessert wird, um den ISO CLI-Standard zu unterstützen.

9.2.1.1 Varianten bereits existierender ODBC-Funktionen

Im folgenden sehen Sie einige Beispiele für ISO CLI-Funktionen, die Varianten der bereits existierenden ODBC-Funktionen darstellen. Diese Liste ist nicht vollständig, aber sie bietet einen guten Überblick über diese Kategorie der Veränderungen in ODBC 3.0.

Eine generische Funktion zur Allozierung von Handles

ODBC 2.x verwendet eine andere Funktion zum Allozieren und Freigeben aller Arten von Handles (Umgebungs-, Verbindungs- und Anweisungs-Handles). Unter ODBC 3.0 wird eine weitere Funktion eingeführt, *SQLAllocHandle*, die all diese Handles allozieren kann, und darüber hinaus ein neuer Handle-Typ für Deskriptoren.

Wie Sie vielleicht schon erraten haben, sieht *SQLAllocHandle* genauso aus wie *SQLAllocConnect* und *SQLAllocStmt*, außer daß sie noch ein weiteres Argument entgegennimmt, das den Handle-Typ spezifiziert (Umgebungs-, Verbindungs-, Anweisungs- oder Deskriptor-Handle). Hier der Funktionsprototyp für *SQLAllocHandle*:

```
RETCODE SQLAllocHandle(INTEGER HandleType, HANDLE InputHandle,
                       HANDLE * OutputHandle)
```

Anwendungen, die ODBC 3.0 verwenden, können statt der einzelnen Funktionen zur Allozierung auch *SQLAllocHandle* verwenden. Wenn ein ODBC 2.x-Treiber eingesetzt wird, bildet der Treiber-Manager *SQLAllocHandle* auf die entsprechende Handle-Funktion im Treiber ab.

Neue und umbenannte Optionsfunktionen

ODBC 2.x bietet Funktionen zum Setzen und Ermitteln von Optionen für Verbindungs- und Anweisungs-Handles. In ODBC 3.0 gibt es eine Funktion, mit der Umgebungsoptionen gesetzt und ermittelt werden können. Alle Funktionen wurden erweitert und umbenannt, um Argumente variabler Länge besser als unter ODBC 2.x zu unterstützen. Die neuen Funktionen sind *SQLGetEnvAttr, SQLGetConnectAttr, SQLGetStmtAttr, SQLSetEnvAttr, SQLSetConnectAttr* und *SQLSetStmtAttr*. Jede *Get*-Funktion hat zwei zusätzliche Argumente gegenüber ihren Äquivalenten unter ODBC 2.x. Die neuen Argumente beschreiben die Eingabe- und Ausgabelänge der Stringattribute. Jede *Set*-Funktion verwendet ein zusätzliches Argument, die Eingabelänge. Hier die Definition einer der neuen Funktionen, *SQLGetConnectAttr*:

```
SQLGetConnectAttr(
    HDBC hDBC,
    UWORD fAttribute,
    PTR rgbValue,
    SWORD cbValueMax,
    SWORD * pcbValue
    )
```

Der Aufruf von *SQLGetConnectAttr* ist äquivalent zum Aufruf von *SQLGetConnectOption*. Der Aufruf von *SQLGetConnectAttr* beinhaltet Argumente für die Pufferlänge (*cbValueMax*) und die Ausgabedatenlänge (*pcbValue*), die NULL sein können, wenn die Länge durch das Attribut definiert ist (wie es für ODBC 2.0-definierte Optionen der Fall ist). Der Treiber-

Manager bildet die Aufrufe von *SQLGetConnectOption* von ODBC 1.0- und ODBC 2.x-Anwendungen auf *SQLGetConnectAttr* in einem ODBC 3.0-Treiber ab:

```
#define SQLGetConnectOption(hDBC,fOption,vParam) \
        SQLGetConnectAttr(hDBC,fAttribute,vParam,NULL,NULL)
```

Neue und erweiterbare Fehlerbehandlung

Will eine Anwendung unter ODBC 2.x die Fehlerinformation ermitteln, die zurückgegeben wird, wenn eine ODBC-Funktion SQL_ERROR oder SQL_SUCCESS_WITH_INFO erzeugt, ruft sie *SQLError* auf. ODBC 3.0 führt das Konzept einer Diagnose-Datenstruktur ein, ebenso wie zwei neue Funktionen – *SQLGetDiagRec* und *SQLGetDiagField* –, mit denen auf die Felder dieser Datenstruktur zugegriffen werden kann. *SQLError* wird auf diese beiden Funktionen abgebildet. Der Vorteil dieser Methode ist, daß die Diagnose-Datenstruktur erweiterbar ist, so daß weitere Typen für Fehlerinformationen hinzugefügt werden können. Die Funktion *SQLError* kann nur die Typen der Fehlerinformationen zurückgeben, die in den Argumenten übergeben wurden, was nicht erweiterbar ist. In ODBC 3.0 haben Sie zum Beispiel die Möglichkeit, den Datenquellennamen zu ermitteln, der vom Fehler zurückgegeben wird, indem Sie das Attribut SERVER_NAME in *SQLGetDiagField* angeben. Ein zweiter Vorteil ist, daß das Lesen der Daten vom Deskriptorbereich nicht-destruktiv ist. Das bedeutet, Sie können einen Diagnosedatensatz mehrere Male lesen. Das ist insbesondere dann sinnvoll, wenn mehrere Komponenten die Diagnoseinformation lesen müssen, oder wenn die Fehlermeldung abgeschnitten wurde. Im letzteren Fall kann die Fehlermeldung erneut mit einem größeren Puffer eingelesen werden, um die Kürzung zu vermeiden.

ODBC 3.0 wird viele weitere solcher Veränderungen aufweisen, die dem ISO CLI-Standard entsprechen. Um einen umfassenderen Überblick über den neuen Standard zu erhalten, besorgen Sie sich ein Exemplar der X/Open CLI CAE-Spezifikation, die von X/Open bezogen werden kann.

9.2.1.2 Deskriptoren

Ein Deskriptor ist eine Datenstruktur, die Informationen über die Spalten in einer Ergebnismenge oder die Parameter in einer SQL-Anweisung enthält. Der Zugriff auf Deskriptoren erfolgt über Deskriptor-Handles, die mit der ODBC 3.0-Funktion *SQLAllocHandle* alloziert werden. Dabei werden SQL_HANDLE_DESC als *HandleType*-Argument und ein Verbindungs-Handle als *InputHandle*-Argument verwendet. Ein Deskriptor beschreibt eines der folgenden Dinge:

▪ Eine Menge von null oder mehr Parametern. Es gibt zwei Arten von Parameterdeskriptoren:

▪ Den Anwendungsparameterdeskriptor, der Informationen über Variablen enthält, die bei Spezifizierung von Informationen über einen Parameter, der von der Anwendung verwendet wird, benötigt werden.

▪ Den Treiberparameterdeskriptor, der Informationen über denselben Parameter enthält, nachdem möglicherweise eine Datenkonvertierung stattgefunden hat.

Eine Anwendung verwendet den Anwendungsparameterdeskriptor, um ihre Felder zu setzen, bevor sie eine SQL-Anweisung ausführt, die Parameter enthält, wie etwa

```
SELECT name,amtdue FROM customer WHERE city = ? and amtdue > ?
```

Im Treiberparameterdeskriptor können die Anwendungen verschiedene Datentypen spezifizieren, um die Datenkonvertierung für Argumente zu realisieren.

- Eine oder mehrere Zeilen Ergebnisdaten. Es gibt zwei Arten von Zeilendeskriptoren:

    Den Treiberzeilendeskriptor, der die Beschreibung einer Zeile aus der Datenbank enthält.

    Den Anwendungszeilendeskriptor, der die Beschreibung derselben Zeile enthält, nachdem möglicherweise eine Datenkonvertierung stattgefunden hat.

Die Anwendung arbeitet auf dem Anwendungszeilendeskriptor, wenn Spaltendaten aus der Datenbank in Anwendungsvariablen erscheinen müssen.

Deskriptorfelder

Jeder Deskriptor enthält ein Exemplar des Deskriptorheaders, der im folgenden noch beschrieben wird, sowie keinen oder mehr Deskriptordatensätze, die in der Liste beschrieben sind, welche der Deskriptorheaderliste folgt. Der Datentyp jedes Feldes wird mit einer neuen ODBC 3.0-Funktion spezifiziert, *SetDescField*. Bei einem Anwendungsparameterdeskriptor oder einen Treiberparameterdeskriptor beschreibt jeder Datensatz einen Parameter. Bei einem Anwendungszeilendeskriptor oder einem Treiberzeilendeskriptor beschreibt jeder Datensatz eine Spalte Daten.

Deskriptorheader

Jeder Deskriptor hat zwei Headerfelder:

- **COUNT** Dieses Feld spezifiziert die Anzahl der Datensätze, die Daten enthalten. Im allgemeinen muß die Komponente, die die Datenstruktur bestimmt (die Anwendung oder der Treiber) auch das Feld COUNT setzen, um zu zeigen, wieviele Datensätze es gibt. Wenn eine Anwendung eine Instanz dieser Datenstruktur alloziert, muß sie die Anzahl der Datensätze nicht angeben, um Platz dafür zu reservieren. Wenn die Anwendung den Inhalt der Datensätze spezifiziert, stellt der Treiber sicher, daß der Deskriptor-Handle auf eine Datenstruktur der korrekten Größe verweist.

- **ALLOC_TYPE** Dieses Feld spezifiziert, ob der Deskriptor automatisch durch den Treiber oder explizit durch die Anwendung alloziert wurde. Die Anwendung kann dieses Feld lesen aber nicht modifizieren.

Deskriptordatensatzfelder

Jeder Deskriptordatensatz hat die folgenden Felder:

- **TYPE** Ein numerischer Wert, der den SQL-Datentyp angibt.
- **LENGTH** Ein numerischer Wert, der die definierte Länge einer alphanumerischen Spalte

angibt. Der Wert wird durch die Anzahl der Zeichen in der Spalte ausgedrückt. Bei Zeichensätzen, bei denen Einträge über mehrere Bytes gehen, wie etwa UNICODE und JIS, ist das LENGTH-Feld kleiner als das OCTET_LENGTH-Feld, also die Anzahl der Bytes (siehe unten).

- **PRECISION** Ein numerischer Wert, der die Genauigkeit eines numerischen Datentyps angibt.

- **SCALE** Ein numerischer Wert, der die mögliche Größe eines numerischen Datentyps angibt. Für DECIMAL und NUMERIC ist das die definierte Größe. Für alle anderen Datentypen ist der Wert undefiniert.

- **NULLABLE** Ein numerischer Wert. Für Zeilendeskriptoren ist dieser Wert auf SQL_NULLABLE gesetzt, wenn die Spalte Nullwerte enthalten darf, auf SQL_NO_NULLS, wenn die Spalte keine Nullwerte enthalten darf, und auf SQL_NULLABLE_UNKNOWN, wenn nicht bekannt ist, ob die Spalte Nullwerte enthalten darf. Für Treiberparameterdeskriptoren ist dieser Wert immer auf SQL_NULLABLE gesetzt, weil dynamische Parameter immer Nullwerte annehmen können. Für Treiberparameterdeskriptoren kann die Anwendung den Wert dieses Feldes nicht modifizieren.

- **UNNAMED** Siehe NAME. Für Treiberparameterdeskriptoren kann die Anwendung den Wert dieses Feldes nicht setzen.

- **DATETIME_INTERVAL_CODE** Ein Integer-Datum/Zeit-Subcode, dessen Wert die Typen DATE, TIME und TIMESTAMP unterscheidet. Sein Wert kann SQL_CODE_DATE, SQL_CODE_TIME oder SQL_CODE_TIMESTAMP sein.

- **OCTET_LENGTH** Die Länge eines alphanumerischen String-Datentyps in Bytes. Dieser Wert schließt für Treiberzeilendeskriptoren das Begrenzungszeichen NULL immer aus, für Anwendungszeilendeskriptoren immer ein. Parameterdeskriptoren verwenden dieses Feld nur für Ausgabe- oder Eingabe/Ausgabe-Parameter.

- **INDICATOR_PRT** Ein Zeiger auf die Indikatorvariable. Für Anwendungszeilendeskriptoren ist dieser Wert SQL_NULL_DATA, wenn der Spaltenwert gleich NULL ist. Andernfalls ist er NULL. Für Anwendungsparameterdeskriptoren ist dieses Feld auf SQL_NULL_DATA gesetzt, um einen Parameterwert von NULL zu spezifizieren.

- **DATA_PRT** Der Zeiger auf eine Variable, die den Parameterwert (für Parameterdeskriptoren) oder den Spaltenwert (für Zeilendeskriptoren) enthält.

- **OCTET_LENTGH_PTR** Der Zeiger auf eine Variable, die die Gesamtlänge eines Parameters (für Parameterdeskriptoren) oder eines gebundenen Spaltenwerts (für Zeilendeskriptoren) in Bytes enthält. Für Anwendungsparameterdeskriptoren wird dieser Wert für alle Argumenttypen ignoriert, bis auf alphanumerische Strings und Binärwerte.

Eine Anwendung greift auf diese Felder über den Aufruf der Funktionen *SQLGetDescField* und *SQLSetDescField* mit dem entsprechenden Deskriptor-Handle zu. Diese beiden Funktionen und die entsprechenden Felder im Deskriptor realisieren dieselbe Funktionalität, die von mehreren der ODBC 2.x-Funktionen zum Ermitteln von Daten und Metadaten bereitgestellt wird: *SQLBindParameter, SQLNumResultCols, SQLNumParams, SQLDescribeCol, SQLBindCol, SQLGetData* und *SQLColAttributes*.

Deskriptoren unterstützen auch etwas, was momentan unter ODBC 2.x nicht möglich ist: die gemeinsame Nutzung von Metadaten für mehrere Anweisungs-Handles. Wenn Sie unter ODBC 2.x zwei Anweisungs-Handles haben, von denen jeder eine SQL-Anweisung enthält, die identische Parameter verwenden, müssen Sie für alle Parameter in beiden Handles *SQLBindParameter* aufrufen. Wenn Sie Deskriptoren verwenden, müssen Sie die Information nur einmal spezifizieren und können dann mit mehreren Anweisungs-Handles für dieselbe Verbindung denselben Deskriptor zuweisen.

9.2.2 Unterstützung des OLE-Datenzugriffs

Momentan werden bei Microsoft verschiedene OLE-Schnittstellen für die Manipulation von Tabellendaten entwickelt. Diese Schnittstellen definieren einen gemeinsamen Mechanismus für OLE-Anwendungen mit einer COM-Umgebung (Componente Object Model), so daß die Anwendungen alle Typen von Daten lesen, sie gemeinsam nutzen und damit interagieren können.

Um sicherzustellen, daß diese Schnittstellen für ODBC-Daten eingesetzt werden können, bietet Microsoft eine dem Treiber-Manager ähnliche Komponente, die OLE-Objekte bereitstellt und direkt auf den ODBC-Treibern aufsetzt. Diese Komponente kann mit jeder 32-Bit-Version von ODBC 2.x oder höher eingesetzt werden. Viele der Funktionen, die unter ODBC in der Version 3.0 hinzugefügt werden, bieten eine umfassendere und effizientere Funktionalität für die Datenverwaltung, als diese OLE-Schnittstellen bereitstellen. Ein ODBC 3.0-Treiber, der diese Erweiterungen unterstützt, bietet in der OLE-Umgebung eine bessere Performance und eine erhöhte Funktionalität. Diese Funktionen sind jedoch in jedem Fall ganz nützlich. Einige davon werden im folgenden beschrieben. Sie können in zwei große Kategorien eingeteilt werden: Verbesserungen beim Binden und Verbesserungen beim Positionieren.

- Verbesserungen beim Binden.

Mehrfaches Binden einer Spalte:

ODBC 3.0 unterstützt die Möglichkeit, dieselbe Spalte zu mehreren Speicherpositionen zu binden, möglicherweise mit unterschiedlichen Konvertierungen.

Optionen zum Binden langer Daten:

Unter ODBC2.x werden lange Daten variabler Länge immer zu einer Position fester Größe gebunden. Wenn mehrere lange Variablenwerte in einem einzigen Durchgang aus mehreren Spalten und möglicherweise auch aus mehreren Zeilen ermittelt werden, muß die Anwendung für jeden Wert einen Speicherplatz fester Größe allozieren. Das muß sogar so gehandhabt werden, wenn einige Spalten nur wenige Daten enthalten, weil die Anwendung nicht weiß, welche Spalten viele, welche Spalten wenige Daten enthalten. ODBC 3.0 führt einen neuen Stil für das Binden ein, der es der Anwendung ermöglicht, einen einzelnen Puffer anzugeben, in den Daten variabler Länge kopiert werden können.

Die Daten im Puffer werden zusammengefaßt. Statt eine feste maximale Größe für jedes Element anzunehmen, schreibt der Treiber die Daten hintereinander weg und verwendet einen gebundenen Zeiger, um die jeweilige Position in dem Puffer variabler Länge zu verwalten. Damit kann der Datenpuffer effizienter genutzt werden.

Schnelles Neubinden:

In vielen Fällen verwendet eine Anwendung einen Pufferbereich, der mehrere Zeilen aufnehmen kann. Ein Aufruf von *SQLFetch* oder *SQLExtendedFetch* würde möglicherweise nur einige der Zeilen im Puffer füllen. Wäre es nicht praktisch, wenn die Anwendung den restlichen Platz im Pufferbereich für die nächste Zeilenmenge nutzen könnte? Mit anderen Worten, es wäre doch schön, könnte man sagen: »Mein aktueller Bindebereich beginnt an der Position x. Ich will meine Bindungen jetzt an einen Offset von Position x verschieben.« Diese Operation besteht im wesentlichen daraus, jede Bindung durch einen angegebenen Offset zu modifizieren. Die einzige Möglichkeit, das unter ODBC 2.x zu realisieren, ist das neue Binden jeder Spalte, was einen erheblichen Aufwand bedeutet. Unter ODBC 3.0 wird ein neues Headerfeld eingeführt, BIND_OFFSET, das das schnelle Neubinden unterstützt.

- Verbesserungen für das Positionieren.

FETCH Find:

Es wird eine Möglichkeit geschaffen, eine Positionierung auf einen Datensatz in einem bereits geöffneten Cursor vorzunehmen. Wie das geht, wird in Abschnitt 9.2.3 beschrieben.

Verbesserte Unterstützung von Lesezeichen:

Lesezeichen variabler Länge werden eingeführt.

9.2.3 Neue oder verbesserte Funktionen, die die Entwickler gefordert haben

Die Entwickler, die ODBC zum Schreiben von Anwendungen oder Treibern einsetzen, haben für ODBC 3.0 zahlreiche Verbesserungen gefordert. In einigen Fällen wurden Funktionen aus der Arbeit der Standardisierungs-Gremien in ODBC 3.0 eingebaut. Im folgenden finden Sie einen kurzen Überblick über einige der neuen Funktionen, die für ODBC 3.0 vorgesehen sind.

9.2.3.1 Bessere Unterstützung großer Objekte

Wenn eine Anwendung unter ODBC 2.x eine Ergebnismenge erzeugt, die in einer oder mehreren Spalten lange Daten enthält, werden die gesamten Daten für dieses große Objekt vom Server übertragen, wenn die Anwendung eine Zeile holt. Betrachten Sie das folgende Szenario: Ein Benutzer durchsucht die Tabelle *Pictures*, die die Namen von Leuten und ihre Bilder enthält, wobei die letzteren in einer LONG VARBINARY-Spalte abgelegt sind. Die Anwendung hat die Anweisung SELECT * FROM PICTURES ausgeführt. Im Idealfall sollte die Anwendung jetzt die Namen der Leute anzeigen und dem

Benutzer die Möglichkeit bieten, einen Namen auszuwählen, für den dann das Bild angezeigt wird. Unter ODBC 2.x würde die Anwendung alle Bilder holen und sie in den Cache schreiben oder nur die Namen ermitteln und eine weitere SELECT-Anweisung ausführen, um die Werte für die Bilder zu ermitteln.

Es wäre sinnvoll, wenn die Anwendung zuerst den Namen ermitteln könnte, und dann einen Zeiger, der die Bildspalte verwaltet. Wenn der Benutzer dann das Bild sehen will, kann die Anwendung mit Hilfe des Handles den Server auffordern, die Bilddaten zu senden. Der nächste ISO SQL-Standard, SQL-3, wird ein Konzept eingeführt, das dem sehr nahe kommt: das Konzept der *Lokatoren* (Positionsgeber).

Es gibt zwei verschiedene Lokatortypen, deren Verwendung auf dem Datentyp basiert:

- Lokatoren für binäre große Objekte.

Dieser Lokator ist durch den Typ SQL_C_BINARY_LOCATOR definiert. Dieser Typ wird für die Identifizierung binärer Werte verwendet.

- Lokatoren für große alphanumerische Objekte.

Diese Lokator ist durch den Typ SQL_C_CHAR_LOCATOR definiert. Dieser Typ wird für die Identifizierung alphanumerischer Werte verwendet.

Im ODBC-API wird eine neue Funktion eingeführt, die auf Lokatoren arbeitet:

```
SQLLocator(hstmt, fOperation, hLocator, fCType, bValue, cbValueMax, pcbValue)
```

Die Funktion *SQLLocator* führt die Operation aus, die durch *fOperation* im durch *hLocator* angegebenen Lokator spezifiziert ist. Der Wert von *fCType* ist entweder SQL_C_CHAR oder SQL_C_BINARY. Die Verwendung von *rgbValue*, *cbValueMax* und *pcbValue* hängt von *fOperation* ab, das einen der folgenden Werte annehmen kann:

- SQL_LOCATOR_GET_DATA

SQLLocator schreibt die Daten in den Puffer, auf den *rgbValue* zeigt. *cbValueMax* ist die maximale Länge des Puffers *rgbValue*. Wenn *fCType* gleich SQL_C_CHAR ist, muß auch der Platz für das Byte für die Nullterminierung berücksichtigt werden. Die Semantik und die Verwendung von *pcbValue* sind ähnlich der Handhabung desselben Arguments in *SQLBindCol* und *SQLGetData*.

- SQL_LOCATOR_HOLD

Wenn der Treiber Lokatoren unterstützt, die persistent über die Transaktionsgrenzen hinweg genutzt werden können, verwendet die Funktion *SQLLocator* den Lokator, der in *hLocator* spezifiziert ist. *fCType* ist entweder SQL_C_CHAR_LOCATOR oder SQL_C_BINARY_LOCATOR. *rgbValue*, *cbValueMax* und *prbValue* werden nicht verwendet.

Lokatoren unterstützen den wahlfreien Zugriff auf lange Datenspalten.

9.2.3.2 Unterstützung von Parameterarrays mit zeilenweisem Binden

Unter ODBC 2.x ist es nicht möglich, ein äquivalentes zeilenweises Binden für Parameterwerte durchzuführen. Das heißt, Sie können ODBC kein Array mit Strukturen, das mit Datenwerten gefüllt ist, übergeben, damit es dieses an ein DBMS sendet. Unter ODBC 3.0 werden Arrays mit Parametern mit zeilenweisem Binden unterstützt.

9.2.3.3 Unterstützung von FETCH-Suchen

Die Programmierer haben vielfach darum gebeten, im Cursormodell von ODBC eine Möglichkeit zu schaffen, eine Zeile in der Ergebnismenge nach einem bestimmten Prädikat zu suchen. Betrachten Sie zum Beispiel eine Anwendung, die ein Listenfeld implementiert, in dem Namen aufgelistet werden. Bei einem typischen FETCH drückt der Benutzer die Taste F, und die Anwendung scrollt weiter bis zu den Namen, die mit dem Buchstaben F beginnen. Das würde bedeuten, daß die Zeilenmenge gesucht werden muß, deren erste Zeile das Prädikat *WHERE name LIKE 'F%'* erfüllt. ODBC 3.0 unterstützt die Möglichkeit, eine begrenzte Menge an Prädikaten zu definieren, um eine Positionierung auf eine Zeile der Ergebnismenge vorzunehmen, indem die neue *fFetchType*-Option in *SQLExtendedFetch* verwendet wird.

9.2.3.4 Verbesserungen hinsichtlich der plattformübergreifenden Portabilität

An mehreren Stellen in der ODBC-API werden Zeiger auf Long und Short Integer übergeben. Auf SPARCs und vielen anderen Prozessoren müssen diese Zeiger korrekt ausgerichtet sein, weil sonst ein Busfehler entsteht. Um dieses Problem zu lösen, führt ODBC 3.0 ein neues Verbindungsattribut ein, das die Zeigerausrichtung überprüft.

9.2.3.5 Klarheit über Spaltennamen, Spaltenaliase und so weiter

Unter ODBC 2.x ist es oft nicht klar, ob der Spaltenname, der von *SQLDescribeCol* und *SQLColAttributes* zurückgegeben wird, der Spaltenname, der Spaltenalias oder der Spaltentitel ist. Und es ist auch nicht klar, was die Treiber in den verschiedenen Situationen zurückgeben sollen. Um dieser Verwirrung ein Ende zu schaffen, führt ODBC 3.0 zwei neue Felder für den Deskriptordatensatz ein:

- COLUMN_LABEL

Gibt den Spaltentitel zurück, wenn die zugrundeliegende Datenquelle das unterstützt. Wenn nicht, wird ein leerer String zurückgegeben.

- BASE_COLUMN_NAME

Gibt den Basisspaltennamen für diese Spalte der Ergebnismenge zurück. Wenn es keinen solchen gibt (wie etwa im Fall von Spalten, bei denen es sich um Ausdrücke handelt), wird ein leerer String zurückgegeben.

Beachten Sie, daß das NAME-Feld des Deskriptordatensatzes den Spaltenalias zurückgibt, wenn es einen solchen gibt. Wenn nicht, wird der Spaltenname zurückgegeben.

9.2.3.6 Klärung der Aktualisierbarkeit einer Spalte

Unter ODBC 2.x gibt die Funktion *SQLColAttributes* ein Attribut namens SQL_COLUMN_UPDATABLE zurück, das anzeigt, ob die Spalte in der Ergebnismenge aktualisierbar ist. In vielen Fällen kann eine Spalte der Ergebnismenge nicht aktualisiert werden, auch wenn die Basisspalte diese Möglichkeit bietet. In einer Ergebnismenge zum Beispiel, die auf einem 1:n-Join basiert, kann die Spalte aus der »n«-Tabelle nicht aktualisiert werden.

Darüber hinaus ist die Aktualisierbarkeit einer Spalte in einer Ergebnismenge etwas anderes als die Aktualisierbarkeit der zugrundeliegenden Spalte in der Tabelle. Entsprechend führt ODBC am Ende der Ergebnismenge von *SQLColumns* die folgende Spalte ein:

- UPDATEABLE

Ein SMALLINT, nicht NULL. Die Spalte wird durch die Werte der definierten Konstanten beschrieben:

```
SQL_ATTR_READONLY
SQL_ATTR_WRITE
SQL_ATTR_READWRITE_UNKNOWN
```

Das beschreibt die Aktualisierbarkeit der Spalte in der Ergebnismenge.

Wenn nicht klar ist, ob die Spalte aktualisierbar ist, muß SQL_ATTR_READ_WRITE zurückgegeben werden.

9.2.3.7 Spezifizierung der Anzahl nebenläufiger asynchroner Anweisungen

Betrachten wir einen Treiber oder ein DBMS, die Ihnen erlauben, mehrere Anweisungsströme gleichzeitig auszuführen, wobei jedoch nur jeweils eine Anweisung asynchron ausgeführt werden kann. Wenn *hstmt1* den Status SQL_STILL_EXECUTING hat, kann *hstmt2* nicht ausgeführt werden, bis *hstmt1* seine Ausführung beendet hat (mit anderen Worten, bis *hstmt1* SQL_SUCCESS zurückgibt). Unter ODBC 2.x gibt es keine Möglichkeit für eine Anwendung, diese Information zu ermitteln. Deshalb führt ODBC 3.0 eine neue Informationsoption für *SQLGetInfo* ein:

- SQL_ASYNC_CONCURRENT_STATEMENTS

Diese Option gibt einen 16-Bit-Integerwert zurück, der die maximale Anzahl nebenläufiger aktiver Anweisungen spezifiziert, die ein Treiber für ein bestimmtes *hdbc* unterstützt. Wenn es keine bestimmte Anzahl gibt oder wenn die Anzahl unbekannt ist, wird 0 zurückgegeben.

9.2.3.8 Definition einer Struktur zum Speichern numerischer und dezimaler Daten

ODBC 3.0 definiert eine Struktur zum Speichern von SQL_DECIMAL- und SQL_NUMERIC-Zahlen, wie etwa für SQL_C_TIME, SQL_C_DATE, SQL_C_TIMESTAMP usw. Wenn eine Anwendung SQL_TIME-, SQL_DATE- oder SQL_TIMESTAMP-Daten ermittelt, kann sie anfordern, daß diese Daten in einem bekannten ODBC-Format übergeben werden, wie etwa SQL_C_TIME, SQL_C_DATE, SQL_C_TIMESTAMP. Beim Binden von Parametern kann es die Daten auch in diesem Format bereitstellen.

Unter ODBC 2.x können numerische und dezimale Datentypen nur als SQL_C_CHAR-Daten auf dem Client gespeichert werden, wozu eine Datenkonvertierung notwendig ist, selbst wenn Daten von einer Datenquelle, die NUMERIC oder DECIMAL unterstützt, auf eine Datenquelle, die ebenfalls NUMERIC oder DECIMAL unterstützt, kopiert werden. ODBC 3.0 stellt eine C-Struktur bereit, in der dezimale und numerische Daten gespeichert werden können:

```
#define MAXNUMERICLEN 16
typedef struct dbnumeric
{   // Interne Darstellung des Datentyps NUMERIC
    BYTE  precision; // Genauigkeit
    BYTE  scale;     // Größe
    BYTE  sign;      // Vorzeichen (1 für positiv, 0 für negativ)
    BYTE  val[MAXNUMERICLEN];   // Wert
} SQL_C_NUMERIC;
```

9.2.3.9 Eine bessere Installations-API

Die aktuelle Installations-API ist hinsichtlich der Fehlerbehandlung unzulänglich. In ODBC 2.x zum Beispiel gibt die Funktion *SQLConfigDataSource* FALSE zurück, wenn ein Fehler auftritt, aber das ist auch schon alles, was Sie darüber erfahren. Sie können keine weiteren Fehlerinformationen mit einer Funktion wie etwa *SQLError* ermitteln. Unter ODBC 3.0 gibt es eine neue Fehlerfunktion für die Installation, *SQLInstallError*, die Fehlerinformationen auf komplexere Weise verarbeitet. Darüber hinaus wird die Deinstallation aller ODBC-Komponenten unter ODBC 3.0 voll unterstützt.

9.3 Zusammenfassung

Dieses Kapitel hat Ihnen einen kurzen Einblick gegeben, was Sie in den nächsten Releases von ODBC erwartet. So lange DBMS-Hersteller und Standardisierungs-Gremien weitere Neuerungen schaffen, stellt ODBC sicher, daß Ihre Anwendungen all diese Neuerungen auf kompatible Weise nutzen können.

Anhang

ABC

ODBC und die Standardisierungs-Organisationen

Dieser Anhang bietet einen kurzen Überblick über die verschiedenen Industriekonsortien und Standardisierungs-Organisationen, die die Entwicklung von ODBC beeinflußt haben.

SQL Access Group

Die SQL Access Group wurde 1989 gegründet. Sie sollte die Akzeptanz formaler Standards beschleunigen, um die *Portabilität* (die Möglichkeit, daß ein Programm auf verschiedenen Hardwareplattformen läuft, ohne daß größere Änderungen am Code notwendig werden) und die *Interoperabilität* (die Möglichkeit, daß ein Programm auf verschiedene Datenquellen in einem Netzwerk zugreift) für Datenbankapplikationen zu verbessern.

Dazu hat sich diese Gruppe zunächst mit zwei Technologien beschäftigt: mit eingebettetem SQL der Portabilität halber, und mit RDA (Remote Data Access) als Standarddatenprotokoll für die Interoperabilität. Schon sehr früh stellten einige Mitglieder fest, daß sich die Gruppe neben dem eingebetteten SQL auch um eine CLI kümmern sollte. Irgendwann (1991) wurde die Arbeit an der CLI begonnen. (Wie das genau war, können Sie in den Einschüben "Die Story" in Kapitel 1 nachlesen.)

In den ersten Jahren war jeder größere DBMS-Hersteller, mit Ausnahme von IBM, Mitglied der SQL Access Group. Mit der Zeit wurde die Beziehung zwischen X/Open und der SQL Access Group enger und IBM brachte willkommene Beiträge zu den technischen Konferenzen unter der Leitung von X/Open.

Die Gruppe traf sich alle vier bis sechs Wochen. Es gab drei Untergruppierungen innerhalb der SQL Access Group: Das Managementkomitee, das die allgemeine Leitung und Administration übernahm, das API/CLI-Komitee, das an den Spezifikationen für eingebettetes SQL und CLI arbeitete, und das FAP-Komitee (Formats and Protocols), das die RDA-Spezifikation entwickelte. Die Firmen, die aktiv an diesem Prozeß teilnahmen, sandten ihre Vertreter zu den Treffen dieser Untergruppierungen, auch wenn nicht jede Firma Beiträge in jeder dieser Untergruppen leistete.

Das CLI-Komitee arbeitete mit einem *Basisdokument*, das den aktuellen Stand der Spezifikation darstellte. Die Mitglieder brachten bei jedem Treffen Vorschläge, wie die Spezifikation weiterentwickelt und geändert werden konnte. Die Veränderungsvorschläge wurden diskutiert und die Mitglieder stimmten darüber ab. Akzeptierte Verbesserungsvorschläge wurden dem Protokollführer für das Basisdokument übergeben und in die nächste Version eingearbeitet. Auf diese Weise wurde das Basisdokument modifiziert, bis das Komitee der Ansicht war, es hätte sein beabsichtigtes Ziel erreicht. Anschließend wurde das Dokument X/Open zur Veröffentlichung übergeben. Das Dokument wurde auch an die ANSI- und ISO SQL-Komitees weitergegeben, als Vorschlag für einen neuen Bindungsstil für SQL (neben eingebettetem SQL und Modulen).

Ende 1994 schloß sich die SQL Access Group formal mit X/Open zusammen und verfolgt jetzt ihre Ziele als technische Arbeitsgruppe innerhalb von X/Open.

ODBC und die SQL Access Group

Das Basisdokument für die CLI-Spezifikation der SQL Access Group war eine Untermenge einer frühen ODBC-Version (die damals bei Microsoft noch als SQL Connectivity bezeichnet wurde). Nachdem die Untermenge von der SQL Access Group als Basisdokument akzeptiert worden war, wurde im September 1991 ein Komitee gegründet, das weiter daran arbeiten sollte. Nach fast einem Jahr mit vielen Konferenzen wurde die erste Version, Snapshot, von X/Open veröffentlicht.

Im März 1992 gab Microsoft die erste Beta von ODBC heraus und initiierte eine Entwicklerkonferenz. Im September desselben Jahres veröffentlichte Microsoft die Version 1.0 von ODBC. Eine Untermenge von ODBC basierte auf der CLI-Spezifikation der SQL Access Group, wie sie im Frühjahr 1992 vorgelegen hatte. Das technische Komitee der SQL Access Group arbeitete jedoch weiter an der CLI-Spezifikation, so daß CLI und ODBC bald voneinander abwichen. Anfang 1994 beschloß die SQL Access Group, die Arbeit an CLI so weit wie möglich der ODBC-Stufe-1-Kompatiblität anzupassen, wobei jedoch die zahlreichen Verbesserungen beibehalten wurden, die das Komitee für die Spezifikation geschaffen hatte.

Microsoft will jetzt die neuen Funktionen vom CLI-Komitee übernehmen und in ODBC Version 3.0 berücksichtigen.

X/Open

X/Open hat eng mit der SQL Access Group zusammengearbeitet, um die dort geschaffenen Spezifikationen in seine extensive Dokumentationsserie, den X/Open Portability Guide (XPG) aufzunehmen. X/Open stellte für die SQL Access Group die Verbindung zur Öffentlichkeit her.

X/Open hatte eine etwas andere Rolle als die formalen Standardisierungs-Organisationen, weil es die Entwickler in Portabilitätsfragen unterstützte. X/Open definiert sogar Ergänzungen zur Sezifikation, um den Entwicklern zu helfen, Protabiltät zu erlangen, wenn die Standardisierungs-Organisationen das nicht tun. Der SQL-Standard bietet zum Beispiel keine Syntax zum Erzeugen und Löschen von Indizes, was jedoch für jedes kommerzielle DBMS benötigt wird. Statt das stillschweigend hinzunehmen, definierte X/Open eine einfache Syntax für eine grundlegende Index-Funktionalität und überläßt es den DBMS-Herstellern, erweiterte Funktionen einzuführen, falls diese benötigt oder gewünscht werden.

X/Open muß jedoch den ISO-Standards folgen, wenn solche existieren. X/Open schafft nur dann Erweiterungen oder Modifizierungen, wenn ein technischer Bereich nicht definiert ist oder weiter definiert werden muß, um die Portabilität zu vereinfachen.

X/Open war nicht direkt an ODBC beteiligt. Die einzige Verbindung zu ODBC ist seine Arbeit in der SQL Access Group.

ANSI

Wie bereits in Kapitel 1 erwähnt, ist ANSI (American National Standards Institute) eine Organisation der US-Regierung, die Standards (Normen) in vielen Bereichen von Handel und Industrie einführt. Auch in vielen Bereichen der Computertechnologie gibt es ANSI-Standards. Das trifft auch für Programmiersprachen und Datenbanksprachen wie etwa SQL zu. Das ANSI-Komitee, das für Datenbanksprachen zuständig ist, heißt X3H2. Es trifft sich fünf- oder sechsmal im Jahr zu Konferenzen. Das X3H2-Komitee hat 1986 den ersten SQL-Standard definiert, der neueste stammt von 1992.

Das ANSI-Komitee arbeitet jedoch auch mit anderen Ländern zusammen. In der ISO (Internationale Standardisierungs-Organisation) ist ANSI nur ein Mitglied (mit einer Stimme). Abgeordnete des ANSI-Komitees vertreten die USA bei ISO-Konferenzen, die zweimal im Jahr stattfinden.

Im Oktober 1992 wurde das Arbeitskonzept der SQL Access Group für die CLI-Spezifikation an das ANSI SQL-Komitee weitergegeben. Das Dokument wurde als neues Basisdokument akzeptiert und wird irgendwann als neuer Bindungsstil in den SQL-92-Standard aufgenommen.

Das ANSI-Komitee hat mit der SQL Access Group und mit X/Open zusammengearbeitet, um die CLI-Spezifikation zu verbessern. Ein Großteil der technischen Fragen wurden von der SQL Access Group und von X/Open gelöst, während ANSI hauptsächlich als Vermittler zu der übergeordneten Standardisierungs-Organisation, ISO, agierte.

ISO

ISO ist ein weltweiter Zusammenschluß nationaler Standardisierungs-Organisationen. ANSI ist eine solche nationale Standardisierungs-Organisation. Andere aktive Standardisierungs-Organisationen kommen unter anderem aus Großbritannien, Kanada, Japan, Deutschland und Frankreich.

Im November 1992 wurde in Canberra, Australien, die CLI-Spezifikation, die ANSI von der SQL Access Group vorgelegt wurde, an das ISO DBL-Komitee (das Komitee für Datenbanksprachen) weitergegeben. Dieses Dokument wurde als das CLI-Basisdokument der ISO akzeptiert.

Im August 1994 führte die ISO mehrere Veränderungen durch, die die ISO-Version der CLI der Stufe-1-Kompatibilität von ODBC sehr nahe bringen. Wie ich bereits erwähnt habe, versucht Microsoft, die notwendigen Änderungen gemäß des ISO-Standards in

ODBC 3.0 zu realisieren, so daß eine Untermenge von ODBC mit dem ISO-Standard kompatibel ist.

Zum Zeitpunkt der Drucklegung dieses Buches ist die ISO-CLI möglicherweise schon als internationaler Standard anerkannt, weil Mitte 1995 eine ISO DBL-Konferenz in Ottawa, Ontario stattfindet. Wenn alle geplanten Veränderungen akzeptiert werden, wird die CLI zu einer Ergänzung des aktuellen SQL-92-Standards.

Literatur

Jim Melton und Alan R. Simon. *Understandig the New SQL: A Complete Guide*. Morgan Kaufman Publishers, 1993. Anhang F bietet eine ausgezeichnete Beschreibung der nationalen und internationalen Standardisierungs-Organisationen.

Stichwortverzeichnis

32-Bit-Datenbankapplikationen 22
3D-Steuerelemente 435
3GL 65
4GLs 43, 65

A

Abfragesprache 32
ABSOLUTE 368
Ad-hoc-Abfragewerkzeug 24
Ada 43
Aktualisieren
   positioniertes 195, 199, 255
ALLOC_TYPE 439
American National Standards Institute 20, 451
Analyse-Applikationen 24
Andyne GQL 25
ANSI 20, 451
Anweisungen, nebenläufige asynchrone 445
Anweisungs-Handles 154
   mehrere 290
Anweisungsoptionen 131
Anwendungen 38, 111, 112
   angepaßte 25, 27
   verteilte 29
Anwendungsentwickler 26
Anwendungsparameterdeskriptor 439
Anwendungsschnittstelle 19
Anwendungszeilendeskriptor 439
API 19
API-Konformität 222
Application Programming Interface 19
Ausführung
   asynchrone 163
   synchrone 163
Ausführungsmodelle, SQL 161
AUTO_COMMIT 264
AUTO_INCREMENT 215

B

Basisdokument 449
BENCH 305, 306, 310
   Benutzeroberfläche 313
   Datenquelle
      Verbindungsaufbau 314
   Implementierung 321
   Statistik 319
Bench-Menü 315
Benchmark 310
   ausführen 316, 326
Benchmark-Beispiel 305
Benchmark-Tabellen
   laden 315
Benutzer 23
Benutzeroberfläche 38
Benutzerschnittstelle, grafische 40
Bereichssperre 86
Betriebssysteme 22
Bezeichner
   qualifizierende 235
Binary Large Objects 78
Binden 52, 80, 102, 166, 167, 441
   lange Daten 441
   spaltenweises 171
   zeilenweises 169, 405
Bindungen 307
Blob-Daten, kopieren 364
Blobs 78
Blueprint 74, 116
Boolesche Werte 204
Brio DataPrism 25
BSI 21
Bytes lesen 68
Bytes schreiben 68
Bytestrom 68, 99

C

C 43
C++-Klassen 22
C++-Klassenbibliothek 308, 375, 383
Call Level Interface 20, 61
Call-by-reference 229
Call-by-value 229
CARDINALITY 346
Carrier Sense Multiple Access with Collision Detection on 98
CASE_SENSITIVE 214
CLI 20, 61
CLI und DBMS 62
CLI-Architektur 63
CLI-Spezifikation 436
Client/Server-Architektur 42, 83, 94, 109, 110
Client/Server-Architektur, Client 94
Client/Server-Architektur, Server 97
Client/Server-Datenbanken 77
Client/Server-Modell 93
Client/Server-ODBC-Systeme 305
Client/Server-Programmierung 83, 84, 229
Client/Server-Systemarchitektur 42
Client/Server-Systeme 41
close 68
COBOL 43
Codierregeln 103
COLFMT 102
COLLATION 346
COLNAME 102
COLUMN_NAME 346
COM-Umgebung 441
Componente Object Model 441
CONCURRENCY 261
ConnectionRead 101, 242
Connectivity 19, 67
CONVERT 132
COUNT 439
CPPSMPL 308, 375
 Benutzeroberfläche 375
 Implementierung 376
 Klassenkodierung 380
CREATE_PARAMS 212
CSMA/CD-Protokoll 98
Cursor 57, 173, 252, 256
 durch Schlüsselmengen gesteuerte 175
 dynamische 175, 178, 183, 197
 erweiterte dynamische 59
 »fette« 255
 kombinierte 183, 198
 konventionelle 175
 mehrzeilige 403
 öffnen 259
 Schlüsselmenge 178, 181, 196
 simulieren 196
 SQL-92 175
 statische 175, 178, 179
 zeilenweise binden 309
Cursorbibliothek 81, 195, 254
Cursormodell 173, 179
 Vergleich 254
Cursorstabilität 184
Cursortypen 175, 184

D

Data Source Name 132
DATA_PRT 440
DATA_TYPE 209
DATA_TYPE SQL_CHAR 268
Database Management System 20
DataLens 116
DATE 206, 226
Datei-I/O 68
Datei-Management-Systeme 37
Dateien
 flache 68
 öffnen 68
 schließen 68
Dateiserver 85
Dateisystem
 Abfragen 282
Daten 161
 aktualisieren 263
 direkt ermitteln 165
 einfügen 324
 kopieren 297, 349
 löschen 263
 scrollen 258
 unstrukturierte 68
Daten-Container 28
Datenbank 86, 156, 243
 Daten kopieren 297
Datenbank-API 38
Datenbank-API-Komponente 110
Datenbank-Architekturen 37, 77
Datenbank-Connectivity 26, 27, 30, 67, 97
Datenbank-Connectivity-Standard 23
Datenbank-Management-System 19, 20

Stichwortverzeichnis

Datenbank-Treiber 67
Datenbank-Verknüpfung 22
Datenbanktypen 19
Datenbankzugriff 19
Datenmanipulation 23
Datenprotokoll 41, 77, 98
Datenquelle 32, 111, 132, 134, 158, 161, 233
  Daten ermitteln 165
  dynamisch erzeugen 282
  mehrere 33
  Verbindungsaufbau 314
Datenquellennamen 133
Datensatz
  lesen 72
  löschen 72
  schreiben 72
  Sperre aufheben 72
Datenspeicher 39
Datentypen 200, 267, 269
  benutzerdefinierte 267, 268
  binäre 206
  Länge 210
  numerische 203
    annähernde 206
  selbstinkrementierendeer 207
  Vorzeichen 215
Datentypnamen 209
Datentypumwandlung 131
Datenunabhängigkeit 70
Datenzugriff 31, 67, 71
DATETIME 226
DATETIME_INTERVAL_CODE 440
Datum 226
Datumsdatentypen 206
Datumsfunktionen 228
DB-Library 63, 96, 239
DB2/6000 47
dBASE 73
dBASE-Treiber 124
DBMS 19, 20, 39
  Einschränkungen 26
  Portabilität 41
  Programmierschnittstelle 35
  relationale 37, 77
    Programmiersysteme 39
  Zugriff ohne ODBC 35
DBMS und CLI 62
DBMS-Hersteller 29
DBMS-Katalog 128

DBMS-Unabhängigkeit 19
dbrpcsend 266
DECIMAL 288
Deinstallieren 435
Deskriptordatensatzfelder 439
Deskriptoren 56, 438
Deskriptorfelder 439
Deskriptorheader 439
Desktop-Datenbanken 37, 73, 75, 76
  ISAM-Dateien 81
DIN 21
Dirty Read 184
Distributed Relational Database Architecture 79, 99
DLLs 33
DRDA 79, 99
Drei-Stufen-Architektur 122
Drei-Stufen-Treiber 121
Dreier-Gang 116
DSN 132
  systemweite 435
DSN-Registrierung 308
Dummer Client/Intelligenter Server 90
Dummes Terminal/Intelligenter Server 90
Dynamic Link Library 33, 114

E

Ein-Stufen-Architektur 117
Ein-Stufen-Treiber 117
Einfachheit 25
Einfügen, schnelles 301
Eingaben ermitteln 55
Eingebettetes SQL 20, 43
Embedded SQL 20, 43
Entwicklungswerkzeug-Entwickler 26
Entwicklungswerkzeuge 65
Ergebnismenge 57
ExecDirect 162
EXECUTE 245
EXECUTER 307

F

Fairfield Software Clear Access 25
fCopyText 301, 303
Fehler-Rückgabewerte 275
Fehlerbehandlung 125, 438
Fehlerinformationen 273

Fehlerverarbeitung 274
Fenster, virtuelles 167
FETCH-Suchen 444
Fetch-Typen 368
FILTER_CONDITION 347
FIPS 127 191
FIRST 368
Flexibilität 24
Flußsteuerung 43
FORTRAN 43
Fremdschlüssel 58
Funktion
    numerische 228
    skalare 227
Funktionalität 28

G

Geschäftsregeln 95
gespeicherte Prozeduren 163
GetInput 54
GetProcAddress 115
Gleitkommazahlen 206
Groß-/Kleinschreibung 214
GUI 40
Guptas SQL 27

H

Handles 149, 273
    allozieren 437
hdbc 153
Headerdateien 435
Hello World 276
HELLO.C 278
henv 152
Hinweisschema 125
Hoffnung-daß-keine-Konflikte-entstehen-
    Ansatz 263
HOLDLOCK 131
Hostsprache 43
Hostvariablen 44
Hotelreservierungssystem 310, 419
hstmt 154
hstmts 265

I

IBM 3270 41
IBM DB2 20

IBM-DRDA 52
Impedanzfehler 106
Import-Bibliothek 115
Independant Software Vendor 23
Index 71
    ermitteln 342
    selektieren 72
Index Sequential Access Methods 67
INDEX_NAME 345
INDEX_QUALIFIER 345
Indexed Sequential Access Method 39
INDICATOR_PRT 440
Information Hiding 149
Informationsfunktionen 130
INSENSITIVE 176
Installations-API 446
Integer 204
Intelligenter Client/Dummer Server 85, 89
Intelligenter Client/Intelligenter Server
    93, 103
International Organization for
    Standardization 21
Interoperabilität 216, 449
Intersolv Q+E 25
isaddindex 72
ISAM 39, 67
    Datensatzorientierung 72
    Einzelbenutzerausrichtung 73
ISAM-Datei 81
    Index hinzufügen 72
    Index löschen 72
    öffnen 72
    schließen 72
    sperren 72
ISAM-Modell 70
ISAM-Schnittstelle, Funktionsaufrufe 71
isclose 72
isdelcurr 72
isdelindex 72
islock 72
ISO 20, 451
ISO CLI-Funktionen 437
ISO CLI-Standard 436
ISO Remote Data Access-Protokoll 99
Isolationsstufen 191
isopen 72
isread 72
isrelease 72
isstart 72
isunlock 72

ISV 23
ISVs 21
iswrite 72

K

Katalog 46
Katalogfunktionen 128
Kern-Konformität 222
Kern-SQL 225
Klassen 22, 375
  Codierung 380
Klassenbibliothek 308, 375, 383
Kommunikationssoftware 39
Kompatibilität 221
Konformität 223
Konformitätsstufen 221
Konsistenz 174
Kontextinformationen 149
Konvertierung 52
Konvertierungsfunktion 229
Kopieren, Optionen 347

L

Lader, Daten einfügen 324
Längen-Argumente 274
lclose 68
LENGTH 439
LITERAL_PREFIX 211
llseek 68
LoadLibrary 115, 140
LOCAL_TYPE_NAME 216
LOCK TABLE 131
LOCKCC 261
locking 86
Lokalisierung 435
Lokatoren 443
  alphanumerische Objekte 443
  große Objekte 443
lopen 68
Löschen
  positioniertes 195, 255
  Suche 199
lread 68
lseek 68
lwrite 68

M

magic cookie 273
MAXIMUM_SCALE 216
MDI-Formular 421
Mehrbenutzerzugriff 87
Melton, Jim 36
Metadaten 102
MFC 383
Microsoft Access 21, 73
Microsoft Access-Datenbank,
  erzeugen 290, 296
Microsoft Access-Treiber, Abfragen 299
Microsoft Data Access API 96
Microsoft Excel 21
Microsoft Foundation Classes 383
Microsoft ODBC 2.0 Programmer's
  Reference 79
Microsoft Query 25, 268
Microsoft SQL Server 20, 100, 239
Microsoft SQL Server 6, Cursor 256
Microsoft SQL Server, Anmeldung 159
Microsoft SQL Server, Architektur 240, 241
Microsoft SQL Server, Cursor 252
Microsoft SQL Server, Datenbank 243
Microsoft SQL Server für Windows NT 21
Microsoft SQL Server, Login-Feld 244
Microsoft SQL Server, Verbindungsaufbau 242
Microsoft Visual Basic 21, 27
Microsoft, Visual C++ 21
Microsoft Word 21
Middleware 119
Minimales SQL 224
MINIMUM_SCALE 216
Modus, synchroner 146
MONEY 215
Multiversionstechnik 181
MUMPS 43

N

Nachrichten 99
Nachrichtenheader 100
Nachrichtenübertragung 99
Nebenläufigkeit 86
Nebenläufigkeitssteuerung 174, 189
Nebenläufigkeitssteuerung, optimistische 189
Nenner, kleinster gemeinsamer 216
Net-Library 78
Netware SQL-Treiber 160

Netzwerk-/Kommunikationssoftware 39
Netzwerkbibliothek 239, 240
Neubinden 442
NEXT 368
NON_UNIQUE 345
NULLABLE 214, 440
Nullwerte 214
NUMERIC 288

O

OBDC-Treiber für Microsoft SQL Server 6 264
Objekte, große 442
objektorientierte Programmierung 22
OCI 63
OCTET_LENGTH 440
OCTET_LENTGH_PTR 440
ODBC 19, 22, 149, 208
   Abfragen 138
   Anwendungen 112
   Aussichten 435
   Beispiele 305
   Cursorbibliothek 195, 254
   Cursormodell 173
   Datenbank-Architekturen 77
   Datenquellen 132
   Design 111
   Design-Überblick 31
   Industriestandard 21
   Programmierschnittstelle 31
   SQL Access Group 450
   SQL Datenquellen 137
   SQL-Ausführungsmodelle 161
   Treiber 117
   Treiber-Manager 112
   Verbindungsmodell 155
   Visual Basic 309
ODBC 2.5 435
ODBC 3.0 436
ODBC-API 19, 22
ODBC-Architektur 34, 83, 109
   Komponenten 111
ODBC-Benchmark-Beispiel 305
ODBC-Bindungen 307, 403
ODBC-Cursortypen 177
ODBC-Datentypen 200, 203
ODBC-Funktionen
   Längen-Argumente 274
   ODBC 3.0 437

ODBC-Handles 149
   Hierarchie 150
ODBC-Katalogfunktionen 306
ODBC-Programmierung 273
ODBC-Standard-Skalarfunktion, Escape-Klausel 282
ODBC-Treiber 239
   für Microsoft SQL Server 239
      Systemarchitektur 241
   Performance 306
ODBC-Typnummer 209
ODBCAcc 290
ODBCACC.C 296
ODBCAcc2 301
ODBCAUTO 308, 383
ODBCAUTO, Benutzeroberfläche 384
ODBCAUTO.DLL, Implementierung 387
ODBCBNCH.CSV 319
ODBCFile 282, 286
ODS-Komponente 242
OLE Automation-Server 308, 383
OLE-Datenzugriff 441
OLTP 126
OLTP-Performance 305
open 68
Open Data Services 242
Open Database Connectivity 19, 208
Open SQL 96
Optionsfunktionen 130, 437
Oracle 7 Server 20
Outer-Joins 227

P

PAGES 346
Paradox 73
Parameter 52
Parameterarrays 444
Parameterdeskriptoren 438
Pascal 43
PC-Dateiserver-Architektur 83
PC-Dateiserver-Modell 85
   Nachteile 87
PDA 29
Performance 28
Persistent Stored Module 107
Personal Digital Assistant 29
pfSQLType 203
PL/I 43

Portabilität 77, 444, 449
Positionieren 442
Positionsgeber 443
Powersofts PowerBuilder 27
PRECISION 210, 440
PREPARE 53, 60, 80, 245
Prepare/Execute-Modell 162
Primärschlüssel 58
PRIOR 368
Pro*C 2.1.1 49
Programmiermodell 37
  adaptives 34
Programmierung
  adaptive 219
  objektorientierte 22
Prozeduren
  gespeicherte 107, 163, 229, 265, 306
    auflisten 267
    Visual Basic 309, 412
  temporäre gespeicherte 265
Pseudospalte 207
PSM 107

R

RAD 27
RAD-Werkzeuge 65
Rapid Application Development 27
Rapid Application Programming Tool 65
RDA 78, 99
read 68
READ COMMITTED 184, 185
READ CONSISTENCY 185
READ UNCOMMITTED 184
READ_UNCOMMITTED 131
Rechenleistung, Zentralisierung 91
REGISTER 308
RELATIVE 368
REMARKS 339
Remote Procedure Calls 99, 103, 266
REPEATABLE READ 184
Replikation 29
Richard D. 36
RPC 103, 242
RPCs 99, 266
Rückgabewert 274
RunQuery 299

S

SCALE 440
Schema-Informationstabellen 128
Schlüssel 196
Schlüsselmenge 175, 178
Schnittstelle, zu Datenquellen 32
Schreib/Lesezeiger 68
Schreibsperre 86
Scroll-Operationen 194
Scrollen 262
  Aggregate 198
  dynamisches 198
Scrolling 194
SEARCHABLE 215
seek 87
Select, blanker 58
SELECT-Anweisung 282
SENSITIVE 176
SEQ_IN_INDEX 346
Serialisierbarkeit 174
SERIALIZABLE 131, 179, 184, 191, 261
Server/Terminal-Architektur 83
Server/Terminal-Modell 84, 90
Setup-Programm 231
SETUP.EXE 231
Simon, A.R. 36
skalare Funktion 227
sp_cursopen 256
sp_cursorfetch 257
Spalten 31, 68, 130
  binden 166
Spaltenaliase 444
Spaltennamen 444
Sperre 71
  exklusive 86
Sperren 174, 189
Sperrfunktionen 86
Sperroperation 86
Sperrprimitive 71
Sprach-Ereignis 101
Sprache, 4. Generation 65
SQL 31, 32
  dynamisches 43, 52
    Beispiel 53
    Parameter 52
  echtes statisches 52
  eingebettetes 20, 43, 77
    C-Beispiel 44
  erweitertes 225

erweitertes dynamisches 44, 59
  Flexibilität 60
  Mengenorientierung 72
  Präfix 201
  statisch 43
  statisches 44
SQL *Net-Protokoll 99
SQL Access Group 21, 192, 449
  ODBC 450
SQL Connectivity 116
SQL Descriptor Area 56
SQL Server TDS 99
SQL*Net 78
SQL-Anweisung
  aktivieren 131
  Ausführung 147
SQL-Ausführungsmodelle 161, 163
SQL-Executer-Beispiel 307
SQL-Konformität 224
SQL-SELECT-Anweisung 282
SQL-Umwandlung 127
SQL_ADDON 199
SQL_ASYNC_CONCURRENT_STATEMENTS 445
SQL_BIGINT 204
SQL_BINARY 206
SQL_BIT 204
SQL_C 201
SQL_CHAR 203
SQL_CONCUR_LOCK 190
SQL_CONCUR_READ_ONLY 190
SQL_CONCUR_ROWVER 190
SQL_CONCUR_VALUES 190
SQL_CURSOR_DYNAMIC 258
SQL_CURSOR_TYPE 258
SQL_DATA_SOURCE_READ_ONLY 348
SQL_DECIMAL 204
SQL_DOUBLE 206
SQL_ERROR 275
SQL_FETCH_NEXT 259
SQL_FETCH_RELATIVE 262
SQL_FLOAT 206
SQL_INTEGER 204
SQL_INVALID_HANDLE 275
SQL_LOCATOR_GET_DATA 443
SQL_LOCATOR_HOLD 443
SQL_LOCK_EXCLUSIVE 264
SQL_LONGVARBINARY 206
SQL_LONGVARCHAR 203
SQL_MAX_COLUMN_NAME_LEN 348

SQL_NEED_DATA 275
SQL_NEED_LONG_DATA_LEN 348
SQL_NO_DATA_FOUND 102, 275
SQL_NUMERIC 204
SQL_REAL 206
SQL_ROWSET-SIZE 255
SQL_ROWSET_SIZE 258
SQL_SC_NON_UNIQUE 256
SQL_SIMULATE_CURSOR 256
SQL_SMALLINT 204
SQL_SPECIAL_CHARACTERS 348
SQL_STILL_EXECUTING 275
SQL_SUCCESS 275
SQL_SUCCESS_WITH_INFO 275
SQL_TININT 204
SQL_VARBINARY 206
SQL_VARCHAR 203
SQLAllocConnect 138, 141, 153, 437
SQLAllocEnv 138, 141, 278
SQLAllocenv 152
SQLAllocHandle 437
SQLAllocStmt 145, 154, 437
SQLBindCol 102, 166, 290, 307
SQLBindParameter 246, 290, 309
SQLBrowseConnect 160
SQLC 116
SQLColAttributes 102, 282
SQLColumns 130, 306
SQLConfigDataSource 296, 308
SQLConnect 139, 142, 157
SQLDA 56
SQLDA-Datenstruktur 56
SQLDataSources 130
SQLDescribeCol 102, 282
SQLDriverConnect 157, 245, 247, 306, 314
SQLDrivers 130, 135
SQLError 125, 273, 274, 438
SQLExecDirect 99, 101, 145, 306
SQLExecute 245, 290, 306, 307
SQLExtendedFetch 167, 171, 194, 255, 307, 309
SQLExtendedFunction 171
SQLFetch 102, 194
SQLFreeEnv 152
SQLFreeStmt 154
SQLGetConnectAttr 437
SQLGetData 165, 166, 307
SQLGetDiagField 438
SQLGetDiagRec 438
SQLGetFunctions 130

Stichwortverzeichnis 461

SQLGetInfo 306, 348
SQLGetInstalledDrivers 308
SQLGetTypeInfo 130, 208, 267, 306
SQLInstallODBC 232
SQLMoreResults 307
SQLNumResultCols 282
SQLParamOptions 240
SQLPrepare 80, 245, 290, 306
SQLProcedureColumns 267
SQLProcedures 267
SQLPutData 307
SQLSetPos 171, 199, 263, 301
SQLSetStmt 255
SQLSetStmtOption 190, 257, 307
SQLSpecialColumns 130, 191, 196, 207
SQLSTATE 125, 288
SQLStatistics 130, 196, 306
SQLTables 129, 236, 306
SQLTransact 240, 290
Standard TCP-B 313
Standard-Datenprotokoll 78
Standard-Fehlercodes 125
Standard-Programmierschnittstelle 28
Standardisierungs-Organisation 21, 449
Standards 20, 451
Status, allozierter 153
Status, verbundener 153
Status-Dialogfeld 364
Statusarray 171
String-Funktionen 228
Structured Query Language 31, 32
Stub 104
Stub-Bibliothek 104
Stufe 1 223
Stufe 2 223
Suche 199
Sybase SQL Server 20
Symboltabelle 52
Systeme
　relationale
　　Programmiermodelle 43
　zentrale 39
Systemfunktionen 229

T

Tabellen 31, 129
　dynamisch erzeugen 208
　kopieren 306, 331
Tabellenliste 334

Tabellennamen ermitteln 129
TABLE_NAME 339, 345
TABLE_OWNER 339, 345
TABLE_QUALIFIER 339, 345
TABLE_TYPE 339
Tabular Data Stream 99, 241
TBLCPY 306, 331
TD 99
TDS-Protokoll 78, 241
Terminal, dummes 90
Terminalemulator 83
Terminalprogramm 41
Terminalprotokoll 40
Text-Treiber, Abfragen 299
TIME 206, 226
TIMESTAMP 206, 226, 288
TLV-Paradigma 99
TPC-B-Benchmark 310
TPC-B-Spezifikation 310
Transaktionen
　beenden 191
　serialisierbare 174
Transaktions-Islolationsstufe 131
Transaktionsisolation 174
Transaktionsisolationsstufen 184
Treiber 32; 111, 117
　Aufgaben 123
　Datentypumwandlung 131
　einrichten 135
　Fehlerbehandlung 125
　Informationsfunktionen 130
　Katalogfunktionen 128
　Konfiguration 230
　Optionsfunktionen 130
　Setup 230
　SQL-Umwandlung 127
Treiber-Manager 111, 112
　polymorpher 273
Treiberinstallation 230
Treiberparameterdeskriptor 439
Treiberzeilendeskriptor 439
Typdefinitionen 307
Typdeklarationen 368
TYPE 346, 439
TYPE_NAME 209, 268
TYPEGEN 307, 368
Typnummer 209
Typprüfung 52
Typübereinstimmung 364
Typumwandlung 80

U

Umgebungs-Handle 152
Unabhängiger Softwarehersteller 23
UNNAMED 440
UNSIGNED_ATTRIBUTE 215

V

VBENTRY 310, 419
    Implementierung 426
VBENTRY-Datenbankschema 420
VBFETCH 309, 403
    Benutzeroberfläche 403
    Implementierung 408
VBODBC 145, 309, 391
    Implementierung 394, 397
    Schnittstelle 391
VBSPROCS 309, 412
    Benutzeroberfläche 412
    Implementierung 415
Verbindung 155, 279
    Verwaltung 123
Verbindungs-Handle 115, 153
    mehrere 290
Verbindungsaufbau 139, 144, 242, 334, 347
Verbindungsmodell 155
Verbindungsoptionen 157
Verbindungsprozeß 157
Versionsspalte 190
Vierer-Gang 192
Visual Basic 309
    Binden 405
    gespeicherte Prozeduren 309, 412
    ODBC 391
    ODBC-Bindung 309
Visual Basic für Anwendungen 385
Visual Basic-Beispiele 390
Visual C++ Microsoft Foundation Classes 383
Vorbereiten/Ausführen 162

Vorzeichen 215
VT 100 41
VT 52 41

W

Wahrheitswerte 204
Währungstypen 215
Windows 95 22
Windows NT 22
Windows Terminal 83, 84
Windows-DLLs 114
WinMain 278
write 68

X

X/Open 21, 450
X/Open Portability Guide 450
X/Open SQL Access Group 21
X3H2 451
XPG 450

Z

Zeichen-Datentypen 203
Zeilen 31, 68
Zeilen ermitteln 166
Zeilendeskriptoren 439
Zeilenmenge 177
    holen 260
Zeit 226
Zeitdatentypen 206
Zeitfunktionen 228
zentrale Systeme 39
Zugriffsmethoden, indexsequentielle 67
Zugriffsplan 46, 245
Zwei-Stufen-Architektur 119
Zwei-Stufen-Architektur, Variation 120
Zwei-Stufen-ODBC-Architekturen 121
Zwei-Stufen-Systeme 118

Kyle Geiger

Kyle Geiger ist der Architekt von Microsofts ODBC (Open Database Connectivity). Er ist schon 14 Jahre in der Computerindustrie tätig. Seit er 1988 zu Microsoft gekommen ist, arbeitet er an der Datenbank-Verknüpfung. Kyle hat mehrere Rollen in der ODBC Group eingenommen, unter anderem war er Development Manager und General Manager. Er war Sprecher bei vielen Datenbank-Messen und Präsentationen. Kyle war der erste Direktor des API/CLI Technical Committee der SQL Access Group. Bevor Kyle zu Microsoft kam, war er Softwareentwickler bei Wang Laboratories, wo er an verschiedenen Desktop-Datenbankprodukten arbeitete. Er hat ein Diplom für Softwareentwicklung vom Wang Institute of Graduate Studies und eine Diplom in Informatik von der University of Washington. Sie können Kyle über das Internet unter der Adresse *kyleg@microsoft.com* erreichen.

Brian Tschumper

Brian Tschumper ist momentan Entwickler für das ODBC-Softwaredesign in der Entwicklungsabteilung von Microsoft. Als er 1993 zu Microsoft kam, arbeitete er zunächst im ODBC-Test-Team und schrieb Testprogramme und interne Tools für den ODBC Software Development Kit 2.0. Bevor Brian zu Microsoft kam, hat er mehrere spezielle Softwaresysteme auf einer IBM AS/400 entwickelt und implementiert. Er machte 1993 sein Diplom in Informatik an der Mankato State University. Sie können Brian kann über das Internet unter der Adresse *briants@microsoft.com* erreichen.

Jason Zander

Jason Zander ist momentan Softwareentwickler in der Entwicklungsabteilung von Microsoft. Seit er 1992 zu Microsoft kam, arbeitet er im ODBC-Test-Team, wo er Testprogramme, Beispiele und interne Tools geschrieben hat, unter anderem auch das ODBC Test Tool für den Software Development Kit 2.0. Bei IBM arbeitete er an der Implementation von DRDA für die IBM AS/400. Jason machte 1992 sein Diplom in Informatik an der Mankato State University. Sie können Jason über das Internet unter der Adresse *jasonz@microsoft.com* erreichen.

Wenn Sie Ihr Microsoft ®-Produkt in DEUTSCHLAND erworben haben, gilt für Sie der folgende Lizenzvertrag:

MICROSOFT-LIZENZVERTRAG

Dies ist ein rechtsgültiger Vertrag zwischen Ihnen, dem Endanwender und Microsoft Corporation, einer Gesellschaft nach dem Recht des Staates Delaware, USA ("Microsoft"). DURCH ÖFFNEN DER VERSIEGELTEN DISKETTENPACKUNG ERKLÄREN SIE SICH AN DIE BESTIMMUNGEN DIESES VERTRAGES GEBUNDEN. WENN SIE MIT DEN BESTIMMUNGEN DIESES VERTRAGES NICHT EINVERSTANDEN SIND, GEBEN SIE BITTE DIE DISKETTENVERPACKUNG UNGEÖFFNET MIT DEN BEGLEITGEGENSTÄNDEN (einschließlich aller schriftlichen Unterlagen, der Ordner und der sonstigen Behältnisse) UNVERZÜGLICH GEGEN VOLLE RÜCKERSTATTUNG DES PREISES AN DIE STELLE ZURÜCK, VON DER SIE SIE BEZOGEN HABEN.

1. EINRÄUMUNG EINER LIZENZ. Diese Microsoft-Lizenz-Vereinbarung ("Lizenz") gibt Ihnen die Berechtigung, eine Kopie des Microsoft-Software-Produktes, das mit dieser Lizenz ("Software") erworben wurde, auf einem Einzelcomputer unter der Voraussetzung zu benutzen, daß die Software zu jeder beliebigen Zeit auf nur einem einzigen Computer verwendet wird. Wenn Sie Mehrfachlizenzen für die Software erworben haben, dürfen Sie immer nur höchstens so viele Kopien in Benutzung haben, wie Sie Lizenzen besitzen. Die Software ist auf einem Computer "in Benutzung", wenn Sie in den Zwischenspeicher (d.h. RAM) geladen oder in einem Permanentspeicher (z.B. einer Festplatte, einem CD-ROM oder einer anderen Speichervorrichtung) dieses Computers gespeichert ist, mit der Ausnahme, daß eine Kopie, die auf einem Netz-Server zu dem alleinigen Zweck der Verteilung an andere Computer installiert ist, nicht "in Benutzung" ist. Wenn die voraussichtliche Zahl der Benutzer der Software die Zahl der erworbenen Lizenzen übersteigt, so müssen Sie angemessene Mechanismen oder Verfahren bereithalten, um sicherzustellen, daß die Zahl der Personen, die die Software gleichzeit benutzen, nicht die Zahl der Lizenzen übersteigt. Wenn die Software permanent auf einer Festplatte oder einer anderen Speichervorrichtung eines Computers (der kein Netz-Server ist) installiert wird und eine einzige Person dieson Computer zu mehr als 80% der Zeit benutzt, die er in Benutzung ist, so darf diese eine Person die Software auch auf einem tragbaren Computer oder einem Heimcomputer benutzen.

2. URHEBERRECHT – Die SOFTWARE ist Eigentum von Microsoft oder deren Lieferanten und ist durch Urheberrechtsgesetze, internationale Verträge und andere nationale Rechtsvorschriften gegen Kopieren geschützt. Wenn die SOFTWARE nicht mit einem technischen Schutz gegen Kopieren ausgestattet ist, dürfen Sie entweder (a) eine einzige Kopie der SOFTWARE ausschließlich für Sicherungs- oder Archivierungszwecke machen oder (b) die SOFTWARE auf eine einzige Festplatte übertragen, sofern Sie das Original ausschließlich für Sicherungs- oder Archivierungszwecke aufbewahren. Sie dürfen weder die Handbücher des Produktes noch anderes schriftliches Begleitmaterial zur SOFTWARE kopieren.

3. SOFTWARE AUF ZWEI SPEICHERMEDIEN – Wenn das SOFTWARE-Paket sowohl 3^1/$_2$-Zoll- als auch 5^1/$_4$-Zoll-Disketten enthält, so dürfen Sie nur einen Satz (entweder 3^1/$_2$ Zoll oder 5^1/$_4$ Zoll) der gelieferten Disketten oder Platten benutzen. Die anderen Disketten dürfen Sie weder auf einem anderen Computer oder Computernetzwerk benutzen, noch dürfen Sie sie vermieten, verleihen oder an irgendeinen anderen Benutzer übertragen, es sei denn als Teil einer nach diesem Microsoft-Lizenzvertrag ausdrücklich gestatteten Übertragung oder Benutzung.

4. WEITERE BESCHRÄNKUNGEN – Sie dürfen die SOFTWARE weder vermieten noch verleihen, aber Sie dürfen die Rechte aus diesem Microsoft-Lizenzvertrag auf Dauer an einen anderen übertragen, vorausgesetzt, daß Sie alle Kopien der SOFTWARE und dem gesamten schriftlichen Begleitmaterial übertragen und der Empfänger sich mit den Bestimmungen dieses Vertrages einverstanden erklärt. Zurückentwickeln (Reverse engineering), Dekompilieren und Entassemblieren der SOFTWARE sind nicht gestattet. Eine Übertragung muß die letzte aktualisierte Version (Update) und alle früheren Versionen umfassen.

BESCHRÄNKTE GARANTIE

BESCHRÄNKTE GARANTIE – Microsoft garantiert für einen Zeitraum von 90 Tagen ab Empfangsdatum, daß die SOFTWARE im wesentlichen gemäß dem begleitenden Produkthandbuch arbeitet, und (b) für einen Zeitraum von einem Jahr ab Empfangsdatum, daß eine die SOFTWARE begleitende, von Microsoft gelieferte Hardware bei normaler Benutzung und Wartung frei nach Material- oder Verarbeitungsfehlern ist. Die Garantie ist bezüglich der SOFTWARE auf 90 Tage und bezüglich der Hardware bei normaler Benutzung und Wartung frei von Material- oder Verarbeitungsfehlern ist. Die Garantie ist bezüglich der SOFTWARE auf 90 Tage und bezüglich der Hardware auf ein (1) Jahr beschränkt. DIESE GARANTIE WIRD VON MICROSOFT ALS HERSTELLERIN DES PRODUKTES ÜBERNOMMEN; ETWAIGE GESETZLICHE GEWÄRLEISTUNGS- ODER HAFTUNGSANSPRÜCHE GEGEN DEN HÄNDLER, VON DEM SIE IHR EXEMPLAR DER SOFTWARE BEZOGEN HABEN, WERDEN HIERDURCH WEDER ERSETZT NOCH BESCHRÄNKT.

ANSPRÜCHE DES KUNDEN – Die gesamte Haftung von Microsoft und Ihr alleiniger Anspruch besteht nach Wahl von Microsoft entweder (a) in der Rückerstattung des bezahlten Preises oder (b) in der Reparatur oder dem Ersatz der SOFTWARE oder der Hardware, die der beschränkten Garantie von Microsoft nicht genügt und zusammen mit einer Kopie Ihrer Quittung an Microsoft zurückgegeben wird. Diese beschränkte Garantie gilt nicht, wenn der Ausfall der SOFTWARE oder der Hardware auf einen Unfall, auf Mißbrauch oder auf fehlerhafte Anwendung zurückzuführen ist. Für eine Ersatz-SOFTWARE übernimmt Microsoft nur für den Rest der ursprünglichen Garantiefrist oder für 30 Tage eine Garantie, wobei der längere Zeitraum maßgebend ist.

KEINE WEITERE GEWÄHRLEISTUNG – MICROSOFT SCHLIESST FÜR SICH JEDE WEITERE GEWÄHRLEISTUNG BEZÜGLICH DER SOFTWARE, DER ZUGEHÖRIGEN HANDBÜCHER UND SCHRIFTLICHEN MATERIALIEN UND DER BEGLEITENDEN HARDWARE AUS.

KEINE HAFTUNG FÜR FOLGESCHÄDEN – WEDER MICROSOFT NOCH DIE LIEFERANTEN VON MICROSOFT SIND FÜR IRGENDWELCHE SCHÄDEN (UNEINGESCHRÄNKT EINGESCHLOSSEN SIND SCHÄDEN AUS ENTGANGENEM GEWINN, BETRIEBSUNTERBRECHUNG, VERLUST VON GESCHÄFTLICHEN INFORMATIONEN ODER VON DATEN ODER AUS ANDEREM FINANZIELLEN VERLUST) ERSATZPFLICHTIG. DIE AUFGRUND DER BENUTZUNG DIESES MICROSOFT-PRODUKTES ODER DER UNFÄHIGKEIT, DIESES MICROSOFT-PRODUKT ZU VERWENDEN, ENTSTEHEN, SELBST WENN MICROSOFT VON DER MÖGLICHKEIT EINES SOLCHEN SCHADENS UNTERRICHTET WORDEN IST. AUF JEDEN FALL IST DIE HAFTUNG VON MICROSOFT AUF DEN BETRAG BESCHRÄNKT, DEN SIE TATSÄCHLICH FÜR DAS PRODUKT BEZAHLT HABEN. DIESER AUSSCHLUSS GILT NICHT FÜR SCHÄDEN, DIE DURCH VORSATZ ODER GROBE FAHRLÄSSIGKEIT AUF SEITEN VON MICROSOFT VERURSACHT WURDEN. EBENFALLS BLEIBEN ANSPRÜCHE, DIE AUF UNABDINGBAREN GESETZLICHEN VORSCHRIFTEN ZUR PRODUKTHAFTUNG BERUHEN, UNBERÜHRT.

Sollten Sie Fragen zu diesem Vertrag haben, oder sollten Sie sich mit Microsoft aus irgendwelchen Gründen in Verbindung setzen wollen, verwenden Sie bitte die diesem Produkt beiliegende Adresseninformation, um mit der Ihrem Lande zustehenden Microsoft-Niederlassung Kontakt aufzunehmen, oder schreiben Sie an: Microsoft Customer Sales and Service, One Microsoft Way, Redmond, Washington 98052-6399.